桑塔格

Benjamin Moser 本傑明・莫瑟 ——— 著　堯嘉寧 ——— 譯

SONTAG

Her Life And Work

目次

第二部分

第三部分

第四部分

獻給

亞瑟・賈平

（ARTHUR JAPIN）

謹以此書紀念

蜜雪兒・科米爾

（MICHELLE CORMIER）

問：你一向都成功嗎？

答：是的，我有三成機會是成功的。

問：那麼你不一定都成功啊。

答：是成功的。有百分之三十的機會成功，就是成功。

——出自桑塔格的日記，

一九六四年十一月一日

序言 靈魂拍賣

一九一九年一月，在洛杉磯北邊一片乾涸的河床上聚集了成千上萬名演員，他們要重新搬演當代的一個恐怖場景。這部拍攝中的電影——《靈魂拍賣》（*Auction of Souls*）或稱為《掠奪亞美尼亞》（*Ravished Armenia*）——是根據前一年出版的書改編而成，作者是一名亞美尼亞種族大屠殺中的青少年倖存者；而這部電影是好萊塢最早期的豪華巨片之一，它採用了一種新的體裁，要用特殊效果和驚人的投資征服它的觀眾。這部電影還穿插了新聞影片，要為觀眾帶來更直接、更強而有力的感受——這也是一種新的體裁，在兩個月前才剛結束的第一次世界大戰期間變得很受歡迎。根據片商的說法，這部電影是「根據真實故事改編」。亞美尼亞種族大屠殺始於一九一五年，在當時仍然是現在進行式。

有一份商業報紙認為，如果要拍攝「兇猛的土耳其人和庫德人」驅趕著「一群遭到捆綁的亞美尼亞士兵——他們衣衫襤褸，有些人還拖著幼兒——走過佈滿石頭的道路和沙漠小徑」，那麼加州紐霍爾（Newhall）附近的聖費爾南多河（San Fernando River）那一片乾燥的沙質河床，是一個「理想」的取景場所。[1]有數千名亞美尼亞人加入拍攝，其中有些人當真是順利抵達美國的倖存者。

拍攝的場面包括暴民輪姦婦女、難民被集體淹死、有人被強迫挖好自己的墓穴，並以全景拍攝許多婦女被釘在十字架上處死，某些臨時演員顯然承受不起。事件的目擊者說：「有幾位婦女的親人就是死在土耳其人的劍下，模仿這些酷刑和醜事的場面讓她們深受打擊」。

他又繼續提到製作人還「提供了野餐用的午餐盒」。

——

那天拍攝的其中一幕是一名穿著碎花服裝的年輕女性，她的手臂上掛著一個大大的旅行手提包。她臉上的表情充滿痛苦，在一個臨時的難民營裡，站著安慰另一個女孩。她不敢看向一道漸漸靠近的不祥陰影，那是一個看不見的男人高舉著雙臂瞄準她們。或許這兩名女子就要被射殺了。但是如果想想那些琳瑯滿目的刑具，被槍殺或許反而是最不痛苦的死法了。

凝視著小亞細亞這滿目瘡痍的一角，我們會很慶幸地想起這其實只是南加州的一個拍攝場所，而且那道長影子的主人不是正在掠奪的土耳其人，而是攝影師。新聞稿反而是強調鏡頭下的亞美尼亞人並非全部是亞美尼亞人：例如這對婦女就是一對猶太人母女，母親叫作莎拉·利亞·賈克布森（Sarah Leah Jacobson），她十三歲的女兒則是蜜爾崔德·賈克布森（Mildred Jacobson）。

如果我們知道這幅畫面只是表演的一幕，會沖淡它的悲慟程度，但是另一件事——不論是攝影師或是被攝影者在當時都不知道這件事——卻依然悲傷。這對母女在拍攝完「模仿這些酷刑和醜事的場景」之後，回到了她們位於洛杉磯市中心的家裡，但是莎拉·利亞將在一年多之後去世，享年三十三歲。這幅死別的畫面，還當真是她遺留的最後一張與女兒的合照。

蜜爾崔德永遠不會原諒她母親就這樣拋棄了她。但是莎拉・利亞留給她遺贈並非只有遺棄。在莎拉・利亞短暫的一生中，她從波蘭東邊的比亞維斯托克（Białystok）——那裡是她出生的地方——一路旅行到好萊塢——她死亡的地方。蜜爾崔德也一樣喜愛冒險。她嫁的先生在紐約出生，但是他在十九歲就到了中國，還一路進到戈壁大沙漠，向蒙古的遊牧民族購買毛皮。他和莎拉・利亞一樣，早早啟程，但也沒有走完全程；他也在三十三歲時撒手離世。

他們的女兒在五歲時失去了父親——她的名字是蘇珊・李（Susan Lee），這是將「莎拉・利亞」改為美國化之後的名字。蘇珊後來寫道：她對父親的印象只有「一些照片」。[2]

——

蜜爾崔德的女兒蘇珊寫道：「照片表明那些正在邁向自己消亡的人們的無辜和脆弱。」[3]站在鏡頭前的人大多沒有想過，他們即將面臨的毀滅會讓照片更有渲染力（而不是失去感染力）：演出悲劇的莎拉・利亞和蜜爾崔德並沒有看到她們自己的悲劇也近在眼前。

她們也不可能知道《靈魂拍賣》代表對過去深深的紀念，以及對未來的預示。蘇珊・桑塔格（Susan Sontag）的母親和外祖母的最後一張合照竟然是重演了種族大屠殺的藝術作品，這件事的巧合令人不寒而慄。桑塔格的一生一直被殘酷行為和戰爭的問題所煩擾，她重新定義了人們如何看待受苦的影像，還一直在問人們對於看到的那些影像做了什麼（或是沒有做什麼）。

這個問題對她來說並不是一個哲學的抽象概念。就像是蜜爾崔德的人生因為莎拉・利亞之死而幻滅，蘇珊的人生——按照她自己的說法——也曾經被一分為二。破口是發生在聖莫尼卡（Santa Monica）的一間書店，她在那裡第一次瞥見納粹大屠殺的照片。她寫道：「我所見過的任何事物，無論是在照片中或在真實生活中，都沒有如此銳利、深刻、即時地切割我。」[4]

那年她十二歲。這次的衝擊如此之大，使得她終其一生一直在問——在一本接著一本的書中問——痛苦要如何描述，又要怎麼忍受。書本，和書中描繪的那個比較美好的世界，把她從不快樂的童年中拯救出來，每當她遇到傷心和沮喪的事，她的第一個直覺就是藏身書中、去看場電影或是歌劇。或許藝術無法彌補生命中令人失望的事，但它的確是必不可少的潤滑劑；在走向生命的尾聲時，蘇珊・桑塔格在另一場「種族滅絕」（genocide）中——這個字原本是為了形容亞美尼亞人的劫難而發明出來的——完全能夠了解波士尼亞人需要什麼。於是她前往塞拉耶佛，在那裡演出了一齣話劇。

——

蘇珊・桑塔格是美國最後一位文學巨星，當然，那個時代的作家除了受到敬重或是獲得高評價之外，還有可能很出名。但是，蘇珊・桑塔格只是指出盧卡奇・格奧爾格（Georg Lukács）的文學批評和娜塔莉・薩羅特（Nathalie Sarraute）的「新小說」（*nouveau roman*）理論的缺點，並表達惋惜之意，就能夠如此快速地嶄露頭角，在她之前從來沒有一位作家做得到。她的成功的確就是這麼引人注目：並且發生在大眾的眼前。

身材高䠷、有著橄欖色皮膚，「眼皮處像是強烈的畢卡索畫風，嘴唇透著尊貴，嘴唇的弧線竟比蒙娜麗莎還不明顯」，這樣的桑塔格吸引了那個時代最偉大的攝影師競相為她拍照。[5]她是戰爭女神雅典娜，而不是愛情女神阿芙蘿黛蒂：她是戰士，是「黑暗王子」。她同時擁有歐洲哲學家的心靈和火槍手的外表，這通常是男性會兼而有之的特質。新鮮的是這些特質一起出現在一名女性身上——對於幾個世代以來的藝術界和知識界女性而言，這樣的結合比她們所知的任何模範都更強而有力。

她的名聲這麼有吸引力，部分是因為她的確前無古人。她在職涯啟航之初，就充滿了各種矛盾的特質：她是一名年輕的漂亮女性，但是學富五車；她是一名作家，出身正宗的紐約知識分子背景，但是卻投身於老一輩深惡痛絕的當代「低俗」文化。她沒有真正的系譜師承。雖然有許多人想把自己塑造成她的形象，但是再也沒有出現過被公認為像她的角色。她創造了一個模範，然後又自己打破了。

桑塔格才三十二歲時，曾經在曼哈頓的一間豪華餐廳與其他五人同桌吃飯——除了桑塔格之外，還有作曲家李奧納德・伯恩斯坦（Leonard Bernstein）、攝影師理查德・阿維頓（Richard Avedon）、小說家威廉・斯蒂隆（William Styron）、演員西比爾・伯頓（Sybil Burton）和賈桂琳・甘迺迪（Jacqueline Kennedy）——六人之中，她就以「圖書館小姐」的名號而顯得毫不遜色，而這個名字正配合她私底下的學究氣質。[6]她所在的地方是像白宮和第五大道、好萊塢和《時尚》雜誌（*Vogue*）、紐約愛樂和普立茲獎：都是全美國、還有全世界最耀眼的圈子。桑塔格的後半生都棲身於這些地方。

不過，蘇珊・桑塔格在鏡頭前的樣子永遠跟「圖書館小姐」有點出入。或許從來沒有一位絕色佳人比她還不注重以美貌示人。當她在照片中看到如此迷人的自己，總是會流露出驚訝之情。在生命的終點前，她看到了一張自己年輕時的照片，她倒抽了一口氣。「我真美！」她說。「可我以前並不知道。」[7]

———

桑塔格在世時，正好面臨到人們取得名聲、認識名聲的方式發生劇變，她也和其他美國作家一樣，跟上了這個變化，但是她同時也在紀錄下這件事。她寫道十九世紀「被拍攝的人」都是名人。[8]而在安迪・沃荷（Andy Warhol）的年代——沃荷毫無意外地是首批注意到桑塔格明星魅力的人——光是被拍攝已經不夠了。這個時代的每個人都可以拍攝照片，名聲表示一個人的「形象」、一個有著酷似面貌的分身、他所接收到的想法的集合，那通常（但是不限於）是視覺的，它代表了藏伏在後面的那個人——而那實際上是誰，最後就變得不重要了。

桑塔格在好萊塢的影子下成長，她希望得到認可，也會耕耘自己的形象。但是她對自己的兩種形象——「美國文學界的黑暗女士」和「曼哈頓女巫」——需付出的代價深感挫折。她坦言自己希望「成名可以更有趣一些」，[9]她也一直認為把個人套進這個人的形象中，或是喜歡形象甚過於這個形象所顯示出的人，都是危險的，她還提出警告——形象可能遭到歪曲和遺漏。她所看到的一個人與他顯示於外的樣貌是不同的：自我形象就像是照相，就像是隱喻。

她在《論攝影》（*On Photography*）中指出：「有機會在一張照片與一個生命之間作出選擇的情況下，選擇照片竟已變得貌似有理」。在〈關於「坎普」的札記〉（Notes on 'Camp'）中——就是這篇文章讓她變得聲名狼藉——「坎普」（Camp）這個字也代表了同樣的現象：「坎普以引號來看待每一件事。它不是一盞燈，而是一盞『燈』；不是一位女人，而是一位『女人』。」「坎普」的最佳說明應該就是蘇珊．桑塔格和「蘇珊．桑塔格」之間的分歧了吧？

桑塔格對於相機的個人經驗，讓她很敏銳地察覺到自願擺出的姿勢和未經同意而暴露在偷窺者眼前的姿態是不一樣的。她寫道：「相機的每次使用都包含一種侵略性。」[10]（這與土耳其自衛隊或是拿相機對著莎拉．利亞和蜜爾崔德的人也有類似性，而這樣的相似性並非偶然。）「相機也是作為捕食者的武器來出售的。」[11]

桑塔格太常被觀看了，但是她超越了這樣個人的必然，一直對照片提出問號——照片到底為它展示的對象說了什麼？「此照片適合該對象」，她的聯邦調查局（FBI）機密檔案是這麼說的。[12]但是什麼叫作「適合該對象的照片」，適合又是指對誰而言呢？「某些照片」當真可以告訴我們什麼嗎——關於一位名人，還是關於她死去的母親？桑塔格在職涯的早期是用懷疑的態度在問這些問題——這聽起來通常會讓人覺得帶有輕蔑。她堅持認為圖像會歪曲事實，造成虛假的親密感。當我們看到「蘇珊．桑塔格」這個坎普形象時，我們到底知道蘇珊．桑塔格的什麼呢？

一個東西本身和人們所理解的那個東西之間的鴻溝，在桑塔格的年代格外受到重視。但是早在柏拉圖時，就察覺到這個鴻溝的存在了。哲學家畢生在尋找不須改動便足以形容的形象、能夠定義而不會產生扭曲而的語言：舉例來說，中世紀的猶太人認為對象如果抽離了客觀性、語言脫離了意義，就會造成世界的禍害。巴爾札克（Balzac）幾乎是在相機甫發明之初就帶著迷信的眼光看它，他認為相機會讓拍攝的對象遭到分解，桑塔格形容這是會「耗盡一層層身體」。[13]他如此激動，顯示他對此問題的關注主要並非出於理智。

桑塔格對於照片和隱喻的反應也和巴爾札克一樣，有高度的情緒性。在讀到她對這些主題的檢討時，我們會疑惑為什麼她打從心底認為隱喻——事物和象徵之間的關係——問題如此重要，我們也想不通為什麼隱喻如此令她感到無解。認識論和本體論之間的關係顯然很抽象，但是最後如何成為（對她而言）攸關生死的問題？

"Je reve donc je suis."（我夢故我在。）

這句話改寫自笛卡兒的「我思故我在」，並且放在桑塔格第一本小說的第一頁第一行。[14]它是開篇的第一句話，也是書裡的唯一一句外文，因而讓這本奇怪的書有了一個奇怪的開頭。《恩主》（*The Benefactor*）這本書的主人公（希波賴特）拋棄了所有世俗渴望——家人與朋友、性愛與戀情、金錢與職業——就為了完全投入他的夢。單獨看他的夢是真實的，但是他夢的有趣之處不是根據一般的理由，他堅持他並「不是希望更理解自己、理解我自己真實的感情。我對我的夢感興趣，因為我視之為行動」。[15]

希波賴特的夢如此清晰——它有其風格，但是沒有實質——這就是坎普的本質。桑塔格不認為這「只是心理學」，也就是她拒絕討論實質和風格之間的關聯問題，或是（用類比的來說）身體和心靈——事情與形象——現實與夢境——之間的關聯問題，但她後來對這些進行了有意義的探討。她在職涯之初反而主張夢本身就是唯一的真實。就像她在第一句話所說的，我們就是我們的夢：我們的想像、我們的心靈、我們的隱喻。

這個定義幾乎是執意要和傳統小說的目標唱反調。如果進入這些人的潛意識不會告訴我們什麼，那麼我們又何必要做這件事呢？希波賴特也承認這個問題，但還是向我們保證有別的吸引力。他寫道：被他賣作奴隸的情婦「一定意識到我對她缺乏浪漫的興趣。但我希望她懂得我是多麼深深地——儘管不帶個人感情色彩——感到她是我與夢之間充滿激情的關係的一種體現」。[16]她的主人公感興趣的是另一個人，換句話說，完全排除了現實，也只在她能夠體現他的憑空想像的限度內。這種方式又回到桑塔格自己對於坎普的定義：「視世界為一種美學現象。」[17]

但是世界不是一種美學現象。在夢之外還有現實。桑塔格在職涯之初，也描寫過她自己對於希波賴特世界觀的含糊感覺。她說：「坎普強烈地吸引我，我也幾乎同樣強烈地被坎普所冒犯。」在她後來的人生中，有許多時間堅持認為除了形容一個物件的語言之外，還存在一個真實的物件，在作夢的心靈之外，還存在真實的身體，照片之外，仍然存在一個真實的人。她在幾十年後還繼續寫道：文學的用途之一便是讓我們知道「其他人、其他不同於我們的人確實是存在的」。[18]

——

其他人確實是存在的。

那是我們要達到的一個驚人結論，我們必須要達到的一個令人難以置信的結論。對桑塔格來說，真實——去除隱喻之後的實際物件——總是有點令人難以接受。從她很小的時候開始，就知道真實令人失望、是殘酷的、能夠避免最好。當她還是孩子時，她希望母親能夠從酩酊大醉的狀態中醒過來；她希望住在神話般的巴納塞斯山（Parnassus），而不是無聊的平凡郊區。她用盡一切心靈的力量希望遠離痛苦，包括現實中最痛苦的事——死亡：先是她父親的死亡（在她五歲的時候），接著則是那極為不堪的結局——她自己的死亡。

她在一本從一九七〇年代開始紀錄的筆記本中，標示了她在小說、電影和故事中「一直執著於假死主題」。她寫道：「我想那都是出於我對於父親之死的反應。那感覺太不真實了，我覺得沒有什麼可以證明他已經死了，有好幾年的時間中，我都會夢到他有一天突然出現在前門。」[19] 發現這件事之後，她像個長輩似地告誡自己：「我們要擺脫這個主題。」但無論有多正確的自我診斷，兒時習慣還是很難打破的。

在孩提時面臨如此糟糕的現實，讓她躲進自己的心靈中尋找安全。之後她就一直嘗試慢慢地爬出來。身體和心靈的不契合——這是許多人共通的現象——為她帶來震撼的衝突。她的日記裡簡短寫著：「頭和身體分開了。」她提到，就算是身體無法跳舞或做愛，她至少還能夠執行心靈的功能（例如說話）；而且她把自我呈現區分成「我不好」或是「我很棒」，沒有兩者之間的空間。一端是「感覺自己是假的，帶來了無助感（說真的我到底是誰……）（救救我……）（對我好一點……）」。另一端則是「顯得傲慢（在智識面表現出蔑視——不耐煩）」。

她努力用她獨有的勤奮克服這樣的不契合。她的性生活在某個方面堪稱難以匹敵，例如她竭力地要把腦中出現的東西貫徹到身體。在她這一代的美國女性中，有多少人像她這樣，擁有這麼多美麗、耀眼的愛人呢（無論是男性或女性）？但不論是閱讀她的日記、與她的愛人交談，大家的印象總是她的性傾向充滿緊張，又不容人置喙，她的身體似乎並不真實，或是充滿痛苦。她在日誌中寫道：「我總喜歡假裝我的身體不在那裡，不論我做什麼（騎乘、性交等），都不是用身體做的。」[20]

假裝她的身體不在那裡，也讓桑塔格可以否認另外一個難以規避的現實：她恥於承認的性傾向。雖然她也有幾位男性愛人，不過桑塔格的性愛傾向幾乎還是只偏向女性，而且她始終找不到方法擺脫這個她所不樂見的現實，這讓她畢生感到挫敗，也一直無法誠實面對這件事——不論是對公眾（即使是在同性戀已經不算是醜聞的很久之後），或是私底下（面對許多與她最親近的人）。在她描寫戀愛與性愛的作品中——還有她的私人關係中——最引人入勝的主題總是與施／受虐有關，這件事並非巧合。

否認身體的現實就等於頑強地否認死亡，這讓桑塔格自己的結局顯得不必要地慘白。她相信——真的相信——心靈的作用最終可以戰勝死亡。她的兒子寫道她曾經哀嘆「這種化學上的永生我倆恐怕是趕不上了(儘管只差那麼一點)」。[21]隨著她的年紀漸增,也完成了許多事,她竟開始希望自己能夠規避身體的鐵律,且不只一次冀望突破這份不可能。

「假裝我的身體不在那裡」透露出一種對自我的幻影般的感覺,而提醒某人「其他人確實是存在的」,又會揭示更深沉的恐懼——她自己並不存在,她本身只是一個纖弱的所有物,在任何時候都可能被隨意錯置、被攫走。她絕望地寫道:「那就像是,我看的每一面鏡子都映照不出我的身體。」[22]

——

桑塔格在一篇與《恩主》同時期的散文中,堅稱「現今所有藝術評論的目的,應該是讓藝術作品——以此類推,還有我們自身的經驗——對我們來說更為真實,而非更不真實」。

那篇著名的〈反詮釋〉(Against Interpretation)指責隱喻孳長、干預了我們對藝術的經驗。桑塔格對心靈(「詮釋」)漸漸感到厭煩,她同時也開始懷疑身體——「內容」——因為它已經因心靈的過度活躍而顯得模糊。〈反詮釋〉的一開頭就引用了抽象主義藝術家德庫寧(Willem de Kooning)的一句話:「內容是非常微細的——非常微細」;而在文章的最後,內容的概念則已似乎顯得荒謬。如同在希波賴特的夢中一樣,那裡一無所有:在桑塔格的定義中,虛無主義就是坎普的本質。

〈反詮釋〉透露了桑塔格擔憂藝術作品——「以此類推,還有我們自身的經驗」——都並沒有那麼真實;或者說藝術也像我們自己一樣,需要一些外在的協助,才能夠變得真實。她堅持「現在最重要的是恢復我們的感官能力。我們必須學習看更多，聽更多，感覺更多」。假設有一副失去感覺的身軀極需要刺激，桑塔格認為或許藝術是提供刺激的方式；但是，沒有「內容」的藝術究竟是什麼呢？它應該讓我們看到、聽到、感受到什麼呢？照她的說法，或許就只有藝術的形式了，但是她也補充說——雖然可能有點悲傷——形式和內容之間的區別「其實是一種幻覺」。

桑塔格的一生如此致力於「詮釋」，不過我們很難知道她對「詮釋」相信多少。全世界就是一個舞臺，生活只是上演的一場夢嗎？形式和內容、身體和心靈、某人和他／她的照片、疾病和隱喻之間，沒有任何區別嗎？

桑塔格的修辭很有力，但缺點是在提出論點時，她的措辭可能反而淡化了關於「現實的非現實性和遙遠性」這樣深刻的問題。[23]不過這些號稱對立的極端之間，存在的緊張關係也給了她生命中很值得討論的課題。對於「坎普所概略畫出的內容」她只支持一半。[24]她寫道：「坎普強烈地吸引我，我也幾乎同樣強烈地被坎普所冒犯。」在《恩主》及〈反詮釋〉出版了四十年之後，她變得在事情永遠的兩個極端之間擺盪，從夢境走向被她稱作現實的那一邊——雖然她對何謂現實的想法也發生過很大的改變。

——

不論別人對蘇珊·桑塔格有任何談論，最後都會由她自己第一個做出最好的評論，這是蘇珊·桑塔格的力量之一。她的日誌透露出對她性格的一種奇異理解，她的自我意識——雖然隨著年紀漸長也已經鬆脫——繫於一種混亂的生活。根據一個朋友在六十幾歲的觀察，她的「頭腦似乎沒有和身體連結在一起」。桑塔格對此的回答是：「那就是我的生命故事。」[25]她也在著手改善自己：「我只對於會進行自我轉化的人感到興趣。」[26]

雖然她感到耗盡力氣，但她仍奮力地在逃脫夢境。如果任何東西蒙蔽了她對現實的認識，她都要盡力去除。如果有隱喻和語言做出了干擾，她也會像柏拉圖驅逐烏托邦的詩人一樣，丟棄這些隱喻和語言。從《論攝影》到《疾病的隱喻》（*Illness as Metaphor*），又到《愛滋病及其隱喻》（*AIDS and Its Metaphors*），再到《旁觀他人之痛苦》（*Regarding the Pain of Others*）——在一本接著一本的書中，她漸漸脫離了她較早期的「坎普」書寫。她不再堅持夢就是真實，她要問的是如何看待那些最無情的現實，那些疾病、戰爭和死亡。

她對現實的渴求帶領她走向危險的極端。需要「多看一些，多聽一些，多感受一些」，這件事讓她在一九九〇年代前往遭到圍城的塞拉耶佛，她形容這「有點像是在一九四二年底造訪華沙猶太區」，多數作家不願意進行這種旅行，這點令她感到迷惑。[27]那些困境中的波士尼亞人充滿感激，但是不理解何以有人要加入他們的苦難。二十年後，一名男演員在面對另一次恐怖事件時，提出了這樣的疑問：「她的理由是什麼？」「如果我現在去敘利亞的話，會如何呢？現在前去敘利亞分擔他們痛苦的人，內心究竟懷抱著什麼呢？」[28]

不過，桑塔格不再強迫自己眼見為憑。她不只是要譴責種族主義（自從她看到納粹集中營的照片之後，便感到種族主義的恐怖）。她來到塞拉耶佛是要證明她終身的信念——文化是值得渴望的。這樣的信念激勵她走過痛苦的童年，在她童年時，書本、電影和音樂為她帶來更豐富的內涵，帶她度過艱難的歲月。她畢生堅持這個想法，所以她的著名之處，是她以一名女性之力建構了一座水壩，穩固地抵擋住持續汙染美學和道德的浪潮。

這個隱喻也和所有隱喻一樣顯得不完美。許多人在實際遇到這位女性之後會感到失望，因為發現她著實缺少神話般的光環。對於她的失望之情的確是桑塔格回憶錄中的重要主題，當然在她自己個人的書寫中也是如此。但是她的神話——或許這是桑塔格最持續的創作品——鼓舞了各大洲的人，讓他們認為她如此熱情堅持的原則，當真能夠讓生活脫離最陰暗、或是最苦澀的現實。當她前去塞拉耶佛的時候，「*Je reve donc je suis*」並不是一句頹廢派的箴言。它是在說影像和象徵的真實——夢的真實——就是藝術的真實。藝術並沒有脫離生活，它是生活的最高形式；隱喻——就像是亞美尼亞種族大屠殺被改編成戲劇（她母親也參與其中）——會讓看不到的人看到現實。

所以，在桑塔格最後的幾年中，她把隱喻帶到塞拉耶佛。她把——藝術和文明的象徵——「蘇珊．桑塔格」這個角色帶過去了。她也帶去了劇作家貝克特（Samuel Beckett）的幾個角色，他們就像是波士尼亞人一樣，在等待一種不曾真正到來的拯救。塞拉耶佛人的確需要食物、保暖和友軍，但是他們也一樣需要蘇珊．桑塔格帶去的事物。許多外國人會認為在開戰地區導演一齣劇顯得很無謂。但是有許多人愛她，其中一名波士尼亞朋友對此作出了回應，他認為大家記得她，正是因為她做出了如此隱晦的貢獻。「它不直接針對人們的情緒。我們需要它」，在談論桑塔格製作的《等待果陀》（*Waiting for Godot*）時，她是這麼說的。「它充滿了隱喻。」[29]

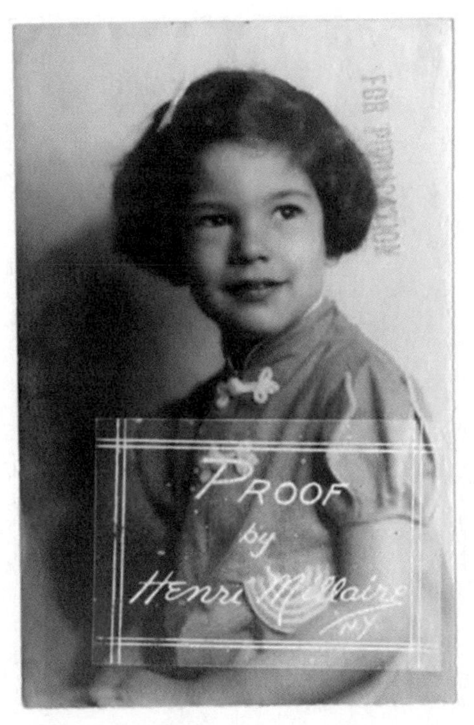

第一部分

第一章 抗拒女王

蘇珊．桑塔格到死為止一直收藏著兩支家庭影片，但是這兩支影片的格式實在太舊了，所以她一直無法觀看。她把這些影片當作護身符般珍藏，因為只有這兩支影片錄下了她父母一起出現的身影：那時候的他們兩個人都很年輕，正要展開充滿冒險的人生。[1]

在搖晃的連續鏡頭裡，出現當時中國北洋政府首都北京的影像：佛塔和商店、人力車和駱駝、腳踏車和有路面電車。還有一段短短的影像，是一群西方人站在一排鐵絲網的一側，鐵絲網的另一側則聚集了一群面露好奇的中國人。幾秒鐘之後，蜜爾崔德．羅森布拉特（Mildred Rosenblatt）出現了，她當真和自己的女兒十分相像，所以當她們日後被誤認為姊妹時，也絲毫不令人驚訝。她那英俊的丈夫傑克也露面了幾秒鐘，但是他位於陰影中，所以難以看清，我們只能注意到他的外形——高挺、白色皮膚、穿著外國人的服飾——和其他圍觀的中國人形成對比。

這支影片大約是在一九二六年拍攝的，當時蜜爾崔德二十歲。拍攝第二支影片的時間是在約莫五年後。影片的開頭是在一列歐洲的火車上，然後鏡頭便轉到一艘船的上甲板。在那裡，有一群乘客——傑克和蜜爾崔德，還有另一對夫妻——隔著一個網子在拋擲圈環，笑語盈盈。蜜爾崔德穿著白色的夏天洋裝，戴著貝雷帽，始終保持笑容，不時對著攝影機鏡頭後方的人講話。他們後來開始玩沙狐球

（shuffleboard），然後在影片大約一半的地方，身材瘦長的傑克出現了，他穿著三件式西裝，也戴著貝雷帽。他和另一名男性充滿活力地展開競賽，他們的朋友則開始做鬼臉、在一旁胡鬧，蜜爾崔德斜靠在一個門邊，幾乎是笑到停不下來。這兩支影片的長度都不足六分鐘。

———

蜜爾崔德・賈克布森於一九〇六年三月二十五日在紐華克（Newark）出生。她的父母——莎拉・利亞和查爾斯・賈克布森（Charles Jacobson）都出生於俄羅斯占領下的波蘭，但是兩個人都在兒時就來到美國：莎拉・利亞是在一八九四年、她七歲時來到美國，查爾斯則是在她的前一年，那時他九歲。那是一個大規模遷徙的年代，蜜爾崔德的父母和那個年代的猶太人不太相同，兩個人的英語都沒有什麼口音。有點諷刺的是，或許她們的孫女是那個年代的重要猶太人作家中，唯一一位和歐洲沒有什麼個人連結的——她那個世代的美國人作家大多具有歐洲的風格，她沒有移民的背景經驗，而這卻是她許多同儕作家的關鍵特徵。

蜜爾崔德在紐澤西州出生，但是她長大的地方卻是這片大陸的另一側——加州。賈克布森一家人搬到了博伊高地（Boyle Heights），那是商業區東邊的一個猶太人社區，當時洛杉磯這個城鎮正在變身為一個大城市。好萊塢的第一部電影是在一九一一年拍攝的，賈克布森一家人也是在差不多那個時候搬去的。八年後，當蜜爾崔德和莎拉・利亞出演《靈魂拍賣》時，這座城市已經是大型工業重鎮了。這個發展中的電影聚落也招來了鄙惡：蜜爾崔德總愛告訴別人她曾經和臭名昭彰的匪徒米奇・柯恩（Mickey Cohen）一起上學，他是禁酒令時代的早期黑幫首腦之一。[2]這裡吸引來光環，也散發出魅力：蜜爾崔德總是用好萊塢式的美麗、自負和氣勢讓人留下深刻的印象。曾經有一次，蘇珊把她比作瓊・克勞馥（Joan Crawford）；也有其他人把蘇珊和這位偉大的女星互相比較。[3]

保羅・布朗（Paul Brown）是在檀香山認識蜜爾崔德的，他說「她總是化著妝」。她人生的最後一段日子待在一個滿是嬉皮和衝浪者的城市，她在那裡顯得很突出。「她的頭髮總是梳得好好的。從無例外。她就像是一位紐約的猶太公主，穿著香奈兒套裝，顯得如此瘦骨嶙峋。」她的一生中始終保有好萊塢式的習性。在接電話時，她會用一種壓低的喉音應答，除非她用修好指甲的手召喚女兒，否則她的女兒也不被允許跨過客廳的地毯。[4]「〔蜜爾崔德〕就像是貴族一樣，有種目空一切的態度」，保羅・布朗說，彷彿認為她無法應付真實的世界。「她就像某個找不到電燈開關的人。」[5]

啟程前往中國的時候，美麗的蜜爾崔德像是正要邁向一段璀璨耀眼的命運。傑克・羅森布拉特是她在船上的遊伴，她是在格羅辛格（Grossinger）的酒店擔任保姆時認識傑克的。那裡是「猶太阿爾卑斯」卡茲奇山（Catskills）的一個大型夏季度假村。對於像蜜爾崔德這樣的中產階級女孩而言，格羅辛格的工作只是一個夏天的工作。而對於像傑克這樣的人來說，格羅辛格的酒店則是往上爬的一步。

傑克的雙親，塞繆爾（Samuel）和格西（Gussie），就和數以千計的貧窮移民一樣，擠在曼哈頓的下東區一角，那在當時或許堪稱是美國最臭名遠播的貧民窟。羅森布拉特一家人出身自加利西亞（Galicia）的克日夫恰（Krzywcza），那裡是波蘭的一部分，當時在奧地利的統治下，而他們顯然比「中產階級、住在郊區」的賈克布森家更屬於一般庶民（蘇珊就曾經告訴一名採訪者說，賈克布森一家「沒有一丁點像是第一代猶太人」）。[6]在私底下，她會說她父親的家族「簡直太粗俗了」。[7]

或許塞繆爾和格西不把學習當一回事的態度，讓他們被孫女看不起。傑克於一九〇五年二月一日在紐約出生，他念到四年級，但是在十歲就退學了。然後便在曼哈頓西城的皮草區當一個送貨小弟，他的幹勁和聰明才智很快就在那裡受到注意。他有著完美的影像式記憶：他的女兒也遺傳了他這樣優越的記憶力。[8]在他還只有十六歲時，他的上司提拔他離開收發室，送他漂洋過海到了中國。到了那裡，他騎在駱駝背上、勇闖戈壁大沙漠，從蒙古遊牧民族手上買回毛皮，[9]最後還成立了自己的公司——「公誠皮毛公司」（Kung Chen Fur Corporation），並在紐約和天津都有辦公室。接著他就展開了十分忙碌的人生：在八年內，傑克和蜜爾崔德結婚、建立起生意興旺的國際事業、前去中國數次，還去了百慕達、古巴、夏威夷和歐洲，他們至少搬了三次家，還抽時間生了兩個孩子。

蘇珊·李·羅森布拉特在一九三三年一月十六日來到這個世界，當時這對夫妻住在曼哈頓西八十六街一棟時髦的新房子裡。他們一家人在該年夏天搬到長島的亨廷頓（Huntington）；而一九三六年，大約就在茱蒂絲（Judith）出生的時候，他們則是在大頸區（Great Neck）的郊區過著田園生活。這個城鎮就是《大亨小傳》（*The Great Gatsby*）裡的「西蛋」（West Egg），它因為這部電影而深入人心；而傑克．羅森布拉特能夠到達那裡，也見證了一個貧民窟中輟生的成功故事。以階級區分來看，大頸區與血汗工廠（或下東區廉價公寓）的距離並不亞於它和中國的距離。要爬升到那裡，可能需要辛苦工作一輩子。傑克．羅森布拉特在二十五歲就到達那裡了。

——

如此快的爬升速度只有奮不顧身的人才辦得到；傑克也知道他必須要加快速度。他在十八歲的時候第一次染上肺結核，那是他首度踏上中國土地之後的兩年。如同蘇珊後來筆下所寫的，文學中的肺結核「一直被認為是那些感覺超群、才華出眾、熱情似火的人易於感染的疾病」。[10]但如果不是用文學的筆調，就會說它讓人的肺裡充滿了液體，像被溺死一樣。

很顯然地，蜜爾崔德在格羅辛格的酒店裡遇到的這個男人精力充沛、健壯而且活躍，他不僅富有，而且還會更富有。但是他肺部的斑點為他按下了暫停鍵；事實上，他的母親把他帶去格羅辛格的酒店，是希望鄉下的空氣有助於緩解他的病。[11]蜜爾崔德也知道他們在一起的生活可能無法長久。或許她認為傑克的病不會發展到全面擴散——結核桿菌可能會潛伏好幾年，而不會造成任何傷害。但是肺結核那時候還無藥可醫。（在一九二八年發現了盤尼西林，不過要到第二次世界大戰之後才會廣泛使用。）但是蜜爾崔德已經無法自拔的愛上了傑克。他們在一九三〇年結為連理，並且出發前往中國，想到天津開設商店。

天津是最靠近北京的主要港口，當時的英文名稱寫作「Tientsin」（現在則是「Tianjin」）。它是中國因鴉片戰爭失敗後被迫開放的「通商口岸」之一。外國商人在那裡的經營可以不受到中國法律的限制；蘇珊寫道，對於外國人來說，這表示有「別墅、旅館、鄉村俱樂部、馬球場、教堂、醫院和保護他們的軍隊駐屯」。而對中國人來說，那裡則是「一塊封閉的區域，由鐵絲網圍起來；所有住在那裡的人進出時都需要出示通行證，只有家裡的幫傭是唯一會到那裡的中國人」。[12]

在蜜爾崔德對中國的回憶中，這些僕人總是很重要。其實，當時因為日本的侵略和內戰而使那塊土地飽受蹂躪，不過新婚的羅森布拉特夫妻還是享受了他們的黃金時代。她的朋友保羅・布朗記得「她很喜愛這種生活方式。有那些僕人們。有人幫她煮飯、服侍她。生活中似乎就只有美麗的衣服、其他美麗的東西、大使館的宴會。」[13]在蜜爾崔德的餘生中，她不時會送給朋友一些中國的小飾品當作禮物。布朗說：「她當真有一些讓人很驚奇的東西。那些中國人的小小手做出來的中國小東西實在很漂亮。」但是她這樣富於浪漫色彩的回憶，也不是合每一個人的胃口，她的女兒茱蒂絲就寫下：「她總是說，在中國，所有人都要伺候她做這個做那個，就連在小時候，我都覺得這些故事很討厭。」[14]

我們不太確定羅森布拉特夫妻到底在中國待了多久。他們大概沒有一直住在那裡。天津距離紐約如此遙遠，當傑克在一九二四年回國時，從上海橫渡到西雅圖，需要花上十六天；整段行程則需要將近一個月。海關的紀錄顯示他們結婚之後，幾乎每年都有從紐約入關，有時候前一站是海灘勝地（他們大概是去那裡度假）。[15]就連一年要去中國一次，都是件很困難的事。即使是對身體健康的人而言，都是一段筋疲力竭的旅程：對傑克來說勢必很不容易，因為他的肺不好；而對蜜爾崔德來說也不容易，因為算起來，她在懷孕期間去了兩次。

但是中國始終占據了蜜爾崔德的幻想。她們位於大頸區的家中——蘇珊剛出生時就是在那裡度過的——塞滿了中國的紀念品。蘇珊寫道：「在中國殖民的人喜歡中國的文化，更甚於他們自己的文化。他們的房子會成為小型的中國藝術品博物館。」[16]這樣的室內裝飾又成了另一種謎樣的遺留物。茱蒂絲寫道：「中國總是在這間房子裡無所不在。這是母親用來抹殺現在、讓她想起『光榮過去』的方式。」[17]

——

傑克的精力也表現在其他地方。蘇珊記得他有一個情婦，[18]茱蒂絲則說他是「花花公子」。[19]或許這也反映出他痛苦地意識到自己時日無多，因此決定要充分利用時間——就像是他女兒蘇珊在日後所做的事。蜜爾崔德究竟知道嗎？我們猜想女孩們應該就是從她們的母親那裡得知的。那麼她在意嗎？蜜爾崔德後來的生涯顯示她對性的關注度不高。蜜爾崔德就像是許多在孩提時失去父母的人一樣，想要受到照顧；所以我們也可以理解為什麼她對中國最深情的記憶，其實是那些僕人們。傑克．羅森布拉特也把她照顧得很好。

她對於照顧別人比較沒有興趣——或者說比較沒有能力。除了從中國帶來一些講究的傢俱之外，她還帶回來一些育兒觀，這強化了她要將孩子保持在視線之外的天生傾向。她會用贊同的語氣說：「中國的小孩都不會打破東西。」「在中國，小孩子是不發表意見的。」[20]不管中國是不是當真如此，這些觀念反映出這位女性完全沒有把心思放在成為一位母親上，她並不想要改變她和丈夫一起度過的冒險人生，替換成育兒這樣沉悶的工作。茱蒂絲說：「我們的母親從來不知道如何當一個母親。」[21]當養育孩子成為一件苦差事的時候，蜜爾崔德就又坐著船出航了。「要如何說明這個傳開來的迷思呢？」茱蒂絲說，當傑克和蜜爾崔德在國外的時候，女孩們其實都是交給親戚照顧。但是「親戚也都有各自的問題」。所以女孩們從很小的時候開始，就是被扔在長島，由她們的保姆蘿絲·麥克納爾蒂（Rose McNulty）——她是一名愛爾蘭裔的德國人，長得像隻「有雀斑的大象」——還有一位叫作內莉（Nellie）的黑人廚師照看。這幾位女性像母親一般照料著蘇珊和茱蒂絲。但是孩子還是想要自己的母親。雖然桑塔格很少公開這麼說，不過她的日誌透露出她對蜜爾崔德的迷戀。

蘇珊小時候會把她母親當作幻想中的女主角。「我搬演了《小勳爵范特勒羅伊》（*Little Lord Fauntleroy*）的情節，那是我在八歲或九歲時讀到的」，她寫道，「像是叫她『親愛的』。」[22]她的文字讀起來比較像是個掛心的家長、或是熱情的另一半，而不是一名年幼的女兒。她在二十三歲時的低語是：「親愛的，原諒我只能短短地說幾句話，因為現在已經晚了（凌晨三點）＋我也有點流淚。請妳好好的＋萬事小心＋做好一切。我對妳感到生氣＋我也想念妳。」[23]

蘇珊的第一個女朋友——海芮葉特·舒默斯·斯威林（Harriet Sohmers Zwerling）——也是在大約這個時候見到蜜爾崔德，舒默斯說：「她真的很愛她母親。她總是批評她過於殘忍、過於自私、愛慕虛榮，但是她的語氣，就像是深愛對方的愛侶在談到對方時那樣。」[24]

——

蜜爾崔德的虛榮心，還有她對於髮型、化妝和服裝的注重，也投射到她的心理：她一直美化醜陋的現實，這點甚至讓她的女兒茱蒂絲形容她是「抗拒女王」。[25]母親如此堅決地避開一些不愉快的話題，常讓蘇珊感到挫敗。有一年她邀請母親來慶祝她的生日，便發生了以下對話：

蜜：（說她最近作了結腸鏡檢查——結果為陰性）——

我：「妳為什麼沒有告訴我這件事？」

蜜：「妳知道的——我不喜歡這類瑣事。」[26]

她在婚禮結束之後，才把再婚的事告訴女兒們。蘇珊的外公去世時，她也沒有把這件事告訴蘇珊，她只是說：「我猜他不是很想當曾外祖父。」[27]（當時蘇珊正在懷孕。）蘇珊的父親過世時，她也沒有說——最後終於說出來的時候，還謊報他的死因和埋葬地點。（幾十年後，當蘇珊想要找到父親的墓穴時，便因為這個錯誤資訊而吃足了苦頭。）

蘇珊在年輕時為自己寫了一本回憶錄，其中也提供了另一個例子，說明她如何不願意講出細節——這本自傳唯一虛構的部分就是名字有稍作更改。

那是在露絲三歲的那一年，有一天晚上，她的客人特別盡興，她的丈夫也比平常顯得高興許多，納桑森太太第一次感到了次女誕生前的陣痛。她又再喝了一輪。一個小時之後，她走進廚房，廚房幫手瑪麗正在那裡工作，納桑森太太要瑪麗幫她鬆開她穿的那件昂貴孕婦裝上的鉤子。當納桑森太太跪下來、發出呻吟時，從客廳還可以聽到笑聲和打破玻璃的聲音。

不要驚擾任何人。

兩小時之後，瓊安就出生了。

蜜爾崔德不認為這是在說謊，她認為遺漏細節是出自好意，是一種圓融：那是她對別人的體貼，她也希望別人這麼對她。蘇珊想像她應該是在說：「對我撒謊，因為我很脆弱。」她始終認為母親脆弱到無法接受事實，她也堅信「誠實等於殘酷」。有一次蘇珊責備茱蒂絲對她母親說了實話，蜜爾崔德也贊同這個責難，她還說：「沒錯。」[28]

茱蒂絲認為「蘇珊花了生命中大把時間想要理解母親」。[29]蘇珊也看到，是蜜爾崔德的淺薄形塑了她自己的個性：「我是蜜爾崔德所生，也與她一起長大——她是如此專注於表面——我直接潛入了她的內在生活。」[30]但是她沒有看出蜜爾崔德的淺薄本身是如何形成的：她是如何、又為什麼會成為「抗拒女王」。

如果快速地回顧一下蜜爾崔德的前段人生，我們會發現她遭遇了一連串逆境，這卻沒有讓她形成更強悍的人格。莎拉．利亞死於食物中毒，當時蜜爾崔德只有十四歲，她在餘下的人生中「極少」談到莎拉·利亞，但是她的女兒發覺她受到很深的傷害。茱蒂絲還記得有一次，她和蜜爾崔德去尋找博伊高地那間「漂亮的小屋」，也就是蜜爾崔德在母親死前居住的地方：一看到那間房子，蜜爾崔德就哭了出來，那附近只剩下斷垣殘壁了。

蘇珊也回憶起有一次和蜜爾崔德的一趟旅程，她們要從中國穿越當時在史達林統治下的蘇聯。到達她母親的出生地時，蜜爾崔德想要下車。但是在一九三〇年代的當時，專供外國人乘坐的車廂門是封閉的。

——火車在車站停了幾個小時。

——老婦人們輕輕地拍著冰冷的車窗玻璃，希望出售她們的微溫啤酒飲料和橘子。

——母親哭了。

——她希望親自感受腳踏在她母親出生的這塊土地的滋味。哪怕只一次。

——她沒有得到准許（並且被警告，如果再要求下車，哪怕只要求一分鐘也會被逮捕。）

——她哭了。

——她沒有對我說她哭過，可我知道她哭了。我看得出來。[31]

——

她會在那臺火車上哭泣還有另外一個理由。就在一九三八年十月十九日，傑克・羅森布拉特終於不敵與他纏鬥半生的疾病，而在天津的德美醫院（German American Hospital）病逝了。他和莎拉・利亞一樣，死於三十三歲。

蜜爾崔德並沒有直接航越太平洋，而是策劃了一個堪稱是任性的複雜行程。她把整家的中國式傢俱打包，送上一臺火車，直接坐到滿州——當時的滿州是日本用以侵華的傀儡政權——接著又穿越了蘇聯和整個歐洲，然後才登船前往紐約。就是在這趟旅程中，她唯一一次到了母親在波蘭東部的出生地。茱蒂絲說：「她把這些廢物都帶回來了。」她的行李中還包括傑克・羅森布拉特的遺體，她一回來之後，就把傑克安葬在皇后區。在紐約的蜜爾崔德顯得完全不知所措。在蘇珊的詢問下，她坦承：「從中國回來之後，我就試著隱藏我自己的感覺。我父親是這麼養育我的。像是安妮姑姑的死——他就沒有告訴我。」[32]蘇珊和茱蒂絲沒有被允許參加葬禮；而且蜜爾崔德過了幾個月時間，才告知她們父親的死訊。在她終於告訴蘇珊之後，她就叫這個小學一年級的女孩出去玩了。[33]

蘇珊在《疾病的隱喻》中檢視了與疾病相關的謊言，她引用了卡夫卡：「一談到結核病……每個人的聲音都立刻變了，嗓音遲疑，言辭閃爍，目光呆滯。」[34]那個疾病就和癌症或是後來的愛滋病一樣，是一種可恥的疾病，蜜爾崔德還告訴蘇珊說她的父親死於肺炎。[35]待蘇珊長大之後，蜜爾崔德也幾乎不曾再補充任何「細節」，她還竭力抹除關於丈夫的所有記憶。結果就是蘇珊幾乎不知道任何關於傑克・羅森布拉特的事，她在三十年之後寫道：「我不知道父親的筆跡是什麼樣子的。甚至不知道他的簽名是什麼樣子的。」[36]蘇珊在一九七〇年代首度造訪中國，在行前準備中，她草草地寫了一些關於她父親的筆記。在這些筆記中，這位極力追求事實的女性卻把她父親的生日搞錯了一年以上。[37]

——

傑克去世的時候，蜜爾崔德三十二歲。她成了寡婦，並且重新回到一個她似乎一心想要避免的美國中產階級家庭主婦生活。但是她從來不曾抱怨。在下半個世紀中，她反而始終以美好的面目示人，每當事情變得難以控制時，她就會走出房間，拿起伏特加和藥，私下治療她的悲傷。也難怪中國，這個她生命中的大冒險所發生之地，日後會永遠縈繞在她的心頭、揮之不去。

中國也不曾從她女兒的腦海中離去。蘇珊最早、而且最主要的地理幻想對象就是中國，還遠遠超過法國；她日後對法國的文化才比較有感。中國是「由翡翠、麻栗樹、翠竹和油炸狗組成的風景畫」。[38]中國也可能是另一個原點，將帶來另一段生命：「去中國就彷彿再生一般嗎？」[39]對蘇珊和茱蒂絲而言，中國有一股強大的魅力，她們明明是在曼哈頓出生的，但是她騙同學說她是在中國出生，好加深他們的印象。蘇珊寫道：「我在學校裡說自己是在那裡出生的時候，我在撒謊。然而這僅僅是龐大而豐富的謊言中的一小部分，我的撒謊行為會被寬恕的，那麼我的謊言就成了一種事實。」[40]

她沒有說那個更大的謊言究竟是什麼。但是關於中國的故事是她的第一個虛構故事，在故事中，她一次又一次回到中國。在一九七〇年代早期，在她那失敗的電影製作人生涯中，她曾經想要寫一個劇本，其中的主角是天津英租界裡的一對富有夫妻。得了肺結核的父親「喜愛賺錢的活動」，但是他「出身貧民窟的背景」讓他有一種「社會自卑感」。這對夫妻有僕人服侍他們，還被保護在鐵絲網裡面，遠離那令人反感的、中國人會當街直接撒尿的中國。「妻子：古怪」，這是蘇珊對母親的描寫。在下一頁中，她還問道：「將蜜爾崔德（可憐的蜜爾崔德）設定為極度古怪的人怎麼樣？」[41]

那個時代以及傑克．羅森布拉特所留下的，就是一些已經沒有辦法觀看的捲盤影片和「一些照片」，它們能夠顯示蘇珊的父親曾經活著。但是完全沒有任何東西可以幫助她想像父親已經死了。蘇珊什麼都不知道——日期、死因、葬禮、墓穴或是任何看得見的感傷——她「不相信」父親真的已經不在了。[42]「那顯得太不真實。沒有證據說他已經死了，我一直夢想有一天他會突然出現在玄關，這樣的情況持續了好幾年。」這個幻想發展成她自己作品中探討的「假死主題」——一再重複發生的奇蹟，還有「始終在心裡關著另一個人的彈跳傑克箱（Jack-in-the-box）」。[43]

「傑克」這個名字就只是巧合嗎？這樣「沒有終點的痛」[44]永遠跟著她，一而再、再而三地出現，她的兒子寫道：「在她最後的日子裡，她嘴裡還一再念著。」[45]

第二章 彌天大謊

在一九四九年，就在蘇珊剛進入芝加哥大學之後不久，她與一群大學新鮮人在食堂裡聊天。其中一個位名叫瑪莎·埃德爾海（Martha Edelheit），她提到在成長的過程中，夏令營讓她免於「完全瘋掉」。蘇珊則回應：「夏令營真是我碰過最糟糕的事了。」瑪莎繼續形容她在波科諾（Poconos）參加過的「箭頭夏令營」（Camp Arrowhead）有多麼進步的制度。蘇珊則叫了出來：「那就是我被送去參加的夏令營！結果我跑掉了。」

瑪莎這才驚訝地發現坐在她對面的這個人是誰：她就是從「箭頭夏令營」逃跑的那個女孩，她一直是瑪莎孩提時代的一個謎。那時候瑪莎七歲，而蘇珊則是六歲。瑪莎回想：「夏令營的所有人都在半夜裡被叫醒，因為有一個孩子不見了。」州警官也被叫來了。「大家都怕得要死。」而現在，經過了這麼多年之後，那個傳奇的女孩卻在她完全意想不到的地方現身了。瑪莎還記得：「她一定很痛恨那裡。她絕對很討厭那裡。完全不想要待在那裡。但是沒有人聽她說。」

這次逃跑是她對於兩件難以承受的創傷做出的回應：她父親的死——在一九三九年夏天，蜜爾崔德告訴她了嗎？——以及她對於缺席的母親的渴望。當她談到母親時，她說：「我一直想要得到她的注意，我總是會做點什麼搏取她的注意，以獲得她的愛。」[1]但是根據瑪莎的說法：「她母親卻把她扔在夏令營裡，這樣她自己才能夠做她必須做的事。」[2]

對於一個不久前失去丈夫、而且才剛繞過地球半圈的女性而言，我們可以理解她需要休息一陣子。但是蜜爾崔德幾乎是從蘇珊一出生就把她扔在一邊了。對於被拋棄的恐懼——而且因為害怕被拋棄，必然的結果就是想要先拋棄別人——就成了蘇珊個性的特徵。

—

蜜爾崔德必須要重新適應一個截然不同的環境。她有錢。「公誠皮毛公司」每個月還是會分配給她多達五百美元，相當於二〇一八年的八千多美元。但是公司在傑克的弟弟亞倫手中，狀況並不太好，全家族的人都知道他能力有限。戰爭也有帶來損失。幾年以後，這筆收入就開始枯竭了。[3]

蜜爾崔德並不窮，不過丈夫的死依然表示她逃離的機會變少了。她似乎一直試著在尋找新生活，而且不停搬家。她賣掉了大頸區的房子，搬到紐澤西州的維羅納（Verona），當時她父親住在蒙特克（Montclair），她在離父親不遠的地方住了一小段時間——或許兩個人相隔太近了，因為不久之後她又逃到邁阿密海灘，並於一九三九到一九四〇年間和女兒住在那裡。過了一段不算長的時間之後，她又再度回到北方，長島的伍德米爾（Woodmere）。一年之後的一九四一年，她搬到皇后區的森林小丘（Forest Hills），直到一九四三年才又再次橫越大陸，前往圖森（Tucson）的沙漠地帶度假地。後來她就一直待在她長大的西部，在那裡度過餘生。

這樣的四處周遊——這也在她女兒的生命中留下記號——一路上還伴隨著一個致命的化學物。在為她的丈夫誌哀、也試著為自己尋找新生活的時候，蜜爾崔德開始沉溺在酒精中。她從來沒有和蘇珊提過這個問題，也似乎沒有和其他任何人提過；她還是和以前一樣注意自己的外表，例如她會一邊啜飲著一口裝在高腳杯裡的加冰伏特加，一邊問她的訪客：「你要喝點水嗎？」[4]她無法處理世間的事，她大部分時間都待在自己的臥室裡，把家務事——包括她的孩子——交給內莉和蘿絲。

在幾年之後，蘇珊寫道：「我最深刻的體驗是冷漠，而非譴責。」[5]懶洋洋的蜜爾崔德似乎只有當身邊有男人時，才會突然活了過來。「我們有很多位叔叔。」茱蒂絲還記得。[6]「有時候，我們連他們的名字都不知道。……其中一個我就叫他『阿叔』。」[7]但是根據蘇珊一位朋友的回憶，當蜜爾崔德身邊沒有男人的時候，「這位母親當真就是賴在床上，還會對蘇珊說：『我的天啊，我最親愛的寶貝，如果沒有妳，我今天真的過不下去。』」[8]

每當出現一位「叔叔」，或是蜜爾崔德不能承受打擾時，她就會切斷與外界的聯絡。蘇珊在她的日誌裡寫道：「我小時候，M（母親）也會不回應我。這是最嚴重的懲罰，也是最嚴重的挫折。她總是『關著』，即使不生氣的時候（酗酒也是這樣的癥狀）。但我會一直試。」[9]

蜜爾崔德可能不知道怎麼當母親。但是憑她的美貌和對外表的重視，她當然知道怎麼吸引男性目光，

她甚至還會尋求女兒的幫助。她很喜歡有人誤認她和蘇珊是姊妹——如果蘇珊和茱蒂絲會讓她看起來比較年輕，她就喜歡帶著兩姊妹在身邊；如果她們會讓人「看出她的年紀」，她就不怎麼歡迎兩姊妹了。[10]

這個早熟的女孩在很小的時候就知道怎麼讓蜜爾崔德注意到她。蘇珊寫道：「我母親是個情愛聖手，這點讓我感到很高興。她會和我調情，讓我覺得很興奮；我也會作出（因為她而）興奮的樣子。」[11]當沒有「叔叔」出現的時候，蘇珊就會扮演這個角色。蜜爾崔德會懇求她：「不要離開我。握住我的手。我怕黑。我需要妳在這裡。我最親愛的，我的寶貝。」[12]因此她便成了她母親的母親，她也變成蜜爾崔德的丈夫，被迫要與這位美麗、年輕寡婦周圍的眾多追求者競爭。她寫道，在這樣的調情中，「我好像贏過了她背後的一眾男友，他們各自宣稱她的時間是與他共度，但還不至於聲稱自己獲得了她的深層感情（不過她對我這樣說了好多次）。她和我在一起時。是個『女性』；我扮演了她身邊那個害羞的、仰慕她的男孩。我是細膩的；對比於那些男朋友的粗俗。我愛著她；我也在扮演我愛她」。[13]每當蜜爾崔德與男人進行得不順利的時候，她總是還有蘇珊。

蘇珊寫道，她的母親認為她有「神奇的力量」，「母親也知道如果我收回了這些力量，她會死」。[14]她讓孩子擔負這樣沉重的責任；不過，蜜爾崔德也讓蘇珊感受到被拋棄的威脅，每當有一個更重要的人出現，她就會被推到一邊——這也預示了蘇珊後來的幾段關係。蘇珊就生活「在持續不斷的恐懼中，害怕她會突然且任意地退出」。[15]蘇珊從蜜爾崔德那裡學到要不時收回關心，這樣才能夠一直點燃情愛的火花。

蘇珊說這就是她「感受到最多的事」。它帶來一種像是性虐待般的互動，這在蘇珊的人生中還會不時重演。在她長大的這棟房子裡，愛不是無條件給予的。相反地，愛的提供是一時的，只有想到時才會被扔出來：這是一場沒有贏家的遊戲，而蘇珊對規則知之甚詳。蜜爾崔德「需要」蘇珊，並強迫她的女兒保護她。蘇珊有多希望母親能夠需要她，就有多麼瞧不起蜜爾崔德展現出來的「痛苦和軟弱」，而當蜜爾崔德看起來可憐兮兮到令人受不了的時候，蘇珊也只好讓步了。[16] 蘇珊寫道：「當她需要我，但我不想從她那裡挑引出任何東西，我就會感到受到壓迫；想躲掉，假裝我沒注意到她的請求。」[17]

在蘇珊日後的人生中，將出於各種不同的理由而譴責「標籤」。她婉拒了把作品收錄在「女性作家選集」的提案。她告訴達瑞爾・平克尼（Darryl Pinckney）不要老是談論黑人的民族性，也叫埃德蒙・懷特（Edmund White）不要專注在同性戀主題：她相信作家應該努力突顯個人，才能為大家所接受。不過，雖然沒有幾個人像蘇珊・桑塔格這麼強烈地讓人感受到個人特性，但是——幾乎要說是諷刺了——她其實是一名酗酒者的成年子女，也具有這類人的所有弱點（以及他們的力量）。

蘇珊日後強調癌症會對人造成打擊；這與該人的品格是否高尚無關，或與他在性方面有多麼壓抑、有沒有用一些設計過的婉轉說法否認這件事無關。癌症就是一種疾病。通說是酒精中毒也是一種疾病——因為它有症狀。它和其他病變一樣，都有可預測的模式。

它如何影響到酒精中毒者的小孩也是可預測的——但是直到蘇珊長大許多之後，才完全了解到這件事。到了二十五歲之後，蘇珊才知道：「我甚至沒有真正當過小孩！」[18]這句感嘆總結了問題的核心。珍妮特・沃伊茨（Janet Woititz）是這種症狀早期的專家，她問過一個問題：「什麼狀況會使得一個孩子不再是一個孩子呢？」答案是：「當他和酒精中毒者一起生活的時候。」[19]

蘇珊一直都知道她掌握著母親的生活，而像她這樣的小孩，通常都想要極力表現完美，也都非常擔心自己無法承擔責任——她的母親也說蘇珊「異常地守規矩」。[20]如果察覺到自己失敗了，酒精中毒者的小孩會深受自卑感所苦，不論受到多少稱讚，她總是覺得自己有所不足。她也沒辦法把愛視為理所當然，所以長大成人之後，還是始終需要別人的肯定——但是在受到肯定時，又只是一味拒絕。[21]

的確，桑塔格的個性中有許多明顯不討喜的面向，後來也都發現這些可以用她的酗酒家庭背景加以解釋。例如她的敵人會指責她太把自己當一回事，既死板又缺乏幽默感，她甚至對一些瑣碎的小事都不放棄掌控，也讓人很費解。但是沃伊茨的解釋是：「酗酒家庭的小孩的確不受控制。因為他很早就開始需要負擔自己的環境。」[22]這種小孩通常也是騙子：他們知道不可以把家裡的真實狀況告訴其他人，他們會打造精巧的面具，然後自己也躲在這樣的幻想中。他們是自己雙親的父母，不被允許有一般小孩的粗心大意，他們會過早有一種正經八百的態度。但是通常在長大成人之後，那個「異常守規矩」的面具就會滑落，跑出一個早該出現、卻錯過時間的小孩。

「抗拒女王」蜜爾崔德會逃避現實，蘇珊也會。不過她的出逃比較有效。她是「住在家裡的外人」，[23]她最想要的就是逃離。她最早的記憶之一就是逃走的欲望。她問自己：「那個想去中國的聲音是誰的聲音？一個孩子的聲音。一個不滿六歲的孩子的聲音。」[24]她想像「世界上到處都是被壓迫的勞苦大眾和丫環奴婢。到處都是殘酷的地主們。都是傲慢的滿清官吏們，他們雙臂交叉，把長指甲插進袍子的寬袖筒裡去」。[25]

這有部分是出自她對父親的渴望。但是小說中這些出於想像的語句，則要歸功於她的母親。蜜爾崔德讓蘇珊想要逃跑，也教給她逃跑的方式。蜜爾崔德罕見卻真實發揮母愛的例子中，其一就是她教自己的女兒讀書。保羅·布朗記得：「她會把女兒的名字寫在黑板上。接著她會唸『蘇珊』，然後指向女兒。蘇珊會跟著發出聲音。然後她會再寫另一個字。等蘇珊也唸出這個字之後，她就又再寫另一個字，接著又是再下一個字。然後她便開始說明這些字。蘇珊是在兩、三歲的時候學會唸這些的。」[26]

閱讀讓蘇珊把現實的角色重作安排，並加以美化——例如讀完《小勳爵范特勒羅伊》之後，她想到可以把自己完全不了解的母親稱作「親愛的」。當她必須逃離時，書籍讓她可以把門關上，蜜爾崔德寫道：「當妳有什麼不喜歡的東西，妳只需要走進房裡、開始讀書。」[27]比較快樂的孩子大概成不了這樣有功力的讀者。蜜爾崔德鼓勵她住進了一個童話般的世界。

蘇珊的母親一定也會對蘇珊如此早熟的唯智主義「望而生畏」，[28]因此，她和後來許多的人一樣，都很怕蘇珊的評論。例如蜜爾崔德會偷偷看《紅書》（*Redbook*），那是一本給中產階級家庭主婦看的雜誌，但她會很羞愧地把它塞在床罩下面。[29]蘇珊為了不要讓母親感到難堪，也會保持沉默，假裝沒看到。蘇珊寫道：「我只好乖乖地盡可能不要去看，不要刻意記住、甚至是以我所見來蓄意批判她。」[30]

她寫道：「我長大之後既想看又不想看。」[31]在假裝不看母親的過程中，她最後當真變得看不到她了，她有時候會「盲從臣服」，[32]有時候又完全相反。她在蜜爾崔德去世之後告訴一個朋友：「我母親是一個糟糕的人。」[33]在與另一個人對酒精中毒作深入的討論時，她還告訴那個人：「我沒有母親。我有的就是這種冰冷的感覺——只有挫折。我一直在試著得到她的注意、得到她的愛。我沒有母親。」[34]

蘇珊小時候把母親看作幻想中的女主角，就跟諷刺漫畫差不多。她的愛人之一曾經說過：「她完全無法理解別人發生了什麼事。我是指我們在日常生活中隨時會發揮的感受性。例如『你在想什麼、你感覺到什麼、你身處其中的哪裡』，蘇珊對於這些事毫不敏銳。」[35]她沒有看到她的母親是因為感到沮喪，所以想要從真實生活中暫時解脫；蘇珊知道「〔她母親〕是誰與她是怎樣的人是個天大的謊言」，[36]但她似乎沒有看出這個彌天大謊和她自身是什麼樣的人也有關聯。她還譴責謊言帶給她「欺騙」的感覺。雖然她想要拉開自己與這一切的距離（「我痛恨我體內的任何東西——特別是有形有狀的東西——那都像是她的」），但是就算否認，兩者之間的連結還是存在的。[37]另一個愛人告訴蘇珊，她「被自己的家庭形象所宰制：要當她母親的女兒」。[38]

第三章　來自另一個星球

在父親死後的那段時期，蘇珊依稀記得自己曾經提出過的一個問題：「你知道氣管和食道有什麼不同嗎？」[1]這讓我們可以在五歲的蘇珊・羅森布拉特身上看到日後的蘇珊・桑塔格。

記憶中的其他片段也暗示了蘇珊的心理狀態。她記得她的叔叔索尼帶她下水到了離岸很遠的地方，讓她感受到一種不嚴重、但是持續了很久的恐懼；她還記得後院的帳棚裡有一隻蜘蛛、精神病院的地下室散發著尿騷味。[2]她那時候開始氣喘，可能也是因為焦慮。這種病經常是因為情緒上的混亂而誘發的，窒息的經驗對一個大人來說已經夠恐怖了，對小孩子來說當然更是如此：生命中的第一個疾病勢必是震天駭地的。

她說，「在哮喘病周期性發作的夢魘中，她害怕被活著掩埋」，[3]雪上加霜的是她母親無法面對這樣的困難局面。在一本未出版、只是改了當事人名字的回憶錄中，蘇珊寫道在她氣喘發作時，蜜爾崔德「總是最不知所措的一個，她受不了看到女兒推開蓋在身上的被單、跪在床上、儘量朝著天花板伸展、讓自己能夠呼吸」。[4]

蜜爾崔德無法待在房間裡。但她並不是對蘇珊的病無動於衷。一九三九年，她一年多來第三度帶著包括內莉和蘿絲在內的全家，打包行李上了火車，前往佛羅里達。蘇珊對這次旅程的記憶不多，但是她記得在一路上，她一直問一個問題：「媽，肺炎這個字怎麼拼？」[5]

她試著把心思放在那個難以理解的疾病；蜜爾崔德告訴她就是那個病害死了她的父親：因為結核病這個字對當時的她來說，還太難發音。但是在她大口喘氣的時候，得知她的病因——和她父親一樣——是在肺部，一定也頗令人提心吊膽。雖然她幾乎沒有寫到她在佛羅里達是如何度過，但是她在邁阿密海灘，應該更有機會了解肺部的疾病和療養院這個機構，而這機構在她的人生中還會一直出現。

她對於佛羅里達的記憶是「椰子樹，和像摩爾人一樣用灰泥粉刷的白色房子」，[6]她的祖母羅森布拉特也來看她們，還告訴她世界上沒有聖誕老公公。[7]

——

邁阿密過於潮濕，這點對氣喘不好，因此這家人在那裡待不到一年。蜜爾崔德在一九四〇年又攜家帶眷回到紐約，她們在長島的伍德米爾暫時下車。那裡就是剛過艾德威爾德高爾夫球場（Idlewild Golf Course）的地方，也就是今天的約翰·甘迺迪國際機場，不過蘇珊似乎對伍德米爾沒有留下什麼印象。但是她對「森林小丘」——蜜爾崔德在一九四一年舉家搬到那裡——有留下印象。

蘇珊在「PS 144」這所學校就讀五、六年級。沃爾特·弗雷根海默（Walter Flegenheimer）是那裡一個年紀比較大的同學，有一天，弗雷根海默在學校操場被一個年紀比較小的女孩子搭話，女孩子問他是不是和朋友一起參加「資優學童」課程。她說自己在本學年中才入學，來得太晚了，所以無法參加，而聽到他們回答「是」的時候，她鬆了一口氣。她問：「我可以和你們說話嗎？我班上的孩子都太笨了，我沒辦法和他們說話。」

蘇珊是個有趣的人，她的機智也深深吸引了這些比她年長的男孩子。他們成了好朋友，而且弗雷根海默很驚訝地發現蘇珊比他們小兩歲。「她的智力肯定和我們差不多——而且我們還是資優生呢。」他們常常一起在操場玩，還去過羅森布拉特家，他在那裡短暫看到了「一位很有魅力的女士」——蜜爾崔德，「她比我熟知的任何一位母親都更脫俗得多」。

弗雷根海默說：「我不記得蘇珊對文學或寫作特別有興趣，或是會掛在嘴邊。」他印象最深的是她超凡的個人魅力。蘇珊「從來不會鬆懈」——有時候甚至「有點太努力了」，但是她的確有「明星的素質」，讓人一看就知道她是個天生的偉人。

> 我二、三十歲的時候，常會在某些地方尋找蘇珊．羅森布拉特的名字，因為我知道她一定會成名的。結果我找不到蘇珊．羅森布拉特的名字，於是我便想：「噢，我猜她沒有出名。」[8]

——

在「PS 144」的操場上，蘇珊還沒有開始談論書。但是從她對弗雷根海默的開場白也看得出來，她已經知道自己和其他人格格不入。她在學校很無聊、在家裡不開心、身體也不好，一直憧憬更好的事物。但是這位激勵了各地愛書女孩的女性，在她自己還只是個愛書女孩的時候，並沒有太多行為楷模。

女權主義評論家卡洛琳・海布倫（Carolyn Heilbrun）曾經寫過：直到很近期，都還只有「皇家女性、或是在著名男性的人生中可以記上一筆」的女性，會被認為值得立傳。我們看不到哪位女性靠著自己的成就取得重要性。「過去只有盡力為男性奉獻的女性會被傳頌；在一九七〇年之前，如果年輕女孩想要從女性傳記裡學到更多，她們只有極少數、或是甚至沒有任何範例。」[9]就連像維吉尼亞・吳爾芙（Virginia Woolf）這樣無可置疑的卓越作家，美國評論家泰斗萊昂內爾・特里林（Lionel Trilling）在一九六〇年代都還認為她不值得重視。[10]特里林的妻子也苦澀地開玩笑說：不論她自己的成就多麼有價值，她的訃聞大概一定只會寫說：「黛安娜・特里林（Diana Trilling）享壽一百五十歲。著名的教授與文學評論家萊昂內爾・特里林之遺孀。」[11]

桑塔格那一代的女性知識分子中，經常在回憶錄裡提到一個很重要的例外。伊芙・居禮（Eve Curie）在一九三七年出版了《居禮夫人傳》（*Madame Curie*），蘇珊也在她七、八歲的時候很快地讀了這本書。她說：「那讓我想成為一名生物化學家、獲得諾貝爾獎。」（即使她沒有達到這個目標，但是酸楚程度也不可能比伊芙更甚，伊芙的母親、父親、丈夫、姊姊和姊夫都得了諾貝爾獎——她母親甚至還得過兩次。）蘇珊後來寫道：「我不知道這對女性來說是很困難的事。」[12]

這位她「童年時的超級偶像」[13]具有終身的魅力。蘇珊在最後的十年中，考慮過寫一本關於居禮夫人的小說。[14]居禮夫人的地位崇高又令人生畏，她讓蘇珊想要知道自己的才智是不是也夠格得到諾貝爾獎。不過她很快就知道自己的才華——「有點太努力」——是一大利器。「我認為只要下定決心，我什麼都做得到（我要成為一個化學家，像居禮夫人一樣），我只要堅定不移、比別人更在乎重要的事，必能達到我想要的成就。」[15]

——

蘇珊也從閱讀中學到了社會主義英雄該有的社會責任。她在森林小丘讀過一本加拿大醫師白求恩（Norman Bethune）的漫畫書——白求恩是一名共產黨員，他參加過西班牙內戰，然後前往中國，協助過毛澤東，最後死在中國，並成為社會黨國際主義的模範烈士。[16]她還讀過兩本鋌而走險的越獄故事，分別是劉易斯．拉韋斯（Lewis Lawes）的《星星監獄兩萬年》（*20,000 Years in Sing Sing*）和雨果（Victor Hugo）寫不公與贖罪的偉大劇作《悲慘世界》。她告訴一名採訪者，她在九歲時讀了五冊版本的《悲慘世界》，這讓她「有幾個月時間都活在悲痛和焦慮中。芳婷被迫把頭髮賣掉的那一章，讓我萌生了社會主義的意識」。[17]

她對於受壓迫者的認同還出自另一個理由。她於森林小丘和家人共度時，一個至今仍難以想像的大災難橫掃了歐洲的猶太人；雖然納粹的恐怖一直要到戰後才完全為人所知悉，但是猶太人社群當然還是知道個大概。城市裡湧入數千名難民，其中包括蘇珊的朋友沃爾特．弗雷根海默，他是在德國出生的。

蘇珊的一生中，對於自身背景的態度也和她在其他方面的認同一樣搖擺。她告訴一名以色列小說家尤拉姆．卡紐克（Yoram Kaniuk），說她「第一，是猶太人；第二，是作家；第三，才是美國人。」[18]

這讓卡紐克「感到震驚」，因為「他沒有把她身上的任何東西與猶太人連結在一起」。別人也同意這個說法。電影學者唐・埃里克・萊文（Don Eric Levine）說「蘇珊並沒有猶太人的樣子」——他也認同「如果她想要表現得像個猶太人，她就會試著擺出漢娜・鄂蘭的樣子」。[19]一名波蘭作家雅洛斯瓦夫・安德斯（Jarosław Anders）和一群美國作家一起周遊波蘭時，來到奧許維茲集中營，他記得約翰・艾希伯里（John Ashbery）當時哭了出來。「但是她沒有。她也有談論這件事，談到歷史的操作，談到猶太人有幾個苦難的面向遭到了隱藏，但是這對她來說是智識面的挑戰，它是個議題，但不是個人面的。」

有時候，就像是在以色列人卡紐克面前，她會強調她的猶太背景。有時候，她就只是輕描淡寫。她告訴一名義大利朋友：她曾經踏進去的第一座猶太教堂是佛羅倫斯那棟相當富麗堂皇的「大猶太會堂」（Great Synagogue of Florence）——雖然她的繼父在樸素得多的聖費爾南多河谷也建過一間猶太教堂。[20]她告訴作家強納特・薩弗蘭・佛爾（Jonathan Safran Foer）：「我沒有猶太背景，也從來不慶祝逾越節（Pesach）」[21]——但是她妹妹還記得家裡每年都會舉辦逾越節家宴，也會慶祝其他猶太人節日。她的祖母只在符合猶太教教規的潔食（kosher）餐廳裡用餐；蜜爾崔德還會在陽臺上為她進行希伯來教育；蘇珊也為以色列捐過血。[22]

這些顯示她的家族並沒有什麼宗教狂熱。（其實蜜爾崔德也會讓女兒們佈置聖誕樹，還讓她們陪蘿絲去教堂。）她的童年應該就是一個很普通的美國中產階級猶太家庭的小孩童年，所以讓人很不解為什麼她要否認猶太人的背景。

對一個出生在希特勒掌權兩週之前的猶太小孩來說，在她尋常的猶太童年中，還帶有一份恐懼。無論她對自己的血源出身感覺有多遙遠，但她還是知道自己的出身會帶來危害。而即便她只是名義上的猶太人，她也知道「僅僅是名義上，對納粹來說就已足夠」。在戰爭期間，她「總是被一個一再出現的噩夢折磨著，在夢中，納粹士兵越獄，沿著本州南部逃跑，直奔我與母親和妹妹居住的城市郊區的平房，要來殺我」。[23]

這樣的危險不是只有發生在夢裡。某天在森林小丘，當她要從學校回家的路上，有人叫她「猶太髒鬼」，還拿石頭砸她的頭。她頭上的傷需要縫針，那次受傷也留下了其他傷疤。茱蒂絲談及這次攻擊時說：「我想這就是為什麼蘇珊這麼痛恨標籤。」[24]蘇珊會鄙視和避免標籤是很自然的事：標籤很危險，尤其是未經同意，就依種族、性別或性傾向加上的標籤。

不過，害怕被貼標籤，並非一定表示猶太人的苦難只「是個議題，但不是個人面的」。她終其一生總是在將個人的議題重新帶入智識領域，加以討論，愈是個人的議題愈著力。在一些顯然很枯燥的問題底下，可能掩飾或潛藏了抽象化的情感，這讓她檢討這些問題時有種意想不到的急迫性。她探討癌症的《疾病的隱喻》中，從來沒有提到自己的癌症。她有許多知識面的興趣和猶太人的受苦經驗直接相關，例如她寫道：猶太人大屠殺的照片讓她的生命一分為二。

就在戰後——或許就在她看到那些照片之後——她寫了一首詩，詩中總結了許多她日後的問題：關於如何記住，或者用她日後的說法來說，是關於如何看待別人的痛苦。

在集中營裡燒成灰燼的那些骸骨，
他們的肉體是在集中營裡被餓死、被射死、被打死、重傷致殘的，
降臨在你們身上的事，又重新回到我眼前，噢請讓我記住你們……

我不認為你們的骨灰將為任何東西帶來滋養、使它們長出果實，我不知道你們的死有任何意義，
或是因你們的死帶來任何好事：
原諒我沒有權力——也沒有權利——改變你們的死。

她知道看著這些重殘的軀體有多麼不堪，卻仍然——她當年是十二、三歲——決定要看個仔細。但是她也決定不要為他們的苦難硬是安插一個好結局，免得冒犯了這些受害者，而且她也很努力地專注於記住。她承諾「只要這樣痛苦的想像可以帶來任何機智的啟發，我便會盡力去找出來」。[25]她在接下來的生命中也的確這麼做了。但是她希望的方法不是接受一些直覺式的認同，因她認為恐怕正是這樣的認同造成了這場大災難。她寫道：相反地，「我做的是抽象的嘗試」。[26]

蘇珊的氣喘在紐約變得更糟了。為了得到更好的治療，蜜爾崔德決定轉往圖森，那裡的沙漠氣候從一九二〇年代開始，便吸引人們前去設立療養院和醫院。亞利桑那州的經營者在那時候想到一些被人掛在嘴邊的說詞，可以消除人們對那裡極端氣候的負面印象。「沙漠療養院」（Desert Sanatorium）的廣告堅稱不是要看熱度，而應該看濕度。他們承認「盛夏的確十分酷熱，不過由於空氣極為乾燥，所以中暑和熱衰竭並不常見，『比起溫度低很多、但是潮濕的地方，這裡的高溫絕對不會令人不舒服』」。[27]

或許在美國，沒有任何一個地方的環境比圖森更不像紐約了。它那空曠的街道、飆高的氣溫、原住民人口、邊陲的位置、外來的動植物，都讓蘇珊留下難以磨滅的印象。她的書中有一個角色對西南方沙漠的形容是：「從未有任何景觀讓他們感到如此敬畏而陌生，即便巴拿馬地峽的沼澤叢林也無法。」[28]她與這片景致的第一次相遇令她難以忘懷。搭了三天的火車之後，她狂奔著下了火車，擁抱她看到的第一棵仙人掌。茱蒂絲記得：「她以前從來沒有看過仙人掌。她滿手都是刺。」[29]

羅森布拉特一家搬進了座落於東德拉克曼街（East Drachman Street）二四〇九號的一間平房。今日，在城市延伸開來之後，它位於很靠近城市中心的地方，但是在一九四三年，那條街還十分髒亂、離文明很遠，從家裡走到亞利桑那旅館（Arizona Inn）只有幾條街的距離，但是蘇珊卻常在路上遇到響尾蛇。[30]那棟房子有四個小房間，地板是一塊最近才灌了混凝土的屋板，和蜜爾崔德之前在天津與長島的住所形成明顯的對比，所以很難想像她會在這裡停留很久。她和蘿絲、茱蒂絲、蘇珊以及她們的狗，萊西，一起擠在這間房子裡。對女孩們來說，房屋的大小其實不重要：熱天氣讓她們大多待在戶外，甚至是想要在地下找個洞鑽進去——後來她們當真有了自己的洞——她們在院子裡挖了一個洞，那也成為蘇珊和茱蒂絲童年的難忘回憶。

擁抱仙人掌似乎在暗示蘇珊沒能很輕易的融入圖森生活。她那年十歲；東德拉克曼街是她在四個州裡的第八個住址。她太常搬家了，現在又被帶到沙漠中央，她並沒有適應得很好。她在圖森的許多記憶充滿寂寞。她的第一所學校，卡特利納中學（Catalina Junior High），是「一場災難」。有個女孩子對她很好，但是她卻發現自己就是「不知道怎樣對她好」。[31]她轉學到另一所學校，亞利桑那陽光初中（Arizona Sunshine School）。隔年她十一歲的時候，又再進了另一所學校，曼斯菲爾中學（Mansfeld Junior High）。

蜜爾崔德死後，蘇珊開始研究她的疾病，她在日記裡草草寫了一句話。「酒精中毒者的孩子——感覺像是來自另一個星球的訪客。」[32]她缺乏可以相信的人際互動典範，所以必須看其他人、模仿他們。她進入曼斯菲爾之後，做出一個她自認為是「重大的決定——那是我十一歲的時候」。她宣誓：「我要很受歡迎」。然而就算是在那時候，她也寫下「我明白了外與內的區別」。[33]只有外部的人才有可能敏銳的感知這種差別。

——

蘇珊的兒子大衛・瑞夫（David Rieff）在為母親所寫的回憶錄中，形容他母親最大的焦慮——僅次於對死亡的恐懼——是「深刻地感受到自己永遠是無法得到安慰的局外人，永遠流離失所的感覺」。[34]

乍看之下，會覺得這個評論很令人吃驚。在文化的世界，蘇珊．桑塔格不只是一個局內人——她根本就是內部性的象徵。她的崇拜者對她的內部性深感崇敬，因為沒有人比她更能夠吸引藝術作品和藝術家的注意；詆毀她的人也承認她的內部性，只是指責她沒有——像他們一樣——吸引大家注意到真正該強調的目標。她體現了紐約散發的文化名聲，她的身上似乎也有曼哈頓的關鍵要素，這點是同時代的其他作家都比不上的。

不過在圖森時，她就已經是自己腦中覺得的那個人了：一個外人、一個格格不入的人。她對亞利桑那州不滅的回憶都寫在她的第二本小說《死亡之匣》（*Death Kit*）裡，書中的主角夢見他成為一個野獸孩子，徜徉「在圖森城外的卡塔利娜山脈（Catalina Mountains）下的薩比諾峽谷（Sabino Canyon）」。

> 狼孩不想成為動物。他羨慕人類的高級痛苦……他不想成為動物，可是又別無選擇。[35]

蘇珊的回憶中滿是陷入錯誤生活的感覺，她感覺自己的童年被判了「長期徒刑」。[36]她想要把妹妹塑造成自己的同伴，但是茱蒂絲的興趣不在此，蘇珊後來也承認「教導六歲小孩衣領下的骨頭叫鎖骨，或是教茱蒂絲四十八州的四十八個首府是沒有意義的」。[37]但是蘇珊仍然繼續訓練她的妹妹。茱蒂絲在七十年後，還是能夠背出「一〇六六年，黑斯廷斯之戰（Battle of Hastings）」。

她們在圖森是共用床的上下鋪，茱蒂絲說蘇珊總是睡上鋪。她解釋說：「因為如果床塌了，她才不會怎樣。」[38]茱蒂絲也知道她的讓床別有居心，於是便用一種她所不了解的力量來還以顏色、「折磨她」。

我躺在我的床上，她在上面看書還是幹麼，她的頭幾乎撞到了天花板。床的下面有一個五斗櫃，上面放了一面鏡子。我跟她說：「我會魔法。我知道妳正在做什麼。妳把手舉起來了。」

蘇珊好像被這種超能力的觀察嚇了一跳，她從來沒有注意到擺在她臉前面的這面鏡子。茱蒂絲說：「她在某些奇怪的事情上真的很笨。」其實，蘇珊直到死前不久才知道真相，那時候是在醫院，這對姊妹坐下來，為她們對彼此做過的錯事道歉。茱蒂絲終於坦白之後，蘇珊「還覺得很喜歡。她就是很高興。她從來沒有想通過這件事」。

——

就像她試過要讓蜜爾崔德成為好萊塢的女主角，她也想過要讓茱蒂絲提升到與她相同的智識層級，但是遭遇了阻撓，這不僅是因為她們倆的年紀和抱負有差，也是因為蘇珊沒有真正了解茱蒂絲。蘇珊在臨終前的對話中，說她一直很遺憾沒有看到茱蒂絲追求某種職業生涯，她堅持茱蒂絲應該成為律師。然而茱蒂絲反駁說：「但是蘇珊，我應該是這個世界上最不喜歡說理的人了。我會在踏進法院之前就失去生意。」

蘇珊沒有辦法形塑自己的妹妹，這反映出其實她和任何人都談不了許多她擅長的東西。她在家裡不快樂，在學校是個怪咖，在地理上也放錯了位置，她只好退回自己的內心，開始閱讀——而且漸漸地也開始寫作。她的日誌最後多達一百多冊，不過，最初就是從一本在街角買的筆記本開始寫起；那本筆記本是在圖森的高速道路與鄉村俱樂部（Country Club）的街角買的，她第一件關心的事就是希望找到一個能與她共鳴的讀者。「有朝一日，如果我有了要學著去愛的人，我會把這些都給他看：——這就是我的方式——這是我的孤寂。」[39]

她的孤寂因為出現了支持她的老師而稍獲緩解。有一個朋友說：「她不只是一個好學生。她是冠軍學生。」[40]不過，雖然她狼吞虎嚥讀了愈來愈多書，但是直到斯塔基（Starkie）老師（「我想我從來都不知道他的全名」[41]）來到亞利桑那陽光初中之前，都沒有人引導她閱讀。斯塔基老師曾經在墨西哥參加過美國遠征軍總司令潘興（Pershing）的軍隊，他把私藏的《少年維特的煩惱》和狄奧多．施篤姆（Theodor Storm）的《茵夢湖》（*Immensee*）借給蘇珊，開啟了她對德國文學的興趣，而且終生保有這種興趣。一個猶太女孩在第二次世界大戰期間養成了這種興趣，或許很古怪，但是這兩本小說都與注定失敗的愛有關，這也絕非巧合：「這是我的孤寂」或許就是兩本書的共通題詞。

她當真就住在沙漠，這件事也為她周圍荒蕪的文化環境提供了現成的隱喻。雖然還是有像斯塔基老師這樣的例外，但是在她筆下，依然認為圖森是個「文化沙漠」。她在文具店後頭找到了現代文庫（Modern Library），然後就開始一本接一本讀了叢書裡所有的書。她在文學裡找到逃出「民族虛榮心的監獄、市儈的監獄、強迫性的地方主義的監獄、愚蠢的學校教育的監獄、不完美的命運和壞運氣的監獄」的方法。[42]她也發現心理的逃離可能帶來身體的逃離。

蘇珊也和她那個世代許多愛冒險的小孩一樣，很喜歡理查德・哈里伯頓（Richard Halliburton），他是全國的暢銷作家之一，有許多引人入勝的冒險故事，當他想到怎麼把田納西州換成吳哥窟時，年紀只比一個男孩子大不了多少，就像他那夢幻的書名所顯示的，他找到了《通往傳奇的堂皇大道》（*The Royal Road to Romance*）。他出身自美國中部，他對自己出身的態度也一定吸引了蘇珊，而且程度不亞於他所暢泳、攀登和飛行的那個世界。他認為：「懷抱希望的人都應該受到尊重。我想要自由——能夠滿足任何打動我心之狂想的自由，能夠探索到世界最遠角落的自由，找到它的美麗、歡樂和傳奇。」[43]

這句話也可以用作蘇珊・桑塔格的墓誌銘。蘇珊說他的書「絕對可以列入生命中重要的書籍」，而且她在成年後就開始收集他的書。[44]哈里伯頓最後的結局很悲傷，對這位抱持著中國夢的女孩來說，這個結局令人感到背脊發涼。哈里伯頓等一行人在一九三九年——蘇珊得知她父親死於天津的同一年——乘坐一艘帆船離開了香港，準備前往舊金山。之後就再也沒有人聽到那艘船的消息了。哈里伯頓那年三十九歲，比蘇珊的父親大不了幾歲。但是他在一個注定要成為一名偉大旅者的女孩身上留下了印記，也讓她有了掌握自己人生的渴望。他是「我想要過的最幸運的人生的初次遠景，是一個作家的初次遠景，那是集合無窮的好奇心、精力、數不盡的熱情的人生。作一個旅者、作一個作家，我童稚的心靈開始將兩者合而為一」。[45]寫作也成為一種逃離。

雖然東德拉克曼街被隔絕在沙漠中，但是她們對世界大事並不陌生。茱蒂絲後來問她：「我們是不是常常在講戰爭的事？」[46]十二歲的蘇珊．羅森布拉特成了那條街自己的記者。她出版了《仙人掌報》（*Cactus Press*）分析世界事務，通報「日本海軍重新改組」，並且誠心提醒她的讀者「被處決的法西斯領導者是我們的敵人。但是義大利人民並不是」。[47]在那份賣五分鎳幣、還沾著紫色油墨的報紙上，我們可以看到蘇珊十分緊密地追蹤戰爭消息。她在這一點上和其他數以百萬計的孩子並沒有什麼不同；但是最值得注意的，是她完美重現了美國戰爭報導那誇張的語調。對語言的注意構成她日後寫作重要主題時的特徵：她不只是報導戰爭、暴力和痛苦的實況，還會探討如何描述它們的話語。

戰爭為她們的生活帶來重大變化。蜜爾崔德在一九四五年十一月十日穿過墨西哥邊境，在諾加利斯（Nogales）和納特．斯圖爾特．桑塔格（Nathan Stuart Sontag）舉行婚禮。茱蒂絲和蘇珊直到事情發生後才知道，這件事對她們帶來了衝擊。蘇珊在年輕時所寫的一個故事中，表示她還記得當她得知婚禮即將舉行的那一刻：

親愛的，妳知道我要告訴妳什麼。

我想我知道，媽媽。（**究竟是什麼？**）

露絲，妳想要一個爸爸，不是嗎？那妳覺得他怎麼樣，親愛的？

（**天哪，他是誰啊？**）媽媽，我想他是個好人。無論如何，您想要的才是最重要的。[48]

蘇珊的困惑完全可以理解。她的周圍一直不乏「叔叔們」，這讓蜜爾崔德看起來是一個擅長調情、逢場作戲的快樂寡婦。但是她選擇了納特·桑塔格，卻證明事實絕非如此。

在諾曼地登陸戰的五天後，桑塔格上尉在法國遭到射擊。受了槍傷的他被送到圖森外圍的大型戴維斯－蒙森空軍基地（Davis-Monthan Army Air Field）接受治療。他在鎮裡遇到散發迷人魅力的蜜爾崔德。蜜爾崔德在眾多追求者中，選中了桑塔格，這讓許多人大感意外。像是保羅·布朗就說：「我從來不覺得他有什麼與她相同的特質。她渴望擁有值得炫耀的高級生活方式，但是納特絕對不可能為她帶來這種生活。他就是個中產階級，屬於社會的中等階層。他們比較像是好夥伴，雖然大概也是真正親密的朋友。」和蜜爾崔德相比，納特「完全沒有明星氣質，真的。但是她有」。

如果兩個人的朋友知道另一件事情，他們可能會對兩人的婚姻感到更不可思議；許多年後，當茱蒂絲發現這件事時，她也感到十分震驚。這與納特在戰時受的傷有關，從來沒有人正式告知女孩們這件事，而且蘇珊可能至死都不知道這件事。蜜爾崔德後來對女兒說：納特的傷讓他喪失了性能力。茱蒂絲語帶嘲諷地說：「我猜她對性不是很投入吧。」

但是照布朗的說法，納特「對她簡直是溺愛」。他夠英俊，足以滿足蜜爾崔德想要的風光表面——「有人挽著她的手」。[49]且比起感官享受，他也符合蜜爾崔德另一項更為重視的要求。他愛她，但不是她的愛人，對於失恃的蜜爾崔德而言，納特成了她的雙親。茱蒂絲也記得：「在我繼父面前，她像是個孩子。納特·桑塔格叫我母親『寶貝』。」這樣的愛很常見，不過納特在兩個人的關係中是擔任母職，他會為她煮飯和打掃，就像是她記憶中的中國僕人所做的事。

對許多認識他們的人而言，他們的關係很奇怪。保羅．布朗自己是雙性戀者，但是當許多年後，納特想要把他介紹給幾位男性時，還是讓他大吃了一驚。蜜爾崔德曾經大力鼓吹他和畫廊裡的一名黑人女性僱員結婚，還給了他一本書，書的內容是一名男同性戀和女同性戀對外公開組成了異性戀婚姻，但是私底下卻在追求各自的興趣。布朗說：「黑箱的事總是顯得很時髦。」像是蜜爾崔德這麼在乎別人關注的人，當然也了解這個道理，她還告訴布朗：這樣的結合一定會得到「大量新聞」。布朗也知道她是對的。但是他不想要一段不誠實的關係，而且那名黑人女性也是異性戀。蜜爾崔德妄自尊大地對他的反對視若無睹，這讓布朗猜測桑塔格的婚姻是否也有類似的機制。

或許，蜜爾崔德的再婚讓蘇珊鬆了一口氣，因為她終於可以擺脫責任，不再當她媽媽的母親了。但是因為她的母親一直助長壓抑和異化，蘇珊可能永遠也不知道什麼該表現出來、又有什麼該隱藏起來。父親早逝，母親自己又像個孩子，蘇珊自己也終將把愛人轉化成父母的角色。

——

納特．桑塔格持續最久的貢獻是他的姓氏，「蘇．羅森布拉特」這樣很難順暢發音的音節被改成「蘇珊．桑塔格」這樣順口、有抑揚的韻律。他始終沒有收養兩姊妹，不過決定改成他的姓，有部分是受到反猶太主義的驅使。茱蒂絲說：「被人打頭和叫成猶太髒鬼的事件留下了烙印。」蘇珊也記得她在圖森的曼斯菲爾中學，曾經被叫作「猶太佬」。[50]

當蘇珊自己結婚的時候，在一份文件中寫到了改名的事（那份文件十分罕見地署名為「蘇珊・瑞夫」）。她說羅森布拉特聽起來太像猶太人了。她寫道：「我對這個名字沒有什麼忠誠度。母親再婚時，我就放棄父親的姓了，其實她或我的繼父並沒有要求我這麼做。是我自己想要。我一直很希望母親再婚。我想要一個新名字，我以前的那個名字太可厭，而且像個外來者。」[51]

「桑塔格」其實也是猶太姓，但是聽起來沒有那麼「像個外來者」。它讓蘇珊沒那麼容易被貼上標籤。改名也反映了她大約在那個時候下定的決心——要變得更受歡迎。這些決定表示她要擺脫外來者的身分，她的一生中有許多精明的創新，而這可謂是第一個留下紀錄的例子。這些決定也洩漏了她曾經立志要融入美國中部的雄心——這樣的抱負之後不曾再出現過。這種變化不只是表面上的修飾，她在最後一本小說《在美國》（*In America*）裡寫道：「拍照時無法覺得認真。改名之後，就無法覺得自己還是同一個人。」[52]

蘇珊・桑塔格不希望自己是那個患了氣喘、無助、不受歡迎的蘇・羅森布拉特。她很快地將那女孩的不堪場面拋在腦後。長大成人後，她有一次到訪圖森附近的鳳凰城（Phoenix），她的朋友賴瑞・麥可莫特瑞（Larry McMurtry）邀請她到以前住過的圖森。但是她拒絕了。她離開之後就不曾再回去。[53]

第四章 下斯洛博維亞

在一九四六年夏天，就在納特和蜜爾崔德婚後的幾個月，他們一家人搬離了亞利桑那州。他們的目的地是洛杉磯，因為納特透過鐘上面印的廣告標語，在那裡找到了一個賣鐘的工作。[1]洛杉磯是蜜爾崔德成長的城市，她的母親也葬在那裡。蜜爾崔德離開了二十五年，她在這段期間從青春期邁入中年，這個城市也改變到讓人認不出來了。只有它那明媚的天氣還是老樣子。

她離開的時候，洛杉磯還只是個鄉下地方，被山和沙漠隔在裡面。當她回來的時候，它已經成為成功後的美國最卓越的象徵之一。它足以代表美國的工業力量和軍事強項，尤其還有美國的文化實力。在《靈魂拍賣》的時代，好萊塢還只是邊緣城市裡一個不太起眼的郊區。到了戰爭尾聲，它已經是美國人眾所周知的字眼了。在美國人的心目中，好萊塢的誘惑和南加州那用之不竭的財富，讓洛杉磯成為美國夢的代表。桑塔格在她的最後一本小說中寫道：「美國境內還有『美國』，一個人人都夢想去的更好所在。」[2]

許多人前往聖費爾南多河谷，那裡是洛杉磯自己的天堂，它和洛杉磯盆地的中間以群山隔開。透過一些電視影集，像是《脫線家族》（*The Brady Bunch*）和《天才小麻煩》（*Leave It to Beaver*），聖費爾南多河谷最後也成了繁榮的美國中部代名詞。南加州的莊園有著排列整齊的平房、剛修剪過的草坪、藍天和搖曳的棕櫚樹，紛紛住進了像納特・桑塔格這樣的人：買下這些房子的中產階級（通常是退役軍人）所住的街道，在蜜爾崔德小時候只是一排排的橘子和檸檬樹。

聖費爾南多河谷顯示的是美國乾淨而嶄新的一面。蘇珊的兒子大衛寫道：它的一切都是白人的，循規蹈矩而且符合國家主義，是「一種她認為與她出身的美國腹地息息相關的、她既害怕又鄙視的東西」。[3]她在一九八七年出版的散文〈朝聖〉（Pilgrimage）中透露出她的蔑視。她在文中回憶起戰後郊區的景象：「庭院裡的烤肉架上，有錫箔紙包了牛里脊肉和塗了奶油的玉米」；「每週播放的綜藝節目裡傳出罐頭笑聲，還有炒熱了氣氛的暢銷歌排行榜、情緒亢奮的棒球和職業拳擊賽轉播」。她覺得她必須「阻止這些蠢事」，這種腦袋空空、追求物質的傻瓜後來就成了「山谷女孩」（Valley Girl）的代表形象。[4]

桑塔格對洛杉磯的印象也不完全是負面的。日後，她曾經對一名也是洛杉磯出身的助理抱怨過另一名剛回紐約的人。她說：「我真是受夠了他們那千篇一律的抱怨」，然後就開始滔滔不絕地模仿他說：「這裡根本沒有市中心。到哪兒去都需要開車。這裡沒有文化」。[5]一九四六年的洛杉磯和今天已經躋身國際大城的地位當然沒得比，但是比起亞利桑那州那骯髒的道路，還是好得多了。對於像蘇珊這樣的女孩來說，她原本只能窩在文具店後頭讀現代文庫的書，洛杉磯已經很夠讓她在自我創造的路上邁出下一步了。

桑塔格一家人搬到了舍曼奧克斯（Sherman Oaks）社區的朗里奇大道（Longridge Avenue）四五四〇號，就位於聖莫尼卡山下。舍曼奧克斯沿路都是攝影棚，很快地把速食和電視、汽車文化、歌手法蘭克·辛納屈（Frank Sinatra）及平·克勞斯貝（Bing Crosby）推廣到全世界。它帶著南加州那略為使人麻痺的美好，同時也不乏藏汙納垢。蘇珊還記得她學校的草地上散落著一些「皺掉的保險套」，[6]朗里奇大道的一個鄰居也記得當他搬到那裡的時候，舍曼奧克斯被稱為「洛杉磯的換妻之都」。[7]

乍看之下，這個地方好像無法替一個愛看書的女孩提供太多幫助。不過朗里奇大道的房子還是有一個重要的好處：它讓蘇珊有生以來，第一次有了自己的房間。「現在我可以開著手電筒看好幾小時的書，然後才被要求關燈上床睡覺，我不必蓋著毯子躲在裡面，而是可以直接在外面了。」[8]有了門，讓她有地方可以逃；而且大約就是在搬家的時候，她讀到一本讓她一輩子都記得的書，這本書讓她開始想像她想選擇的那種艱苦志業是什麼樣子。那本書是傑克·倫敦（Jack London）的《馬丁·伊登》（*Martin Eden*），倫敦是加州人，也是世界上最成功的作家之一。他和理查德·哈里伯頓一樣是冒險家；也和哈里伯頓一樣英年早逝。《馬丁·伊登》描寫了寫作生涯的艱難：馬丁是一個有著文學夢的加州鄉巴佬，他勇於挺身對抗世俗的世儈與不理解，他的努力也曾經讓他在短時間內看到了回報——雖然，他以自殺結束了自己的生命，這或許是像他這樣富有浪漫色彩的英雄無可避免的結局。他的孤立和夢想照射出蘇珊自己的孤立和夢想，她第一次收到拒絕信的經驗也和傑克·倫敦經歷的完全一樣。她寫說她「不算是大失所望。收到拒絕的通知反而讓我感到激動，因為我知道——只要我想到《馬丁·伊登》！——這些都是我邁向、成為作家之路的第一步」。[9]

她一直懷疑《馬丁・伊登》或許不是她嚮往的精緻藝術，這件事一直困擾著她。傑克・倫敦是個暢銷作家，可能是這一點讓她有點疑慮：傑克・倫敦就是舍曼奧克斯的人們喜愛閱讀的那種作家。在她第一次讀《馬丁・伊登》的三年後，她說那本書「不像藝術那麼重要」，而且談到倫敦使用了「通俗的倒敘技巧」。不過她也說那本小說與她「對生命的真正覺醒」不謀而合。

> 《馬丁・伊登》裡沒有一個觀點我不強烈贊同，而且我的許多觀點也都在這本小說的直接刺激下油然而成——我的無神論、我對身體能量的強調＋身體的表達、創造力、睡眠和死亡，以及幸福的可能性！

倫敦認為快樂的可能性不存在。「對我而言，讓我『覺醒』的書鼓吹的多半是絕望＋挫敗，事實上我在成長過程中的確從未奢望幸福快樂」。[10]

——

蘇珊的世代充斥著對快樂的懷疑論。比蘇珊小兩個月的朋友弗洛倫斯・馬爾羅（Florence Malraux）是法國作家安德烈・馬爾羅（André Malraux）和他的猶太妻子克拉拉（Clara）的女兒。弗洛倫斯的國家曾被納粹占領，這使她的童年因而蒙上了陰影，她說在那個環境中，「不以追求個人的快樂為目標。每件事都得為大業而服務。」[11]

蘇珊自己的經驗也使她回應了那些譴責不公義的作家。戰爭為她帶來了衝擊；雨果讓她自覺成為社會主義者；傑克・倫敦又把她往前推了一步。但是，主要還是她的家庭為她對智識的獻身提供了情感基礎：那種感覺讓她覺得她對芳婷或是馬丁・伊登有認同感。她那缺席的父親、痛苦的母親、她總是感覺遭到誤解、覺得「自己的生活陷在貧民窟中」，[12]這些都讓她幾乎不可能想像快樂，因為她當真沒有經歷過。她的兒子寫道：「她現在不知道如何變得更開心一些」是「她生命中經常困擾她的遺憾」。[13]

蘇珊個人的情境與陽光普照的南加州形成強烈的對比，這讓狀況又變得更糟了。聖費爾南多河谷的每件事都顯得在進步，痛苦甚至是不道德的。蘇珊在家中感受到的苦難與對學校的厭倦，讓她處於整個文化的對立面——不論她願不願意。

她並不是第一個有此感受的人。個人的失敗和黃金大地的前景形成對比，這是加州文學的重要主題。它出現在傑克・倫敦的創作中；也出現在弗蘭克・諾里斯（Frank Norris）於一九〇一年的作品《章魚》（*The Octopus*）中，該書描述了鐵路公司及其所破壞的農人間的衝突；它還出現在約翰・史坦貝克（John Steinbeck）的《憤怒的葡萄》（*The Grapes of Wrath*），該書是講述沙塵暴「黑色風暴」（Dust Bowl）侵襲事件中，移民所感受到的失望。它也是雷蒙・錢德勒（Raymond Chandler）和達許・漢密特（Dashiell Hammett）這些「暴力犯罪事件」推理小說家的主題，他們的小說經常圍繞著大家公認的加州黑暗面：過氣的女演員、有毒癮的小白臉。

黃金大地的黑暗面：這個主題也充斥在科幻小說中。蘇珊在一九六五年寫了一篇文章叫〈災難的想像〉（The Imagination of Disaster），其緣於她對某種類型的濃厚興趣，而該類型卻經常被視為媚俗而不受重視。她看了上百部這類電影，它們設定的背景都是「某個單純正常的中產階級環境」，例如許多電影都是在加州郊區拍攝的——那是個無趣的地方——接著就有暴力事件發生，撕裂了它正常的外衣：「突然間，某人開始有奇怪的行為；或是有某個無辜的植物外形變得如怪獸般巨大，並可以走動。」[14]她最早期在圖森的寫作中，就很仔細地注意到如何以語言表達恐怖。

> 像是「快點來，有一隻怪獸在我的澡盆」、「我們必須為此做些事」、「等一等，教授。有某人正在電話中」、「但是，那是不可能的」之類的臺詞，以及「我希望這個方法有用！」這類老舊的美式臺詞，在逼真和震耳欲聾的浩劫脈絡中是好笑的。然後，電影也以極為嚴肅的態度包含某些讓人感到痛苦的事物。[15]

在核子時代，人們最認真感到恐懼的是「處在兩種相同可怕、卻似乎是相反命運的持續威脅中：有著不斷的陳腔濫調和不能想像的恐怖」。[16]這篇散文其實還透露出另一種恐懼，解釋了她何以對這種流行文化有著顯然不相稱的興趣。那是對於像她這樣有著怪誕舉動之人的描述。她寫道：「在科幻電影中被清楚貼上知識分子種類標籤的科學家，總是傾向垮掉或精神崩潰。無所偏頗的智識面的好奇通常只會出現在滑稽諷刺漫畫中，就像是不正常的狂亂痴呆，斷絕了正常人際關係的聯繫。」[17]

她在洛杉磯找回了正常的人際關係。在圖森的時候，她不知道如何回應另一個女孩釋出的善意。而現在，那曾經令她看起來像怪人的狂熱興趣，為她帶來了友誼。她終其一生常有被放錯位置、不開心的感覺，但是終其一生，她也發現對藝術的喜愛會為她帶來朋友。「我感到不滿足的反面……就是痴迷」，那在她幼時是「無人可與之共享的痴迷」。在新搬去的城市裡，有書店、唱片店和電影院可以滿足她：「很快地我就像是同時在吸一千根吸管。」[18]

她從朋友身上學到的，比在學校學到的更多。那個城市的音樂生活為高中生帶來「比較高的品味，而且洛杉磯的高級音樂文化在一九四〇年代已經有明確的傾向，讓音樂生活變得異常嚴謹——他們有室內樂，其他類型也都有」。[19]蘇珊總是和身邊的人格格不入，但那是她一貫的態度：雖然她喜愛科幻小說和漫畫書，但是大部分還是在追求深奧的內容。她後來也忠實的寫下：「我知道別人認為我們在欣賞一些可怕的音樂。」[20]令人驚訝的是這種追求讓她看不起歌劇——雖然她以前看過的歌劇很少，而且後來其實對歌劇很著迷——她的朋友麥瑞爾．羅丹（Merrill Rodin）說：「她對歌劇感到不屑。覺得它像是柴可夫斯基那種浪漫派。會被巴哈或貝多芬、史特拉汶斯基打動才是比較重要的。」[21]

當然，這種說法會有被認為是在擺派頭之嫌。但是就像她在現代文庫的讀書清單一樣，這也是她在試著與自己渴望理解的文化取得聯結。她的家庭或教育完全沒有幫她在世界中找到定位，這樣的音樂階級反而讓她獲得了一點立足之處。她對音樂的興趣也和她對文學的興趣一樣，從來不只是知識面的。麥瑞爾說：「我覺得她最突出的是她有受到感動的能力。」她對作品的理解力也很強。她在《馬丁．伊登》的筆記中，提到她從該書中衍伸出對於「睡眠和死亡」的想法。她也和自學的馬丁．伊登一樣儘量少睡：

白天實在太短了，他要念的東西又是那麼地多。他把睡眠減少到五個小時，覺得還可以適應，於是又減到四個半小時，他卻受不了，只好又恢復到五個小時。他可以盡情地把整個清醒的時間用在他所追求的任何一件工作上。他覺得很遺憾，為了專心寫作，他停止了閱讀，停止上圖書館，把自己隔離在知識的寶庫之外，隔離在閱覽室的雜誌之外；而這些雜誌經常道出那些暢銷書作者的秘密。[22]

她把睡眠看作死亡，這點從未改變。她認為睡覺就是怠惰，因此要竭力避免，她也常常羞於表露她竟然在睡覺。她為北好萊塢中學（North Hollywood High）的校刊《拱廊》（*The Arcade*）擔任第三版編輯時，撰文說：「我生命中有許多時辰（主要是凌晨兩點到四點之間），是在閉著眼思考開啟一天的不同方式。」[23]

應該有許多高中生知道這種感覺。不過引人注意的是她所說的時間（凌晨兩點到四點之間），她在這段時間已經想讓自己處於有知覺的狀態：好像沒有多這幾個小時，她就永遠趕不上了。

這樣過早的嚴肅態度在高中時就已經很明顯了。她的一名同學回憶：「她是那麼全神貫注——甚至一絲不苟，如果你可以說一個十五歲的孩子一絲不苟的話。蘇珊——當時沒有人喊她蘇西——從不做無聊的事。她沒有時間閒扯。」[24]

這有部分是出自於害羞。她的朋友麥瑞爾．羅丹說：「她比較像是在一旁注意或是觀察的人——讓自己是一臺相機——而不是加入或參與的人。」羅丹還說她的身高比同班同學高，但是年紀略小，這讓她看起來「很瘦長，她面對我時則顯得忸怩而不自然，這或許是某種對社會的不適應」。[25]

如果要形容她後來在北好萊塢中學的日子，特徵就是乏味、對知識感到飢渴。甚至她那時候還在校刊《拱廊》上發表了一篇挖苦的文章，把自己所處的環境和連環漫畫《小阿布納》（*Li'l Abner*）裡的虛構共和國互作比較：「我們的居民和下斯洛博維亞（Lower Slobbovia）的居民之間，有著極大的相似性」。[26]她在一九七七年用一個故事總結了她的教育，那個故事顯示要「避掉蠢話」有多麼困難：

> 在十一年級的英文課上，老師發給我們一本《讀者文摘》，叫我們安靜讀那本書。老師就坐在教室前面做她的編織。我當時把歐洲小說和哲學藏在《讀者文摘》後面讀。我記得有一次，當我在讀康德的《純粹理性批判》時，被老師發現了——我也不知道那時候我怎麼看得懂，但是我還是試著讀懂它。老師叫我把《純粹理性批判》拿走，繼續唸《讀者文摘》。[27]

從那時候開始，她常常是用作品記住許多啟發她的老師（包括她的英文老師們），不論是在學校或是在他們家裡，這些老師開啟了她對音樂、文學、宗教和政治的思考。看她的日誌，也會讓我們感受到一個早熟的青少年躍然紙上，因此，我們很難想像要怎樣的學校或是老師，對她而言才夠好。她在十四歲時就鄭重宣布：「基本上我相信叔本華是錯的。我這麼說只是因為想到他哲學中最基礎的部分：『存在』勢必是空虛的。」[28]她引用尼采的說法——「對真理而言，信服比謊言更危險！」——同時還懷疑的挑起眉毛說：「聽起來還不錯啦。」[29]她在十五歲時，為「悲劇性地缺乏想像力的柯勒惠支（Kollwitz）」感到惋惜。她高三那年的課堂報告選了佛洛伊德（「他太有名了，讓人無法評論」），用不論是當時或現在，都沒幾個高三生能夠有的高傲語調寫道：「我也只好同意《文明及其不滿》（*Civilization and Its Discontents*）的第一章。但在本書接下來的七個章節中，尤其是最後幾章，我則不同意佛洛伊德對許多論點的邏輯。不過，我認為處理宗教議題的前兩章為基本概念作了一個極為明確清晰的起手式，我非常贊同。」[30]

南加州並不是下斯洛博維亞。不過，她這種風格（「為基本概念作了一個極為明確清晰的起手式，我非常贊同」）的起源，一定可以在北好萊塢中學之外的其他地方找到。她在朗里奇大道的房間裡開著

手電筒讀的書，大部分也可以在洛杉磯書店的架上找到，還有在好萊塢和拉斯帕爾馬斯（Las Palmas）轉角處的書報攤上，「黃色書刊放前面，文學期刊在後面」。[31]

書報攤上也有《黨派評論》（*Partisan Review*），它是紐約知識分子閱讀的雜誌之一。書裡的內容是在院子裡烤肉時絕對不會聊的話題。蘇珊一開始也沒有理解其中要發出的聲音。她拿了一期回家，但是她告訴朋友，她發現其中的語言「完全無法理解」。「但她就是覺得這些人在講的事對她有巨大的意義，她也下定決心要破解其中的密碼。」[32]

這本雜誌象徵她一切的嚮往。她後來說：「我最大的夢想就是長大以後要去紐約，為《黨派評論》寫作，並且擁有五千名讀者。」[33]這本雜誌也和她一樣，偏向猶太文化但非猶太宗教；像傑克．倫敦一樣屬於政治上的社會主義者，它的名稱則洩露了它的共產主義源頭。後來有人說「一個人如果為《黨派評論》投稿、編輯或是它的讀者，那麼他就是紐約知識分子」。[34]在它的世界中，知識分子不會顯得格格不入、或被當成怪人，而她或許可以在那裡找到安身立命之所。

她的父親曾經告訴她：「蘇，如果妳讀了太多書，妳很可能會嫁不出去。」書本和《黨派評論》這樣的雜誌證明他錯了。「這個白痴不曉得他的世界外面還有一些聰明人。他還以為所有人都像他一樣」，蘇珊還記得她當時這麼想。「因為像我這麼離群孤立的人，壓根兒沒有想過其他地方並沒有很多像我一樣的人。」[35]

第五章 羞愧之色

在遙遠的曼哈頓某處，那塊遠離舍曼奧克斯的陸地上，或許會有蘇珊歸屬的世界。但是在近得多的地方，就在越過文圖拉大道（Ventura Boulevard）的小山上，如果那時候已經可以用明星形容他們，那麼當時也算群星薈萃：在歐洲的流亡猶太人之中，有一些最重要的文化人士為了躲避希特勒而來到這裡，這個「有著許多檸檬樹、海灘男孩、新包浩斯（neo-Bauhaus）風格的建築和最棒的漢堡」的地方。這裡，南加州的晴朗藍天之下，住著音樂家伊果・史特拉汶斯基和阿諾・荀白克（Arnold Schoenberg）、編劇弗里茨・朗（Fritz Lang）和比利・懷德（Billy Wilder）、小說家克里斯多福・伊舍伍（Christopher Isherwood）和阿道斯・赫胥黎（Aldous Huxley）、貝托爾特・布萊希特（Bertolt Brecht）和托馬斯・曼（Thomas Mann）。[1]

蘇珊在一九四九年十二月二十八日與那個世界相遇，那一天的「傍晚六點」，她和兩個朋友「試著向神提出質問」——她指的是是托馬斯・曼。

> 五點半到五點五十五分之間，我們坐在托馬斯・曼家（聖羅密歐車道〔San Remo Drive〕一五五〇號）外頭，戰戰兢兢、戒慎恐懼，不斷排練見到他時該說的話。前來開門的是他的夫

人。她個子瘦小，頭髮和面容灰白。他坐在偌大客廳遠端的沙發上，手牽住一隻黑色大狗上的頸圈，我們走近，一路聽著牠狂吠。他穿著米黃色西裝、打著褐紫色領結、白色鞋子——雙腳併攏，兩膝微張——（就像巴珊〔Bashan〕！）——外表平凡、表情拘謹、的確和照片中的他如出一轍。他領我們到他的書房（當然滿室藏書）——他說話緩慢精確，德州口音沒有我預期得那麼明顯——「不過——喔，拜託，告訴我們，神諭說些什麼」——

我們討論他的作品《魔山》（*The Magic Mountain*）：

本書寫作始於一九一四年，中斷數次後，終於在一九三四年完成——

「教育的實驗」

「寓意深厚」

「就像所有德國小說，這部作品也深具教育性」

「我試圖道盡第一次世界大戰前歐洲面臨的所有問題」

「這部作品是要提出問題，而非解答問題——若說解答，未免太放肆」[2]

她感到很失望。「作者的平庸之論背叛了其作品。」他的日記也極為平淡。他在十二月二十六日星期一記的是：「天氣晴朗。」週二時他抱怨耳朵的分泌物，並寫下「天氣依然晴朗且暖和」。到了週四，他寫著：「下午與三名芝加哥的學生談論《魔山》」。還加了一句「有許多郵件、書籍和手稿」。[3]

這次見面對蘇珊而言十分重要，所以她很快開始嘗試寫些什麼。這樣的努力持續了將近四十年，直到她在一九八七年發表〈朝聖〉，其中的故事就是關於她在青少年時期與這位長者的相遇——他是「流亡中的神」、諾貝爾獎得主、德國文化尊嚴的重要象徵。〈朝聖〉代表了蘇珊．桑塔格這段早熟的童年，她靠著對優秀前輩的崇敬之心，這個來自鄉下的女孩最後終於躋身前輩們的行列。這是她寫的為數不多的回憶錄之一。在一九八七年，蘇珊已經是和托馬斯．曼差不多令人生畏的人物了，而因為回憶錄透露了蘇珊．桑塔格這個人物背後極少為人察覺的不安全感，〈朝聖〉成了她最著名的作品之一。

這個故事訴說了她和麥瑞爾．羅丹的友情，羅丹「冷靜、矮胖、皮膚白皙」，而且和蘇珊一樣聰明。這個男孩也像蘇珊一樣，想要把六百二十六個「克歇爾編號」（Köchel numbers）記下來——這是依時間先後將莫扎特的音樂作品編號的目錄。他也很喜歡史特拉汶斯基，喜歡到他們兩個會一起玩一個遊戲：互相問「生命中再多少年有史特拉汶斯基，就可以彌補我們行將就木的現在、當下？」二十年太多。三年太短，不足以換回他們那「沒有價值的加州高中生活」。那麼四年呢？「好的」，她寫道。「再有四年的史特拉汶斯基，我們兩人都可以在那時、那個地方就死去。」[4]

她可以和麥瑞爾分享她對文學的熱忱，這點是最重要的。當她在好萊塢的皮克威克書店（Pickwick Bookstore）裡找到《魔山》時，「全體歐洲一下子注入我的腦海」，當時她想要分享的人就是麥瑞爾。他也狼吞虎嚥地看完那本書，然後提出了一個非常大膽的提議：他們可以試著去拜訪托馬斯．曼，因為曼就住在離他們沒幾條街的太平洋帕利薩德（Pacific Palisades）社區。蘇珊感到十分驚恐；但是他們還真的在電話簿裡找到了托馬斯．曼的名字，發現他就住在聖羅密歐車道一五五〇號。麥瑞爾打了那通電話，而蘇珊感到十分窘迫，所以縮在另一個房間裡。出乎他們意料之外地，電話那頭的女性十分有禮貌，還邀請他們去造訪這位大人物。

蘇珊寫道：「我從來沒有碰過一個這麼不故作輕鬆的人。」當這兩個侷促不安的高中生坐在那裡時，這位大人物開始討論一些聽起來很難的事：「德國的命運」、「邪惡」、「深淵」、「與魔鬼的浮士德交易」。蘇珊努力試著不要讓自己說出一些蠢事：「這是我覺得最悲慘的回憶，在我的印象中，覺得托馬斯．曼說不定會因為麥瑞爾或我的愚蠢而受到傷害……愚蠢總是傷人的，我尊敬曼，所以覺得我有責任保護他免受這種傷害。」至少這次笨拙的會面在沒有重大失禮的狀況下結束了。「我覺得我們好像沒有再談過那件事。」

——

這個故事極富象徵性，充滿了各種引起共鳴的對比：對比歐洲和美國之間、老年人和年輕人之間、過去和未來之間、剛硬的的男子氣息和滔滔不絕的女性氣質之間。我們像是遇到了「愛拉（Ella）和內拉（Nella）這對侏儒姊妹，她們引起『聖經研究社』（Bible Club）的杯葛，讓我們放棄了生物教科書」。托馬斯．曼也闡明了她的重要主題之一：形象背面的世界和坑坑疤疤的生活現實之間的距離。她寫道：「我學著對人和其作品之間的差距更具有包容性。」以及：「這是我第一次在見到某人之前，就已經透過照片對他的外貌帶有強烈的想法。」

不過，如果拿〈朝聖〉和這次會面的其他描述作個比較，我們會發現故事中還有其他不同的意義。蘇珊和麥瑞爾的確是在太平洋帕利薩德社區的托馬斯．曼家中與他會面，但是除了這件事之外，這個故事做了大幅竄改——大大超過一般人在寫回憶錄時會作的省略——大概只有依非常寬鬆的標準，才能說它是回憶錄了。但是它卻大力宣傳自己完全忠於細節，於是這件事就顯得益發惹人注目：

「是的，有另一名女性的聲音——兩個人都有口音——說：『我是曼太太，你有什麼事嗎？』」

「她是這麼說的嗎？她聽起來像是在生氣。」

「不，不，她聽起來沒有在生氣。或許她是說：『您好，我是曼太太。』我不記得了，但是她聽起來真的不像在生氣。然後她接著說：『有什麼事嗎？』不，等等，她應該是說：『您有什麼事嗎？』」

「接下來呢？」

「然後我就說……你知道的吧，說我們是兩個高中生……」

曼和桑塔格的日記中其實都說是三個學生去他家，而不是兩個。他們也不是高中生，而是大學生，而且桑塔格在故事一開頭所寫的日期——「一九四七年十二月」——一樣是錯的。這次會面發生在一九四九年十二月，那是她人生中一個非常不同的時期，當時的她終於確定可以脫離聖費爾南多河谷浪費人生的生活，住到一個她夢想中的精選環境——芝加哥大學。或許她覺得正確的日期無法突顯出兩者的對比：一邊是乏味的鄉下生活，另一邊則是「她渴望生活於其中的世界——即使是以最卑微的居民身分」。

就算是在洛杉磯，高級德國文化也不像她描繪的那般遙遠。這故事中的第三個人，也就是她沒有提到的吉恩．馬勒姆（Gene Marum），是麥瑞爾最好的朋友。他出生在德國一個富有的家庭，並不是猶太人。他在兒時來到加州，他的家人在加州也仍然與其他德國僑民維持聯繫。他與那位名作曲家的女兒紐莉婭．荀白克（Nuria Schoenberg）交往過。而在同時，他還有一個阿姨叫作奧爾加（Olga）——她當時是一名慕尼黑的學生——曾經和一個叫作凱蒂亞．普林斯海姆（Katia Pringsheim）的猶太女孩住在一起：凱蒂亞就是在聖羅密歐車道接起了那通電話的托馬斯．曼太太。打電話的人其實是吉恩，而不是麥瑞爾。他當然是用德語（「兩個人都有口音」）通話、約好去拜訪曼。

從小說的目的來看，其實不難理解為什麼蘇珊要忽略她與這位流亡之神的故事中某些出場細節。想像托馬斯．曼的名字出現在電話簿裡，前一個人是「羅絲．曼（Rose Mann）」，海洋公園」，後一筆則是「威爾伯．曼（Wilbur Mann），北好萊塢」，這當然有趣得多，[5]足以彰顯出她的卑微和崇高的諾貝爾獎得主之間的鴻溝。不論她有沒有認識的人和凱蒂亞．曼知道的人有交情——不論她是（故事裡講的）十四歲或是（事實上的）十六歲——這個鴻溝無疑是存在的。

不過故事所作的許多其他潤飾就沒有什麼戲劇性的目的，而且顯然毫不重要，反而帶出了某些隱藏的事實。她原本的日記是寫於一九四九年十二月二十八日，很簡略，但還是顯露出幾個不一樣的地方。例如：〈朝聖〉中說他們在四點碰面，但是日記裡寫的是在「傍晚六點辯論有無上帝存在」。日記裡說曼坐在沙發上；故事中則說他坐在一張椅子上。日記中他們在客廳裡談話；故事中的他們則是在「托馬斯．曼的書房」會面。

故事中還提到他們在討論他即將出版的《浮士德博士》（*Doctor Faustus*）。曼解釋這本小說充滿了十六世紀的德國方言，因此他擔心美國大眾沒辦法馬上理解。事實上，他們真的有談論這本書，但講的不是這些內容，因為該書在一九四八年就已經有英文版了。但是因為蘇珊把會談背景設定在一九四七年，所以可以插入關於這部作品的討論。「十個月後，那本書出版了」，她和麥瑞爾來到皮克威克書店：「我買了一本，麥瑞爾也是。」

在另一本日記中，她東一筆、西一筆地記了一些事，都是她兒時記憶中的一堆紀錄，其中訴說的則是另一個故事。

「在皮克威克書店偷《浮士德博士》被逮到。」[6]

蘇珊在洛杉磯時寫的日誌中，反覆出現一種擔心自己是騙子、冒牌或假貨的恐懼。她在一九四八年六月的筆記本上亂畫了一個墓碑，上面寫著：

這裡躺的是
（這是她一輩子在做的事）*
蘇珊・桑塔格
1933—195?[7]

這有部分是源於她在圖森所作的「重大決定」——她要變得受歡迎，而她決定要在北好萊塢中學「更有技巧地」完成這件事。她對於自己無法堅持信念感到羞恥——

孩子們會說出一些極為愚蠢而且充滿偏見的話，尤其是在提到黑人的時候——我還是會很親切地用一些俚語跟他們交談，一副「讓我們當朋友」、「我和你同一國」的樣子，然後回到我的位置上，感覺非常沮喪，很想不顧一切叫他們全部下地獄。

——她為了確認自己的聲望，還出馬角逐學生會的競選。「但願我能老實承認我根本不希望贏得那場選舉！」她寫道：「那就不會有個女孩走過來，對我說她真高興是我贏得選舉，因為她不希望猶太人當選——我也討厭猶太人——我感覺內在被消耗怠盡了——噢，我該完全、真心、純粹、絕對的誠懇！——對自己，也對全世界！」[8]

這種挫折感一直跟隨她到生命的盡頭，所以她對瓦薩學院（Vassar）的畢業班所提供的建議是：「不要接受他人的欺侮。叫那些討厭鬼走開。」[9]對於她或任何人來說，這當然是說的比做的容易。不過她那幾年的日記，除了對種族主義者的斥責之外，還經常糾結於一種不真實的感覺。她寫下自己「對絕對的誠實感到極為挫敗地渴求」，[10]而且重讀了自己之前在一九四七年的日記之後，她也疑惑「一個人什麼時候才會、或是會不會說出實話」。

——到目前為止，我寫的內容都是附和我希望達到的理想——平靜、包容、有理解力——要是一名禁慾者（我一定吃了很多苦！！！），最後（但一樣重要的）要是一名天才。在我記憶所及中過去一直看著我的人，現在也依然在看著我——如果「這樣子」讓我不要做出一些錯事，這是件好事，但是從反面來看，我也做不出對的事。[11]

她要假裝、要繃緊神經，讓自己呈現出其實不是她的樣子，這讓她的作品充斥著這種感覺。不只是她這個人和別人以為的她之間有落差，更要緊的是她本身之外，還有另一個監視她的高等力量。說

＊譯者註：英文的「躺」和「說謊」都是同一個字（lie），所以這裡用了雙關語。

到擺姿勢：蘇珊．桑塔格是她那個世代最上相的公眾人物之一，而且她最傑出的一本小說，《火山情人》（*The Volcano Lover*）的主人翁，便是「姿勢」的專家，這兩件事絕非巧合。漢密爾頓夫人（Lady Hamilton）的著名之處就是傑出的模仿天分，她可以用姿勢或是聲調喚來神話和歷史中的許多人物。

桑塔格經常提到她能衷心仰慕別人，這是她最有魅力的特色之一。但是她迷戀像托馬斯．曼這樣的人，有部分是為了用一個她無法達到的標準，逼使自己成為一個更好的自我。曼很偉大而且令人敬佩，堪稱是「神」。他也是一個審判人的父神，如果他看穿了桑塔格，一定會將她徹底粉碎。她在一九四八年寫道：「我感到我所說的一切都會被紀錄下來。我所做的一切都是在別人的觀看下所做的。」[12]

蜜爾崔德．桑塔格想要保護自己、把自己和現實隔離開來，而且很早就動員蘇珊在這方面幫助她。蘇珊注意到她也從母親那裡延續了誠實等於殘酷的想法；她還向蜜爾崔德學到「人前一張臉、人後一張臉」的藝術，蜜爾崔德很精於此道，因此只有跟她最接近的人才能夠看穿她。蘇珊的妹妹茱蒂絲也說：「所有人都對母親很著迷。我不知道她怎麼辦到的，因為她從來不對女兒們施展魅力。」[13]

蜜爾崔德的第二段婚姻、還有她鼓勵其他人撒謊（包括謊稱他們的性傾向）映照出她自己失去的東西、她母親的死和因此而一直伴隨她的奇特夥伴關係。蘇珊大約十四歲的時候，在街上碰到一名醉漢向她提出猥褻的要求，蜜爾崔德對此大為反感，並宣稱她「著實覺得不潔」。蘇珊在日記裡回應：「妳的恐懼是醜陋而不潔的——妳仍記得母親蜷臥在桌上進行避孕——妳的母親是死在醫院裡一張乾淨的床上——而在妳的心目中，她死於性」。

這也遺留在蘇珊身上了。「任何讓她想起性行為的事都是不潔的——我也傳染了那種病。」[14]

她的母親鼓勵她說謊，尤其是在性方面。從她很年輕的時候開始，就知道自己有些事在說謊。在她造訪曼的將近一年之前，她是這麼寫的：「我以前是個驚嚇過度、戒慎恐懼的嚴謹虔信者，以為自己有天應當成為天主教徒，而現在的我，則強烈認為自己有同性戀的傾向（我真不願意寫出這點）——」。[15]幾個月之後，她又提到「我長久以來對自己同性戀傾向的罪惡感——讓我在自己面前自慚形穢」。[16]

就算她的母親沒有鼓勵她這麼做，在同性戀普遍被視為一種墮落和犯罪的時代，她還是有必要說謊：在美國，反對同性性行為的法律直到二〇〇三年才全部廢除。她從來不曾拋棄不願意表達「同性戀傾向」的想法，但也是因為她的性傾向，讓她全心投入追求她的天職。她寫道：「我渴望書寫，這種渴望與我的同性戀有關。我需要有個認同的身分當武器，來反擊社會對我的敵視。此舉無法正當化我的同性戀傾向，不過的確能帶給我——讓我感覺到——擁有特許的感覺。……成為酷兒（queer）讓我覺得自己更脆弱，讓我更想躲避，變成隱形人——不過反正我本來就經常有這種感覺」。[17]

在十年後的一九五九年，蘇珊寫下：「我唯一想成為的作家，是那種暴露他自己的作家」。[18]她使用了男性代名詞「他」，這與該句的其餘部分形成有意義的矛盾。的確，蘇珊．桑塔格最常遭到的批評就是她把智識擺在身體或情緒層面之前，因此便與她的對象產生了距離。她在〈朝聖〉中就是這樣，〈朝聖〉中所有難解的編輯內容，都是為了背叛回憶錄應該有的歷史正確性。

〈朝聖〉隱藏的大戲其實無關乎到底是誰打電話到曼家、和蘇珊一起去的究竟是一個還是兩個朋友、或是他們到底是四點還是六點到的。真正重要的是她的性傾向——而她透過這部作品，是在暗示她是個異性戀。她提到她的朋友彼得．哈伊杜（Peter Haidu）時，說：「男朋友不僅要是我最好的朋友，還要比我高，只有彼得符合這個資格。」她描述麥瑞爾是一個很有吸引力的人，還宣稱她「想要與他結合，或是不在意他想與我結合」，但是麥瑞爾不符合資格，因為「他還比我矮幾吋。其他阻礙大概就是比較難想到的問題了」。

她沒有談到這裡所謂的其他阻礙。其實真正的阻礙是，麥瑞爾是個同性戀，就和她一樣——當然也和托馬斯．曼一樣。那才是這個故事真正的主題，所以她原本的篇名是〈詠嘆那些令人窘迫之事〉（Aria About Embarrassment），[19]她在一開頭就寫了：「與他會面時，我周圍的一切都帶著羞愧之色」。類似的字詞一再重複出現，所以顯然很重要。她談到害死她父親的那個「有點可恥的疾病」。她寫到當麥瑞爾建議那次拜訪時，「我的歡喜轉變成羞恥」。她形容那通電話讓她「感到羞愧」，她自己也十分「膽怯」。她心中「充滿了羞恥和懼怕」，又繼續談到她「更加困窘」、「有更多難堪」，以及那個狀況「有多麼讓人為難」，她感到「難為情、沮喪」和「不正當、不合適」，她記憶中的那次拜訪是個「難堪的記憶」，也是「一件丟臉的事」。

但是，她到底是對什麼感到如此羞愧呢？用這些詞來形容一個青少年在很久以前經歷過的尷尬時刻，似乎有點太戲劇化了。桑塔格的作品中很常有大師出現，他們不只是她想盡力趕上的典範，更是對她有警示作用的超我，在他們面前，她必須要謙遜地降低自己的地位：這些人可能會看穿她，且發現她並不值得、揭發她的醜陋和她的謊言。托馬斯・曼是這個神格系譜中的第一人，在故事的最後，她用了一個性的隱喻說明她在他面前感受到的羞恥。她和麥瑞爾倉惶逃離聖羅密歐車道，「就像是兩個第一次進妓院後開車離開的青少年」。

這也就是為什麼雖然〈朝聖〉是精心設計的謊言，但是聽起來卻像真的。事實部分雖然是假的，但羞恥感卻是真的。

第六章　雙性戀的進展

「我只對那些進行自我改造計畫的人感興趣。」蘇珊在一九七一年寫下這句話。[1]如果說渴望自我改造是因為缺乏積極的自我滿足，那麼從負面意義來看，自我改造也是自我滿足之敵，它是自滿和自得的敵對方。蘇珊在〈朝聖〉一文中，提到她「屈服於現在，是為了更好的未來」。對比於她的母親總是望著過去、永遠在渴望她的中國僕人，蘇珊看的是未來。「我想書寫——想處於知性的氛圍中——想住在文化中心裡，聆聽許多音樂。」[2]蘇珊十四歲時，她的北好萊塢中學的校長告訴納特和蜜爾崔德：蘇珊讀的書比她的英文老師還多。[3]她也很快地就知道哪裡可以找到她要尋求的知識氛圍。

她在《科利爾》（*Collier's*）雜誌的一篇文章中讀到芝加哥大學，文章中說芝加哥大學「沒有足球隊，那裡所有人做的事就只是讀書，他們日夜都在談論柏拉圖、亞里斯多德和阿奎那。於是我想：我屬於那裡。」[4]但是蜜爾崔德顯然不這麼想。蘇珊一家人在一九四八年夏天作了一次橫越全國的旅行，那是她在五年前去到圖森之後，第一次去紐約，她們一家人就停在芝加哥，而她在六月時嘆息著說：「從芝加哥大學的這一邊看過去，它看起來就像是普萊桑斯（Plaisance）的旅館，這是我離那間學校最近的一次了！簡直就該死——有一堵牆擋在那裡，讓我沒辦法好好地講道理把它移開。」[5]

幾年之後，蜜爾崔德卻講了另一個和蘇珊不同版本的故事。她告訴一名記者：「我覺得聰明人就應該做她想做的事。」[6]她的一個鄰居說：「蜜爾崔德語帶雀躍地告訴我蘇珊頂撞了納特，然後去了芝加哥大學。」——在這個版本中，是納特不准蘇珊離家。[7]但是蜜爾崔德和納特的關係的確面臨危機：蘇珊提到「他們很有可能離婚，那麼媽媽就會搬回紐約」。他們爭執的事情之一就是要不要讓蘇珊離家上大學。[8]蜜爾崔德和納特後來停止了爭吵。九月時，蘇珊在納特的幫助下打破了那堵移不開的牆：「和蜜爾崔德展開一場淚眼相對的討論（該死！）。她說：『妳應該高興我嫁給納特，要不然妳永遠不可能有機會去芝加哥，這點非常確定！我不會告訴妳這讓我有多不快樂！』」[9]

——

一九八六年，蘇珊直到她母親去世的一年後，才出版〈朝聖〉。蘇珊在文中不帶感情地形容她那位「瘦削而陰鬱」的母親，並且一再強調她自己是多麼渴望離開家。蜜爾崔德所說的那個故事雖然只有部分事實，卻透露出蘇珊的確因母親而感到壓抑，她有多想要找到自己在世界中的道路，母親就有多仰賴她身上的「神奇力量」，如果沒有了那個力量，蜜爾崔德就會死——蘇珊其實一直以來也都知道這一點。雙方都很難切斷這個連繫。她在五月時寫道：「我知道我必須離開家，雖然我其實很喜歡洛杉磯，如果不是現在這個狀況，我也不反對住在這裡——可以擁有一輛車是很誘人，但它還是遠遠不夠讓我答應繼續犧牲自己。」[10]

她那時候才十五歲；她有一整年的時間猶豫不決。對於這個年紀的孩子來說，這是個重大的決定，而且蘇珊也無法擺脫親情。「我真的很想要投降！說服自己接受父母的生活，告訴自己這其實是一件很容易的事！如果我在這一年裡就只是看著他們和他們的朋友，難道我會放棄自己嗎——就此投降吧？……我可以感到自己有點鬆動了，我在動搖——在某些時刻，我甚至可以接受留在家鄉念大學。」

她不願意離開家，也是因為她與母親糾纏不清的情感。蜜爾崔德讓蘇珊覺得只有她——而非納特——才幫得了她母親。她靠自己就足以撫慰蜜爾崔德。蘇珊一直是這麼相信的。

我現在能想到的就只有媽媽，想到她是多麼美麗，肌膚多麼光滑，還有她有多愛我。還想到她前兩天晚上全身抖動啜泣的模樣——她不希望待在另一個房間的爸爸聽見她哭泣，所以每次婆娑淚眼，將哽咽壓抑成劇烈打嗝。[11]

她在一九四八年底從北好萊塢中學畢業。那時候她已經決定放棄芝加哥大學，改選舍曼奧克斯山對面的加州大學洛杉磯分校（UCLA）。不過，接著卻出現了一個折衷的選項：加利福尼亞大學前幾名的學院，加州大學柏克萊分校（Berkeley）。那裡離家很近——但又不是太近。她在幾個月之後寫道：「UCLA和加大選一個。加大對我而言是一個徹頭徹尾的改變——新的城市、新的環境、新的人——一個馬上就可以離開家的機會。情感上，我想留下來。理智上，我想離開。如同往常，我似乎喜歡懲罰自己。」[12]

她與別人的絕大部分重要關係都可以用施虐／受虐來加以描述，而這始自她與蜜爾崔德的關係。在一本略帶虛構色彩的傳記中，她回憶起自己「一直念叨著對長大的渴望」，還有希望「從她那沉默、陰鬱又美麗的母親那裡得到更多關愛」。她的母親只有在即將要失去她時，才會噴湧出這樣的關愛，並產生「突然覺醒、泛濫的母愛和依賴」。這反而迫使蘇珊想要逃跑。[13]

但是她這麼做的時候，也不是沒有感到內疚，這份內疚的對象還包括她的妹妹，因為她把妹妹留給蜜爾崔德作為補償。在十多年後，她對此道歉了。她寫了一封懺悔信給妹妹，信中說：「妳知道嗎？我一直對『離家』這件事深感內疚。不論是在我當時的年紀！還是在過了許多年之後！但是我告訴自己——主要是下意識的——茱蒂絲還在，茱蒂絲還在那裡留守。這等於是我為了彌補自己對她的罪惡感而犧牲了妳——或許我甚至還覺得這樣對妳比較好。……妳當然有理由因此而不再信任我，或是對我不再有好感。」[14]

在蘇珊離家的三十七年後，蜜爾崔德剛過世不久，她仍然怪罪自己沒辦法維持好那段關係。「我對於自己離開家／蜜爾崔德一直感到很內疚。所以她當然有權利對我這麼冷淡、這麼不厚道。」[15]

——

她在柏克萊的頭幾個禮拜，這種內疚感一直不曾消散。她在筆記本上嘆息著：「嗯，我來了。絲毫沒什麼不同；我的追尋從來就不是為了幸福的環境，而是為了追尋自我——追尋自尊和完整的自我。但現在的我並沒比在家時更快樂。」[16]她面臨的挑戰——「追尋自尊和完整的自我」——還是存在，並無二致。大學帶來的解決方法似乎和她在高中找到的一模一樣，那就是沉浸在文學和音樂中。但是柏克萊即將為她帶來另一種經驗，那將使得她的學業生活退居第二順位。

在頭幾個月中，她和以前一樣密集的閱讀，直言無諱她最初對托馬斯・曼的《浮士德博士》感到破滅、責備自己對於羅勃特・白朗寧（Robert Browning）的勢利眼、朗讀克里斯多福・馬羅（Christopher Marlowe）的字字句句、對赫曼・赫塞那種「孩子氣的幼稚觀念」感到失望，還決定她在「這個夏天要專心念亞里斯多德、葉慈、哈代和亨利・詹姆斯」。[17]她也因為單戀一名叫作艾琳・里昂（Irene Lyons）的女孩而茶飯不思，還試著與男孩做愛，以「證明我至少是個雙性戀」，不過結果就是她承認自己「一想到和男人有肉體關係，只有羞辱墮落的感覺」。[18]

四月時，她讀了朱娜・巴恩斯（Djuna Barnes）的《夜林》（*Nightwood*）。《夜林》在一九三六年出版，是當代公開討論同性戀生活的少數文學作品之一。（而男性的作品，有蘇珊和麥瑞爾讀過的安德烈・紀德的日誌，以及《威尼斯之死》——它或許可以解釋蘇珊對托馬斯・曼部分的仰慕。）《夜林》是由T・S・艾略特作序，他稱讚該書「行文機智，對人物的描述也很優異，它帶來恐怖和厄運的感覺，絕對不輸給伊麗莎白時代的悲劇」。這本小說能對許多讀者帶來啟發，讓人感受到性的刺激，也極富藝術性：「它不只是讀物，它充滿魔力。」[19]

書裡的角色有冒牌男爵；有些角色的名字是曼夫人或布羅德巴克公爵夫人；它對同性愛的描述細緻而華麗，讓後人難以超越——「她好像躺在陷進叢林的起居室裡，那幅景象就像是關稅員亨利・盧梭（*douanier* Rousseau）的一幅畫。」[20]如果說《黨派評論》讓蘇珊接觸到她一直嚮往的智識語言，《夜林》則向她訴說了對情愛的渴望。它刻意的風格令人感到艱澀——「嘿，在荊棘叢裡啜泣的夜鬼婆、腐爛的穀物、發霉的小麥」[21]——它想極盡誇示文字的費解之處。整本書反映了貴族的同性戀觀念，這在王爾德（Oscar Wilde）和於斯曼（Huysmans）等十九世紀的頹廢派藝術家身上都看得到。巴恩斯用了傳統上對那個世界的設定（「左岸」），再加上對於性的坦率（「在過去我可能就是馬賽的一個女孩，會和水手一起把船塢撞得砰然作響」），寫出她對中產階級禮儀的蔑視。她的核心概念就是同性戀無法過上一般人習以為常的生活——而同性戀也不希望生活是這樣的。「如果一個人創造了他自己的生活，那就是他獨有的了」，巴恩斯寫的這句話一定讓蘇珊很激動。[22]

不過《夜林》的同性戀也有病態、錯亂的一面，他們會因為下流的性慾而發狂：「你可以在半夜的廁所裡找到那些女孩子〔指男同性戀〕，然後你會發現他們偷偷的跪在告解室裡哭，害怕被逐出教會。」[23]女同性戀的生活也沒有比較優雅，巴恩斯用了一個殘酷的隱喻：「就像是獸角交疊在一起的可憐野獸，被發現而死去，牠們的頭脹大，因為意識到牠們不是彼此期望中的存在，牠們就這樣互相凝視著，頭對頭、眼對眼，直到死亡。」[24]

「妳讀過《夜林》了嗎？」海芮葉特・舒默斯向「漂亮」、「美得出眾」的十六歲蘇珊・桑塔格提了這個問題；當時蘇珊正在柏克萊的書店裡隨意翻看店裡的書。海芮葉特是一名來自紐約的大三生，那

時已經將近學期尾聲了，她正站在書店裡，和另一名店員聊天，那名店員是男同性戀，他看到海芮葉特正在打量一名女孩，她則記得自己心裡想著：「她真是太美了，秀色可餐」。

他直接就說：「去！去跟她講話。」[25]

海芮葉特比蘇珊大五歲，她是紐約人，而且已經很習慣蘇珊嚮往的生活方式：她在紐約大學待了兩年，還有一個暑假是在北卡羅來納州的實驗性「黑山學院」（Black Mountain College）過的；她在那裡遇到了一些重要的前衛派藝術家，包括音樂家約翰．凱吉（John Cage）和舞蹈家摩斯．康寧漢（Merce Cunningham）。她也在那裡遇到佩吉．托克—沃特金斯（Peggy Tolk-Watkins）；佩吉後來享有舊金山「同志女王」的名聲，在內河碼頭（Embarcadero）擁有一家叫作「錫天使」（Tin Angel）的傳奇性女同志酒吧。佩吉是海芮葉特的第一個同志伴侶，也是她把海芮葉特帶進舊金山的地下世界。而現在，海芮葉特則要把蘇珊帶進那個世界了。

她們的關係斷斷續續持續了將近十年。對蘇珊未來的人生而言，頭三週可謂極為重要——蘇珊也馬上就意識到了這件事。她在一九四九年五月二十三日寫下：這幾週「或許，會是我最重要的一段時光——（不論未來我這個人會怎樣，這段日子都影響至鉅）——就我所知」。她在日記的封面內側寫著：「**我在這札記所重述的時間裡重生了**。」[26]說重生，是因為她竭盡一名熱血青少年的全力，找到了愛和性；說重生，是因為在這個發現的過程中，她抓到了一絲線索，可以解決某個她過去已經知道將會成為她人生中一大挑戰的部分：「我這段日子極度憂鬱不樂：身心分離讓我飽受折磨。」[27]她在海芮葉特身上找到了克服身心分離的方法。她不必再遁入心靈、逃避令人沮喪的現實，她的身體本身就可以成為自尊的來源——當她離家時，就是希望找到自尊。

她對該學期最後幾週的描述都帶著有趣、輕鬆、解脫的筆調。她在舊金山酒吧裡發現的世界讓她興奮不已，她也在日記中仔細寫下了這些事。她寫道：「歌手是個高䠷的金髮美女，穿著無肩帶的晚禮服。雖然她那渾厚有力的嗓音讓我起疑，直到海芮葉特——笑著——告訴我，她其實是個男人。」還有另一次：「C拿著手槍出現，威脅要斃了她們兩個……另外兩個女人是一對情侶，佛蘿倫絲和蘿瑪……海芮葉特曾和佛蘿倫絲有染……後來C開始大笑，問我們是否發現《夜林》是部諷刺性作品。」

這種樂趣也來自她發現了一種新語言，這在她的人生中經常發生。馬丁・伊登一直在列字彙清單，蘇珊在她的人生中也一直都是如此。她的筆記告訴我們她有多少事得學：

同性戀＝同志〔gay〕

異性戀＝果醬〔jam〕（西岸用語）、直男〔straight〕（東岸用語）[28]

她的日記裡還不乏許多出自舊金山同志次文化的其他詞彙——性或是其他方面的：

「八六」、「他把我八六」〔he 86'd me〕、「我被八六」〔I was 86'd〕（轟出去）

表現得「啪利啪利」〔swishy〕、「我今晚啪利啪利」（裝扮很娘）

「我為——果實纍纍」〔I'm fruit for—〕（我為——癡迷）

「腦袋」〔he head〕、「約翰」〔john〕（廁所）

T．S．〔tough shit〕（難搞的鳥事）

「他是可交易的同志」〔he's gay trade〕、「帶出場」〔take it out in trade〕（一夜情）

「搞商業」〔go commercial〕、「我要去搞商業」〔I'm going commercial〕（性交易）

「昂首挺立」〔get a (have a) head on〕（勃起）

「蕩妞」〔a chippie〕（找一夜情的女人——純粹為了性——不是為了錢）

「滾下屋頂」〔fall off the roof〕（月經期間）[29]

這些清單又開啟了另一份清單——她在將近十五年後發表了〈關於「坎普」的札記〉，裡面有五十八個主題。這份清單描述了蘇珊從柏克萊開始觀察到的同性戀感情模式，而她對於細節的注重幾乎不亞於人類學者，並且首度把這種體認帶到異性戀的大眾面前，比其他作者做得更多。她承認這種感情有時候很吸引她，有時候又讓她很反感，但是在柏克萊時，她清楚地感覺到這種感情讓她感到解放。渴望一名女性曾經幾乎毀了她，「凍結了我長久以來對自己的同性戀傾向的罪惡感——讓我在自己面前自慚形穢——而我現在明瞭真理——知道放膽去愛有多美好」。[30]

那些詞彙最廣義的意思也有性愛的意涵。蘇珊在遇到海芮葉特之前，曾經與一名男性約會，篩選過後的約會主題似乎多是桑塔格式的——「我們什麼都聊，從巴哈的清唱劇到托馬斯．曼的《浮士德》，從實用主義、數學中的雙曲函數，到加大的勞工學院、愛因斯坦的彎曲空間」——約會過程中她「甚至拒絕自己還未經歷過的東西：徹底的遊蕩懶散、陽光、性愛、食物、睡眠和音樂」。而現在，擁抱自己的性傾向，讓她可以把渴求的心靈和同樣饑渴的身體合而為一。「我會跨出去，主動攫取各式經驗，不再被動等著經驗上門——我現在辦得到，因為高牆已經倒下——身體聖潔不容侵犯的感覺——我一直都充滿情慾。」[31]柏克萊代表「接納自己，對，更能自得其樂——真正要緊的是別什麼都拒絕——想到自己原本要揮別加州大學了，沒想到竟在這裡得到我真正要的東西！我原本不打算接受這種新經驗的！」[32]

但是當她在寫這段的時候，其實已經準備要離開了。她並沒有放棄她的芝加哥大學夢，而她在五月二十八日得知自己被錄取了，還得到七百六十五美元獎學金。

她的柏克萊篇章結束了。她離開時，覺得自己重獲新生，但是重返紐約的海芮葉特卻不確定蘇珊是否改頭換面了。海芮葉特說：「她在性方面的得分很低。她很美，但是卻稱不上性感。這兩者之間有很大的不同。」蘇珊視海芮葉特為老師，每件事都儘可能向她學習，這也的確是她與愛人間常重複的模式。海芮葉特說她們的關係會出問題，是因為「我總覺得她太聰明了。如果我們去看電影，她會等我先說是不是喜歡那部電影。如果我不喜歡，她就也不喜歡。」

蘇珊來到柏克萊，是為了克服她的不安，但她還是深受不安所苦。海芮葉特在描述她們前幾週的關係時，形容蘇珊「是如此懦弱。她非常敏感，也很容易受驚，她對自己完全沒有把握，像個孩子。後來發生的每一件事都在一點一滴的殺死那個孩子，因為她真的很不確定自己到底是誰」。不過海芮葉特也知道蘇珊很不尋常。「我記得有一次，我們一起搭火車從舊金山前往索薩利托（Sausalito），我在車上和她說：『妳會有一個了不起的命運。』」[33]

——

在柏克萊經歷了性革命之後不久，蘇珊的心靈又再度凌駕於她的身體之上。她回到洛杉磯過夏天，並在美國公共保險公司（Republic Indemnity Company of America）找到一份檔案管理員的工作，還在那裡碰到麥瑞爾．羅丹。麥瑞爾比她大三歲，他前一年在蘇珊的力勸之下，念了芝加哥大學。他說「那是我人生中最棒的知識體驗，也算是打醒了我」。

回到加州之後，他們也重拾舊日的友誼。她想要告訴他「她在柏克萊的那些經歷，但是起初有點猶豫——她是絕不可能把那些話告訴她的父母的，他們聽到的話一定大為驚恐」。[34]他們花了整個夏天一起「探索同性戀的生活——洛杉磯那些地下的、深不見光的同性戀生活。的確讓我們深感著迷」。他們出身的世界中，唯一可見的同性戀只有在旅遊景點表演給遊客看的人，就像馬戲團裡的侏儒。麥瑞爾的母親曾有一次告訴他：她和他父親「走進紅鶴俱樂部（Flamingo Club），還看到男同性戀」，他說「那是我第一次聽到男同性戀的事」。

那間俱樂部位於拉布雷亞（La Brea），它在禮拜天下午不會對遊客開放，只有真正的同性戀（包括蘇珊和麥瑞爾）會出現在那裡。像洛杉磯這麼大的地方，卻只有「不到五個」地方有同性戀聚集：除了「紅鶴俱樂部」之外，麥瑞爾記得還有海洋公園裡的熱帶村（Tropic Village），和聖莫尼卡的一處海灘，那裡是「完全不同的世界——與真實世界平行，但是在其之下」。

這個平行的下層社會裡也有前衛派文化，這點對蘇珊的智識發展意義重大。他們會在拉謝內加大道（La Cienega Boulevard）的花冠劇院（Coronet Theatre）觀賞瑪雅·黛倫（Maya Deren）的電影；從一九四三年之後，黛倫就一直在洛杉磯拍攝實驗電影。他們也在花冠劇院看過肯尼思·安格爾（Kenneth Anger）的同性戀短片《煙火》（*Fireworks*）。（故事的內容是一名年輕男性在夢中所作的夢，這個主題後來在桑塔格的作品中又再度出現。）安格爾只比蘇珊和麥瑞爾大不到幾歲，他深受黛倫的影響；這部影片只有十四分鐘，但是卻讓他被指控猥褻，並且遭到逮捕。那件案子一路上訴到加州最高法院，最高法院最後裁決影片可以播出；不過這件醜聞顯現當時的氣氛下，同性戀藝術家顯然還有待努力，就連像在洛杉磯這樣大型的城市中心也是如此。

這個平行的同性戀世界的居民也和《夜林》的角色一樣，構成文化的菁英，而像是蘇珊這樣的人就很自豪地有此自覺。但是他們也知道這個世界代表無止盡的危險：年輕人要面對「驚恐的」家人；藝術家如肯尼思·安格爾，會成為大眾醜聞的主角；任何人只要頻繁出入蘇珊和麥瑞爾常去的那些地方，都會有風險。他說：「他們隨時會遭受攻擊。他們是非法的。他們會傷風敗俗。」

雖然她的母親沒有鼓勵她把性看得危險而骯髒，但是蘇珊在柏克萊經歷到如此突如其來的解放之後，還是開始覺得不安，這也沒什麼好令人費解的。海芮葉特走了之後，她苦惱著是否要永遠加入這個社會。她在圖森已經「了解到內外之分」——而同性戀在定義上其實就是屬於外部人。她過去成功的在北好萊塢中學成為一個受歡迎的人，她現在不想要再重新回到這樣的主流中了。

那年夏天，麥瑞爾最好的朋友，吉恩．馬勒姆（後來在年底打電話給托馬斯．曼的就是他），也花了很多時間和麥瑞爾及蘇珊在一起。吉恩是個異性戀，雖然他也和同性戀世界的他們有共同興趣，還幫蘇珊偷來安德烈．紀德的日記；不過他也為蘇珊提供了一些實用的建議。他向蘇珊解釋：「如果妳不想變成同性戀，妳就要強迫自己和男人約會；妳要吸他們的老二，那可能很難，但是如果不想當女同性戀，那是唯一的方法了。」[35]

對於一個不安全感如此之深、得要靠著自我改造的信念才能度過不愉快童年的女孩來說，吉恩的建議就定於一尊了。在幾個月前，蘇珊才剛坦承她覺得「一想到和男人有肉體關係，我只有羞辱墮落的感覺」，但是現在卻私底下說她自己是雙性戀者，而且力促自己全心全意接受吉恩的建議，就像她努力在學業上取得傲人的成績。

她在這段時期留下一份令人驚訝的文稿。那份文稿的標題是〈雙性戀的進展〉（The Bi's Progress），內容只有一頁，列出了她從「一九四七年聖誕夜（十四歲）到五〇年八月二十八日（十七歲）」的性伴侶。[36]這份清單基於幾個理由而值得注意。首先，就單純是她在大學二年級之前睡過的人數：三十六人。再來是一夜情的人數，那些人都只列了單名，從伊馮娜（Yvonne）到「菲爾」（Phil），還有令人亮起警訊的「阿嬤」（Grandma）。但是這份清單最值得注意的，是它的標題透露出的心態。

〈雙性戀的進展〉表示蘇珊採納了吉恩的建議，而且在嘗試增加異性伴侶的比例，好把自己訓練成異性戀。或許她當真可以像熟讀單字一樣，靠著練習的力量變得精通異性戀。

這些努力沒有獲得成功的報償。蘇珊、吉恩和麥瑞爾決定要證明他們「絕不會被性限制住，可以讓自己縱情於慾望」。他們在日落大道（Sunset Strip）的諾曼底村（Normandie Village）汽車旅館訂了一個房間，在那裡邊喝啤酒，邊把衣服脫掉。他們看到彼此一絲不掛的站在眼前，但是卻不知道接下來該怎麼辦。麥瑞爾割過包皮了；但是吉恩沒有。蘇珊對兩者的差異感到很好奇，這讓後來的發展對麥瑞爾來說「很科學，與性愛完全無關」。不過吉恩只是覺得「很噁心」。

但是，性不是重點。麥瑞爾說：「那是很大人、而且很老練的，我們要打破常規。那就是我們在做的——發現規範何在、發現成人世界或是正常、日常世界的假道學，並發現底下的秘密世界」。

這次「縱慾」和蘇珊在柏克萊經歷的身體重生相距甚遠，而它具有的科學探索實質也和濟慈的一句詩背道而馳——初夏的時候，蘇珊在她的筆記本上潦草的寫下那句詩：「期盼過著感性生活，而非思想生活。」[37] 現在，她的頭腦又再次和她的身體分開了。麥瑞爾說她告訴自己要「強迫自己和男性做愛。那是她去芝加哥大學時的主要計畫之一」。

第七章　仁慈的獨裁者

蘇珊形容那幾年的芝加哥大學是「一個仁慈的獨裁機構」。它的獨裁者是羅伯特・梅納德・哈欽斯（Robert Maynard Hutchins）；在今天的高等教育界，似乎不可能想像像他這樣的救世主。他很年輕——當他被任命為芝加哥大學校長的時候只有三十歲——他的想法也吸引了許多當代文化界的領導人物，不論是老師或學生；這些都使得他在當時顯得如此優秀。

哈欽斯高眺而且充滿魅力，他的父親是長老會牧師，不過他也和創辦哈佛及耶魯的清教徒一樣，認為嚴格的教育是改造國家的方法。他的學校和輕浮的美國形象——「甜膩的流行歌曲排行榜，異常激動的棒球賽播報」——形成反比。他也以特有的姿態，將學校的嚴肅名聲精確傳達給對那種文化有點疏離的學生，例如蘇珊和麥瑞爾。芝加哥是美國中西部的首府，但是他甚至禁止足球隊——蘇珊和許多其他被芝加哥吸引的人會舉雙手雙腳贊成這個決定。一九四二年時，恩里科・費米（Enrico Fermi）就是在廢棄的足球場觀眾席下方建了世界上第一座核子反應爐。

約翰・戴維森・洛克斐勒（John D. Rockefeller）在一八九〇年建了芝加哥大學，它從一開始就致力於英才教育。東部的大學接納學生時可能是以種族、性別、階級和宗教為基礎，不論他們是否明確地如此表示；而芝加哥大學則是透過統一的測驗招生。這就排除了「繼承」錄取（“legacy” admissions）*的可能性，讓等級特權沒辦法永遠存在。芝加哥大學是第一所承認男女平權的一流大學，[1]而且在一九四〇年之前，已經有四十五名非裔美國人被芝加哥大學授予博士學位，比全國任何一所大學都多。[2]在那個年代，聲譽卓著的學校都嚴格限制猶太人入學，但是芝加哥大學卻有許多猶太人學生，可能多達半數。[3]

哈欽斯的芝加哥大學位於西部、年輕而民主，不像那些舊式的大學，是為了菁英而服務。它的目標是創造菁英。學生入學之後，就會發現每個人的課程都一樣，都是根據古典哲學和古典文學而設計的，而且所有課都要上，除非該學生被那門課踢出去。

哈欽斯的方法被稱作「共同核心」（Common Core），是以重要典籍作為基礎的通才教育。不分年級。根據一九四七年的畢業生、《紐約書評》（*The New York Review of Books*）創辦人羅伯特．史威爾斯（Robert Silvers）的說法：「念芝加哥大學就是一直在閱讀。從亞里斯多德的《物理學》讀起，所以每一名學生都有一、兩門課要讀亞里斯多德的《物理學》。你會讀到亞里斯多德的《美學篇》。你會讀柏拉圖的《理想國》。你也會讀到聖奧古斯丁。」——等等這些，貫穿整部西洋哲學史，直到大約馬克思和佛洛伊德的時代。科學是這種教育中不可或缺的一部分：史威爾斯也說「每個人都要懂一些生理學。每個人也要懂一點物理學。大家還被預期要對量子理論有一點概念」。[4]

基本上對蘇珊來說，芝加哥大學的課程就像是一份清單。她後來說：「我絕對贊同讀那些必修課程，它們的內容就是一些哲學探索，而且，當然要從柏拉圖和亞里斯多德、還有一些希臘的劇作家及希羅多德、修昔底德開始讀起」。就像是她在圖森的現代文庫後面找到的古典文學清單，芝加哥大學也承諾它的畢業生將會有堅實的文化基礎。她認為芝加哥大學和比較老的大學之間，差異就在於哈佛「列了一堆清單，但是沒有『正確的道路』」。[5]

哈欽斯認為「大學的目的不外乎為整個世界帶來一場道德、智識和精神的革命」。[6]蘇珊幾個月之前還在柏克萊，用那裡狹隘的學術方式戰戰兢兢看待事情，那裡可說與這裡的抱負恰好背道而馳。她在那裡經歷了感官告訴她的真相，而她後來感到最「驚恐的是，我竟然讓自己埋首於學術生活中」——這樣的埋首本可能在她熬到六十歲，成為「又老又醜，但受人敬重的專任教授」之後才畫下句點。

> 今天我在圖書館翻閱英文系的出版刊物——長篇大論（數百頁）談的都是這類主題：伏爾泰作品中，Tu（你）和Vous（您）的用語；菲尼莫．庫柏（Fenimore Cooper）的社會批判主義；布勒特．哈特（Bret Harte）之作品出現於加州（一八五九至一八九一年）書報＋雜誌中的書誌學……
>
> 天哪！我差點讓自己臣服於什麼鬼東西啊？！？[7]

---

* 編按：繼承錄取，是指某些學校或機構為了優惠校友的後代，而在錄取學生的時候，會因為該申請學生的親緣關係（通常是父母、祖父母等直系血親）為校友，而給予優先權。這種作法在美國大學特別普遍。被錄取的學生則稱為傳承學生（legacy students 或 legacies）。

許多同學都無法忘懷他們見到蘇珊・桑塔格的第一眼。「芝加哥女性的外表通常不會引起太多注意。」一名教授說，「但是沒有桑塔格辦不到的事。」[8]她的一個朋友也記得在歡迎會上，「人們四散地站著，然而當她一走進房間，所有男性……都一起『哇！』地叫了出來」。[9]另一個人也寫到，在校園裡，「出現的一般都是穿著藍色牛仔褲的十七歲邋遢女孩」，而當蘇珊・桑塔格穿著絲襪、蹬著高跟鞋、搭配絲質的衣服和加州風的古銅色肌膚出現在大家面前時，「不知怎的，大家都會把她和『電影明星』聯想在一起」。[10]

不過，她把蜜爾崔德趕回洛杉磯之後，也沒有再堅持高跟鞋和絲質衣服了：牛仔褲一樣是她的日常。但是她這種美，在芝加哥出現了熱情的愛慕者。她在校園裡顯得鶴立雞群。畫家瑪莎・埃德爾海小時候和蘇珊一起參加過夏令營——不過蘇珊從那個夏令營裡逃走了——埃德爾海說：「那裡吸引了一些來自小地方、但是極為優秀的孩子。」那幾年間的畢業生包括菲利普・羅斯（Philip Roth）、菲利普・葛拉斯（Philip Glass）、羅伯特・史威爾斯、卡爾・薩根（Carl Sagan）、麥克・尼可斯（Mike Nichols）和蘇珊・桑塔格，他們就算是從井底去到大得多的池塘，也都備受矚目。但是埃德爾海也說，壓力造成自殺事件頻傳：

> 這些十三、四歲的孩子在自己的鎮上，一直是最聰明的孩子，接著就被丟到像芝加哥大學這樣的環境裡。我們會有一個舍監，她也是二十二歲的孩子，東西南北都搞不清楚，完全不知道自己該

做什麼。他們沒有什麼人可以談心，也沒有人可以真的告訴他們該怎麼做。[11]

一旦學生在社交和情緒上都得靠自己，他們就會發現那位「仁慈的獨裁者」給了他們一條很明確的道路。蘇珊在芝加哥發現哈欽斯立下嚴苛的標準，她得靠自己達成。另一名傑出校友喬治・史坦納（George Steiner）寫道：「哈欽斯鄙視假期、鄙視休息。他是個工作狂，沒有人會因為學他而感到羞愧。他憎恨做事馬馬虎虎，憎恨碌碌無為，憎恨膽小怯懦；他並不隱瞞自己的標準。」[12]這些標準高如喜瑪拉雅山，所以想遵照的人大概也很難達成，學者詹姆斯・米勒（James Miller）在提到桑塔格時，說：

如果要問她到底有沒有符合真正老師的標準——真正的老師是蘇格拉底……〔芝加哥的學生〕都想要做到這個完美的道德傳統典範。他們希望自己的知識廣博。他們也想要精通所有重要典籍。所以他們的楷模一方面要懂很多事情；另一方面則得是完美的靈魂。沒有這種抱負的人就是粗魯、貪婪的蠢貨、資本家，哈欽斯一向瞧不起這種人，覺得他們就像是世界上的害蟲。……這是一種極為嚴厲的完美典型。如果你決定要認真遵從這個典型——我相信蘇珊・桑塔格是這麼想的——那就表示你一定會很看不起自己。[13]

即使在這些成就卓著的人之中，蘇珊・桑塔格還是特別突出。她看起來像電影明星，而且如此努力地學習，甚至連那些過去在每個班級中最聰明的學生，都對她敬畏三分。瑪莎・埃德爾海還記得蘇珊的宿舍房間：「我以前念的是音樂藝術高中，我是一個音樂系學生，我覺得我已經讀很多書了，然後我走進她的房間，看到她的房間裡有一整面牆都是書架。她是一個十六歲的孩子，就已經在柏克萊念過一年了，而且有一整牆的書，這真是讓我大吃一驚。」

喬伊斯・法伯（Joyce Farber）也像其他許多人一樣，一直記得她對蘇珊的第一眼印象。她說：「我記得第一次看到她，是我下樓吃早餐的時候」，在過了將近七十年之後，一切都還是那麼歷歷在目。「她就坐在桌子的主位那邊。那時候她差不多十六歲，每個人都聚精會神聽她說話。他們對她一無所知。我到現在都還能夠看到她坐在那裡的樣子。」[14]

她的教授也對她有幾分敬畏。羅伯特・博耶斯（Robert Boyers）——他後來成為桑塔格的朋友——日後回想起那時候開始「就極端不同的兩個人」，也就是後來和桑塔格結婚的菲利普・瑞夫（Philip Rieff），以及大衛・理斯曼（David Riesman）——《孤獨的人群》（*The Lonely Crowd*）的作者。「他們兩個人卻都表明十七歲的她是他們碰過最聰明的學生。她早熟，又顯然無庸置疑地優秀。她讀過的書也比他們遇過的所有十七歲同齡人都多。」[15]

——

羅伯特・史威爾斯記得在芝加哥大學的課堂上，最典型的問題是：「你現在看到了什麼核心關鍵？

你的想法是什麼？這要怎麼套用到某個問題上？」[16]蘇珊說：「我們不會被預期寫好報告交上去，沒有人會預期蘇格拉底的學生要繳交報告。」[17]

不過蘇珊在這個時期的報告還是有些被留了下來，包括她寫給肯尼斯．柏克（Kenneth Burke）的報告。柏克是芝加哥大學最傑出的人才之一，但是他在校外幾乎沒有什麼知名度。他在某一堂課剛開始的時候，在黑板上寫下自己的姓——「柏克教授」——他絲毫沒有想到臺下會有大學部的學生認識他。然而在課後，有一名女孩向前問他的全名是什麼。這位吃了一驚的教授問她何以有這個問題。

「我在想您是不是肯尼斯．柏克。」

他說：「妳怎麼會知道我是誰？」

我說，因為我讀過《永恆與改變》（*Permanence and Change*）、《文學體裁之哲學》（*Philosophy of Literary Form*）、《動機之文法》（*A Grammar of Motives*），我還讀過……

他說：「妳真的讀過？」[18]

肯尼斯．柏克也和芝加哥其他的所有人一樣，都是負有盛名的學者；而和芝加哥其他人不一樣的是，他與格林威治村（Greenwich Village）的兩名放蕩不羈的傳說文人都有直接連結。他曾經和詩人哈特．克萊恩（Hart Crane）以及《夜林》的作者朱娜．巴恩斯住在同一個公寓——克萊恩最後因為無法「矯正」自己的同性戀傾向而感到絕望，因而自殺。對蘇珊來說，柏克是她與自己渴望的世界一個直接的連結。而對柏克來說，蘇珊是「他教過的最好的學生」。[19]她寫了一篇《夜林》的報告給他。顯示她敢於挑戰最權威的意見。T・S・艾略特認為那本書的內容「絕對不輸給伊麗莎白時代的悲劇」，而桑塔格則是精準地發現這部作品真正的路線是十九世紀末的頹廢派，她提出的反對意見認為：「《夜林》的趣味與激情，和伊麗莎白時代悲劇的『健康感』並不相似。巴恩斯女士的作品有著高度敏銳而精煉的感覺，這是屬於佩特（Pater）的風格，而不是馬羅或韋伯斯特（Webster）的。」她還進一步把這種精煉感連結到更根本意義上的腐敗（decadence），她說巴恩斯「理解腐敗（decay）的形式是發展出分裂的謎團，它古怪地符合神祕主義者的下一步，朝向絕對交融的方向發展」。

巴恩斯的角色所經歷的分裂有哲學上的目的。神祕主義者必須脫離「世界」的生活，才能夠發現背後更偉大的真實：這就是分裂的正面意義。但是這樣的分裂又只是「古怪地」符合，因為《夜林》的世界並不是精神的世界。它的一端比較接近薩德侯爵（Marquis de Sade）的《閨房哲學》（*La philosophie dans le boudoir*），另一端則基本上屬於佛教的觀念，那種觀念吸引了許多與桑塔格同時代的人，例如約翰・凱吉或賈斯培・瓊斯（Jasper Johns）。

朱娜・巴恩斯這本書的寫作和出版帶有心照不宣的反猶太主義，她將情緒的激動煽動到高潮，她塑造的許多猶太人都是騙子，不僅淫亂，而且從根本上就不值得信賴。幾乎在其他所有作家的筆下，這樣的結合都會讓這本書被歸類為種族主義。但是桑塔格與這個主題的密切連結，卻幫她在評論這本書時，看到——沒有形諸文字的——貫穿全書的女同性戀主題：「終局來說，猶太人被描述成受到迫害的、被拋棄的，這強化了他們是『有問題的』主題，就像是以前提到性方面的異常，通常也代表那個行為不被允許，也就是遭到社會疏遠之人的生活。」[20]在夢中世界，事物通常不是它們看起來的那樣，而在那裡，同性戀與猶太主義會和戲劇性及貴族階層糾纏在一起；桑塔格寫道：

這些偽裝當真是這個世界中不可缺少的部分，當馬修．歐康納在場時，費利克斯問自稱是布羅德巴克公爵夫人的曼夫人：阿爾塔蒙特伯爵是不是真的伯爵？曼夫人感到很驚訝。「上帝啊！」公爵夫人說，「我就一定是我所說的人嗎？你是嗎？醫生是嗎？」讀者甚至還想知道上帝是不是！

——

她在芝加哥也展開了自己的偽裝，拉大了真正的蘇珊和別人看到的蘇珊之間的距離。她在高中時就已經覺得自己是個騙子，到了芝加哥，她更進一步重新編造自己的出身。她的一個同學說：「她讓別人覺得她有一個令人嚮往的背景，富裕、有大臺的敞篷車、好萊塢式的古銅色肌膚，而且是重要的人。」[21]這個背景還因為蜜爾崔德和納特的故事而得到進一步渲染——她告訴同學說蜜爾崔德有一半愛爾蘭血統——而納特則有很強烈的嫉妒心，甚至還曾經想要開車輾過蘇珊。[22]

這些虛構也透露出更深層的事實：她希望有一個不同、更快樂的出身。她一再說出一些與母親有關的「彌天大謊」。她說蜜爾崔德是愛爾蘭人，這如實傳達了蘇珊的渴望，她希望母親不是她真實的那個樣子，她們後來的通信也透露出這種渴望。蘇珊仍然是那個多方掛慮的母親角色——她在一九五〇年十月告訴蜜爾崔德：「我希望我們在電話裡講的事沒有讓妳感到不安。」——她還是一直在教育那個大家公認什麼都不關心的蜜爾崔德，她寫道：「我看完了《華盛頓廣場》（*Washington Square*），那本書真的很棒——妳一定要讀——妳看過薩克萊（Thackeray）了嗎？」[23]蘇珊理想中的母親可能得要讀過亨利・詹姆斯和薩克萊；但是她真正的母親卻沒有。最後、也最痛苦的是：如果納特當真嫉妒她，甚至嚴重到想要謀殺她，那表示蜜爾崔德真正愛的是蘇珊——而不是納特。在柏克萊時，海芮葉特眼中的蘇珊「顯然和母親有感情的糾葛」。在芝加哥時，也有一個女孩說過：「她從來沒有看過其他人的愛慕，會超過蘇珊對她母親的愛慕。」[24]

但是她喜歡捏造事實，這讓她失去了麥瑞爾・羅丹的友誼。麥瑞爾比她早一年去芝加哥就讀。她在芝加哥過完第一個學期之後，兩個人一起回到洛杉磯，並且造訪了托馬斯・曼。麥瑞爾曾經和她說過約瑟・施瓦布（Joseph Schwab）教授的事。施瓦布幾乎教過每一門芝加哥課程的課，這具體呈現出芝加哥大學對通才教育的理念；蘇珊後來稱他是「我遇過最重要的老師」。[25]麥瑞爾說在後來的幾個月，「她有點像是要占據他，她的方式讓我感覺受到挑戰或是嫉妒」。壓死駱駝的最後一根稻草是蘇珊為了展現她的正直謹慎，於是便向在書店工作的施瓦布太太坦承她和麥瑞爾一起偷過書。

麥瑞爾說：「我感覺她是想展現出悔改、洗心革面的樣子——她洗脫了，但是卻讓我受到牽連。她利用情緒和個人的事件創造一個聰明的議題，但是卻把我推入火坑，而且完全不管我，也不在乎我的感受。」

真正難解的問題是性傾向，但是她甚至在《夜林》的報告中都避了過去。芝加哥的許多老師也和學生一樣，都很年輕，大家都還在嘗試，她在個這時期的另一個朋友說：「我們發明了後來被稱作性革命的那些東西。」[26]的確，如果觀察這幾年的芝加哥，就是像在看許多想法在「六〇年代」之前的那一代日漸成型。有些並不是新的想法——例如每一代美國前衛派都嘗試過（但是也都失敗）的拒絕消費主義——不過有些的確是新的，尤其是強調性解放，後來還成了戰後時期最重要的運動之一。芝加哥多的是急著長大的青少年，所以性是不亞於蘇格拉底的重要教育內容，新來的學生也迫不及待要擺脫他們不想要的童貞。女孩們甚至還有一名「專業破處者」，他叫作迪克·林（Dick Lynn），長得很英俊。（在這個華麗的出發之後，他後來的職業生涯是走進保險業。）[27]

蘇珊在芝加哥也有幾段情史，包括和女性的交往——其中也有迪克·林。但是她愈來愈抗拒她在柏克萊經歷過的「重生」。一九五〇年十一月，就在她寫了《夜林》的報告交給柏克之後不久，她又重新讀了一遍《馬丁·伊登》，並且承認它帶給她的醒悟：這時候她注意到她「在成長過程中，的確從未奢望幸福快樂」。她與海芮葉特一起經歷的快樂日漸消褪了，她發現自己在思考「性與愛的差異」、「當下的死亡焦慮」，她還寫下「性是對愛之需求的沉默、私密與幽暗應允，若愛能垂直累積，肯定會被遺忘」。[28]

她還寫了一段表白，聽起來很像是她對施瓦布太太所作的告解：「想對母親『坦承』的這個念頭一點都不令人欽佩——這不代表我誠實正直，而是顯出我的⑴軟弱，想強化我唯一有的感情依附。＋⑵殘酷成性——我那些不當之舉要彰顯的是我的反叛，而這反叛非得被人知悉才算有意義！」[29]

蘇珊在十一月寫了一封成為話題的信，信的最後寫到她的母親：「我聽起來很忙，但是從來沒有一刻忘記我一直感受到的痛苦。」[30]蘇珊既寂寞又充滿不安全感，所以她很快地投入她人生中最緊張的關係之一。麥瑞爾鼓勵她去上一門社會學的課，講師很年輕，名字叫作菲利普·瑞夫。她沒有選到那門課，但還是去上了——而在課程的最後，瑞夫問有沒有人想幫他做一些研究，「她舉手了，那就是他們兩個人的相遇」，喬伊斯·法伯這麼說。

第八章　卡蘇朋先生

菲利普・瑞夫嚴肅地開玩笑說，他的墓誌銘上應該寫著：「書堆裡的博士，生活中的蠢蛋。」[1]這等於承認了他的失敗。瑞夫其實不像是狄更斯或巴爾札克筆下那些脆弱的角色，他沒有明確的失敗；他死時還得到一個炫麗的頭銜——賓夕法尼亞大學（University of Pennsylvania）社會學領域的「班傑明・富蘭克林教授」（Benjamin Franklin Professor）與大學名譽教授——並擁有費城的一棟大房子。他與第二任妻子艾莉森・道格拉斯・諾克斯（Alison Douglas Knox）律師住在那棟房子裡，他們收集了許多英國藝術品，瑞夫以前教過的學生也有一群對他由衷感到敬佩的仰慕者。[2]

不過，瑞夫一開始的人生旅程非常坎坷，所以他從來不曾完全甘於他的人生。他離開出身的世界之後，卻發現雖然到了自己過去渴望的世界，但是樁樁件件都不令人滿意。「只對自我改造的人有興趣」的蘇珊在菲利普・瑞夫身上找到了符合這種理想的楷模。菲利普的男孩時期是在貧民窟度過的。他會搭車或是輕軌，一路從羅傑斯公園（Rogers Park）到海德公園（Hyde Park）（他的大學所在地）——也就是從芝加哥的北部到南部，沿著湖濱公路（Lake Shore Drive）南下一小段。以階級來說——階級的確是菲利普重視的面向——他這一路人生的差別之大，無異於傑克・羅森布拉特曾經的那一躍，他也用了差不多相同的時間擺脫下東區的骯髒、看到大頸區的繁華映入眼簾。

菲利普後來成了常春藤盟校的大人物，他的著名標誌就是刻意擺出的一身學究派頭。無論何時看到他，他都是一身英國紳士的打扮，穿著訂製的西裝、戴著一頂圓頂禮帽、佩戴金色的錶鏈，還有一枝拐杖。他的口音是自創的，屬於中大西洋東部的某個地方美國上層階級的英文。這樣的裝束讓他在一個激進的美國校園中被貼上反動分子的標籤，他也欣然接受：他還曾經主張要在賓夕法尼亞大學的四周立起圍牆，好阻止那些不像他一樣盛裝打扮的人進入。[3]曾經有人指控蘇珊．桑塔格是通俗大眾書作者，但是對菲利普．瑞夫就一定不會有這樣的批評，曾經有一個評論家說：「他說過這個世界上只有十七個人能夠真正讀懂他，而且他有時候寫的東西，像是還想讓懂他的人再少一點。」[4]

難以置信的是，這個評論家也是他的一名仰慕者。不那麼欣賞瑞夫的人覺得他對地位、階級的興趣——他最後把這些稱作「秩序」——就和他對打扮的興趣一樣令人討厭。但是這麼嚴格地堅持秩序——他後來稱這是社會學原則的尊嚴——只是因為他極不確定自己的定位。這種秩序感後來證實對年輕的蘇珊．桑塔格的確具有不可抗拒的魔力。

—

「我從小到大的口音都很難聽」，他的兒子想像父親會這麼說，以解釋他何以要裝出這種說話方式。至於那樣的穿著，是因為他從小長大的地方「人們穿的衣服都沒有太好」。[5]這兩種說法都完全正確。菲利普．瑞夫就像是蘇珊．桑塔格那代的許多猶太人作家一樣，是「普通猶太人」（*folks-yidn*）的後裔——他們的父母從歐洲逃到美國城市的勞工地區。這些人彼此之間、或和他們故土的聯繫是靠著他們的語言（意第緒語）和他們的社團組織（可能是喪葬或猶太教團體），雖然他們人在美國，但是這些社團是根據他們在烏克蘭或波蘭、羅馬尼亞出身的小型聚落加以組織的。歐文・豪（Irving Howe）在一本著名的書中，提到這是「我們父祖輩的世界」。但是對蘇珊來說，那個世界簡直太遙遠了——雖然那頂多是她祖父的世界。在融入美國這件事上，菲利普大概比她晚了兩代。

蘇珊的祖父母小時候就移民了，但是菲利普差一點就不是在美國出生。他的父母來自立陶宛的一個村落，他們在一九二一年十一月才來到美國。在第一次世界大戰和俄國內戰後的幾年大災難期間，離開東歐的人比較像是難民，而不是移民；菲利普於一九二二年十二月十五日在芝加哥出生，而他的弟弟馬丁則晚他兩年出生。他的母親叫作艾達・霍爾維茨（Ida Horwitz），父親叫作加布里埃爾（Gabriel）——至少當他抵達埃利斯島（Ellis Island）時還是這個名字。那裡有些低階官員「匆忙之間就把他的名字寫成約瑟夫（Joseph）」，在他死後瑞夫是這麼說的。「所以，美國人的大筆一揮，他就發現自己有了一個美國名字，但是那個名字對他而言沒有任何意義。他想要尋找自己在美國的生活意義、自己生而為人的意義，但是都因為突然成為美國人而遭到阻礙了。」

這個新國家奪去了他父親的身分，字面意義上的「身分」，也在這個過程中削弱了他的氣勢。每個國家的移民都會變成另一個人。這個經驗對某些人來說，會帶來創傷；對於另一些人則意謂著解放。瑞夫說對於父親來說，改名字讓他變得「極為不自在。那種自我不適感大概也移轉了一些到我身上」。[6]

瑞夫一家人擠在一間小小的公寓裡，真的很小，所以總得有一個人睡在浴缸裡。[7] 加布里埃爾／約瑟夫的職業是屠夫，這個職業的地位不高；他們一家人對學習沒有太大的興趣。瑞夫的兒子說：「他們會出席猶太教徒的聚會，所以我想他們是識字的，但是他們並不讀書，他們的家裡沒有任何書。」菲利普的抱負非比尋常。他的弟弟馬丁追隨家族的傳統，後來在當地超市「喜互惠」（Safeway）的肉品部門工作。但是菲利普卻進了芝加哥大學，探尋他對學術的興趣。

—

身為一個失了根、並深受「自我不適感」所苦的人，大學給了他一條正確的道路——也一樣給了蘇珊。蘇珊後來說她是「幸運的」，能夠受到「這個國家迄今創設的最雄心勃勃也是最成功的權威教育項目」的提升。[8]但是對瑞夫來說，學校卻只是強化了他個性中原本就很明顯的威權主義傾向。不過，兩個人的相識始於瑞夫帶領蘇珊認識那名她最晚在高中時就深受其吸引的大師。那就是佛洛伊德；而他教授的內容是《摩西與一神論》（*Moses and Monotheism*）與《文明及其不滿》。

她在一九五〇年十一月二十五日寫信給十四歲的妹妹，建議她看《彗星美人》（*All About Eve*）（「一部卓越的電影」）及學習古典神話學（「毫無疑問，這是所有學識良好的人都一定要熟讀的科目」），並且向她提起一個新的計畫：

我現在是一名經濟學教授的研究助理，那名教授叫作菲利普·瑞夫，他正在寫一本書。……這對我來說當然是一個很大的榮譽＋這件事本身就是一個教育機會。我除了要做這本書的工作（研究＋寫作）之外，還會接手瑞夫為各個通俗性＋學術期刊所做的大部分書評工作：我會讀那本書＋作摘要＋寫書評。然後我會把摘要＋書評交給他，這將省去他閱讀那本書的麻煩＋他會糾正我所寫的內容＋以他自己的名字交出去。換句話說，我是影子寫手！[9]

才沒過幾天，她又寫了以下這些話給她母親：

我看到了菲利普．瑞夫的許多事情，＋我突然意識到的確有些什麼——一種和我所知的一切全然不同的關係——不要笑！他不算英俊——他很高＋很瘦而且面龐削瘦＋向後退的髮際線——妳完全不能用放蕩不羈來形容他＋他十分可敬——**但是**他有不可思議的才華＋很親切＋還有很多在我看來很美麗的事物——妳能想像妳那心冷如冰的女兒其實有這些平凡的情感嗎？[10]

就在那天稍晚，菲利普「以我們倆的孩子們的名義向蘇珊求婚」。[11]

那年她十七歲。他二十八歲。他們才認識彼此一週多的時間而已。

——

菲利普在聖誕節假期時與她一起回到洛杉磯。在一九五一年一月三日，他們在柏本克（Burbank）的治安法官見證下結婚了。茱蒂絲說：「蘇珊和我在儀式進行到一半時，小聲的咯咯笑了出來。我們想要儘可能的表現到最好，但是我們彼此對到眼之後，還是笑了出來。」蜜爾崔德沒有對這樁婚事說什麼，他們後來去了格倫代爾（Glendale）的「大男孩」（Big Boy）慶祝彼此的結合；「大男孩」是一間賣漢堡的餐廳，它的店招商標是一個大眼睛、有著紅潤臉頰的男孩。蘇珊在日記裡寫道：「我頭腦清楚地嫁給了菲利普＋害怕我那朝向自我毀滅的意志。」

她的朋友閔達・雷・阿米蘭（Minda Rae Amiran）說消息傳到芝加哥，「校園裡的流言蜚語一下子就傳開了。對於有意在學術方面發展的年輕女孩而言，嫁給妳的教授就像是美夢成真。」[12]前幾週的時間裡，他們以極大的熱情彼此相處——不論是在肉體或是智識上。蘇珊在一本以第三人稱寫成的未出版回憶錄中，對這些早期時光作了一些描述：「在新婚的頭幾個月中，他們大部分時間都待在床上，一天做愛四、五次，做愛的間隔時間就聊天，無止盡地聊藝術和政治、宗教和道德。她會剖析她的家庭，他也會剖析他的；他告訴她說她的朋友是無用的一群人，但是也坦承他自己並沒有朋友。」[13]

但是不久之後，蘇珊開始產生懷疑。「結婚兩天之後——當他想要剝開杯子裡煮得半熟的蛋時，弄得一團糟，他把蛋殼敲得粉碎（而不是一大片一大片的剝下來）——這讓她很不高興。」[14]還有一本日記寫著幾年後，她記得他是一個「什麼都不會、又不諳世故的人，我必須教他很多事情——要告訴他怎麼住旅館、怎麼叫客房服務、怎麼開支票帳戶」。[15]我們應該很容易想像對一個搞不懂這類中產階級基本事務的人，她會帶著輕蔑以對，我們應該也不難想像當他知道自己的貧民窟背景被他那世故而美麗的年輕妻子知道時，該有多麼羞恥。

但是菲利普有他自己對禮儀的清楚概念——而且他十分年輕時就已經在貫徹執行。他的嚴厲讓蘇珊的朋友避而遠之。喬伊斯．法伯證實菲利普在二十幾歲時對服裝的堅持就已經很明顯了。有一天，他們三個人要開車穿過芝加哥去看電影《紅鞋》（*The Red Shoes*）。但是菲利普卻說：除非女士們把本來的藍色牛仔褲換成裙子，否則他拒絕去看。喬伊斯說：「這簡直就是瘋了。我們後來一直沒有看到那部電影。那幾年間，這件事一直留在我腦海中。」

——

在結婚的頭幾年，蘇珊一反常態地沒怎麼寫日記。但是前幾個月其實有很多值得注意的事。她在那個學期末從芝加哥畢業，只花了兩年。她和菲利普在夏天搭船去歐洲。或許她本來就不願意和他獨處，所以還邀了喬伊斯參加他們的蜜月旅行：喬伊斯也考慮要去，只是她母親阻止了這個計畫。

他們走訪了倫敦和巴黎。很可惜的是蘇珊幾乎沒有留下對這些城市的第一印象——她應該對這裡的高雅文化感同身受，也應該樂意埋骨於此。在這個時期的簡短回憶錄中，她完全沒有提到這次旅程。她在聖拉扎爾站（Gare Saint-Lazare）講了她的第一句法文——她告訴計程車司機：「請去索邦大學！」（*La Sorbonne, s'il vous plaît!*）——她住在拉辛路（Rue Racine）的德斯艾特昂格爾斯酒店（Hôtel des Étrangers），就在聖米歇爾大道（Boulevard Saint-Michel）的轉角處、學生集中的核心區。巴黎詩壇的同性情侶蘭波（Rimbaud）和魏爾倫（Verlaine）的第一次相遇就是在那間旅館，菲利普和蘇珊則在那裡度過他們「沉默的夏天」，[16]菲利普的過分講究使得他們對外國語心存畏懼，而且羞於啟齒。他對社交的恐懼讓他很難交到朋友，而蘇珊則經常提到她終其一生總是被人群圍繞。巴黎是前衛派的核心，也是所有進步派和國際事物的據點，它是守舊的美國中部的對立面，也與當時席捲美國的反共產主義的紅色恐慌（red scare）背道而馳。在母國無法得到理解的美國人，在那裡可以成為作家。當史特丹號（*Statendam*）航抵紐約時，菲利普的行李箱裡裝著亨利・米勒（Henry Miller）的著名禁書《北回歸線》（*Tropic of Cancer*）的原文書——那本書被許多人認為充滿了汙言穢語，書的封面還大大印著「禁止輸入英國及美國」。但是因為他的教授身分，海關沒有對他進行搜查。[17]

他們回到美國之後，很快地出現「摧毀他們婚姻的第一擊」。蘇珊驚恐地發現她懷孕了。她在回憶錄中寫道：「她哀嘆自己的人生就要結束了，所以必須把孩子流掉。在醜陋的爭吵與眼淚、還有向無禮又沒有幫助的一些熟人屈辱地提出詢問之後，她終於在州北街（North State St.）找到了一個住址。」在美國，直到一九七三年流產才全境合法化，接受流產的婦女也常死於粗糙的過程中。喬伊斯・法伯說「這是個野蠻的時代」。蘇珊告訴她的朋友非法施行墮胎時不會麻醉，而是把「收音機開得很大聲」，讓鄰居聽不到她的慘叫。

收音機的音量提醒了蘇珊對於性和痛苦的聯想，也讓她想起母親的病在過去一直「纏著」她。這件事也讓蜜爾崔德想起她自己小時候的創傷，她也是「沒幫助的熟人」之一。當恐慌的蘇珊打電話給母親，要她提供金錢援助讓蘇珊墮胎時，「我的母親變得變得很歇斯底里」，茱蒂絲這麼說。她沒有為女兒提供協助或是安慰她，反而把電話交給了十五歲的茱蒂絲。接下來，這位抗拒女王就走出房間，就像她人生中經常上演的事那樣。

茱蒂絲說：「她那次拒絕援助，當真讓她們的關係從此之後就改變了。」[18]那次之後，雖然蘇珊有時候還是會想找回彼此的關係，但是她們因無助而產生連結的日子已經結束了，結束時也沒有一丁點感情殘存。

在懷孕之前，她就已經努力要把重點放在心靈，讓其優先性超過身體；她是在柏克萊時開始想讓兩者取得均等：「若能拒絕那種脆弱、操控、絕望的情慾，我就不會是野獸，我的人生就不會徒勞無功。」[19]她寫到在墮胎之後，「他們不再那麼常做愛了，而他對於再一次懷孕的恐懼甚至比她更甚」。[20]

——

他們從歐洲回來之後，卻沒有回到芝加哥。反而往北去了麥迪遜（Madison），菲利普要在那裡的威斯康辛大學（University of Wisconsin），和優秀的德國社會學家漢斯．葛斯（Hans Gerth）一起工作。葛斯也和芝加哥的許多教授一樣，是因為希特勒而流亡國外，他與社會學的創建者之一馬克斯．韋伯的關聯也讓蘇珊和菲利普皆深受其吸引。許多年後，當聽聞他的死訊時，蘇珊說：「我不知道如果不曾認識他，我會變成什麼樣子。」[21]

他還給過她狄奧多．阿多諾（Theodor Adorno）和華特．班雅明（Walter Benjamin）的油印譯本，在整整十年後，他們的大名才因為批判理論而貼在人文學院的各處。[22]阿多諾的年紀並不大——只在四十五歲到五十歲之間——雖然在戰爭期間，他也待在太平洋帕利塞德社區，但是他並不屬於洛杉磯的流亡社群——像是曼、史特拉汶斯基和荀白克——這群流亡者在戰爭之前就享有盛名，與他們接近的感覺，也對年輕的蘇珊充滿吸引力。在她去威斯康辛的那一年，阿多諾剛好出版了《最小道德學》（*Minima Moralia*）一書，那本書顯示格言般的風格也可以寫出隨筆式的小品，而她的筆記就有很多是採用格言的風格。

菲利普和蘇珊在麥迪遜有一間很小的公寓，他們每天晚餐都在鐵路邊的一間小餐廳裡解決，在那裡，不用一塊美金就可以吃到牛排。[23]她在麥迪遜做了墮胎手術；他們也在麥迪遜開始研究佛洛伊德：先是菲利普的一篇論文——〈佛洛伊德對政治哲學的貢獻〉（Freud's Contribution to Political Philosophy），再來則是他的書——《佛洛伊德：道德家的思想》（*Freud: The Mind of the Moralist*）。但是這些插進來的閱讀和工作並沒有持續太久，因為蘇珊幾乎是立刻又懷孕了。她想要再回去找那個幫她做流產手術的人，但是菲利普擔心手術會害死她，所以拒絕了。「接下來就是一個很可怕的場景，她拿自己的頭去撞地板，並懇求他〔菲利普〕出去。」[24]

他們在六月時離開麥迪遜，那年夏天，他們待在瑞夫的父親位於羅傑斯公園的公寓裡。蘇珊對這個

夏天沒有留下任何文字，但是對菲利普來說，被丟回在童年時帶給他不快的這個環境，尤其是和他懷孕的妻子一起，一定是很不堪的。有一件事留下了紀錄，還為我們說明了當時的狀況：有天，當蘇珊走進家裡的時候，看到每個人都在對菲利普的母親吼叫，因為她不顧自己的心臟有問題，還是顫巍巍地爬上梯子，很努力的在擦拭天花板。為什麼她突然想要做這件事呢，是因為打掃房子的人要來了。艾達‧瑞夫解釋說：「我不能讓她覺得我家裡很髒。」[25]

在幾年後，菲利普表示他和蘇珊結婚時，心裡想的是一個標準的中產階級家庭。他說：「我是一個傳統的男人。我覺得婚姻就是要有孩子，總之就是一個傳統的家庭。我沒有辦法適應她想要的那種家庭生活。你知道的，有家庭的話，就有反家庭。我覺得我們的家庭屬於後者。」[26]

除去瑞夫家族的貧窮和沒有光鮮亮麗的外表不說，他們的確是傳統的家庭——父母和小孩住在同一個屋頂下——這是蘇珊從來沒有經歷過的家庭。她覺得自己將要陷入這種結構中了，這種想法讓她很害怕。雖然她很少把自己的生活故事出版，但是她其實一直在寫，通常還會寫好幾個版本。而她寫得最多的，就是自己的婚姻，因為即使是在那個時候，她已經敏銳地察知到這段不穩固的時光將會決定她的生活型態。她結婚之後，意志似乎就開始動搖，在早期生活中推動她的動能也開始飛散、衰落。而她在這幾年間所經歷的失控——失去自我——又是一個更難解的謎題，因為那正是她自己過去所致力的追尋之一。

她在早年的日子中經常表達對這種關係的渴望，當一個柔順的妻子角色，而與菲利普在一起就可以找到這個身分。「我似乎喜歡懲罰自己」，她在離家前這麼寫；差不多也是在這個時候，她說：「我是多麼想要投降！」她提過自己對一個高中朋友的感覺：「我對她的感覺有太多畏怯、恐懼、認為我自己『不夠好』。」[27]菲利普就是吸引到這個面向的她——總是覺得自己「不夠好」的她。

哈欽斯設計的威權教育有「極為嚴厲的完美典型」，它的其中一項好處就是承諾那些夠聰明的學生、願意投入時間的學生，在與別人競爭時能夠具備足夠的文明思維。讓蘇珊和菲利普都印象深刻的流亡者，列奧・施特勞斯（Leo Strauss），就是這種好老師的典型，蘇珊的朋友斯蒂芬・科赫（Stephen Koch）說他「具有堅強的人格，十分博學、觸角伸及多個面向，所以你會覺得只要能夠接近列奧・施特勞斯，就是取得通往文化的鑰匙了」。[28]

這也是她自己代表的知識分子典型。菲利普也能夠提供同樣的承諾，這就是為什麼他會吸引那些想要被引領的心靈——像是蘇珊。他的一個學生想像他會這麼說：「我可以讓你變成一號人物。現在的你誰都不是，但是我可以讓你變成一個重要的人。如果你還在覺得不安，這個強大、看起來十分優秀的心靈會帶領你跳出泥淖。」[29]終其一生，他一直維持著這個宗主的姿態。他在賓夕法尼亞大學的一個同事說：「我從來沒有看過他在任何一次互動中，把另一個人視為對等。但是我也沒有看過他和，比如說，以薩・伯林（Isaiah Berlin）爵士在一起。」[30]

蘇珊最初很感謝這樣由上對下的影響。對於一個沒有父親、也「從來沒有真正當過小孩」的人來

說，這樣的誘惑是無法抗拒的。她在一本回憶錄裡寫道：「看起來他們完全誤解了婚姻的本質——他們好像都認為婚姻就是要放棄自我。」[31]而到底該放棄多少？這個問題困擾著她。有一部分的她想要把一直難以承受的自我交出來；另一部分的她則想要緊守住得來不易的認同。在〈決定〉（Decisions）一文中——那是她極少數以「蘇珊・瑞夫」署名的文章之一——基本上就反映了她在思考自己到底想變成什麼樣的人。

在這個例子裡，菲利普讓她自己決定是不是要改成夫姓，她寫道：「在一週前那次令人尷尬、行禮如儀的填寫表格時，她用了他的姓，在那之後，她就應該提出這個問題了，現在她應該是想用回自己的姓，但是其中又有些事太令人不快，而且會引發疑義。」可是不論她何時決定要換，問題總是又悄悄回來。她告訴菲利普：「我覺得如果保留繼父的姓，當然就是說我從屬於他。而如果我保留親生父親的姓，也是同樣的意思。」至少她知道決定權在她自己，「他幫不了她，正像他也無法幫她擺脫自己不想要的孩子。」[32]

孩子的到來讓一些事情就此確定下來。首先是轉換成異性戀，而她過去對這個傾向的轉換抱持著矛盾的情緒。再來是學術生涯；她在不久前還在嘲笑這件事，但是現在看起來，她對於知識的抱負也只有這個出路了。她寫道：「她集中了所有精力避免掉進一個會讓自己被鎖在裡面的角色——妻子的角色、母親的角色——然而卻不曾停止走向它。依然只有中產階級的解方看起來是可行的。」[33]

菲利普本身就是這類中產階級的解方之一。蘇珊常講她讀了《米德鎮的春天》（*Middlemarch*）之後，發現「我不僅是朵蘿西雅，而且才在數個月前嫁給了卡蘇朋先生」。[34]但是這種過分講究的炫學象徵，卻蓋過了菲利普對她真正的吸引力。她在兒時得不到注意、又找不到興趣，後來至少找到了學海中的伴侶。她寫道：「我們一直說了七年的話。」他們會在其中一個人上廁所的時候聊天；也會在車裡聊上整夜，因為忽略時間而忘了回自己的公寓。[35]

與菲利普過生活，並不表示要放棄學術抱負。在某個程度上，他和他那份微薄但是體面的收入來源，還是有可能實現學術方面的抱負。他在麻薩諸塞州沃爾瑟姆（Waltham）的布蘭戴斯大學（Brandeis University）找到了一個職位。這個機構成立於四年前的一九四八年，有部分宗旨是要應付舊大學的反猶太主義。布蘭戴斯是美國戰後的猶太教重鎮之一，獻身世俗的猶太人認同和堅持愛國的美國主義在那裡並行不悖。它喊出要種族融合與接納，因此吸引了不輸給愛因斯坦和愛蓮娜・羅斯福（Eleanor Roosevelt）的優秀人才，那個系所也是第一流的——從一開始就是，不會令蘇珊或菲利普感到失望。波士頓及其附近的智識生活也遠比在麥迪遜或甚至是芝加哥更值得期待。

他們在九月搬到劍橋附近的阿靈頓（Arlington）。蘇珊已經到了懷孕後期，但是她完全不知道自己將面對什麼，這樣的她在日後卻堅持病人必須儘可能向醫生要求資訊。她的兒子在日後寫道：她「對醫學不是那麼好奇」。[36]這樣說其實還很保守了。很奇怪的是她在懷孕期間從來沒有諮詢過醫生，對於分娩的情況也沒有一丁點好奇心。

她告訴朋友，有一天晚上，「她本來睡在床上，但是在半夜醒來，並且告訴自己：噢，我弄濕床單了。她從床上站起身，接著感覺到一陣劇痛……她說：我以為只是我在胃痛，然後我就一直尿尿」。她把菲利普叫醒。他向她解釋是她的羊水破了，不過她完全不懂這句話是什麼意思。等她到了醫院，並且開始陣痛，「她也不了解為什麼這麼痛，而且他們也不幫她解決」。[37]

我們沒有其他夠多的證據，所以只能聽她自己說：「我一直想要假裝我的身體不在那裡。」蘇珊・桑塔格不知道分娩很痛，這件事實在太奇怪了，令人很難相信是真的。不過這段故事也只能聽她說了算了。

——

大衛・羅森布拉特・瑞夫在一九五二年九月二十八日出生。他的名字是為了向米開朗基羅的雕像致敬，並且展現對美和完善的崇敬。同時也是把他母親對自己的嚴格標準套用到這個嬰兒身上。他的中間名是為了紀念蘇珊已故的父親，但是他後來被稱作大衛・桑塔格・瑞夫——這反映了他母親對於自己認同的痛苦掙扎。

在他們的第一張合照照片裡，他母親看起來極為茫然，她自己也還是個孩子。她那年十九歲，但是看起來更小。在大衛一歲之前，蘇珊都和蘿絲・麥克納爾蒂一起待在家裡陪他，蘿絲就像是照顧蘇珊和茱蒂絲一樣照顧著大衛。蘇珊在幾年後說：「這有部分說明了為什麼大衛和我這麼像。我們都是同一個母親養大的。」[38]

大衛出生之後的十八個月，蜜爾崔德・桑塔格終於說動自己來看孫子。她說：「噢，他很可愛。蘇珊，妳也知道我不喜歡小孩子。」[39]

第九章 道德家

在今天，我們其實很難想像會有一個人像西格蒙德．佛洛伊德（Sigmund Freud）那樣，具有持久且無窮的魅力，但是他的吸引力至少在知識分子、藝術家和科學家之間持續了三代。他把那些驚人的洞察寫成一本又一本吸引人的論文，為人的個性和歷史提供了一套全面的理論，而這件事在馬克斯和黑格爾之後就沒有人嘗試過了；有人接受這個理論，有人抗拒它，它一再受到爭論和精鍊，這使得任何希望自己名實相符的思想家都必須加入辯論。他是一位重塑了這個世界語法的作家，重新安排了主體與客體的關係，比起所有其他人都更為顯著。

主體和客體是指心靈和身體。佛洛伊德是一名醫生，醫學是實證科學的產物，也在十九世紀帶來許多轟動的發現，佛洛伊德身為神經系統疾病的專科醫生，每天都要面對顯然難以解釋的心理症狀，他花了許多年為這些症狀尋找身體上的解釋。他在一九二五年寫道，在他所處的時代，醫生和科學家的「養成過程只重視解剖學、物理學和化學因素」。而他從一開始就認為「心理根基於生物體」——身體是心靈的容器。因此，醫生其實「只有針對疾病」——身體的——「把疾病看作是想盡辦法要滲入病人身體的外來物」。病人只是一個容器、「封建時代的貴婦」、「競技場中的觀眾，僱用醫生來替自己出戰」。[1]

佛洛伊德的革命推翻了用生理學來治療心理疾病的作法，最終並擴展到大部分疾病面向——還包括死亡本身，這是佛洛伊德引起最多爭論的說法之一。有名作者寫道：「在漸漸出現不確定性的這幾年，佛洛伊德的概念認為心理需求的症狀會表現在身體。」

——

那名作者的真實身分，是蘇珊．桑塔格的人生一直未解的謎團之一。那句話出自一九五九年出版的《佛洛伊德：道德學家的思想》一書，作者是菲利普．瑞夫。一九五九年也差不多是桑塔格和菲利普仳離的時間，書出版之後，本來的瑞夫太太卻說她才是真正的作者。這本書在許多方面都堪稱傑作，也完整解決了蘇珊．桑塔格一生中所提出的許多議題，所以我們很難想像能夠創作出這本書的瑞夫，後來的產出卻如此貧乏。

瑞夫在一九六六年出版了以佛洛伊德為主題的另一本書，《治療的勝利：佛洛伊德之後對信念的使用》（*The Triumph of the Therapeutic: Uses of Faith after Freud*），但是他再接下來的寫作就寥寥無幾了。他在一九七三年寫了一篇短文叫《各位老師》（*Fellow Teachers*），然後在接下來的三十幾年中，就只寫了一本書。而且他後來的寫作都無助於提升他早期的聲譽。那些冗長沉悶的文章又回到他一開始的著作所選的主題——文明的《墜落》（*Untergang*）這個陰鬱的主題。雖然他的舉動專橫，但是他在賓夕法尼亞大學的同事和學生都同意，在他外表的掩飾之下，總覺得在與他的互動中，有什麼是像他這樣地位崇高的人不應該有的。貧民窟的小孩即使穿得像英國顯貴，身上還是會有騙子的氣息。這個「極為不自在的人」當然自己也知道。

不過，人們對於《佛洛伊德：道德學家的思想》的疑問倒不是菲利普．瑞夫是不是有能力寫出這本書、或是不是他寫的：至少在某個程度上，那本書看起來，的確是根據他的研究和筆記而成。蘇珊是在寫信給茱蒂絲時，第一次提到她和瑞夫的關係，但是她在信中說與他開會讓她感到很興奮，她還要為他代筆寫書評，免去他「閱讀那本書的麻煩」。或許這種做法在一九五〇年很常見；但是就算以最開明的眼光來看，我們還是會質疑為什麼一個二十七歲、還沒有當上教授的人，會僱用一個大學生為他自己都沒有看過的書寫書評。[2]

根據當時證人的說法，蘇珊才是《佛洛伊德：道德學家的思想》的作者。那本書一開始是菲利普的計畫。她的朋友閔達．雷．阿米蘭說：「他作了極大量的筆記，而且很努力地要它們放進同一本書中。」蘇珊試著幫他組織起來，但是「完成之後，她覺得還是一團亂」。阿米蘭說他們在劍橋的那幾年中，「蘇珊每天下午都在把那些塗鴉全部重寫」。[3]甚至還不只是每天下午：她在一九五六年寫信給母親時，說她現在「已經馬力全開、用第三檔在寫那本書了——每天至少工作十小時」。[4]他在一九五八年試著為她在《評論》（*Commentary*）雜誌找到一份工作，她的朋友賈可柏．陶布斯（Jacob Taubes）警告她不可以放棄用自己的名字具名為作者。「我有告訴他〔編輯〕妳是絕佳的寫手。希望我不是被妳的信心影響了！順便問一下，妳有讓出那本佛洛伊德的權利嗎？那絕對是犯罪的。」

（「我在劍橋時看到妳在床上打字。」他繼續說，還眨了一下眼：「妳的時間和那張床都太浪費了吧！」）[5]

她後來說她選在臥室工作，是因為不想讓朋友們看到她在寫作；她寫信告訴陶布斯：總而言之她的確放棄了自己的權利。[6]他的回答是：「我不會安慰妳。妳不該把自己的知識貢獻給另一個人。……如果菲利普膽敢拿掉妳的名字、無恥地出版那本書，那也可能毀了他。」[7]

蘇珊一直很懊悔簽字把權利讓給他，陶布斯的兒子伊森．陶布斯（Ethan Taubes）說：「那簡直就像是以血獻祭。她寧可放棄那本書，只要能夠擺脫他。」四十年後——那時候這個問題早就已經不再對他們雙方的職涯有任何影響——有一天，蘇珊紐約公寓的門鈴響起來了。送來一個包裹。她打開包裹，發現裡面是《佛洛伊德：道德學家的思想》的影印本。上面還題了字：「蘇珊，我此生的摯愛，我兒子的母親，這本書的共同作者：原諒我。拜託妳。菲利普。」[8]

——

蘇珊．桑塔格在一九六六年把一些論文集結成《反詮釋》（*Against Interpretation*）出版，有許多評論家認為這樣一位沒沒無聞、只有三十三歲的年輕人，竟然能夠有如此廣度和成熟度的作品，著實令人大為驚訝。不論在當時或現在，那本書最令人印象深刻就是其內容之博學，於是大家也對這本書如何、在哪裡產出，產生了好奇。

許多人對於法國的喜愛，使得大家認為是巴黎左岸的某間咖啡店催生了這些文章。但是在巴黎人的光環底下，其實需要的是更紮實得多的基礎，也就是近十年自修苦行後的成果。她從一九五一年搬到威斯康辛開始，那時候喬伊斯・法伯就已經看到她投入了這本書，而直到她在一九五八年抵達巴黎，一個朋友在那裡看到她還在修正潤稿，[9]這幾年間她就一直在研究佛洛伊德。在她接下來的人生中，再也不曾對任何主題有這麼長期而且密集的研究。這樣的專注和投入在《佛洛伊德：道德學家的思想》留下了痕跡，她當時鑽研的領域在她日後的《反詮釋》和第一本小說《恩主》中都有探討。

但是她接下來的著作就很少再這樣大量地提到佛洛伊德了。終其一生，當她在寫別人的時候，通常反而會最真情流露地袒露自己，她只會偶爾直接提到她所謂的「心理學」，而且通常都顯得不屑一顧。或許，《反詮釋》這個標題最好理解成《反佛洛伊德》，因為它反的是被她猛烈批評的佛洛伊德解釋原則。如果照著《佛洛伊德：道德學家的思想》來讀《反詮釋》，會讓人想起她推薦給茱蒂絲的那部電影，《彗星美人》；那部電影中有一個年輕新星的角色，她先是讓自己依附於一個比較資深的明星，然後又毀掉了她。

或是照佛洛伊德所說的「伊底帕斯情結」來解釋：孩子會對母親產生愛戀，而對父親心生嚮往，直到想要殺了父親、然後取代他。對於沒有父親的桑塔格來說，佛洛伊德是她一生中遇到的一位如父親般、有著強大存在的哲學家典範。

在《佛洛伊德：道德學家的思想》的字裡行間，對這位偉大人物的崇敬之情躍然紙上。但是尊敬並不代表毫無質疑的接受，就像是桑塔格也曾經在大學報告中對T．S．艾略特提出過挑戰。我們都看到了年輕的桑塔格在磨練她的哲學技巧；不論是否同意他，桑塔格對一位顯赫的學術前輩作徹底的探究，其實目的是要找到自己的知識途徑。這本書的目的是要「顯出佛洛伊德的心靈，而不是討論他這個人或是他帶動的運動，我們要看到生活中的痛苦所衍生的正確舉止帶給我們的一課」。[10]它也拒絕了許多戰後美國對佛洛伊德的衍生概念，包括認為佛洛伊德是解放運動的人物。這本書的確承認他的學說有引領解放的可能性，但是也強調佛洛伊德其實是主張人們應該服從道德——而不是抵抗。

像佛洛伊德這樣豐富的作家，可以讓人看到上千種可能的研究途徑，桑塔格所選的幾種（當然至少最初是和菲利普合作的），預示了她從此之後要探尋的問題。這些問題的出現是由於她自己的艱難生活，問題的核心則是對於個性，以及擴展至對於歷史的悲觀主義傾向：也就是她認為疾病和痛苦、精神和身體可以被理解，但是永遠不可能完全獲得紓解。

書的一開始先是檢驗了身體與心理疾病的關係。這個主題後來在她自己關於疾病的文章中，有更激烈得多的討論，而桑塔格選擇了知識含量極豐富的方法，雖然她從未提及，但這是根源於她在身體和情緒上經歷過可怕的痛苦，這種痛苦也為她對疾病的寫作帶來了力量。她後來的寫作中，有很多都是反對她此時所定義的「佛洛伊德的一般性命題——疾病是來自於歷史」。[11]但是當她還年輕的時候，這個概念對於過去深受精神病痛所苦的人而言，的確特別具有吸引力。

佛洛伊德寫道：「歇斯底里的患者是因為受回憶所苦。」（*Our hysterical patients suffer from reminiscences.*）

原文的斜體是他自己加的；但可能也是她的想法。[12]不管有沒有提到佛洛伊德，她討論問題的第一個方法一定是心靈層面的，雖然佛洛伊德對於記憶的概念遠遠超出個人歷史中的痛苦事件的回憶。他最後把對於「回憶」的觀點擴大到烙印在人類集體潛意識中的創傷，而最遠可以追溯到史前時代。

她寫道：自我不只是「身體裡不聽話的居住者」。

佛洛伊德認為與其用隱喻的方式說心靈就住在身體裡，不如說它構成了身體的外鞘。是心靈——它的基本單位就是「心願」——初步決定了身體的需要。潛意識，或佛洛伊德有時候稱它為「初級系統」（primary system），「除了提出心願之外，無法做任何事」。[13]

佛洛伊德勉強得出身體是由心靈凝聚而成的結論，這讓他與十九世紀的實證科學漸行漸遠。這個革命性的概念也沒有永遠取得勝利。鐘擺後來又擺回了過去被他貶低的解剖學和化學要素：今天我們一般看待身體疾病的方式也和十九世紀很像，都認為疾病就是要用化學藥品解決的化學問題。這成了桑塔格自己的公開立場——雖然當她自己生病時，她坦承其實她從來沒有真心相信這個立場，而這證明了她一直信奉佛洛伊德學說。

在佛洛伊德的系統中，認為身體和心靈都是透過語言展現自己。身體的語言是疾病；心靈的語言是語言。既然幾乎不存在健全的心靈，所以語言也都是有症狀的、病態的，文本會洩露它的來源、歷史和意圖，而且遠遠超出講者有意識透露的。精神分析學家的任務是要從「如垃圾堆般的……觀察結果中」

發現真相。[14]那個垃圾堆中滿是口誤、玩笑、被遺忘和搞錯的內容。但是最重要的證據是夢境，夢中會有來自潛意識的訊息，它們看起來可能很奇怪，但是——佛洛伊德發現——確實能夠破解。

夢境不只是真的。它是潛意識的密使，所以甚至比可見的「真實」個性還更真實得多。夢境並不與真實互相衝突。它們是潛意識所傳達的事實；如果分析家想要了解這種更為深入的真實，就必須看透它外部覆蓋的符號。沒有東西是照它看起來的那樣；每樣東西都是另一個東西的象徵；夢的詮釋已經成為佛洛伊德學說的基石，在服膺佛洛伊德方法的文學中，一定有一個高度隱喻性的角色。桑塔格寫道：「佛洛伊德科學的任務仍然是某種文學批評。」[15]

她也和許多讀者一樣，都沉醉於佛洛伊德的案例研究。他的詮釋就和同時代的福爾摩斯作者亞瑟·柯南·道爾（Arthur Conan Doyle）一樣，讓人看得津津有味。福爾摩斯會翻遍垃圾堆尋找證據，而事後回想起來，會覺得那些證據都藏在很明顯的地方；閱讀佛洛伊德對米開朗基羅的解釋，也像在看偵探小說一樣，會等來一個意想不到的結局——「摩西像的右手手指放在『大鬍子』裡做什麼？這將串起一切嗎？」[16]桑塔格強調這為批評發現了新的可能性，讓詮釋的地位獲得提升，使其優先於創作本身。就像是夢境的意義會脫離作夢的人，藝術作品的意義也一定會脫離其創作者。她寫道「佛洛伊德很反對體質心理學，他重視語言勝過身體」，這種方法「把詮釋學的實用性提到最高」。[17]

這其實是一種披著藝術家外衣的評論家。對於明顯戴了面具的作品而言，這又更具有意義了：桑塔格用了另一個名字寫作；把她個人的關懷包裝在另一個知識分子的形象中。這是她經常用的作法。在一九五〇年代，她的個人著作——她的日記——幾乎消失了。但是那並不表示她停止對自己的書寫。相較於蒙田（Montaigne）這位自傳式散文的創立者，或者是不避諱詮釋自己夢境的佛洛伊德，桑塔格最私人的作品都明確地斷然不會提到「我」。不過，就像是夢境或是講話會透露出一個人的潛意識，她的寫作也會在無意間流露出自我。

——

她對佛洛伊德的詮釋法也提出批評，這些批評在接下來的十年中發展成論戰，在此不予詳述。她的確針對佛洛伊德發展出一些名言，例如她寫「一切都指向勃起」，就是總結指出佛洛伊德會把性的意象用到一些不太適用的地方。[18]她最有洞察力的批評其實是針對佛洛伊德關於性的著作，也就是精神分析理論的核心。她認為，他對於性的想法出自以下兩者的衝突：渴望自由，但是實際的運行又需要壓抑個人和社會的需求。佛洛伊德認定的其他緊張關係也和這個概念有關：理性考量和自發性之間的衝突（這是由德國浪漫主義而來）；科學和藝術想像之間的衝突（這則是康德的想法）。桑塔格後來會一次又一次回到這個問題。

佛洛伊德認為在日常生活的表面下，交織著基本上屬於「性」的衝突，只是被這些比較顯見的衝突覆蓋了。對於混亂帶來的威脅——宴會上露齒而笑的骷髏頭*、「最高程度擁有文明後感受到的恥

* 譯者註：原文出自美國哲學家和心理學家威廉・詹姆斯（William James）。

辱」[19]——政治上的壓抑和個人的壓抑，才是最適當、確實不可或缺的回應。不過，壓抑也讓性傾向具有施受虐的性格。桑塔格寫道：「佛洛伊德認為愛可以往回追溯到雙親的支配。權力生養出愛，愛中的人會遵循父母示範的權力，這個關係會包含高位和從屬的關係。」[20]

雖然佛洛伊德認為理想的愛存在於對等的人之間，但是他卻不認為男女是對等的，這令人感到很困惑。桑塔格注意到「佛洛伊德會對女性病患展現出傲慢」。她也不是第一個攻擊這種仇女偏見的人，但是她的路線顯得很有趣。她提到陰莖羨妒（penis envy）和伊底帕斯情結等概念，從女性的觀點來看，本來就問題百出，但她投入最多的精力想釐清的想法是：女性，尤其是受過教育的女性，她們的心靈和身體之間是分開的。她寫道：「婦女的解放讓佛洛伊德面臨到極大的問題。知識的訓練可能讓『〔她們對於被〕預期要成為的女性化角色產生輕視』」。

發展出這種想法的代價，就是犧牲生物學交付給她們的任務：

> 佛洛伊德等於是說性和知識對於女性無法共存，這再次展現他認為這兩種特性基本上是對立的。佛洛伊德對於人性的主張中，性和知識的對立依然是不容置疑的部分。[21]

佛洛伊德寫道：這樣的對立讓女性特別容易遭受性挫折。但是他沒有提供什麼安慰。「他對比了替男性和女性病患所作的精神分析工作，對男性病患所作的精神分析是要發展他們在性和其他方面的能力，對女性病患的目的則比較有限——是要讓她們聽從自己的性慾。」[22]這種態度造成的文化，讓女性的性和知識生活，比起男性，要充滿更多憂慮，而桑塔格也很快注意到：「現代哲學、文學、心理學的重要人物——尼采、勞倫斯、佛洛伊德——都很仇女，這個事實的重要性還沒有得到適當的評價」。[23]

但是佛洛伊德的另一面則的確為桑塔格帶來安慰，那就是他對同性戀的態度。在今天看來，可能不覺得他的寫作很進步，但是依照他那個時代的標準，在很多方面都顯得很進步。他的論點為早期爭取同性戀權利的運動提供了科學根據。桑塔格寫道：「佛洛伊德發現普遍存在一種雙向戀的傾向，他展現出人們一般接受的『正常』，其實不過是『陳規』的另一個名字，並以此對盛行的偏見提出攻擊。」她認為他的含意就是要「對想違反常規的人有更大的包容性」。[24]

——

蘇珊聲稱《佛洛伊德：道德學家的思想》的「每一個字」都是她寫的。菲利普直到很晚才同意她是「共同作者」。[25]有些關於女性和同性戀的段落可以特別聽到蘇珊的聲音。或許他們的離異讓菲利普對女性的觀感變差了，尤其是對女同性戀。但是即使在他年輕的時候，他也不准蘇珊和喬伊斯．法伯穿著牛仔褲去看電影，所以他對女性禮節的觀念著實讓人不敢恭維。

蘇珊對他的論文似乎比較沒有發揮影響，他於一九五四年在芝加哥發表了〈佛洛伊德對政治哲學的貢獻〉一文。這位「傳統的男人」在文中，以贊同的語氣指出佛洛伊德也認為「即使是最快樂的婚姻，都存在著避無可避的不平等」，婚姻中的愛情成了「服從權威的關係」。[26]佛洛伊德的思想中當然有出現對於支配和權威的興趣，這也出現在《佛洛伊德：道德學家的思想》中。但是該書很明顯是用女權主義加以解讀，而這在菲利普的文章中就找不到了。

在他後來的教學生涯中，因為拒絕指導女學生的論文而受人詬病。[27]他還認為同性戀——他稱之為「同性相愛者」（homosexualist）[28]——「令人作嘔」。[29]他們的愛情根本就不可能：

> 雙性戀是對於事實的強烈曲解和抗拒，它其實是一種抵抗，和同性戀一樣。愛情的性形式必須是跨越性別的，這樣才真實。[30]

瑞夫晚期的研究非常古怪——同一篇研究還提出警告，說嘻哈音樂團體「2 Live Crew」攸關「征服世界的問題」，還有一些對於林肯（Abraham Lincoln）的傲慢評論——不管那些話是以多麼認真的方式講出來，我們都實在很難當真。或許這足以讓我們注意到菲利普・瑞夫對於雙性戀的看法、和《佛洛伊德：道德學家的思想》所呼籲的包容實在是差距過大。

上文的引用是出自二〇〇六出版的《我在死亡研究之間的生活》（*My Life Among the Deathworks*）一書，菲利普・瑞夫也在該年離世。書中有一個很不起眼、微妙的題詞：「為了紀念蘇珊・桑塔格」。

和《佛洛伊德：道德學家的思想》的謝辭相比，這本書的語氣出現了明顯的變化。前一本書在一九五九年出版，當時他感謝的是「我的妻子，蘇珊．瑞夫，她為這本書所作的慷慨付出」。雖然連這樣心不甘情不願的隻字片語，在後面的幾版中都拿掉了，不過它當初出現時，其實引起了別人的憤慨。喬伊斯．法伯看到書時就想：「好傢伙！他這麼恨她啊。她的一生中根本就沒有用過那個名字，從來都沒有。」[31]那表示他想要支配她的身分、逼她退回傳統的角色中：重新主張他自己的權威、登上制高點。

桑塔格主張女性需要獨立的身分，這偽裝了她自己對服從也有同等需求，就很像她日後關於疾病的著作也是如此，其強力的辯證甚至把自己抱持的懷疑都掃到一邊。並不是只有佛洛伊德——和菲利普——認為每一段關係都「必須包括優勢的一方和從屬的一方」。雖然這個論點是否適用於所有的愛情關係，其實值得懷疑，但是很不幸地，它證明了蘇珊．桑塔格的愛情是這樣的。她無法放棄佛洛伊德稱之為「施虐的性交概念」，這也決定了她一段又一段的關係；而佛洛伊德提供的解方——「已經除去了父母影響的理想愛情、兩個平等個體的交易」[32]——對她而言已證實是不可能的。她父母的影響——她說是她「最深刻的經驗」——就是給予又收回的感情。

在婚姻結束的幾年之後，她寫下：婚姻的結果讓她「認為所有關係都存在於一個主人與一名奴隸之間」。「在每一段關係中，我扮演的是誰呢？我發現扮演奴隸更令人滿足，更得滋養。可是——不管是主人或奴隸，都一樣不自由。」[33]

第十章　哈佛的諾斯底教徒

幾乎是從蘇珊抵達麻薩諸塞州的那一刻開始，她就開始思考要如何逃脫傳統家庭的束縛。大衛在一九五二年九月出生。他們在隔年六月，就從阿靈頓搬到劍橋的昌西街（Chauncey Street）二十九號，那是離哈佛只有幾條街的地方。她在那年的夏末進了斯托爾斯（Storrs）的康乃狄克大學（University of Connecticut）英文研究所。

康乃狄克大學和私立的芝加哥大學或公立的加利福尼亞大學不同，它的機構規模不太大。它的前身是一八八一年成立的斯托爾斯農業學校（Storrs Agricultural School），在蘇珊來到的十四年前，才改成現在這個比較氣派的名字。一名同學哈迪．弗蘭克（Hardy Frank）說斯托爾斯是「立於玉米田中的……一個匯集點」。它所在的城鎮甚至連藥房都沒有，大學裡也沒有很多永久性建築，弗蘭克說「我們的辦公室和教室都是一種半圓拱形的鋼結構組合屋」。

但是州希望將學校建成一所真正的大學，雖然這所學校之前的目標「只要教會農場工人識字就夠了」。弗蘭克說學校的僱員是「一群生氣勃勃、有趣的人，他們想方設法要做得更多」。[1] 其中包括找最近的畢業生來教新鮮人的作文。所以儘管那時候才二十歲，蘇珊．桑塔格就已成了「美國最年輕的大學老師」。[2]

她很少提到在斯托爾斯的那段日子。她那時的日記不是持續的，只有在一封寫給母親的信裡，提到了為什麼要去那裡的理由。「我知道進入哈佛－拉德克利夫研究所（Harvard-Radcliffe）有多麼競爭，而且我知道我的芝加哥文憑會讓我在競爭中大大失分（倒不是因為它不是最好的學校，而是因為我拿的不是要讀整整四年的文學士〔B.A.〕學位），我覺得我唯一的機會就是申請英文系，那麼我就可以把我在大學中做的兼職教學工作加進去，作為我的一項證明。」[3]

蘇珊展開在斯托爾斯研究所的工作時，大衛還不滿一歲，而她計畫禮拜一到禮拜五都待在女性宿舍。只有週末才回家。她的一生中，一直希望從她那位兼職母親那裡得到更多關注。在蜜爾崔德死後，蘇珊曾說：「我很少以孩子的身分看她。她總是不在。」[4]但是她也經常不在自己的孩子身邊。弗蘭克說：「蘇珊用這作為一種逃避。免得她被照顧嬰兒這件事困住。」

——

她在一九五四年得到哈佛英文系的入學許可。雖然在她寫給蜜爾崔德的信中，說英文「對我來說不算是正統的真正學術研究」。這個領域「吸引的學生其實有很多也沒有認真的看待它；大家都覺得相較於數學、人類學、物理或歷史，英文很簡單」。[5]她在英文系其實並不快樂。她在一九五五年告訴她的母親：「我痛恨去年的課程內容。它們很淺、很無聊，而且不可思議地簡單。」她在哈佛還碰到一個之前的大學中都不曾面臨過的障礙：一種根深柢固的厭女心態，那照閔達・雷・阿米蘭的說法，是讓英文系成為一個「對女性而言非常不愉快的地方。在那裡碰不到別的女性。她們不被允許進去」。[6]

阿米蘭是極少數通過這個障礙的女性之一。她在芝加哥就記得蘇珊，也很高興在哈佛再次遇到她。她們變得很親密，也一起承受了加諸在女性身上的輕視。性別偏見還不只是認為妻子們就該在迎客時遞上一些小點心——因為阿米蘭記得瑞夫教授的夫人倒是盡職達成了這個任務。著名的哈里．萊文（Harry Levin）教授告訴蘇珊，他不「相信」女研究生，這讓她在決心要離開這個已經不抱敬意的領域時，又變得更容易了一些。[7]在一九五五年秋季學期開學的時候，她上了兩天英文系的課，便覺得「無聊且令人生厭」，她很快地衝到哲學系，「這才是真正有價值的想法」，並把自己交給系主任摩頓．懷特（Morton White），他和她有共鳴得多了，懷特馬上看出她「偉大的資質，還有在她這個年紀不可多得的學習力」。[8]這個系對她而言適合得多了。

她決定轉系之後，馬上寫信給她的母親：「我真是太開心了，而且這是我第一次覺得研究所不是件苦差事。」

她在這幾年間寫了一本沒有出版的回憶錄，文中觀察到自己和菲利普「很難交到朋友。他們會苛刻地評論是不是可以接受某人當朋友」。[9]康乃狄克的哈迪．弗蘭克對她也有這個印象：「你會覺得她不斷在評價別人，而且都是負面的評價。」[10]她也不是唯一這樣的人。她的哈佛朋友圈中，其他人的回憶

錄也都充滿了性別歧視、勢利眼、不誠實，還有高人一等的感覺。最常出現的字眼可能是「尊榮感」。如果與哈欽斯的芝加哥對比，兩者可謂是雲泥之別，在許多校友的記憶中，芝加哥的歲月都是他們一生中最棒的時光。像是菲利普和蘇珊這樣，一方面才華洋溢，另一方面也有差不多程度的不安感的人，在哈佛這個圈子裡並不罕見。不斷競爭帶來的氣氛讓人想起聖西蒙公爵（Saint-Simon）所說的凡爾賽（Versailles）*，那裡的居民也經常會有遭受嘲笑（*le ridicule*）的威脅。賈可柏·陶布斯抨擊他的同事過於妄自尊大，自成一種「中世紀的學究，他們的思想是融合了托馬斯主義（Thomistic）†和司各脫主義（Scotistic）‡的有趣組合」。

他們的確騙到了陶布斯。

> 在初步交換觀點之後——在那段期間，陶布斯只有聽而沒有提出評論——他讓人覺得他似乎完全了解那個主題，能夠侃侃而談希德斯海姆（Hildesheim）心理學的伯特倫（Bertram），他的造詣深刻，而且知識全面，當真令人驚豔——直到有人告訴陶布斯那樣的人其實不存在；他是被塑造成要符合那個討論目的。那徹底終結了陶布斯對哈佛生涯的期望。[11]

受害的阿米蘭說「他是一個可怕的小矮個兒」。許多人會排斥這個矮胖、看起來很弱的陶布斯——但不是所有人。當時有一些極有趣的女性就很服他。他的仰慕者除了蘇珊·桑塔格之外，還包括奧地利詩人英格博格·巴赫曼（Ingeborg Bachmann）、學者瑪格麗塔·封·布倫塔諾（Margherita von

Brentano），出身自一個顯赫的德國家族；還有他的第一任妻子蘇珊·陶布斯（Susan Taubes）。她和她先生成了桑塔格生命中最重要的一對夫妻。

賈可柏·陶布斯在一九二三年出生於維也納，賈可柏十三歲時，他的父親湊巧被任命為蘇黎世的高階拉比（Grand Rabbi）[§]，這讓他逃過了納粹的毒手。他自己也被任命為拉比，並在一九四七年出版了《西方末世論》（*Abendländische Eschatologie*），那既是他的論文，也是他唯一出版的書。在那一年，大概所有歐洲猶太人自然都會對世界末日感興趣。對於同時橫跨世俗和宗教學習世界的人來說，自然也會意識到過去虔心遵守的猶太教已經被納粹大屠殺描述成很荒謬的東西。有哲學思考的人必須要找到新的生存方式。

* 編註：此處應指聖西門公爵（duc de Saint-Simon，本名 Louis de Rouvroy，1675-1755），他曾侍奉過路易十四，並於晚年撰寫長篇回憶錄，對於路易十四時期的內政與外交有詳細的記述。

† 編註：托馬斯主義，是由中世紀經院哲學家、神學家托馬斯·阿奎那的作品、想法中衍生出來的哲學學派。

‡ 編註：斯各脫主義，是以真福若望·董思高（Blessed John Duns Scotus，又譯鄧斯·司各脫；約 1265 年—1308 年）思想為基本內容的經院哲學體系。與托馬斯主義同為經院哲學的兩個主要派別。

§ 譯者註：「拉比」是猶太人宗教中的重要角色，常是有學問的學者。

他在不久之後離開瑞士前往紐約，在猶太教神學院（Jewish Theological Seminary）謀得教職，並於一九四九年和二十一歲的蘇珊・費爾德曼（Susan Feldmann）結婚。她的全名中還有茱蒂絲・茹然娜（Judit Zsuzsánna）——同時有蘇珊・桑塔格和茱蒂絲・桑塔格的名字。在很多年之後，蘇珊寫道：「蘇珊：跟我同名，我的分身，一樣不能同化、吸收。」[12]她總是用「不能同化」來形容一些難以認識或理解的人，包括她的父親和翁托南・亞陶（Antonin Artaud）。

蘇珊・陶布斯也和她先生一樣，出身自顯赫的猶太人家系。她的祖父是布達佩斯的高階拉比；她的父親，桑多爾・費爾德曼（Sándor Feldmann）則將猶太教轉化成佛洛伊德學說，並且成為一名具有領導地位的匈牙利精神分析學家，和桑多爾・費倫齊（Sándor Ferenczi）以及佛洛伊德周圍的傳奇名人圈很親近。對桑塔格來說，能如此接近源頭令人極為嚮往。然而對於蘇珊・陶布斯來說，這件事就沒有這麼重大的意義，她還用精神分析的原則來說明這件事。她在自傳式的小說中寫到父親「向她解釋戀父情節（Electra complex）：她是當真愛他、想要嫁給他，否認這件事是沒有意義的；是她的部分戀父情節在否認」。[13]

她和父親提前逃離了納粹，在一九三九年抵達美國，當時她十一歲；她的母親後來才加入他們。他們有三年時間住在匹茲堡的貧民窟，她父親的外國文憑在美國不被承認，所以他那時候正在念書，想要通過美國的醫生考試。她在紐約的羅徹斯特（Rochester）完成高中學業。在她的畢業紀念冊中，「通常人們會對她說什麼」這個欄位的答案是：「微笑，蘇珊，微笑！」[14]那和桑塔格的擔憂形成強烈的對比，桑塔格是怕別人覺得她太活潑、像個加州佬。她和桑塔格不一樣，絕對不必提醒自己要「少點微笑，少點話語」。[15]

她被迫與歐洲分離，但是和美國又很疏離，她與祖父母信奉的猶太教顯得格格不入，但是對父親的佛洛伊德學說也不是心悅誠服，她最後在賈可柏．陶布斯身上找到一個同樣失了根的形象，他叫她「蘇珊生命」（Susan Anima）、「蘇珊靈魂」（Susan Soul）。他們也厭惡常規，但是不像蘇珊．桑塔格這種美國中產階級那樣，是出自藝術的選擇。歷史加諸給他們不得不然的命運。他們進入了一段不限制性傾向、不符合常規的婚姻關係：

> 如果以斯拉〔此指賈可柏〕的做法不吸引她，那也是個人喜好的問題；她不願意以社會的規則評斷他。她並不要求一個中產階級的婚姻；如果她被沮喪的感覺攫獲、感到自己被中產階級的婚姻困住了，〔賈可柏的〕作為足以向她保證事實並非如此。[16]

最後其實證明：他們這種非正統的性關係對於涉入的各方都是一種災難。但是這樣完全違背習俗的婚姻為蘇珊．陶布斯帶來一種依靠、身分和關係，它的本質透露出一種激進的想法，這對蘇珊具有一定的吸引力。研究蘇珊一生的克里斯蒂娜．帕雷吉斯（Christina Pareigis）說她「對疏離這個主題特別有興趣，她對任何一種親密關係都感到疏離。包括與國家的關係，甚至是與一種語言的關係。和其他人、一個團體、一個宗教的關係。」[17]

好幾年後，蘇珊．桑塔格都還記得她們第一次見面時的場景：「你才二十三歲，剛剛開始跟我在溫第拿（Widener）圖書館的階梯上，進行荒誕不經、書生味的談話。」[18]哈佛的許多對話都只是在賣弄學問，但是與蘇珊．陶布斯的對話卻有著豐富的內容。桑塔格日後的著作中，許多主題都受到與陶布斯對話的啟發。

蘇珊．陶布斯的論文題目是〈缺席的上帝：暴政對宗教的使用〉（The Absent God: On the Religious Use of Tyranny），她的研究對象是西蒙．韋伊（Simone Weil），韋伊為恍如惡魔在世的二十世紀提供了另一個答案。她拒絕猶太教，轉而投向神秘主義的基督教；並且出於憐憫而拒絕優沃的食物，最後因為營養不良而去世，時年三十四歲。她是一位傳奇性的女傑，替兩位蘇珊展示了女性的勇氣，她為自己的苦難賦予了意義，使它超越個人的苦難。

蘇珊．陶布斯的論文以韋伊為題，並且由保羅．田立克（Paul Tillich）指導，這位德國的流亡神學家在研究基督教的象徵主義，他想要找出經過大災難之後，宗教思想的角色何在。田立克從新教的觀點探討這個問題，但是他的問題與猶太人思想家在這個世界成為廢墟之後所提出的問題，其實並沒有本質上的不同。在一片廢墟（文化的、生命的）中思考哲學的概念，的確也是桑塔格的寫作核心。

蘇珊日後以蕭沆（E. M. Cioran）為題寫了一篇論文，她寫道，因為華特．班雅明、埃利亞斯．卡內提（Elias Canetti）和蕭沆等人的闡釋，讓她「意識到自己立於思想的廢墟中，瀕於歷史和人類自身毀滅的邊緣」，這是二十世紀最典型的主題。[19]

在這個破碎的世界中，人們又重燃起對異端的興趣。在蘇珊所處的流亡圈中，諾斯底教（gnosticism）這個古老的異教提供了一個很值得注意的選擇。第二次世界大戰結束後的幾個月內，在上埃及（Upper Egypt）的拿戈瑪第（Nag Hammadi）這個城鎮附近，有一名農人偶然發現了一批寫在莎草紙上的翻頁書。他的母親因為懼怕神靈，而把其中一部分燒掉了。但是留下來的部分被交給研究科普特人的科普特學家（Coptologist）檢驗，其後竟然發現這份四世紀的藏書可與隔年在巴勒斯坦出土的「死海古卷」（Dead Sea Scrolls）齊名，都是歷史上最有價值的考古學發現之一。只有用基督教反論派的反面論點才可以理解其中的文字概要，這個令人震驚的證據顯示它是屬於異端的諾斯底教。

這個時機像是上天安排好的。諾斯底教創立的時代也和戰後時期很類似。當時的希臘化世界成為歷史上所知的第一個世界主義社會。人們自由地混居在一起——因此至少在社會邊陲的地方，神明也是如此。諾斯底教混合了「東方神話、占星術信條、伊朗神學、猶太的傳統元素，完全不管依據的是聖經、猶太教或神祕學、還是基督教的末世得救論、柏拉圖的用語和概念」。[20]其中也漸漸滲入了反律法論（antinomianism），鄙視所有包括性方面的舊慣：它成了陶布斯夫妻力行的放蕩主義的理論來源。

古代的一名批評者說：「造物主是邪惡的，這個世界也很糟。」[21]諾斯底教是迷失者的宗教，它也

是失敗者、逃亡者的宗教，他們會把痛苦轉化成信仰。現代的諾斯底教徒也多是流亡者，他們的經驗說明的二元論不同於「上帝與世界、精神與物質、靈魂與身體、光明與黑暗、善良與邪惡、生命與死亡——因而造成了存在的極端分化，不只影響到人，還會影響到整體現實」。[22]

世界是分化的；心靈也是。現代最著名的諾斯底教倡導者，翁托南・亞陶，他所提倡的「戲劇，可能連薩佛納羅拉（Savonarola）或克倫威爾（Cromwell）都會大力贊許」，他對戲劇的想法甚至比華格納（Wagner）還更野心勃勃，根本不可能成真。桑塔格對亞陶深感著迷，所以花了八年時間收集他的著述，最後完成將近七百頁選集。桑塔格寫道：他假定「心靈的『動物』衝動和智識的最高階運作之間，存在著確實而微妙的一致性，那是一種即時而且完全一致的意識」。[23]佛洛伊德已經對達成這種一致性感到絕望了，尤其是對於受過教育的女性；但是亞陶的戲劇就是要「彌合語言和肉體之間的分裂」。[24]亞陶在思考「難以想像的事——如何讓身體成為心靈，心靈也成為身體」。[25]這個想法來自於：

形而上的焦慮和劇烈的心理痛苦——感覺到被拋棄、被當作外人、感覺在這個由聖靈淨空的宇宙中，被掠奪人類心靈的邪惡權力所支配。這個宇宙本身就是戰場，每段人生都是一場衝突的展現，一方是來自於外部、壓迫式的迫害力量，另一方則是在尋求救贖、發狂的痛苦靈魂。……諾斯底教的創立背景是二元論的過度惡化（身體—心靈、肉體—精神、邪惡—善良、黑暗—光明），因此諾斯底教承諾將摒棄二元論。[26]

融合主義在六〇年代出現，其激進程度不亞於諾斯底教的二元融合。融合主義把佛洛伊德學說、馬克思主義、基督教教義、佛教教義和存在主義都攪在一起，而這麼做的通常是猶太人作家。融合和模仿有時候很難分辨，比較大眾化形式的混合物有時候可能會受到嘲笑。不過把差異如此大的幾個部分搓合在一起，並不只是因為一時的流行。現代藝術並沒有隨之創造「全新的震撼」。它有試著反映，但也稱不上完美。

這類嘗試的其中一次就發生在菲利普和蘇珊自己家裡，躲避希特勒的著名流亡者赫伯特・馬庫色（Herbert Marcuse）在第一任妻子死後，就住在兩人的家裡避難。馬庫色當時在哈佛教書，還動手在寫幾本書，這幾本書後來也和阿多諾及班雅明的著作一樣，帶領了六〇年代的重要辯論議題。馬庫色在這對年輕夫妻的家裡住了一年，他們的生活中不時會出現智識方面的辯論。蘇珊還記得：「我猜大衛有一次聽到我們在談論黑格爾，因為當他下樓來吃早餐時，他繞著餐桌轉來轉去，嘴裡說著『黑格爾（Hegel）、貝果（bagel）。黑格爾、貝果』。」當時他才三歲。[27]

馬庫色在一九五五年出版了《愛慾與文明》（*Eros and Civilization*）一書，它是那個年代典型的融合主義產物。它結合了佛洛伊德和馬克思，還有戰後美國的樂觀主義。馬庫色寫道，在失去人性又充滿壓迫的工業文明中，愛慾是一股帶來自由的潛在力量，它開啟了「一種愛慾文明的可能性——也就是說，不受制於愛慾觀念中對於性的壓抑」。這句話出自賈可柏・陶布斯，他也在諾斯底教中看到類似的可能性。其後續則發展成桑塔格和陶布斯在哥倫比亞大學合教的一堂課，就在馬庫色的書出版六年後。該堂課的紀錄顯示她是這麼說的：「佛洛伊德從來不認為可能有一個不受壓抑的社會。」

桑塔格老師接著指出，在佛洛伊德的學說中，看不出他對真正的快樂或是滿足抱持希望（除了在工作和科學中）。相反地，佛洛伊德似乎是要試著幫我們把生活中的痛苦減到最小。對知識的努力有可能得到快樂，但是或許也有人認為那只是理想化的快樂。性的快樂不可能真正存在，因為我們性生活的動機就是亂倫。因此，性絕對不會得到滿足，不會直接招來快樂。[28]

桑塔格對佛洛伊德的錯誤理解暴露了她的真實想法，這或許正可以看作是一個「佛洛伊德式錯誤」（Freudian slip）*。這是佛洛伊德的一個著名概念，所以她當然知道他說的不是「工作和科學」而是「工作」和「愛情」，「工作」在先，「愛情」在後。為什麼她忘了愛情——或是把愛情包括在性裡面，然後認為它一定會因為亂倫而得不到滿足？

桑塔格認為知識的努力可以得到快樂，但是性的努力卻不可能，這揭露出桑塔格的經驗，就像是陶布斯和馬庫色的經驗也讓他們盼望一個反對壓抑的社會。他們的想法比她的概念更普及化，並且形成了俗稱的「六〇年代」性革命。

馬庫色的想法也和桑塔格的想法一樣，往各個不同的激進方向發展，最多的就是性和革命的觀點。許多「六〇年代」的想法在一九五〇年代才剛在菁英的知識分子圈中萌芽，當時馬庫色對於蘇珊傾向於喜歡抽象概念更甚於具體，就抱持著懷疑的態度。他後來還告訴一個朋友：「她可以從馬鈴薯皮發展出一個理論。」[29]

——

蘇珊最後決定逃離她的婚姻，從許多方面來看，那都是不可避免的結局。她寫婚姻的文字總是特別淒涼。她在一九五六年還說婚姻本身就很糟，那是——

一種**處心積慮**讓感覺駑鈍化的制度。整個婚姻的重點就是日復一日、年復一年的無止盡重複。它最明確的目的就是創造出強烈的相互依賴。到頭來爭吵毫無意義，除非一方隨時準備行動——終止婚姻。所以，第一年後，爭吵完也不再「修補」——任憑自己陷入沉默的憤怒，這種沉默逐漸變成日常冷戰，直到一方試圖重新開始。[30]

嫁給菲利普——「情感方面的極權主義者」[31]——讓她感受到毀滅與窒息：

* 譯者註：佛洛伊德認為一個人在不經意間出現的口誤、筆誤、遺忘等差錯並不是無意義的，而是受到潛意識的影響，這就稱為「佛洛伊德式錯誤」。

這六年來，不自由的感覺從未離開我。幾週前我做了一個夢：我正要步下一小段階梯——像要進入泳池——這時候一匹馬從我身後而來，牠的前兩隻腳各跨在我雙肩上。我尖叫，想從牠的重量下掙脫，接著就醒了。這夢與我更加黝鬱的心情具有客觀的相關性吧。[32]

但是只有在事後回顧時，才會發現她的婚姻厄運其實不可避免。許多人會繼續留在不滿意的婚姻中，尤其當事情涉及小孩、金錢和職業時。蘇珊在後來的幾年中，也展現出她對一段關係死抱不放的天賦，即使當所有局外人都覺得她早該逃離。她不快樂，但是直到菲利普在大眾面前讓她感到羞辱之前，她都不曾對他用過輕蔑的語氣。提出離婚的人是他，而不是她，這點也足以說明她的「天賦」。他一直到很久之後，才了解這個決定對他帶來的後果。

當時就有一個朋友說：「他不明白，他正在割斷自己的喉嚨。」[33]

她在回憶錄中，一次又一次提到這個決定。朋友們也記得她在接下來的人生中，很喜歡在聊天時提到這件事。她會托辭要做學術討論，然後就提到這件事。在保羅・田立克的支持下，她向美國大學婦女協會（American Association of University Women）申請去聖安妮（St Anne's）——牛津大學的一個女子學

院——研究「倫理學的哲學前提」。[34]這在她的教育中是符合邏輯的下一步——符合邏輯的，而也用了一種她沒有仔細想過的方式。

在她沒有出版的回憶錄中，有一個版本說「原本如常計畫，夫妻結伴同行，〔菲利普〕也去，不過在出發的前一刻，他發現自己未來一年留在原單位的工作報酬更好」——這是指他留在史丹佛（Stanford）。而另一個版本則說那是她的想法。她想要「去旅行——真正的旅行——去歐洲」。

> 「可是，老婆，我們之前就談過了啊，明年，等我手上這本書結束，我們兩個一起申請國外教職，之前已經說好的。」
>
> 「可是我等不及了！」她高聲說：「每次都說明年，明年，結果什麼都沒發生。我們成天屁股黏在這鼠窩裡，等到步入中年，大腹便便——」
>
> 她頓住，意識到她要說的不是「我們」，發現這番攻擊完全沒被挑釁起來。剛嫁給馬丁時，她是個雀躍、溫柔、愛哭的女孩；而現在變得既軟弱又像潑婦，沒血沒淚，提早出現的尖酸刻薄……[35]

決定離開美國並不等於決定離開菲利普，至少不是馬上。在一九五八年六月，在她待在歐洲一年之後，她寫信給哈佛的摩頓·懷特討論她的論文；七月時，她向美國婦女學院協會表示她想「在該年夏天繼續鑽研那份手稿，並會在翌年回到哈佛哲學系」。[36]有一部分的她還是想要回到先生身邊，或是覺得她應該要：畢竟她還有個五歲的孩子。而且，就算原本不是菲利普的想法，她也無法像這樣離開一整年、一直缺少他無聲的鼓勵。

她當時的回憶錄並沒有粉飾太平，她也注意到她「對個人關係十分挑剔，這些關係有時彰顯出她的懦弱」，她會一再「從糾纏的關係中逃離，然後後來又再度被捲入其中」。她形容「可忍受的生活」是要有「平衡的作法——不要讓一個人因為關係的糾纏而喪失利益，或是在逃離的寂寞中迷失自己」。[37]

她當然不想要複製她母親的模式。（沒有什麼人想要吧。）她沒有因為缺乏愛就這麼做：大衛是她一生中最重要而且持續的關係。閔達・雷・阿米蘭說：「她真的很愛大衛。她總是趕著回家見他。他絕對不是一個被忽視的小孩，就算她每天下午都在重修手稿，或是做她自己的學校作業等。他也一直是她生活的核心」。[38]

她希望帶給他一個自己曾經希望的童年，當他還在蹣跚學步的時候，她就已經為他安排了像是芝加哥大學那樣要讀很多名著的課程。他讀的前幾本書裡就有《憨第德》（*Candide*），她還和他一起讀《格列佛遊記》，一個朋友說：「但是她沒有為他安排什麼專門適合小孩子的事。她對這種事情沒耐心。」[39]她的日記在一九五七年初紀錄了以下場景：

> 昨天兒子大衛準備上床睡覺時說：「妳知道我閉上眼睛看到什麼嗎？每次我閉上眼睛，就看見耶穌釘在十字架上。」我想，該是跟他談古希臘羅馬詩人荷馬（Homer）的時候了。轉移病態的個人化宗教幻想的最好方式，就是以不具個別人性的荷馬史詩般的浴血大屠殺來淹沒那種幻想。

異教化他敏感的心靈……

今天，大衛扮演希臘神話裡的將領小埃阿斯（Ajax the Lesser）＋我則是大埃阿斯（Ajax the Greater）。我們兩個人都「所向無敵」，這是他新學會的詞彙。我跟他親吻道晚安＋離開他房間之前，他說的最後一句話是：「明天見，大埃阿斯。」然後，爆出銀鈴般的笑聲。

「我兒子，四歲，首次閱讀荷馬作品。」[40]

——

蘇珊離開時，大衛也和蘿絲及菲利普一起動身前往柏克萊。她記下了在劍橋的最後一天，一九五七年九月三日，那天的日記顯得很不尋常，幾乎是每一分鐘的細節都沒有被漏掉。這樣的用心也顯示出她知道這個變動有多麼重大：

這時，一點了。我給廚房櫥櫃上鎖，闔上行李箱，上廁所，然後打電話到哈佛計程車行。三分鐘後，有位討人喜歡的老先生開車過來。一點十五分。我要他沿著麻薩諸塞大道開。(1)停在溫德勒圖書館的入口，好讓我還書（〔約翰·〕凱〔John Gay〕的劇本——艾比編纂，附音樂）；然後(2)到郵局，將其他包裹寄出去，包括要寄到芝加哥的舊衣服；接著，(3)到布雷托路的布拉德利房仲公司，將一份租賃契約＋房子鑰匙留給滿臉大汗、匆忙倉亂的艾略特先生；然後，(4)去後灣車站（Back Bay Station）。計程車抵達時約兩點，＋再五分鐘火車就要開，＋放眼望去沒見半個挑夫可以幫我扛行李。看我有點急了，司機說願意幫我（這是違反規定的）——他將行李拿進車站，那裡也不見挑夫，＋然後下樓梯到月臺，這時火車正好駛入。感謝他幫我，加上計程車資（二點一五美元），我共給他四美元——他脫帽跟我致謝＋祝我一路順風，隨車服務員幫我把行李搬上車＋我就這麼離開了。

她的一生中常有些行動讓別人覺得一目瞭然，但是她自己卻如霧裡看花；即使是對自己，她似乎也不承認是她遺棄了婚姻。大衛說：「就算不是西格蒙德・佛洛伊德，也知道離開了那樣的婚姻和一個年幼的孩子，一定是因為妳有什麼想逃避的東西。但是我敢打賭，她當時並不知道自己是有意識的那麼做。」[41]

她在九月五日搭船離開紐約。賈可柏・陶布斯已經在船那裡等了她一個小時。她寫道：「我很感動——如此體貼之舉，誰不受感動？我跟他親吻打招呼＋登船——他不斷揮手，直到船駛離他的視線。」[42]

第二部分

第十一章　你所謂的意義是什麼？

蘇珊在一本未出版的自傳中寫道：「她一直有一種想來歐洲的強烈想望，歐洲的所有神話都在她腦中迴盪。墮落的歐洲、陳腐的歐洲、是非不分的歐洲。」[1]就是這樣的歐洲，在她第一次讀到托馬斯・曼時魅惑了她；既知性又多情，像極了她和菲利普共度的修道生活。

「天生浪漫」的她一直夢想可以「在歐洲流浪，有一些風流情事和名氣」。結婚迫使她要收斂自己的抱負、要實際、要妥協，在選擇「自己的職涯時，也不能離開菲利普的世界」。[2]這不單純是個安全的選擇——在一九五〇年代，走學術路線的女性仍然是先鋒。儘管如此，至少從知識面來說，大學看起來是像有她這樣興趣的人會選的環境。但是她的浪漫性格仍然還在。其實她也沒有什麼選擇的餘地，自從十五歲去了柏克萊之後，她就只知道一種社會，她也無法斷然離開那裡。即使她到了國外之後，還是留在那樣的社會。

牛津的每件事——它的中世紀建築、受人尊敬的盛名、知性的浪漫情懷——都在召喚蘇珊的渴望。但是牛津既陰冷又潮濕。[3]美國人總是把古老的英國看得很高尚，但是其實這裡很破舊，還正在從大戰中復原；因此蘇珊感到很失望。認識她的茱蒂思・斯平克（Judith Spink）說：「事後回顧，可能很難解釋其實美國人才是來自一個比較富裕、快樂、幸運的世界。」一個她在美國就認識的朋友，貝爾納・多諾霍（Bernard Donoughue），說她「過去想要遠離美國」，但是現在她「當真比較嚮往加州」。他們大部分時間都在聊「她覺得很冷，為什麼英國的中央暖氣系統都沒有用」。[4]斯平克說她經常抱怨天氣很冷：「我之所以記得，是因為她會在衣服裡加穿睡衣。」

她的失望就和她的優秀一樣容易看得出來。斯平克說「在我們這群於牛津認識的人中間，她的出現顯然散發出一股強大的威力。這有可能部分是出自她的身體形象：黑暗王子。說王子是因為她具有支配的地位」。幾年後，當蘇珊的日記出版時，斯平克很驚訝她在日記中透露出對自我的懷疑。她說：「我們沒有看出她的軟弱。她在每個方面都保有優勢。我們猜測她所知道的事遠比她願意說的多。」這位黑暗王子幾乎都穿著一身黑衣，斯平克第一次見到她踩著牛仔靴穿越建築物中間的古老庭院時，心裡還在猜她可能是打哪兒來的：「南美洲？興都庫什山脈？」[5]

她也不是對外表完全不加修飾。貝爾納．多諾霍說：「我一直沒有提起她的牛仔靴，過了一會兒之後，她把我的注意力引到她的靴子上。她對於我竟然沒什麼印象感到有點不耐煩。」

——

二十世紀的藝術家都對於繪畫和建築學、思想家則對於文學和神學，都在試著尋找某種核心的終極意義，如果這樣的核心確實存在的話——他們要找到這最基本的形式，並用這種形式去重建破敗的世界。但是如果桑塔格對其他領域的這種想法感興趣，包括舞蹈和繪畫，那麼她就一定不會對於那種用數學模式的語言找到公式的哲學感到興奮。

多諾霍說：「我記得曾有一次，我問我的哲學老師某件東西的意義是什麼，他說：『你所謂的意義是什麼？』」之後會成為蘇珊朋友的演員兼導演喬納特・米勒（Jonathan Miller），與約翰・克里斯（John Cleese）共同用一齣短劇〈牛津哲學〉（Oxbridge Philosoph）挖苦了這個想法：

克里斯：是，是。

米勒：告訴我——你在這裡的「是」是肯定的語感嗎？

克里斯：（**認真的，停頓了一下，經過仔細推敲之後**）不……[6]

多諾霍說：「她對於哲學的興趣比這大得多了。」她已經寫過一本關於佛洛伊德的重要書籍；她也已經認識了一些抱負遠大的思想家，不論是施特勞斯、葛斯、陶布斯或馬庫色。斯平克說：「對她而言，分析哲學的做法太過狹隘而且學術了。」有一次，她想找回推動她走了這麼遠的活力，才意識到這種做法散發著卡蘇朋先生的臭氣，或是一些她覺得懦弱又不性感的男人。她在日記中寫道：「有一種處男型的男人——我想在英國很多。」[7]性別偏見很普遍，但是又不容易察覺——多諾霍說「沒有東西在牛津是容易察覺的」——她發現男人既想要「反女性，又不想要當真男人」。

這說明了她何以受到多諾霍的吸引。阿什頓（Ashton）出身的貝爾納・多諾霍，雖然後來為三屆工黨首相服務，不過他在牛津學生中，很罕見地是出身勞工階級。（他說：「我聽說有四個人是這種背景，「還小心翼翼地指出這個數字並沒有誇大。）在一次午餐的聚會中，他發現有另外一名才華洋溢的外來客。他說：「我注意到她看起來很疏離。我們不知怎的就走到一起、開始聊天。她那時顯然覺得有點無聊。」

我立刻受到她的吸引。她可以說是非常漂亮。五官細緻，有著漂亮的深色眼睛、好看的頭髮。她偏高、身材瘦長，給人一點距離感。不像是我通常會喜歡的女性類型。我喜歡纖瘦、嬌小、招人疼的女孩，而她不是。

在蘇珊的提議下，他們展開了一段關係，那段關係雖然有時候也涉及性，但主要還是哲學的。他們都覺得自己屬於激進派，但是他們的左翼觀點其實不盡相同，這很有啟發性。多諾霍的觀點比較是要在真實世界中運用的政治觀點：「我會想要做一些無聊的事，例如為人們找到家、找到補助金，這類索然無味的事。」

他曾經到訪美國：

我南下到肯塔基州，並涉入一件煤礦的罷工案，其中有人遭到射殺，我對庭審律師展開調查，並發現他根本就完全腐敗了。而她對這些絲毫不感興趣。她通曉這些偉大的左翼理論。那代表你要對性和整個生命展開探索，以及質疑所有體制，最終也會對一切制度等感到厭惡。

對蘇珊來說，激進主義代表個人自由和自我創造的可能性。但是她在暗示自己會受到女性的吸引時，卻顯得十分隱晦。他說：「她會談到人所生長的這個社會是如何把每個人都假定為一樣的。它假設女性就要和男性結婚，要和男性一起困在一段婚姻中。而她還想探索其他的事情。她有告訴我她想做的事」。[8]

—

起初，她每天晚上都會寫航空信給菲利普。她寫道：「我白天就在腦子裡構思要寫給他的信。我總是在腦子裡和他對話。你看，我是如此習慣有他的存在。我會覺得安全。這樣我就不會覺得自己是單獨一個人。」[9]但是她和貝爾納提到菲利普時，卻語帶輕蔑，因為貝爾納的男子氣概和菲利普簡直是雲泥之別。菲利普老是疑心疑鬼自己生病了[10]（照蘇珊的話說，就是「神經衰弱」[11]），他曾經答應要來牛津，但最後還是改變了主意，因為這段旅程會讓他覺得很緊張。在一個勇敢追求自我創造的人眼裡看來，這顯得很可悲。

但是，她對自我的積極創造——也和她的政治信條一樣——有時候漸漸變成了唯我論。貝爾納說她丟下自己的兒子，然而卻「講得好像是她失去了他。她的確覺得自己付出了代價。我覺得她可能沒有充分想過她兒子付出的任何代價」。茱蒂思．斯平克也認為她與兒子的千絲萬縷有點古怪，尤其是蘇珊還試著勾引她：「她把大衛．瑞夫還是個小男孩的照片給我看，但她同時還會對女性作性挑逗，我實在很難把這兩者聯想在一起。當我看到照片的時候，我想的是：不！妳不應該這麼做。」

或許，如果不是她對自我有如此強烈的關注，也無法做出眼前這些重大的決定。多諾霍注意到她沒有什麼幽默感，而且極為認真。不過在去柏克萊那個痛苦的決定之後開始，她一直是被逼著決定人生中要做的事。芝加哥給了她一條「正確的道路」。她的婚姻、研究所以及當母親也都是。現在她可以獲得自由了——而代價就是獨立生活的所有無法掌握和不確定性。

她後來稱一九五〇年代是迷失的十年。但是她的牛津朋友在她身上發現的懾人力量，正是這十年演化的結果，足以讓她從柏克萊時期那個「懦弱的人」變成與她同期的學生們在牛津看到的黑暗王子。她的學徒時期結束了，她準備要成為一個成熟的人。法律哲學家賀伯特．賴尼爾．阿道弗斯．哈特（H. L. A. Hart）是這樣描述她與另一位牛津菁英，以薩．伯林爵士——的互動：

> 蘇珊．桑塔格女士堪稱是他難以對付的評論家之一。她認為他對細節有些疏忽，這是對的，但是如果她認為他的重要觀察或闡釋都缺乏主軸，那就不對了。我認為她有好好享受在這裡的學期，但是她也承認除了〔哲學家約翰．〕奧斯丁（J. L. Austin）之外，她對其他人沒有太多想法——奧斯丁教授的感知資料（sense data）課程讓她深為著迷。[12]

貝爾納說她談及了「無聊的牛津，知識分子的殞落。從我與某些人的往來經驗中，我覺得她並沒有錯」。不過貝爾納也和哈特一樣，覺得那只是事情的一部分。「我愛牛津。雖然在許多方面，或關於其殞落，她是對的，但是她沒有看到好的那一面。」如果不是現在、而是更早的時候，她應該是會看到的。但是現在對她來說，這裡已經不是對的地方了。她需要一些更激進的東西。她需要多一點溫暖的東西。到了十二月米迦勒學期（Michaelmas term）*的期末，她動身前去法國，而且再也不曾回來。

——

在一九五七年——當時紐約還正在甩脫它殘存的鄉下習氣，而倫敦則是一個沒落帝國的殘破首都——巴黎一躍成為全世界最高度發展的城市。在當時，法語的聲名可謂和英語不相上下，或許其實還占了上風；而數以萬計散布在全世界的圖森人如果心中懷有抱負，就會覺得巴黎的名字代表藝術和建築、科學和哲學、時尚和名望、性與香水，用一種其他現代城市無法匹敵的方式。蘇珊去巴黎，是為了尋找這些東西，但也是特別為了尋找一個過去的自己，那個在柏克萊獲得重生時可能很快樂的女人，卻很快又硬擠進一段不可能的婚姻。

蘇珊去那裡也特別是為了要找海芮葉特．舒默斯，她早期那段解放的象徵。她們兩個有幾乎十年沒見了；海芮葉特從一九五〇年初就住在巴黎。她們斷斷續續保持聯絡，蘇珊結婚時寫了信告訴海芮葉

---

*譯者註：指英國某些大學的秋季第一學期。

特，但是就連在那封信裡，她都還告訴海芮葉特她愛她（「這是一個超驗的事實」）。[13]蘇珊第一趟去歐洲的旅程中，在一九五一年七月寫了一句：「我在巴黎了。我們在巴黎聖母院見吧。」她又加了一句帶點偵探小說風格的話：「不能讓我先生知道。」這讓海芮葉特猜測菲利普可能知道她們過去的關係。[14]海芮葉特在一九五四年回到紐約，因為她住在紐約的母親得了癌症。她母親於十二月去世，就在她死前：

她痛苦地睜開眼睛看著我，我想要安慰她，於是就說：「媽，妳還記得以前我跟妳說過的那個以色列男人吧？我可能會嫁給他。」她微聲說：「不，妳不會的。」我很驚訝地問：「為什麼不會，媽？」她極費力地吐出：「因為、因為、因為妳比較喜歡女人。」然後她的眼睛就閉上了，帶著深沉、中途被掐斷的嘆息。[15]

這段戲劇化的臨終發言後來被證明是假的：海芮葉特主要還是異性戀。但是她在母親過世前一年，遇到了一名古巴裔的美國人瑪莉雅．艾琳．佛妮絲（María Irene Fornés），艾琳成了她人生中最重要的人之一，而且——很快地——也成了蘇珊人生中最重要的人。她們熾熱地私通款曲（「我愛妳，艾琳。妳徹底滿足了我對痛苦的需求！」[16]），一路顛簸卻傾瀉而出，斷斷續續持續了好幾年，同一時間，海芮葉特還和瑞典畫家斯帆．勃洛姆堡（Sven Blomberg）也有一段關係，也是一樣狂暴，一樣斷斷續續。就在海芮葉特和艾琳、斯帆都分手的時候，正在尋求新生活的蘇珊卻攪和進這段激情的關係。她極度渴望愛情：渴望一個女人的愛情。在一月，當一個「打扮得太誇張的矮肥金髮女人」勾引她時，她感到很興奮，她承認：「我沒被她吸引，不過這種受女人而非男人青睞的自在感覺真好。」[17]海芮葉特是她第一段刻骨銘心的愛情，她想塑造一個新的生活時，也是向海芮葉特求助。

但是那段愛不是互相的。海芮葉特在日記中承認就連在蘇珊到來之前，「我都還不確定我想見到她」。當蘇珊來了之後，海芮葉特則寫下：「她真的很漂亮！但是她的很多事情我都不喜歡……她唱歌的方式，女孩子氣而且還走音，而她跳舞的方式，跟拍子不合又裝性感……可憐的孩子！我當真覺得我完全沒有被她吸引，但是她那時候說她愛我，她現在就要我聽她說！」[18]

這兩個人都對別人感到失望，又在互相追求新情人給不了的某個東西。蘇珊想要的是十年前的熱情；海芮葉特想要的則是艾琳。海芮葉特寫道：「蘇珊容易受傷，又充滿不安全感，這讓我生厭。她顯得如此天真。但她誠實嗎？我無法當真相信她所說的話是認真的。」就像是要證明她的不誠實一樣，蘇珊讀了海芮葉特的日記，她讀到日記裡那些「草率、苛刻又不公平的評斷，還下了這樣的結論：她並不真的喜歡我，只不過是我對她的愛戀還算適當，讓她尚可接受。天哪，好傷人，我憤怒，無地自容」。[19]

蘇珊在思索她是否應該偷看海芮葉特的日記。「看到我不該看的，我會有罪惡感嗎？」她堅決地回答：「不會。日記或日誌的主要（社會）功能之一，正是讓別人偷看。」

這種論證方式正是蘇珊典型的手法，她會訴諸知識面的理由，正當化那些讓她覺得羞恥的情緒反應。但是，如果她對海芮葉特犯了錯，海芮葉特對她也犯了錯，她早該結束這段關係了，然而，她仍然在尋找她自己的藉口，讓這段戀情看起來火花四射。這段關係注定要失敗，遠遠早在蘇珊明瞭之前，海芮葉特就知道了；海芮葉特和蘇珊在這段時間之後的日記，都讓人感覺字裡行間充滿懼怕。

——

蘇珊自己感受到極大的混亂，所以她對法國的紀錄很少。她極少開口講法語；她丟下了菲利普和大衛；又離開了哈佛和牛津。在幾天內，她就知道海芮葉特不是菲利普的替代品，她離開了一種生涯，又進入她曾經在將近十年前投入的另一種生涯，只是當時她沒有什麼可行的選擇。放棄婚姻和職涯可能立刻帶來解放，但是也可能意謂著貧窮和失敗。在剛抵達後的那幾天，她就提到：

> 失敗的分母 (retés)，失意的知識分子（作家、藝術家、準博士候選人），像是數學家山姆・沃分斯坦（Sam Wolfenstein）這樣的人，不良於行，提著公事包，生活空洞，沉迷電影，錙銖必較，有拾荒癖，乏味的家人讓他想逃得遠遠的——這些都讓我害怕。[20]

這個城市充滿了這類「分母」。他們聚集在左岸、在索邦神學院和聖日耳曼德佩區（Saint-Germain-des-Prés）的咖啡店。蘇珊在那裡的幾個月中，遇到的許多人後來成為她生命中很重要的人；其他人則成了她最害怕變成的那種失敗者。

比蘇珊大十歲的安娜特・米雀爾森（Annette Michelson）是她在此時結交的新朋友之一。米雀爾森在一九五八年時，已經在巴黎住了幾年，並且為《國際先驅論壇報》（*International Herald Tribune*）擔任藝術評論家。她經常出入法國最前衛的藝術圈。她的伴侶，伯納德・弗雷希特曼（Bernard Frechtman），是尚・惹內（Jean Genet）的美國譯者，而米雀爾森也認識尚－保羅・沙特（Jean-Paul Sartre）和西蒙・德・波娃（Simone de Beauvoir），她在一九五三年翻譯了波娃的《我們必須燒掉薩德嗎？》（*Must We Burn de Sade?*）。這群人聚集在花神咖啡館（Café de Flore），他們既展現出世俗的魅力，也不乏智識面的嚴謹，和牛津那種缺乏活力的寒傖恰成對比。這樣的品味，和他們本身，都成為蘇珊自己的人生範本，她在幾年後寫道：「我才知道沙特對我有多重要。他就是典範——內容豐富、論理清晰，那麼知性。而且品味惡劣（bad taste）。」[21]

在二月時，她透過安娜特見到了沙特，在哲學家讓・瓦爾（Jean Wahl）位於普勒蒂埃街（rue Le Peletier）的家裡。她記下了那棟公寓的所有細節——北美風的傢俱、有著上萬本藏書的書庫，還有瓦爾那位美麗、比他年輕三十歲的突尼西亞妻子。[22]這個世界離蘇珊或是安娜特從小到大的一切都太遙遠了，所以，如果她們想被這個世界接納，勢必需要一些改造——不過大部分人也都同意安娜特做得太過了。（一個來自紐約布魯克林的猶太人女孩卻能夠說一口完美的英國腔，似乎是有點太過了。）但是在巴黎認識她的人，都同意她無疑地非常傑出，蘇珊也覺得她很迷人。後來和兩個人都很熟的斯蒂芬・科赫說：「一開始時，蘇珊是她的熱情仰慕者。蘇珊對安娜特留下很深的印象，因為安娜特和她很類似。」[23]

安娜特對法國的興趣出乎蘇珊意料之外，因安娜特所受的教育極為傳統，在美國，這樣的教育某部分表示她一定會有對國家的偏見。或許德國是崩潰了，但是德國文化的聲望並沒有。就像是芝加哥和哈佛大學的學術脈絡，還是不脫從佛洛伊德和馬克思一脈相承到現代的思想家，包括曼和阿多諾、馬庫色、施特勞斯。科赫說他們「對戰後的大陸文化完全沒有興趣」，這基本上指的是法國文化。

但是法國文化也沒有這麼容易遭到埋沒。從經濟面來說，法國遭到的破壞比英國輕微許多。法國作家關注的是眼下因納粹占領、以及法國自己的啟蒙運動傳統所帶來的人類問題，他們不太在意卡蘇朋式的鑽研細節。許多現代主義的偉大著作以英文在法國出版——包括亨利．米勒、詹姆斯．喬伊斯、貝克特、納博科夫的著作——而它們在英語國家是被禁的。如惹內、波娃、沙特和卡繆等法國哲學家與作家都是世界上最有影響力的人，蘇珊也都有對他們撰文論述；法國電影製作人——包括高達（Jean-Luc Godard）、雷奈（Resnais）和卡提耶—布列松（Henri Cartier-Bresson）——則帶來另一個豐富的領域。這些都沒有在英美學術界受到認真的看待。

安娜特．米雀爾森則很認真地看待這些。「安娜特相當欽佩蘇珊。」電影導演諾爾．伯奇（Noël Burch）說，他和米雀爾森有一段秘戀，而當時她仍公開和弗雷希特曼在一起。「而蘇珊更欽佩安娜特。」[24]安娜特有蘇珊缺乏的一些東西，她也知道自己缺乏這些東西。安娜特有一雙擅於觀察的眼睛。斯蒂芬．科赫說：「整體而言，她對藝術比蘇珊更為敏銳。她真的有一雙挑剔的眼睛。她對藝術的感受性讓我印象深刻，真的太傑出了，蘇珊卻沒有給我這種印象。安娜特讓我看到什麼叫作對藝術有過敏反應（hypersensitivity），而且還能夠轉化為語言」。

說蘇珊對藝術不敏感，這個說法可能很令人驚訝，但也獲得廣泛迴響。[25]在洛杉磯，麥瑞爾・羅丹注意到她對音樂有極佳的感受性。但是——或許是因為她有一樣強的不安全感——她會賣弄一堆學問，來掩蓋她的情緒反應。海芮葉特在一九五八年四月寫道：「蘇珊快把我逼瘋了，她會講一長串學術理論，來解釋一個其他人像是艾琳（・佛妮絲）只需要眼睛和耳朵就可以看到的事。她在普拉多博物館（Prado）長篇大論談論波希（Bosch），現在又要解釋女性是教會的骨幹。我覺得她這些教科書式的演講讓我完全無法忍受！」[26]

在蘇珊的成長過程中，她「試著去看，但是也不要看」，對她來說，觀看一直需要努力。她內心甚至有個什麼東西完全抗拒觀看。大衛後來的一個女朋友喬安娜・羅伯森（Joanna Robertson）說：「在旅行中搭巴士或是火車時，她會禁止大衛從窗戶往外看。她總是說：他必須要傾聽一個地方的實況和歷史，這樣才能夠了解這個地方，但是從窗戶往外看，無助於他了解任何事。在旅程中，她從來不曾像那樣往外看——我記得她總是在談論我們現在所在的地方、或是我們即將前往的地方，但是從來不曾出於好奇，而往外看上一眼。」大衛告訴喬安娜，當他還只是個孩子時他們一起去倫敦的事。他盯著窗外看，想要了解這個對他來說全新的國家；蘇珊叫他不要再看了。在蘇珊的生命末期，他們三個人曾經一起搭火車，他們看到蘇珊只有一直直視前方。「我記得我和大衛心照不宣地彼此眨眼——我們都知道她拒絕看、拒絕接受車窗外的東西。世界正在發生，赤裸裸地。她們之間卻沒有連結。」[27]然而正因為對她而言，觀看不是一件自然而然發生的事，所以她會對觀看作出反思，但是毫不費力就看到的人卻不會有任何反思。在她早期常受到抨擊的文章中，明顯可見這樣的努力，她會指出這類反應，並試著化作文字。而且是桑塔格而非米雀爾森，成了她那個世代最偉大的評論家。斯蒂芬．科赫說：「如果你想舉出安娜特．米雀爾森寫過的一本書，你會發現你舉不出來。」

諾爾．伯奇說：「安娜特是個可怕的人。她終其一生所做的事，就是把別人嚇走。」她的才智帶來了破壞性，最後蘇珊也成為其中一人。至於為何她總是無法實現先前的承諾，斯蒂芬．科赫說：「這是施虐／受虐的關係造成的。」伯奇承認他「喜歡驃悍的女人」，他對習武的女性有興趣：「他希望有一個穿著黑色皮革的女子出現，扯下他的天鵝絨西裝，朝他的胯下踢下去。」[28]

蘇珊的新圈子裡有許多人都對施虐／受虐的關係很感興趣。她不是唯一一個覺得愛情存在於主人和奴隸之間的人。她的另一個新朋友艾略特．史坦（Elliott Stein）是一名同性戀，也是一個性虐待狂，他的「著名之處在於他對鞭子的收集」。[29]海芮葉特．舒默斯在一九五三年為前衛派的出版者、有時也是色情文學作家的莫里斯．吉羅迪亞斯（Maurice Girodias）翻譯了薩德侯爵的《美德的不幸》（*Misfortunes of Virtue*）。吉羅迪亞斯還出版了許多二十世紀薩德派的法國文學作品，包括喬治．巴塔耶（Georges Bataille）和安娜．德克洛（Anne Desclos）等作家，德克洛以波琳．雷亞吉（Pauline Réage）為筆名寫了《O孃》（*The Story of O*）。桑塔格在〈色情之想像〉（The Pornographic Imagination）一文中，對他們的作品有詳細的審視。

性和痛苦的連結對她來說是再自然不過的——她告訴伯奇：「所有關係在本質上都是受虐的。」[30]——她完全無法把愛情想像成佛洛伊德假定的兩個平等個體之間的夥伴關係。她從母親那裡「感受到最多的」經驗，就是給了愛之後，又被收回去，現在這種感覺又完全復活了。海芮葉特給出的涓滴愛情少量而吝嗇，卻讓蘇珊感激地說出：「我帶著疼痛的心＋未被好好使用過的肉體，心想她不需要給予太多，就能讓我快樂。」[31]幾個禮拜之後，她形容她們的關係「完全瓦解」，她覺得自己「茫然地走過痛苦森林」。[32]不過，就像是《夜林》中那些「獸角交疊在一起的可憐野獸」，她們的這段關係也一直拖著。四月時，她們有兩個禮拜時間待在西班牙和摩洛哥。六月時，蘇珊意識到「和海芮葉特同居，意味著徹底攻訐我自己的性格——我的鑑賞力、智慧、每一層面。而我的外貌所遭受到的不是批評而是憎恨」。[33]

海芮葉特也幾乎不曾反駁。她在一月時寫下：「我真的被啟動了嫉妒的反射動作，每個人，不管是男人還是女人，都想要她。雖然我也不是真的在乎她，但是我羨慕她如此成功。」[34]她的嫉妒甚至導致暴力，她在一場派對上打了蘇珊的臉。《嚎叫》（*Howl*）一書的作者艾倫·金斯堡（Allen Ginsberg）——一九五六年出版的《嚎叫》是「垮掉的一代」（Beat Generation）最不朽的名著之一——問海芮葉特，畢竟蘇珊比較年輕又漂亮，又為什麼要對蘇珊這麼壞？而海芮葉特回答他：那正是原因。[35]

海芮葉特也承認她在財務上依賴蘇珊。蘇珊倒也不是很有錢，但是她有獎學金，而且不知情的菲利普也會寄錢給她。她們除了一起去西班牙和摩洛哥之外，還到希臘和德國旅行。蘇珊的日記裡可以明顯看出她的膽怯和不安全感，以及她想當一個順從的伴侶，她在六月時寫的是：「那些都是真的——海芮葉特加諸於我的批評——我對他人和他人的所思所想都不夠犀利，雖然我很確定自己心中具有移情與直覺力。」

移情能力和直覺就像是「眼力」一樣，都很難靠學習而來，當局面翻轉、改由她占上風時，她就會顯示出這兩種能力了。蘇珊也可能很殘酷。她在那年春天寫信給貝爾納・多諾霍，告訴他她在巴黎，後來他去巴黎時，便前去拜訪她。他還記得「我們聊了一會兒。我想她給了我一杯咖啡還是什麼的。然後我發現有一個人在床上，一個很有魅力的年輕女子。我覺得她可能是有意讓我有點被嚇到」。

他並不是因為驚覺她對女性有興趣而嚇到，這點他早就猜到了。而是她對待他的殘酷，讓他感到驚訝。他覺得那是她在「宣示要拒絕我，但是她大可不必那麼挑釁」——他也沒有看或聽過她這個樣子。

她對男性顯得傲慢——男性會愛慕或是崇拜她，但是她從來不在性方面對他們特別感興趣——對女性則顯得卑屈，這種對比一再出現。多諾霍說：「她其實可以做得更仁慈、更巧妙一點。如果是法國女人就會了」。[36]

在德國時，她和海芮葉特用搭便車的方式前去達考（Dachau）。她寫道：「我們坐在反閃米特族（anti-Semite）*的荷蘭人汽車裡，駛在德國那條著名的無速限高速公路（Autobahn）上，朝向慕尼黑，

我看見『距離達考集中營，七公里』，心中感慨萬千！」[37]這是她第一次實際上看到納粹集中營，雖然當她還是個小女孩、住在聖莫尼卡時，就已經知道集中營的存在了，那個衝擊還讓她寫下《論攝影》的反思。她間接提到自己的感想，但是沒有直接寫下那次到訪。

她在巴黎的期間與法國史上一次重要的轉捩點相吻合：阿爾及利亞域內在五月時不斷發生災難，這使得內戰一觸即發。美國大使館開始考慮撤僑，因為法國眼看著就要戒嚴了：來自法屬阿爾及利亞軍中的反對勢力征服了科西嘉，只有戴高樂將軍領導的緊急政府在防止這場政變。[38]但是蘇珊的日記對這件事隻字未提。十年後她才說：「我在一九五七年來到巴黎，而我什麼也沒看到。我待在一個都是外國人的環境中。但是我可以感覺到那個城市。」[39]

她一直因為一些沉重的選擇而感覺頹喪，所以，甚至連對最戲劇化的事件都沒有放太多注意力；後來她成為一個公眾人物，會被邀請對世界大事發表意見，這時候，她不太關注政治事件的特點就成為一個明顯的問題。現在的她在試著決定自己的人生形態。她已經拒絕了許多可能性，雖然在外人看起來可能還覺得她緊抓著不放，像是她的婚姻或學術生涯。在她的周圍都是一些才華橫溢的分母，她現在覺得成為作家是當務之急——一名真正的作家、成功的作家，不再只是一個前景看好的年輕人，而是要真正投入精力和專注力，去創建一個永續的職涯。她在來到巴黎的幾週內就問了這個問題：「為何書寫很重要？」

---

* 譯者註：閃米特族包括猶太人。

我想，主要是出於自負吧。因為我想成為大人物，成為作家，而非因為我有東西非寫不可。然而，話說回來，這有何不可呢？有點自傲——正如這本日記呈現的既定事實——我就能獲得自信心，相信我有東西可寫，應該把那東西寫出來。

我的「我」弱小卑微、小心翼翼、過於清醒。而好的作家應該是狂妄的自負者，狂妄到甚至愚蠢。[40]

桑塔格在後來的人生中散發出一種無可挑剔的確信，所以幾乎沒有什麼人覺察到她這股姿態背後的軟弱。上面那段文字讓讀者以為她的內心是不會受傷的形象，所以招來了誤解：她的美麗、她的性感，讓人覺得她的聲譽是來自成功的形象塑造，而不是實質內涵。但是海芮葉特卻說她「懦弱」，她也說自己很「微小」。她不曾受到家庭、金錢或是職業的保護，她想要試著愛的人，也一再虐待她，因此她躲到了另一個自己的背後。透過書寫，她說：「我創造了我自己。」[41]現在她得要依靠另外的這個自己了：「我的日記裡這位高眺的寂寞旅人，給我力量吧！」[42]

她後來寫道：「擁有兩個自我，描繪出詩人可悲的命運。」[43]但是她的表演實在太過成功，當這些日記的節錄出版時，就連她長年的老朋友都驚訝於她竟然有如此撕裂的不安全感。有一次，她和海芮葉特一起在伯羅奔尼撒半島南部的露天劇場，觀賞著名的希臘悲劇《米蒂亞》（*Medea*），她的兒子描述那次經驗是如何令她難以忘懷。

那次經驗讓她深深震撼，因為就在米蒂亞準備弒子時，觀眾席裡傳出驚呼：「不，別下手，米蒂亞！」她跟我說過多次：「那些觀眾沒意識到自己觀賞的是藝術作品，對他們來說，那是真真實實的。」[44]

第十二章　鹽的代價

蘇珊在一九八六年發表了一個故事，篇名是〈信的故事〉（The Letter Scene）。故事中有許多寫信的場景——塔姬雅娜（Tatyana）寫信給葉甫蓋尼．奧涅金（Eugene Onegin）；一個日本男子在飛機墜毀前，從飛機上寫信給他的妻子——但是除了這些之外，她還放了一封自己的信：當她抵達舊金山機場時，交給菲利普的一封信。

她在一九五八年的整個夏天都待在歐洲，似乎就是為了避免這樣的對立。她在雅典時，神秘兮兮地通知她母親：她是因為「個人因素，所以才延長待在那裡的時間——而不只是因為想要好好的看一下另一個美麗的國家」。或許她是又再一次地想要和海芮葉特重修舊好，因為她已經告訴蜜爾崔德她想要這麼做。「我到加州的時候——大概是九月一日吧，我想不會再變了！——我想要立刻和菲利普攤牌。我所謂的立刻——就是我見到他的當天。不過接下來會怎麼樣呢？那感覺起來是個笨點子，大衛和我自己都要承受太多怒火和激動的情緒，然後我要一邊試著和他離婚，一邊還要和他住在同一個屋簷下。」[1]

雖然菲利普後來宣稱他對信上所寫的事毫無準備，但是他其實也察覺到有什麼事正在發生。七月時——菲利普之前已經獲得柏克萊助理教授的職位，所以他當時住在加州——他寫了「一封又一封充滿恨意、絕望和自以為是的信。信中一直在談論我的罪過、我的愚蠢、我有多笨、我的任性」。[2]大衛說：「如果他以為——我也不知道他有沒有——當她回到加州的時候，所有事都不會有問題，那他就是放縱自己沉溺在一廂情願的想法中。」[3]不過菲利普在寫給喬伊斯·法伯這位蘇珊在芝加哥的朋友的信中，確實是這麼寫的：「原來蘇珊的個性這麼頑固，心腸又這麼硬，先是把她的小秘密在歐洲藏了半年，然後在她終於回到可愛的丈夫和孩子身邊這快樂而美好的一天時，才爆發出來。」[4]

不過，在她那天給他的信裡，其實已經寫得非常寬容了。她寫的是她對婚姻整體不滿，而不是責怪他。她講的只是如何「要在老舊、壞死的組織下長出」一個「新的自我——有創造力、有活力的自我——不過那樣的自我需要誕生成新的生命」。

> 我不想結婚，至少不是我（和你）所了解的婚姻狀況。我痛恨婚姻的排外性、占有慾——每一對夫妻都要與世界對抗，擔憂自己受到干擾、捍衛自己的利益……如果我（我是指我們）從一開始就對婚姻有不同的理解……或許如果我（我們）不是如此浪漫，如此愛上愛情這個想法。通姦、文明的協議、基於利害關係或同志情誼的聯姻——其實這些都一直在發生，也運作無阻。但我們不是這樣的，不是嗎？我們很膽怯、容易受傷，又一往情深……

她一次又一次地回到自我掙扎後必須重生的想法。她寫道：「我覺得體內有東西在強烈地召喚我；我想要自由。我也準備好要付出代價了——為了自由，讓自己痛苦。唉，我一定也讓你受苦了。」[5]

這封信其實是在提議他們作出一個文明的協議。蘇珊提到菲利普和大衛、蘿絲一起「住在柏克萊的房子既漂亮又吸引人」。她還是很喜歡加州的溫暖。她的家人也住得很近，這或許有好有壞。還要考慮到大衛。雖然她之前寫給母親的信裡說了那些話，但是基於過度樂觀的誤算，她最後還是決定和菲利普一起留在柏克萊，離婚一事暫時獲得了解決。但是他們的關係很快地走向伍迪・艾倫式的世仇猶太人知識分子之間會發生的場景：只因為某個人想要保留過期的《黨派評論》，就在某個瞬間爆發了爭吵。[6]

壓死駱駝的最後一根稻草出現在某天晚上，當時蘿絲在準備她的「招牌菜」——炸雞。菲利普指控蘿絲想要毒害他，大衛記得：他那時候變得「極為歇斯底里」還「作出很嚇人的威脅」。蘇珊叫了警察，警察護送她、蘿絲和大衛穿過舊金山灣，到了聖馬刁（San Mateo），納特和蜜爾崔德當時就住在那裡。幾年之後，每當蘇珊講起這件事時，她總是會提到她在最後一刻才想起要拿走那隻被下毒的雞。他們坐在警車後面時把那隻雞吃了，當聽眾大笑時，蘇珊就會說：「因為我們根本沒有機會吃，而大衛很餓。所以當然我會想到要把雞帶走」。[7]

菲利普後來承認他當時已經精神錯亂了。大衛說：「他真的非常、非常不好過。他真的是——照十九世紀的說法——怒髮衝冠。」大衛回顧他父親的人生時說，雖然菲利普的下一段婚姻維持了很久，但「他是一頭狼，對伴侶生死相依的那種人。我想他是真的愛她」。[8]這件事讓蘇珊又回到她在十年前離開的家庭。她在聖馬刁附近弄了一間小公寓，重新和她幾乎十年不見的親戚們在一起。她和茱蒂絲再次熟絡起來，茱蒂絲不久前才剛從柏克萊畢業，現在則在舊金山灣區工作。茱蒂絲說：「她是如此痛苦，所以我想要讓她放鬆一點。我教她怎麼抽煙。那真是我做過最糟糕的一件事了。」[9]

茱蒂絲並不知道蘇珊對女人有興趣，她借給姊姊一本著名的女同性戀小說，派翠西亞·海史密斯（Patricia Highsmith）的《鹽的代價》（*The Price of Salt*）。這本書的結局並不是同性戀以慘痛的悲劇作為代價，這在一九五八年的同性戀小說中，算是極為罕見的。許多女同性戀會覺得那本小說的表現手法極具同情心，讓她們很喜歡。但是它也描繪了她們生活中的某個面向，讓蘇珊覺得她是在「一個非常錯誤也很脆弱的時刻」讀到這本書。[10]書中的一名女性，卡蘿，正在與丈夫爭奪女兒的監護權，卡蘿的丈夫僱了私家偵探調查她是同性戀的證據。在那個年代，如果在法庭上提出這類證據，同性戀的小孩通常就會被奪走了，這是很可怕的，而《鹽的代價》之所以被認為有「快樂的結局」，也只是和當時的其他同性戀著作相比之下，它相對而言是快樂的。

雖然卡蘿和她的女朋友最後是在一起了，但是她輸掉了監護權官司；蘇珊在讀到卡蘿的女兒如何被帶離她身邊時，完全止不住顫抖。[11]因為她的長時間缺席，她與當時年僅六歲的大衛，兩人的關係已經缺了一角。大衛必須適應他的母親；而她必須當一個孩子的母親，但是她有一整年沒有見到這個孩子了。

她在巴黎寫下：

> 我很少夢見大衛，也沒經常想到他。在我夢幻似的生活中，他很少侵擾我。和他在一起時，我毫

不遲疑地全心寵愛他，但一離開後，只要知道有人把他照顧得很好，他在我心目中的分量就很快縮小。在我摯愛的人當中，他是讓我最不靠心智來愛的人，他和我之間的愛最為強烈真實。[12]

這番話通常會被轉譯為母親的漠不關心。（如同一個朋友所說的：「蘇珊在那裡的時候，她才在那裡。」）[13]但是對於一個——「靠心智來」——愛某個形象、而不是愛「強烈真實」的實物的人來說，提到大衛在物理上的實際存在，其實已經是極為強調他對她的重要性了。

但是菲利普並不想讓他走。賈可柏·陶布斯在十一月寫下：「妳也知道菲利普不會和平解決。」當時《佛洛伊德：道德家的思想》正要出版，陶布斯正在鼓勵蘇珊不要放棄該書的所有權利。「喀爾文（Calvin）會把反對他的人看作是光亮和真實的敵人。」

小心！就連在瑞夫與瑞夫的對決中，還是有某程度的迫害。而妳必須替最壞的狀況做好準備。有人給妳好的——也就是指殘忍的——法律建議了嗎？妳不可以在生活中顯得「溫和」，一定要做拼死的掙扎。除非對方也和妳一樣處於相同的經驗時空中，否則，溫和與寬容都將是沒有意義的。妳不想要用這種方式。那很可恥，也降低了自己的品格，不過菲利普是不會放過妳的。我對於自己這麼說是有自信的，但是妳一定要時時戒備。所有寬厚的姿態都將遭到扭曲。[14]

蘇珊後來還是採取了「溫和與寬容」的姿態，沒有針對那本書的事與他抗爭，後來對此她一直很後悔；而且，雖然她接受了給孩子的撫養費，但是卻自負地拒絕了贍養費。同時，菲利普還對蘇珊提出威脅——雖然大衛強調「他說了一些暴力的話，也提出暴力的威脅，但是沒有做出暴力的舉動」[15]——甚至讓變得愈來愈保護蘇珊的納特，氣得把糖倒進菲利普的油箱。這個戰術的靈感得自一本偵探小說，目的是要弄壞他的引擎，好防止他騷擾蘇珊和大衛。[16]他們之間的爭吵又拖延了好幾年。但是蘇珊現在安全了。家事法庭的法官說：「妳先生真的瘋了。孩子給妳了。」[17]

——

一九五九年一月一日，古巴革命家卡斯楚（Fidel Castro）抵達哈瓦那（Havana）的同一天，蘇珊也到了紐約。她搬到西端大道（West End Avenue）三五〇號，就在七十六街和七十七街之間，離八十六街的房子——她人生的頭幾個月就是在那裡度過的——不到十條街。她住的是一整層公寓，要爬五層樓高；唯一一間真正的臥室給了大衛，他可以從那裡俯瞰下面的街道，客廳則有蘇珊臥房的兩倍大。

當她來到紐約時，她對於自己從這個城市出身的記憶已經很模糊了。她又住過其他七個州，在英國和法國也都待過，她後來說：「我連紐約人都不是。」這是想強調與美國各州的連結，才產生了她，雖然她與各州的連結常讓發現的人感到震驚。[18]從某種意義上來說，她是對的；當然從其他意義上來說，她想要擺脫自己的出身和改造自己，則是她最紐約的一部分。那是一個流亡者的城市，而這位「懷抱志向的偉大運動員」則在這個有許多同伴的地方，找到了她自己。[19]

桑塔格到來的時候，這座城市正在抗拒走向沒落。這座城市的人口在一九五〇年已經開始減少，因為許多人遷往郊區，有更多綠地和更多白人的地區。音樂劇《西城故事》（*West Side Story*）在一九五七年開始上演，許多人透過這齣音樂劇開始認識在上西城（Upper West Side）發生的種族衝突和貧民窟——不過西端大道住的都是一些專業人士：例如精神分析學家和哥倫比亞的教授。

賈可柏·陶布斯幫她在《評論》雜誌謀得一份工作。他在十月時對她說：「妳是一個陷入困境的女性，但不是無法克服的困境。」[20]幾個月後就會過世的《評論》編輯艾略特·科恩（Elliot Cohen）說：「我們和《黨派評論》的最大差別，是我們承認自己是猶太人。」[21]它的出版者是「美國猶太委員會」（American Jewish Committee），接替科恩擔任編輯的諾曼·波德里茨（Norman Podhoretz）表示：「就只有兩個雜誌會讓你」——指希望躋身知識分子行列的年輕人——「想要投稿，一個是我們，另一個是《黨派評論》。」[22]這兩本雜誌也像波德里茨和蘇珊一樣，很快的發現自己位於六〇年代的文化和政治爭論的風暴核心。

——

蘇珊被引進出版和新聞業自然是一件重要的事，不過，還有另一樁引見也點出了她在這個城市頭幾個月的生活。海芮葉特在巴黎時滿懷醋意所作的預言成真了，蘇珊當真和海芮葉特的前女友艾琳·佛妮絲開始交往。在放蕩不羈的格林威治村文化界，艾琳很快地成為一個傳奇、成為「城區女王」，雖然戲劇圈之外的人還不太知道她，但是有一整代的紐約藝術家都記得她洋溢的藝術才華、她的激烈個性、還有她那完全壓抑不住的性感魅力。[23]在不久之後創辦了《紐約書評》的羅伯特・史威爾斯說她是「一串拉丁爆竹」。[24]海芮葉特用了一種極具特色的方式具體的形容她：「艾琳可以把石頭都叫過來。」[25]

艾琳於一九三〇年在古巴出生，直到父親去世之前，她一直住在那裡。接著，因為她母親也像蜜爾崔德一樣，對好萊塢深感著迷——同時對她在電影中看到的美國形象感到著迷——所以她母親帶著她們姊妹，在一九四五年往北遷徙。她們先是去了紐奧良投靠親戚，然後才搬到紐約。

對一個年輕女孩來說，我當然覺得紐約的生活比在古巴刺激多了，古巴女孩這也不能做，那也不能做，而且一直有人在盯著她們。美國的年輕人有更多出許多的自由。我也喜歡工作。我的第一份工作是在工廠，我很愛那份工作！我享受當一個工人，我也很高興在一週結束時，我可以領到工資。把支票兌換成現金的那一刻，簡直像在變魔術一樣。每當我要去銀行兌換支票時，我總是小心翼翼地把它放在口袋裡，我甚至想要親吻它！從那時候開始，我就覺得我已經是個美國人了。[26]

紐約對蘇珊來說是個新城市。但是《評論》的同事在興趣或是背景上，都與她在柏克萊、芝加哥、劍橋、牛津或巴黎認識的人並沒有什麼不同。斯蒂芬・科赫說和他們相比之下，艾琳「根本就沒有受過教育。但是蘇珊認為她是個天才。蘇珊從來沒有過這種經驗，她沒有看過不曾受過教育，但是聰明才智卻這麼外露的人。蘇珊完全懾服於她的才智」。[27]

艾琳有閱讀障礙的問題，她只讀到六年級。她在一間紡織廠開始工作，接著就開始設計自己的紡織品，這讓她開始畫畫。她在一九五三年底認識海芮葉特，並且跟在她後面到了巴黎。她在那裡開始繪畫，回到紐約之後，則與諾曼·梅勒（Norman Mailer）和阿黛爾·摩拉利斯（Adele Morales）展開三人同居的生活。阿黛爾是梅勒的第二任妻子，他共有六任妻子。阿黛爾最為人所知的就是她都從好萊塢的弗雷德里克百貨公司（Frederick's of Hollywood）訂購內衣，還有一次她在與丈夫爭吵中被刺傷——而且差一點就死了。[28]

羅伯特·史威爾斯記憶中的艾琳是「一個似乎永遠充滿電力的女人。你無法把她和鎮靜聯想在一起」。她會說：「妳知道嗎，蘇珊，有時候對待一個人的唯一方式，就是好好打他一頓。」這是她的「建議，拉丁式的建議」，[29]然而這大概不能稱得上是建議。有一個熟人說她「非常活潑又漂亮，身材豐滿，讓人想擁抱她」。但是她看起來可親可愛的樣子只在外表上。那個人接著說：「有一個男人對她做了一些毛手毛腳的事，」然後接下來，就他所知發生的事是那個男人「放聲尖叫，抬起一隻血淋淋的手，上面有著清楚可見的齒痕」——艾琳的齒痕。

除了報紙、《小婦人》和《海達·高布樂》（*Hedda Gabler*）之外，她沒有讀過任何東西。[30]一直「有一點太過努力」的蘇珊深受艾琳那自然、不留痕跡、也毫不費力的天才所吸引。科赫說：「艾琳是真材實料的。她當真是個藝術家。不是裝出來的，不是在一旁批評或評論的人，也不是還在作筆記的研究生。」

蘇珊則總是會拿一堆道理出來嚇人，「講一長串學術理論，來解釋一個其他人像是艾琳只需要眼睛和耳朵就可以看到的事」。但是蘇珊總是可以看到一個人的才能，就像她看到了艾琳的才能。這份才能在過去並沒有找到適當的形式，在遇到蘇珊之前，甚至艾琳自己也不知道。而艾琳的眼睛和耳朵，又反過來幫蘇珊找到了她自己的才華。

——

蘇珊在紐約的前幾個月顯得很憂鬱。她對於工作顯得不是那麼有興趣——

> 每天都要工作、要去辦公室——會讓人覺得世界上的哪裡都是要在家裡才會感到放鬆。對大部分人來說，生活（存在）就是待在某個地方。工作讓他們得以存在，給了他們私人生活（但是迫使他們把大部分時間投入公眾生活）。他們必須要裂解自己的生活、分割大部分時間，才形成他們完整的人生。
>
> 工作也像婚姻一樣，是一個粗糙的可行解決方式。如果沒有工作，大部分人會感到迷失。但是有某程度敏感性的人會覺得工作（就像婚姻一樣）完全不起作用——生活遭到裂解、被釘到板子上固定起來，讓這些人感到枯萎。[31]

——而且她還在為自己與海芮葉特即將走向尾聲的關係感到哀痛，但是就像又重演了幾年前一再上演的劇情，她們仍然沒有真的結束。海芮葉特在出國將近十年後，重新回到美國，那時她選擇落腳在蘇珊所住的西端大道。

蘇珊滿懷著沒有回報的愛意寫道：「我是這麼地期待她來到紐約，我只是想見到她，看到她微笑、與她上床、走在她旁邊。」[32]她辦了一個歡迎派對，海芮葉特在派對上「醉瘋掉了」，並且在跳舞時滑了一跤，臉朝下跌在地上，鼻樑骨都摔斷了，那個晚上的最後，就在聖路加醫院（St. Luke's）的急診室裡度過了。[33]

那是個不吉利的開端，而且蘇珊還在派對上見到了艾琳。只要想到海芮葉特是怎麼對待她的，我們很難不把這看作是海芮葉特得到因果循環的報應。

> 她是怎麼看我的，也會讓我對自己感到羞愧。我害怕那有部分是因為我還想繼續和她保持戀愛關係，這讓她覺得我很無趣、沉悶、幼稚、沒有性的吸引力。從來沒有人那樣看我，我曾經喜歡的、回應過的人都不曾那樣看我——但是我愛她＋而且總之我還愛她，對她的重視逼得我麻木地同意了她對我的看法。[34]

海芮葉特在二月底去了邁阿密，這時候蘇珊開始和艾琳見面——一開始時似乎是為了談論她們共同的前女友。「應該是驚訝於我對海*＋我的描述讓她說出些什麼，要是我也會那麼說。她愛海，＋海扼殺了這份愛，因為她感到嫉妒、懷疑艾琳的愛；當艾琳不再愛她時，她的愛卻到達了高點。」

她還很驚訝於：「艾琳不是虛構的。」[35]

一週後，蘇珊和賈可柏・陶布斯上了床（「出乎意料之外地好＋在性方面很敏銳」），對於自己和至親好友的老公上床這件事，她並沒有明顯的罪惡感，反而還因為這個經驗讓她「感覺自己完全是個酷兒」，所以聽起來還像是十分寬慰。[36]

接下來，她與艾琳的友情出現了變化。海芮葉特讓她覺得自己「在性方面十分無趣」，但是艾琳卻向她展示了性高潮，這是她人生中的一大革命，她看到自己也可能擁有一個新的、更好的自我，這的確是她在決心離婚時想要發掘的：

> 我在九月的一個晚上念了《游敘弗倫篇》†，好準備禮拜五的九點的課，離那個晚上又過去兩個月了。它的反彈、衝擊現在才開始擴散，貫穿我整個人和我的想法。
>
> 我第一次感到我有可能以寫作為生。性高潮的體會不是救贖，更重要的是自我的誕生。我無法書寫，直到找著自我。我唯一想成為的作家，是那種暴露自己的作家。（所以寫佛洛伊德的書不算。）寫作就是消耗自己、賭上自己。但是到現在，我甚至還不喜歡我自己的名字念起來的感覺。要書寫，我就得喜歡自己的名字，因為作家和要自己談戀愛，和自己交媾，在與自己的相遇及狂熱相戀中寫出他的作品。那必須是一次強姦、一個侵犯、一種消耗和生產，以及竭盡一切。直到

現在為止，我都沒有勇氣了解我自己，完全算不上敢這樣做……我知道如果我脫去了什麼、消耗了什麼，就不可能再補回來了；從我那殘疾的、不完整、不曾縱慾的自我上剝下什麼的話，那一部分的我只會像是被挖開的主體那樣槁木死灰。

我隱藏了自己。但是我還沒有構成自我，我沒有足為象徵之物。我只擁有自我的希望。[37]

在菲利普和海芮葉特手裡遭到無止盡的挫敗之後，艾琳顯然是一個全新的經驗。就像在柏克萊時那樣，蘇珊獲得重生了，她不再顯得那麼微小、那麼懦弱，也比較能夠展開新生活；當海芮葉特從佛羅里達回來的時候，激情已經發酵成蔑視了。

蘇珊會在晚上出去，她說自己整晚待在時代廣場，「看了一百萬部電影」，但是海芮葉特說她「回來時身上散發著『Mitsouko』（蝴蝶夫人香水）的香味，那是我很喜歡的一款嬌蘭（Guerlain）香水，我也總是會送給艾琳當禮物。但是我一直沒有多想這件事。」

終於有一天，艾琳打電話來了。

她說：「蘇珊希望妳搬走。趕快打包吧。」

海芮葉特離開了，而且從此之後不曾和另外一個女人睡過。[38]

---

* 編註：指海芮葉特。

† 編註：即 Euthyphro，柏拉圖早期的一篇對話。

蘇珊了解她與艾琳．佛妮絲的結合有多麼重要。她已經成熟得脫離學術世界了。在托馬斯．曼眼前會顯得緊張不安的那個青少女，早已是成年的女性，她懂得注意尚—保羅．沙特的壞品味，還告訴以薩．伯林爵士他對細節有些疏忽了。她一直是個冠軍學生，但是她過去的確一直隱藏自己。她在前一節引用的日記裡還寫道：「我一直都是極度而且天真地懷抱著雄心壯志。」學術生涯無法滿足她這樣的雄心壯志。而且學術界不可能誕生出蘇珊．桑塔格所代表的新事物。由她的作品中，我們看到一個受過完善古典訓練的學者日益轉向前衛派的文化，然而她太過新穎，無法獲得許多嚴肅的評論。艾琳．佛妮絲的催化作用使得她迅速地以蘇珊．桑塔格之名為人所知。

她透過艾琳接觸到放蕩不羈的紐約藝術界，並成為其中的一分子：那個世界是她和菲利普在一起時不可能看到的。她早期的文章透露出她對這種發現有什麼感覺，她的讀者也感受到同樣的興奮之情。她將一本書獻給艾琳；另外兩本書則獻給另一位重要的人——畫家保羅．泰克（Paul Thek）。泰克也和艾琳一樣完全沒有受過教育；並且像她一樣具有耀眼的吸引力，斯蒂芬．科赫說：「當他走進一個房間時，當真會讓那個房間亮起來。他很白。長得很英俊。十分性感。她只要一想到有像保羅這樣令人興奮的同性戀，就會激動起來。」

科赫說，還不只於此，她感到激動的另一個原因是：「她碰到的這些人都不需要用列奧．施特勞斯來證明他們的想法，他們甚至從來沒有聽過列奧．施特勞斯，也完全不理解我們為什麼要討論他：這對她而言好像有著無法抗拒的魅力。」如果泰克在對話中丟出一句話，就可能透過蘇珊成為新興文化的一句格言——也是她想建立的全新自我要奉為圭臬的一句話。

許多人抱怨她在談論藝術時太過理智，因此令人生厭；有一天，當她又在誇誇其談時，保羅終於失去了耐心：「蘇珊，停，停下來。我很反對詮釋。（I'm against interpretation.）當我們在進行詮釋時，其實根本沒有在看那件藝術。那不該是我們欣賞藝術的方式。」她獻給泰克的第一本書就是《反詮釋》（*Against Interpretation*）。科赫說：「那是保羅．泰克和艾琳告訴她的其中一件事。一個耀眼的藝術家可以什麼都不知道。」[39]

——

她在幾年後寫下：「瘋狂的人＝孤立＋發光發熱的人。我會被他們吸引，因為他們允許我一樣瘋狂。」[40]

雖然蘇珊對她在性和知識方面的發現感到興奮，但是她沒辦法讓自己孤身一人。她是個母親。大衛被卡在一個兩面為難的位置，或者其實該說是兩個：一方面卡在他母親和她的新生活之間，另一方面則是卡在他的父母親之間。他夏天時待在加州，和他的父親在一起，他父親一直無法接受離婚的事實。菲利普在幾十年後，說大衛「以受困的靈魂寫了一些最甜蜜、也極具深刻見解的信給他，懇求他不要讓自己被捲入衝突之中」。[41]在大衛大約七歲的生日時，蘇珊也列了一張清單，提醒自己要讓大衛可以置身在這些事情之外。

1. 態度立場要一致。
2. 不要在別人面前談論他。（例如說有關他的好笑事情）（別讓他自己察覺。）
3. 別用那些我不會永遠認為是好的事情而讚賞他。
4. 別為一些他被允許做的事情而嚴厲斥責他。
5. 每天作息：吃飯、寫功課、洗澡、刷牙、進房、說故事、上床睡覺。
6. 周圍有其他人時，別允許他獨占我。
7. 經常說他爸爸的好話（說到他時不擺臉色、不嘆氣、不露出不耐煩等神色）。
8. 別扼殺他稚氣的幻想。
9. 讓他知道有個與他無關的大人世界。
10. 別假定我不喜歡做的事（譬如洗澡、洗頭），他也不喜歡。[42]

菲利普後來承認蘇珊「不曾向大衛說過我的不是，但是我的確會在大衛面前指責她，那是我的錯——也是我個性的缺點。大衛發現了我對蘇珊的敵意，那是一種痛苦，的確很難消除」。[43]

單親媽媽的生活十分艱難。在遇到艾琳之前，她的確說過「與大衛在一起的這種新生活有著難以言喻的孤寂」。[44]不過孤寂並不意謂著沒有愛。海芮葉特去了邁阿密之後，她寫下：「我開始能夠比較超然看待她不喜歡大衛這件事（這是可以預期的）。我不懷疑他值得＋他身為人的魅力，雖然我懷疑我自己。」[45]

對於大衛來說，這幾年也不好過。蘇珊曾經寫過：「我甚至沒真正當過小孩！」其實這一點對大衛來說也是一樣的。艾琳加進了他們的生活，還把蘇珊引進城區的環境，那之後，大衛要不就是跟著蘇珊跑，要不就是被留在家裡。大衛還記得「那是因為她請不起保姆」。

> 人們之間在傳「大衛睡在一堆大衣上」這種事。聽好了，老實說，其實我不認為這是她做過最嚴重的事。如果我能夠再度回到童年、告訴她什麼事情不應該做，這大概會是我的清單上排在很前面的事——別老是讓我睡在一堆布製品旁邊。但是回想起過去，我會發現那是因為她那時候沒錢，而且也不覺得這麼做有什麼不對，顯然在我長到某個年紀之前，她也不能夠丟下我自己一個人，所以她就選擇了那種做法。[46]

蘇珊擁有無窮的精力——大衛說這是「她唯一最與眾不同的特色」——這讓她可以周旋於派對、畫廊、讀書會、晚宴、電影和演出之間。她把大衛放上床之後，還會和朋友出門看電影及表演，然後在大約凌晨、大衛起床之前，回到家裡。

蘇珊的朋友開始覺得他被丟在一邊，同時他也展現出對武器的強烈興趣。就他記憶所及，納特．桑塔格唯一對他展現溫柔的一件事，就是讓他拿納特的槍，[47]他也對採訪者透露：自己對父親的唯一正面回憶就是「兩個人一起去靶場」。[48]詩人塞繆爾・梅納舍（Sam Menashe）曾經在一九六〇年向蘇珊求婚，蘇珊的拒絕讓大衛鬆了一口氣，因為梅納舍曾經說：大衛應該把所有玩具槍丟進哈德遜（Hudson）河裡；這是蘇珊在寫給蜜爾崔德的信裡說的。「從那之後，大衛對可憐的山姆一直很冷淡！」[49]幾年之後，在大衛大概十歲的時候，蘇珊的新朋友唐・埃里克・萊文第一次來到他們位於西端大道的公寓。大衛當時正在玩他的金屬士兵，而蘇珊把當時她正在寫的手稿拿給萊文看，那是〈關於「坎普」的札記〉。[50]

第十三章　角色的喜劇性

在蘇珊與艾琳相遇的幾個月後，出現了一種藝術形態，並且成為接下來十年間的代表。第一件「即興創作」（happening）是艾倫·卡布羅（Allan Kaprow）的《六個部分中的十八個即興創作》（*Eighteen Happenings in Six Parts*），於一九五九年十月在紐約展出。即興創作的出現，有部分是為了反對「博物館概念的藝術」，它的存在期限很短，因此無法商業化。（蘇珊寫下「我們無法買到即興創作」。）它們是由一連串的立即材料構成失序、「激進的並列藝術」，其設計就是要「戲謔和虐待觀眾」。它們不等於戲劇，也不是繪畫，而是混雜了兩者的元素，創造出一種新的身歷其境的經驗：在隨處可得的空間中，以包括都市文明的零碎廢物在內的拾得物來進行，它們是城市的、以低端消費者為對象的「整體藝術」（Gesamtkunstwerk）。

這類事情也讓艾琳·佛妮絲深感著迷。隨著傑克遜·波洛克（Jackson Pollock）在一九五六年的過世，他那一代美國藝術家所代表的「抽象表現主義」（abstract expressionism）似乎也走向了終點。創造即興創作的藝術家屬於蘇珊那個年代——卡布羅只比她大六歲。桑塔格在一九六二年寫下它們表現出一種新興的前衛派，以及「一九五〇年代紐約繪畫學派的一種邏輯發展」。

最近十年裡，紐約出現許多規格龐大的油畫，它們的設計強烈衝擊並包圍著觀眾，加上使用愈來愈多顏料之外的材料來黏附在畫布上，或從畫布延伸出去，這些都指明了這種繪畫的潛在意圖是提升自己成為一種三度空間的形式。

這些創作事件的靈感是來自抽象表現主義，還有超現實主義（surrealism）和亞陶的戲劇創作。它們的藝術概念是圍繞著觀眾創造出一個替代的現實，而這卻有一個讓桑塔格更加熟悉的源頭：西格蒙德・佛洛伊德。她在寫即興創作的短文中寫道：「佛洛伊德學派的詮釋方法顯示，其自身是基於我們在現代藝術中習慣的矛盾背後首尾一貫的相同邏輯。」而什麼是現代藝術呢？「現代藝術的意義是它發現了在日常生活邏輯之下的夢的非邏輯性。」[1]

—

拒絕現實——把夢境放在一個比醒著的世界更重要的位置——將成為這新的十年間的重要特徵，同時也是桑塔格作品的特徵。她在自己最複雜的論文之一，〈論風格〉（On Style）中寫道：「最終極來說，世界是一種美學現象。」這個想法有著複雜的系譜。一九六〇年代同時存在著掉書袋和白話式的表達方式，還有興奮劑ＬＳＤ的流行（最先擁護它的是一些文人和科學家，包括英格蘭作家阿道斯・赫胥黎和哈佛教授提摩西・李瑞〔Timothy Leary〕），而某些同性戀圈子偏好的藝術則是超級非寫實

（hyperstylized）的非真正藝術。

她是根據佛洛伊德來界定「現代藝術的意義」，而佛洛伊德的許多精神分析理論都是以夢境為核心。不過在柏拉圖之後，現實與夢境、對象和隱喻之間的緊張關係一直是哲學論述喜歡的主題；對桑塔格有智識上吸引力的內容，也必然會在感情上勾起她的興趣。

人會有私下的自我：周圍沒有其他人時出現的自我。也有性的自我。還有社會的自我：一種表現的、隱喻的、作為面具的自我。然後還有其他自我：像她就被另一個自我糾纏了一生——她一直覺得自己應該成為另一個人。她才十四歲時，就寫下：「從我有記憶以來一直在看著我的那個人，現在也在看著我。」[2]

她生活中的現實和她向其他人表達的現實之間，存在著一種緊張關係，這也表現在她對性的態度上。她在艾琳身上重新發現了性的快樂，她說：放棄了她那「殘疾的、不完整的、不曾縱慾的自我」，讓她從對自我的期望轉向真實的自我。

但是那種縱慾後的性自我要嚴正地區隔。舉例來說：在她寫給茱蒂絲的一封溫暖的信中，她把艾琳替換成卡洛斯（Carlos）並寫道：

我沒做什麼事，只有工作、做愛、看電影和玩西洋棋。我不知道這段關係可以持續多久——或許是幾年，大概就這樣了。我完全沒有結婚的想法，卡洛斯也可以接受。但是如果大衛回來了，他可能會受不了這種安排。……我很怕他那時候會提結婚的問題，而我絕對是明確的反對。如果要在結婚和分手之間選一個，我會選擇和他分手。

我猜這只能說是我愛他沒有他愛我得多，這也是事實。但是我現在很想要愛，而他就正是我需要的那個人……[3]

如同這封信裡所說的，大衛當時在加州，茱蒂絲也在那裡，而蘇珊還需要擔心菲利普的事。或許蘇珊是擔心輕率的言語可能會導致一場監護權訴訟。（在不久之後，菲利普也的確為了大衛的事對她提起訴訟。）蘇珊一直沒有對妹妹吐露實情，即使在大衛的監護權早已不是問題的幾十年後（不過她也有好幾年間根本沒有和妹妹見上幾次面）：茱蒂絲在蘇珊死前不久才知道她愛女人。茱蒂絲很自責地說：「怎麼會有一個人笨成這樣」——不過她也為自己辯解說：那是因為蘇珊總是「滔滔不絕地說著」她和男人的情史。[4]

她不僅對茱蒂絲隱瞞了她的性傾向，而且令人百思不得其解的是，她甚至也不對很親密的朋友透露茱蒂絲的存在。唐．埃里克．萊文在一九六〇年代的早期認識蘇珊，他說：「在我認識蘇珊的頭六年中，我都不知道她有個妹妹，其中我還有三年和她住在同一棟房子裡。她從來沒有提過。」但是他們其實經常討論彼此的童年。閔達．雷．阿米蘭是她在劍橋最親近的朋友之一，她也說：「我腦中有許多蘇珊的故事，上演過許多她的小劇場，但都是關於她那專橫的母親如何躺在床上之類的事，而我不曾問過：『她妹妹在哪兒？』因為一直要到好一陣子之後我才知道她有個妹妹，」——但是她強調：「我們對這世界上的事無所不談」。

這不是什麼諾斯底教徒認為的分裂世界，還是柏拉圖哲學反映的物體和隱喻之間的距離，或是佛洛伊德對夢的詮釋：那只是蘇珊從蜜爾崔德那裡學到的分割。一邊是容易受傷的自我。另一邊則是演出來的個性——她在一九五九年說這是掩飾脆弱的面具。（「我渴望書寫，這種渴望與我的同性戀有關。我需要有個認同的身分當武器，來反擊社會對我的敵視。」）但是她對這種分裂也感到不安，並需要付出情緒的代價，這都反映在她的日記中（在她留下來的日記裡，連細節都會誠實呈現）。她在一九六八年寫到她希望「有某個我愛的人而他也愛我，會閱讀我的日記——＋覺得跟我更親近」。[5]

正如海芮葉特告訴她的，她一直都相信自己有一個偉大的命運。她十四歲的時候，就已經在想要如何妝扮自己給未來的傳記作者看，但是自己又感到很懊惱：「我真希望不要再為後世人而寫了，只要能停下一分鐘都好，寫一些真實的感受！！！」[6]在一篇一九六二年的文章中，桑塔格問到作者的日記何以讓人覺得有趣，她有一部分的理由是日記「讓我們以第一人稱的方式讀到作者；與他／她自我面具背後的自我相遇」。她一定也知道自己的日記在自我和面具之間拉開了距離，算是很極端的例子。但是她在一九六三年問到：「我們一直想要的是真實嗎？對真實的需要並非持續不斷；就像對休息的需要一樣。」[7]她會在公眾面前隱藏——而在私下展露自己給未知的讀者。

在一九六〇年代初期，桑塔格在寫作一本小說，《恩主》。她對當代的小說體裁甚不滿意，因此對

法國出現的新式散文體感到興趣：這種新的散文體叫作「新小說」（nouveau roman），它想要放棄小說的傳統橋段，例如情節和角色個性，以確實補捉到現代經驗的分裂本質。這些小說反映的是「崩壞中的生活」。

她在一九六三年寫道：「這是小說在英國和美國脫胎換骨的契機：在其他藝術中會被人認真、有品味對待的藝術形式，可以在小說的領域中同樣地嚴肅看待。」佛洛伊德時代的形式太過於唯我論，她也承認：「我們當中的某些人希望自己不要被賦予那麼多痛苦的心理學上的自我意識（這種自我意識是我們這個時代受教育者的負擔）。」[8]

這也是小說的負擔。她預想要用一種新的方法擺脫病態的反省，她稱之為「心理學」，但同時要保留佛洛伊德的另一項遺緒：對夢境的解讀。《恩主》就是試著將佛洛伊德的理論化圓為方：全都是夢境，把心理學撇開。《恩主》是一個鄉下年輕人，希波賴特的故事，書中講述他來到一個未知國度（法國）的首都。桑塔格在前幾頁中便已經拋棄了許多觸發她早期小說的心理學動機。希波賴特對錢沒有興趣；對愛情沒有興趣；對性沒有興趣；對政治沒有興趣；對藝術沒有興趣。他寫了一篇哲學文章——直到三十年後他開始寫作這本回憶錄之前，這是他唯一發表的一篇作品——然後被引薦到一個「大師講談社」的圈子，他們都在一個有錢的外國沙龍女主人——安德斯太太（Frau Anders）——的家裡辦聚會。[9]這個名字像是在影射漢娜·鄂蘭，鄂蘭的丈夫是德國哲學家君特·安德斯（Günther Anders）。鄂蘭也為這本書寫過推薦文，在蘇珊心目中，鄂蘭正是她想要成為的那種作家：她是女性，但在女性之前先是個作家。

希波賴特有一個同性戀朋友讓—雅克，他是一個小偷、男妓，也是一名作家，他的原型是尚・惹內。[10]讓—雅克說：「我一直讓我的生活吸納住夢裡隨意浪費掉的能源。」

我的寫作從我身上逼出夢境裡的物質，然後拖住它，與之嬉戲。然後，我再尋找補充，比如在咖啡館的炫耀、沙龍裡玩弄的政治陰謀、歌劇的奢華、以及同性戀性事中角色的喜劇性等等，都能讓我尋找到補充的能量。[11]

希波賴特本來沒有辦法用寫作的方式從自己身上逼出夢境裡的物質，但在這段對談之後，他開始作夢，而且夢境變得愈來愈精巧。夢裡讀得出像是布紐爾（Buñuel）的電影劇本，也充滿了像是從達利（Dalí）或馬格利特（Magritte）的畫布上拔下來的圖像。

她說：「我不喜歡你的臉。把它給我。我會拿來做鞋。」

這件事沒有嚇到我，因為她並沒有從椅子上起身。我只是說：「你不能把腳放在臉裡面。」

她答道：「有什麼不行的？鞋子當然也有指透氣眼洞。」

「還有鞋舌」，我加了一句。

「以及鞋底」，她一邊說，一邊站了起來。

就像那些有太多時間投入精神分析治療的有錢人一樣，希波賴特變得對夢感到著迷，也就是對他自己感到著迷。他宣稱「夢是精神手淫」。[12]但是他卻否認有任何這類自我陶醉的動機。也的確，他想的都是其他人，尤其是被他賣到阿拉伯的安德斯太太。他很驚訝「一個年輕的阿拉伯人，不管他一身黑肉，卻是那麼想征服白人婦女，他總不至於要找一個開價不菲的中年歐洲女子吧」。他稱這種表態「或許是我做出的唯一無私之舉」，這讓他成為這本書名所指的恩人。[13]

他有時候會和女人做愛，包括安德斯太太，她已經脫離了黎凡特（Levant）的性奴隸身分，暫時進到女修道院；而且希波賴特還決定要謀殺她，趁她在家的時候放火燒了房子——這也一樣是為了她好。哎，他失敗了。（這也是桑塔格日後稱她「一直執著假死主題」的其中一個例子。）安德斯太太不耐地說：「親愛的，你殺起人來，能力並不比你逼良為娼高到哪兒去。」[14]為了報復他自己，他與一個溫順而值得尊敬的女人締結了一段無性的婚姻。

——

書中有許多喜劇般的時刻，尤其是在充滿奇異色彩的夢境中。詩人洛特雷阿蒙（Lautréamont）說美是「裁縫機和雨傘在解剖桌上的幸運相遇」，蘇珊在她對即興創作的文章中也引用了這句話。[15]希波賴特的夢境由美和喜劇刻畫出紋理。

《恩主》也和桑塔格的所有作品一樣，充滿了詼諧的話，也不斷在預告些什麼。這些風趣的話包括神話故事中的怪誕事物（例如黎凡特的奴隸商人），讓人不禁想起《憨第德》。它的「探尋」場景也可能像是哲學小說中的常見橋段。雖然希波賴特在故事最後宣稱他「清除了夢」，但是他的追尋卻不曾把他帶到哪裡——這與憨第德形成強烈的對比。他的追尋就只是漸漸消失了。[16]不管書裡好像發生了什麼故事，桑塔格都嚴正地堅持絕不是那麼回事。我們以為知道什麼事，但其實我們可能什麼都不知道。希波賴特可能是精神錯亂了。也可能沒有。桑塔格創造了一個不可靠的講述者，這才是真正毫無變數的可靠決定：畢竟我們一開始就沒有任何東西可以信賴。

不久之後，桑塔格寫了一篇文章獻給阿爾貝．卡繆，《恩主》在某些方面像是仿效了卡繆的一本書。《異鄉人》裡的敘事者，莫梭，和希波賴特很像。他沒有在母親的葬禮上哭泣。他對一個愛他的女人非常冷漠；他殺了一個人之後也沒有太多懊悔之情。不過，雖然那本書也是一種寓言，不過它還是完全奠基於真實世界，包括政治世界；政治世界缺乏情感投入，的確可以說明這個失去人性的制度，這也正是它想要控訴的。如果放到真實世界中，希波賴特也和莫梭一樣是反社會者。但是因為在《恩主》中，夢境是唯一的真實，所以我們在讀這個寓言時，不會將它連結到任何真實的情境。桑塔格十分刻意地翻轉了正常秩序，讓「真實」世界顯得完全沒有重要性——否則正常秩序中的清醒經驗會被看得比夢境更為重要。由於真實的支撐被移除了，所以我們讀這些寓言時常會覺得好笑。不過我們無法像是對卡繆的作品那樣置身其中。如同康拉德（Conrad）所寫的：「無論是生活還是作夢——我們獨自承受。」

桑塔格對於夢境和現實的翻轉很明顯是來自於佛洛伊德的想法。佛洛伊德把夢放在他的世界觀中心——他宣稱夢有真實性——他為夢提供了詮釋關鍵。在《恩主》中，桑塔格想要討論的問題是一個人可以「反詮釋」到什麼程度。或許佛洛伊德的觀點帶來一些誇張的說法，很容易讓人覺得好笑，但是他對心靈和身體、語言和對象、夢境和現實的觀點，其實揭露了一些讓人很不安的事實，絕對無法輕易忽略。《佛洛伊德：道德家的思想》中的幾個概念構成了《恩主》的理論基礎。她在該書中寫的是：「佛洛伊德的詮釋，是帶著疑心來看待情節。」而且「空想會成為心理學上的真實，因此對它進行分析，也顯得和所有真實事件的分析一樣合理」。她提到了「作夢的人和藝術家具有的相似性，佛洛伊德在《夢的解析》中，也有把作夢和詩人的作品互為類比」。她指出：「〔在佛洛伊德的〕觀點中，藝術就是公開的夢。」[17]

不過，《恩主》中的桑塔格也在抵抗佛洛伊德——比在《佛洛伊德：道德家的思想》中更為明顯。在《恩主》的前半部，希波賴特將他的夢歸整為幾個明確的分類，他會宣布「我在做宗教夢」，或是「我作了個色情夢」。[18]他對詮釋深感著迷，覺得必須了解事物隱藏的意義，甚至被這個需求逼得發瘋了。他寫道：「我不希望否認所有這些夢都明顯帶有一種色情意味」——這也是小心翼翼地在對佛洛伊德致敬——「性更多的是與對結合和穿透的抽象渴望摻雜在一起」。[19]而在同時，他也知道這種傾向會令人討厭——這也並非巧合，就是讀者在經歷的方式。他參與的電影中對攝影的本質有許多有趣的觀察，他在參與中變得愈來愈挫敗，還對導演爆發出來。

別為他開脫，我勸拉森。尊重他的選擇吧，別企圖把惡變成善。什麼都別解釋。現代人情感中往往急於去寬容，總是喜歡胡亂地把一件事解釋成另一件事，這是現代情感最讓人討厭的地方！[20]

在追尋的最後，希波賴特和安德斯太太都決定走出他們的頭腦。她告訴他：「希波賴特，我學會了愛我自己。我愛自己搽了粉、柔軟、皺巴巴的皮膚，愛自己鬆弛的乳房、青筋暴露的雙腳，愛聞自己胳肢窩的味道。」[21]他也清除了他的夢，只專注於身體的存在、關注那些將死的窮人。他聲稱：「本院的病人一無所有，他們真的喜歡生病。」[22]照料這些腐爛的屍體帶給他樂趣。

這是本書最快樂的結局：他的夢被擊潰，他可以完完整整地重新回到真實世界的不完美。

—

不過，拒絕真實世界讓《恩主》籠罩著一種惡兆之感，即使這本書本來就發生在一個精神有問題的人的夢境裡。書中洩露了無法把其他人視為真實的感覺，這也是桑塔格一生中奮鬥的主題。她在《恩主》裡對這個問題作出理性的討論並把它抽象化了——桑塔格總是會把她最關心的事情抽象化，和確實作出理性的討論——讓它有具體的呈現。她一邊寫作的時候，還開始在日記中記下她的某些個性。

> 阿佛烈得〔．雀斯特〕（Alfred Chester）說我非常不圓滑——但這不代表我不仁慈，想傷害別人。事實上，我覺得要表現出刻薄姿態——故意傷害別人——還真難（這是一種X的心態）。相反地，我是個很遲鈍、太不敏感的人。海芮葉特這麼說過，茉蒂斯這麼說過，現在連阿佛烈得都如此說。

但艾琳沒這麼說，因為她不知道我有多遲鈍，她以為我清楚自己在做什麼，只是不知道自己很殘酷。[23]

我們應該可以假設，這種不圓滑也包括了大部分人會認為不恰當的行為。唐・萊文說：「如果她想要做什麼事，她就會那麼做了。當然包括一些我們會考慮再三的事——和你最好的朋友老公上床是個好主意嗎？〔按：這是指她和賈可柏・陶布斯所做的事〕那不是她會在意的事。對她來說，總之就不是個問題。」[24]

但是至少在這時候，她沒有注意到自己的無感，也不怎麼感到擔心。她在日記裡承認「在面對自己的感覺時，我有種懦弱和無知」，這讓她會「在口語上背叛那些我所愛的人，拒絕說出我對他們的感覺」。[25]這些背叛通常與性有關：

多少次我告訴別人佩兒・卡辛（Pearl Kazin）是迪倫・湯瑪士（Dylan Thomas）的正牌女友？還有，諾曼・梅勒有縱慾傾向？還說瑪西森（[F. O.] Matthiessen）是個同性戀？沒錯，這些事情眾所周知，但我算什麼東西，要這樣到處嚷嚷別人的性癖好？好幾次我痛罵自己這個壞習慣，雖然這習慣和我老愛搬出名人來自抬身價的作法相比，稍微沒那麼惹人厭。（去年在《評論》雜誌工作時，我提到了幾次著名詩人艾倫・金斯堡？）還有，我會應別人之請批評別人，譬如在馬丁・格林博格（Martin Greenberg）和海倫・林德（Helen Lynd）面前批評賈可柏・陶布斯（那次的批評很溫和，因為海倫控制了氣氛），還有幾年前也在摩頓・懷特等人面前批評過馬丁。
我總是背叛朋友，難怪我每次使用「朋友」這個詞時，都要以高道德標準、謹慎為之。[26]

——

蘇珊在這時候創作出一份令人大為驚奇的文書，內容在講述「X，天譴」。就像是這個字母所代表的一樣，這種天譴沒有名字。在關於坎普的文章中，她也寫過「世界上許多事物尚未被命名」。其中一個，就是對於酒鬼父母的成年子女的想法。蘇珊並沒有把X連結到父母酗酒的結果，有部分是因為在其後的二十年中，精神療法都還沒有公認這類人具有類似的病理。但是桑塔格那時候的日記裡，幾乎就已經確定了每一項特徵。桑塔格在別處寫過：「我的成長既在嘗試要看到，也試著不要看到。」「X，天譴」就很能夠說明她看事情的能力具有不尋常的正確性——也說明了她無法將這種理智面的知識以實用、情感的方式呈現出來。

> 「X」就是當你覺得自己是個物體，而非主體的時候。你想取悅別人，讓別人對你印象深刻，故意說些他們想聽的話，或者讓他們震驚，或者吹捧自己＋頻頻提起名人以自抬身價，或者故意表現得很酷。……
>
> 言行失檢——不論對自己或對別人（對我來說兩種狀況經常相伴）——是X的典型徵狀。……

X就是我之所以慣性說謊的原因。我說的謊言正是我希望別人聽到的話語。……

那些驕傲的人不會喚醒我們裡面的X。因為他們不會懇求，我們不用擔心會傷害到他們。打從一開始他們就讓自己排除在我們的小遊戲之外。

驕傲，是對抗X的秘密武器。遇上驕傲，X必死無疑。

……除了分析、嘲弄等，我要怎麼真正治癒自己的X？

艾琳說，分析對我很好，因為我的心智讓我陷入這個洞穴，我必須透過心智力量，把我自己挖出來。

但X所造成的真正結果是改變感覺。更精確來說，讓我的感覺和心智之間出現一種新關係。

X**起源**於：我不**知道**自己的感覺。

我不知道自己的真正感覺，所以要別人（另一個人）來告訴我。於是那人把他或她希望我該有的感覺告訴我。對我來說這不成問題，反正我本來就不知道自己的感覺，我喜歡附和別人。……

我不懂完全「臣服於責任」與「駝鳥式的不負責」之間的程度差異，而這種無知難道不是問題所在嗎？全有或全無，我的愛情生活中讓我自豪的正是這一點！

所有我鄙夷自己的東西全是X：我是個道德懦夫、說謊成性、對自己＋他人輕率，欺騙、被動。[27]

她對於存在只有如此虛弱的感知——對自己的判斷具有不安全感，也沒辦法確定自己的感覺——這說明了她何以強烈地需要倚賴那些感覺：讓她緊急地建構起某個堅實的自我。

——

《恩主》中還有另一種形式的騙子：身為酷兒同志。雖然是在夢境裡、雖然用了小說的外觀，不過書中對同性戀的鄙視還是以一種特殊的形式，透露出作者自己的意見。全書中不時出現對同性戀的刻板印象，就算有讀者可以忽略這種刻板印象，把它視為另一時期的產物，或是出自桑塔格長期以來對同性戀次文化的興趣，大概也不會因此而稍覺得不刺眼、或是不引人注目。

作者堅持同性戀者是假的，不是真實存在的人，只是用漫畫手法扮演的角色——「用同性戀作的戲謔模仿」。同性戀的性不是真的，「同性戀的相遇只為符合角色的喜劇性」。同性戀是假的、是演的、是吸引注意力的方法，例如她所寫的：「他輕薄虛榮，不忠，搞同性戀，他這樣主要是想忠實於那種誇張的生活方式。」[28]

桑塔格對同性戀的許多描述都會稍微提到這種裝模作樣的「誇張風格」。我們會看到讓—雅克「天花亂墜地聊著舊傢俱或歌劇」，還「聊起男人——我朋友那些裝扮成金髮女人的圈內朋友——的姊妹情」。[29]不只有充滿女人氣又惡毒的女王是老掉牙的劇情，一直以來，類似的描述也都出現在同性戀作家的書中——這類詞句有些就是直接出自《夜林》。它們累積的效應就是反覆強調同性戀並不是活生生的經驗或是身體的現實，而是一種美學。然而，不論桑塔格再怎麼希望事情不是這樣，她都知道這不是真的。

同時，這些參考書畢竟都是文學創作，相較於如果她用尚．惹內來談同性戀罪犯，也還算不錯。但是用其他參考書籍就會帶來比較陰暗的問題了。她的書中角色讓—雅克提出過一種解釋：「你也看到了，同性戀就是戴著面具進行的一種玩樂。」[30]這個想法和它出自的段落是暗指三島由紀夫的《假面的告白》，該書英譯於一九五八年。故事的主角是一名年輕的同性戀，那本書是關於他為了在世界上保護自己，而創造出一個假的人格——面具——的故事。

但是這本書也不能夠只看作是桑塔格在某種情況下的自我發掘。用政治角度來看，提及三島由紀夫和提到惹內是兩件很不同的事，惹內曾經參與「法國抵抗運動」（French Resistance），並且終生支持左翼目標。三島由紀夫則是一個狂熱的反動分子，他對於暴力的推崇在一九七〇年畫下句點，因為他在公眾面前切腹自殺。他的書也和賽林（Céline）及海德格（Heidegger）的著作屬於同一類——或是像蘭妮．萊芬斯坦（Leni Riefenstahl）的電影——它的藝術價值不可能脫離創作者對法西斯主義的認同而單獨存在[*]。

不過，桑塔格卻選擇在《恩主》中強調這種連結。她不只透過讓—雅克間接提到三島由紀夫。她還——以免這個暗示沒有被注意到——讓她的同性戀代言人讓—雅克自願成為納粹的合作者，他同時也是一名親衛隊陸軍上校的愛人。這可能是參考了惹內的小說《繁花聖母》（*Notre-Dame-des-Fleurs*），小說的故事圍繞著一名德國軍人的法國愛人，德國軍人在抵抗運動中被殺，他的肉被他的愛人帶著崇敬的心吃了。但是《恩主》暗指同性戀與法西斯主義有相同之處——而且她一再提起——這或許比書中一直出現對女性的暴力更令人不安。

——

《恩主》常被用來當成不利於其作者的證據，但卻不是因為上述理由。桑塔格最常被指控的說法是——後來都變成陳腔濫調了——說她是優秀的散文作家，但是不擅長寫小說。這種指控經常出現，而且提出的人顯然見獵心喜，反映出有人覺得需要挫挫桑塔格的銳氣，叫一個令人生畏的人心懷謙卑。其實這種說法在兩方面都錯了。桑塔格創作過一些極佳的小說，但她也寫過一些很糟的文章。她的成功和失敗有著糾結難解的關係，兩者都是她的心智不斷流洩後的產物。

把《恩主》放在它的時間脈絡和作者的進化想法下去讀，絕對是很值得的。這並不是說《恩主》是一本很容易讀的書；作者刻意不讓它讀起來很愉快，直到今天，我們也很少聽到對它的正面印象。但是當它在一九六三年出版時，許多反差極大的人，包括約瑟夫・康奈爾（Joseph Cornell）、漢娜・鄂蘭和雅克・德希達（Jacques Derrida），都對它推崇備至。它展現出一九六〇年代的藝術脈絡，還有蘇珊邁入三十幾歲的己身經驗脈絡中，各種新興想法的完整地層學。該書有一部分是在回應西格蒙德・佛洛

* 編註：賽林指的是路易—斐迪南・賽林（Louis-Ferdinand Céline），他曾在二戰中發表過反猶宣言。海德格也同樣曾經支持納粹。蘭妮・萊芬斯坦則是替納粹黨拍攝宣傳紀錄片的導演。

伊德；有部分是在回應瑪莉雅・艾琳・佛妮絲（這本書也獻給了她）；有部分是回應卡布羅的即興創作；有部分是超現實主義的電影；還有部分是諾斯底教的寓意。讀者遇到的難題反映了它真正的缺點。但是也反映出它是從極端不同的文化脈絡中創作出來的。在那個年代，已經很少人閱讀佛洛伊德的原典，除了專家之外，也沒什麼人知道艾倫・卡布羅，或是可以看完整場《去年在馬倫巴》（*Last Year at Marienbad*）——《恩主》可以說是那個年代的遺緒，後世的評論家馬克・格里夫（Mark Greif）說那個年代的小說是「文化知識的儲藏室，是教養人民的工具，是藝術，而不是娛樂」。[31]

第十四章　極其歡樂或極其憤怒

桑塔格對於現代藝術的大部分興趣是放在夢境這個隱藏世界的核心。她對於坎普的定義是「將世界視為一種美學現象」。這說明了她自己看待這個世界的方式——至少有部分、至少在初期是如此——就像她在〈論風格〉中所寫的：「最終極來說，世界是一種美學現象」。

如果把世界看作一種美學現象，表示要排除政治、意識形態、人類行為——還有人類的惡——對它的影響。桑塔格年輕時的寫作對政治十分冷漠，這點格外引人注意，尤其是對比於她後來是如何深陷其中。貝爾納・多諾霍觀察到牛津時期的桑塔格認為政治是討論個人解放的議題。她在法國時，從未提過該國幾乎因為阿爾及利亞問題而陷入內戰。在美國時，也只有最暴力的騷亂——例如對甘迺迪總統的暗殺——會讓她在日記中提及。她和艾琳於古巴度過了一九六〇年的夏天，當時她寫道：

古巴對於女人的衣著、現代傢俱等沒有什麼好品味。
就連小木屋都鋪著乾淨的瓷磚地板。古巴的人都不用毛皮或地毯
古巴人不喝酒，就連睡在街頭的流浪漢或乞丐都是。從來沒有看過一個醉漢。
古巴黑人完全沒有奴性或是種族意識

古巴女人走路都是胸部向前挺、屁股向後翹（要把她們的陰部藏起來）
古巴人不讀書——小孩子只讀漫畫
在街上對人吹口哨——自從卡斯楚在電視的演講中提出批評之後，現在已經極少見了——畢竟
不是每個人都是詩人[1]

有人可能會問，她怎麼知道古巴黑人沒有種族意識？不過最值得注意的，應該是她提到的經歷完全都在於美學方面。在二十世紀其中一場最重要的革命期間，她所注意到的卻是有沒有鋪地毯，而且唯一一次提到卡斯楚，是在說明他對詩的觀點。

—

各種隱晦的影響造就了《恩主》，而依桑塔格的說法，其中最重要的是賈可柏・陶布斯和諾斯底教的歷史。[2]陶布斯化身成書中的布爾加洛教授，他是一名諾斯底教派的學者，同時——傳言中亦是如此——也是一名信徒。即使分處在不同地方，但是陶布斯在桑塔格的人生中依然十分重要。賈可柏最後決定到哥倫比亞，蘇珊・桑塔格也到那裡加入他，和他一起教授宗教課程——她前一年是在莎拉勞倫斯學院（Sarah Lawrence）和紐約市立學院（City College）任教。他們一起執教的課堂紀錄也有被留下來，例如一九六一年三月七日的就寫著：「陶布斯教授指出馬庫色對於盧梭和尼采開啟的現代性也有提出批

評。」[3]

〔陶布斯說〕佛洛伊德一再強調性愛中的性慾，這讓馬庫色覺得他已經超出了西方文明中對柏拉圖式基督教的假設，因此開啟了性愛文明的可能性——也就是說人們不需要壓抑性愛。

桑塔格老師提的第一個問題是馬庫色和〔諾曼．奧利弗．〕布朗（[Norman O.] Brown）在詮釋佛洛伊德時，有沒有用佛洛伊德的見解達到他們自己的目的？桑塔格老師認為他們的某些解釋似乎和佛洛伊德自己說的話極為不同。……佛洛伊德從來不認為一個不受壓抑的社會是可能的，但是這種可能性是馬庫色的核心思想。馬庫色和布朗也說佛洛伊德誤解了性慾本身。他們覺得他對性慾存在著壓抑的觀點——把它視為男性的動物傳統，將造成精神脆弱和受傷。

陶布斯認為壓抑到最後有解放的可能性，佛洛伊德的學說終將普及，並使得馬庫色成為六〇年代的預言家。桑塔格則更大幅偏向懷疑論，她的懷疑論可能是出於自己的經驗，和佛洛伊德不一定有太大關係。知識上的快樂才是真正可能的。性的快樂則絕無可能。

——

蘇珊在這幾年開始有了一些親近的朋友。唐．埃里克．萊文是其中一位，他出生在曼哈頓，父母都是俄籍流亡者。在進入哥倫比亞之前，他接受了古典鋼琴家的訓練，在哥倫比亞修過蘇珊和陶布斯那關於神祕主義和宗教的課，並且擔任蘇珊．陶布斯的助理，負責管理哥倫比亞的宗教收藏品（Columbia Religion Collection）。他最後成了麻薩諸塞大學（University of Massachusetts）的英文與電影學教授，有一部分時間待在麻薩諸塞州的安默斯特（Amherst），有一部分時間則是待在蘇珊位於紐約的幾個住址。他斷斷續續地她在一起住了八年，還幫忙編輯了她的第二本小說《死亡之匣》、收錄在《論攝影》中的文章，以及她在一九七六年出版的翁托南．亞陶的指標性名言集。

另一個朋友是弗雷德里克．圖滕（Frederic Tuten），他是一名年輕作家，和蘇珊認識於《恩主》出版的那一週。他才剛讀完關於《恩主》的評論，並且受到攝影師彼得．赫哈（Peter Hujar）和赫哈男朋友保羅．泰克的邀請，與她共進午餐；一週後，他們一起去看了高達的新電影《蔑視》（*Le mépris*），看完後，還去了市中心的舞廳。「那時候流行扭扭舞（twist），而我是不跳舞的。我會覺得很不好意思，所以就只是在旁邊看每個人跳舞，蘇珊站了起來，開始跳起扭扭舞。」他們在後半生一直是朋友，蘇珊也經常幫忙他。他記得她對自己相信的人都「極為慷慨」：「我不知道今天的紐約還有什麼作家、畫家、詩人，能夠像她那樣，慷慨地對待其他作家、藝術家、詩人和畫家——差不多就好了，不要說是完全一樣。」[4]

還有一個人是斯蒂芬．科赫。斯蒂芬就讀明尼蘇達大學（University of Minnesota）時，和歌手巴布．狄倫（Bob Dylan）在同一班，而且他那時候就夢想成為一名作家，後來到了紐約。在紐約市立學院完成大學學位之後，他不太情願地進了哥倫比亞的研究所，並開始寫隨筆評論。其中一篇就是關於最近的兩本文學小說，湯瑪斯・品瓊（Thomas Pynchon）的《V.》和蘇珊・桑塔格的《恩主》。他比較喜歡《V.》，但是覺得《恩主》讀起來比較愉快，他在《安提阿評論》（*Antioch Review*）中也是這麼說的——那是他出版的第一篇文章。他「自作聰明」地把這篇文章寄給兩位作者。寫給品瓊的信被他的代理人原封不動退還了：「品瓊先生並沒有收到這封信。」不過他寫給桑塔格的信卻獲得作者溫暖的回覆，桑塔格說比起對她小說的大部分評論，這篇文章顯得更有趣，她最後還寫了一句：「我希望和你見面。」

他曾經在哥倫比亞附近見過她：「她有著令人無法忽視的美麗和魅力，我看到她走過校園，身邊圍繞著清一色的男性研究生和新進老師。我偷聽他們說什麼；我似乎記得她和那些聚集而來的崇拜者說：『我寫那本書有一種淨化的作用。』」他們最後終於約見面在百老匯的一家中餐廳叫新月飯店（New Moon Inn），斯蒂芬點了一些不太好懂的東西，希望讓她留下印象。

> 她談到了羅蘭・巴特（Roland Barthes），其實我之前從沒有聽過他。（後來，當我第一次到訪她位於華盛頓寓所〔Washington Place〕的公寓時，她把巴特的《文藝批評文集》〔*Essais critiques*〕按到我手上，告訴我一定要讀這本書。）我們也說好等她讀完我的幾篇文章之後，我們要再見一次面。我們也真的那麼做了，還讓她留下深刻的印象。我不記得我們有真正討論文章的內容，不過她說我應該見幾個文學編輯，而且她會帶我去看看，看能不能找到他們。……所以我就被帶去了，就像是蘇珊的門生一樣。[5]

桑塔格開始在哥倫比亞教書的那一年，也是對猶太人取消名額限制的第一年。但是由於遭到強烈的反對，所以那也是最後一年。這個城市雖然有世界上最大型、最豐富也最具有影響力的猶太人社群，但是非猶太人的特權堡壘還是得以保留下來。許多律師事務所和銀行、時髦的俱樂部和高級公寓大樓都完全禁止猶太人進入，要不然就只是象徵性地讓猶太人進去。這個城市最有名望的大學也是如此，在大學裡，就連具有國際聲望的猶太人學者都只能被擺在顯然是次等的位置。萊昂內爾·特里林受聘為第一位猶太人英語科教授時，引來很大的爭議，因為大家認為他一定不可能像一位「血統純正」的盎格魯—撒克遜人一樣了解英語文學。[6]

只有一九六四年這班，他們的在學年份正好和桑塔格在哥倫比亞的年份吻合，也有法源依據的許可，因此他們自成一級。作家菲利普·洛帕泰（Phillip Lopate）也和萊文、科赫和圖滕一樣，在這時候認識了桑塔格。他說：「突然有了這麼一個新鮮人的班級，裡面可能有百分之六十五的人是來自紐約的猶太人。這引起了公憤。」招生主任大衛·達德利（David A. Dudley）因為自上而下的管理失誤而遭到解職。畢竟《哥倫比亞觀察家》（*Columbia Spectator*）也不諱言地說：「許多〔校友〕表達了他們對一九六四年這班的地理和宗教組成的不滿，那也不是秘密。」

那個班被稱作是「達德利幹下的蠢事」（Dudley's Folly）。[7]達德利招收的猶太人比較像是洛帕泰或菲利普·瑞夫，而不是桑塔格這類人。她來自陽光普照的郊區；他們則是來自移民聚集的猶太人街區。她在家鄉時就已經是菁英分子了；而他們則覺得哥倫比亞有點異國情調。洛帕泰說：「我記得那甚至是我第一次發現猶太人也會有錢。」[8]詩人愛德華・菲爾德（Edward Field）也像洛帕泰一樣，出身自布魯克林的工人階級，他也是在這個時候認識桑塔格，並且對她身為中產階級、「好像還享有權利」感到很驚訝。她會搭計程車，這在他的世界是完全不可想像的。「像我這樣下層社會的人，自然而然想到的就是地鐵。」[9]諾曼・波德里茨在幾年前就已經獲得到哥倫比亞的入學許可，那時的限定名額還少得多，而他也是來自貧窮的布魯克林移民家庭，從來沒有「想過猶太人會很快就在美國成為一個時髦的概念」。[10]

這些孩子對他們第一次接觸到的高級盎格魯─撒克遜的紐約感到目眩神迷。如果他們是以傳統的專業工作——法律和醫療、工程和科學——為志願，這裡的教育能讓他們有機會接觸到國家菁英。而嚮往文化世界的人則用了比較讓人感受到威脅的方法進入猶太人的權力結構：他們結成的團體被稱為「紐約知識分子」（New York Intellectuals）。他們是一群作家，建構出了被年輕詩人蘭德爾・賈雷爾（Randall Jarrell）所稱的「批評的世代」（Age of Criticism）。波德里茨寫道：「除了物理科學之外，文學評論可能是美國最重要的智識活動了，也是文學本身最重要的一個分支。」[11]他在一本爭議性很大的著作，一九六七年的《製作它》（*Making It*）當中，創造出「家庭」（the Family）這個稱號，也廣為大家所接受。「家庭」是「因為品味、想法和共通的關懷而互相糾纏在一起，不論他們是否喜歡（通常不喜歡），他們都與世界上的其他人區分開來，彼此占有，直到擺脫不了，他們對彼此的不論是情感或敵意也都很濃烈，這是只有家人可以做到的。」[12]

他們的代言刊物是《黨派評論》，也就是蘇珊在好萊塢大道（Hollywood Boulevard）上，發現被藏在後排的雜誌。那本刊物的美學和政治思考都混在一起了。倒也不是嫁接得天衣無縫——但也不會管他們是否喜歡。

—

由名字就可以看出這本雜誌的發想是政治性的。它是由約翰・里德俱樂部（John Reed Clubs）在一九三四年創刊的，約翰・里德是一位美國的共產主義作家，著有《震撼世界的十天》（*Ten Days That Shook the World*），而那是一個以他為名的青年運動。在創刊的第一年，編輯群要恭賀一名請產假的婦女時，用的理由是她將誕生一名「未來的蘇維埃美國公民」。[13]在一九三七年，菲利普・拉夫（Philip Rahv）和威廉・菲利普斯（William Phillips）放棄了雜誌的這個指導性原則，用托洛斯基（Trotsky）取代史達林，不過還是維持著左派傾向。

拉夫出生於烏克蘭，原名是費弗・格林伯格（Fevel Greenberg）；菲利普斯則出生於紐約的東哈萊姆（East Harlem），他在一九三五年才以華萊士・菲爾普斯（Wallace Phelps）之名為人所知，這個名字已經和他家族原本的姓利特溫斯基（Litvinsky）相距甚遠，他父親時就已經拋棄了那個姓。這本新雜誌也有一些年輕作家加入，包括一些非猶太人，例如德懷特・麥克唐納（Dwight Macdonald）和瑪麗・麥卡錫（Mary McCarthy），他們都因為各自的理由而對美國主流感到不滿。

「家庭」的主要成員仍是猶太人，不過即使到了一九三〇年代晚期，他們最激烈辯論的社論主題之一，仍是美國是否應該與希特勒作戰。許多人相信革命性社會主義最好的希望，就是讓資本主義政權在終極的地獄中消滅，包括美國在內。菲利普斯和拉夫支持發動戰爭。不過「家庭」的普遍想法是：如果其他國家是壞的，美國也沒有好到哪裡去。即使猶太人大屠殺在戰爭之後已經是眾所周知的事實，但是美國的許多左翼分子仍然直指如果德國要為大屠殺猶太人負責，美國也不遑多讓，因為美國一樣用原子彈完全摧毀了兩座城市。

這些猶太人作家多具有邊緣人的移民背景，所以他們之中有許多人都覺得和美國很疏離。他們會和其他有類似感覺的團體結盟。其中包括像福克納（Faulkner）這樣的南方人，他們還是想忠於那個日益衰敗的前現代社會；還有北方的「白人盎格魯—撒克遜新教徒」（WASP），例如麥克唐納和艾德蒙·威爾森（Edmund Wilson），他們覺得向錢看齊的新世界沒有他們和舊價值觀的容身之處。

「家庭」成員無論其出身如何，最重要的是必須「高蹈」（highbrow）。這個詞是資深成員梵·威克·布魯克斯（Van Wyck Brooks）創造的，他是一名荷裔望族，他認為心智的教養是要服膺於某些卓絕的價值。一個在商言商的國家裡，這些價值與他們認為很粗俗的商業價值正好位於對立面。那些價值是不能用錢買到的：即美與自由、學識與藝術。高蹈與低俗（lowbrow）的差別不是階級或教育、宗教或種族，而是對於某些永恆的、靈魂與政治價值的信念，高蹈懂得思索這些信念，而低俗只會拒斥。

從文化上來說，「家庭」根植於傳統，這可以用哈欽斯的芝加哥大學來說明：它帶著古典鉅著的陳舊古板，與現代主義難以共存，甚至是對桑塔格而言也是如此。從政治上來看，它很極端。它對「中庸」（middlebrow）或「俗人」感到厭棄——那些是不用腦的愛國主義、通俗的電視、低級的廣告——這也表示他們排斥沒有魄力的政治，他們認為那是小羅斯福（Franklin Roosevelt）和他的繼任者那種牛步的社會改良論。許多「家庭」成員認為「自由主義」這個詞帶來的只是無甚價值的暢銷書、踏腳打節拍的百老匯音樂劇、《時代》雜誌和《讀者文摘》。桑塔格在〈朝聖〉裡形容洛杉磯已經被隨處播放的背景音樂攻陷了。這種文化為一個才剛製造了廣島原爆和奧許維茲集中營的世界，帶來了逃避現實與麻木。

在一九四七年，當時二十七歲的歐文．豪——他比拉夫和菲利普斯年輕，又比波德里茨和桑塔格年長——大致回顧了一下「家庭」的定位：

他們在一九三〇年代早期受到激進政治的吸引；接下來從史達林主義分離出來，走回托洛斯基主義；他們在一九三〇年代晚期從馬克思主義撤退；最後從整體上的政治……依序轉向宗教、絕對的道德主義、精神分析和存在哲學，以這些作為政治的**代替品**。[14]

戰爭過後，政治行動主義雖然在《黨派評論》中還是存在，但大概都轉向對美學的辯論，因此當時知識面提升最多的，就是對批評（criticism）的努力。這種堅持讓《黨派評論》把標準維持得很高，所以當年輕到可以當桑塔格孫子輩的評論家馬克．格里夫讀了該雜誌的前幾十年份時，驚嘆地說它「不可思議地好。它比我預期得好，也超出我的想像，我覺得它在本世紀或甚至未來，都是美國最好的期刊」。[15]

桑塔格來到紐約時，許多這類爭論，尤其是與共產主義主義有關的爭論，都已經結束了。不過像是圍繞著精神分析和存在主義的辯論，則又斷斷續續存在了數十年，有時明顯可見，有時又很隱晦；不過它們也和拉夫、菲利普斯、特里林、鄂蘭、麥卡錫和麥克唐納這些人一樣，漸漸老化了。波德里茨在一九六七年追溯了「家庭」的系譜，系譜中的下一代——豪、菲利普．羅斯、諾曼．梅勒的那一代——已經興起了，第三代也因為兩個人的嶄露頭角而正在浮現。其長子便是波德里茨自己，至少波德里茨是這麼認為。而他筆下的長女，則是蘇珊．桑塔格。

不過，雖然桑塔格是猶太人，她卻沒有和老一輩的「家庭」成員一樣，與美國有緊張關係。她對這個核心地區不是特別喜愛——不過那些才華洋溢的人在逃離了乏味的地方省來到首都之後，卻大多不是這樣。她不是唯一一位身為紐約客、猶太人或其他身分而對於那些地方省份裡瀰漫的庸俗主義感到不滿的人，她也不是唯一一位身為美國人，卻認為高蹈的歐洲勝過低俗的美國的人。她有時候會表達對美國的鄙視，不過用的是美國人的一般說法；而當美國人在越戰期間改變口徑時，她也和其他許多美國人一起改變了。

她對於自己和猶太人的關係倒也沒有特別煩惱。第一次去了以色列之後，她說：「我沒辦法住在那裡。但是我很高興它是存在的，所以我有別的埋骨之處。」[16]雖然她早年寫過許多關於猶太人認同的文章，但她對於猶太教也沒有太多關心：「猶太人被利用了嗎？」在一九五七年，她曾這樣疑惑：「我以身為猶太人為傲。但，所傲為何呢？」[17]納粹的恐怖也在她身上留下了印記，就像是對每一個猶太人一樣。不過身為猶太人，就會形成一種團體的連帶：她注意到「在紐約（格林威治村）有一種身為猶太人的共通喜劇」。[18]波德里茨寫道：包括索爾・貝婁（Saul Bellow）在內的「家庭」第二代與第一代的不同，在於他們渴望能：

> 嚴正地說出自己的美國人認同，並且宣稱他們有權在這個國家的文學生態中扮演比邊緣人更重要的角色。這種宣稱和權利在十年後就顯得完全理所當然，讓人很容易忘記即使已經到了一九五三年，這種主張對所有人來說都還顯得很無力——普遍的想法還是認為猶太人很粗野、缺乏教化，這種想法甚至存在於猶太人之間。[19]

善於處世、符合世俗的桑塔格成了第三代的傑出象徵。她不需要再死抱著對任何事的主張——或許對歐洲是例外，但這是從湯瑪斯・傑佛遜（Thomas Jefferson）到亨利・詹姆斯、再到T・S・艾略特等美國人一直在做的。她擁有猶太人的嚴肅美德，按照波德里茨的說法，就是「執著於那或許是這個世界上最殘暴的學術傳統」——即猶太教經典《塔木德》（Talmudic）——並且堅持一種讓人窒息的感覺，「書中必須是馬克思或佛洛伊德的概念，否則就什麼都不是」。[20]她也保有上一代人對異化（alienation）

的深刻意識。就像是使徒保羅希望基督廢除希臘人和猶太人、主人和奴隸、男性和女性之間的區隔，她也對分類感到鄙視，希望用一種普世的文化完全去除這些分類——但這不是因為她是猶太人。而是因為她是同性戀。

｜

在一九六二年，桑塔格離婚的四年後，她的同性戀身分又讓她遭遇到危機。她和菲利普分開時，雙方同意大衛在夏天時和爸爸一起過。那時候菲利普搬到了費城，因為他取得賓夕法尼亞大學社會學院的教職。不過大衛在一九六一年九月十五日回到紐約時，他的母親認為他像是「得了一大堆神經病」，其中有部分是因為「父親強迫他一起出席研究生的討論和社會學課程」。[21]

她是在一場監護權的訴訟中講了這些話。那場訴訟向世人展示了菲利普的痛苦不曾稍獲緩解，如同賈可柏・陶布斯在一九五八年的預言。她也於一九五九年底在日記中寫道：「我有敵人——菲利普。」[22]菲利普在一九六一年承認曾經想在紐約偷偷接近她。《紐約每日新聞》刊登了一則標題為〈教授：想要偷偷看一眼我的兒子〉（Prof: Gotta Be Sneak to See My Son）的報導，菲利普在報導中說他只是「倉促地瞥了兒子幾眼」，他會「等在兒子會去的學校外面，或是西端大道三五〇號的公寓附近。也就是瑞夫太太所住的地方」。[23]

「瑞夫太太」這個稱呼提示了這些文章背後的人是誰。如果不是要配合什麼手法勾起同情心，其實很難想像媒體會對兩個沒什麼名氣的學者的反覆口角感到興趣。但是菲利普很急著扮演受難者。有一篇文章形容他是寫了「幾本嚴肅著作的作者」（在這個時間點，其實面世的只有《佛洛伊德：道德家的思想》），還強調他在「最高等的常春藤盟校中享有國際聲譽」，把菲利普扮演成真正的受害者，甚至還無限上綱影射蘇珊是無神論者，說這是她真正的問題。他的律師一字一句強調：「這個女人在哥倫比亞大學教宗教，但是卻沒有教給她的兒子。」

菲利普主張他是為了孩子的利益，才偷偷靠近孩子的母親，還要控告她。他讓她上了報紙，報上刊過至少一張大衛的照片，照片中的蘇珊站在大衛旁邊，沉靜而優雅。但是她被整個過程搞得心力交瘁，因為那拖延了好幾個月。菲利普幾乎要成功了，尤其是因為蘇珊拒絕把大衛送去和他共度聖誕節，[24]而且菲利普還用最重的罪名控告她，不過這件事並沒有見諸報端：她與艾琳·佛妮絲的關係讓她成為一名不稱職的母親。如同《鹽的代價》一書所描寫的，同性戀這個理由的確足以奪走許多父母親的監護權。但是在一九六二年二月十四日——情人節——實際審理這件案子時，菲利普的騷擾行為變成對他不利的事由，結果也和在加州的離婚原審一樣。他不只沒有得到監護權：連探視權都受到限縮。

在那之後，蘇珊和菲利普沒有再講過話。詩人理查德·霍華德（Richard Howard）還記得她有多麼常提起她的離婚和監護權之爭，尤其是那場對她造成重創的媒體泥巴戰。三十年後，有一次大衛要去和他父親用餐，蘇珊問了他們會在哪一家餐廳用餐，還要求大衛安排一張靠窗的桌子。她故意走過，偷偷看了菲利普一眼；她很驚訝於他變得如此之老。她要把自己的文稿賣給加州大學洛杉磯分校時，還寫信給她的代理人，要求抽掉某些資料。「有些東西——例如我和前夫的信件——在他有生之年，我不希望讓別人看到那些東西，這是為了保護他的名譽，如果可以這麼說的話。（我不知道為什麼我覺得自己有義務保護那個壞蛋，但我就是覺得。）」[25]

雖然菲利普再婚了，但是他一直愛著蘇珊。有一次，他在一名費城拉比的陪同下前往波士頓，在半路上，菲利普「堅持把車子開到他和蘇珊結婚時所住的家，在那附近繞了一圈又一圈」。[26]

蘇珊在一九六二年認識了一個男人，雖然他也是猶太人和紐約人，但是與「家庭」成員的形象——移民或其後代、社會主義者與其分派——相距甚遠。他是羅傑·施特勞斯（Roger Straus），他出身的家庭屬於「我們這一夥」（Our Crowd），即紐約的猶太巨賈資本家*。如果蘇珊搭計程車這件事已經讓洛帕泰和波德里茨印象深刻，那麼，我們可以想像當他們知道施特勞斯出身自美國最富有的兩個家族之一時，會有多麼驚懼。施特勞斯的母親，格拉迪斯·古根海姆（Gladys Guggenheim）來自開創了採礦王朝的家族；他父親的家族則擁有梅西（Macy's）百貨；他的太太，多蘿西婭·利布曼（Dorothea Liebmann），則是啤酒品牌的繼承人。

* 編註：此詞應來自於史蒂芬·伯明罕（Stephen Birmingham）的著作《我們這一夥：紐約的猶太大家族》（*Our Crowd: The Great Jewish Families of New York*），其出版於一九六七年。

老猶太人家族的錢加上前衛派的藝術，其結晶就是古根漢美術館（Guggenheim Museum），那棟位於第五大道、由法蘭克．洛伊．萊特（Frank Lloyd Wright）設計、上下顛倒的金字形神塔式建築。古根漢美術館是蘇珊和羅傑結識的三年前，由羅傑的舅公所羅門（Solomon）創建的，它這種極端的建築與同一條街上四平八穩的大都會藝術博物館（Metropolitan Museum）形成鮮明的對比。從歐洲風的大都會到美國的古根漢，可以看出一個重大的歷史轉變正在形成；但是，古根漢並不只是代表美國宣稱要脫離歐洲的監護。（美國這樣的宣稱已經好幾個世紀了，只是獲得確認的程度不同。）它不是在宣稱兩者的平等或是差距，而是要主張己方的優越和權威——經過刻意的蛻變，紐約這個城市要取得新的地位、成為世界的文化首都。

古根海姆家族和施特勞斯家族在南北戰爭之前就來到美國了，比起一八八一年在俄國發生的大屠殺，還早了兩代，而那次大屠殺正是大量猶太人開始移民的起點。施特勞斯的祖父曾經擔任美國外交使節，被派往奧斯曼樸特（Sublime Porte），也是第一位猶太人內閣祕書長。與他同階層的人包括像是摩根索（Morgenthau）家族、沃伯格（Warburg）家族、薩克斯（Sachse）家族和雷曼（Lehman）家族，他們組成的圈子就像是歐洲的宮廷猶太人（court Jews），他們擁有財富，因此大致上不必承受反猶太主義者的辱罵行為，而這是比較貧窮、比較近期才來的猶太人必須盡全力對抗的。

他們極力認同美國這個實現了他們財富夢的國家，從施特勞斯的職涯中，就可以看出他對這個國家的認同：在第二次世界大戰期間，他為海軍經營公共關係；而日後會成為ＦＳＧ，「法勒、施特勞斯和吉魯出版社」（Farrar, Straus and Giroux）的公司，在他創始之初，就讓中央情報局（CIA）使用他在歐洲的文學星探去偵察共產黨員：據說他的辦公室裡一個黑色電話可以直通華盛頓。（一旦戰時的愛國主義褪色、冷戰時期的大國沙文主義取而代之以後，那個電話就改來打給他的情婦了。）[27]《黨派評論》的桌上絕不可能出現這樣一個電話。不過「家庭」成員也不會創辦像FSG這樣的機構。即使古根漢美術館自豪它是美國的，也不至於因為愛國主義就盲目收藏自己國家的作品。在美國藝術品的旁邊，就擺放了義大利藝術家莫迪利亞尼（Modigliani）、西班牙藝術家畢卡索、德國藝術家克爾希納（Kirchner）和德國藝術家克利（Klee）的作品，把它們聚集在一起，是為了追求世界主義的理想，紐約各處也的確充滿了世界主義的紀念象徵，從自由女神像到新的聯合國都是。這個城市自詡為「流亡者的母親」、高揭美國的多元化理念，這在後來已經成為各處通行的價值觀。然而，尤其是在第二次世界大戰期間，歐洲的大部分地方都在納粹的占領下，所以當時不論是在美國的國內或國外，這都還不是每個人共通的理念。要在法勒、施特勞斯——和蘇珊・桑塔格——身上，才能夠看到這種理念的體現。

曾在該公司出版著作的二十三名諾貝爾獎得主中，沒有人是以美國人身分出生和死亡的。（T・S・艾略特宣布放棄了公民身分；約瑟夫・布羅茨基〔Joseph Brodsky〕和以撒・辛格〔Isaac Bashevis Singer〕則是後來歸化的。）FSG最後出版了一系列令人印象深刻的國際作家：歐洲人的部分包括赫曼・赫塞和亞歷山大・索忍尼辛（Aleksandr Solzhenitsyn）、埃烏傑尼奧・蒙塔萊（Eugenio Montale）和埃利亞斯・卡內提；拉丁美洲人像是巴布羅・聶魯達（Pablo Neruda）和馬利歐・巴爾加斯・尤薩（Mario Vargas Llosa）；非洲人則有渥雷・索因卡（Wole Soyinka）和納丁・戈迪默（Nadine Gordimer）。再加上

FSG出版的美國人作家，這間出版社可說是體現了戰後文學共和的抱負。

有許多國際級的大師作家透過FSG來到美國。它也照亮了一些傑出的美國人。沒有人比蘇珊・桑塔格更熱情地擁抱這個多元的典範，她成了施特勞斯最重要的夥伴。甚至有人聽過羅伯特・吉羅克（Robert Giroux）抱怨「蘇珊才是真正領導FSG的編輯」。[28]她幫助許多作家轉成用英文發表，她通常也不太聲張。羅傑對她的忠誠不言而喻，她對羅傑也是。她告訴施特勞斯：「在這個世界上，你是唯一一個可以叫我『寶貝』還全身而退的人。」[29]

—

納特・桑塔格也是那樣叫蘇珊那位沒了母親的母親。對蜜爾崔德而言，納特適當地取代了她父母親的職責，對沒有父親的蘇珊來說，羅傑也有同樣的意義。雖然他比蘇珊年長十六歲，但是他們一起在二〇〇四年離世，前後相距不到幾個月。認識他們的人會覺得這個時機是上帝的賜福。長年擔任羅傑秘書和愛人的佩姬・米勒（Peggy Miller）便說：「他在她之前過世，是遵守上帝的誡命。」[30]

羅傑實現了蘇珊的職涯。她的每一本書都是他出版的。他維持了她的活躍，不管是在專業上、財務上，有時候也是身體上的。她也很清楚的知道如果不是他在保護她，她不會擁有現在的生活。他們在文學界的關係十分引人入勝，讓其他作家感到羨慕——每一位作家都會期盼擁有這樣有力和忠誠的保護傘；還有許多在揣度他們是什麼關係的人常愛閒話家常。簡化地來說，那有性方面的：一名助理說「他們經常外出享受『瑪格麗塔午餐』。那是她的用語。那一定讓她想起了加州還是什麼地方。他們有好幾次在旅館裡做愛。她也毫不避諱的告訴我這些」。[31]但是這些為期不久的幽會也說明不了他們維持終身的羈絆。

在一九六二年五月，蘇珊與法勒、施特勞斯簽下《恩主》的合約。雙方約定稿酬為五百美元，並且先付其中的一百美元。這筆錢算不上多，但是錢不是重點。在她接下來的人生中，羅傑遠遠超出了出版商的角色。他是她的朋友，讓她獲得寫作時所需的穩定、以及對作品的信心。

——

湯瑪士·伍爾夫（Tom Wolfe）寫道：每天早上，當羅傑的賓士車在辦公室停下的時候，聯合廣場（Union Square）的販毒和暴行會「短暫、不過滿懷敬意地暫停一下」。[32]聯合廣場在那些日子讓人避而遠之，FSG的辦公室也不遑多讓。兩者都很適合一間從來不——或極少——賺錢的出版社：多蘿西婭·施特勞斯說她老公「愛挑看起來比較窄的路走」。[33]不過，就算這個辦公室十分寒酸，但是施特勞斯家族在上東區的房子可絕對不是這樣。那種「我們這一夥」的魔力讓FSG有一種團結的氣氛，羅傑也靠這來撐起他的企業名聲，他們會在家裡舉辦派對，那些派對總讓許多賓客，尤其是新來的人，都有恍如隔世的感覺，彷若被帶進了另一個、就像是法國作家普魯斯特的年代。多蘿西婭在發出邀請函的時候，會說「我們會盛裝出席」或「我們不會盛裝出席」。這讓許多年輕人感到目眩，例如蘇珊的朋友弗雷德里克・圖滕，他說：「我只是一個來自紐約布朗克斯（Bronx）的孩子。我根本不知道那是什麼意思——一點概念都沒有。」

（「盛裝」表示要穿著舞會長裙和配戴首飾，男士則是半正式的無尾晚禮服；「不會盛裝」則是指穿著西裝和裙裝。）

當客人來到家裡之後，裝扮古怪的多蘿西婭會出來迎接客人，她的禮服都是一名俄國的流亡女裁縫師縫製的，而她總是讓自己穿得像是「喬拉女伯爵」（Countess Jora）。（她的兒子說：「我覺得我媽媽以前看過奧伯利・比亞茲萊*的畫，之後就再也擺脫不了那個經驗了。」[34]）羅傑總是記不住別人的名字，他會負責提供飲料——「夥伴，你想來點什麼？」——並且帶著新加入的客人四處走走、與其他人見面。「在那裡的那位是艾德蒙・威爾森，那位則是蘇珊・桑塔格，這位是馬拉默德（Malamud），還有那位是麗蓮・海爾曼（Lillian Hellman），」圖滕還記得當時的場景。「那是文壇文化中最有趣的一層。」

他們的兒子，羅傑三世（Roger III），說兩人根本就是佛雷・亞斯坦（Fred Astaire）和琴吉・羅傑斯（Ginger Rogers），這是兩位大師級的的表演者；他在FSG的後繼出版人喬納森・加拉斯（Jonathan Galassi）也說：「羅傑是一個活躍於外部，而不是內部的人。」——等他們表演完之後，舞臺就沉寂了。他們的兒子說家裡沒有舉辦派對時，就像是「在等待飛機降落的機場跑道。它的主要功能沒有被發揮；起降場還在，但是還在等飛機來」。[35]

施特勞斯散發出一種政治人物的溫暖感，他會讓每一個人都覺得受到歡迎、而且很重要——但是只到一定程度，尤其是對男性。加拉斯說：「他會讓人感覺到不可思議的力量，但他不是你可以坐下來促膝談心的人。」[36]不論對於施特勞斯或是對他的出版公司來說，重點都是把人聚在一起；他的派對也讓蘇珊和她從小一直視為偶像的人有了連結。但是她並沒有被這個新環境嚇到，她還是繼續把不適合她的規則丟在一邊，包括用餐後兩性就要分開。有一天晚上，蘇珊聽到有人建議她上樓去加入其他女士的活動之後，還是繼續留在原地講她的話。多蘿西婭·施特勞斯說：「就這樣。蘇珊打破了傳統，我們後來就沒有在晚餐後讓兩群人分開了。」[37]

她就是在那裡認識了《黨派評論》的共同編輯威廉·菲利普斯，她問他要怎麼幫他的雜誌寫稿。

他說：「妳得提出問題。」

她回答：「我就是在提出這個問題。」[38]

接著，在一九六二年夏天，就在她與法勒、施特勞斯簽約的幾週後，她發表了第一篇作品，那是一篇書評，評的是以撒·辛格的《奴隸》（*The Slave*）。那篇書評的重點和她以前關注的焦點頗為類似：夢境（「後古典時期的小說最純粹的形式便是夢魘」）；身體和心靈的分歧（「無實體的情緒和知識的

---

* 編註：奧伯利·比亞茲萊（Aubrey Beardsley），十九世紀末英國插畫藝術家。

掙扎造成了痛苦，並充斥在小說中」）；還有對現代小說的主要題材作了一個有趣、但是未加解釋的定義：「慾望和熱情的失敗」。[39]那篇文章未曾再重印，它的脈絡正是它要帶給我們的新資訊。它標示了蘇珊・桑塔格進入「家庭」中，並成為領頭羊，也宣示她踏足法勒、施特勞斯的圈子：《奴隸》是羅傑出版的，而它的共同譯者塞西爾・海姆利（Cecil Hemley）是《恩主》的忠實讀者，也是桑塔格的第一位編輯。

在一九六三年二月，另一個機構誕生了，那是《紐約書評》。因為印刷業者的工會罷工，逼使《紐約時報》和城市裡的其他報紙暫停出版。伊莉莎白・哈德維克（Elizabeth Hardwick）曾於一九五九年在《哈潑雜誌》（*Harper's*）上登過一篇〈書評的沒落〉（The Decline of Book Reviewing），有一小群人，包括哈德維克自己在內，都受到這篇文章的鼓舞，便趁著停工的機會，開始自己做書評。這一群人也包括羅伯特・史威爾斯，他也是哈欽斯的芝加哥大學調教出來的，哈德維克在《哈潑雜誌》的文章便是他編輯的。還有一對年輕的夫妻，傑森・愛潑斯坦（Jason Epstein）和芭芭拉・愛潑斯坦（Barbara Epstein）這兩位優秀的編輯，也加入了史威爾斯和哈德維克的團隊。創刊號包括了戈爾・維達爾（Gore Vidal）、諾曼・梅勒、威廉・斯蒂隆、艾德麗安・里奇（Adrienne Rich）、阿爾弗雷德・卡津（Alfred Kazin）、勞勃・潘・華倫（Robert Penn Warren）、威斯坦・休・奧登（W. H. Auden）、羅伯特・羅威爾（Robert Lowell）以及蘇珊・桑塔格——她發表了一篇關於西蒙・韋伊的短文。

《紐約書評》常被嘲笑是《紐約（人互評對方的）書評》，不過它是「家庭」第三代——同時也是最後一代——一個很優秀的團體。說是最後一代，是因為人們不再像是笑話創刊已久的《黨派評論》那樣嘲笑他們，說他們有著特殊的打字機，每個鍵上都印著「異化」這一類的字眼。[40]《紐約書評》也像是古根漢美術館和法勒、施特勞斯一樣，完全融入了美國的文化中；它批評美國文化的殘酷和粗俗，但是它又能夠以美國文化的抱負和名望為代表。蘇珊．桑塔格的職涯得以確立，便是奠基在《紐約書評》和法勒、施特勞斯之上。

———

《恩主》在一九六三年十月出版時，寫說要獻給瑪莉雅．艾琳．佛妮絲。艾琳在一九六〇年就去古巴了，而且其實在更早之前，她們的關係就已經走進她和菲利普以及海芮葉特一樣的模式；在她的餘生中，也不斷上演相當類似的模式。熱情總是在幾個月內漸漸消散，攻擊和嫉妒取而代之。

艾琳對蘇珊的吸引力是肉體上的。但也是因為蘇珊想要走向一個與自己不那麼相像的人。她在一九五九年寫道：「直到現在，我都覺得唯一能讓我深刻認識或者真正深愛的人，是我可悲自我的複製品或類似品（我的智識與性慾感覺經常亂倫）。現在我認識＋愛上了某個不像我——譬如不是猶太人，沒有紐約類型的知識背景的人——卻未因此得不到親密感。我總是意識到我外來陌生的身分，感覺與別人缺乏共通背景——這讓我大鬆一口氣。」[41]

她把這件事告訴艾琳，艾琳很討厭「拉丁炮竹」這種刻板印象。她總結了蘇珊對她的印象是「拉丁文、陌生、好品味、性慾經驗、未受教育的知識」。蘇珊則在日記裡糾正她：「（——這麼說不正確，根據字典，教育是性格＋心智力量及系統化教導的過程）。」[42]提到字典，正好完美說明了她們的差異，她們的爭吵愈來愈猛烈，也加大了彼此的鴻溝。住在她們隔壁的塞繆爾．梅納舍，那位曾經向蘇珊求婚的詩人，還被公寓傳出的尖叫聲嚇到過。

艾琳曾經精準指出蘇珊這種不安全感的來源。蘇珊寫道：「艾琳說，我被我自己的家庭形象所宰制：要當我母親的女兒。」[43]她注意自己存在被動攻擊型的傾向，也知道她其實把艾琳轉化成蜜爾崔德了：

我的「受虐狂」——在今年夏天與艾琳書信中誇張表現——並非渴望受到折磨，而是希望平撫憤怒，透過受折磨（又表現自己很「好」，也就是無辜）而在漠不關心中留下刻痕。……媽媽如果看到她真的傷害到我，就不會再打我了。不過，艾琳可不是我媽。[44]

而同時，艾琳又是一個「偉大的轉折點」。她照射出蘇珊的焦慮。也提供了一個擺脫焦慮的機會。「她介紹了一個我非常陌生的想法——現在看來是多麼不可思議！——觀看自己。我想我的腦袋過去只曉得觀看外頭！因為我沒有他人＋其他萬事萬物的存在感受。」[45]她在閱讀艾琳的日記時感到絕望，就像是她在讀海芮葉特的日記一樣。她的絕望並不是因為侵犯了艾琳的隱私，而是因為這個舉動洩露了她自己的悲慘。「因為瞥見我自己在讀這些字條而感到不舒服，彷彿我永遠都在別人的意見中找尋自己的方向。」[46]

就像是蘇珊要對抗「X」，艾琳也曾經遭到一名親戚的性侵，這個創傷帶來了無可避免的精神後果。一個表親說她要不然就是「極其歡樂，或是極其憤怒」。她的關係注定要爆炸，[47]但是兩個人的夥伴關係——蘇珊以意志獲得的才智，配合上艾琳天生的才情——則成為兩個人的突破點。艾琳在歐洲輾轉遷徙，自命是個畫家，她先是住在巴黎，接著又搬到西班牙的一個村莊，她說：「我覺得我是高更。村裡的人都覺得我瘋了。」[48]

直到認識了蘇珊，她才知道自己真正的天職，她也幫蘇珊發現了她的天職。這個轉折點發生在一九六一年春天，那時候，她們坐在一間餐廳裡。蘇珊當時在哥倫比亞教書，而且對自己無法寫作深感苦惱。艾琳說：「這太笨了吧。如果妳想要寫作，為什麼不坐下來開始寫，那不就好了？」當她們在講話的當兒，一個朋友走過來、邀請她們去參加派對。蘇珊答應要去；艾琳說她應該回家寫作。等她們到了那裡，艾琳說她也要寫一點東西，「只是為了證明給妳看有多簡單」。

她並沒有寫出一個字，只是打開一本食譜，用每一句話的第一個字寫成一個故事。她後來又再精進了這個技巧，這樣的創造力讓她成為「外百老匯（Off-Broadway）音樂劇女王」，她得的奧比獎（Obie Awards）數量比任何一個劇作家都還要多。[49]在她人生最後的幾年間結交了一位好朋友，蜜雪兒・梅姆蘭（Michelle Memran），梅姆蘭說她最初只是「實驗性的，其實她並不知道自己在做什麼」。她也把這種內心直覺式的方法傳授給學生，教導學生用她啟蒙時用的同一種技巧解放他們的想像力。

佛妮絲會下指令：「閉上你的眼睛。想像兩個人正在吵架。」安靜一分鐘之後，她拿起一本早上在路邊找到的平裝書，大概翻了幾頁，隨機摘錄出一句話。她說：「就用這句話作開頭：『就當作你上次最後是寫到這句話。』」每個人都開始寫，也包括佛妮絲——她最後六本劇本裡幾乎每一個字都是在這種討論課上寫的。半小時過後，她會再開口說：「現在是一週後了」，接著她又會從那本書裡再隨機挑一個句子：「我完全不知道你希望我做什麼。」[50]

蘇珊．陶布斯每個禮拜六都會加入桑塔格和佛妮絲。當時艾琳在寫《探戈宮》（*Tango Palace*），蘇珊．桑塔格在寫《恩主》，蘇珊．陶布斯也在寫一本小說，內容是關於一個女人和一名充滿魅力、慾求不滿的男性分開的故事——那名男性很像她的先生。如果《恩主》犯的錯是它的角色太過不真實，那麼《離婚》（*Divorcing*）——雖然它的故事有趣得多了——則幾乎可以說是太過用力地奠基於真實人群、真實情緒和真實歷史的世界中。這是一種反諷，因為《離婚》其實是一名流亡者的故事，她從一個世界被拽走了之後，就再也找不到另一個了。

蘇珊．陶布斯看起來的確也像是找不著方向。唐．萊文每次去她的公寓時，都要先幫她把冰箱清空，因為裡面充滿了壞掉的食物。她也沒辦法過馬路，後來她被診斷出眼疾，這也部分解釋了她的某些怪異之處。但是脆弱只是整件事的一部分。唐說她「不只是有一點怪到讓人發怵」。唐曾經斥責她對待自己孩子的方法，而她只是聳著肩說：「我的童年糟透了。為什麼他們的童年可以比我好？」[51]她也和艾琳以及海芮葉特一樣，蔑視常規，而且放任桑塔格做一些她自己可能不敢做的事。

——

當《恩主》問世的時候，艾琳和蘇珊已經不是一對了，雖然書裡的提辭獻給艾琳。但是艾琳即使在不記得其他事情的時候，仍記得蘇珊。阿茲海默症在艾琳生命的最後摧毀了她的心智，但是她突然向當時正在製作她生平紀錄片的蜜雪兒．梅姆蘭提起了一個「書蟲，這種人通常應該不太有魅力，但是她很有魅力，而且如此美麗，這種女人竟然是個書蟲，這讓沙特——沙特——來到咖啡館之後，還想看看蘇珊坐在哪一張桌子。我說的是沙特！」

艾琳用她依然很重的西班牙腔問：

> 如果我說都因為她是我終生的摯愛，妳可以體會更多嗎？她是我最深愛的人。此刻我的眼睛又開始濕潤了。雖然現在都已經過了一百五十五年了。所以，妳想問為什麼我遲早要開始談蘇珊嗎？或是為什麼有人會成為妳終生的愛？這是個謎。這個魔法是沒有辦法解釋的。那就跟這張桌子一樣真實，但是妳沒辦法說是什麼原因、沒辦法分析它。因為就是這樣了。……當妳愛上了一個人，那是沒有邏輯的。如果我當真就是那樣，如果我可以對那個人很自由、很信任，妳問我是怎麼想的，我會說：我覺得那就是人的系統在做的事，幾乎就像是化學，那是一種需求，就像是妳去看

醫生，跟他說妳覺得不舒服，醫生就會為妳驗血、會作分析，然後發現妳需要維他命C或是維他命B，也要儘可能多喝牛奶，要讓系統內的某些化學物質取得平衡，一定要，有別人會問為什麼我們分手之後，就算過了這麼些年，妳還是完全愛著她？然後我會說：你知道為什麼我愛她嗎？因為我就是愛她！[52]

第十五章　Funsville

《恩主》在一九六三年秋天出版。評論都顯示出推崇之意，不過也有幾篇評論對於這本小說出自美國作家之手感到驚訝。《新共和》（*The New Republic*）的一名書評說：「如果我不知道這本書的作者是一名在地紐約人，發行的出版社也在紐約，我一定會以為它的作者出身自法國加萊（Calais）和波蘭華沙之間的某個地方——任何地方都有可能。」[1]《時代》的書評也同意這本書「看得出來是英文散文，但是它唸起來非常像是模糊地翻譯自其他語言」。[2]羅傑・施特勞斯為了宣傳目的而拿了一本給漢娜・鄂蘭，她的確是在加萊和華沙之間出生的，而鄂蘭寫給羅傑的信中說：「它真是太棒了。我要誠心恭喜你：你可能發掘了一個一流的作家。」[3]

不過就是幾個禮拜之後，甘迺迪總統在達拉斯（Dallas）遭到暗殺。在那十年間，一開始時原本充滿希望，因為政權剛從歷史上年紀最大的總統德懷特・艾森豪（Dwight Eisenhower），移交給最年輕的總統約翰・甘迺迪（John Kennedy）。許多美國人想像甘迺迪當選後會開啟新的十年，讓國家嚐到勝利的果實，享有空前的勢力和繁榮——在美國的仁心領導下，世界也會沐浴在「美利堅治世」（*Pax Americana*）中。但是事情卻沒有朝這個方向發展，而這還算是客氣的說法了；新世代的興起過程中其實不斷遭遇創傷。甘迺迪遭到謀殺是其中之一。甘迺迪造成的越南則是另一樁。這十年被人記住的就是一連串反叛：美國國內發生了之前難以想像的暗殺潮；黑人、女性和同性戀走向堅定自決；年輕人決心要重塑社會，因為他們認為這個社會在資源和影響力達到高峰的同時，也帶來了貪婪、偏執和壓迫。在國外，有些國家決心要戰勝帝國主義、美國、蘇聯等，也掀起了一波反叛潮；不過在《恩主》中，希波賴特指出一個更深層的改變，他認為其他改變都是立基在這個變化之上。

> 我相信，我們時代的真正變革已經不是什麼政府更迭，也不是公共機構的人員變動，而是情感和觀看的革命。[4]

要了解六〇年代的文化革命，就是要探討對種族通婚的恐懼究竟帶來多少「情感和觀看的革命」。種族主義對此的用語是「種族混雜」（mongrelization）。它透露出對黑人和白人性交的恐懼，怕這樣會創造出劣質的混血種族——這在私底下很普遍，但公開了就是一種禁忌。這不是什麼邊緣的想法。直到一九六七年之前，全美五十州都不容許黑人和白人通婚。

一九六〇年代的所有反叛其實都是想要打破界線。有些界線——女性和男性之間、黑人和白人之間、猶太人和非猶太人之間、異性戀和同性戀之間——由來已久，似乎根本不必多作解釋，雖然它們其實已經名實不符了：在之前的半個世紀中，這些名詞的內涵都遭到更改了，通常還改得面目全非。美國社會也被其他禁忌弄得四分五裂，雖然我們現在幾乎已經完全忘記了，但就連像蘇珊・桑塔格這樣具有令人敬畏的學識、可以多方引經據典的人，都會被攻擊為雜種、整平化（leveling）的通俗作家，而她的聲望則被認為是墮落的象徵。

T‧S‧艾略特認為評論要維持文化的界線，所以是在「修正品味」。這是「家庭」第二代，例如艾德蒙‧威爾森、萊昂內爾‧特里林和蘭德爾‧賈雷爾等作家的核心工作，他們的寫作塑造了「評論的年代」。許多偉大的美國作家——最有影響力、有學問、受人欽佩的作家——都是評論家，並且自許成為一面保護盾，要提供抵禦功能，不讓他們珍視的一切東西受到汙染。他們所要保衛的文化，鄙視並拒絕了那些太簡單、太通俗、太執著於金錢、形象、成功的一切東西。

對於一九五〇年代《黨派評論》的那一夥人來說，「每月選書俱樂部」（Book of the Month Club）和《生活》（*Life*）雜誌就是平庸的典型代表。藝術路線的畫家自然是把商業美術和它散發的銅臭味視為敵人。藝術性的劇場和音樂的敵人則是百老匯。如果是前衛派電影，它的敵人就是「百老匯」這個詞所意味的任何東西。電影本身則模糊不清：它的爭議在於影片這種藝術到底能不能夠對應到與攝影有關的類似爭議。如果一個人寫了科幻電影、即興創作或者是所謂的「坎普」同性戀風格，而仍然希望被當作知識分子來嚴肅看待，那麼他的這種想法會引發不安。老一輩會覺得他們仔細訂下的區別被強制掃進垃圾堆裡了。

——

在一九六四年的某一天，蘇珊‧桑塔格到了東四十七街（East Forty-Seventh Street）之後，搭上一臺搖搖晃晃的電梯，到了頂樓四樓，那是一個年租一百美元的攝影棚。那裡被人稱為「工廠」（the Factory），它有銀箔紙的裝飾，像是一個游擊隊的前哨基地，而總指揮則是天才藝術家安迪．沃荷。

沃荷在一九五七年獲得「藝術指導人俱樂部獎」（Art Directors Club Medal），「獲獎理由中特別提到他的鞋子廣告」。[5]幾年後，他就成了美國最常受到抨擊的藝術家。但也坐實了那些愛批評的守門員最大的恐懼。他在每一個方面都和抨擊他的人站在對立面。他們大部分是猶太教徒；而他，和他大部分追隨者，則是天主教徒。他們喜歡發言；而他則以沉默著名。他們尋求的是深度，而他則停留在表面。他們崇尚學習；他則高姿態擺出漠然的態度。（身為他那一代最博學的視覺藝術家之一，他的閱讀卻一直是「嚴守的秘密」。）他們對商業價值和文化感到厭惡，而他則不排斥金錢，也很享受世俗的名聲。他會一邊飄飄欲仙地吸著安非他命、沒完沒了地嚼著口香糖，一邊柔聲地說：「一切都很美。」[6]

人們可以說他是反詮釋的。他專注於表面但不是裝模作樣，而這一定會讓他成為現代最常受到詮釋的藝術家之一。這是一種生存策略，而蘇珊出於本能地理解。她曾警告一個人不能有兩個自我，但是她也知道透過寫作，將創造出一個新的自我、一個隱喻的自我，這樣便能夠保護裡面那個「軟弱」的我。沃荷也有類似的見解。如果說安德魯．沃霍拉（Andrew Warhola）*是內向的、毫無生氣、講話結巴並有嚴重的恐懼症，而且——不巧地——還是個同性戀，那麼安迪．沃荷則是個名人：一個角色（persona）。

有他出席，會讓一群人的聚集當場成為場景。在他的注視下，湯罐頭都成了名作，街頭的騙子或染上毒癮的女繼承人也可以被塑造成一個標誌。看看「沃荷群星」（Warhol Superstars）中的那些名字——便宜遊樂場（Penny Arcade）、糖果・達令（Candy Darling）、超級紫羅蘭（Ultra Violet）、爛麗塔（Rotten Rita）——就可以證明沃荷對自我轉化的概念是一種奇幻，他要把人或物體改造「成地下世界中出類拔萃的形象，美麗的人、天才和裝模作樣的人，至少讓人對富有魅力的自我感到痴迷與厭倦」。[7]

他也讓自己成為對象之一，斯蒂芬・科赫寫道：「他給人的印象是俗麗而亮眼的，絕不會被搞錯，可以立即掌握，但是他所引起的共鳴卻始終留在你的注意力邊緣、閃爍不定，他的形象所建立起的意義就像是留在幻想中，幻想是即來即去的，他的意義也好像會隨時消失不見。」他為其他人建立的意義也是一樣的。他為上百個人進行「試鏡」，有些人是名人，但大部分則不是，他們走出運貨的電梯後，就會走進那個銀色的門廳。科赫寫道：「那是沃荷的禮物。他讓他世界中的每一個人都受到注視。受到注視有它的意義，即使那個意義就只是被看到。」[8]

當她出現在「工廠」時，「沃荷已經有權威消息指出桑塔格沒有很關注他的繪畫，對他的誠意也不太信任」。沃荷對她的批評顯得無動於衷，也無意裝出很在乎的樣子。他有興趣的是她「姣好的面

---

* 譯者註：安迪・沃荷的本名。

貌——一頭及肩的深色直髮和大眼睛，還穿著一身剪裁合身的衣服」。[9]她總共進行了七次、各四分鐘的試鏡，沃荷在旁邊用做作的聲音說著一些鼓勵的泛泛之詞。

當蘇珊擺出低頭垂肩的姿勢時，他雙腳開開的坐在一張椅子上，說著：「噢，哇」。

隱身在太陽眼鏡後的她擺出了一個男性化的姿勢。

他說：「笑一笑。說茄子。」

她受到注視的時間愈久，就愈顯得焦躁不安。她在椅子上動來動去；玩笑話也漸漸少了。照相機很快地拍過之後，我們看到這名女性的勇敢、美麗和裝模作樣都被轉化成一個超級巨星，也就是說：一個商品，一個沒有生命的商品。沃荷也用這樣的具象化來美化死亡，他對此深感著迷，也因為這樣的著迷，他得到一個令人震驚的結論。靠著對這些意象的具體化（戴著寡婦面紗的甘迺迪遺孀），還有一些令人毛骨悚然的現代器具（電椅），他甚至連人類最難以抹滅的恐懼都能夠加以美化。

這就是成為明星的吸引力。他想要讓緊張不安的自我被轉化成現代名流的形象，「把他自己從人類的行為和互動的那個危險、充斥著焦慮的世界中帶出來，包進平靜無用的美學領域」，對於沃荷的重要評論家科赫是這麼寫的。

> 他希望只存在於旁觀者眼中，他渴望那種迷人的平和，他試著成為一個名人、明星，並且完全不諱言他偏好物性（objecthood），更勝於當一個人。他曾經告訴一個採訪者：「機器的問題比較少。我寧願當一臺機器，你不是嗎？」[10]

蘇珊到訪「工廠」的一年前還不是個名人。她還只是在為自己累積名聲的年輕作家。她出版過小說，也出版過短文。但是《恩主》和她對西蒙・韋伊的評論並沒有為她帶來名聲。她在一九六四年夏天第三次到訪歐洲。她在巴黎寫下了〈關於「坎普」的札記〉，並刊於《黨派評論》的一九六四年秋季刊。

該文出版之前還造成意見的分歧。《黨派評論》有兩名編輯，其中，威廉・菲利普斯鍾愛這篇文章。而另一名編輯菲利普・拉夫卻「對她沒有好感」，[11]也不喜歡這篇文章。正式出刊之後，它也立刻引爆了社會上類似的反應。蘇珊發現她自己上了《時代》雜誌，《紐約時報雜誌》也注意到「知識圈和非知識分子圈都立刻因為坎普而吵得沸沸揚揚」。費城的羅伯塔・科普蘭（Roberta Copeland）太太是一名《紐約時報》的讀者，她立即提出嚴厲的反駁：「如果連《紐約時報》都同意讓坎普的概念進入主流文化生活，我覺得我們的社會正在邁向道德的淪喪，這並不是我們所樂見的。」[12]

《紐約時報》的文章形容坎普是「任何可以稱之為『發狂』、『瘋魔』或『*funsville*』的東西」。「*funsville*」為何這麼遭到批評呢？藝術評論家希爾頓・克萊默（Hilton Kramer）——他從《評論》開始就認識蘇珊了——說她是要讓「道德歧視這個想法顯得很陳腐、顯然不符合潮流」，她要打破根本的區別。詹姆斯・阿特拉斯（James Atlas）寫道：「有些作品受到歡迎，但是也很嚴肅，介於中間的地位……這對高雅文化的神聖性造成威脅。」[13]這也是菲利普・拉夫反對的理由，諾曼・波德里茨說：「他把她看作是高雅文化的敵人。」

桑塔格不太會費心去回應這些反對的理由，或是處理她的文章造成的許多誤解。她後來有一次罕見地提到那篇文章，並指出：「坎普品味……依舊有預設的舊時歧視的高標準」。在這些標準的「對立面，則是如安迪．沃荷這類特許經營者與市場人士所擁護的符合整平化的時髦」。[14]《反詮釋》是桑塔格的第一本論文集，並於一九六六年將〈關於「坎普」的札記〉以裝訂本的形式收錄其中，閱讀《反詮釋》時，我們不禁會問：如果這個女人當真是高雅文化的敵人，又有誰可能是高雅文化的朋友呢？有人可能會猜是羅伯塔．科普蘭太太，不過她其實不是很擔心大眾市場商人所擁護的整平化時髦。

〈關於「坎普」的札記〉的篇幅很短——十六頁，比六千字多一點——但它卻是多年反思的成果。在《黨派評論》刊登的六年前，它的草稿就出現了，也就是她在一九五八年的希臘旅行期間所寫的。它的標題也顯示該文的主題的確如科普蘭太太的猜測，就藏在桑塔格最後所選的「關於同性戀的札記」這個標題背後。

> 男同性戀與自戀。和衣服有關，和老去有關，與美麗有關。理查德（Ricardo）叫我和H．〔海芮葉特〕同他一起去塞夫爾—巴比倫（Sevres Babylon，原文如此）的百貨公司買抗皺眼霜。〔他+H．在一起講西班牙語——叫她假裝是購買者，她要一直問他「這個你喜歡嗎？」「還是你比較想要那個？」——他們覺得專櫃小姐可能聽不懂。〕阿斯蒂爾海灘（Astir Beach）上一直用手撥他的灰髮的男性同性戀。布魯諾的藍色絲質領巾、他的戒指、他因禿頭而感到羞恥。

男同性戀極為愛慕虛榮。很在乎保持美麗。他們會因為老去這個想法而感覺憂心。如果你很醜或是很老，你就沒有價值了，沒有人會想要你。（這是理查德說的。）沒人會覺得老去的皇后依然有吸引力。不像是女同性戀會比較在乎「個性」，「外表」次之。

男同性戀與時髦——你總是可以在最時髦的酒吧裡找到男同性戀（例如酒神餐廳〔Zonar's〕）。或是在很時髦的度假勝地，例如地中海島嶼（卡普里島〔Capri〕、伊斯基亞島〔Ischia〕、米科諾斯島〔Mykonos〕+伊茲拉島〔Ydra〕+波羅斯島〔Poros〕）。

男同性戀的世界比女同性戀更為成熟。有「坎普」品味的現象。（媚俗〔Kitsch〕=情感氾濫、廉價）。非常俗不可耐地喜歡一些通俗的的東西——還不只是「喜歡」，根本就是瘋狂。艾略特．史坦：嘲諷劇、恐怖電影、缺乏藝術性的色情作品、報紙上的怪奇故事和新聞標題的拼湊、在盧爾德（Lourdes）度假——

室內裝飾中的男同性戀品味（酒吧、桑迪瑪麗公寓大樓）：條紋——黑、白、紅；彩繪板、印度地毯、現代傢俱、藍+粉紅的畢卡索風格畫作（雜技演員、悲傷的年輕人）、玻璃杯墊。……

男同性戀對我的吸引力——戲謔性模仿、化裝舞會的元素、機智和矯情的混合。

秘密社團的成員，在大部分城市都有分支——酒吧。識別的遊戲。他是嗎，抑或不是？（我和H．把它稱作野鳥觀察。）外觀姿態和服裝是主要的線索。男同性戀走路時的擺臀和放輕腳步是不會弄錯的。……

兩種先驅——女性解放的極端類型：妓女和女同性戀。

在兩方為同性別時，對性愛關係的既定常規——男性與女性、支配者與被支配者——加以重新詮釋和打破的真實可能性。這種可能性是存在的，大有可能。但是大部分同性戀伴侶都只是拙劣的模仿異性戀的結合。……

同性戀是對社會的批判——一種內在的放逐。對中產階級的期望所作的抗議。……

同性戀的說話方式：(1)聲調很高，明顯加重音的聲音，一邊拍手，還有英國上層階級婦女在兩次大戰間的一些其他做作的習慣。「**親**愛的，看你**什**麼時候從伊斯坦堡回來的話。」……

維盧蒂斯上校（Colonel Veloutis）——在他六十幾歲的時候，銀髮，粉紅色的皮膚，胖嘟嘟的，柔軟的嘴，有著陽具袖扣的男同性戀風軍隊襯衫。談論古代的希臘。[15]

在這些成見的背後，存在的是對於脫離「中產階級所期望的」生活的仰慕，她自己也一直很反抗那樣的期望。這裡用同性戀來抵抗蘇珊想要逃脫的常規關係，而這時正是她要回加州、告訴菲利普她想結束婚姻的幾週前。她提到她在洛杉磯經常出入的那個秘密社團帶來的性感魅力，其中的成員會對前衛的電影感到興奮，那和違禁勾搭帶來的興奮感不相上下。而「可以在最時髦的酒吧裡找到男同性戀」，則顯示同性戀具有一種——用沃荷的話來說——誘人的魅力。

這種魅力來自於某些只有新加入者才知道的符碼。蘇珊·桑塔格在〈關於「坎普」的札記〉中揭露了這些符碼——因為她敏銳地觀察到有「外與內的差別」。她很清楚地知道這是背叛。她寫下：「討論坎普因此像是背叛坎普。」

〈關於「坎普」的札記〉在當時是很有力的論述，直到現在也還是，因為它給人一種「內部性」（insiderness）的感覺。它和桑塔格的許多優秀著作一樣，是一份清單、帶領人進行了一趟旅程。她耐心解釋了何以尚・考克多（Jean Cocteau）是坎普，而紀德不是；施特勞斯是，而華格納不是。在她的排序中，卡拉瓦喬（Caravaggio）和「大部分莫札特的作品」可以歸為一類，還要加上珍・曼絲菲（Jayne Mansfield）以及貝蒂・戴維斯（Bette Davis）。她也不費力地就將約翰・拉斯金（John Ruskin）和梅・蕙絲（Mae West）劃得很近。桑塔格讓以前隱而不顯的連結明顯浮現出來，使得這篇文章——還有它的惡作劇成分、胡鬧和幽默——成為一名天才評論家的作品。

它對於疆界的模糊是算計好的，坎普喜歡提到的兩性通用（epicene）就是一個代表：桑塔格認為「強壯男人身上最美麗的部分，是某種女性特質的東西；而在女性化的女子身上最美麗的部分，則是某種男子氣概的特質」。坎普的感性侵蝕了高低的階級之分。她的這篇文章獻給奧斯卡・王爾德，她認為在王爾德身上可以找到「坎普感性的重要元素——與所有物體等同」。這是對重要性權威提出的攻擊：對「家庭」提出的抨擊，而且是在它們自己的代言刊物上。希爾頓・克萊默覺得這不亞於打開閘門，讓「前現代的精神一洩而空」。他怒斥桑塔格「切斷了高雅文化和高度嚴肅性之間的連結，那是現代主義精神的基本教條。這篇文章讓高雅文化不須再完全保持正經，也毋須堅守困難的標準，更不必再維持無懈可擊的正確態度。……」[16]

他一直無法原諒她。

但是〈關於「坎普」的札記〉背後所隱藏的——必須說，也沒有隱藏得很好——是一種更具侵略性的主張。桑塔格假設的坎普並不是整平一切：正好相反。它要建立一種新的階級。她聲稱同性戀才是「品味的貴族階級」。他們的「唯美主義和諷刺」搭配上「猶太人的道德嚴肅性」，創造出現代感性的前衛力量。它不是照搬平等的主張，而是露骨地聲明同性戀的優越性。

同性戀比異性戀低等這個想法，就像是認為女性比男性低等、黑人比白人低等一樣，並沒有受到太多質疑。因此，〈關於「坎普」的札記〉造成的威脅並不亞於黑人民族主義對白人優越主義的威脅，或是——在一九六〇年核准的——避孕藥對男性霸權帶來的威脅。同性戀對美學的掌控，表示他們會引領自己在別人眼裡的樣子，這也是另一種「情感和觀看的革命」。

如果沃荷和桑塔格取得勝利，舊式的階級就會消亡了。如果要研究文化戰接下來的歷史，我們要看看那些階級進行了多麼激烈、為時多久的保衛戰。

——

〈關於「坎普」的札記〉發表時，同性戀被認為是病態、紊亂和墮落的一群人。一九六四年五月十九日，就在〈關於「坎普」的札記〉刊出的幾個月前，《紐約時報》刊登了一篇名為〈自誇異常的同性戀〉（Homosexuals Proud of Deviancy）的文章，文中用了一些像是「性變態」和「性倒錯」的詞彙作為「同性戀」的同義詞。（該篇報告宣稱這些變態已經愈來愈好鬥，而且「似乎想要開始寫自傳了」。）[17]在一九六九年，多．托爾（Donn Teal）——當時他以筆名寫作，但是後來變得也只能以筆名發表了——發表了一篇具開創性的評論短文，題目為〈為什麼「我們」不能從此以後也過著幸福快樂的日子？〉（Why Can't 'We' Live Happily Ever After, Too?）。

> 很像是二、三十年前的美國黑人看到自己出現在舞臺和銀幕上——還有在小說裡讀到的自己——總是「老黑喬」（Ole Black Joe）或「黑人小女僕普里斯」（Prissy）、或是「擦鞋童」（Shoe Shine Boy）這樣的形象，美國的同性戀也有類似的怨懟：他們不相信自己的人生、總覺得人生一定會以悲劇作收，也希望看到他們的形象有所改變。[18]

這個改變即將到來。主張男女平等的評論家卡洛琳．海布倫記得當她得知葛楚．史坦（Gertrude Stein）是女同性戀時，感到非常震驚。[19]自己也是雙性戀的斯蒂芬．科赫說：「就連艾倫．金斯堡的性傾向都沒有人討論。就算是對艾倫．金斯堡瞭如指掌的人，也有許多人並不知道。雖然他自己就寫過這件事。」[20]

雖然在事後回顧時總覺得十分明顯，但要能夠看出那種性傾向，需要「觀看的革命」。這樣的變化正在發生，這有很大一部分要歸功於《紐約時報》文章中所舉的同性戀。科赫說：「自由有了新的元素。現在的氛圍達到了新的容許程度，〈關於「坎普」的札記〉就是其達於高點的成就。」

那樣的容許沒有贏得全面的支持。蘇珊於一九六四年四月十三日在《國家》雜誌（*The Nation*）為新的實驗電影《耀眼的傢伙》（*Flaming Creatures*）寫了一篇短評。這部影片由同性戀藝術家傑克・史密斯（Jack Smith）所執導，儘管它的片長（四十三分鐘）和預算（三百美元）都不多，但還是觸動了審查員的神經。南卡羅萊納州的參議員、種族主義者史壯・瑟蒙（Strom Thurmond）率先發難，還有一群反色情的天主教運動家也加入了，他們自稱為「正派文學公民」（Citizens for Decent Literature）。但是整體氣氛已經不是那麼不可挑戰了，只比蘇珊大幾個月的史密斯那種走向鬧區式的個性，現在也被愈來愈多人看到了。

她的影評在一開頭就急切撇清一些令人感到不耐的反對意見：

在傑克・史密斯的《耀眼的傢伙》中，有柔軟陰莖和彈性乳房的特寫，手淫和口交的鏡頭，唯一讓人感到惋惜的，是它們讓人難以單純的討論這部著名的電影；我們必須為它**辯護**。[21]

她的確為它辯護了，而且不只是說它具有「變裝癖的詩性」或是「令人震驚、充滿詩意」。評論家喬納斯・梅卡斯（Jonas Mekas）遭人指控「播放色情電影」，她在六月時受到法院的傳喚，要為梅卡斯辯護。那部電影就是《耀眼的傢伙》，梅卡斯在紐約的新伯維利劇院（New Bowery Theater）播放了這部影片。《村聲》雜誌（*Village Voice*）的報導指出桑塔格是唯一一位作證時沒有受到時間限制的專家證人，因為雙方律師都想知道她對色情作品的定義。她提供了一個沒有爭議的定義：「會喚起性興趣的東西」，同時強調了意圖與脈絡。接著在被要求提供實例時，她回答以自己在青少年時期發現的納粹集中營照片，但是那看起來很需要她日後的補強：「她提到的是時代廣場戲院外的戰爭電影海報，上面有殘酷的施虐畫面。」這個定義看起來和她前面對色情作品的形容——會喚起性興趣的東西——互相抵觸，不過她的定義並沒有造成什麼影響。梅卡斯被判有罪，一起定罪的還有放映師及收取捐款的一名婦女。（收票員是第四名被告，獲判無罪。）[22]

蘇珊在她的文章中寫道，對「一些生命的元素——最重要的是，性愉悅——持有立場是不必要的」。那也不全對。有些性愉悅，尤其是她用「坎普」來形容的，會讓某些人把警察叫來。桑塔格自己也對同性戀抱持懷疑，她既受到「坎普」觀點的吸引，也心存排斥。她在文章中稱讚《耀眼的傢伙》是「一個關於世界美學觀點的成功例子」。她對於美學觀點——一個再現的世界、隱喻的世界、坎普的世界——明顯有著混合的感覺。

在後來幾年，她這種矛盾的心態還延伸到〈關於「坎普」的札記〉本身。作家泰瑞・卡斯特（Terry Castle）還記得一九九五年在史丹佛的晚餐席上發生的一件事：當時有另一名客人談到他很欣賞〈關於

「坎普」的札記〉。

桑塔格的鼻翼搧動，而且立刻狠狠瞪了他一眼。他怎麼能說出這麼蠢的話？她沒有興趣討論那篇文章，也永遠不想討論。他完全不應該提起這個話題的。他沒有搞清楚時勢，頭腦完全不行。他難道沒有讀過她的其他作品嗎？他沒有一直在精進自己嗎？如果她陷入了憤怒的淵藪中——我們在過去兩週間對這種情緒已經太過熟悉了——我們其他人就只能夠驚恐地呆看著。現在這個惹出事端的人也算是頗有成就了——他其實就是避孕藥的發明者。顯然少有女人會告訴他何時要住嘴、或是要為自己覺得難為情。[23]

在那幾年間，還有許多笨頭笨腦的人都收到了這樣的反應，這樣的情節讓人想起了瓊・克勞馥，最終還使得桑塔格自己躋身一流的坎普紅伶（camp divas）。不過，一如那篇文章在出版時曾經引起過激的反應，桑塔格的誇張做作也預示了更深層的衝突。

她在第二段寫道：「坎普強烈地吸引我，也幾乎同樣強烈地令我感到挫敗。」[24]後來在《反詮釋》收錄的版本中，似乎是為了增加距離感，她更強調地改成：「坎普強烈地吸引我，我也幾乎同樣強烈地被坎普所冒犯。」如果把文章標題的「坎普」替換成「同性戀」，衝突就顯得很明顯了。用卡斯特的話來說，就是「讓她自己的性傾向顯得太明顯：對同性戀的『編碼』和圈內笑話都變得太不避諱，而讓人覺得不舒服」。她對那篇文章感到衝突是因為它與同性戀有關：而那是她自己的事。

然而，只要那篇文章仍只是圈內的笑談——只有「家庭」成員和少數有文化抱負的圈內人是它的讀者——它其實是無害的。一旦它離開了這個保留區，就有另一個危險的理由了。如果說桑塔格有什麼人生計畫，大概就是想要擺脫虛假的感覺，而她在青少年時期就這麼認定了。她希望成為一個真實的人，更符合身體的反應，而不是理智的。她希望「看更多、聽更多、感覺更多」。而坎普則是要「了解這就像角色扮演一樣。生命的隱喻就像戲劇，是感性上最大的延伸」。這也是安迪·沃荷要推向合邏輯的結論時所作的隱喻。他害怕人類，所以接受非人化。

他說：「我想成為塑膠。」[25]

還有：「我希望是一臺機器。」

蘇珊則沒有。

十年後，桑塔格在《論攝影》中描述了人如何變成形象、個人是怎樣被放進對個人的再現（representation）中，而對於這種形象和再現——也就是隱喻——的喜愛，又是怎麼超越了其所代表的東西或人。她寫道：「在攝影師有機會在一張照片與一個生命之間作出選擇的情況下，選擇照片竟已變得貌似有理。」〈關於「坎普」的札記〉就是——用它玩笑話似的語氣——在檢驗這個過程，為柏拉圖描述的現象找到一個現代的名字。「坎普以引號來看待每一件事。它不是一盞燈，而是一盞『燈』；不是一位女人，而是一位『女人』。」還有什麼比蘇珊·桑塔格和「蘇珊·桑塔格」之間的分歧更能夠說明坎普的呢？

在一九六五年二月，〈關於「坎普」的札記〉發表後不過幾個月內，有人看到蘇珊出現在伊萊恩餐酒館（Elaine's）。這是一個上東區（Upper East Side）的名流集會點，著名之處就是它不甚特別的食物、侮辱人的價格、還有說不出來的魅力，它的女經營者伊萊恩・考夫曼（Elaine Kaufman）對於常客在文化上的重要性自有一套想法，並且靠著這個想法吸引常客上門。少數遊客或只是呆呆看著侍者領班從眼前走過的人，都被放進稱作「西伯利亞」（Siberia）的裡屋；而門邊的圓桌則專門保留給新來者。就是在那天傍晚，蘇珊被看到和李奧納德・伯恩斯坦、理查德・阿維頓、威廉・斯蒂隆、西比爾・伯頓和賈桂琳・甘迺迪共進晚餐。

蘇珊透過她在芝加哥的一個朋友，喜劇演員兼導演麥克・尼可斯，認識了遭到暗殺的總統這位年輕美麗的遺孀。賈桂琳・甘迺迪很愛看書、喜歡法國，而且比蘇珊大不到四歲——她本身也是沃荷一個很受歡迎的創作主題——有一天，她邀請尼可斯和蘇珊去住處悼念她死去的丈夫。[26]蘇珊對甘迺迪夫人那富麗堂皇的家感到驚嘆不已。（她有十三個起居室，蘇珊還跟朋友說：「你最好不要忘記香菸放在哪裡。」）蘇珊對於在她那張著名的臉背後瞥見的那個人很是著迷，甚至覺得好笑，她告訴另一個朋友說：「賈姬會一直把『幹』掛在嘴邊。」[27]

蘇珊花了一些時間學習這個新世界的運作。有一天晚上，也是〈關於「坎普」的札記〉發表之後不久，她被邀請到瑪芮菈・阿涅利（Marella Agnelli）位於紐約的公寓；阿涅利是那不勒斯的貴婦，她先生是飛雅特（Fiat）汽車的董事長。門房指示他們上十五樓。但是等他們走到電梯旁，蘇珊才想起門房並沒有告訴他們阿涅利的門牌號碼。於是她又再回到門房那裡，問他：「請問是十五樓的幾號？」她的同伴瞬間大笑出聲，還有一個人問她：「妳難道以為飛雅特女主人會住在15G嗎？」

還有一天晚上，她和其他名流朋友坐著一輛豪華轎車，去一間著名的夜間俱樂部。有一大群人在排隊等著要進去，不過她的朋友找到門口的警衛、低聲說了幾句話之後，她們這一群人就立刻被放進去了。

蘇珊很佩服地問他：「你說了什麼？」

他回答：「我說我們是和蘇珊．桑塔格一起來的。」[28]

〈關於「坎普」的札記〉發表時，蘇珊三十一歲。諾拉．艾芙倫（Nora Ephron）在一九六七年寫道：「蘇珊．桑塔格這個知識分子、為小雜誌寫稿的評論家、研究哲學的小說家和大學教授，在一夜之間成了中產階級的文化商品。」

在出版這篇文章之前，她在紐約幾本聲望最高的雜誌上登過幾篇文章，還寫過一本小說，那本小說看起來很像是一個有學問的歐洲人寫的。這些迥異的作品的作者，是一位年輕美麗、有著加州口音的女性，這件事成為大家一談再談的話題；而〈關於「坎普」的札記〉又略微提到近乎淫穢、禁忌的性，於是大眾媒體也開始注意到它。

艾芙倫寫下：「這都要怪《時代》雜誌。她的〈關於「坎普」的札記〉在《黨派評論》上足夠隱蔽而且安全，但是《時代》把聚光燈聚焦在它身上，把那篇文章抽出來作了過分簡化的報導，並且把坎普和桑塔格女士綁在一起、共棲共生」。[29]《紐約時報雜誌》在一九六五年初登了一篇圖文並茂的長文，獻給「坎普的牛頓」。在〈關於「坎普」的札記〉發表之後，「不論是知識分子或是不那麼屬於知識分子的圈子，都突然對坎普議論四起」，而且「在這個冬天，紐約的知識分子圈最流行的室內活動，就是把坎普和非坎普的東西各自貼上標籤」。[30]該文也引述了它與同性戀連結遭到的嚴正警告。

紐約一名反坎普的精神病學家在最近告訴朋友：「基本上，坎普是一種逆行，它用一種比較情感、不成熟的方式當面反抗權威。簡單的來說，坎普就是一種逃離生活和真正責任的方式。因此，就某種意義上說，它不只是非常幼稚，而且可能對社會有危險——因為它是病態而且墮落的。」

在某種程度上，這種名聲對蘇珊的職涯來說其實是不可多得的。她成了安迪．沃荷想要拍攝的對象，還可以與賈姬．甘迺迪共進晚餐。她自己也成了紐約的象徵；就像是在美國移民的記憶中，第一眼看到的總是自由女神像，在二十世紀的美國文學生活中，固定套路也是要從桑塔格入門。賴瑞．麥可莫特瑞在一九六八年試想過一名外地作家可以達到的成就顛峰是什麼樣子，他的結論是：「就是如果有一天他到了紐約，甚至可以直接見到蘇珊．桑塔格。」[31]而在一九六八年，蘇珊．桑塔格還只有三十五歲。

《反詮釋》在一九六六年一月出版，當時，《紐約時報》的評論家艾略特・費利蒙—史密斯（Eliot Fremont-Smith）已經說過她的「評論文章絕對是今天的美國最具有爭議性的」。他說她不是選擇「謙恭、瞻前顧後地慢慢靠近知識圈」。反而「像是在滿天彩帶的遊行中，完全不知道她從哪裡蹦出來的——彩帶是指她自己那些很有把握的文章和評論，還有一本類似超現實主義的哲學小說《恩主》——拋擲彩帶的人則是她的出版者（羅傑・施特勞斯），以及《黨派評論》—《紐約書評》的文化圈中那些有點狂傲、武斷而珍貴的年輕成員。蘇珊・桑塔格在大約一九六三年時就突然在那裡了——並不是她突然宣布了這件事，而是她在那裡的事受到了公告」。[32]

她對諾爾・伯奇說：「我已經做了每一件讓自己變得有名的事。」[33]她從來沒有詳細說明那究竟是些什麼事；斯蒂芬・科赫也不是唯一一個心頭也不時「縈繞」著這個問題的人——蘇珊是為什麼、以及如何讓自己變得這麼有名，而且她是如何讓名聲維持幾十年不墜，即使是在她最不討好讀者的那幾個階段。她在職涯的初期顯得很不協調：她是博學到令人驚詫的年輕女性；出身自《黨派評論》這樣的精神堡壘，但是也投身、或者聲稱要投入老一輩人所憎惡的當代「低級」文化。不過她的名聲也讓朋友趨之若鶩，因為那是史無前例的。她沒有真正的派閥。雖然有許多人按照她的形象打造自身，但是再也沒有人可以完美複製她的角色：她鑄造了一個模型，然後又自己把它打破了。

不過朋友們也看到她與名聲的關係是很曖昧的。她的確因此獲得了一直以來渴望的認可，但是對於一個「始終在別人的評價中尋求（她的）定位」的人來說，這又是危險的。她與名聲有關的一些早期軼事可能會令人發笑。就在她開始受到公眾肯定的不久之後，有一天，她和唐．萊文在格林威治村裡的一間雜貨店，有一位狂熱的書迷跑過來告訴蘇珊：蘇珊是她最喜歡的兩位小說家之一。蘇珊當然很高興；不過唐有點擔心，希望她不要問出已經到了她嘴邊的那個問題。「真的嗎？那另一個是誰？」那名女性熱切回答：「艾茵．蘭德（Ayn Rand）。」[34]

斯蒂芬經常問她是怎麼做到的。她告訴他：「那很簡單。你要找點冒險的事來做。」不過朋友們發現這並沒有在當下對蘇珊造成什麼改變。唐說：「她不介意自己看起來不好看。她具有這種不加修飾的天然魅力，她不必靠化妝，不需要昂貴的衣服。」她好像也沒有很享受別人的矚目。有一次，她在參加一個華麗的派對時告訴斯蒂芬：「我討厭這些東西。我只有一直待在餐桌旁邊，想著什麼時候該離開。」她試著保護私底下的自我，不要捲進新的責任裡，這些責任是隨著她在人前的自我愈來愈強大而新產生的。她的電話邊有一個小小的標誌提醒她：「不行。」[35]

當然——就像是她會因為貝爾納．多諾霍沒有注意到她的牛仔靴而感到氣惱——她也在努力讓自己看起來像是不曾使力，程度超過她自己所願意承認。有太多人要努力才能讓別人留下印象，而認識她的人都同意她有那種神祕的天生秉賦，那無關乎她參加了幾場派對、或是她看起來怎麼樣、她穿了什麼。大衛說「她有明星特質，她自己也知道」。但是她並沒有淋漓盡致發揮這種特質。「如果她願意，她一定還可以更出名。在她一開始聲名鵲起的時候，就獲得許多可以增加曝光率的提案：例如電視邀約；她也從來沒有試寫過好萊塢的劇本，這一大堆都是她當時可以做的事。」[36]

她抓住了新位置帶給她的許多機會。她的生產力驚人，絕對足以令人眼睛一亮。她一直在突破自己的極限。她來自芝加哥的朋友馬蒂．埃德勒（Martie Edelheit）說：「她一直在念書和閱讀，甚至可以二十四個小時不停。等她站起來走動的時候，眼前已經一片模糊了。」[37]她在十幾歲讀《馬丁．伊登》的時候，就開始試著在凌晨兩點起床，她想要睡少一點、做更多事。現在她已經沐浴在馬丁．伊登望塵莫及的成功中，又發現安非他命——興奮劑——似乎可以讓她完全不需要睡眠。這種藥在「工廠」受到鍾愛，並且在一九六五年底和一九六六年初大行其道，而那正是蘇珊自己嶄露頭角的時候。沃荷群星之一的昂丁（Ondine）是這樣形容那個時候的。

> 噢，那時真的是燦爛輝煌。所有東西都呈現出金色，每一件東西。所有顏色都幻化成金色。非常美好，你會覺得完全自由。無論什麼時候我去「工廠」，都是正好的時間。無論什麼時候我回家，也都是正好的時間。大家都在一起，那是一個時代的終結。是安非他命場景的尾聲，是最後一次感受到安非他命真正的美好。我們也有用它。我們真的樂在其中。[38]

威斯坦．休．奧登也有賣藥給蘇珊。她會去他位於聖馬克廣場（St. Marks Place）的家，還對他醜陋的腳感到很驚訝，她笑著告訴一名助理：「他通常會打赤腳，他的腳真的很可怕，長了雞眼，而且……

真的有很多毛。」[39]但是桑塔格吸安非他命不是為了趕流行。唐・萊文說：「安非他命對我們來說完全不酷。是為了工作。」她和唐會連續工作好幾個小時，甚至好幾天。「除非要小便、清煙灰缸或是再倒一杯咖啡，否則蘇珊完全不會離開她的座位。」[40]

蘇珊吸了安非他命之後，會繼續做她原本在做的事，但是又做得更多了，她的朋友蓋瑞・印第安納（Gary Indiana）說：「蘇珊喜歡在一天之內做儘可能多的事。」蓋瑞自己也吸安非他命，但還是對她的精力讚嘆不已。「如果她可以去中國城吃午餐，然後去布萊克街電影院（Bleecker Street Cinema）看場下午場電影，接著去切爾西（Chelsea）的公共劇院（Public Theater），然後再去時代廣場買一張票看兩場功夫電影，她真的就會這麼做。」[41]

曾經在七〇年代和大衛及蘇珊同住過一陣子的作家西格莉德・努涅斯（Sigrid Nunez）說：「寫作是很困難的。尤其是那種寫作。吸食安非他命會讓這件事變得容易許多。她吸了之後，就可以做到同樣的事、但是減少很多痛苦。她會吸的唯一理由就是要讓事情變得容易許多，就只是因為這樣。」她後來也告訴過卡米爾・帕格里亞（Camille Paglia）：她需要有兩個禮拜時間保持清醒，才能夠完成她的文章。[42]

幾個禮拜都不睡覺；一包接著一包的萬寶路；數以瓶計的安非他命，咖啡像是用灌地一樣喝：對於一個喜歡「假裝我的身體不在那裡」的人來說，這說不定顯得很正常。但是一個人的形象後面當然隱藏有一個真實的人、她的肉身，不管再怎麼堅定的否認，它最後仍然會跳出來彰顯自己的存在。

第十六章　你在哪裡停下，相機在哪裡開始

桑塔格去世之後，她的日記內容相繼出版，日記中不時會出現她那毫無悔意的自我意識，這讓許多認識她的人感到驚訝。例如她在一九六〇年是這麼寫的：「我認同那個『摧殘自己的婊子淑女』。」[1]她在一九六一年也強調「我不是個好人。每天這麼說二十次。對不起，我就是這樣」。幾天之後，她又加了一句：「這樣說更好。就這麼說吧：『你是什麼東西啊？』」[2]她在一九六五年的寫法是她不認為自己不好。她只是「不完整。我沒什麼不好，只是不夠（靈敏、活潑、慷慨、體貼、奇特、敏感、勇敢，等等）」。[3]她也注意到別人對她的批評，但是她用「X」來辯解她並不是故意顯得刻薄：「相反地，我是個很遲鈍、太不敏感的人。」

對於一個受制於「X」的人來說，這真的是她的名聲危機。她需要有別人看見她自己，而不要回到艾琳認為的那個自我：蜜爾崔德的女兒。她在一九六三年，〈關於「坎普」的札記〉發表之前不久，曾寫道：「我厭惡獨處，每當獨處，我就覺得自己好像十歲。每當我和別人在一起＋我能借用成人身分＋從別人那裡獲得自信」。她在旅行到波多黎各的路上，有二十四小時是獨自一人，這讓她面對到「『真實的我』是無生氣的我。逃離的我有部分是為了不想與人接觸。那部分的我是蛞蝓，不斷昏睡，醒來時一直有飢餓的感覺。那個『我』不愛洗澡或游泳，舞技奇差無比。那個『我』喜歡看電影，會咬自己指

甲」。

這不是桑塔格。

這甚至不是蘇珊。

她的結論是「叫她『蘇』好了」。[4]

她在《論攝影》中，引用了一九七六年美能達（Minolta）相機廣告中的一句臺詞：「很難說清楚你在哪裡停下，相機在哪裡開始。你是相機時，相機也是你。」我們很難畫分這兩者的界線：「真實的我」對上為他人而存在的我（self-for-others），後者是一個要靠其他人的目光注入生命的「無生氣的我」。但是名聲似乎為她擺脫不去的寂寞感提供了解方。蜂擁而至的人阻止了「蛞蝓」出現。有了安非他命之後，那個「不斷昏睡」的人也不見了。

———

在這時候，她的生活中湧進了許多新認識的人，數不勝數，讓她變得忙碌不堪。她在哥倫比亞執教到一九六四年，而這些新人包括她的學生，像是科赫和萊文。也包括法勒、施特勞斯和圍繞著《黨派評論》及《紐約書評》的文人圈。還有受到她的魅力吸引的老一輩藝術家：以沃荷為代表，不過約瑟夫・康奈爾也包括在內；康奈爾與名氣的關係可說與沃荷形成強烈的對比。

康奈爾在人生的最後幾年中送了她各種不同的東西，都是一些小東西，來自他那個如夢般的世界。有一張卡片，上面印了鄧約翰（John Donne）的詩，還有維多利亞女王的照片、一根黃色羽毛、一張紙上面寫著「親愛的蘇珊」（還在第一個字母上加了一片葉子）、用漂亮的希臘字跡所寫的舊信件、還有一本他在一九三三年出版的書：《攝影先生》（*Monsieur Phot*），書名的*Phot*是*photographie*的縮寫。他會用一些帶點玩笑的名字，「蘇珊娜．迪芒什」（Suzanne Dimanche）、「亨麗埃特．桑塔格小姐」（Miss Henriette Sontag）和「大衛．桑塔格」。有時候他會署名為「傑基．德瑞奎琳」（Jackie Derequeleine）；有時候甚至還會用「希波賴特」。

是《恩主》把他帶進蘇珊的生命中。她認為他應該會對她的主人翁產生共鳴，那位主角「完全活在自己的頭腦和夢中」。但是比起文字，作者的照片反倒更深深吸引住康奈爾。她說：「他對照片的魔力無法抗拒，但是照片中重要的還是人。他會深陷在明星的魅力中，對表演者的傳奇故事深感著迷。」他曾注意到「我的姓和十九世紀一位非常著名的表演藝術家一樣，她是一名女高音，是十九世紀前半葉重要的女歌唱家，和瑪利亞．梅麗布朗（Maria Malibran）、寶琳．維亞朵（Pauline Viardot）齊名，她的名字是亨麗埃特．桑塔格。……她是一流的女藝人，也留下了一些很棒的照片，所以他把我和這位重要的女高音作了一些連結」。[5]

沃荷也同樣對這些東西很著迷；他的收藏也全是與女藝人有關的書籍。但是除此之外，兩者的對比不言可喻。沃荷的藝術不講求深度，他積極認可表面的價值，他追求的是「俗麗而亮眼，絕不會搞錯，還可以立即掌握」。[6]康奈爾的藝術則充滿了暗示。他特有的形式很像是一個小盒子；象徵性的表面是一塊玻璃，它是透明的，但還是阻斷了別人接觸到後面的物品。玻璃後面的內涵就和巴洛克派的靜物畫一樣，並非一目瞭然：他也「反詮釋」，但並不是因為沒有什麼必須要理解的，像沃荷的藝術那樣；以康奈爾的藝術來說，是因為人們無法理解其中任何一項東西。

沃荷會收集名人；康奈爾則是收集他們的照片。這些照片與人物本身的關係十分模糊不清：照片原本是神職者的物品，用來展示一些不可知或不可能擁有的人。蘇珊說康奈爾是「離群單身藝術家的典型例子」。他具有：

> 高度的藝術家特質，但是也有收藏家的特質，那通常和藝術家的特質很不一樣，其實收藏家大概就是那些做不到的人——他們深陷在美麗事物的魅力之中，但是自己創造不出來，他們必須用收藏的，不過他們可能不具有創造力，或是還沒有顯露出這種能力。

蘇珊後來寫到，托馬斯·曼是第一個她在見面之前，「就已經透過照片對他的外表形成強烈印象」的人。她和康奈爾的關係也是從這樣開始的。蘇珊說：「最能吸引他的人物照當然是女性的照片，著名的女性、迷人的女性。這些照片有些來自廣告和大眾雜誌。」這完全說的就跟沃荷一樣，但是康奈爾與這些夢幻女子的接觸方法則非常不同。他把《恩主》書末放的蘇珊照片做成一幅拼貼畫，題名為〈橢圓者〉（The Ellipsian）。他把這張畫送到她家裡，之後還送了其他幅畫。她說：「我並沒有回覆他丟出的第一個訊息。我只是考慮到它們被創作出來的精神，所以收下了它們，它們就是他與這個世界的部分關係，並不是真的需要一個回覆。」隨著它們愈積愈多，她才警覺到這些禮物的價值。

最後，她寫信告訴他：她把這些當作是借給她的，哪一天他需要的話，她隨時可以歸還；在接下來的通信中，他則一直邀請她去家裡。蘇珊不確定他的用意，所以一直很躊躇，等到她終於接受的時候，還帶了大衛當擋箭牌，以防止他有任何令她不喜的表示。其實她根本不必擔心。她只記得「他非常美麗。有著透亮的面龐、完美的骨架和不可思議的雙眼。……你不會感覺到他的性慾，你會覺得他很細緻、優雅、甜美，而且帶有魔力」。他們坐在廚房裡；他開始播放雅克·布雷爾（Jacques Brel）的唱片：「他很仔細地告訴我那些字是什麼意思，所以我說你一定懂法語，他說：不、不、但是那無關緊要，我抓得到那個感覺。我知道它們是什麼意思。」

他還是繼續寄信和送禮物給她，但是從此之後，他們就再也沒有見過面了。

除了得到沃荷的認可，並由康奈爾親手打造之外——當然還有當代的一大串頂尖攝影師為她掌鏡——也開始出現以蘇珊為模型的小說。紀錄中，第一部根據桑塔格打造書中角色的，是阿佛烈得·雀斯特未完成的小說，《腳》（*The Foot*）。她在那部書中的角色叫作瑪麗·蒙黛（Mary Monday），書中有兩個瑪麗·蒙黛，雀斯特如先知般地觀察到有「那人和她自身影象」的同時存在。[7]

雀斯特的起落讓他好像是從十九世紀的法國小說中走出來的人物。他比蘇珊年長五歲，是出生在布魯克林的猶太人移民，他的面貌甚為醜陋：小時候生了一場病，讓他的頭髮全掉光了，他會戴假髮掩飾自己的畸形，但卻只是欲蓋彌彰。他的編輯、英國人黛安娜．阿特希爾（Diana Athill）寫道，這標示了他的怪異、他破碎的人生。「他寫過當他第一次戴上假髮時，就好像是他的頭被斧頭劈開了一樣。」[8]

但是如同戈爾．維達爾所說的，他是「有頭腦的惹內」。雖然他其貌不揚，但是那顆頭腦還是讓他魅力不減。[9]阿特希爾寫道：「他寫的東西太奇怪了，不可能吸引大量讀者。但他依然是我在出版界遇過最優秀的人。」[10]雀斯特在歐洲待了幾年之後，又回到紐約。他在紐約享受了幾年巴爾扎克式的崛起；並在那裡透過艾琳認識了蘇珊，而且成為她最親密的朋友之一。他鼓勵蘇珊，並在她初到紐約時，把他認識的人介紹給她，而在他的故事集《看吧歌利亞》（*Behold Goliath*）被《紐約時報書評》（*The New York Times Book Review*）棄之如敝屣時，她也站出來為他辯護。

評論家索爾．馬洛夫（Saul Maloff）批評雀斯特的小說把夢和惡夢混在一起——這是桑塔格喜歡的模式——也攻擊雀斯特描述同性戀的方式。「過於含糊！單調乏味！還不要臉！」桑塔格寫了一封措辭嚴厲的信給編輯——還寫說那位評論家很「可悲」，而且「卑鄙到了極點」。[11]

雀斯特在一個自我改造的重大時刻裡，把他的假髮燒了，她寫到他還「說些什麼老二很小＋沒有陰毛。他一直覺得很醜＋現在他又說到這些，別的都不想說」。[12]她在一九六五年夏天到摩洛哥的丹吉爾（Tangier）拜訪他，他在那裡和保羅．柏爾斯（Paul Bowles）及珍．柏爾斯（Jane Bowles）周圍的一群嗑藥同性戀流亡者待在一起。這讓她感到卻步。她仍然受到他的吸引，但是同時又反感，於是這位〈關於「坎普」的札記〉的作者在日記中寫道：「而我認為這全是個笑話——那樣的執念妄想、冷酷無情、惡毒殘忍。國際同性戀風格——天啊，多麼瘋狂＋心性醜惡＋不快樂。」[13]

幾乎是蘇珊一到摩洛哥，事情就出差錯了。雀斯特相信蘇珊要偷他的男朋友，雖然他也有向她求過婚。蘇珊向雀斯特的一個朋友透露她在身體上愈來愈怕他。[14]雀斯特寫信給一個在紐約的朋友，信中說蘇珊的造訪——用一句話來說——「是個災難」。[15]他對蘇珊口出惡言。他還寫信給另一個朋友，信中說：「你竟敢說『你的朋友蘇珊．桑塔格』？你這個卑鄙小人，她是我的敵人。她是大家的敵人。她就是敵人。」[16]他在別的地方重新想過「蘇珊是否真是個卑鄙小人」，但他還是惡狠狠地加上一句：「我想她就是個到世界上任何地方都跟在家裡一樣自在的人。」[17]

但是蘇珊開始懷疑雀斯特出現這種態度，並不是真的不信任她的專業抱負，或是覺得她對他男朋友圖謀不軌。她注意到他有一些症狀：

「我覺得我說的每一句話，全世界都在聽」

「蘇珊，發生了什麼事？有什麼非常奇怪的事情正在發生。」

「妳有些事瞞著我。」

「我想我得了梅毒。也許是癌症。」

「蘇珊，妳看起來好悲傷。我從沒看過妳這麼悲傷。」[18]

他其實是精神錯亂了。他會聽到一些什麼聲音，而且再也無法寫作，他被趕出摩洛哥，於六年後死於耶路撒冷，享年四十一歲，要不是因為鄰居的狗一直吠叫，甚至沒有人發現他的屍體。

在摩洛哥之行結束之後，她終於和雀斯特分手了。不過她後來的日記顯示雀斯特之所以吸引她，正是因為他對她的輕蔑。

> 我總是著迷於惡霸——以為，他們要是沒發現我這麼讓人興奮，就表示他們一定很棒。他們拒絕我，正顯示他們高人一等、他們的好品味。（海芮葉特、阿佛烈德、艾琳。）過去我不尊重自己。……我覺得自己不討人喜歡，但我尊重那個不受愛戴的戰士——奮力求生、奮力做到誠實、公正和正直。我尊重自己。絕不再上惡霸的當。[19]

包括阿佛烈德在內的許多惡霸，其實是嫉妒她。她日記中那個膽小、心存質疑的戰士很少在人前出現，她覺得其他人都已經自信到傲慢的程度。但是，即使她這麼依賴外界的看法，外界對於她如何看待自己，也只有一閃即逝的印象。她寫說她「總是對那些我並未傷害的人的惡意……感到驚奇」，她認為那些人之中包括阿佛烈德．雀斯特。

> 我（感覺）像個小孩一樣極度被輕視、忽略——也許永遠如此，直到碰上艾琳才不一樣——我甚至覺得迫害、敵意和嫉妒，「au fond」（「事實上」），我覺得獲得了比我想要的更多**關注**。[20]

雖然她很成功，但是失敗的感覺還是會不時突襲她；她的一生中，成功總是比失敗還令她感到不安，她的日記透露出她認為失敗是自己應得的。她被困在裡面了，分不清楚過去、現在或未來。她的德國出版人麥克・克魯格（Michael Krüger）說「她不是一個帶著過去的女人」。他猜測或許這可以解釋她對現代藝術的興趣：「她的專業生涯一開始就走現代主義，就是想和過去完全切割。」[21]以色列小說家尤拉姆・卡紐克也有過類似的評論。他說蘇珊「沒有歷史。蘇珊排斥她的歷史」。[22]當然，她的歷史並沒有比其他人少。但是她的確拒絕過去，現在也無法獲得快樂，甚至還發現未來幾乎不可能有所實現，她也不相信未來。當她離開歐洲的時候，是踩著沉重的步伐、憂心忡忡返回美國的。現在她那撕心裂肺的愛情僵局，也讓她覺得生活已經結束了。

> 我有想盡辦法謀生嗎？現在是個旁觀者，冷靜下來。帶著《紐約時報》上床。但我要感謝上帝讓這相對平靜——順從。與此同時，底層的恐怖滋長，日漸茁壯。會有人愛嗎？……但我不應該回想過去。我必須繼續向前走，摧毀自己的記憶。但願我能感受到一些現在的真正能量（淡泊、堅強之外的什麼），對未來的某些希望。[23]

蘇珊在一九六五年九月從巴黎回到紐約，但是不確定自己該做些什麼。她那時候有個女朋友，伊娃・柯莉希（Eva Kollisch）；她是透過另一個活躍於市中心的朋友約瑟夫・柴金（Joseph Chaikin）才認識伊娃的。柴金在一九六三年創建了「大開劇院」（Open Theater），是實驗性文化中極富有魅力的年輕人物之一，而這種文化曾激勵了艾琳、阿佛烈德和蘇珊・陶布斯。伊娃是難民，在越南出生和長大。她曾經是托洛斯基主義者（Trotskyist），她結過婚，而且有一個和大衛差不多年紀的兒子。

她在談論起蘇珊時說：「我很佩服她有精力和熱情做那麼多事。我覺得她很有趣，很棒，而且不可思議。」她們在一九六二年在一起，不久之後，伊娃就和蘇珊的許多愛人一樣，掙扎著想要逃離。伊娃坦率地承認蘇珊似乎從來不曾全心愛過她。柯莉希說：「我一直都不是那個重要的愛人。我不是她的高等知識分子圈中的朋友。我就是個大學老師。」[24]

伊娃看到了「女人」蘇珊和「雅典式典範」桑塔格之間的對抗。她掙扎著做到「誠實、公正和正直」——她曾在十四歲時問過「一個人什麼時候、或是會不會說實話」，當時她描述的就是這種掙扎。伊娃不在意她也加入了助長蘇珊不誠實的名單。一直到一九六六年五月，雖然蘇珊當時已經是國內最著名的年輕作家之一，她基本上還是無業的，而且在考慮要完成博士學位。她寫信給哈佛大學的哲學系主任，希望他同意她重新入學。[25]她需要證明自己精通兩種外語，她的確參加了法語考試，但是卻要伊娃幫她考德語。[26]

不過她害怕的不誠實倒不是指在德文考試作弊，而是一些慣性的欺騙一直讓她周圍的人感到痛苦。伊娃說：

我好幾次看到蘇珊可以一邊對坐在旁邊的人顯得很刻薄，一邊又高談闊論一些很崇高的理想。我從來不了解蘇珊給自我的形象。她是誰？她好像總是要滿足自己，「我做到了嗎？我行嗎？」但她到底是要達到誰的標準呢？[27]

青少年時期的蘇珊痛恨那個「在我記憶所及中一直在看著我的人」。這個陰影一直在對她提出告誡，而她總是達不到它那嚴厲的要求、達不到較好的自我。她的教育告訴她：缺乏蘇格拉底的生活就是失敗的，她的養育過程中也一直被灌輸道德完善的暴君式理念，所以她認為追求純潔會帶給她啟發，但同時也是極糟糕的壓迫。伊娃說：「蘇珊能夠擁有的自由很少。如果你一直在想自己的墓誌銘要寫什麼，那麼你一定有些快樂會被拿走。」

——

伊娃說：「蘇珊一直想在道德上保持純潔，但同時她又是我認識過最不道德的人之一。甚至有一點病態。對人不忠。」伊娃的職業生涯必須要有博士學位才能繼續往下走。她帶著一個孩子，賺的錢也很少，所以她決定要寫篇論文。蘇珊告訴她：「我會替妳在『美國大學婦女協會』拿到一份獎學金。」蘇珊在英國和法國的那一年就是受到這個團體的資助。「我只需要寫信給他們就沒問題了。」但是蘇珊從來沒有寫過那封信。伊娃在半個世紀後又重新提到蘇珊的這次背叛，那時她依然很受傷。她說：「那件事真的讓我很痛苦。蘇珊這次大錯特錯了。」

蘇珊的力量和魅力幾乎完全來自於她決心要征服自己的短處。她強烈希望避免自己精心整理的這些缺點，這帶給她許多心理上的緊張。而如果沒有這樣熱切的改善欲望，她最後也會像許多其他分母一樣，在不知不覺間變得愈來愈痛苦。她在日記中提問：「自我革新的計畫難道有什麼錯嗎？」[28]

有時候，她的自我革新嘗試會讓別人覺得受到強迫。伊娃不喜歡吃海鮮，這件事讓蘇珊感到很憤怒，伊娃在後半生一直記得她的憤怒，有部分是因為會被這種事激怒實在很奇怪。但是蘇珊很堅持吃一些不合常規的食物。那時候斯蒂芬·科赫曾試圖寫一些詰聱難懂的文章讓她留下深刻的印象，而她第一次與科赫會面的時候，她狼吞虎嚥地吃著硫磺味很重的皮蛋。在摩洛哥的馬拉喀什（Marrakech），她直接向市場攤販購買並吃下停了好幾隻蒼蠅的蝸牛，這個舉動嚇到了她的女朋友妮科爾·斯特凡娜（Nicole Stéphane），一位優雅的法國女士。[29]蘇珊也吃內臟；她和約瑟夫·布羅茨基還很喜歡吃雞爪，有一次他們去吃港式點心，女服務生沒有來得及停在他們的桌邊端上更多雞爪，他們甚至追在餐車後面跑。[30]一個認識她的人形容看她吃東西很「恐怖」。她告訴科赫：「我喜歡像排泄物的食物。」

她在日記裡說自己的缺點是無法忍受其他人的品味。她帶著不贊同的語氣寫下「我對蘇珊〔·陶布斯〕和伊娃的神經質非常憤怒」。她提到她自己「對奇特、『噁心』的食物有誇張的食慾，真的很想吃＝表現我要拒絕神經質的需求。一種抗辯陳述」。[31]用這個方法，可以把她和她那過分講究的母親區分開來：「測試自己看我會不會退縮？（如利用食物，反抗我母親的神經質反應）。」[32]如果伊娃做了任何事情讓蘇珊想起蜜爾崔德，都會遭到她的攻擊：「我母親有些漂亮的東西（中國傢俱），卻不用心保存。伊娃對〔海因里希．馮．〕克萊斯特（Kleist）不夠用心，不買他的『作品集』。」[33]

但是在某些方面——也包括某個帶來毀滅性的方面——蘇珊又和她的母親很像。在她去世之後，她的日記被人出版，唐．萊文很驚訝地發現在一九六二年有這麼一句話：「我不是我母親的孩子——我是她的主題（主題、同伴、朋友、夥伴）。」[34]他很驚訝的原因是這段敘述和蘇珊自己講過的話非常像。有一次，他試著開啟一個需要小心處理的話題，講了沒多久之後，蘇珊就接了這樣的話。他問：「蘇珊，妳當真覺得妳對待大衛的方式是好的嗎？」她回答道：「你不懂。大衛是我的兄弟、我的愛人、我的父親、我的兒子。」唐知道他沒辦法再說什麼了。他只是心裡想著：「那對大衛來說真是一場災難。」[35]

大衛進入青春期的時候，蘇珊自己也還年輕——還不到三十五歲。但是她的養育方式總是讓她的朋友感到驚慌。她在一九六五年八月寫道：「艾琳嫉妒大衛，因為那是我生命中她完全無法占有的部分。我只知道一件事：若不是有大衛，去年我就自殺了。」[36]這句話呼應了蜜爾崔德告訴蘇珊的話：如果不是蘇珊，她就會死。但是說艾琳想要「占有」她與大衛的關係，其實是出於與唐類似的想法。她覺得蘇珊給了他太多自由和太少關注，她告訴蘇珊這樣的作法是不好的。

伊娃也是這樣想的。伊娃說：「他是一個很難得的孩子，他得自己適應她願意給的空間。我覺得她少給了許多愛和感情。」這個男孩的名字得自文藝復興時期一個完美的形象，而他所處的「空間中，不容許嬰兒的存在。他的狀態得要一直能與她進行知識面的討論。她沒有為他提供什麼，而在教學上卻對他極盡要求」。她不讓他接觸兒童文學，反而堅持他要讀伏爾泰和荷馬。「她一直想要更多、更多。他得提高自己的知識水準，否則就無法成為她的伴侶。」

她當初想要訓練小茱蒂絲背出各州的首府時，就是第一次採用這種模式；或是她堅持叫有閱讀困難的艾琳多讀點書；還有她後來斥責安妮．萊博維茨（Annie Leibovitz）竟然不懂巴爾札克。大衛是她的小孩，完全依附於她，所以他的壓力更大。她自以為是的稱讚和激勵，卻被其他人看作壓垮人的負擔。大家都同意大衛很聰明。但是他真的像他母親愛掛在嘴邊的那樣，有著「他那一代人裡第二優秀的頭腦」嗎？[37]伊娃談到她對待大衛的方式，直說「我覺得那太可怕了。她覺得自己是世界上最棒的母親」。

壓力漸漸浮現出來。大衛在十一歲時讀了《戰爭與和平》，並且絕望地認為「自己永遠也寫不了那麼好」。[38]十三歲時，他「酷愛有關義和團運動和阿爾比十字軍東征的書籍」。[39]弗雷德里克．圖滕有一次去拜訪蘇珊，是由大衛開門的，當時蘇珊還在換衣服。等待蘇珊的空檔時，圖滕和大衛簡短交談了一下，圖滕問他：「你最近在做什麼啊？」大衛回答：「我在寫一本關於西班牙內戰的小說。」圖滕原本想笑，但還是問大衛是否有讀過休．托馬斯（Hugh Thomas）寫這個主題的書。大衛說：「當然。」[40]不過，即使一個早熟的男孩有這種興趣很自然，但是他在報刊上露臉，應該就是因為蘇珊想要展現她兒子是一個優秀的知識人——是她自己的延續。相較於他母親，大衛不太愛炫耀，尤其是在高中裡，有一個朋友說：「他從來沒有希望別人第一眼看到的是他的聰明。」[41]

大衛還小的時候，總是希望他那個到處跑的母親對他多一點注意。賈可柏和蘇珊・陶布斯的兒子伊森・陶布斯說：「她設計了一個電話，是用紙杯和細繩子做的那種。她告訴他：它從我的房間牽到你的房間裡，你只要拉一下這條線，就知道我在這裡了。那麼你晚上就不會怕了。」[42]但是她並不總是在那裡，即使她並沒有出國，也沒有和誰在纏綿悱惻。有一次，她告訴唐・萊文說大衛去找同學了，她要去接他回來，這種前所未見的親情表現讓唐聽得一愣一愣的。

> 這不是蘇珊。她怎麼會去接兒子？我一句話都沒有說。她回來之後，就讓大衛上床睡覺了，然後她說：「你猜怎麼著？我敲了門。那地方在達科他（Dakota）。」我想這可能就是原因了。是她想進去達科他。她敲了門之後，是誰來應門呢？……她當然知道會是誰來開門。是洛琳・白考兒（Lauren Bacall）*。[43]

伊娃「很愛大衛。她覺得他是一個很溫和的人」。（她又加上一句：「但是他不會承認這種形容。」）蘇珊經常說他在成長過程中，總是睡在派對旁邊的一堆外套上，唐覺得蘇珊老是說這件事，重點並不是要說她都這麼做，「她用這件事來訴說她的人生，表示她覺得這件事很酷，值得一提再提」。

* 編註：洛琳・白考兒是美國好萊塢電影及舞台演員、模特兒及作家。

蘇珊覺得她給了大衛文化上的優勢，那是她被拋棄的童年中一直夢寐以求的。但是她呈現的感情風貌卻與她自己童年經歷到的一樣。她沒有父親，大衛也沒有。蜜爾崔德會留下她的女兒去旅行；蘇珊也做了一樣的事。就連在家的時候，蜜爾崔德都很常沉浸在自己的劇情中，沒有放太多注意力在兩個女兒身上：蘇珊也是如此，她有近百冊日記，但是讀者卻很難不注意到其中提到大衛的篇幅極少。

只有當蘇珊狀似要離開時，蜜爾崔德才顯露出蘇珊對她的重要性。蘇珊在早期寫過一篇自傳式小說，小說中用她的中間名描述了這樣的動態：

> 李（Lee）十四歲的時候，她的母親突然開始對她展現出湧現的母愛和依賴，李在隔年逃離了家庭——帶著罪惡感和萬分痛苦——離家去念大學。[44]

等到大衛長大到足以離開她的時候，蘇珊也做了同樣的事情。他說：「當我還是個小孩的時候，蘇珊沒有那麼多心思放在我身上。當我長成青少年了，我還變得比較常纏繞在她心頭。」[45]她的放任式管教讓他享受了令人羨慕的好處。她多次前往歐洲長期旅行時，就放著他自己一個人；讓他和鄰居或是朋友待在一起。[46]他九年級時一頭栽入了考古學，她眼睛都不眨一下地就讓他在沒有自己陪伴的情況下，與一個同齡的孩子前去秘魯，頂多只帶了「幾個在首都利馬可以拜訪的人名」。[47]她也讓高中的他自己和朋友去巴基斯坦、阿富汗和伊朗。不過蘇珊．桑塔格為她的兒子提供了這些之後——這遠比「可憐的蜜爾崔德」為蘇珊提供的多出許多——她決定要求的回報是不計一切地留住他。

斯蒂芬・科赫說：「她需要別人。這種需要也擴及到大衛身上，還達到一種災難般的程度。她開始留心讓大衛不能逃離她身邊。」如果他試著逃離，她說：「我就得搶在他前面。」[48]

——

蘇珊在一九六五年初與賈斯培・瓊斯展開了一段關係。就像與她有染的許多男性一樣，瓊斯原則上也是同性戀；這段關係也和蘇珊的大部分男性關係一樣，維持得很短。而且也和曾與她發生過關係的所有男性一樣，瓊斯極有才華，如她所說：「我的智識與性慾感覺經常亂倫。」[49]

瓊斯思考的哲學課題與她的想法完全契合——而且，至少在乍看之下，也和沃荷非常符合。瓊斯和沃荷都出生於名不見經傳的鄉下家庭，而且前後相差不到兩年。兩人都在一九五〇年代「抵達」紐約這個藝術之都，也都因為堅守馬塞爾・杜象（Marcel Duchamp）的傳統而站穩了腳跟。杜象從垃圾中取材，把它們放在博物館裡。沃荷畫過金寶濃湯罐頭和可口可樂瓶；瓊斯的作品則包括薩瓦蘭咖啡和百齡罈麥芽啤酒。

沃荷拒絕受到詮釋——他認為伊莉莎白・泰勒（Elizabeth Taylor）的畫像就是伊莉莎白・泰勒的畫像——不過瓊斯則說他的畫作會掩飾「真實」的意義，他拒絕詮釋是因為創作者會拒絕透露真實的意義，而不是像沃荷那樣，認為畫作不存在隱藏的意義。在談論他早期的作品時，他說：「我會試著隱藏我的個性、我的心理狀態、我的情緒。」[50]「戴了面具的玩笑」其實也是了解蘇珊作品的關鍵。

畫於一九五四年的《國旗》（*Flag*）是從他夢裡浮現的。「我從來沒有夢過其他畫作。我真的很感謝這個夢！」他一邊解釋畫，一邊大聲這麼說，這令人想起希波賴特。「我的意識滿懷感激地接收了這樣無意識的想法。」[51]拉近看的話，會覺得表面上清晰的圖案像是溶化了，在漆料底下只有看到報紙的剪報。觀看者即使集中全力，仍然無法把它們拼湊在一起，就像是要把約瑟夫・康奈爾盒中的神秘物件都連結在一起，也是一件十分不容易的事。唯一讓人能夠完全理解的符號是國旗本身，它那一成不變的熟悉感，讓瓊斯只須負責畫它，觀看者則被迫要嘗試發掘那個明確象徵背後的其他意義——但是大概又不會成功。評論家列奧・斯坦伯格（Leo Steinberg）寫道：「它保留了瓊斯最有趣的部分，他在試著用某種方式發掘不有趣的東西。」[52]蘇珊認為這種無趣是一種優點，表示他拒絕像商業的娛樂那樣，讓自己的作品顯得很可親。

> 我們這個時代有趣的藝術品大多**很**無聊。賈斯培・瓊斯很無聊、貝克特很無聊、〔阿蘭・〕羅伯—格里耶（Alain Robbe-Grillet）很無聊，等等、等等。或許，現在的藝術**就是要**無聊（但這也不表示無聊的藝術就一定好——顯然地）。我們不應再指望藝術可以帶來娛樂或逗人開心。至少，純藝術不會。[53]

《國旗》的無趣和難以理解，讓它對評論家而言很難抗拒，評論家提出了一堆畫作本身刻意要阻撓的詮釋。他們提出了一個古老的問題——真的是一個經典的問題，從柏拉圖就開始了——這個問題也激勵了今天的許多藝術：《國旗》真的是國旗嗎，或者它只是國旗的意象？瓊斯的回答是兩者都對。他也藉此提出了一個困擾哲學家幾世紀的問題：一個東西可以既是它本身、又是它的符號嗎？

他接下來幾年的畫作內容都故意顯得晦澀難懂——無法打開的書、無法閱讀的報紙、把背面翻過來對著觀看者的油畫——這些都暗示它具有某種不可知的意義。觀看者會投射自己的詮釋來取代作品的內容，但是他們的詮釋既不可能得到確認，也不會被否認。這種情況也和許多其他的情況一樣，問題（語言和隱喻可以被超越嗎？）都遠比答案更豐富（那就是報紙第二版的東西！）

不過，答案意謂著藝術創作可能超越諾斯底教視為當然的分歧。這類藝術也像是蘇珊觀看《米蒂亞》演出時看到的表演，可以化解藝術和生活、心靈和身體、自我形象和自我之間的界線。

——

瓊斯在一九五〇年代創作這些作品時，他的愛人是羅伯特・勞申伯格（Robert Rauschenberg），勞申伯格因為創作了大量「空白」畫作而出名。他有一幅畫作是全黑的，另一幅則是全白。約翰・凱吉和他的伴侶摩斯・康寧漢也加入了這群年輕藝術家的圈子，他用《四分三十三秒》這首名曲與他們互相暉映——那首曲子有共達四分鐘三十三秒的靜默。他形容勞申伯格的單色畫是「塵埃、光和影的著陸跑道」。[54]不過，這樣的空白狀態也不是只能承載塵埃、光和影。還可以把詮釋投射到它們顯然已經封住的外觀。瓊斯就很欣賞蘇珊的詮釋。

瓊斯說：「我覺得沒辦法輕易地把我對作品的感覺與『至上女聲』（The Supremes）合唱團連在一起。而她這種連結的能力就很令人激賞。」[55]蘇珊在日記中寫道：「賈斯培・瓊斯畫作或其他東西給人的感覺（感知），或許就像是『至上女聲』合唱團。」[56]她的文章〈一種文化和新感性〉（One Culture and the New Sensibility）也出現過這類觀點，只是用了另一種表現手法：

> 假如我們將藝術理解為一種設計感覺和訓練感官的形式，那麼勞申伯格的繪畫所提供的感覺（或感官），可能會像出自於至上女聲合唱團的一首歌。巴德・鮑艾提契（Budd Boetticher）導演的電影《金鑽盟》（*The Rise and Fall of Legs Diamond*）所製造的興奮和高雅，或狄昂・華薇克（Dionne Warwick）的歌唱風格，會被視為一種複雜的和愉悅的事件而受到激賞。它們在沒有高傲態度的情況下為人所經驗了。[57]

這一段不帶感情的文字卻引爆了不相稱的反應。本傑明・德莫特（Benjamin DeMott）在《紐約時報書評》上既欽佩又嘲笑地大聲說：「這位女士根本搖擺不定。她既對至上女聲合唱團有研究，又懂坎普。她對重要的即興創作和路線奇特的優秀電影都有涉獵……」[58]她提到至上女聲合唱團這件事，在往後的幾十年裡為她帶來了不利的影響，有人用這件事來證明她對高雅文化存有敵意（諾曼・波德里茨就一臉驚愕地說：「看在上帝的份上，妳是說至上女聲合唱團嗎？」），還有人把這解釋成她後來說要拋棄的時髦文化。二十七年後，她的朋友賴瑞・麥可莫特瑞為她所受的攻擊提出了辯護：

她偶爾會說她喜歡搖滾樂，她的確是在一篇一九六五年發表的〈一種文化和新感性〉中，以讚賞的語氣提到了狄昂・華薇克和至上女聲合唱團，但是這就能說是日後有人認為她「丟棄」的「興趣」嗎，或是她真的丟棄了嗎？說不定她還是很喜歡至上女聲合唱團。[59]

蘇珊的這種連結能力深深吸引了瓊斯，不過這些連結卻讓許多人感到不悅。後來被稱為「文化研究」的學問，當時還正在孕育階段，其認為，商業藝術和高雅藝術之間存在著困難的關係，這份關係往往會被視為一種「整平」（leveling）。但是在沃荷的想法——詮釋不存在——和瓊斯的想法——不可能有詮釋——之間，蘇珊・桑塔格很快提出一個更有吸引力的想法：也就是反詮釋。

蘇珊在瓊斯身上發現了她通常會欣賞的男性特質：他是位大師——像是芝加哥的哈欽斯那樣的老師，可以帶給她「正確的道路」。斯蒂芬・科赫說：

> 賈斯培很有主導性，也很自我本位，他就像是世界上最愚蠢的異性戀大男人，把周圍的每一個人都視為只有次要地位。所以，不是說她在賈斯培身上看到一個敏感的男性，就認為那是他的主

要個性。完全不是這麼回事。她很清楚賈斯培**絕對不**會對任何事讓步，他只當第一。這觸動了她。[60]

蘇珊希望能夠臣服於一股具優越地位的影響力，她的這種欲望遠比任何綁住他們的性愛動能都來得重要。瓊斯是男性，所以蘇珊可以在智識和藝術面深受其影響，但是在情感上卻與他絕緣。她的日記中不曾有一次寫過她因他感到絕望，但是她在描述與其他女性的關係時，的確曾經說過什麼事令她痛苦難忍。賈斯培拋棄她的時候，用的方式足以摧毀任何人。他邀請她去一個跨年派對，然後就和另一個女人一起離開了，沒有留下任何一句話。但是她的日記裡沒有對這件事提及隻字片語。[61]

這段短暫的關係留下一個實用的遺產。他把自己租的頂層公寓留給她，那棟房子位於河濱大道（Riverside Drive）三四〇號，就在一〇六街的轉角。屋子裡會照進明亮的陽光，並有廣大的陽臺和寬闊的視野，日後的作家如果是賺著和桑塔格相同的收入，一定負擔不起租金；但是這個破舊的城市在那幾年的租金還算是相當合理，瓊斯搬出去之後，蘇珊就搬了進去。只有一個缺點——瓊斯作畫時，會把一些很詳細的初步素描直接畫在牆上。公寓裡到處都是這些畫，這位新房客得決定該拿這些畫怎麼辦。於是她選了最簡單的方法，就是直接把這些素描塗掉。[62]

第十七章　天佑美國

六〇年代的三個象徵性人物——約瑟夫．康奈爾、安迪．沃荷、賈斯培．瓊斯——為蘇珊帶來新的看事情的方式，以及如何理解她所看到的事情。但是她在一九六六年一月出版《反詮釋》這本她自己對於所做所見的反思時，卻是獻給第四位藝術家，保羅．泰克；泰克死後，蘇珊說他是「我人生中最重要的人」。[1]

康奈爾、沃荷和瓊斯的作品在今天都可以賣到數千萬美元。泰克的作品卻不是。他雕刻的生肉和截肢的身體部位散發著冥界牲禮的氣息，注定了他只能屬於少數派。不過，如果有像桑塔格這樣的鑑賞家狂熱地欣賞他，一定是因為他像亞陶一樣，完全不能被同化。其實許多他最引人注意的作品已經不復存在了：它們都只是暫時組裝起來的，像舞蹈一樣，最後就只能存在照片裡了。他還造了一個字：「安裝」（installation），來形容它們。

許多六〇年代的藝術家——包括桑塔格在內——都決心要破壞他們所厭惡的消費主義社會。泰克是那個時期少數成功的重要藝術家之一。桑塔格在一九八〇年哀嘆：「今日的高雅現代藝術都是符合體制的藝術了。現代的高雅藝術變得不具有破壞性，而且與消費社會完美契合。」[2]泰克則相反，他是直接用身體走向繪畫和雕刻，就像是音樂或舞蹈，這也吸引了蘇珊，她一直渴望逃離自己的腦。他也名列與她上床的一長串男同性戀名單中，不過他們的友誼其實遠稱不上和諧：泰克曾經怪她「散發出大蒜和文件的味道」。[3]

不過，除了菲利普之外，蘇珊只和泰克討論過他們可以有一個孩子。很容易想像這個同時遺傳到母親和父親的孩子將是一個完美的組合：有蘇珊的理智和保羅的感受力。這兩個人擁有——比例極端的——對方所欠缺的東西。

—

蘇珊在〈反詮釋〉一文的最後寫道：「我們需要藝術的情色來取代詮釋學。」這些字是她寫的。但是這個標題、這個想法則是保羅．泰克的。知識文化中充斥著佛洛伊德和馬克思，他們為個性和社會提供了大量而複雜的線索，也因此，強調立即經驗（immediate experience）很受到歡迎，也很令人高興，並與那十年間的其他解放運動走到了一起。美國本土的解放運動有政治解放運動（黑人解放、婦女解放、同性戀解放），國外則有被殖民者的解放運動。在哲學和社會學領域，有人訴求馬庫色提出的某種「色情文明」。音樂界也有對應的訴求，包括披頭四樂團和巴布．狄倫，還有文化生活的各個領域：維達．沙宣（Vidal Sassoon）不再使用捲髮筒為頭髮定型；伊夫．聖羅蘭（Yves Saint-Laurent）甚至為巴黎的女裝時尚帶進一些不拘泥於傳統的設計。

這個運動在流行文化界的代表是嬉皮（hippie）和嬉皮的同義詞「花孩子」（flower children），他們都擺脫了以「舍曼奧克斯文化」為代表的等級制度。嬉皮世代甚至比蘇珊還年輕。他們在一九六四年〈關於「坎普」的札記〉發表的那一年，提出的號召內容是「絕不相信三十歲以上的人」，而那年，蘇珊是三十一歲。

在這股文化革命的氛圍中，桑塔格有些論文被集結出版成《反詮釋》一書。其中的章節都在別處出現過，已經被人閱讀、稱讚、以及——同樣經常——被批評。其中就有〈關於「坎普」的札記〉這篇，也有一篇就叫作〈反詮釋〉。有些文章在評論前衛派和大眾文化，包括評《耀眼的傢伙》、科幻電影和即興創作；還有從五〇年代開始就引起她興趣的法國文化：包括西蒙·韋伊、卡繆、沙特、惹內和亞陶等作家；電影導演則有布列松、雷奈和高達。

有鑒於這本書的涉獵之廣和嚴肅，其反響卻大部分集中在作者想要摧毀文化的決心，這件事就很值得注意。歐文·豪在一九六九年寫道：「蘇珊·桑塔格提出了一種令人雀躍的折衷觀點。……現在每個人都應該做『他的事』，不論是高等、中等或低等；舊日在進行詮釋和評價時著重嚴謹的作風、不能偏重感覺，已經逐漸被有依循程序的感受性所取代；長時間對披頭四樂團的研究也為我們帶來了啟發。」[4] 彼得·布魯克斯（Peter Brooks）寫了一篇勢必會帶來衝擊的評論，文中承認桑塔格的角色是把新作品帶到大眾眼前，他在《黨派評論》上寫道：「整體來說，美國的批判論述都忽略了、或是沒能聰明地談論米歇爾·布托爾（Michel Butor）、尚盧·高達、羅蘭·巴特或克勞德·李維史陀（Claude Lévi-Strauss）——而他們都是桑塔格女士英雄榜上的人。這種忽略和失語突顯出桑塔格女士的重要性：憑著對時機和戲劇性事件的敏感度，她讓自己成為權威性的傳道者，為當代的藝術意識帶進許多重要的東西。」但是在這些溢美之詞後面，接著卻說她「缺乏邏輯、語言和對歷史性的理解」。[5]這些批評通常會帶有性的特徵：布魯克斯說那本書是「一場十足的縱慾狂歡」，而《紐約客》（*The New Yorker*）雜誌的影評人保利娜・凱爾（Pauline Kael）則說：「我想不歧視的態度應該被視為一種價值，而她則成了不折不扣的時尚。」[6]

書中收錄的最後一篇文章是〈一種文化和新感性〉，它替那個年代的許多象徵性轉變賦予了一個名字。桑塔格的反對者將「新感性」看作是她把高雅文化與低俗文化等同視之：所以他們認為那代表更全面的、包括性方面的價值崩壞，也將導致知識和性方面都出現混亂。舉例來說，在一篇有關媒體理論家麥克魯漢（Marshall McLuhan）的文章中，就有一名新聞記者抨擊麥克魯漢「宣揚嬉皮和花孩子文化、以及蘇珊・桑塔格的新感性，還有其他各種脫離、退縮或拒絕優勢文化的形式和作法」。[7]不過，〈一種文化和新感性〉清楚指出桑塔格所謂的「單一文化」（one culture）並不是要消除高雅和低俗文化之間的區隔，而是提議要在文學文化和科學文化之間作出新的連結，而那在過去一向是遭到反對的。

這表示漸遭罷黜的文學其實是抵抗機械化與非人化的最好堡壘，這個想法主要是來自馬修・阿諾德（Matthew Arnold）。桑塔格意識到現在需要一種全新概念的藝術和科學，就像是巴克敏斯特・富勒（Buckminster Fuller）所說的：「自從第一次世界大戰以來，所有主要的進步，是感官之下和超感官的雷磁光譜的頻率。」[8]許多具有創造力的能量都被科學吸走了，如果是在另一個年代，這些能量可能會轉向藝術，因此桑塔格其實是從非小說界創造了另一批經典思想家。

> 新感性的基本特徵是其標準化的製品並不是文學作品，最重要的並非小說。……在尼采、維根斯坦（Wittgenstein）、翁托南・亞陶、謝靈頓（C. S. Sherrington）、巴克敏斯特・富勒、馬歇爾・麥克魯漢、約翰・凱吉、布勒東（André Breton）、羅蘭・巴特、李維史陀、捷克弗里特・吉迪恩（Sigfried Giedion）、諾曼・布朗和吉俄琴・凱佩斯（Gyorgy Kepes）的著作中，我們發現了這種新文化結盟的某些基本文本。[9]

為了要了解一個由神祕且通常有害的科學所形成的世界，哲學家、劇作家、建築師、音樂家、人類學家、精神分析學家和畫家會採用科學模型作為他們的基礎，她寫道：「因為現今的藝術堅持冷漠，拒絕那些被它視為多愁善感的事物，由於其精確精神、其『研究』和『問題』意義，它比古老意義中的藝術更接近科學精神。」[10]它也和科學一樣要求嚴謹的運用：

> 米爾頓・巴比特（Milton Babbitt）和莫頓・費爾德曼（Morton Feldman）的音樂，馬可・羅斯科（Mark Rothko）和法蘭克・斯特拉（Frank Stella）的畫作，摩斯・康寧漢和詹姆斯・沃林（James Waring）的舞蹈，都要求一種相當困難且需要長時間的學習期才能完成的感性教育，這種感性教

育至少能與精通物理或工程的困難度相比（在藝術中，至少在美國只有小說無法提供類似的例子）。[11]

拉斯金批評文藝復興時期的藝術過於冷漠、對一般人而言難以接近；不過桑塔格覺得複雜性可以防止高雅文化一直暴露在瓦解的風險中、抵抗比較有力的庸俗文化對其帶來壓力。這就是為什麼現代文化通常顯得很嚴肅、不幽默又很認真；而其產品卻是相反的，但是也稱不上通俗化。桑塔格欣賞的思想家不是沃荷派的。她欣賞的思想家想要找出「感官之下和超感官的雷磁光譜的頻率」，讓藝術成為「一種新的工具，是一種改變意識和組織感性新模式的工具」。[12]

這就是這篇文章隱藏的訴求。在這個新的包裝下，桑塔格又再一次試著描述「理性的」科學和藝術家的浪漫情懷之間的關係。這是一個受歡迎的題目，佛洛伊德也討論過，他認為自由和壓迫、自發和理智、藝術和科學想像之間存在著緊張關係。這些都曾經被認為互相對立。這個新的概念不再認為它們互相對立。只要藝術家採取科學的方法，也可以擔任意義保衛者的角色，而這在過去被認為是專屬於科學家、學者和神學家的。他也可以對這個通常深不可測的新世界作出詮釋，並提供給他的觀眾，而這在過去則分別是由上帝和神職人員，即創造者和詮釋者扮演的角色。換句話說，這是將評論視為一種藝術；而蘇珊·桑塔格的「新感性」就是身為藝術家的評論家所擁有的。

桑塔格對於現代藝術感到激動莫名，雖然她也嚴正警告過現代藝術難以理解。現代藝術幫助她和其他人「看更多，聽更多，感覺更多」。在〈一種文化和新感性〉中，她表示希望現代藝術有助於抵抗愈來愈機械化的生活、以及它所帶來的「強烈感官麻木」。某些新藝術對娛樂性抱持負面的觀點。不過她卻非如此，她在一九九六年寫了〈三十年之後〉（Thirty Years Later）回顧過去，她回想的便是娛樂。

那篇文章就像是最好的旅行文學一樣，會讓你恨不得身在那裡。她寫道：「對我來說重要的藝術家，他們的奉獻、大膽和不眷戀財富，對我來說似乎是藝術家該有的樣子。我認為每個月都有新的經典作品是正常的。」她還提到了「三十年前，我們確信處在一種文化和社會的重要正面轉換開端」。[13]邊緣的觀點正在進入主流，或至少是進步思想的主流，而結果是她當時沒有預期到的。

> 我當時不了解的（我確實並非合適的人選來理解這件事）是嚴肅本身正開始在大眾文化中失去可信度，而我所喜愛的超過限度的藝術，會推動輕佻乏味的、僅屬於消費主義的一種越界。三十年後，嚴肅標準幾乎已經被破壞殆盡，而文化優勢中最清晰、最具說服力的價值則源於娛樂工業。對大部分人來說，現在嚴肅以及榮譽的這個想法似乎是優雅奇妙的、「非真實的」。

這番坦承也是針對有人控訴她顯然擔任了「整平化兩邊的角色」。她的確想要翻轉兩邊的武斷區分：「我所挑戰的等級（高／低）和極性（形式／內容，理性才智／感覺），是那些抑制了我所欣賞的新作品的適當理解之等級制度。」[14]這些等級制度也和其他受到挑戰的東西（黑／白、男／女、異性戀

／同性戀、藝術／科學）一樣，的確通常應該被推翻。但是這並非顯示所有等級制度都不好。文化保守主義者是對的，雖然不是以他們自認的方式。他們在保存那些等級制度方面，其實比不上蘇珊・桑塔格、賈斯培・瓊斯和約翰・凱吉更為成功，這三個人都有試著擴大或是將等級制度重新定義。桑塔格哀痛地指出消費主義把他們全都淹沒了。

——

《反詮釋》是在六〇年代前半葉完成的作品，當時事情看起來正在變好。桑塔格寫下「它那極少的鄉愁。在這樣的意義中，它確實是一種烏托邦的時刻」。對希特勒作戰取得了勝利，再加上民權運動、甘迺迪的掘起，都帶給桑塔格這輩人一種進步的觀察：他們不是沒有注意到不公義的存在，而是以為自己都已經克服了。

但是黑暗，諾斯底教始終堅持的黑暗，總是接在光明之後而來。對蘇珊這一代人來說，黑暗可以總結為一個詞：越南。在甘迺迪任內，美國的「顧問」群開始抵達西貢，他們的成員幾乎就是蘇珊在曼哈頓的戲院和畫廊裡會見到的同一類人。他們去越南的精神就和拱甘迺迪上大位是出於相同的理念，小說家菲利普・卡普托（Philip Caputo）寫道：

我們帶著滿滿的錯誤想像前往海外，這都要怪我們年輕時的那幾年間，氣氛過於令人亢奮。年輕人對戰爭一無所知，但是卻認為戰爭具有無比的吸引力，不過也是因為我們受到甘迺迪的迷惑，覺得要保持一條心——甘迺迪要我們問自己可以為國家做什麼，他還喚醒了我們傳教士般的理想主義。[15]

在這個理想主義的全部後果清晰呈現出來之前，蘇珊就遠離政治了。這也相當典型。許多作家在五〇年代都撤退至個人的夢想中：各自的戲劇成了他們的文學作品的中心，也包括「垮掉的一代」（Beats）的寫作。前一代人感到迫切的政治和社會問題都退居幕後。每當蘇珊的日記裡寫到政治，也都與美學有關——就像是她在古巴所寫的。在美國——就像是她評《耀眼的傢伙》——偶爾提及政治時，也都是與藝術有關的議題。

畢竟在五〇年代，美國外交政策的主要目標是圍堵共產主義，這沒有什麼爭議。自由主義者會質疑怎樣的作法才最好，但是大致上都同意圍堵是必須的；就連《黨派評論》都支持冷戰和美國應扶植某些自由政權。問題是對於「自由」的定義，南越那種混亂的獨裁國家到底算不算是自由國家呢，實在是充滿疑義。

在美國，越戰還沒有成為歧異最劇烈的議題之前，就已經有新的激進主義在活動了。「新左翼」（New Left）在一九六二年出現，而越南在前期幾乎沒有任何角色。[16]它吸收了許多馬庫色的想法，都是在說個人對自由的追求將預示一種更廣的政治，並宣判美國將因資本主義、帝國主義和種族主義而走向滅亡。越戰看起來很確實地說明了這些理念。

它裂解了左派。新左翼嘲笑那些依然誠心相信美國善德的自由主義者。當北越於一九六五年展開轟炸的時候，激進主義者把自由主義者描繪成天真又容易受騙的一群人，而蘇珊的圈子則受到激進主義立場的吸引。她從創刊伊始就參與其中的《紐約書評》成了人們眼中的「紐約越南評」。《紐約書評》在一九六七年的刊物封面印了製作汽油彈的圖解說明，堪稱是美國最激進的出版物了。

日益升溫的大屠殺令她感到絕望，也讓她人生第一次積極地走上街頭抗議。在一九六六年二月二十一日，就在《反詮釋》出版的一個月後，她與其他作家，包括諾曼．梅勒、麗莲．海爾曼、威廉．斯蒂隆、伯納德．馬拉默德（Bernard Malamud）和羅伯特．羅威爾，在時代廣場附近的紐約大會堂（Town Hall）展開了「宣讀行動」（Read-In）。這場集會最後被一名不在值勤中的警察打斷了，他走上講臺，在「一個單調的竹框，裝著一張照片，內容是炸彈、死去的士兵和殘廢的亞洲小孩」的前面，唱了著名的愛國歌曲《天佑美國》（God Bless America）。[17] 他也邀請觀眾一起合唱，但是不用說，沒有任何觀眾加入。

在一九六七年十二月，蘇珊因為堵住曼哈頓徵兵站的入口而遭到逮捕，「她走向一輛小貨車時，有一剎那令人想起穿著寬鬆長褲和長筒靴的聖女貞德」。[18] 她在一九六六年三月時寫過：「作家應該當少數異議分子的前鋒——為那些害怕的人、那些因為難為情而不願意的人、那些說不的人、那些說『我們在流血』的人、那些哭著說停的人」。[19]

不久之後，蘇珊就寫了一封對美國的控訴書，這後來一直成了對蘇珊·桑塔格的指控。詆毀她的人從來沒有原諒、或忘記〈美國怎麼啦〉（What's Happening in America）這篇文章。[20]那篇文章最被人記住的是其中一句話：「白人種族是人類歷史的腫瘤。」這句話的修辭可能很不適當——甚至讓她這個從來不道歉的人後來為此道歉了。雖然比較是因為隱喻失當，而不是為了字面背後的觀點。畢竟她絕對不是唯一一個為越南感到憤怒的人。

她在那篇文章中寫的很多東西是對的。美國得以建立，至少在相當大的程度上的確是因為屠殺了美國原住民和奴役非洲人。許多美國人也真的相當暴力，又站在道德的制高點。許多美國的物質文明其實是毫無價值的垃圾；許多美國的政治人物當然是庸俗而齷齪的。然而這篇文章的完整脈絡仍然有對美國的一絲希望，主要是寄託在新興世代，她在新興世代關注的事物中看到：

> 經過重新定義的性革命和經過重新定義的政治革命之間，有許多重疊。一個社會主義者如果會嗑點藥（完全是精神性的：那是一種探索意識的方法，而不是當作止痛劑或支撐物），並不是無法想像的事，對內心空間的探索和對社會空間的改正也不是無法相容的兩件事。

透過性和藥物可以擴大意念，或許將修正社會整體，雖然她也沒有明確的說明如何做到；貝爾納·多諾霍形容她對政治的想法是要「探索你的性傾向和整個生命，以及質疑所有體制，並對一切制度等感到厭惡」，在多諾霍說這句話的十年後，她還是保有馬庫色式的希望，想將這個質問擴大到政治。

但是〈美國怎麼啦〉缺乏實踐的政治。舉例來說：美國的種族主義似乎的確看不出解方何在。而且就在桑塔格寫這篇文章的不到一年之前，那個被她嘲笑為「搔不到癢處」的總統才簽署了《選舉法案》（Voting Rights Act）*，這是繼他在一九六四年那個具里程碑意義的《民權法案》之後，又一次重大的勝利。在林肯之後的一個世紀中，已經沒有領導人做出任何可與之相比的事。雖然桑塔格敏銳地意識到她自己身上有黑暗和光明的混合，但是她在看自己的國家時，卻沒有辦法提出同樣觀察細微的見解。

在美國，最大的美德寶庫就是她自己住的地方。她告訴讀者「穿越哈德遜河。你就會發現不只是一些美國人，而是幾乎所有美國人」都覺得「還得掃滅幾群印第安人，這樣美德才會取得勝利」。這似乎是一種可笑的諷刺；畢竟越南的大部分創建者也像甘迺迪一樣，其實是出身自西方體制。

但是閱讀這篇文章，其實不是為了知道這個巨大而複雜的國家真正「發生的事」。它告訴我們的，是由《黨派評論》這種雜誌所描繪的，一個長期系譜中的美國；《黨派評論》中還會出現以下這種段落：艾倫．金斯堡的《嚎叫》中的「魔洛克」（Moloch）。

> 魔洛克之心乃純粹之機械！魔洛克之血乃奔竄之金錢！
> 魔洛克之指乃十魔軍！魔洛克之胸乃食人發電機！
> 魔洛克之耳乃一座菸槍墓塚！[21]

桑塔格的美國是一種文學的修辭，她的政治觀察依然像在古巴時一樣，主要是美學上的。她寫到美國「充斥著幾個新世代的可憐人，在美國慢慢建立起來時，根據的是工業時代一開始的人們對良好生活型態的俗麗幻想，那時的人們在文化上是匱乏的、是失根的」。讀者可能同意她的所有觀察——也完全認可她對越南感到的憤怒——但是同時也知道這不是事情的全貌，她所說的不是「真實的」美國。那是坎普的美國、是一種美學現象：以美國作為一種隱喻。

但是說到底，觀察某一個人的國家到底應該用什麼方式呢？這位《仙人掌報》的前編輯成長於有著強烈愛國主義的一代，她們把美國和軍隊看作文明世界的最後一絲、也是最好的希望，要她年復一年地，看著那些軍隊在一個從未對美國造成威脅的遙遠國度降下大量死亡，絕對不是一件容易的事。要怎麼樣才能夠正確表達一個人的恐懼、一個人的心碎和受到背叛的感覺呢？

不曾經歷過學徒時期就無法精通一件事，沒有失敗就不會有成功；在文學領域達到成熟的藝術家實在過於罕見，可以說在實際上是不存在的。不是他們的生命啟發了傳記的寫作：而是心靈的進步讓作者的生活形成故事。失敗不會減損後來的成就，反而是說明如何達到這些成就的艱辛過程，才能擴大這個成就。

---

* 編註：這個法案保障了少數群體，尤其是非裔美國人的投票權，並禁止了投票過程中的種族歧視。

眾人公認桑塔格的失敗之一，便是她在一九六七年八月出版的第二本小說，《死亡之匣》。這本書受到的喜愛甚至比《恩主》還要少，如果還有可能更少的話：或許這是因為她的出道之作受到了寬容的審視，所以接下來的作品就得不到什麼認可了。但是它的有趣之處不是小說帶給人的滿足感，而是它讓我們看到桑塔格是怎樣思考某些主題的——什麼是真實？怎樣去看？這些都反覆出現在她的寫作中。她會一直質疑書中角色和其經驗的真實性，拿掉他們的情感，讓閱讀者很難站在情節與角色的高度。但是能夠見證她赤裸裸的想法，通常還是很值得的——與書名所揭示的主題相關的情緒糾葛，就覆蓋在表面之下——雖然經過很深的偽裝，甚至在某些情況下，對作者自己都隱藏了起來。

其中一個主題與保羅．泰克的男朋友彼得．赫哈走訪西西里島有關。赫哈是個攝影師，他也像保羅和艾琳一樣，是沒有受過正規學校教育的天才。他出生在紐澤西州的一個烏克蘭家庭，家裡人都是半文盲的農夫，他的母親是一個粗野、酒精中毒的女服務生，後來嫁給一個開賭場的；而當她肚子裡懷著他的時候，他的父親拋棄了他們母子。斯蒂芬．科赫說：「如果想登上彼得的優先名單，你一定得是個遭到虐待的孩子。」赫哈漸漸長成一個令人望而生畏的人。科赫第一天見到他的時候，「他就坐在蘇珊那張傳教士風格的搖椅上。坐在那裡。但是不曾搖動」。

他那天在攝影棚裡拍攝珍．曼絲菲的照片，她換了一套又一套衣服，有時則是裸體。聽他的描述好像在聆聽一名優秀的小說家。舉例來說：他會說明她與自己乳房的關係、她與它們有什麼連結、她的乳頭為什麼是壓碎的覆盆子的顏色。[22]

他在一九六三年去了西西里島，帶回來的照片證明他有小說方面的天分，也讓人見識到照片的強度。他在一九七六年將這些照片出版為《生死肖像》（*Portraits In Life And Death*）一書，並由蘇珊寫序。「生」部分也有蘇珊和許多藝術界的重要人物的肖像，包括威廉・柏洛茲（William Burroughs）、保羅・泰克、弗蘭・利博維茨（Fran Lebowitz）、勞勃・威爾森（Robert Wilson）和約翰・華特斯（John Waters）。「死」部分的照片則是巴勒莫（Palermo）的卡普奇尼（Capuchin）地下墓穴中一些穿戴整齊的市民，而不論是宗教人士或俗世的人，他們的屍體聚在一起，給人毛骨悚然的感覺。

根據科赫的說法，它們對蘇珊有「不可小覷」的影響，也決定了保羅・泰克後來的許多作品：包括他畫的肉塊和身體的某些部分。泰克還記得他們的第一次到訪：

> 它們帶來的最初效果實在是過於驚人，你會先向後退，然後又覺得十分振奮。總共有八千具屍體——不是骨骸，而是屍體——裝飾在牆上，走廊上也都是沒有密封的棺材。我打開了其中一口，撿起一張我以為是紙的東西；那是一片乾掉的大腿。我感到不可思議的放鬆和自由。它讓我發現屍體可以拿來裝飾房間，就像花一樣。我們在理智上接受我們的客觀實在性（thing-ness），不過如果是在情感上接受它，勢必十分愉悅。[23]

《死亡之匣》的最後一個場景是主角漫遊著走過這片墓地。這本書講的是一個活在死亡王國的男人——如果他真的活著：我們永遠無法完全確定這件事。她在倒數第二頁寫下：「他完全忘了自己是在哪裡。身在何處，狀態如何。」[24]

他那奇怪的名字，迪弟（Diddy），也見證了另一齣戲。蘇珊自己也是直到一九七二年才理解；她當時還在日記中提到她發現這個意義時，感到多麼驚訝。

> 迪弟，只有迪弟才可以。要這五個字母。但為什麼呢？我永遠無法理解。今天〔我〕明白了。
>
> 迪弟
>
> 爹地
>
> 這是我一生以來揣在心底，對於死亡冥想的源頭。
>
> 迪弟三十三歲。爹地去世的時候剛好也是這個年紀。
>
> Did-he? Did he die?〔他死了嗎？〕虛假死亡、la mort equivoque〔模稜兩可的死亡〕、la resurrection〔復活〕inattendu〔「意料之外」〕的主題，存在我的所有作品中——[25]

——

從紐約搭火車前往水牛城的途中，迪弟的火車被困在隧道裡，所以延誤了。等待的時間愈拖愈久，迪弟下了火車，遇到一名工人安傑羅．尹可多納，迪弟用鐵橇謀殺了他。回到車廂之後，其他五名乘客都沒有注意到他曾經離開過。他的目光落在一個失明的女孩海絲特身上，並向她告白了他所做的事，但是就像《恩主》中的夢境一樣，她向他保證那起犯罪是他幻想出來的，她告訴他：「你根本就沒有下車呀。你根本就沒有出過車廂，相信我。」

看不到的她是否看到了什麼，是看得到的他無法看到的呢？迪弟在水牛城得知的確有一名工人死了，但不是被鐵橇謀殺的：他是被火車撞死的，火車並沒有停下來。因此，迪弟也不可能離開火車、不可能走進隧道裡、不可能謀殺那個人；但是「迪弟知道世界是建立在謊言之上的」，所有乘客「都能證明火車停了四十分鐘左右」——或者說，如果我們決定要相信迪弟，他們就能證明。

可能在或不在那裡的屍體，可以比較明確象徵蘇珊認為身體具有的不真實感，她要否定泰克作品所提出的「客觀實在性」。迪弟堅信那樁犯罪，但是讀者有絕對充分的理由相信他沒有做。或許就像是佛洛伊德的假設：真實不比良心所呈現的真實更重要，而良心的有罪則呼應了蘇珊另一個一直以來的恐懼：她是騙人的、不真實的、虛假的。為了贖罪，迪弟一再嘗試負起責任，但是又失敗了，他甚至去找尹可多納的太太，尹可多納太太像是在吸毒，她在一個烏煙瘴氣的場景中試圖勾引他。但是就像希波賴特，他想要犯罪的企圖總是一再遭到挫敗，迪弟也沒有辦法讓任何人相信他是有罪的。海絲特為了回復她的視力而做了一次注定失敗的手術，而當時迪弟就在城市中到處徘徊。

幾乎桑塔格的所有作品都會以視覺作為一個重要的隱喻。海絲特看不到；而迪弟則在製造顯微鏡的公司工作。但是對他來說，看見是一個讓他抑鬱的舉動。他說：「我這種視力讓我多麼難受，但願你能明白就好了。看到一切……幾乎所有的一切都那麼醜陋，簡直令人太痛苦了。」[26]因此他對美感到著迷，他猜想或許這是因著他對事物有真正的理解，這也部分解釋了他對海絲特的興趣。她觀看的方式與他極為不同，這讓他覺得近乎完美。因為他不能不看，但是卻因為視力的背叛和不確定性而深受折磨。

在一場夢境中，他現身在海絲特要動手術的醫院，並且開始「一絲不苟地」拍攝那場手術。

> 她肯定很痛。瞧，她正在手術臺上不安地扭動。醫生們還在繼續。迪弟很想做點什麼，但是他隔得太遠。於是他繼續拍攝，照相機「咔嚓咔嚓」響個不停。……海絲特就是迪弟的眼睛所觀察的標本。他十分輕柔地轉動旋轉鈕，將鏡筒緩緩的上下調動，尋找最精確的焦點。[27]

用這種方式看待其他人的痛苦，等於是用一種儀器——顯微鏡、照相機——將痛苦疏遠：用科技保護人的眼睛不要直接看到什麼。但矛盾的是，照相機也可能讓這類觀看變得更痛苦，如同桑塔格在《論攝影》中所作的觀察：

> 我曾於一九七三年在上海一家醫院，觀看一名患晚期胃潰瘍的工廠工人在針刺麻醉的情況下，被切掉十分之九的胃，我竟能堅持三個小時觀看整個手術過程（這是我有生以來第一次觀看手術）而不覺得不適，從未覺得需要把目光移開。一年後，我在巴黎一家電影院看安東尼奧尼（Antonioni）的紀錄片《中國》（Chung Kuo），裡面有一次不那麼血淋淋的手術，第一道解剖刀割下，我就畏縮，在那一系列連續鏡頭期間，多次把目光移開。[28]

正確——誠實——的觀看方法到底是什麼呢？省去人造裝置也不一定能保證更接近真實，桑塔格在上海的經驗和書中的迪弟都是這麼說的。他放棄了照片、視覺，接下來則是語言——當語言也無法讓他更接近他在追尋的真相時：

他已經暗暗決定，不能讓自己與海絲特的關係變得機械而平淡，因此他想尋找一種既減少交談、又不影響他與海絲特交流的途徑。她的眼睛已經看不見了，所以話語不能被完全放棄。只能被取代。[29]

他們找到的取代方法著眼於「身體的客觀實在性」。那是海絲特擅長的身體語言，不是用照片或語言來確認東西，而是靠著形狀和感覺。他們的性愛不須用到眼睛，「做愛已經愈來愈成為他們關係中的一致主題」。[30]但是——就像是眼睛在揭露一個真相的同時，也會阻礙另一個真相——迪弟也發現有好的和壞的失明。用好的方式「不看」，還是可以讓他們回歸疏離的身體：

一是崇高的失明。如希臘雕塑中的那樣。塑像上的人物由於沒有眼睛，而顯得愈發有活力，其身體愈發充盈，愈顯得身心合一。當我們凝視那些塑像的時候，覺得自己也更加身心合一。

一是鄙俗的失明：由於被激怒或絕望而導致的失明。是一種被動的狀態。一種身心兩分的狀態。就像關於死人的雕像中那樣。人淹死之後，全身上下最先分解或腐爛的就是眼睛。鰻魚就是在剛剛淹死不久的人的空洞眼窩裡穿梭。

《死亡之匣》的第一版封面是黑色的，這顯然恰如其分。這本書想要表達的就是壓抑、黑暗和盲目——陷在隧道裡。如果在這本書一路掙扎地邁向它無法令人滿意的結局時，也令桑塔格的讀者感到氣力用盡，這大概就是它的目的了。這本小說裡的東西很少是「真的」。但是那種陰暗的感覺一定不假。世界上的大部分地方都會不時有這種感覺襲來，這也不偏不倚地，就是蘇珊在越戰那幾年的感覺。

蘇珊終生像護身符一般收藏著兩部她無法觀看的影片，影片中是她的雙親，蜜爾崔德和傑克．羅森布拉特，在歐洲返家的船上歡樂的樣子。對於蜜爾崔德來說，她和傑克共度的短暫時光是一段無憂無慮的黃金時期，充滿了冒險旅程和順從的僕人；而對蘇珊來說，傑克在中國的過早離世是她無法承受的損失。她對父親的印象只有「一些照片」——也包括這幾張。

蘇珊和她美麗的母親蜜爾崔德・賈克布森。母親是蘇珊終其一生追尋不到的人影，但是蘇珊始終受到她的魅力吸引，蜜爾崔德在好萊塢的影子下成長，蘇珊對她時而崇拜，時而又憎惡。為了治療蘇珊的氣喘，蜜爾崔德和蘇珊（下圖右）及妹妹茱蒂思（下圖左）一起搬到亞利桑那州，並在那裡認識了她的第二任丈夫，負傷的優秀飛行員納特・桑塔格。

瑪麗・居禮是好幾世代的聰明女孩們唯一的榜樣，也是她讓蘇珊燃起得諾貝爾獎的渴望。理查德・哈里伯頓那些令人悸動的真實冒險故事激勵了她想看看這個世界；又因為她曾經在托馬斯・曼流亡到加州時見過他，「全體歐洲一下子注入我的腦海」。

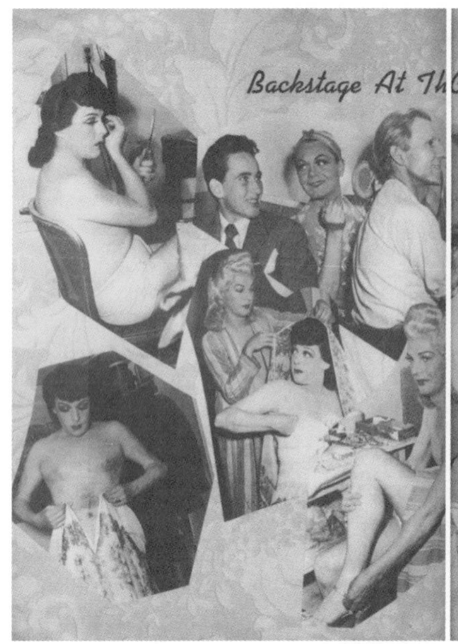

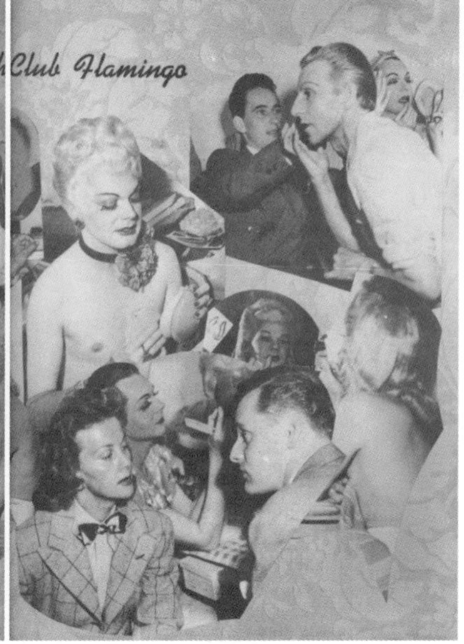

License Denied to Flamingo Club

Acting on recommendation of the Sheriff's Office, the Board of Supervisors yesterday refused to grant an entertainment license to the Flamingo Club, 1027 N La Brea Ave.

Capt. P. L. Sutton, Sheriff's aide, reported the club is a gathering place for undesirables. Counsel for the club contended the shows being presented are no longer objectionable.

蘇珊與吉恩・馬勒姆（下圖左）和麥瑞爾・羅丹（下圖右）一起去太平洋帕利薩德社區拜訪托馬斯・曼，還一起展開對洛杉磯同性戀次文化的探索，包括去到像紅鶴俱樂部這樣的地方——遊客也都會跑去那裡看「男同志」。那裡隨時可能有警察突然進來、搜捕一些不受歡迎的份子。紅鶴俱樂部在一九五一年停止營業。

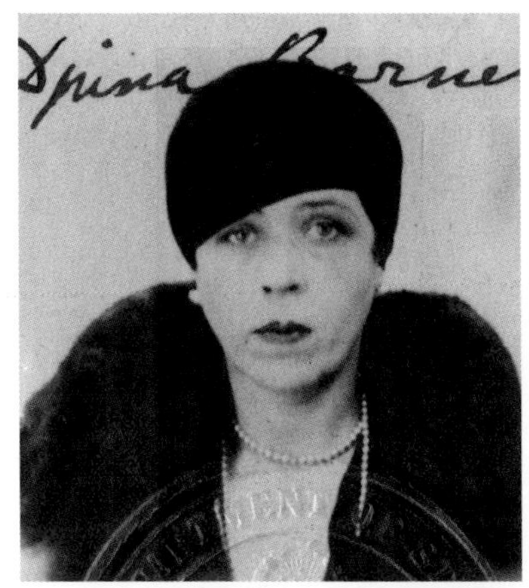

地下的同性戀世界與一些藝術家的前衛作品有著密不可分的關係——像是朱娜．巴恩斯、肯尼思．安格爾和瑪雅．黛倫（從左上圖開始，依順時鐘方向排列），他們讓蘇珊有了另一些選擇，替代她所成長的那個充滿棒球和野餐烤肉的郊區世界。而在年僅三十歲就當上芝加哥大學的校長羅伯特．哈欽斯（下圖）身上，她發現學習原來可以作為改造自我和社會的工具。

蘇珊在柏克萊遇到她的第一位摯愛，海芮葉特・舒默斯。她們的戀情曾有一段時間可以消除她「長久以來對自己同性戀傾向的罪惡感——它讓我在自己面前自慚形穢——而我現在明瞭真理——知道放膽去愛有多美好」。

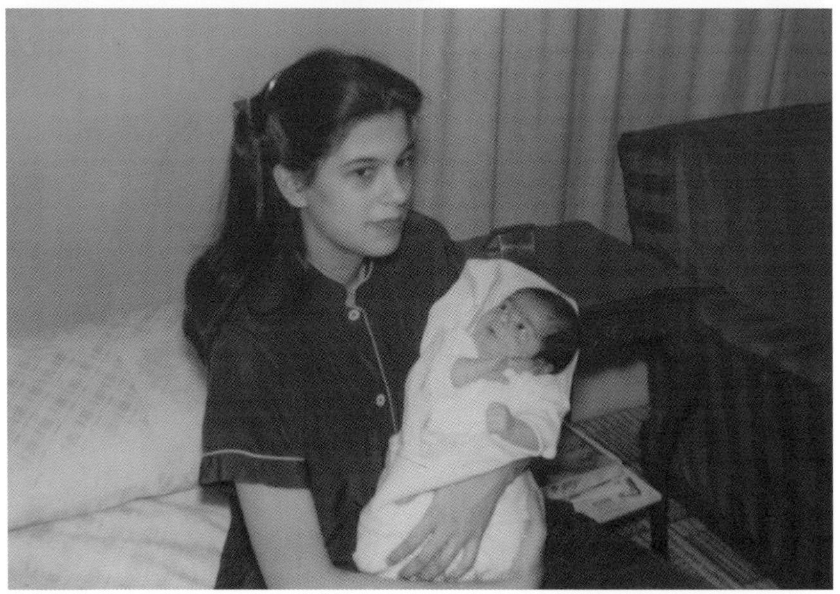

蘇珊十七歲的時候，在芝加哥和菲利普·瑞夫教授訂婚，當時他們認識彼此才不過一週多的時間；他們在加州格倫代爾的「大男孩」舉辦了結婚派對。她在十九歲時誕下她唯一的孩子大衛，並且開始寫作一本有關佛洛伊德的指標性書籍，這本書後來由菲利普以他自己的名字出版。

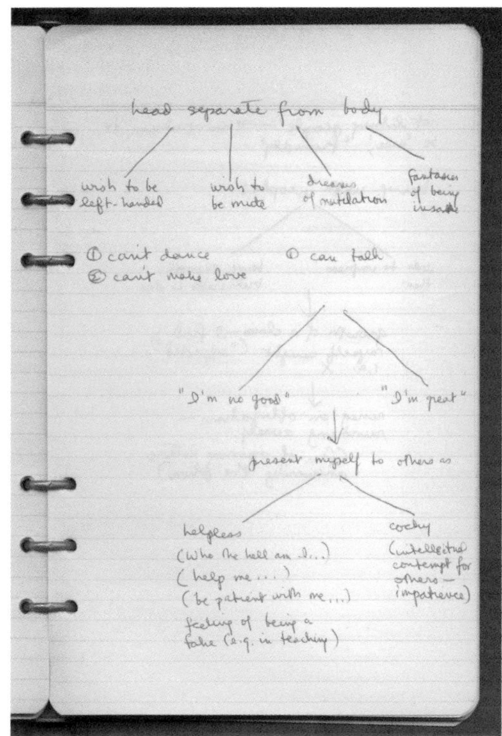

head separate from body

wish to be left-handed

wish to be mute

dreams of mutilation

fantasies of being insane

① can't dance
② can't make love

① can talk

"I'm no good"

"I'm great"

present myself to others as

helpless
(Who the hell am I...)
(help me...)
(be patient with me...)
feeling of being a fake (e.g. in teaching)

cocky
(intellectual contempt for others — impatience)

蘇珊大致寫下這個困擾她終生的問題：「頭和身體分開了。」她的身體和頭都難以套進菲利普所期望的傳統異性戀家庭；大衛出生十八個月之後，蜜爾崔德（下圖左）終於來看他了，她說：「噢，他很可愛。蘇珊，妳也知道我不喜歡小孩子。」

在賈可柏和蘇珊．陶布斯——一名具有非凡魅力的大師和他充滿厄運的妻子——身上，蘇珊發現有一些新的思考方式可以套用到「崩壞中的」生活，包括在戰爭和納粹大屠殺陰影下的婚姻。蘇珊（右下圖，攝於西班牙）在一九五七年留下她的丈夫和年幼的孩子，獨自航往歐洲。她在那裡進行了為期一年的知識和性方面的探索，並與海芮葉特（左下圖，攝於希臘）重逢，還準備要離開她的丈夫。

Prof: Gotta Be Sneak to See My Son

By ALFRED ALBELLI

An author and sociology prof with an international reputation in the highest levels of academic ivy, complained in Supreme Court yesterday that he had to lie in wait, like a thief, just to steal glimpses of his 9-year-old son.

The plaint was voiced by Philip Rieff, now on the faculty of the University of Pennsylvania, to Justice Louis Capozzoli in an action brought by Rieff to gain custody of his boy, David, from his ex-wife, Susan Sontag Rieff.

Rieff, formerly of Harvard and once a Fulbright scholar at the University of Munich, is the author of several solemn tomes, including "Freud: The Mind of a Moralist."

But he has had no luck, he admitted, in convincing his former spouse of his competence as a father. She has not let him see the boy "in a companionable way" since David was returned to her Sept. 15 from a summer stay with the father.

"Only Fleeting Glances"

In fact, Rieff complained, he had obtained only "fleeting glances" at his son on three occasions since then, and each time by lying in wait outside the school the boy attends, or near the apartment house at 350 West End Ave. where Mrs. Rieff lives.

The Rieffs were married in California in 1951 and divorced there in 1958, with the mother getting custody of David. The father maintained he was entitled to visitation rights, which he says, his ex-wife now denies him.

"The mother has threatened to take the child to Paris," added

(NEWS foto by Bill Meurer)
Susan Sontag Rieff in court corridor with son, David.

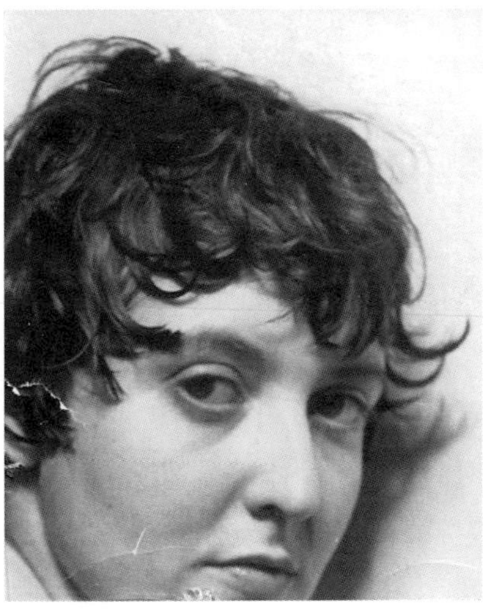

蘇珊回到家之後，開始著手離婚事宜，但是「怒髮衝冠」的菲利普會跟蹤她，讓她和年幼的兒子成為八卦小報的標題。這個經驗在蘇珊身上留下很深的傷口，她也很快地和瑪莉雅．艾琳．佛妮絲——海芮葉特的前女友——展開了一段情。艾琳除了「報紙、《小婦人》和《海達．高布樂》」之外，沒有讀過任何東西，但是蘇珊認為她是一名天才，而且在性方面像是火山一般猛烈：海芮葉特說「她連石頭都叫得過來」。蘇珊用漫畫的手法在日記裡把自己的需求畫了出來。

蘇珊剛到紐約的時候，對於剛興起的新藝術事件感到十分著迷。安迪・沃荷為她拍了一次「試鏡」照，這刺激她開始反思相機是如何把一個人縮小成了人的影像，她還寫了一篇關於「即興創作」的文章——即興創作是艾倫・卡布羅（下圖左邊第二位）新創的一種非商業的形式，它響應的運動是要抵制社會過於吹捧金錢和沒有內涵的名人，以及靠一張嘴就能賺得的名聲——也就是沃荷崇尚的商品化。

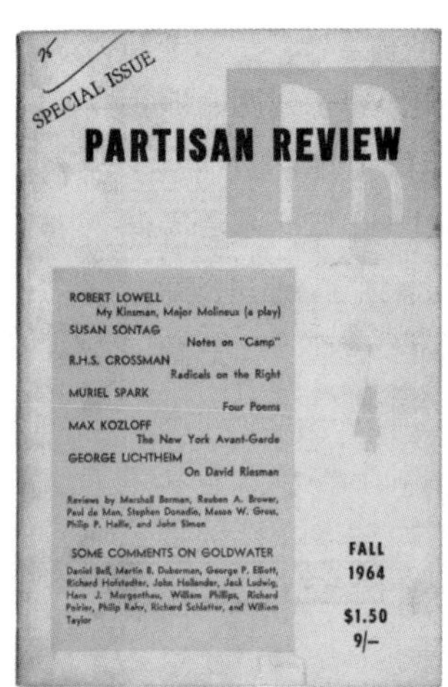

才華橫溢卻不走運的阿佛烈得·雀斯特——此為他與摩洛哥男友的合照——是第一個在小說中加進以蘇珊為寫照的角色（蘇珊在書中的名字叫作「瑪麗·蒙黛」）。蘇珊在一九六三年秋天出版了她的第一本小說《恩主》，她的出版社——法勒、施特勞斯出版社——發行人羅傑·施特勞斯也當真成為與她關係持續最久、她個人的恩人；羅傑最喜愛的作家就是蘇珊·桑塔格。一年之後，她寫的〈關於「坎普」的札記〉一文在紐約知識份子的代表性刊物《黨派評論》上刊出，這使她變得惡名遠揚。

The New York Review

OF BOOKS

Special Issue

Twenty-five Cents

Lionel Abel	Jules Feiffer	Robert Jay Lifton	Richard Poirier
James Ackerman	R. W. Flint	Robert Lowell	Philip Rahv
W. H. Auden	Edgar Z. Friedenberg	Dwight Macdonald	Adrienne Rich
David Bazelon	Oscar Gass	John Maddocks	Barbara Probst Solomon
John Berryman	Nathan Glazer	Norman Mailer	Susan Sontag
Marius Bewley	Paul Goodman	Steven Marcus	Edward Sorel
Nicolo Chiaromonte	Elizabeth Hardwick	Mary McCarthy	William Styron
Lewis Coser	John Hollander	William Meredith	John Thompson
Midge Decter	Irving Howe	Jonathan Miller	Gore Vidal
F. W. Dupee	Alfred Kazin	James R. Newman	Robert Penn Warren
Jason Epstein		William Phillips	Dennis Wrong

羅伯特．史威爾斯和芭芭拉．愛潑斯坦在一九六三年創辦了《紐約書評》，蘇珊的餘生都和《紐約書評》有密不可分的關係。不久之後，她也和賈斯培．瓊斯展開一段短暫的關係，瓊斯說過：「我覺得沒辦法輕易的把我對作品的感覺與『至上女聲』合唱團連在一起。而她作這種連結的能力就很令人激賞。」

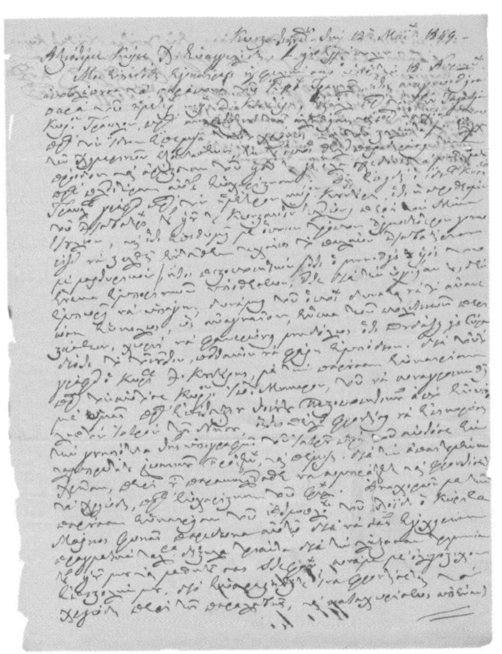

藝術家約瑟夫·康奈爾喜愛紅伶，他也在桑塔格身上找到了紅伶的身影，他會送給她一些小禮物：一片羽毛、引用自約翰·多恩的一段文字、用手抄希臘字跡所寫的十九世紀信件。他們只見過一次面——在他位於皇后區的烏托邦園道的家裡。她說：「他對照片的魔力無法抗拒。他會深陷在明星的魅力中，對表演者的傳奇故事深感著迷」。

許多藝術家為了回應世界的誇大和殘酷而產生的一些作品，可以統稱為桑塔格所稱的「靜默之美學」：馬可．羅斯科那幾乎完全空白的油畫；約翰．凱吉的無聲樂曲；或是英格瑪．柏格曼的電影——電影中戴著《假面》的角色就是以不發一語來回應現代世界（在奧許維茲和越南）的殘暴行為。

六〇年代早期的振奮很快地褪色成下一個世代的惡夢——越戰；讓美帝國的殘酷無所遁形。蘇珊在紐約抗議徵兵，因而遭到逮捕，她後來去瑞典，製作了一部關於越南的美國人逃兵的電影。她最後拍了兩部柏格曼風格的電影，其實她想要避免敘述造成的困惑，但是最後卻只是讓觀眾——甚至演員本身——感到更加困惑：「我們幾乎是一張口就彼此互問：『這是在講什麼？』

第十八章　精神官能症的大陸

蘇珊對行動主義的奉獻，或許讓她與反戰者被劃在同一陣線，不過她的私生活又與從事戰爭的人多有接觸。她透過賈姬．甘迺迪認識了羅伯特．甘迺迪（Robert Kennedy），羅伯特在他哥哥的政府中擔任司法部長，還曾經有一段時間是美國第二有權勢的人。他比他哥哥顯得孩子氣——更像是壞孩子——所以一直相信在日益黯淡的時代中，像六〇年代早期那樣的光明還是有希望重新綻放的。在一九六四年八月，甘迺迪總統遭到暗殺之後，他在大西洋城的民主黨全國代表大會上，始無前例地受到歷時二十二分鐘的鼓掌。這樣的歡迎場面讓人覺得他一定會入主白宮。雖然越南其實有部分算是他哥哥創建的，他自己也是封鎖古巴的重要倡導者之一，但是他卻成了左冀的標誌；他是十一個孩子的父親，不過他的情婦，至少有一段時間，還包括蘇珊．桑塔格在內。[1]

一九六四年十一月，他最憎惡的敵手詹森（Johnson）總統贏得壓倒性的勝利，而且是美國史上差距最大的勝選。詹森絕不是自由派鍾意的對象，不過他在七月通過了《民權法案》（Civil Rights Act），將他自己與左派最愛的目標綁在一起。羅斯福的「新政」（New Deal）其實是詹森效法的對象，他的舉動甚至讓他在一段時間內成為超越羅斯福的英雄。他做了一些影響深遠的社會計畫，包括為年老美國人提供健康照護的醫療保健制度，以及為窮人提供相同服務的醫療補助計畫。其他計畫——

包括教育、交通、住宅——也都將美國形塑成社會民主主義式的國家，這些統稱為「大社會」（Great Society）。

這個用語出自一名過去與甘迺迪總統很親近的年輕幕僚，他名叫理查德・古德溫（Richard Goodwin）。蘇珊告訴唐・萊文說他是「我睡過最醜的人，但是在床上是最棒的」。古德溫有著一張坑坑疤疤、圓胖的臉，與甘迺迪或詹森形成強烈的對比，他並不迷人，但是——就像蘇珊的許多男性愛人一樣——他具有重要性，而且可以就近對她始終在積極對抗的權力做觀察。他會叫她「過來自由女神像這裡。這兒有一個揭幕儀式。我會介紹妳給總統認識」。[2]這樣的邀請很難拒絕。

雖然古德溫已婚了，不過這並沒有造成什麼意料之外的混亂。蘇珊在艾琳之前沒有出現過性高潮；而在理查德・古德溫之前，她也沒有和男性有過性高潮。她告訴科赫：「倒不是他做了什麼和其他男性不同的事。不過他好像和法國娼妓學過一手。」艾琳幫她開發了身體內的可能性，讓她感受到那種可能性帶來的解放感覺。她與理查德在一起時，解放的感覺再度襲來，但是她這次感受到的卻是慌亂，她又再度倒回枕頭上。她記得她當時想：「噢，該死。現在我和其他人沒什麼兩樣了。」[3]

——

她在一九六七年和華倫・比提（Warren Beatty）展開了一段情。他那時候三十歲，剛以《我倆沒有明天》（*Bonnie and Clyde*）一片取得巨大的成功，好萊塢過去對於性和暴力的描寫有一定禁忌，《我倆沒有明天》打破了這個禁忌，成為六〇年代指標性的影片。蘇珊喜歡告訴朋友她有時候得等比提四十分鐘，他才覺得準備就緒：當他在浴室裡打扮的時候，她就百無聊賴翻著雜誌。[4]有一次約會過後，她告訴唐・萊文，她覺得「非常奇怪。他一直在聊他姊姊。可是我完全不知道他姊姊是誰」。但是比提的姊姊莎莉・麥克琳（Shirley MacLaine）成為大明星至少也有十年了。[5]

這個男人的慵懶和墮落氣質，正是他對於當時那一整代人的魅力所在，但是對於蘇珊・桑塔格卻沒有特別的吸引力。他會對她神魂顛倒，或許有部分也是出自這個理由，「他傾心於她的方式是我從來沒有見過的。」——斯蒂芬・科赫這麼說。「我和蘇珊一起坐在那裡，然後電話就開始響了。那個年代還沒有答錄機。電話會響個五百次。她會把電話鎖進衣櫃裡，然後說：我們繼續吧。但是電話還是會繼續響個兩、三小時。」他們的關係維持得很短暫：她告訴妹妹說他們在一起的時間是一個月——她從來不會和她妹妹提起她與女性的關係。[6]

萊文說：「我從來不覺得她對理查德・古德溫真的有興趣，一瞬間都沒有。」她對於比提，或她與艾琳分手後的那幾年間交往過的其他男性，大概也是如此。被像甘迺迪、古德溫或是比提這樣的人求愛，應該是令人激動的事，不過她的日記中卻不怎麼提到這些人。她的兒子說：「大概風流韻事會讓她覺得好玩吧，不過我不覺得她對任何一段感情有很深的投入。」「覺得好玩」可以精確說明她與名人世界的關係：她用愉快但是很表面的方式逃離她充滿高壓工作的生活。大衛說：「這些人她都認識，賈姬，不論她是什麼身分、歐納西斯（Onassis）、甘迺迪、鮑維爾（Bouvier），還是誰：她會與他們見面，然後又回到自己修道院般的小房間」。[7]

漸漸地，就像是阿佛烈德．雀斯特說「她在世界上的任何地方都跟在家裡一樣」，她開始把自己修道院般的小房間理想化。她喜歡讓名聲帶她去好萊塢、進白宮，但是名聲也意謂著分歧的深化——在分歧的兩邊，一邊是假象、隱喻、面具、角色，另一邊則是她在靜默中找到的自我。因此她轉向了那個吸引她的小房間。貫穿她第二本論文集《激進意志的樣式》（*Styles of Radical Will*）的支柱，就是嚴格、認真、純潔這類一直吸引她的價值。

這本書在一九六九年出版，不過主要是寫作於一九六七年，其中收錄了兩篇關於越南的文章，〈美國怎麼啦〉和〈河內紀行〉（Trip to Hanoi）。從某些方面來說，書名造成了誤導。那幾年間對於「激進意志」的解釋是積極地迫使改變發生，但是她的用法其實相當不同。她的用法是消極的，是對抗意志或自省的武器——〈自省〉（thinking against oneself）是她以蕭沆為題的論文題目。這個書名指的不是改變世界，而是要戰勝它。

她那英雄般的意志讓她勇往前行。不過她也總是徹底地懷疑意志存在，她在一九六〇年的日記裡這樣寫道：

> 我經常拿意志來填補我所言（我經常說些言不由衷的話——或者沒有思考過自己的感覺就說出口）與所感覺之間的鴻溝。
>
> 因此，我以意志來處理我的婚姻。
>
> 以意志來處理大衛的監護權。

以意志來面對艾琳。

擬定方案：摧毀意志。[8]

在這充滿了表面名聲和無愛韻事的幾年間，她很害怕會失去殘存的一點自我，那也是她從未固定保有的。她說和理查德．古德溫在一起，會讓她「與其他人沒什麼兩樣」，就是指她變得比較不像她自己了。異性戀暗示著失去自我，就和沉浸在名人文化中一樣，是另一種形式的虛假和欺騙。想到這裡，就會令她感到害怕，她知道堅持自己——不管這代表什麼意思——是攸關生死的問題。

與D.G.（理查德．古德溫）在一起，像精神官能症的全新大陸在航行中進入視野（亞特蘭提斯）。

我是怎樣的人。我不會讓「他們」將之奪走。我不會被消滅、擊潰。[9]

——

「存在是一種我不會放棄其希望的習慣。」[10]這句話引用自桑塔格的論文〈自省：反思蕭沆〉。這篇文章收錄在《激進意志的樣式》中，可以說是她的頂尖論文之一，因為蕭沆提出的問題與她自己的問題十分接近，而且她對於蕭沆的想法所展現的態度——雖然不是毫無批評——也透露出當她處在一個更大的危機脈絡中，會如何思考個人的難題。有些人稱這個危機是「歷史」；其他人則稱它為「現代性」。當一個文化高度發展到顯得再也沒有地方可去時，就會浮現出這個問題，這種文化中的藝術和科學也已有了劇幅的進展，讓它們已經可以為人們提出的幾乎所有問題提供答案。桑塔格寫道：「在過去的一百五十年中，西方最好的智性和創造性思考，無疑在整個人類生活期中是最具有活力、最深入、最敏銳、最有趣和最真實的。」[11]這就是她協助定義為新感性的「單一文化」。

唉，但這不是，或不一定是值得安慰的。在這種藝術和智識的光輝中，個人的問題依然存在。蘇珊寫道：「如今，無論是最樂觀的或最沮喪的，最愚蠢的或最睿智的，都已有定論。但個體對精神引導的需求卻是前所未有的迫切。」[12]生活在近代這個階段，擁有豐富的知識也表示被困住，表示知道舊日的體制——她提到了孔德（Comte）、馬克思和佛洛伊德——已經無法再說明這個進步的文化所揭示的複雜性。（她極少提到較舊的體制，包括宗教。）日益增加的知識意謂著曾經為人們帶來希望的安慰也在累積破壞。體系不再存在，不再有統攝一切的意義，她寫道：「在黑格爾的努力之後，這種對永恆的探求——這種意識姿態曾經一度如此迷人和無可避免——以哲學思考的根據來說，如今只剩下其悲愴幼稚的一面暴露在外。」[13]

因此，蕭沆成了這種無以為依的意識的代表性人物。他建立了「一種新的哲學化：個人化的（甚至是自傳性的）、警句格言式的、抒情性的、反體系化的。主要的典範包括齊克果、尼采和維根斯坦。蕭沆是這一傳統在當今最出色的代言人」。[14]蘇珊．桑塔格在這個系譜中繼之成為下一名代表人物，並非巧合：她一直很尊崇她前面這些偉大的前輩，並且以他們為模範，蕭沆的經驗也反映出蘇珊自己的經驗。她在他的寫作中注意到一種「奇怪的辯證」，但那對她自己來說卻並不奇怪：

> 一方面，和傳統的浪漫主義者以及活力論者一樣，他蔑視「智性」，以及以身體、情感和行動能力為代價的精神過度發展。另一方面，他又把以身體、情感和行動能力為代價的精神生活提高到激進和專橫的程度。[15]

在這些自相矛盾的悖論和死結中，蕭沆倒也沒有覺得放棄心靈的生活就是解方——雖然他終生住在一個「修道院般的小房間」。桑塔格對於這點感到既欽佩又質疑。她略為引用了克萊斯特的〈論木偶劇〉（On the Puppet Theater）——那是她經常提及的一篇克萊斯特的文章。

> 不管我們多希望修補意識造成的混亂，回復人的自然和諧，但都不可能以放棄意識來達到目的。我們沒有回頭路，不可能回到純真年代了。我們別無選擇，只有去到思想的盡頭，（也許）在那裡，在完全的自我意識中，我們會重新獲得恩典與純真。[16]

克萊斯特的立場和蕭沆一致。不過他們都不放棄理性的思維，這點讓他們不可能有革命的傻勁。蘇珊不情願地承認了這點。她寫道：「政治上，蕭沆應該算是個保守主義者。在他看來，對激進革命的渴

望會隨著精神的成熟而消失。」我們不太知道蘇珊有多了解蕭沆的發展歷程，因為他的前幾本著作都是以羅馬尼亞文寫作的，並沒有獲得推廣，直到他於一九三七年在法國時才改以法文寫作。他們在共產主義降臨之前都不曾真正甦醒，不過兩人年輕時對激進主義的醉心則和她沒有兩樣。

蕭沆在政治生命之初是一名右派的極端主義者：一名法西斯主義者。但是正如他的一名傳記作者所寫的，他所經歷的基本就是許多二十世紀知識分子也經歷的共通過程。與歐文·豪所追溯的美國人軌跡也沒有太大不同。他們的循環過程都是「開始於知識分子對現代社會的批判，還有對烏托邦、極權主義的解決方案。最後他們會對革命、戰爭和極權主義的暴行感到嫌惡，又退回了去政治化的藝術和思想領域」。[17]比他們年輕一代的蘇珊也是依循著類似的路線，也感到幻想破滅。蕭沆也和她一樣，對自我改造有著堅定的信念。他對於意識形態的任何信念，也都透過他那極端古典的法文成了永垂不朽的高雅文化。

這展現在他們的政治中，也展現在他們的風格中。兩個人都訴諸普遍性，以規避他們的邊緣出身。兩個人都成了嚮往十八世紀精神的警句家。兩個人在年輕時都極具雄心大志。兩個人也都是失眠患者；而且兩個人的作品都其實都是高度偽裝的自傳式小說。蕭沆曾經說「我所有書都多少帶有隱晦的自白」，不過這句話也可以由桑塔格來說。她也曾經有一次承認、並且確實描述了她的文章與傳記的關聯性：「唯有我們間接說出來的話——當我們在講其他人的時候——才是真正誠實的告白。」[18]

兩個人在年輕時也都擁抱過激進政治。蕭沆來自「一個無足輕重的國家」，他夢想「改革之後的國家能夠符合他對自我的感覺」。[19]革命對他來說，就是要實現個人的快樂；革命的失敗也就是這方面的失敗。在第二次世界大戰之後，蕭沆接受了歷史的裁決，還有歷史交給他的一個收斂得多的新角色。蘇珊寫道：「如果蕭沆一如既往地鼓吹抗拒幸福和『幸福之絕境』的誘惑，看似就有點過分了。」但是一個在成長過程中「從未奢望幸福快樂」的人，其實可以了解他的意思。[20]

一個對於意念感到困擾的人還有另一種解決方式。即使蘇珊與蕭沆有許多類似的地方，但是她在文章的最後指出，其實她真正的典範是約翰·凱吉。她說蕭沆的文章在「指導人們如何獲得精神品味」，可以幫人「不讓自己的生活成為物體、事物」。雖然第一句話顯得他高人一等，但這其實是她自己的目標：與沃荷想變成一部機器的目標剛好相反。但是這樣看起來還是比凱吉的想法略遜一籌，她說凱吉的想法「和蕭沆同樣激進和富有精神抱負」，因為他「拒絕接納這些主題」。[21]

凱吉屬於十八世紀法國的警句風格，他認為不需要區分高尚品味和低俗品味。他讓大家可以從自省的泥淖中脫身，「世界中沒有比我們所做的事情更好的事情，也沒有比我們所在的地方更好的地方」。[22]這是「禪」衍生出來的想法，不必什麼英雄式的克己苦行，也毋須終身追求戰勝自我。他說：「身處於自己所在的地方並不是讓人不快的事。覺得自己應該在別處才會讓人不快。」[23]這表示對於像她或是蕭沆這樣的人來說，快樂的可能性受到了阻擋。然而其意謂著要自我接納，蘇珊卻不能夠想像。相反地，她和蕭沆或之前的佛洛伊德一樣，認為知識本身即是目的。她寫道：「當然，解脫根本不是蕭沆的目的。他的目的是分析診斷。」在這個不舒適的「當然」背後：便是她對於痛苦的原始假定。

她沉迷於試著用藝術回歸到真實的自我，這就是《激進意志的樣式》中第一篇文章，〈靜默之美學〉（The Aesthetics of Silence）的主題。這篇文章顯示了警句風格所有的力量和弱點。她後來說自己的目標是要在每一句話裡，放進一個新的想法。其結果就是令人眼花繚亂的一大串想法，多到讓讀者很難吸收：不管是本篇或該書的其他地方，概念都密集到令人驚嚇，程度是《反詮釋》所沒有的。或許也沒有其他方法了。她的文章面對到提出主張的困難，這反映出她自己的生活也一樣有提出主張的困難，包括在她的創作生活中也是如此。

這些就是她那個時代創作藝術的困難。現代藝術——文學、繪畫、舞蹈、音樂——的特質在於它們是「展現讓思想備受困擾的外部事件的所在」。桑塔格稱這為「藝術」——相對於藝術。而且「藝術」——照蕭沆對於「自省」的概念——是超越自我的方法。她寫道：「藝術成為藝術家的敵人，因為它不讓後者實現其渴求的目標——超越。因此，人們想要推翻藝術。」[24]

許多人選擇了靜默。蘭波前去阿比西尼亞（Abyssinia）；維根斯坦成了一名學校老師；杜象則投入西洋棋。這種「藝術」的起源不明，人們精通它只是為了隨後拋棄它，這讓舊日的克己苦行重新找到定位：藝術將人帶向修道院般的小房間。「藝術家由此將自身淨化，並最終將自己的藝術加以淨化。藝術家（若不是藝術本身）仍然在尋求所謂的『成功』。」[25]

要完成它，必須擺脫「壞東西」，也就是隱喻。她堅持「語言是藝術創造的所有材料中最不純淨、汙染最厲害、消耗最嚴重的」。在後來的歷史年代中，就像是蕭沆描述過、而桑塔格自己生活過的年代，意義凝結成字詞，就像是動脈中的血小板。語言經歷的「不僅是供人分享，同時也正在因為歷史的累積和重壓而變質」。但是在一個被廣島和奧許維茲投下陰影的世界中，這種累積仍舊無法帶來足夠的字詞。她寫道：「我們缺乏話語，同時我們擁有過多的話語。」

要解開這個難題，只需要拒絕語言就好了，而語言被桑塔格認為是現代藝術的標誌。「我們這個時代的藝術充斥著渴求靜默的囂嚷聲。」不論是勞申伯格和羅斯科的空白畫布、約翰．凱吉的無聲音樂，都在試圖把過去宗教領域的東西整合進藝術的價值。[26]但是，拒絕語言對作家而言是不可能的。桑塔格也和克萊斯特及蕭沆一樣，並不是神祕主義者。她透過工具了解這個世界，而那個工具是許多現代藝術都已經放棄的「語言」這個容器——它已經消耗嚴重，也不純淨了。

——

越南時代還有另一部偉大的作品，也在討論靜默的美學看起來——聽起來——可能是什麼樣子。英格瑪．柏格曼（Ingmar Bergman）的《假面》（*Persona*）在一九六六年發行，或許堪稱是處理這個主題最好的電影，它討論了現代意識那令人窒息的困境。劇中有兩名女性，女演員伊麗莎白和她的護士艾爾瑪。伊麗莎白變得完全說不出話來，但是她的醫生也說不出是為什麼。她在電視上看到一名越南和尚自焚，讓她的生命第一次發生攪動；後來她又仔細研究了一張著名的照片，內容是一個嚇得魂不附體的男孩在華沙猶太區遭到逮捕。

面對這些現代的殘忍影像時，有哪些字詞是適當的呢？靜默是正當的回應。不過柏格曼為伊麗莎白安排的回應則是另一種殘忍。她拒絕了語言，也等於拒絕某些連結，那些連結原本可以讓她的困境——不論那困境到底是什麼——顯得比較不嚴酷。她懲罰了艾爾瑪；她在懲罰她的丈夫和孩子。柏格曼也透過她，懲罰了他的觀眾。《假面》的靜默不是安迪．沃荷的電影中那種惡作劇式的靜默。大概沒有人可以看完沃荷的《帝國》（*Empire*）——它是一部片長八小時的長鏡頭電影，拍攝紐約的帝國大廈——我們可以想像沃荷本人也不覺得有人會看完。相較之下，柏格曼的靜默是一種折磨。桑塔格在《激進意志的樣式》中，寫到該部電影「用一種幾乎是侮辱性的控訴口吻訴說了人類個體的苦痛」。[27]她寫道：「柏格曼屏蔽了那些可以將事實與幻境區分開來的信號。在柏格曼的作品中，此類暗示很少出現，這意味著柏格曼希望保持影片的神秘。」這與她的小說，尤其是《死亡之匣》的相似性不言可喻。這部影片也一樣充滿了失明的隱喻，例如伊麗莎白那眼盲的丈夫和艾爾瑪做愛，而不是和他自己的妻子。但是柏格曼讓最基本的「詮釋」都顯得行不通：我們無法確定他是不是真的看不到，就像我們也無法確定伊麗莎白是不是真的啞了。

但是桑塔格寫到，有一件事是確定的，那就是伊麗莎白拒絕將生命視為一個隱喻。艾爾瑪：

著重強調伊麗莎白希望能夠真誠面對生活、不必撒謊、不必表演、不必裡外不一。正因為如此，伊麗莎白放棄了以死求解脫的打算之後，決定不再說話。[28]

「*Persona*」是拉丁語，意指演員臉上的面具（mask）。從語源來看，身為人就表示擁有一副面具，所以脫去面具，從字面上來看就是去個性化的意思。摘掉語言和說話的面具，幾乎是比自殺更詭異的「解決方式」；而選擇靜默會迫使所有表達進入眼睛，則顯出怪異和令人驚懼的感覺。眼睛讓「*Persona*」變得很有力——包括艾爾瑪和伊麗莎白的眼睛，但尤其是柏格曼的眼睛，他的眼睛迫使觀眾的眼睛在失去了其他線索之後，能長驅直入的探索他角色的面貌。

桑塔格寫道：「在舊式電影的審美觀裡，鏡頭總是試圖不被察覺到。」而不是照相機遍布各處，成為讓人不舒服、頑強的存在。但是它並不比同樣有缺陷的話語更接近「真實」。桑塔格寫道：「《假面》一片展現了適當語言的缺席，所謂適當的語言指的是真正充實的語言。語言留給我們的只有彌補不了的空隙。」[29]

——

《激進意志的樣式》中還出現了另一種超前的思想，那就是色情作品。或者應該說是「色情作品」：雖然蘇珊這個主題的文章強化了她在這方面的名聲，這也很快就變得極端時髦，但是其實沒有什麼人會認為她在文章中描述的作品是色情。

她一開始就承認這種詞語的混亂與她在喬納斯．梅卡斯審判中所說的類似，她寫道：「色情是一種需要診斷的疾病，也是一個需要作出判斷的東西。你不是支持它，就是反對它。」[30]她強調自己不是在談比較通俗的形式，而是「一系列被視為藝術的文學作品」。[31]這個謹慎的框架現在也過時了，彷彿要讓她對插手這些事感到尷尬。的確，這樣的小心翼翼反映的是六〇年代的典型改變。一名嚴肅的知識分子不能寫她想寫的任何內容，像色情這樣的題目需要慎重的妝扮：儘可能地體面不見血。

蘇珊對大部分人所理解的色情一直很有興趣。她十五歲的時候，就承認大衛・勞倫斯（D. H. Lawrence）的《兒子與情人》（*Sons and Lovers*）一書中，有一些猥褻的段落很合她的心意。

> 我察覺自己對色情文學有癖好，當我讀到對性的描述時，會有一種無聲的愉悅。如果是異性戀的愛，我就幾乎沒什麼感覺了，不過我在閱讀某些段落，像是描述溫妮芙瑞德和厄秀拉的部分時，卻有很明顯的感覺。在閱讀〈寂寞之井〉（Well of Loneliness）時，我感到的衝擊強度是前所未見的，重讀該書的某些部分也有一樣的感覺，只因為那些想法帶給我罪惡、但是無恥的興奮感。這不是什麼美好的事——其實它還挺噁心的——但是我覺得應該紀錄下來。[32]

這不是真的「對色情文學有癖好」。這是一名青少年在寫成人文學時會感受到的興奮。總而言之，在〈色情之想像〉的字裡行間，感受不到沉重的喘息；她讀色情文學時所討論的性，不過就像是讀科幻小說時在討論天文學。

> 情節發生在沒有歷史背景的夢幻之地，和獨特凝固的時間之中，這些在科幻小說中出現的頻率和

在色情文學中幾乎一樣。毫無疑問，眾所周知，多數男女都沒有色情文學中的人物所享有的那種性能力，器官的大小、高潮的次數和持續時間、性能力的靈活多樣、性活動的能量，所以這一切都顯得非常誇張。沒錯，不過，科幻小說描繪的航天飛船和大量的行星也並不存在。[33]

這已將色情當成一種文學體。因此——和許多讓她感興趣的藝術一樣——它是「真實生活」的美學化：她想說出一些避諱的東西來表達激進意志。她拿了法國小說來作個案研究，例如喬治・巴塔耶的《眼睛的故事》（*Story of the Eye*）和安娜・德克洛的《O孃》，它們的根基都可以追溯到薩德在十八世紀的作品，但是它們的興趣基本上都是現代的：薩德「被超現實主義運動視為先聖」。[34]這兩本書都與性無關。它們講的是支配和服從、墮落和放蕩帶來的淨化。並且關於性的再現、性的隱喻。性有許多再現，並不亞於其他事物，因此蘇珊選擇的是具有啟發的，她講的都是一些意志屈服的故事，也都顯得很悲慘，以至於成了某種宗教戒律或清修的規章。她等於是把這些作品放到了另一個不同的脈絡：「將性迷戀作為文學主題，與另一類幾乎無人爭辯的文學主題的運用頗為相似：對宗教的迷戀。」[35]

成就的非吾人、而是汝之意志——蘇珊指出「除了性之外，宗教可能是最古老的讓人興奮的來源。但是，在虔誠的人群中，能冒險深入這種意識狀態的人數肯定也很少」。[36]巴塔耶和德克洛做到了，因此能夠成為現代的典範人物：「藝術所承擔的職責之一就是衝擊、占領意識的前沿（通常對藝術家個人而言是極端危險的），並且將其情況予以公布。」[37]巴塔耶和德克洛的人物沒有回頭，他們也不想要：

「O不單要認同其性功用，她還希望達到完美。」[38]

就是這種渴望，將性的朝聖者與現代藝術的張力連結在一起。有些藝術家努力「不讓自己的生活成為物體、事物」，而許多其他人則與沃荷有著同樣的目標，要成為機器：兩者的動機雖然顯然完全相反，但是本質上都有神秘主義的色彩。渴望透過極端的否定來逃脫自我，甚至是其「角色」（persona），而這可能會導致肉體的毀滅，並讓這些作品中描述的許多人物就像是其性傾向的西蒙・韋伊或翁托南・亞陶。他們也和薩德的作品一樣，當真走得很遠：巴塔耶那本書的高潮——如果用這個字是正確的——是將一個挖出來的眼珠塞進陰道裡。

桑塔格的解讀極端地走向對於性的一般論點（那比對她自己的性的陳述更有說服力得多）。她在性裡面，看到的是「主人—奴隸」的動態，而這種色情文學反映的也是她的「擬定方案：摧毀意志」。

> 撇開基督教的壓制不談，人類的性是種十分可疑的現象，而且至少可能屬於人性的極端體驗，而不是普通體驗。雖然可以被壓制，但性仍然是人類意識中具有魔力的力量之一……做愛也無疑更像顛癇發作，而不是像吃飯或和某人交談那樣。[39]

同意這點的人可能沒有發現《O孃》裡表現的性，是大部分生物身上發生的性，甚至不乏那些明顯很邪惡的生命。桑塔格對德克洛的欽佩之處——德克洛以「波琳・雷亞吉」為筆名，直到一九九四年才將她的作者身分公諸於世——在於她「完全以這一黑暗而複雜的性觀念為前提，與美國佛洛伊德主義和自由文化所支持的樂觀看法相去甚遠」。[40]

桑塔格自己的觀點出自於她對隱喻和照片的懷疑。她寫道：「歸根究底，與色情真正相關的並不是性，而是死亡。」這看起來頗啟人疑竇：至少對大部分人來說，色情當真是與性有關。但是桑塔格根據詞源學，將作品中的色情與更廣泛的主題牽連在一起。希臘文的「*pornografia*」是「對娼妓的描述」。不是娼妓、而是對於娼妓的描述，讓色情與死亡產生聯繫。描述——即照片——會顯示生命正在邁向毀滅。蘇珊寫道：「照片表明那些正在邁向自己的消亡的人們的無辜和脆弱。」[41]這是照片的感染力。或許意念是可以甩脫的。但是沒辦法逃離時間。

第十九章 Xu-Dan Xôn-Tăc

美國在一九六八年出現了一個新詞：「信譽差距」（Credibility gap）。這個詞是指柏拉圖所描述的語言和現實之間的距離，它顯示這個距離不只是知識上的抽象概念，而是攸關生死的問題。

實際面發生的「信譽差距」是指詹森政府那些美麗的辭藻和血腥困境之間的距離。詹森在一九六四年的競選活動上說：「我們不會把美國的子弟送到離家九千還是一萬英里遠的地方，去做一些應該由亞洲男人自己做的事。」[1]然而隨著軍隊從五萬名成長到五十四萬九千人，這個差距日益拉大，也尤其是照片，讓人們看到一些任何宣傳活動都無法粉飾太平的事：坐在火堆裡的和尚；一名嚇壞的女孩從遭受汽油彈攻擊的村莊裡逃出來，身上一絲不掛；路中間有一個平民被射穿了腦袋；手腳被炸斷的美國士兵。

欺騙的程度已經高到幾乎要推翻國家的社會契約了。雖然詹森一開始的成就不凡，但是也旋即付諸東流，因為他成為腐敗政府的象徵，招來人民的不信任。他在一九六五年八月六日簽署了《選舉法案》。而在八月十一日，就因為警察的施暴而引發洛杉磯瓦茨區的暴動。那次的暴動為期六天，在接下來的幾年中，相繼有幾個城市——紐華克、芝加哥、底特律、紐約、巴爾的摩——發生大型騷亂。華盛頓在一九六八年，史上第一次有軍隊開進，他們佩帶著機關槍，守在國會大廈的階梯上。

他們是在四月五日接受召集的。就在六天前，詹森總統宣布他不會尋求連任，引發全國一片譁然。馬丁・路德・金恩在四月四日於孟斐斯遭到暗殺，還有一百多個城市遭人放火。羅伯特・甘迺迪也在六月五日於洛杉磯遭到槍殺，他才於前一天贏得加州的初選。

——

一九六〇年代初期結束了，對於世代更新、個人再造、擺脫過時社會習慣的期待也隨之畫下句點，黑暗鋪天蓋地而來。〈河內紀行〉是蘇珊前往北越的旅程紀錄，該篇文章中還隱約可以見到上述希望，那篇文章闡述了一種當時很普遍的、想要挽救某種理想主義的嘗試，那樣的理想主義從墨西哥到布拉格、再到巴黎的鬥爭領域，在世界各地都引爆了起義。蘇珊在一九六八年五月前往北越，那時正是金恩和甘迺迪的兩次暗殺事件之間。該篇文章的字裡行間不時提到那幾週的混亂，也映照出那個時代的厄運。

北越政府看重她的行動主義而邀她前往。她先前往寮國，然後進入這個多年來飽受轟炸之苦的國家，在那裡，生存已經被降為最起碼的需求了。她很快地面臨到一個問題——如何看待這個過去只能透過文字和照片知悉的地方？她寫道：「和任何一個在過去幾年裡關心越南的人一樣，我已知之甚多。」但是她也很快地發現其實她什麼都不知道，頭幾天她真是「沮喪透頂」。[2]

她好幾次承認自己感到困惑。她理解文字和照片都已不夠，她也知道很難把越南和圍繞著它發展出來的意識形態獨立看待。她試著讓她腦中的這個國家和她眼前的國家畫上等號：「問題就在於，在我這個美國人的意識裡，越南已變得那樣真切那樣具體，要把它趕出我的頭腦太難了。」[3]她後來說那次「當真像是我第一次寫自己的事」。那也不是她自然發出的心聲；其實她一直都藏身在一個角色後面書寫自己。她在去越南的那一年說過：「我無法期待能有像諾曼·梅勒和保羅·古德曼（Paul Goodman）那樣的影響力，因為我無法想像我個人會以像他們的方式寫作。我的個性就是不可能用梅勒的文章中那種直接、立即、第一人稱的經驗，不過他的文章如此有力，那顯然是竅門所在。」[4]她必須從面具後面走出來。她想：「我本來不想寫我自己，我想描述的是他們。但當我了解到，為了讓我能說他們的故事，最好的辦法是把我自己也寫進去，所以這如同犧牲。」[5]

希波賴特直言他對革命的興趣，他堅信革命的「變革已經不是什麼政府更迭，也不是公共機構人員變動，而是情感和觀看的革命」。越南則兩者都是。它先是切·格瓦拉展望的血腥反叛，切·格瓦拉激勵激進分子要創建「兩個，三個，乃至許多個越南」。它也是個人對激進意識的承諾。高達說「要是每個人都能在心裡造一個越南就好了」。蘇珊引用這句話時，表示了她的贊同。[6]但是在河內，她發現把這些不同的越南——越南這個真正的國家，和它透過語言及照片表達的形象——整合在一起，其實比預期中困難。

在頭幾天中，她不厭其煩強調她有許多東西看不到、或不能了解。她在談到接待她的人時，說：「我想方設法發現他們一個個之間的區別，可辦不到，只怕他們也不覺得我跟其他人有什麼不一樣。」他們得「由別人安排行程、帶路、答疑解惑，接受過分的關懷和照料，在好心的監護下行動」，她竭盡全力對這樣「像個小孩子一樣處處受人約束」不要有意見。這是一種意志的投降，她在討論色情、《假面》和靜默美學的文章中也討論過這些，但那其實很難接受：「戲顯得沉悶，主要是因為劇本完全由他們寫；同時他們也負責導演。儘管實屬必然。」[7]

一如往常的，語言並沒有起到什麼作用。她寫道：「讓人尤其難以將他們當成獨立個體來看待的是，這裡的人說起話來似乎都是同一種風格，說的也是同一套東西。」[8]越南人說的語言讓她覺得被降為小孩的地位：當真變回了小蘇珊・羅森布拉特——圖森的《仙人掌報》那個初出茅廬的記者。她在十二歲時寫下：「被處決的法西斯領導者是我們的敵人。但是義大利人民並不是。」在越南，她又聽到了這個長大後就沒有再被提過的陳腔濫調，別人會跟她說：「我們知道美國人民是我們的朋友。美國政府才是我們的敵人。」[9]

那種幼稚的語言可以讓人一笑置之。桑塔格就是——雖然她對此覺得不舒服：「我有那種不好的信念：即便當我作為來客，在這個我篤信的道德童話構成的二維世界裡……我渴望的還是美國那樣一個三維的、有質感的、『成人的』世界。」[10]但是像她這樣喜愛複雜的作家發覺有些事情是相當簡單的：「這一次，我相信政治和道德的現實確實如共產主義修辭說的那般簡單明瞭。法國人是『法國殖民者』；美國人是『帝國主義侵略者』；（阮文）紹—（高）祺政權是『傀儡政府』。」[11]至少在這裡，信譽差距被弭平了一些。

這樣簡單的語言安慰了她。但是她也知道得用智識和個性的投降去交換，而這無法讓她走出自己的意識。採用越南語的觀點表示會失去「我跟其他人有什麼不一樣之處」。那表示將失去自我，也是她一直害怕的。（「我不會讓『他們』將之奪走。我不會被消滅、擊潰。」）她仍然在試著想像這種損失會有積極的一面。

當然，我可以在越南或者這樣一個道德為上的社會生活——但勢必會喪失很大一部分自我。儘管我相信融入這樣一個社會將會大大改善世上大多數人的生活（因此我支持這種社會的來臨），我卻認為一旦置身其中，我的生活會面臨枯竭。[12]

這也就是為什蕭沆不要思考回到一種比較不複雜的意識，他認為那不值得期待，也不可能。沒有什麼回頭路，歷史也不會重寫；蘇珊妄想化圓為方，既保留她自己，同時也抓住她覺得比較簡單的另一種選擇，這讓她陷在歷史中——那個產生了她的社會、經濟和政治的結構——也被她自己困住。「一個美國人帶到河內來的自我是非常複雜的。」[13]無論她有多仰慕越南的農民革命家，蘇珊・桑塔格絕對不可能變成越南的農民革命家。因此她就是一個騙子嗎？「我突然想到應該遵循嚴謹的老規矩。如若你沒法讓頭腦（心靈）和生活處在同一個地方，那麼你的所思（所感）便是騙人的。」[14]這種自相矛盾的渴望——蘇珊要成為她不是的其他人，那樣才是真實的——讓她陷入更大的欺騙中：不論是以越南文化來說，還是以她自己來說。

——

〈河內紀行〉的第一部分坦率而簡潔地承認了她自己的無知：「我希望他們勝利。但我不懂他們的革命。」[15]越南的語言、它不加修飾的質樸、牢固的控制（「讓我無法相信我看到的範例當真能反映這個國家的面貌」[16]）讓越南變成一種「沒有歷史背景的夢幻之地」，她認為色情作品也是發生在這種情境中。越南是「用來當靶子攻擊的『美國最醜陋東西』：奉『意志』為圭臬，喜歡暴力卻還自以為代表正義」。[17]但也是這樣的意志原則——冀望與眾不同——讓她突然屈服於越南的倫理觀和英雄精神這類美國式幻想。

如果她下定決心相信別人告訴她的每件事，就會讓信譽差距消失了。只要把她自己的眼睛換成接待她的東道主的眼睛，她那懷疑論的語言，就會換成聽起來像是政府宣傳的文本，如她宣稱「這個國家物資貧乏到幾近可憐……缺少車床、風鑽和焊接機等基本工具」。[18]她寫下：「關於未來，越南人還是考慮了很多。」他們「真心相信生活是簡單的。他們還相信——考慮到他們眼下的處境，這似乎不可思議——生活充滿快樂」。除此之外，他們還「真心愛戴、敬重他們的領袖；而且，對我們來說更加不可思議的是，政府也愛著人民」。[19]

或許這些真的都對。但是能支持這些主張的，不過就是「真心」這個詞。她沒有收集什麼事實；裡面也沒有越南人的聲音。要能夠支撐這些論點，只有靠讀者相信桑塔格的經驗都是真的。不過這位寫出《反詮釋》的優秀作家——在寫這篇文章的前幾頁時也還維持著洞察力的評論家——總之是跨出了房間、將麥克風遞給願意檢視事實的人，即使是已經有充分文件記錄的越南事實：例如美國俘虜的待遇。桑塔格走訪了遭到細心照看的美軍墳地，並寫下「北越人是真心實意的關懷那成百名被俘美國飛行員的安康」。

這沒有太脫離左翼的主流。在「信譽差距」的年代，美國政府一直堅稱另一種事實，而有許多人並不相信這些報告。她所住的旅館是一棟名為「Thống Nhất」（「重新統一」）的雄偉法國建築，而距離五條街的地方，是另一棟更為知名的旅舍，火爐監獄（Hỏa Lò Prison），它被稱作「河內希爾頓」（Hanoi Hilton）。被俘虜到那裡的美國人，有許多是運氣差而被徵召入伍的，他們要忍受挨餓和毆打，被銬在水泥板上、吊在掛肉的鉤子上。蘇珊無視於這些事的可能性，也拒絕用她看待自己的懷疑態度，看一看另一國政府的主張，即使是最古怪的主張。

她曾經在日記中指出海芮葉特指責她「對他人和他人的所思所想都不夠犀利（雖然我很確定自己心中具有移情與直覺力）」。十幾年後，她在〈河內紀行〉裡寫到她具有「移情的天賦」。回到紐約時，她戴了一個用墜落的美國飛機機身所做的鋁戒指。

〈河內紀行〉出版之後，北越媒體上出現了有關「美國女性作家蘇珊·桑塔格（Xu-Dan Xôn-Tăc）」的文章。一名記者驚聲宣布：「美國人認為越南人的生活方式會大大地失去靈魂！」

> 當然，桑塔格憂心的「損失」在我們的觀點中並不是什麼需要懊悔的事，或者說，就是那樣，才

讓我們的靈魂覺得圓滿。她無法理解是什麼豐富了我們的靈魂。不過我們則能夠理解和評價美國文化。[20]

這當然不對：非美國人總是認為熟悉美國那些比較容易輸出的產品，就是了解美國文化。但是蘇珊也沒能針對自己的國家寫出比較細微的觀點。在文章的最後，她呼籲美國需要新的愛國主義概念，來取代這個名詞背後通常具有的殘酷和沙文主義。她曾經於一九六七年在倫敦說過：

住在美國帶來許多痛苦。就像是潰瘍一直沒有好。現在的政府為全世界帶來災難，而這主要是因為政府中沒有幾個會想的人。身為美國人，我感到困窘。……遺憾的是大學中的這個世代只有少數人——他們是最有天賦、我所知美國最有人性的人。他們別無選擇，只能抽身退出。我來到國外，這就是我退出的方式。但我是美國人，當我在美國時，我仍將自動涉入抗爭之中——不論它將帶來什麼好處。[21]

隨著越戰拖延日久，這算合理反應了許多美國人心中的感覺。但是她的憤慨讓她愈來愈走向極端的反美（anti-Americanism）情緒。在閱讀惠特曼和愛倫．坡時，她很驚詫於越南可以用如此自我犧牲的精神對抗美國。在寫作〈美國怎麼啦〉時，她似乎寧可整個國家遭到毀滅：「美國人知道他們無路可退：『他們』想要把這一切從『我們』手中奪走。而依我所見，美國人也活該被人奪走這一切。」[22]

擁抱共產主義——至少是越南的變異種——表示擁抱在母國無法成功的浪漫派政治。羅伯特・史威爾斯說：「這是一種固執己見的盲目。蘇珊完全被吸引住了，是蘇珊自己選擇要相信的。」[23]她的這篇文章後來也讓自己感到尷尬。[24]大衛也說：「她在參觀過美軍轟炸的河內時曾說過一些話，如今來看，我想就算是她，現在對這些發言也會有所保留。」不過「讓她走極端的戰爭恐怖絕對不是她想像虛構出來的。對於這些反應她或許考慮得不夠周詳，但在當時，戰爭對她而言就是難以言喻的怪物」。[25]

她在去河內前後有著雙重角色：正在興起的年輕作家和活動家，而這後來將她帶往一個比較和平的國度。在一九六八年四月，瑞典使館的一名文化參事邀請她去斯德哥爾摩拍一部電影。

這個突如其來的邀請證明她的名聲正在快速上升。這讓她的朋友感到敬畏，他們認為她簡直是一路過關斬將。不過，雖然別人認為她受到上天眷顧，但是她卻不這麼認為。私底下的她仍然是那個「不受愛戴的戰士，正在奮力求生、奮力做到誠實、公正和正直」，而且總在顯然取得成功的時刻，也依然擔心她有所不足。她在六〇年代後期的所有作品中，明顯充滿了一種消沉的感覺，甚至比越南時代的許多作品透露的恐怖感更溢於言表。

她在表面上仍然是光鮮亮麗的。她在前往河內的途中，先在瑞典作短暫停留，然後回程時，又花了三個月時間待在這個國家的首都，在歷史的大部分時間中，它都是貧窮而無名的。但它現在像越南一樣有名了，蘇珊寫道：「有些國家就是比其他國家更有名。名人的類似法則對國家和個人一樣適用——要有假的時尚眼光；被放在讚美、嫉妒和苛責之間殘酷地搖擺。」[26]

瑞典的名聲是因為它做了一個世界上最大膽的政治實驗之一。它的社會民主制度是一種非共產主義的社會主義，它想要去除各種不平等，這是與共產主義截然不同的作法，因共產主義就是靠著社會的不滿煽起革命。瑞典的社會民主工人黨為了證明資本主義社會也可以和共產主義社會一樣，對勞工展現出友善，於是便推出一些慷慨的傳奇性計畫。瑞典結合了高稅率和大額福利支出，讓這種作法成為典範——或許是全世界民主左翼的典範。

成為政治典範後，也讓瑞典決定在文化上扮演某些角色。柏格曼顯示了這個曾經很邊緣的國家也可以創作出藝術價值崇高的電影，雖然大家比較知道的瑞典電影是另一回事。女演員厄拉·亞科布松（Ulla Jacobsson）在一九五一年的《一個幸福的夏天》（*One Summer of Happiness*）中有裸露演出。這是主流電影的頭一遭，並且引起國際的震撼；瑞典對於裸露持輕鬆態度，最後也造成營利色情產業的興起。

瑞典努力要讓它的電影國際化，這也是文化外交的一部分，它付錢拍了幾部高達的電影，並且邀請外國導演赴瑞典拍片，包括安妮·華達（Agnes Varda）和彼得·沃特金斯（Peter Watkins）。蘇珊·桑塔格看起來也是一個好選擇：《反詮釋》於一九六七年在瑞典面市，她寫柏格曼的文章即使在柏格曼的母國也甚具影響力。

所以她就住進了「外交家飯店」（Hotel Diplomat）四〇四號房，那間飯店座落於一條優美的水岸大道「斯塔德維根」（Strandvägen）。她在那裡寫了〈河內紀行〉和電影劇本《食人族二重奏》（*Duet for Cannibals*）。出演《食人族二重奏》的年輕女演員阿格妮塔・埃克曼爾（Agneta Ekmanner）說：「我們都覺得這是一場冒險。」阿格妮塔和她的朋友很期待「與蘇珊・桑塔格共事，展開一場令人興奮無比的冒險，我們都讀過蘇珊・桑塔格。這裡的每個人都很年輕、像個傻瓜——但是充滿才情」。[27]

桑德魯（Sandrews）製片公司的攝製部門副手，博・瓊森（Bo Jonsson）說：「我們很習慣和一些很奇怪的導演之流合作。所以當她來到這裡的時候，我們的態度是很自由的。」他們都知道那部電影有風險，瓊森也說「法國有上百個一流導演」，但是其中只有三個可以走上職業道路。而且瑞典還沒有職業劇作家：「幾乎所有導演都是自己寫劇本。」蘇珊獲得一筆豐厚的預算。「他們會喜歡瑞典，因為他們完全可以做任何自己想做的事。我們從來沒有以製作人的身分說：你得這樣做。那種對話不會存在。」[28]

與「激進」（redical）相對，當人民提到「開明」（liberal）時，他們就是指社會民主主義的瑞典。不過和許多自由主義的堡壘一樣，瑞典也朝向激進化邁進了。瑞典對越戰的反對，包括它願意接納脫離美國軍隊的逃兵，使得瑞典與詹森政府的關係降到冰點，因此，美國大使在一九六八年三月被召回。對於交好的西歐國家來說，這是一個極為罕見的作法；有幾乎兩年時間，直到尼克森政府時期為止，美國都沒有再派大使回任。

與蘇珊一起工作的彼得・霍爾德（Peter Hald）說「越南是瑞典最大的問題」。瑞典對蘇珊有興趣，部分也是因為她對越南有興趣。「瑞典到處充斥對越南的興趣。」[29]所以如果說夏季的斯德哥爾摩，有著古代的尖塔和繁花似錦的小島，看起來和遭受汽油彈攻擊的越南村莊遠隔千里，那也不對。這個城市充滿了逃避徵兵的美國人：對他們來說，瑞典是僅次於加拿大最受歡迎的落腳地。

格斯塔・伊克曼（Gösta Ekman）說他們「沒有地方可以去、可以生活」——伊克曼是英格瑪・柏格曼在「瑞典皇家劇院」的助理，那裡是瑞典聲望最高的劇院。「所以我們就說：歡迎你們來。蘇珊聽到了這件事，聽說逃兵們住在我們這裡，所以她來瑞典的目的就是要拍一部關於這些逃兵的電影。」[30]

在一則保留到現在的電影前期綱要，我們會讀到：「關於一名來到斯德哥爾摩的美國逃兵，湯姆・摩斯（Tom Moss）的境遇。」她的電影會使用記錄式的連續鏡頭。演了三十分鐘之後，「他的生活變得更像夢了」。其中有些場景可能是取自《恩主》或《死亡之匣》：「在一場派對中，湯姆、拉爾斯和英格麗德都有出席：湯姆最後變得心煩意亂，他用繃帶把自己身上大部分地方都包紮起來，包括他的臉。」[31]

像這樣將真實的政治與奇怪的夢境結合，是要嘗試解釋蘇珊之前所定義的現代藝術的意義：「發現在日常生活邏輯之下的夢的非邏輯性」。但是她發現另外已經有一部關於逃兵的電影了；所以她又寫了一個不同的劇本，這讓每一個參與的人都大感疑惑不解。伊克曼說：「我說我完全不懂。它到底想要講什麼？我們所有人都是這種感覺。」但是桑德魯製片公司的負責人戈蘭・林格倫（Göran Lindgren）說：「她很有名。我相信她。」[32]

阿格妮塔・埃克曼爾說：「我真的、真的從來沒有聽說過這麼多有關電影的趣事。」蘇珊對電影的迷戀是遺傳自蜜爾崔德——「我的母親、電影狂熱粉絲（fan-fatale）」[33]——那也是六〇年代的特徵。菲利普・洛帕泰談到他在哥倫比亞認識桑塔格的那幾年，他說：「用一種好笑的方式來說，對電影的愛其實是當時文化的驅動力。」[34]蘇珊在她生命接近結束時，也寫到那時是「『去電影院』的發燒時代，全職電影迷總是希望找到靠近銀幕的位置，愈近愈好，最佳位置是中央第三排」。去電影院是一種教育，是世界觀：

> 電影有門徒（很像宗教）。電影是聖戰。電影有世界觀。詩歌、歌劇、舞蹈愛好者不會認為世上**僅有**詩歌、歌劇、舞蹈。
>
> 每週看一次電影，教會（或者說試圖教會）觀眾昂首闊步、吸菸、接吻、打架、悲傷。電影會傳授吸引人的訣竅，如……穿雨衣很好看，即便沒有下雨。

電影也讓人飛離意識，她寫道：「你就是會想被電影俘虜。希望被電影俘虜，就必須去電影院，與不知名的陌生人坐在黑暗中。」桑塔格也不否認這種場景有性的成分：「黑暗電影院中的情色、沉思儀式消逝了，再多的悲傷也無法使儀式復活。」[35]

在六〇年代後期的前衛派電影中，高達可能是最受人尊崇的創作者，桑塔格在《反詮釋》中為他寫了一篇專文，後來在一九六八年二月又寫了另外一篇。高達只比蘇珊年長三歲，他是難得一遇的奇才，有著「數月殺青一部新戲的速度」：他在一九六八年底、三十八歲時，已經拍了十八部電影。雖然她渴望著要摧毀意志，不過她也很欽佩這種尼采路線的創作者，她寫道：「現代的文化英雄有兩個共性：他們在某些方面是刻苦修為的典範，同時也是批判舊事物的偉大破壞者。」[36]「修道院的小房間」——靜默的美學——可以和這種英雄氣概共存。

高達還有別的地方令她感興趣，並使他成為她所嘗試的作品典範。她引用了他的話：「我依然是在《電影筆記》（Cahiers du cinéma）時期的那個影評人。惟一的不同，是以前我用文字進行批判，而現在我用電影鏡頭表達。」[37]他找到了「一種用電影抒發和激起感情的新方式——借助文學傳統、真摯的文化熱情、不成熟的智力表現以及導演本人心中令人窒息的苦痛的宣洩」。[38]他也顯示了一個評論家要如何成為一名藝術家：

> 高達則將散文體作為文學原型，致力於在電影中反對詩化的傾向。他甚至宣稱：「我覺得自己就是一位散文作家。我用小說的形式寫散文，用散文的形式寫小說。」[39]

雖然已有不少人嘗試過，但高達那些令人困惑的電影，還有它們那帶有解釋性、關鍵的感情，是很難匹敵的。桑塔格精通電影和電影評論。她是一九六七年的威尼斯影展評審之一，也受邀擔任紐約影展的選舉委員。她身為電影狂熱者，知識絕對不亞於任何人，但是在製作《食人族二重奏》時，她唯一的成功好像只有讓人覺得很神秘。

伊克曼扮演鮑爾的祕書托馬斯——鮑爾是一個瘋瘋癲癲、但是很有個人魅力的革命家，當時正在瑞典流亡。阿格妮塔．埃克曼爾扮演托馬斯的太太英格麗德，托馬斯對鮑爾愈來愈感到著迷，這讓英格麗德看得很緊張。鮑爾——和《恩主》中的布爾加洛教授一樣，他的原型是賈可柏．陶布斯——娶了一名義大利人，她的名字叫佛蘭西斯卡。這個角色又是搬演了安德斯太太，她也是個缺乏意志的女性，她的丈夫說「她不喜歡被碰。最好是不要有人注意到她」。[40]鮑爾深受某種疾病所苦，這又加深了懷疑、諜報、還有似乎會發生什麼驚悚事情的氛圍。

「重要的不是情節，而是事件」：這是這部影片的格言，也是沃荷對合作者羅納德．塔維爾（Ronald Tavel）所作的指示。[41]事件是有的。例如佛蘭西斯卡把她自己鎖在車裡，然後噴了一堆刮鬍泡在擋風玻璃內面。她用薄紗把托馬斯的頭包起來。還有些超現實主義的安排，例如托馬斯正在聽鮑爾聲音的錄音，然後那個聲音突然直接轉向他開始說話。英格麗德來到鮑爾家裡，被他的魅力所迷惑、把他撲倒在沙發上，然後變成一個沒有骨氣的僕從、另一個沒有意志的女人，就像是佛蘭西斯卡一樣。佛蘭西斯卡用她自己的盤子盛了食物給英格麗德；英格麗德和佛蘭西斯卡眉來眼去；佛蘭西斯卡死去；鮑爾自殺；但是兩個人都沒有真的死亡。被薄紗包起來的托馬斯為蘇珊一直執著的視覺和眼盲主題提供了另一個例子，而鮑爾的回魂，則是蘇珊「一直執著的假死主題」另外一個範例。

解釋或分析這部電影都比觀賞它要有趣得多。觀眾能夠理解的只有演員們的迷惑。格斯塔・伊克曼說：「我們幾乎是一張口就彼此互問：『這是在講什麼？』」。[42]阿格妮塔說一開始時，「我們覺得很興奮。這部電影好像非常新穎。但是我們無法判斷。因為劇本說的並不夠多」。蘇珊不太能解釋她的意思。瓊森說：「我不覺得她對演員真的有感覺。」在嘗試向她討得解釋但是失敗之後，他們也只能夠聳聳肩、繼續他們的工作。彼得・霍爾德說：「整體來說，它到底在講什麼……我是不覺得我們之中有任何人可以掌握到。」

蘇珊覺得被孤立了。演員可以了解彼此，他們也一起工作過。另一方面，她卻沒有導演和表演的經驗，也不懂得她所導演的語言。就像在越南一樣，在越南時，她心知肚明因為她不懂越南語，所以只好依靠其他人的轉譯；在瑞典時，她也發現自己陷入一個奇怪的情境中，必須要執導一個她不了解的語言。

真實的政治世界與理論或是美化的意識形態世界都處於對立面，蘇珊無法接近真實的政治世界，這種困難在〈來自瑞典的一封信〉（A Letter from Sweden）中顯露無遺，該文於一九六九年發表在《城牆》（*Ramparts*）雜誌。和《死亡之匣》、〈河內紀行〉、《食人族二重奏》一樣，它也寫出了狂熱表

面下潛藏的一種挫敗情緒。蘇珊嘗試要找到熱情，那股熱情曾讓《反詮釋》迴盪著發現的興奮。在《激進意志的樣式》中，就連最好的文章都讓人覺得有點過度解釋，令人費解：它讓人感到的不是挑戰性，而是覺得困難，它讓讀者、甚至讓作者都感到氣餒。在她的小說、報導文學和電影中，如果不是用母語表現的體裁，上述困難又顯得更明顯了。

〈來自瑞典的一封信〉透露出蘇珊的困惑、以及她的困難源頭。我們很難確實找到她不喜歡瑞典的地方。字裡行間透露出這裡是人道社會的典範，蘇珊並沒有對它的正面特質視而不見。她讚賞它對藝術家——也包括對她——的異常慷慨。她注意到這裡有全世界最高的人均收入。她也形容了這裡的平等主義：「舉例來說，這個國家幾乎沒有僕人。」[43] 她還欽佩這裡不存在貪汙。她寫道：「這裡的人對工作的誠實標準應該是無人可出其右。」[44] 在女性地位方面：「我簡直無法形容在這個城市裡有放心、多自由，不論是任何時間，白天或晚上，女性都可以孤身一人在這裡到處走動，甚至不太會有人注視妳，更別提被男人搭訕或是跟隨了。」[45] 除此之外，瑞典人「的面貌十分姣好，體格也格外健壯」——雖然她也批評過「他們美麗的面容和未經解放的身體顯得格格不入」。[46] 他們對性不會特別顧忌：「私生子身上沒有什麼汙點」。而且，「如果妳需要一根假屌，在家附近的情趣用品店就可以買到了。」[47]

但是，其中也混雜了幾乎像是觀光客會說的抱怨。瑞典人也和其他北方人一樣會喝酒。瑞典很冷。冬天很長，黑暗得令人抑鬱寡歡。她寫道：「瑞典人很難接受別人的慷慨，也很難提供」，但是她忘了她才剛收到十八萬美元供她拍電影。而且「和人相處時，會覺得像是在替他們工作」。或許這些都是真的，但是這些主張也就只是主張而已，它們沒有證據。就像是她寫北越的文章一樣，我們也不知道瑞典人本身是怎麼想的。譬如說：如果他們聽到別人說自己「對彼此加上區分的動機相對較弱」，他們會感到驚訝嗎？[48]如果聽到她說「這個國家的統治階級真的很仁厚、立意都很良善」，他們會怎麼想呢？[49]我們完全不知道，正如我們也不會得知是否真的「瑞典人想要被強暴」。[50]

但是〈來自瑞典的一封信〉和它標榜的主旨其實沒有什麼關係，它比較多是在講它的作者，而且最後幾句話也提出對她困境的解決方式。

> 瑞典進行過大幅的改革，但不是激進的改變。這些改革富有人情味，而且很聰明，而它們並沒有衝擊到瑞典人的處境根源。它們並沒有將瑞典人從幾世紀以來的長期壓抑狀態中喚醒，它們並沒有釋放新的精力，它們沒有——也不可能——創造出一個新人。這需要革命才做得到。[51]

這是口號背後令人落空的期待。但是瑞典在她內心植下了希望，那其實比她描述的改革對她來得重要。在這個背景下，她前去瑞典的旅程像是要逃離意志的行程——在別的地方展開全新的開始。在酒精中毒的術語中，這叫作「地理療法」，也就是尋求一個全新的開始，改換環境以試著脫離酒癮。於是，一個感到憤慨的美國人去了國外。一個受到阻擋的作家成為導演。消沉的女性可以變成一個「新人」。她在河內也曾見過這種逃避後的產物：「經歷了這些磨難，『一個新人』出現了。」。[52]

但她還沒有成功的找到這個新人——成就一段傳奇故事。這篇文章最後是以六〇年代最偉大的一句口號作結：「*¡Hasta la victoria siempre!*」（直到最後的勝利！）[53]

第二十章　四百個女同性戀

蘇珊經常開玩笑說：歐洲有四百個女同性戀。[1]在這樣的團體中——女繼承人和社會名流、作家和學者、女演員和設計師——女同性戀像是特權階級中的特權階級。女同性戀在英國是以薩・伯林所稱的「Homintern」、在法國被稱為「*l'homo-people*」。在巴黎以及倫敦、坎城和卡普里，這些女性都一樣是在自成一格的圈子裡度過她們的假期、墜入愛河與傷心失戀。

對她們來說，同性戀絕不代表放棄階級的特權，這是例如《夜林》這種文學作品才經常有的情節。有一名圈子裡的成員形容另一個圈子裡的人，說「她們住在美麗的宮殿裡。但是你絕對不會稱她們是富人」。[2]這是在說義大利卡伊阿內洛（Caianello）的公爵夫人，安娜・卡洛塔・德爾・培佐（Anna Carlotta del Pezzo）一家。蘇珊與她在一九六九年相遇，當時蘇珊對戀愛極度渴望，而卡洛塔則符合傳統字義中的浪漫：簡直像極了小說。蘇珊在十年前遇到艾琳之後，就再也沒有談過戀愛了。大衛後來說：「我覺得蘇珊不曾用她愛卡洛塔的方式愛過別人。」[3]

她們在各個方面都截然不同。蘇珊是中產階級美國人，她一直想要成為（becoming）什麼。卡洛塔則是那不勒斯的貴族，存在（being）本身就是她唯一關心的事。詩人帕特里齊亞・卡瓦利（Patrizia Cavalli）說：「如果問那些人在想什麼、接下來要做什麼，那幾乎是件冒犯的事。」但是即使依卡洛塔那種環境的標準來看，卡洛塔都只能算是個懶惰的人。畫家瑪麗盧・歐斯塔基奧（Marilu Eustachio）說：「她的朋友、她那個年紀的女性、和她一起上學的女性：她們都會做點事。只有她真的什麼都不做。」

卡瓦利解釋：「卡洛塔甚至不下床。你不可能和她訂下任何計畫。」[4]她們的朋友喬萬內拉・贊諾尼（Giovannella Zannoni）在一九七〇年向蘇珊解釋過：「她有時候會對時間和時間的意義都非常不明瞭，而且好像完全不能理解為什麼其他人在約定什麼日期和事情時，都需要非常明確的決定。」[5]卡瓦利還說：「我不覺得她一生中有讀過一本書。」唐・萊文也說她一生中只做成過兩項東西：「她那粗粗的、深咖啡色的紙捲菸，她每天早上都會捲一根，還有她早餐要吃的超辣義大利麵醬。」[6]

卡洛塔是「激進意志」的對立物——與蘇珊完全相反——但是她拒絕行動這也有自己的問題。有一次歐斯塔基奧責備她過於懶散，卡洛塔怒回：「所以妳以為什麼都不做很簡單嗎？」

——

卡洛塔早期的生活是半封建、半土豪的生活，照大衛・瑞夫的說法，她居住的世界「現在會被人稱為歐洲垃圾（Eurotrash）」。她高高瘦瘦，偏愛有束帶和肩墊的毛皮大衣，或是她會不穿胸罩，並在穿的圓領衫上罩一件貂皮，她會當模特兒、與維斯孔蒂（Visconti）出去玩、當帕索里尼（Pasolini）的臨時演員：萊文說在她居住的那個世界「裡面，沒有人會想說『我不要去卡普里的派對，還是去寫劇本吧。』」[7]

她和蘇珊的組合看起來幾乎有點滑稽——她們也的確是。但是卡洛塔很美麗，而蘇珊無法抗拒美好的人事物。尼采說過：「要體驗事物的美好就意謂著：用相反的方式去體驗。」蘇珊很喜歡引用這句話，[8]但是蘇珊卻沒有正確地體驗卡洛塔，而且她也不是唯一一個。歐斯塔基奧說：「每次遇到她時，都很難不感受到卡洛塔的魅力。」卡瓦利也同意「她是魅力的化身」。許多人都臣服在她的石榴群下。卡瓦利說她「像個男孩」，她同時混合了兩性，她的愛人也橫跨兩性。在紐約時，萊文曾經有一次帶她去看寇克・道格拉斯（Kirk Douglas）的電影。她後來壓低音量告訴他：「他在床上很棒。」她的女性愛人就是那四百名女同性戀中的好幾人：如著名女作家科萊特（Colette）的女兒科萊特・代・喬弗內爾（Colette de Jouvenel），義大利電影明星瑪麗亞・洛蒂（Mariella Lotti）。

她也有毒癮。人們傳說這位優雅的女同性戀公爵夫人愛來上一口海洛因。她的魅力、她對那些只有幾面之緣的人帶來的真實印象，讓她可以從某些他人不敢嘗試的事中全身而退。但是吸毒最後還是讓她捲進了法律問題。有時候她擺脫得掉（「我接下來就要打電話給司法部長了」），但是有時候她的關係就顯得不是那麼有用了。她有一次在義大利的監獄裡待了一個月，蘇珊還每天寫信給她。卡洛塔和關在一起的妓女們處得很好，但是法院下令要她勒戒，於是她就去了瑞士的一家診所。[9]

卡洛塔很美麗、吸了毒以後就恍恍惚惚的，而且不容易親近，這些都和蜜爾崔德很像——蘇珊也知道這一點。她在一九七五年描述她「對於監護關係的喜愛。這種傾向首先來自於我跟母親的關係（她是軟弱、不快樂、困惑但迷人的女人）。這也是反對我跟卡洛塔恢復任何聯繫的理由」。[10]

蘇珊在一九五八年與海芮葉特分手，當時她提到了一個教訓。「別讓心臣服在別人不想要的地方。」[11]卡洛塔讓她忘了這個教訓，而她的臣服則讓自己深受其辱。卡瓦利說「卡洛塔對蘇珊很殘忍——非常殘忍」，帶出了蘇珊「一直具有的受虐狂」的一面。斯蒂芬・科赫也同意。「她的受虐狂傾向到了令人難以忍受的地步。她會在地上爬行，差不多真的就是在地上爬。」弗洛倫斯・馬爾羅說：「蘇珊匍匐在卡洛塔的腳下。」唐・萊文也說：「蘇珊真的只會乖乖坐在兩個人的腳下。這句話的意思是如果她走進一個房間，看到這兩個人的其中之一，她就只會坐在地上：漢娜・鄂蘭和卡洛塔。」

蘇珊在一九七一年寫下：「我正在尋找自己的尊嚴。別笑。我非常不耐也非常縱容（對別人）。對我自己，只剩不耐主宰。我喜歡我自己，可是我不愛自己。我縱容——到了某個極限——那些我愛的人。」[12]她可以做到的程度讓她的朋友們都嚇了一跳。卡洛塔很小氣；蘇珊則很慷慨。卡洛塔要求很高；蘇珊就卑躬屈膝。萊文曾有一次問蘇珊：如果卡洛塔堅持要她切斷與大衛的聯繫，她會怎麼做。「她沒有質疑這是什麼荒唐的問題，或者說這沒什麼好商量的。她說：我會等她把頭髮做好，如果我要找他的話，我就用打電話的。」

她們的相遇是在一九六九年夏天，透過那不勒斯的電影監製喬萬內拉・贊諾尼認識了彼此；但是到了一九七〇年秋天，兩人的關係才發展不過一年多的時間，她們就結束了。就像是蘇珊許多希望落空的愛情——包括她與母親的愛——這段關係也在其他包裝下藕斷絲連，不過當它真的結束時，蘇珊則逃到安默斯特，那是萊文教書的地方。他從來沒有看她那麼沮喪過，他試著用散步、聊天和音樂分散她的注意力。但都只是枉然。

> 我說我們進城吧。那時是秋天，我們在這棵樹下走了一段時間，這些楓樹美極了，而這棵像是一團火焰，所以我們走在樹下時，就像是被一把雨傘包圍起來。她談起了卡洛塔，而我說：「蘇珊，夠了！」她停了下來，我接著說：「看看我們周圍的楓葉。」蘇珊不是動不動就愛咒罵的人，不過那時候她說：「去他的葉子。」

卡洛塔的名字是為了紀念她的瑞典祖母，女權主義作家安妮・夏洛特・列夫勒（Anne Charlotte Leffler）。卡洛塔對蘇珊的影響也讓人想起其他瑞典女性，她們的空白正為其他人的想法提供了理想的屏幕。在柏格曼的《假面》中，伊麗莎白的力量便是來自空白；空白也是葛麗泰・嘉寶（Greta Garbo）的祕訣所在。

蘇珊一直受到嘉寶的吸引，嘉寶的女同性戀身分——這是個公開的祕密——也讓許多同性戀女性引以為豪。她在一九五八年指出學著「加入對嘉寶的崇拜」，是她的性和俗世教育中重要的一部分。[13]在一九六五年，蘇珊看完葛麗泰．嘉寶的《私人馬鈴薯田》（*The Private Potato Patch*）這齣劇之後，寫下了她對於嘉寶的力量有何想法：

> 我希望自己**成為**嘉寶。（我研究她，想把她吸收進來，我仿效她的動作姿態，試著感其所感）——然後到了最後，我開始想要她，想跟她發生關係，想占有她。慾望超越仰慕——在我想望更靠近她的最後。這是因為我的同性戀傾向嗎？[14]

在〈關於「坎普」的札記〉中，蘇珊有兩次提到她，兩次都提到她的空白：「在葛麗泰．嘉寶的完美背後，便是常繞心頭的雌雄同體之心靈空虛」，蘇珊還主張「嘉寶不夠資格（至少是缺乏深度）擔任女演員，這反倒提升了她的美麗。她永遠扮演自己」。[15]這一點——「永遠扮演自己」——就是卡洛塔對蘇珊最大的吸引力。不管有什麼缺點，卡洛塔從來不想要變成別人。

曾經有一個導演告訴嘉寶：「讓妳的臉成為一張面具。什麼都不要想，什麼都不要感覺。」[16]卡洛塔也和嘉寶一樣符合沃荷式的理想——只有表面，沒有深度。蘇珊承載的靈肉是分離的；卡洛塔則只重肉體，沒有腦袋，歐斯塔基奧說：「她只是個形象，你能了解嗎？她對實質完全沒有興趣。」對蘇珊來說，卡洛塔成了她放棄意志的一種方式。

——

在一九六九年十一月六日下午，出現了另一種逃離意念的可能方式，那一天，有一名女性搭火車從曼哈頓前往東漢普頓（East Hampton），再叫了計程車前去海邊。當他們抵達目的地時，司機說：「這裡一個人都沒有。」那名女性回答：「我知道。」幾小時後，一具屍體被沖到了海洋大道（Ocean Avenue）底的岸邊。[17]

這位女性是蘇珊·陶布斯。四天前，她的小說《離婚》在《紐約時報書評》遭到猛烈的抨擊。評論家休·肯納（Hugh Kenner）雖然一邊認同「當你的桑塔格偵測儀讓你感到愈來愈無法消化，看這本書會帶來一點補償」。但是卻又說它只是一個「女性小說家」的一本惱人作品：「披著別的作家的外衣就想快速變裝」，肯納說該書作者只是「想要攀著《死亡之匣》的時尚旋風，展開自己的舞臺」。[18]

桑塔格和斯蒂芬·科赫去沙福郡（Suffolk County）認屍。一位醫生出來接待，把他們帶進一間無菌室，屋子裡有一個很大的觀察窗，整片窗戶用咖啡色的塑膠簾蓋起來。一名男子按下一個按鈕，窗簾就緩緩升起了。

在玻璃的那一邊，蘇珊·陶布斯的屍體躺在一張輪床上，她那很長的頭髮四散披在她的頭顱上。她的臉沒有一點腫脹或是毀容。除了頭之外，身體其餘部分都用一張很大的紙蓋起來，上面印了大大的「**紐約州沙福郡**」幾個字。

「這是妳的朋友蘇珊·陶布斯嗎？」

蘇珊說：「是的，我確定。」

那名男子放下窗簾。房間裡還有一張桌子，桌子上放了一些需要蘇珊簽名的法律文件。她的手抖得很厲害，幾乎握不住筆。但是她讓自己鎮定下來，並簽了名。接著我們就被領了出去。走回車子之後，蘇珊說：「所以她終於做了——那個傻女人。」[19]

——

陶布斯夫妻分居很久了，雖然他們直到一九六七年才離婚。賈可柏回到歐洲，並在那裡度過餘生。就像《離婚》中描述的一樣，這段婚姻是不需多言的災難，它曾想要藉著各種方式重新形成關係，從一些詭異的方式——賈可柏曾要他太太爬到他們位於上西城房子的屋頂上，對著滿月嗥叫——到哲學的方式。

他們的兒子伊森說：「在六〇年代的性革命中，有許多人到處和人發生性關係，但是背後卻沒有一個完整的哲學，不過他是有的：他要解放人群，像是透過罪惡進行救贖。」賈可柏幫馬庫色出版了《愛慾與文明》，但是在真實生活——他自己的人生——中，要解放色情的能量顯然是困難許多。他很躁鬱，他的兒子說：「他掌握不了自己。他會一直脫離控制。每件小事都如同災難。掉在地上的麵包屑，災難。沒有禮貌，災難。」[20]

蘇珊．陶布斯也待在歐洲，她把兩個孩子，塔尼亞（Tania）和伊森，送去多間寄宿學校，偶爾還會去哥倫比亞工作。對她來說，性的反律法論（sexual antinomianism）雖然在歷史上是必要的，或在智識上可以證明為正當，但是在情感上又是另一回事了。伊森說：「我覺得我母親是個傷透了心的浪漫主義者。他是她的人生至愛，而這個人基本上和每個人都可以睡。」她和賈可柏分開後，也有過別的愛人，而且在她死前不久，還有三個月的時間待在布達佩斯，和小說家康拉德・哲爾吉（György Konrád）在那裡有過一段厄運般的戀情。

桑塔格把陶布斯的自殺怪在哲爾吉頭上，而伊森認為這「有點太過了」。也有人說是《紐約時報》的書評太苛刻了。但是，其實在陶布斯的高中時期，人們就常勸她要多笑。她一直陷在沮喪的情緒中，也曾嘗試自殺。她也和蘇珊・桑塔格一樣，常常會「看不到」：這一方面是指字面上的意思，因為她幾乎全盲了，必須要別人的幫助才能夠過馬路；另一方面也有隱喻的意思，因為她看不到自己的行為對別人的影響——包括被她拋在腦後的孩子，還有她的父母。伊森・陶布斯說：「只能說她很殘忍。她的雙親都還在世，看到兩個七十幾歲的人哭泣，真的很令人傷心。蘇珊〔・桑塔格〕也身心交瘁。」

桑塔格也在極力對抗自己的意志消沉，她也害怕失敗，所以她對朋友的死感到十分驚懼。她在一九七五年寫道：「我不想接受失敗。我說，我要成為倖存者。我不想變成蘇珊・陶布斯。（或者阿佛烈得〔・雀斯特〕。或黛安・阿巴斯〔Diane Arbus〕。）」[21]阿佛烈得・雀斯特在一九七一年死於以色列，當時他已經完全瘋了。五天之後，黛安・阿巴斯在紐約自殺。桑塔格對阿巴斯作品的嚴峻回應催生了《論攝影》。但是她對阿巴斯的回應如此激烈，也明白展現出她所認同的身分——她恐懼自己對社會來說是個怪人；然而她最後也放任此事發生了。

就在桑塔格遇到卡洛塔的不久之前——那時蘇珊・陶布斯還活著——她寫下了她在六〇年代的最後一篇政治作品，〈對於（我們）如何去愛古巴革命的正確方式的一些想法〉（Some Thoughts on the Right Way (for Us) to Love the Cuban Revolution）。瑞典需要一次革命；而古巴是它的未來。

她在一九六八年十二月和大衛以及羅伯特・史威爾斯一起飛到墨西哥城：古巴當時受到美國的禁運，所以直飛是不可能的。古巴也和河內一樣，屬於國際上的革命旅行路線，所以這一行人是在密謀的氣氛下踏上旅程，史威爾斯說：「我們搭上飛機時都被ＣＩＡ照相了。」蘇珊在哈瓦那時，有一天午夜被帶去和「紅鬍子」曼努埃爾・皮涅羅・洛薩達（Manuel Piñeiro Losada）進行一次戲劇性的會面。紅鬍子以前曾經在哥倫比亞當學生學習商務，現在則是古巴情報機關的頭子。[22]

十年前，貝爾納・多諾霍曾經說過，政治對蘇珊來說，就代表「質疑所有體制，對一切制度之類的也都感到厭惡」。而現在她寫道，對新左翼來說，「出發點就是認為精神救贖和政治的救贖是同一件事」。[23]但是她也和牛津時期一樣，比起實際的政治那些「索然無味的事」（「為人們找到家、找到補助金」），美學顯然更讓她感興趣。

就像瑞典及越南——像卡洛塔——一樣，古巴也反映了她自己想要重新改造的渴望。她寫道，古巴「就像在革命期間的那十年一樣，不停歇向前行的人依然很多。整個國家似乎有時候保持著某種持續行善的高速」。古巴人就這樣不停歇地、高度活躍地創造著蘇珊夢想中的「一個新人」。這個夢想卻沒有激發她寫出太優秀的文章。該文中錯綜複雜的模式和充滿行話的語法，顯示她在努力使用一種不屬於她自己的語言：

切．格瓦拉在他著名的〈古巴的人民與社會主義〉（Man and Socialism in Cuba）一文中，重複了卡斯楚講過許多次的話——古巴的領導者在衡量革命是否成功時，首先是看它有沒有創造出新的意識，第二個就要看該國經濟生產力的發展，也即確保政治的可行性要取決於經濟生產力。

一年前，她在一本有關古巴的宣傳海報藝術——也就是革命美學——的書本前言中，對古巴英雄表達了讚美之意：「自從我在一九六〇年夏天到訪古巴的三個月之後，我就很珍視古巴的革命，切．格瓦拉和卡斯楚對我來說也是英雄，他們是我看重的典範。」[24]她的描述含糊其詞，也沒有什麼事實根據。她說美國是「過度屬於白人、死亡纏身的文化」。古巴則「在革命之後就變得比較不色情了」。她還宣稱「幾乎所有的」古巴人「在革命正熾時都是文盲」。（其實在一九六〇年，幾乎百分之八十的古巴人就已經會識字了。[25]）被死亡纏身的美國人應該：

保持某種觀點——當另一個主要因舞曲、娼妓、香菸、墮胎、度假生活和色情電影而聞名的國家，都已經對性道德作出一點緊縮，而且在兩年前的一個黑暗時刻，這個國家還在哈瓦那圍捕了數千名同性戀，把他們送到農場進行改造。（他們過去都是被送回家。）

這種清教徒式的論調不是唯一令人大吃一驚的。更奇怪的是一個受到歧視的少數族群遭人圍捕、還被送到遙遠的監獄中，卻沒有讓這名女性產生共鳴，但她卻曾經因為看到納粹大屠殺的照片就讓生命一分為二。同性戀小說家雷納多・阿里納斯（Reinaldo Arenas）是一名被卡斯楚政權酷刑對待的異議分子，他對此作了清楚的說明。他寫道，在六〇年代，「所有對抗同性戀的新法律都應運而生，迫害開始產生、集中營大開，性行為成為禁忌，而同時『新人』受到讚揚，男子氣概也受到稱頌」。[26]「新人」的創生表示要摧毀「老派」、「反動派」和「娘娘腔」的——恰恰就像是納粹夢想要以純淨摧毀不潔。

——

在一九七〇年一月，蘇珊・陶布斯自殺不到兩個月，桑塔格回到斯德哥爾摩。她在那裡拍攝她的第二部瑞典電影，《卡爾兄弟》（*Brother Carl*）。這個企劃有《假面》的影子，它的角色也不會說話；還有卡洛塔・德爾・培佐的影子，蘇珊才剛和卡洛塔分手，而且用她的名字為電影命名。它也取材自賈可柏・陶布斯那種傲慢的性變態，以及蘇珊・陶布斯的小說和人物。蘇珊在過去十年間探索的想法，用電影找到了一個戲劇的形式。她也等於找到了一個方法承受她個人的失去：弗洛倫斯・馬爾羅在此時遇到蘇珊，蘇珊要求她一起幫忙寫劇本。在她們討論的過程中，馬爾羅親眼見到蘇珊是如何因為失去卡洛塔而日漸消瘦。[27]

那部電影在夏天拍攝。講述兩名女性，凱倫和萊娜——蘇珊．陶布斯的角色——去島上拜訪萊娜的前夫馬丁。蘇珊寫道：馬丁就像是「新版的《食人族二重奏》中的法西斯主義心理學家」——也就是說，他的原型是賈可柏．陶布斯。（或許是因為蘇珊．陶布斯在《離婚》中這樣形容他們的婚姻，才讓桑塔格以這樣的眼光看他。）[28]桑塔格還加進了其他角色，包括受馬丁監護的卡爾，他是一名舞者，會讓人聯想到瘋狂的尼金斯基（Nijinsky）；以及凱倫的小女兒安娜，她也不能講話，所以是唯一能和卡爾溝通的角色。就像是《死亡之匣》中的海絲特／迪弟情侶一樣，上述的最後這一對，也讓蘇珊以視覺美學的形式轉譯了她在〈靜默之美學〉中討論的想法。

——

在拍攝電影之前的那個夏天，蘇珊和弗洛倫斯．馬爾羅還在寫劇本，有一天，她們走在紐約街頭。弗洛倫斯看到商店櫥窗裡擺了一個日式淺盤，她因而驚嘆的出聲，但是蘇珊卻指責她過於輕浮：「這類東西太不正經。」不過弗洛倫斯覺得問題是出在「蘇珊沒有眼光」。

電影將這類實際問題再加入哲學問題，並用戲劇性的方式呈現出來。《卡爾兄弟》中不用言語——最重要的是也沒有「注視」——試圖表現出關鍵的感性在接觸到視覺藝術時，所體驗到的挫敗，它並不是一部適合觀看的電影，反而比較適合讓人撰文評論。桑塔格在一九七四年就這樣做了，她指出這部電影「比《食人族二重奏》更進了一步：鏡頭的空間關係更加細微、剪輯更熟悉，聲音的使用更複雜，角色間的連結也更複雜」。除此之外，她還認為「《卡爾兄弟》中的對話，遠比《食人族二重奏》更能保持『去自然主義風格』（de-naturalistic）」。[29]

阿根廷導演埃德加多・科薩林斯基（Edgardo Cozarinsky）是新朋友，他說：「它是一名電影迷的作品。」[30]雖然照理論來評論《卡爾兄弟》不會把它看得很高，不過比起《食人族二重奏》，它依然有長足的進步。故事沒有那麼刻意編得古怪，角色的動機也讓人比較想要揣測。兩部電影都圍繞著施／受虐之權力的主題——吃掉別人、控制其他人、不聽別人說的話——但是《卡爾兄弟》的人物有努力跳脫這樣的角色。

《食人族二重奏》的製片經理彼得・霍爾德說：「大部分評論家會說你要先感受過某件事，然後才能夠理解。然而他們之中沒有人真正感受過任何事。」[31]《卡爾兄弟》則真正會讓人感受到什麼。這部電影讓觀眾好奇、想要知道其實發生了什麼事、想要更貼近：他們與故事中的人有同樣的感覺。所有人都沒有發現必須說出口的那句話——只有一個人除外。

劇中的萊娜跳水自盡，和蘇珊・陶布斯一樣。之後，卡爾哄到安娜說出第一句話時，她說的是：「他很重。」這是她在電影裡的唯一一句臺詞。卡爾花了畢生讓她說出這句話。

——

這部電影或許可以看出桑塔格個人與智識的奮鬥軌跡，同時也展現出她對待身體的方式有何進展；

她的心靈一直是她身體裡「不聽話的居住者」。在她的第一部電影《食人族二重奏》裡，賈可柏・陶布斯的角色狼吞虎嚥地吃著他的食物，這一幕讓人很反感。伊娃・柯莉希認為這其實是蘇珊看重的主題。在瑞典時，阿格妮塔・埃克曼爾看到蘇珊「吃東西的樣子也讓人不舒服」。

她在一九七〇年的一段話裡說明了原因。

> 當我觸摸到誰時，我感到感激——還有愛意，等等。那個人讓我證明了自己擁有身體——而且這個世界有許多身體。
>
> 作為大食客＝渴望肯定我擁有身體。認為拒絕食物就是拒絕身體。看那些不愛吃東西的人很惱火——甚至會感到焦慮（例如剛開始跟C.〔卡洛塔〕在一起的時候）和反感（例如對蘇珊〔・陶布斯〕）。[32]

她十六歲的時候，就說過「我這段日子極度憂鬱不樂：身心分離讓我飽受折磨」。有好幾年的時間，她都會逃避身體、躲進心靈以確保安全——擺脫有意識的理智，躲進潛意識的夢中。隨著她的年齡增長，她決定回到身體中，包括用一些姿勢，例如不避諱地大吃，來強調她的身體存在。

《卡爾兄弟》裡還有一個象徵，也就是桑塔格的作品裡始終「執著的假死主題」已經從兒時的願望轉趨成熟，成為成人的體會。正如同她在《卡爾兄弟》的介紹中寫道：她在尋找一個奇蹟，把她從抑鬱中喚醒；她從這時之後的作品裡到處都可以感受到這種抑鬱。萊娜的屍體呈現令人驚異的形態，像是要迎來奇蹟。蘇珊以前曾經嘲笑基督教信仰「每一次釘死在十字架之後，就有復活的高潮」。但是她的作品也暴露出對復活的奇怪信仰，她也會在日記中提到假死。直到本片才發生改變，她寫道：「卡爾想要讓萊娜的死變成假死（也就是讓她復活），但是失敗了。」

萊娜的自殺終於讓安娜開口講話，卡爾的失敗也為桑塔格帶來預期外的重生。萊娜——也就是蘇珊・陶布斯——不會復活了。同樣地，蘇珊的早期作品中那些理論的、作夢般的脈絡也畫下了句點。經歷越南戰爭、失去卡洛塔以及蘇珊・陶布斯的死，這些現實帶著極具侵略性的力道襲擊而來。不過這些打擊雖然痛苦，卻給了她未來的作品一個固定的錨，而這是她過去一直缺乏的。那個「不受愛戴的戰士」現在願意再多揭露自己一點，而她的作者認同——隱喻的蘇珊・桑塔格，這是她過去用來對抗社會的武器——則將再擴大。這個轉變並非平順無波。而她的下一部電影則充滿了屍體。

第二十一章　中國、女人、怪胎

尚・考克多在替《可怕的孩子們》（*Les enfants terribles*）選角時，挑中了妮科爾・斯特凡娜，他說：「斯特凡娜以最少的表現，呈現出厄勒克特拉（Electra）那懾人的力量。」他曾經在一九四九年攝製的《沉靜如海》（*Le silence de la mer*）一片中看過她的表演，[1]斯特凡娜在該片中飾演一名被迫要接待納粹軍官、讓他住在家裡的法國女性。那名抱持理想主義的德國年輕人有時候會高談闊論法國文化和德法的光榮結合，這時候，這個年輕女性和她的長輩就只是保持禮貌的沉默，從來沒有和這位不請自來的客人說過一句話。拿掉了語言的「最少表現」，讓沉默變成一種武器，也是這位女演員唯一擁有的武器。

斯特凡娜很適合這樣如鋼鐵般抵抗的角色。她出生時取名為妮科爾—馬蒂爾德—史蒂芬妮・德・羅斯柴爾德（Nicole-Mathilde-Stéphanie de Rothschild），是歐洲最著名的猶太人銀行家家族的成員之一，她和妹妹莫妮克（Monique）在一九四二年十一月時越過庇里牛斯山逃到法國。她們穿著滑雪服，身上帶的偽造文件說她們出生在諾曼村，而那裡的檔案都已經毀損了。當時年僅十八歲的妮科爾魅力十足，還讓兩名年輕的德意志國防軍幫忙她拿過行李；不過天氣和納粹並不是唯一的阻礙，難民要付錢才能找人幫他們偷渡過西班牙邊界，但是他們卻常常被這些人搶劫或謀殺。《可怕的孩子們》和《沉靜如海》的導演，讓—皮埃爾・梅爾維爾（Jean-Pierre Melville）就是因為這樣而失去一個兄弟。不過帶她們的人，

「賈克修士」（Frere Jacques），看著她們進到了加泰隆尼亞境內，但是她們的試煉還沒有結束：她們一到巴塞隆納就被逮捕了。[2]終於獲釋之後，她們取道里斯本前往倫敦，並在那裡加入了自由法國的婦女軍（Forces féminines de la France libre）。妮科爾擔任空軍的司機，在諾曼第登陸戰之後，她隨即抵達了諾曼第。

戰爭之後，她們又在羅斯柴爾德家的宮殿裡重新展開生活。妮科爾和莫妮克是在繆埃特城堡（Château de la Muette）長大的，布洛涅森林（Bois de Boulogne）就是她們的後院。那是她的祖父亨利男爵（Baron Henri）建造的，亨利男爵是一名業餘的劇作家，他為自己的情婦建了皮加勒劇院（Théâtre Pigalle），還資助皮耶和瑪麗·居禮夫妻的研究。他的兒子詹姆斯男爵（Baron James），也就是妮科爾的父親，繼承了他父親對女人的興趣：他的第一任妻子克勞德·杜邦（Claude Dupont）號稱是法國第一美女，也是猶太人工程師保羅·沃爾姆斯·德·羅米利（Paul Worms de Romilly）的孫女。這對夫妻分別住在房子兩翼的廂房中遙遙相對，他們共同的生活就像他們的晚餐一樣，都經過仔細的規劃。妮科爾的成長過程中從來沒有用過鑰匙：如果她想進任何一扇門，都會有人幫她開門。[3]

——

蘇珊是紐約影展的評選委員，所以她有好幾年都有去坎城。在一九七一年，她也前去放映《卡爾兄弟》，但是她在那裡卻感受不到開心的情緒。因為卡洛塔——這部電影就是以她取名的——讓她感到黯然神傷，卡洛塔在大約六個月前拋棄了她。她在四月底時寫道：「孤獨無止境。一個全新的世界。沙漠。」[4]

兩週後，妮科爾・斯特凡娜走進坎城的一間旅館房間裡，一起參加了會議。雖然妮科爾早期在《可怕的孩子們》和《沉靜如海》中取得了成功，但卻無法獲得延續，因為她在一場車禍中受了傷，這使得她得重新學習講話和走路。她必須找到一個新的職涯，因此她決定製作電影，成為「法國唯二的女性製作人之一」。[5]（各地的女性製作人其實都很少。）她在一九六九年製作了法國作家、導演瑪格麗特・莒哈絲（Marguerite Duras）的《毀滅，她說》（*Détruire, dit-elle*）；她最大的夢想是把《追憶似水年華》（*À la recherche du temps perdu*）拍成電影，她已經在一九六二年取得該片的權利。就是這件事讓她去了坎城。她和一位朋友，義大利放射學家珉瑪・夸堤（Mimma Quarti）一起，與一位女演員談這個計畫。[6]

她們在那個旅館房間中發現了看上去很沮喪的蘇珊・桑塔格。會議開完後，妮科爾轉向珉瑪，並對她說：「我們必須救救那個女人。」[7]這種傳教士般的衝動是妮科爾慣有的。她很快就和蘇珊成了愛人，或許有人會覺得卡洛塔像蘇珊的母親，不過，妮科爾和卡洛塔或蜜爾崔德都不一樣，她才是真正地擁有母性。她很快就用掛念之情包圍了蘇珊，這是蘇珊從未體驗過的。妮科爾為蘇珊洗澡、餵食她、給她穿衣服，還給她房子住，投注了大量的精力拯救蘇珊：先是蘇珊的工作，再來是她的生命。

她們的戀情不像是蘇珊和艾琳或卡洛塔的戀情那樣熱烈。總而言之，那並不是妮科爾的風格。她說：「我認為前一、兩週可以那樣。然後我就希望接下來一直當朋友或姊妹，但是不要再有性了。」[8]這也類似蘇珊自己的模式，在這樣的模式中，一見鍾情會很快的轉化成別的東西。她們對權力關係的概念也很類似。一開始的時候，明顯是由妮科爾占據支配的地位。她比蘇珊年長十歲，日後她對蘇珊說明自己要怎麼做時，也是一股鋪天蓋地之勢：「帶她出去，給她點喝的，快點！」這些話讓人想起蘇珊對瑞典人的評價，她曾經說：「蘇珊就是那個需要被強暴的人」。[9]

不過，蘇珊向妮科爾展示的卻是被動，與她對卡洛塔的全然順服並不一樣。妮科爾發現蘇珊時，她正處於谷底。妮科爾決定要把蘇珊拉上來，然後就十分盡力地做這件事。蘇珊暫時搬到巴黎，她之前也在那邊斷斷續續的待過幾年。她想要逃離的欲望有部分與文化有關，但是大部分還是與越南有關，她在一九七三年告訴一名義大利記者說：「我不想住在美國。留在美國表示將以某種方式變得瘋狂、被擊倒、消失、崩潰。如果你在國外，就會知道那個國家是怎麼樣的，要回去和住在那裡，就會變得困難許多。」[10]但是她也從來沒有離開紐約超過幾個月以上。

或許是擔心她們的關係進展太快，蘇珊自己在波拿巴路（rue Bonaparte）租了一間公寓，就在波拿巴咖啡館（Café Bonaparte）的樓上，也就是沙特創辦《摩登時代》（*Les temps modernes*）的同一棟公寓。她還不曾在那裡待過一晚。妮科爾馬上叫她搬到塞納河的對岸——芸香德拉路（rue de la Faisanderie）三十一號。她與珉瑪共用那個房子，珉瑪住在一樓。剩下的則由妮科爾使用，她們還有一個花園。她在頂樓為蘇珊安排了一個辦公室。

蘇珊沒有那麼快從六〇年代晚期的一連串試煉中恢復。一九七三年初，就在她四十歲生日的前幾天，她在日記中寫道：

> 過去三年來我經歷了可怕而麻木的自信喪失：《死亡之匣》遭受的攻擊，覺得自己像個政治騙局，《卡爾兄弟》獲得的反應像場災難——還有，當然，C.〔卡洛塔〕帶來的大漩渦。[11]

對《死亡之匣》的評論其實大部分都不好。《紐約時報》雜誌的評論家艾略特．費利蒙—史密斯尤其感到不屑，他的評論也很傷人，他寫道：「有一句老話說：批判和創造性的想像會以詭祕的方式彼此對立，它們的感性會造成互相的破壞，讓一邊的工作不可能及於另一邊。」接下來，就像是她的職涯中面對的其他評論家一樣，他也納悶：「何以像蘇珊．桑塔格這樣有著精鍊感性的評論家，可以寫出如此單調乏味、手法也顯然很不純熟的小說。」[12]

《卡爾兄弟》的接受度比《食人族二重奏》好一些，但也不是說它大受歡迎。瑞典的影評反應出大部分人其實看不懂，有些美國影評也沒能增加她的自信心，她在《哈佛緋紅報》（*Harvard Crimson*）上讀到：「蘇珊．桑塔格可能永遠都找不到她探索藝術意義的方法了。不會有很多人讀她的書，也不會有很多人看她的電影。但她還是有她的功能。她一直在思考，也總是在每一個新潮流的浪尖上；她還是值得留意。每當文化風潮轉向時，她總是在微風中便已現身。」[13]

妮科爾靠著對蘇珊的付出和給了她一個新家，幫蘇珊從愈來愈嚴重的徒勞感中抽身出來：蘇珊的這種感覺總是在，而且從來沒有完全消失。在她們見面的幾週後，這兩個女人就分別以作家和製作人的身分，展開了一個計畫，好讓蘇珊為自己找到新的方向。妮科爾取得了西蒙．德．波娃的第一本小說，一九四三年出版的《女賓》（*L'invitée*）的版權。那是一個三角戀情家庭的故事，人物包括波娃、沙特和一個年輕的女門生。這個故事吸引蘇珊之處，在於它非正統的家庭關係、它與巴黎知識界的連結，也讓她在瑞典的冒險事業失敗之後，能夠執導一個比較主流的故事——而且，它還有一個角色和卡洛塔十分相像。在一九七一年六月，她們已經開始和她的老朋友諾爾．伯奇密切合作了，伯奇是一名在巴黎紮根已久的加州人。但是接下來，很顯然是出於妮科爾的建議，蘇珊毫無預警地中斷了這個計畫：她唐突放棄這個計畫，而且也沒有表示歉意，這使得她與伯奇曾經親密無間的友誼畫下了句點。[14]

雖然妮科爾享有盛名和眾多的人際關係，不過她提供給蘇珊的生活是很簡樸的：「如修道院般的小房間」。聽蘇珊形容她位於芸香德拉路的公寓，聽起來就像是靜默的美學被轉譯成室內設計。在一個「簡陋的方寸之地，無疑是為了滿足某種與過去切斷的渴望，與世隔絕一陣子，在一個幾乎無可依恃的狀態中，讓人生重新開始」，她在最後的那幾個月裡「常常除了睡覺之外，無論黑夜白天都與打字機形影不離，日子過得幸福又愜意」。[15]

這段文字的出現是因為保羅．古德曼在一九七二年八月去世。古德曼是一名激進而博學的雙性戀者，他在今天已經被人們遺忘了，但他是對蘇珊和新左翼影響最大的人之一。他在一九六〇年出版了《成長荒謬》（*Growing Up Absurd*）一書，其中列舉出許多不平之事，其實這些事在那之前都已經有人感覺到了，但是沒有人系統性的整理過。古德曼說出了美國繁榮表面下的無望：年輕人如何受到輕視、變得意志消沉、受到閹割——在糟糕的教育之後，被塞了一個沒有意義的工作，注定只能擁有一個讓人沮喪的人生，但是如果他們擁有一個比較好的社會，就完全不必這樣了。

蘇珊寫道：「二十年來，他對我而言，全然就是位最重要的美國作家，是這個時代的沙特，是美國的考克多。」[16]她為他寫的紀念文章在她的作品中是前所未見的。她紀念其他人的文章都是虛構式的小說，但是這篇文章非常不同，她採用了和其他的文學著述及政治短文很不一樣的語調；其他短文都是評論性的態度。但那種語調其實才是朋友們記得的蘇珊——古德曼的狂熱跟隨者、崇拜者。那也是她日記中的自我批評語調，文中充滿了自我意識，那在她其他的出版作品或公開表述中都未必找得到。她想起自己在古德曼身邊時的緊張、她覺得他並不是真的喜歡她，而她也反過來告訴別人：她並不真的喜歡他，「我一直都清楚此等厭惡是種如何可悲且膚淺的情緒」。她同情他的雄心追求：「如果一名作家總是涉足太多領域，就不免有一股駭人、刻薄的美國式怨恨直指而來。」——她自己也感受到了這股怨恨。她也同情他覺得沒有受到適當的認可，雖然她也提出告誡：「明星的光環」與「一名作家能被多少讀者理解到何種程度，實質影響力又是如何」並不相干。

〈關於保羅．古德曼〉（On Paul Goodman）的篇幅不長，但是它代表了另一種方向，那和她的電影及小說的艱澀、以及政治寫作的激進主義背道而馳。蘇珊原本打算要在她的巴黎公寓中度過一年沒有書的生活，但她發現了一本他在一九七〇年出版的《新改革》（*New Reformation*）。古德曼在該書中警告，如果沒有清楚定義、可以達成的目標，一旦啟動解放運動之後，就會惡化成無政府狀態。蘇珊還沒有辦法完全接受這個訊息，就像她也沒辦法完全放下奧林巴斯（Olympus），改走比較優雅的風格。但是她意外去了兒時那個想像的王國晃了一圈，卻推進了兩種風格的融合。

——

尼克森總統在一九七二年二月歷史性地訪問中國，這是繼共產黨革命之後，第一位到訪的美國總統。地緣政治的重整，讓其他美國人也有可能造訪中國了；這裡在一九三〇年代之後就不曾對美國人開放過，而一九三〇年代，也就是蜜爾崔德帶著她的中國古董一路搭火車到滿州的年代。在七月二十日，保羅．古德曼死前的兩週，蘇珊收到了邀請。她決定在八月二十五日展開為期三週的中國之旅。就在她收到邀請的那天，她已經開始記下一些點子。

她草擬了一個電影企劃，是關於一對美國夫妻在中國的故事，她可以和妮科爾一起製作這部電影，電影中那對美國夫妻的女兒兒時就去了中國——這點和蘇珊不一樣。這個計畫並沒有推進，她也沒有繼續寫完〈對文化大革命定義之註釋〉（Notes Toward a Definition of Cultural Revolution），雖然她已經做了大量筆記。她把「中國之行」稱作「我生命的兩個根源象徵」之一。（另一個是「沙漠」，那也一樣指向她的童年、還有她當時的心境。）[17] 她在另一處日記中，寫到「我這輩子一直在注意三個主題」。它們分別是「中國、女人、怪胎」。[18]

她的這次中國行先是遭到取消、換到別的時間，然後又再次取消，不過她寫的筆記成為了素材，讓她寫出〈中國旅行的計畫〉（Project for a Trip to China），並發表在一九七三年四月的《大西洋》

（*Atlantic*）雜誌，那是她最傑出的故事之一。那篇文章展現了她寫作時會用的許多優秀技巧——像美術拼貼般的條列、她最擅長的引用、親密的語調、她的幽默——這些在她的日記中都可以見到，但是在她的文章中，自從〈關於「坎普」的札記〉之後就難得一見了。

她寫到自己對中國懷抱著「觀念，前觀念」。

事先，我對此次旅行抱著什麼樣的觀念呢？一次尋求政治理解的旅行嗎？[19]

當她在形容中國對她的每一種意義時，也強調她的中國其實與真正的中國無關。她在學校「憑空杜撰出了中國，看起來似乎也有些道理。……重要的是讓同學們相信中國確實存在著」。她列出了與中國有關的書可以具備的所有可能性，不過她的結論是：「或許，我也要在走之前，寫一本關於我此次中國之行的書。」

她在日記中解釋：

我以前寫過一篇故事，一開始就是「我正前往中國」，這正是因為我當時以為我不會去。我決定讓那個四歲的小女孩自己說，因為這個三十九歲的人不會去探索毛澤東思想和文化大革命（當然，後來到一月時，我真的去了——是這個三十九歲的人去，而那個四歲的甚至不屑一起前來。

> 這是因為她已經卸下心頭的負擔嗎？不是的——也許她永遠不會來到——因為真實的中國跟她的中國毫無關係——永遠不會有任何關係）。[20]

這是一項重要的體會。她早期的旅遊文學的弱點就是無法察覺幻想和現實之間的差異。這就是〈河內紀行〉呈現的緊張關係——存在於真實的越南和她印象中的越南之間：存在於越南和它的隱喻之間。她腦中存在的中國其實比她真正看到的中國有趣得多了——幾次更改旅行日期之後，她終於在一九七三年一月（四十歲時）走訪了中國。她在那裡，又回復成舊日的認真學生角色，不時快筆記下導遊那些稱不上很有趣的說明——

> 我們只有幾間國營的拖拉機工廠，分別位於上海、北京、＋天津的寶龍
> 我們的國家有超過95%的地方有自己的工廠，可以製造＋維修他們自己的機器[21]

——但是這些工廠也不過是在北越時讓她揪心的「車床、風鑽和焊接機」的遠親。她對同行的其他人那些「傲慢的言辭」感到反感，她注意到他們的懷疑態度是在古巴或北越時不曾出現過的：

> 「噢，看看這裡，真的很美啊，不是嗎？」（這是在講某個一貧如洗的村莊）
> 在劇場中看京劇時：「觀眾比那齣戲還好看啊。瞧瞧他們看起來多土氣。簡直難以相信！」

對於紫禁城和大雁塔：「看一下。它們很有紀念性。」

享受自由的人——美國人——無法想像一個完全獨裁的政府、軍國主義的社會，這還比較令人同情。他們分辨不出那種訊號。我們住在西安時，有一個配著刺刀的士兵站在旅館門口……我厭倦地提出異議：「他在看守。」周解釋說：「這裡是政府建築，所以會有守衛……」噢，當然。[22]

這些評論也常常談到美學的議題；而雖然她從來沒有把中國的事寫出來——她曾經計畫寫一本書，是關於在共產主義國家旅行會受到的嚴格監控——但是她自己也沒有完全擺脫過去的舊習。她會讚揚沒有汽車的街道，說這對「生態來說是件好事。我聽說只有大約百分之一的人口買得起汽車，所以街上都沒有車子」。但是被問到如果每個人都可以擁有的話，汽車是不是會讓人想要的東西，她又大聲地說：「噢，是啊！」[23]

她說：「有些人希望社會發生徹底的改變，遵行馬克思主義的傳統路線也是一種方式。這也是我的想法。中國的經驗讓我發生了動搖：它會讓你重新檢視每一件事情，包括你自己。」但是她並沒有說要怎麼做。[24]中國在文化大革命期間發生的一切事——學校和大學遭到關閉、圖書館和博物館被洗劫一空、廟宇和僧院任人褻瀆、還有數十萬人遭到謀殺——都無人聞問。就像在越南一樣，如果她不知道當街就有美國人遭到酷刑，鏡頭就成了一切。要看清並不總是一件容易的事；而且在那個「旅遊都有導遊陪同」的年代，新聞報導又遭到嚴格的監控，她不一定能夠知道災難的嚴重程度。

去了中國之後，她又第二度造訪北越。她在那裡洽談了以越南語出版〈河內紀行〉的事宜，還為此寫了一篇簡短的前言，但是這本書最後並沒有付梓。或許是她寫的序挑動了審查者的神經——她承認自己發現越南並不容易理解，而且她還期待能實現屬於她自己的、更複雜的社會。

抵達河內機場時，她的月經來了，而她對此毫無準備。她在幾年後講述了這個故事，而她說這件完全可預期的事竟讓她嚇了一跳，這讓她的助理卡拉·歐夫（Karla Eoff）感到很驚訝。她告訴卡拉說：「我完全不敢相信。」因為她的生理期提早了嗎？「噢，沒有」，蘇珊爽朗回答。「它的時間是對的。我只是不敢相信當我在機場的時候月經來了。」卡拉覺得不可置信：

> 月經可不是什麼每隔一段時間、就會在妳不知不覺的時候發生的事。妳明明知道它一定會來。妳人在北越，又買不到什麼「靠得住」、「Tampax」還是那時候的其他牌子的衛生棉。……蘇珊有很多像這樣的事，彰顯出她好像不是活在現實中，她根本不知道基本的生存之道。[25]

她回到巴黎時，全身髒透了，妮科爾用消毒劑幫她洗了澡。[26]她的衛生習慣不好，這倒也不是新聞了：高中時，她就會在上完體育課後假裝沖澡。[27]在她告誡自己要改善的事項清單上，通常就會提醒自己要洗澡，像是她在一九五七年就寫下：「隔一天要洗澡。」[28]然而五年後，她還是沒有養成那個習慣：「每天洗澡（過去六個月來已有很大進步）」。[29]

她生活中的每一件事、她對於基本的個人照顧的疏忽——不刷牙、不洗澡、不知道月經要來、不知道生孩子很痛——都讓她的朋友感到大惑不解：甚至早在住在圖森時，她妹妹就對她的衛生習慣不佳感到困窘。[30]這些事情不是在說她很粗心——畢竟，有多少人會需要敦促自己洗澡呢？——這一個又一個例子，圍繞著桑塔格自己的寫作中一個不可或缺的主題。也就是她在寫到亞陶時，提到的「無從想像之事——如何讓身體成為心靈，心靈也成為身體」。這個問題與智識無關。這些故事用了一種莫名寫實的方法，說明就連最高度發展的心靈，也可能覺得自己和拘束它的身體無法契合。對桑塔格來說，要將汙濁的身體和智識領域，也就是語言、隱喻和藝術的領域統合起來，並非易事。

——

一九七三年十月，從中國返回巴黎之後的幾個月，她又回到美國。她在那裡與一位年輕學者的短暫會面，顯示她身上承載了許多期待。卡米爾．帕格里亞「在那些眾多為文化時刻定義、也似乎預示了革命性成就的黎明時代的書籍之中」，碰巧讀到《反詮釋》，之後就深陷在桑塔格的魅力中。[31]在一個缺乏女性知識分子典範的文化中，桑塔格對於帕格里亞的意義，就像是瑪麗亞．斯克沃多夫斯卡—居禮對桑塔格的意義一樣，帕格里亞寫道：「在過去，我是以多蘿西．帕克（Dorothy Parker）和瑪麗．麥卡錫作為我文學生活中唯一可得的女性角色典範。而桑塔格的《反詮釋》讓文學中的女性甦醒、並現代化了。」[32]

桑塔格那時候還很年輕，但她已經是一整個新興女性知識分子世代的象徵了。比起她們母親的那一輩，她們所處的社會擁有多得多的機會，但是卻沒有她們需要的角色典範。於是有許多人看向蘇珊・桑塔格；比桑塔格年輕十四歲的帕格里亞也是其中之一。四月時，帕格里亞從她教書的本寧頓學院（Bennington），開車到達特茅斯學院（Dartmouth），蘇珊那時在那裡演講。帕格里亞邀請蘇珊到本寧頓，蘇珊也答應了，還同意只收平常費用的一半。但是這樣的表態最後卻沒有一個令人滿意的結果。帕格里亞在九月底時就已經緊張地想該如何打扮了，她寫給本寧頓校長的信中說：

> 我很自然就會拉扯自己的頭髮，因為我想把自己裝扮到最好。我那件正式的四〇年代新款藍色中山裝怎麼樣？還是要比較休閒的藍灰色上衣、跨到五〇年代的那種罩衫？不然就是法國男孩風的中性套頭上衣？哎呀，追求時髦真不容易！[33]

然而當蘇珊出現的時候，帕格里亞說她一副「臃腫、昏沉、茫然的樣子」。她比預定時間晚到了一個小時，還「帶有明顯的敵意」。醺醺然的帕格里亞開始介紹她（「酒神巴克斯才知道我在說什麼」），然後，蘇珊就開始朗誦一個「單調又無聊的」故事，這讓聽眾感到很失望，他們原本冀望她談一下當代的文化和政治。演講後，他們轉往伯納德・馬拉默德家裡共進晚餐，這位「已經算是本寧頓半個居民的明星（通常也是個頭痛人物）」開始「用他一貫假好心的家長式作風」對蘇珊講了一些無禮的話。蘇珊轉向卡米爾，對她說：「他邀請我來他家，根本是為了侮辱我！」蘇珊和卡米爾起身離開，那時候，「冷靜、超然、嚴峻而崇高的『桑塔格』，就換成了『熱情、多話、言談舉止明顯像個猶太人的蘇珊』」。[34]

蘇珊遲到了，又顯得很疲倦而且無趣，而她在大眾面前講話時，有時候的確是這樣的。但是帕格里亞自己也承認蘇珊對她很大方：只收了比平常少很多的費用，私底下也和她有一席長談。「但是我們的心靈不相連」，她寫道：「就是少了些什麼。」蘇珊和桑塔格之間有一個斷裂。

> 最後，〔蘇珊〕半是惱怒、半是頑皮的問：「妳希望從我這裡得到**什麼**？」我結結巴巴說：「我只是想和妳講話。」但是這其實不對。我想說的是：「我是妳的後繼者，真該死，而妳竟然不知道！」如果拿《彗星美人》來比喻的話，桑塔格就是被年輕女孩悄悄逼近的馬戈．錢寧（Margo Channing）。[35]

帕格里亞把她自己比作《彗星美人》裡逐漸上升的新星，不過她沒有進一步思考過桑塔格是否希望有人逼近她，或是她——畢竟她也才四十歲——有沒有環視過四周、尋找後繼者。在其後的二十年中，桑塔格在帕格里亞心中占據的份量又愈來愈大了。

蘇珊離開本寧頓的隔天，也就是一九七三年十月六日，是埃及和敘利亞對以色列發動攻擊的日子。那天是贖罪日（Yom Kippur），猶太曆的一年當中最神聖的日子。雖然以色列受到多次警告，包括約旦國王還秘密飛到以色列第二大城特拉維夫去警告以色列總理，但是他們卻沒有做好準備。直到埃及人排山倒海般越過蘇伊士運河，敘利亞軍也湧入戈蘭高地（Golan Heights），許多以色列人和他們的盟友才開始擔心這個國家的生存。

妮科爾·斯特凡娜就是其中的一人。她的家族對以色列的建國提供過許多幫助，包括為巴勒斯坦的第一塊拓居地提供資金援助，還有確保《貝爾福宣言》（Balfour Declaration）的執行，以及在耶路撒冷建立以色列議會（Knesset）。在一九四八年的獨立戰爭*期間，她還擔任過戰爭的通訊記者。一九五七年時，她人在加利利海（Sea of Galilee）岸的一個集體農場，叫做因戈夫（Ein Gev），那裡離以前的敘利亞邊界只有步行距離。這些深層的連結讓她感到恐慌，所以她打電話給蘇珊。

她說：「我受不了待在法國。這裡的電視報導簡直太糟了。」蘇珊叫她來紐約，並且說這裡的「每個人都支持以色列」。[36]但她幾乎是馬上又拖著蘇珊和大衛飛離了紐約，前往以色列。「她們用一張信用卡」[37]製作了《應許之地》（*Promised Lands*）這部電影，那是蘇珊歷來製作過最好的一部電影。即使到了今天，阿拉伯－以色列衝突經歷過多次轉變，這部電影依然是了解那些衝突必不可少的指南。它在高度情緒性的情境中加上蘇珊偏重分析的頭腦，並且揭露了衝突對人命帶來的重大傷亡，還避免了一些陳腔濫調式的宣傳手法。

那是一部身體感官式的、觸動內心的電影。在這部電影拍攝時，戰火依然肆虐，鏡頭慢慢呈現出它要表達的結構：帶過沙漠、帶過城市的街道、帶過戰爭中會用到的軍需品。電影的配樂一直流出，就像是有個人在切換收音機的頻道，先是從猶太的葬禮祈禱，到法國的流行音樂，再到義大利的詠嘆調，這清楚表現出一個訊息：正是這些看似不可能的醞釀過程，一起造就了現代的以色列。但是有一個聲音會繼續留在觀眾的腦中。那個聲音在電影的最後幾分鐘才出現，是一名精神病醫院的醫生在「治療」一個哭著的、嗑了藥的老兵，醫生的方法是重新製造出戰爭的聲音——喇叭聲、汽笛聲、呼喊聲、射擊聲——就是這些聲音逼得他來醫院求診。當他因為恐懼而把頭埋進枕頭裡、爬到床下、開始啜泣與求饒時，那些恐怖的場景——高聲吼出的命令、尖聲響起的警報、砰砰作響的裝備——還在繼續播放，那是令人十分難以忍受的十分鐘：由一個沒有臉孔的病人體現出猶太人的歷史。

《應許之地》也符合妮科爾和蘇珊的精神：高度同情猶太人的渴望。蘇珊問一名耶路撒冷的記者：「我有什麼理由反對以色列呢？我覺得要採取和這個國家相反的立場非常、非常困難。我以身為猶太人為榮，我也很認同其他猶太人，從氣質來看，我也偏向以色列。」[38]同時，精神病院也可以說是以色列的寫照，他們都被自己的痛苦——擺脫不去的大屠殺和毒氣室——扭曲了，使得他們無法正視別人的苦難。

她這個觀點找到了小說家尤拉姆．卡紐克作為代言人，卡紐克在這部電影的大部分片段都有發聲，他追溯了錫安主義（Zionism），從「托爾斯泰、歌舞和傑出的早期社會主義概念」開始，一直到目前

---

* 譯者註：即第一次以阿戰爭。

的僵持狀態。他說直到一九六七年的戰爭之前，以色列一直是一個好鬥的社會，它的主要關注就是生存，最高價值則是平等與團結。但是勝利帶來了金錢——「人們開始建造別墅」——對帝國的幻想也助長了道德墮落：以色列「變得對其他人的苦難、其他人的困境顯得毫不在乎」。

在這時候，蘇珊綜合盤點了這個社會的各種事物，從貝都因人（Bedouin）牧羊的圖片，到光鮮的超級市場和俗豔的夜店。在一次接受訪問時，她哀嘆以色列發展成一個唯物主義的現代社會，但是它的現代化卻不是走向正面、解放的方向，她告訴《耶路撒冷郵報》（*Jerusalem Post*）的記者：「我無法期待這種因循成性、這樣的消費主義、尤其是這裡存在的態度會朝向對女性有利的方向。」當被問到女性主義是否可以視為一種「來自美國的偏激外來物」時，她反駁說：「把你所有的東西都想成是美國來的吧，這樣可能還比較對。」而面對另一個問題——「兩名女性製作的電影是否並不尋常」——她的回答是：「兩名女性負責的任何事情都並非常態吧？」[39]

不過女性主義並不是以色列的最大挑戰。（事實上，他們的總理果爾達．梅爾〔Golda Meir〕就是女性。）依照卡紐克的說法，問題在於錫安主義的夢想使得猶太人在完全沒有準備的情況下，踏入了一齣悲劇。

猶太人懂戲劇。他們不懂悲劇。悲劇的發生是因為權利與另外一個權利相互抵觸。這裡有兩個權利。巴勒斯坦人對巴勒斯坦有完整的權利。猶太人對巴勒斯坦也有完整的權利。不要問我為什麼。他們就是有。悲劇不會有解方，而這裡就有一個悲劇情境。[40]

這部電影表現的是這種矛盾的狀態，因此它比蘇珊以前的政治文章都要微妙得多。以前的文章常常只是戲劇，而不是悲劇。這部電影裡出現的屍體不是《死亡之匣》或《恩主》中那些夢境般的幻影，而是真人被燒成焦炭的臉或是變黑的腿，它們正在沙漠的烈日下腐爛。就像她在日記裡所寫的，這時候的「死亡開始變得真實」。[41]

第二十二章　思考的本質

一九七三年十月十八日，「贖罪日戰爭」（Yom Kippur War）會在五天後就停火畫下句點，而這天蘇珊和妮科爾還在西奈（Sinai）野營時，《紐約書評》刊登了一篇文章。文章的名稱只有〈攝影〉（Photography），但是它宣示了一種「情感和觀看的革命」，而這正是希波賴特所謂的「我們時代的真正變革」。

其中一項變革就發生在桑塔格自己的作品中——它漸漸走向成熟。另一項變革則發生在評論和現代藝術的演變。《論攝影》共收錄了六篇文章——〈攝影〉就是其中的第一篇——它在四年後出版，而且幾乎立刻成為一個稀有的範例，用一本書就創生了一整個評論流派。桑塔格自己後來承認它不是一本完美的書。但是這無礙於它是一本重要的書，它的偉大之處不在於完美，而是繫於它的增殖能力：它可以激發其他思想家、刺激他們闡述自己的新想法。它是對話的起點，而不是終點；我們可能永遠無法想像提及攝影的文章卻不提蘇珊．桑塔格，因為大概從來沒有人試過。

這是一本威力強大的書：強大到破壞了蘇珊與一些攝影師朋友的友情，像是彼得．赫哈和歐文．佩恩（Irving Penn）；[1]強大到有評論家把蘇珊說得像是知識分子版的三K黨：「她不把照片看作個人的藝術作品，就像是一個偏執的人也不會覺得黑人、義大利人或猶太人是個別的人。」[2]而對於其他人來說，如同一名評論家所寫的，「它幾乎立刻就成為聖經」。三十年後，攝影師還是「一直在問他們自己：為什麼要做現在所做的工作、這些是為誰而做、有沒有任何人關心他們是否做了這件事。如果有誰會為攝影師提供這類反省的內容，那當然就是蘇珊・桑塔格。」[3]

——

她的感受反映了作者自己的矛盾心理。她渴望能有正確的認識——這是她的作品中最常見的問題——但是同時又不信任隱喻和再現帶來的扭曲，因此在其中掙扎。一方面，她高聲對攝影師提出質疑，因此當然讓許多人嚇壞了。美國的俗家清教徒的「圖像恐懼症」（iconophobia），再加上了能彰顯出「猶太人的道德嚴肅性」的對雕刻偶像的不信任。（她在一九七六年寫道：「是的，我是個清教徒，而且是兩倍——即是美國人又是猶太人。」）[4]她對於「並非真實本身而僅是真實的影像」[5]投以輕蔑的目光。照片是消費主義下的庸俗作品，也是極權主義的監視工具，而且「窒息良心至少與喚起良心一樣多」。相機是「捕食者的武器」，[6]攝影師則是偷窺狂、窺淫狂和精神變態：「相機的每次使用，都包含一種侵略性。」[7]書的第一章就這麼說了。

她在二十年前的《佛洛伊德：道德家的思想》中，就注意到「觀察原子現象這個純粹的事實就改變了它們的速度，因此改變了被觀察的關係」。[8]量子力學則又更了進一步，它假設物體只在受到觀察後才開始存在。相機對這樣神祕的事物提供了一個現成的明喻：它的鏡頭既可以改變、也可以創造現實。

這種觀看方式會改變和歪曲事件，是桑塔格不信任相機、也是她不信任隱喻的由來。畢竟相機就是隱喻——兩者互為代表——而蘇珊對隱喻有著直覺的厭惡。

有人說：「路是直的。」好。然後，「路直如弦。」對我而言，這兩句話存在著令人難以置信的差距。有一部分深處的我覺得「路是直的」就是我們需要的，以及我們**應該**說的。[9]

不過（她說過：「思考的真正本質就是不過〔*but*〕」），那並不是事情的全貌。她也寫過：「坎普強烈地吸引我，我也幾乎同樣強烈地被坎普所冒犯」，或是「我長大之後既想看+不想看」，由此可見，她與攝影的關係從來不是簡單的愛或恨的問題。它是愛，也是恨，這是兩種極端，就像是電荷一樣，這解釋了為什麼人們對《論攝影》這本書或愛或恨——既愛又恨。

這種緊張關係讓這本書很令人興奮。《激進意志的樣式》讓人印象深刻，但是它並不有趣。《論攝影》就兩者兼具了。知識中等、但是願意挑戰的讀者不再對桑塔格的學識備感威脅，他們也不再感覺受到壓制。她不著痕跡地展露自己的知識，讓她的層級與智慧都更顯驚人。她用了數百個例子，解釋隱喻和它要象徵、曲解、扭曲和創造的事物之間的複雜關係。

蘇珊認為在某種程度上，相信這個世界的不真實其實有心理學上的必要。在近乎詭辯的鏡頭後面，這種信念甚至在知識面都顯得有憑有據；但是它無法令人滿意，因為即使眼睛有所扭曲，還是看得到某種現實。她的小說裡有夢境的想像，文章也對夢境表示贊同（「其內容是非常微細的——非常微細」），那是坎普的觀點、沃荷的觀點，認為世界是由表面和風格所形成的。那是對的，但是只對一半——戲劇的那一半，而不是悲劇。就算幻想、隱喻和攝影會改變現實，不過它們也一樣常常揭露現實。

不過蘇珊一直無法欣賞這種「悲劇」，直到——用她自己的話說——死亡開始變得真實。她對赫哈的照片，那些巴勒莫的屍體，感到著迷；當她在以色列拍攝屍體的時候，她看到自己就是影像後面那具腐爛的肉體。這些屍體潛藏在這整個產業的背後。她寫道：「攝影是倏忽生命的存貨清單。」[10]

——

《論攝影》裡還有蘇珊的另一幅自畫像偽裝在裡面。她在一九七二年底看了一個當代頗為轟動的展覽，黛安．阿巴斯的死後回顧展，這個展覽啟發了她這本書的創作。阿巴斯在一年前因為手腕受傷，而服用了過量的巴比妥類藥物（barbiturate）致死，時年四十八歲。她死後不久，這場在現代藝術博物館（Museum of Modern Art）的展覽就開展了，在這段短短的時間內，她變得極為有名，開展後，排隊入場的民眾甚至綿延了好幾個街口。比之前任何一個攝影展吸引的觀眾人數都多，它真的太受歡迎了，結束北美巡迴展時——那已經是七年後的事了！——已經有七百多萬人看過這個展了。[11]

其中許多人反複看了很多次，蘇珊．桑塔格就是其中之一。[12]阿巴斯在一九六五年為她和大衛拍過兩張照片。第一張照片是他們一起坐在一張公園的長凳上，兩個人的鼻子幾乎碰在一起，他們相隔得很近，所以看起來幾乎像是同一張臉的兩個半邊：沒有其他任何一張照片，比這更能夠傳達他們的共生關係。阿巴斯拍攝的另一張照片則有著截然不同的情緒，照片中，一臉沮喪的蘇珊靠在打扮帥氣的大衛身邊。他看起來也很不安，就像是母親的悲傷也讓他失了風采。蘇珊並不喜歡阿巴斯，或許從照片中也感受得到這種距離感：她對阿巴斯的評論也透露出她似乎厭惡阿巴斯的證據。[13]

但是蘇珊也對阿巴斯深感著迷——看到許多人深陷在阿巴斯的魅力中，她也感到有興趣。她說自己多次重新回來看展，有部分原因是她想觀察觀眾，偷聽其他觀展者的評價。[14]這些人觀看的影中人並不是隨便的什麼人，因為——借用蘇珊文章的標題——阿巴斯的展是畸形者的展覽。其中有「猶太巨人」，有唐氏症患者，還有臉上紋面的人。照片中有一個把玩著手榴彈玩具的男孩、化了妝的男人，還有在吞劍的女人。

觀眾貪婪地觀看蘇珊口中「各種各樣的怪物和邊緣個案」，因為他們要追上時代的流行：[15]

> 阿巴斯的照片傳達了一九七〇年代善意的人們那渴望被擾亂一下的心靈所嚮往的反人道主義信息——如同他們在一九五〇年代渴望被濫情的人道主義安撫和轉移注意力。[16]

——

其實在這件事之前，蘇珊就一直對怪胎有興趣。這類人是「我這輩子一直在注意三個主題」之一。

她也常在筆記中提到怪胎。例如她在一九六五年就寫下她感到著迷的有：

「Disembowelment」（內臟切除）

拆開、剝除

最低限生存條件（從《魯濱遜漂流記》到集中營）

沉默、緘默（muteness）

我喜歡偷窺：

殘疾者（Cripples；他們從德國搭乘密閉火車到法國盧爾德）

畸形者（Freaks）

突變者（Mutants）

……

比較〔X〕，他發現自己喜愛在性關係裡頭扮演施虐的角色，表示自己喜愛那些同樣殘酷的事物——搜尋醫學書籍、注意殘疾者，等等。

或者還有別的什麼？例如：

把自己看成殘疾者？

測試自己看我會不會退縮？（對我母親神經質的反應，如利用食物）

對最低生存條件的著迷——障礙、阻力——殘缺者在其中可做為**隱喻**？[17]

在寫科幻小說的文章中，她寫到科學家「都很容易垮掉或是莽撞行事」，因為他們「屬於知識分子那類人」。她也是那類人的一分子，而她會受到畸形者的吸引，當然就是因為她也是其中之一：她受到打壓，是因為她是猶太人，被輕視，因為她是女人，會遭遇危害，則因為她是同性戀。

在一九七二年十一月，那時她已經去了阿巴斯的展覽好幾次，她在日記裡寫下自己對畸形的喜好，也和她對坎普的興趣分不開，而且她對那個主題的文章幾乎已經完全變成另一種東西。那個另外的主題是對死亡的沉迷，這與她在巴黎發現的同性戀品味有關。她寫過坎普「不是一盞燈，而是一盞『燈』；不是一位女人，而是一位『女人』」。她沉迷的也不是死亡，而是「死亡」——死亡的美學——就像是色情作品也不是關於性，而是對性的描寫。沒有一項是真實的世界。它們都是意志——還有表象——的世界。

我最初的選擇是「沉迷」。（從卡諾瓦〔Canova〕的新古典雕塑，到巴勒莫的卡普奇尼地下墓穴的木乃伊藝術，和西西里島的敘拉古〔Siracusa〕及墨西哥的瓜納華托〔Guanjuato〕〔兩者的原文就是如此〕）。當那不行時，我便轉向「坎普」。

為了要定義黛安．阿巴斯的感性，使我回到我原本的主題。

艾略特．史坦是許多藝術家（我、肯尼思．安格爾）背後的操縱者——創立了對這種品味的秘密崇拜：畸形者、雙胞胎、連體嬰、施虐與受虐、新藝術派（art nouveau）、巫毒藝術（voodoo art）、坎普、巴洛克風格、史特勞斯（Strauss）歌劇、達米婭&弗雷埃&米莉（Damia & Frehel & Milly）、羅曼·布魯克斯（Romaine Brooks）、倫敦的醫學博物館（Medical Museum）的癌症展、托德·布朗寧（Tod Browning）的電影、格洛爾（Glore）的宗博（Zumbo）肖像、「象徵派」（Symbolist）的藝術（諾普夫〔de Knopff〕）〔原文如此〕、時代廣場的性主題書店、黑魔法、機車崇拜、《正義週報》（Justice weekly）。艾略特在巴黎的維爾納依酒店（Hôtel Verneuil）的房間就說明了一九六〇年代。你可以在一九五〇年代晚期進到他的房間，並看到一九六〇年代、看到未來。完全就像是「魔術方盒」一樣。[18]

「拍攝怪異者『對我來說有一種無比的刺激』，阿巴斯解釋道。『我一向崇拜他們。』」[19]綿延了數個街口的排隊人潮也證明她並不孤單。當蘇珊站在人群裡，她一定了解觀看那些被當作畸形展示的人是一件淫穢之事。她也對允許參觀他們的過程感到懷疑——觀眾可以詳細地檢查他們、研究他們、收集他們、為他們感到驚嚇和嘲笑他們——完全不必擔心他們會有一點反應。攝影有窺視癖，這個面向也與性變態有關，成了「極端自私的癡迷（例如路易斯·卡洛爾〔Lewis Carroll〕對小女孩的癡迷，或黛安·阿巴斯對萬聖節前夕的人群的癡迷）」。[20]

阿巴斯寫下：「你在街上看見某些人，而你在他們身上看到的基本上是缺陷。」[21]桑塔格引用的這行字讓阿巴斯顯得很卑劣。也反映了蘇珊在康乃狄克大學的同事對她的評論：「你會感到她不斷在評價別人，而且都是負面的評價。」如果不是因為蘇珊明確地表示她有這樣的雙重認同——她既屬於萬聖節人群，也是一直在旁凝視的文化禿鷹——我們就會覺得桑塔格在《論攝影》中這番優異的評論，背後是有情緒的色彩了。她是阿巴斯，也是畸形者；她是攝影師，也是取材對象；她是法官和被告，她是行刑者和被害人。她有矛盾的心理，表示這類寫作其實首先是對她自己說的，她想要清除一部分她不信任的自己。這也表示控訴桑塔格痛恨攝影是不對的說法，但是認為她喜愛攝影也是不對的。她對攝影的模糊感覺，就和她對自己的模稜兩可一樣：她在一九六〇年時，也描述過「我不好」以及「我很好」之間的區別。

「阿巴斯的照片主題，借用黑格爾莊嚴的標籤，就是『苦惱意識』（the unhappy consciousness）。」[22]這也是桑塔格自己的寫作主題，雖然，或許《論攝影》的主題也一樣可以說成是分裂意識：在事物與再現之間的分裂，在描述性的語言和某些「真實的」現實之間的分裂（意識想要摸索真實，但是永遠無法真的得到）。桑塔格渴望抓住真實，這也部分解釋了她何以執著於「處於如飢似渴狀態的意識伸出的最佳手臂」：相機，它會把真實包裝成可以輕易取得的消費品。想要「獲得」真實的欲望不應該被縮小成消費主義，對桑塔格來說，它的意義深遠得多。但是事實卻是相機讓人們的畸形——他們的苦難——被截取、被掛在牆上、被販賣：被轉化成產品。

不過，展示他人的經驗也是了解他們的機會。「攝影影像的至理名言是要說：『表面就在這裡。現在想一下——或者說，憑直覺感受一下——表面以外是什麼，如果以這種方式看，現實將是怎樣的。』」[23]隨便一個小孩都知道外觀一定有騙人的地方，也不是所有真實都可以透過影像被了解。蘇珊孩提時在聖莫尼卡看到的納粹大屠殺照片讓她大為驚恐，她還說這個經驗讓她的人生被一分為二。但是，她對那些苦難又真正知道多少呢？過於驚悚的圖像——已經到臨界經驗邊緣的圖像——也可能會使意識受到壓抑和抹煞，其程度不亞於意識被喚醒。桑塔格寫下：人們找向照片的原因或許是冀望於全然的麻木。

按〔威廉·〕賴希（Wilhelm Reich）的說法，受虐狂對痛苦的興趣不是源自對痛苦的愛，而是源自希望通過痛苦的手段來獲得強烈的刺激。……但人們尋求痛苦尚有另一種與賴希截然相反的、似乎也是恰當的解釋：也即他們尋求痛苦不是為了感受更多痛苦，而是為了感受更少。[24]

對她來說，藝術是提升感覺能力的方法：「看更多，聽更多，感覺更多。」她對阿巴斯的攻擊背後隱藏著她的恐懼，她怕藝術會使她的感覺變少、掩蓋和美化事實、讓事實變得具體化，桑塔格寫道：「對眼前那夢魘似的痛苦的現實，阿巴斯使用諸如『太棒了』、『有趣』、『難以置信』、『妙極了』、『刺激』這類形容詞——那種孩子般驚奇的普普心態。」[25]桑塔格認為阿巴斯在藝文活動中使用了沃荷的技巧，所以就讓感官遲鈍了。也因為她認為阿巴斯是以其他人的痛苦為主題，所以她擔憂阿巴斯會腐蝕道德責任——雖然它本身就是個模糊的概念——道德責任要求人們在觀察對象時，不能只看到其缺陷。太常觀看這些照片、一次又一次地重回這個畸形者的展覽，會讓人的感覺愈來愈薄弱。

雖然作者精心地隱藏自己，讓《論攝影》出現了她之前的書籍所缺乏的真實感，不過，不管作者再怎麼像預言家，也想不到這本書預示了她自己的未來，而且是在它出版的幾十年後，才又出現另一股揮之不去的、更詭譎的氣氛。在蘇珊死後，如何處理她屍體的照片引發了激烈的爭辯：要怎樣安排才是適當的、而怎樣安排又會顯得淫穢呢？這場爭辯讓她的朋友和家人分成兩派。這也顯示《論攝影》中的問題不只是哲學上的。它們其實與情緒息息相關：當真就是關乎生死。

蘇珊．桑塔格臨終之際，她的伴侶安妮．萊博維茨拍了一系列她的照片，包括她接受化療、躺在醫院的輪床上、死前痛苦的扭動身體，與接下來的死亡——身體浮腫、帶著傷口、完全難以辨識。在蘇珊死後兩年，她將這些照片出版，收錄在一本名叫《一名攝影師的一生》（*A Photographer's Life*）的書中。萊博維茨在這本書中放了一些專業工作者的照片，包括政治家和名人，還有她的私人生活照片。她紀錄了自己的懷孕和第一個孩子的出生；還有兩起幾乎是同時發生的死亡：蘇珊之死，以及在接下來幾週後，她父親的死亡。

萊博維茨認為這是在紀念生命的兩極——出生和死亡——再加上中間的那些日子。但是在其他人看來，這則是一個古怪的展示。大衛．瑞夫感到震怒，因為他母親「死後還要受到羞辱，被用拍攝名人之死的雜耍照片的方式來『紀念』」。[26]說它們是「雜耍照片」，讓人想起蘇珊自己在看到阿巴斯利用別人的照片時，也曾經感到憤怒——這些人對自己的照片已經失去控制能力了，對於它們遭到展示和使用，也沒辦法作出有意義的同意。萊博維茨也承認有這個問題和其困難，她說：「我覺得蘇珊一定會以這些照片為傲——但是她已經死了。如果她還活著，就不會希望這些照片被出版。這兩者並不一樣。雖然這真的很奇怪。」[27]

——

雖然桑塔格表明自己喜愛媒體，但是她的書卻驗證了她對攝影有負面觀點。日後的一名評論家蘇西．林菲爾德（Susie Linfield）寫道：「她有許多十分深刻而真實的見解。不過懷疑論的基調，相較於其他所有人，可以說是桑塔格建立起來的。她對攝影評論表達了不信任，還告訴我們對照片的聰明態度就是要貶低它們。」[28]大概不會有人懷疑書評家是否喜歡文學、樂評家是否熱愛音樂，但是攝影的「評論家卻不認為有——任何一點——情緒反應的作品只是出於其經歷、或是值得被理解，反而一律將之視為應該謹慎提防的大敵。……他們在接觸攝影時——不是指特定的照片、特定的攝影師或特定的類型，而是指攝影本身——是帶著懷疑、不信任、憤怒和恐懼」。[29]

桑塔格私底下可能會為某些事大受撼動，但是她在大眾面前通常表現得很冷淡、或是不屑一顧；不過，正因為缺乏最後的結論，才讓這本書很有影響力。這本書的尾聲不是一些響亮的結尾式聲明（「我們需要藝術的情色來取代詮釋學」），而是引語選粹。這對於本書來說是一個很恰當的收尾，它的引用引發了爭議，因為引用也和照片一樣，可能會經過摘錄和組合、改動和設計，因此會抽離適當的脈絡，變得幾乎可以用來支持任何論點。照片也像是時間的引用，用瞬間來代表某些偉大的整體；利用引用所建立的任何評論性描述勢必會遺漏某些論點：在這個意義上，它就像是一本照片輯。引用也像照片一樣，是現實的片段，它指向現實，但是卻不完全等於現實，這也就是為什麼攝影：

最終並沒有比繪畫更倖免於最典型的現代懷疑，懷疑攝影與現實有任何直接關係——也就是無法把世界理所當然的看作它被看到的樣子。[30]

攝影和世界之間的關係會受到質疑，就像是隱喻及現實間的每次互動都會產生質疑。照片和事物不是完全區隔開的，但也不全然是同一件事。相反地，它們的關係會隨著歷史演化，譬如在十九世界的法國有一件事——

「我們的時代」重影像而輕真實事物並非出於任性，而是對真實的概念逐漸複雜化和弱化的各種方式作出的一部分反應，早期的一種方式是十九世紀開明的中產階級提出了關於現實是表象的批評。[31]

——而在毛澤東時代的中國則有另一件事：

> 中國人不希望照片有太多意義或太有趣。他們不希望從一個不尋常的角度看世界和發現新題材。照片被假定要展示已被描述過的東西。……對中國當局來說，只有陳腔濫調——他們不認為這是陳腔濫調，而認為是「正確」的觀點。[32]

桑塔格強調這些價值觀很不穩定，而且極容易受到文化及歷史的影響，她等於是背離了她對坎普的興趣——坎普所「概略畫出的內容」——也一樣背離了另一個極端的觀點——可以將其總結為「反詮釋」的觀點。內容和詮釋的交戰不再，隱喻和本質的交戰亦然。相反地，它們的糾纏其實可以形容為悲劇相對於戲劇。或者——採用桑塔格和萊博維茨的書中都接受的個人用語——是一種關係。

攝影和現實之間的關係就和隨便兩個人之間的關係一樣緊張。桑塔格自己對攝影的態度也搖擺不定，就和她的每段關係一樣。她早期的寫作已經透露出她認為觀看和看到有其困難，並因此而憂慮，而且在後來的幾年中，這種憂慮還益發深化。她對於看待屍體的問題，尤其是遭受痛苦的屍體，有著極為複雜的理解，是其他領域望其項背的。她對彼得·赫哈拍攝的死屍照片深為著迷。她自己在以色列也拍過變黑的屍體。如果她對於受難者照片的觀點也適用於這些照片（那同時也是其他人對她屍體的看法），就表示得詢問那些人是否同意用他們的屍體來表明某種觀點——可能是在講一種病態（「今天的

我就是明天的你」），也可能是道德上的（戰爭讓人類付出的代價）。

萊博維茨那些關於塞拉耶佛死傷者、中間還穿插了搖滾明星和家族旅遊的照片，當時是在桑塔格的強力堅持下拍攝的。她在《論攝影》一書中寫過：「攝影基本上是一種不干預的行為。」但是在將近二十年後，當她帶著萊博維茨前去波士尼亞時，已經不再這樣認為了；她不再將戰爭照片貶抑為揉合了「窺視癖和危險」；也不再說戰爭照片是「已為大家所熟悉的暴行展覽的無法忍受的重播」，會讓已經厭倦的中產階級又變得更麻木。[33]她在波士尼亞看到攝影可以是愛和自我犧牲的舉動、一種直接的政治干預、一次衝撞，而非麻醉劑。

而在同時——就像你很可能愛一個人又同時恨他——它也可能是淫穢的。

第二十三章 對幻想保持冷靜

一九七一年，大衛・瑞夫十九歲，剛完成他在安默斯特學院（Amherst College）第一年的學業。他夾在衝突不斷的父母之間，剛度過一段艱困的青春期歲月。在許多親近的朋友眼中，蘇珊是一個經常缺席、也很疏忽的母親，她自己也承認朋友的觀察。她的占有慾太強，把大衛看作是她延伸的一部分。在他離家上大學的那一年，她寫道：「我太過於用他來確認自我，又太過於用我自己來確認他。」[1]這種不存在疆界的關係持續了一段很長的時間，甚至從他出生之前就開始了。她說菲利普：

> 說服我接受他對愛情的觀念——一個人可以**擁有**另一個人，所以我可以是他性格的延伸，而他也是我的一部分，至於兒子大衛，則是我們兩個共同的延伸。愛，吸附吞沒另一個人，割斷個人意志的韌腱。[2]

她批評——甚至是嘲笑——這種占有慾強又自相殘殺的「愛情觀念」，但是卻沒有發現自己的需求、發現她也害怕被拋棄。大衛還在蹣跚學步時，她寫了一封信給妹妹茱蒂絲，她在信中比較明確提到這個主題，也沒有那麼自我批判，信中說她不可能放開這個「神賜的小暴君」。

我已經告訴他在四十歲之前都不要結婚，而且要像一個猶太人的好兒子一樣，和父母住在同一棟大樓裡。精神病學的新作法是規勸不信教的人要擺脫媽媽、獲得解放，但這完全不是我想要的。[3]

她在日記裡對自己毫無隱藏——但是焦點總是在她自己身上。那當然是日記的功能；但是在她的日記裡，就連使她極度痛苦的幾名女性，也都是她人生戲劇中的出場角色，而不是把重點放在寫她們自己的個性。在她的上百冊日記中，有一個人的缺席很值得注意：她唯一的兒子。

她的朋友對她對待兒子的方式都感到憂心。蘇珊常常丟下他跑去歐洲——尤其是在她與卡洛塔和妮科爾交往的那段時間。大衛還小的時候，蘿絲．麥克納爾蒂就離開了，那之後，她就經常把他託付給羅傑．施特勞斯和佩姬．米勒照顧，由這兩個人代替父母的職位。大衛進入青春期之後，蘇珊給了他不尋常的——在想法比較保守的人眼裡看來，甚至還令人擔憂的——自由。

蘇珊就把大衛丟著，讓他自己長大，不過照羅傑．德格（Roger Deutsch）的說法，她還是很喜歡自誇她創造出一名「聰明、風趣、完美的紳士」。德格是一個「出身自威斯康辛州的普通人」，他在大約這個時候成了大衛的朋友，而且還在河濱大道的公寓待了兩年多，從一九七五年到一九七八年。他看著蘇珊是怎麼照料她這名伴侶。德格說：「他是她的創作品，必須要讓她可以當眾炫耀。」[4]

蘇珊生大衛的時候只有十九歲，當大衛成年時，她也只有四十歲。他們的年齡如此相近，因此他們的關係也發展得像是某種伴侶關係，等他長大之後，他們比起母子，更像是一對情侶。尤拉姆・卡紐克於一九七三年在以色列碰到他們，那時候他就說「她不像母親，而他也不像兒子」。[5]

他們的關係常常讓朋友覺得很奇怪。德格說：「她對他的感情顯然不是母愛。她愛他，是因為覺得自己創造了這個角色。」蘇珊一再重申他的優秀和光彩，但是似乎不只是出於母親天生的自豪。保羅・泰克在一九七八年寫了一封信，信中說出許多其他人心中所想、但是不確定該如何清楚表達的事。「感情上，妳想在美國文壇建立桑塔格王朝（還要可憐的大衛一起合作），這看起來根本是孤注一擲、荒唐、甚至是貪婪。」[6]

雖然大衛的興趣廣泛，但他不是一個志向遠大的學者。德格說他的高中同學們「都是普通人。他們對知識沒有特別的興趣，他們就是一群年輕男孩，也會做男孩愛做的事」。大衛在一年後從安默斯特退學，接著搬去巴黎，然後在隔年又去了墨西哥的庫埃納瓦卡（Cuernavaca）。他在那裡接受奧地利神父伊萬・伊里奇（Ivan Illich）的「去學校化」教育，伊里奇神父的「跨文化文獻中心」是「獲得驚奇的免費俱樂部」，伊里奇寫道：「如果你想找人幫你重新定義問題，而不是做完早已確定的答案，那裡便適合你去。」[7]大衛待在墨西哥的時候學了西班牙文，當他回到紐約之後，當了幾乎兩年計程車司機。他說：「去他的，我真不知道我在幹嘛。」[8]

大概不可能想像蘇珊從大學輟學去開計程車——或許那就是重點所在。大衛的反叛讓他選了一些她不可能跟去的地方，他甚至宣稱他想加入海軍陸戰隊。斯蒂芬・科赫說：「讓他打消念頭真的是她面臨的一大挑戰。」[9]不過許多年輕人都想逃離專橫的父母，在他那個世代，的確有許多人的典型作法就是照著有魅力的大師所提供的指引，探索新的生活方式。但是蘇珊還是堅持他要完成教育。他於一九七五年秋天進入普林斯頓大學，這個決定在無意間帶來了巨大的危機。普林斯頓要求學生做健康檢查，而大衛說他自己「對這種事的處理不可思議的幼稚」。他不想預約去做健康檢查，最後就叫蘇珊幫他預約。「所以她想：『我也很久沒做健康檢查了，既然要幫大衛預約健康檢查。我也來做一次好了。』」[10]

——

結果令人大吃一驚。四十二歲的蘇珊在左邊乳房發現了一顆腫瘤：一顆轉移的腫瘤，已經是第四期了。她去克里夫蘭醫學中心（Cleveland Clinic）諮詢，那裡的腫瘤學家建議她做「比較溫和的」乳房切除手術。她又回到紐約，找其他醫師徵詢意見，斯隆—凱特琳紀念癌症中心（Memorial Sloan Kettering）的一名醫生建議了一種極端的手術，她在聽到「極端」那個詞之後，就下定了決心，大衛寫道：「對她而言，真正的投入從來都是極端的投入。」[11]但是這個詞在醫學上的意義與它在政治上是不同的；在腫瘤學上，那是指極端侵入性的手術，長期來說，它不會比局部性介入的效果更好。[12]

她在樂觀和絕望之間搖擺不定。有一次，羅傑·德格開車載她去斯隆—凱特琳癌症中心。「我們一起走下車時，她用兩隻手一起握著我的手——她以前從來沒有這樣做過——還看著我的眼睛。」她說：「羅傑，我要死了。」她還能保持樂觀，有部分是因為醫學騙了她。大衛寫道：「醫生對癌症病人撒謊是常見的作法。」她的醫生並沒有預期她能活下來，不過大衛沒有把這個訊息傳達給她；大衛後來也在想：如果她知道自己的機會有多渺茫，「還會有意志力接受治療嗎？」[13]她知道她在未來兩年內的存活機率只有百分之十。而她推論：「總有人在這百分之十中間的」，用這樣來哄得自己接受這個事實。[14]

在手術之前，斯蒂芬・科赫和她聊起十七世紀的盎格魯宗（Anglican）牧師傑里米・泰勒（Jeremy Taylor）的著作——《神聖的生活與神聖的垂死》（*Holy Living and Holy Dying*）。「她深受觸動。我記得她當時就只是靜靜地聽著。」[15]她還在醫院裡完成了她為彼得・赫哈的書《生死肖像》所寫的短篇序文，她寫道：「人們在先前創造了學習死亡的教條。但是身體本來就已經知道了。彷彿身體已經熟悉了死亡。」[16]

在一九七五年十月二十八日，她的左邊乳房被一名技巧熟練的外科醫生「抹除」了（這是根據她的說法），沒有留下傷疤。或者就算是有，也看不出來。大衛說她「在自己的身體——從來都不是那麼安穩——上發現的快樂，已受到乳癌手術不可逆轉的破壞」，她開始覺得自己是「殘疾的」。[17]她之前用過這樣的字眼——「殘疾的、不完整、不曾縱慾」——描述她在青少年時發現自己的困境。她接著還形容她的不快樂是因為「身心分離讓我飽受折磨」。她大步向前，克服了這樣的分離，但是傳奇性的災難一次又一次地逼使她退回腦中的相對寧靜。

現在就是這樣了。可是預後狀況不太好，手術也只是開始。在浸透她身體的癌症中，腫瘤只是最容易看到的形式。為了切除其他病灶，後來又動了四次手術；然後還有長達三十個月的化療轟炸。「我感覺像越戰」，她說。「他們在我身上使用化學武器。我還得歡呼。」[18]

在她得知診斷結果之前，就已經開始沮喪了。她寫道：「我必須改變我的生活。」她強迫自己提起精神。但是她也怕自己會像黛安．阿巴斯和阿佛烈得．雀斯特那樣，向下沉淪。如果要保護自己，她只能靠「一個可以做為避風港的辦法來避開恐怖——以進行抵抗、求得生存」。

我建構出一種不被他人惹惱、冒犯的生活——當然是除了D.〔大衛〕以外。沒有人（除了他以外）可以煩我、激怒我，讓我陷於危險的處境。每個人都證明是「安全」的。而這個方法的珍貴之處及核心就是：妮科爾。

是的，我現在很安全，可是卻變得更脆弱。愈來愈難以獨處，甚至只是幾個小時——今年冬天在巴黎，每當週六N.〔妮科爾〕早上十一點就去打獵，一直到午夜才會回來，我一個人都感到恐慌。我無法離開芸香德拉路自己一個人在巴黎亂逛。那些星期六的時候，我只會一個人待在那兒，無法工作也走不開。……

D.提醒我避風港不會一直這麼安全（N.的破產，一定要賣掉芸香德拉路的房子）。然後要再改變任何事情都會變得更加困難——我對於監護關係的喜愛。這種傾向首先來自於我跟母親的關係（她是軟弱、不快樂、困惑但迷人的女人）。這也是反對我跟C.〔卡洛塔〕恢復任何聯繫的理由。

我很同情她，她今年三月在羅馬的狀況又顯得更惡化了。[19]

解讀這段陰暗的文字時，很容易認為像是在預示已經有某種她不知的疾病在侵蝕她的身體。但是不論疾病或健康，她從來不曾油然而生一種滿足感——雖然那種感覺已經遠遠比不上快樂了。她在成長過程中「的確從未奢望過幸福快樂」，她與妮科爾的關係也和她的其他段關係一樣急速褪色。但是當她生病時，妮科爾為她提供了避風港，身體和情緒上的。在健康時，蘇珊可能不會信任那樣的保護膜；但是當生病時，情勢卻不容許她拒絕。她的疾病也使她因禍得福。閔達．雷．阿米蘭說她覺得大衛「回到她身邊了，他們在那段時間裡非常親密。她對這件事覺得很高興」。[20]雖然有這些事發生，但是她也獲得了一些回報，讓她得以正面的角度記得她在深淵中的那些掙扎。

在我的人生中，唯一一段知道我被愛的時間——能夠感受到它、接受它而且歡迎它，謙卑而且滿懷感激——就是一九七五年到七六年——我生病的第一年，在那時候，我和其他人都覺得我快死了。我感到心滿意足。泰德〔．麥尼〕（Ted Mooney）說我有滿滿的恩典。[21]

二十年後，她告訴另一名同樣罹癌的朋友說：「那時是我人生中第一次覺得生命如此美好。」[22]

蘇珊在紐約動完第一次手術之後，妮科爾探聽到一名巴黎的腫瘤學家，路斯恩・伊斯雷爾（Lucien Israël），他建議了一種免疫療法，而當時的美國沒辦法進行這種治療。[23]蘇珊後來認為是伊斯雷爾醫生救了她，也歸功於自己敢選擇那種殘忍的治療方式。

她也和許多從事自由業的美國人一樣，在生病時並沒有健康保險，也沒有錢支付她所需的治療。治療所需的花費是十五萬美金，在今天就相當於將近七十萬美金。對於一個書籍銷量普通、也沒有私人收入的作家來說，這堪稱是一筆天文數字。

但是和許多美國人不一樣的是，她很幸運地擁有一個富人朋友網絡。羅伯特・史威爾斯寄出了一封籌款信，在他的帶頭下，她的朋友們在她身邊團結了起來。捐贈者包括《新共和》的老闆馬丁・佩雷斯（Martin Peretz）和休士頓的收藏家多米尼克・德・梅尼爾（Dominique de Menil）。還有其他作家和藝術家，包括卡洛斯・富恩特斯（Carlos Fuentes）、亞瑟・米勒（Arthur Miller）和賈斯培・瓊斯。

妮科爾為蘇珊提供了她需要的所有東西，而且，雖然當時她自己的財政也有困難，不過她還是竭力確保例如蘇珊可以搭乘協合號客機回到紐約：長程飛行實在會讓人精疲力竭。蘇珊完全康復之後，文化圈公認她的存活實在是個奇跡。一名年輕的知識分子斯蒂芬・多納迪奧（Stephen Donadio）記得「我人生中最重要的事件之一」，就是在桑塔格康復之後，聆聽了她在紐約大學的博布斯特圖書館（Bobst Library）的第一場公開演講。

> 看到桑塔格走向講臺時，許多人都覺得他們像是在看一個從鬼門關繞了一圈的人回來了。幾乎可

以從聽眾席中聽到大家都倒抽了一口氣。但是她看起來沒有絲毫虛弱、或是半點遲疑的樣子，而且直截了當地談起疾病這個主題，她自身的經驗也帶來明顯的權威。她的表達飽含張力，我之前極少看到，她的演講效果也十分激勵人心。我還記得她用一種不容置疑的語調說出她的觀察：我們每一個人都居住在兩個不同的王國——健康者的王國和受疾病折磨之人的王國——我們都注定要在兩個王國各花上一些時間。當她演講時，聽眾席中鴉雀無聲，連一根針掉在地上的聲音都聽得到。[24]

她在一九七八年出版了一篇短文，《疾病的隱喻》，探索人們如何談論癌症——或是通常不去談論。她沒有在文中提到自己的經驗。這樣的沉默讓這本書抽離了情緒，但是也使它遭到指控，引發高度爭議；她的作品經常這樣。在她所處的世界，遭受癌症的攻擊是一件值得羞愧的事——人們會覺得這是因為患者自做自受——她日後寫道：

> 被認為容易患上癌症的，是那些心理受挫的人、不能發洩自己的人，以及遭受壓抑的人——特別是那些壓抑自己憤怒或性慾的人，這就正如結核病在整個十九世紀以及二十世紀初（事實上是直到發現治療方法前），一直被認為是那些感覺超群、才華出眾、熱情似火的人易於感染的疾病

一樣。

桑塔格從疾病中得到更多觀點，因此在一九八九年對她早期的文章作了一番反思。她描述自己對癌症受到汙名化感到怒氣，蓋過了她對疾病本身感到的恐懼：「尤使我感到憤怒的，是看到該疾病的惡名怎樣加劇了癌症患者的痛苦——但這也使我擺脫因為醫生的不詳預測而使我感到的恐懼與絕望。」[25]這樣的惡名發揮了隱喻的效果：使一個東西變成了它其實不是的東西。以癌症為例，就是用道德說教的神話，將這個化學或生理學上的狀況，轉變成對受苦之人所加的評價。

她寫道：有了這些評價，病患經常發現「親戚朋友在迴避自己，而家人則把自己當作消毒的對象。一旦患上癌症，就可能被當作一樁醜事，會危及患者的性愛生活、晉升機會，甚至他的工作。」[26]沒有人會告訴病患他們錯在哪裡——因為癌症本身就是道德和心理的缺陷。癌症是「一種激情匱乏的病，折磨著那些性壓抑的、克制的、無衝動的、無法表達憤怒的人」。性——「今天有些人相信所謂解放的性生活是預防癌症的良藥」——與憤怒有同等重要性：「諸如美國小說家諾曼·梅勒之類談癌色變的人，他最近自辯道，要是他不捅上妻子一刀（和發洩『滿腔的怒火』），那他會患上癌症，『或許在數年內就一命嗚呼了』。」[27]

這類隱喻：

> 妨礙了患者儘早尋求治療，或妨礙了患者做更大的努力，以求獲得有效治療。我相信，隱喻和迷

思能致人於死地（例如，它們使患者對諸如化療這類有效的治療方式產生一種非理性的恐懼，而強化了對諸如食療和心理療法這類完全無用的治療方法的迷信）。我想為患者和照料他們的人提供一種方法，來消除這些隱喻、障礙。我希望勸說那些心懷恐懼的患者去看醫生或停看庸醫，改看能夠給予患者適當照料的、稱職的醫生。要正視癌症，就當它不過是一種病而已——儘管是一種重病，但也不過是一種病而已。它沒有「意義」。也未必是一紙死亡判決（有關癌症的那些神秘說法之一是：癌症＝死亡）。[28]

——

癌症被當作神話已經有千年歷史了。她寫道：古希臘的醫學家蓋倫（Galen）認為「『憂鬱的婦女』比『樂觀的婦女』更容易患乳腺癌」。這些想法的餘波依然在當代世界盪漾，否則桑塔格也不會寫這本書了。普遍的想法都認為「當今的癌症人格」是指「心灰意冷、自我憎恨、情感冷漠」。[29]因此她寫下纏上患者的不僅是「一種不治之症，而且是一種羞恥之症」。[30]

以它現代的外觀來看，這個神話不僅源自蓋倫，還能追溯到佛洛伊德。十九世紀的科學散播了愈來愈多桑塔格要攻擊的那類想法。佛洛伊德翻轉了「心理取決於生物體」這個實證論的公式，在他之前，疾病一直被認為是「想盡辦法要滲入病人身體的外來物」。桑塔格年輕時，曾在《佛洛伊德：道德家的思想》中寫過一些頗有預知能力的觀察，像是「佛洛伊德的一般性命題——疾病是來自於歷史」，這其實大大顛覆了佛洛伊德自己所受的醫學教育（當代的醫學教育是強調「解剖學、物理學和化學的因素」）。

這些觀念也和佛洛伊德的許多想法一樣，逐漸式微了，造成這個結果的人少說也有激進的精神分析學家威廉·賴希，賴希把佛洛伊德的某些偵探故事隱喻延伸到佛洛伊德自己絕不會大膽跨入的領域。他甚至把這些隱喻的矛頭對準了佛洛伊德大師自己。依照桑塔格的敘述：

佛洛伊德「開口講話時……顯得很漂亮」，威廉·賴希回憶，「可後來，正是在這個部位，在他的嘴部，癌症擊中了他。我對癌症的興趣也正始於此。」

蘇珊曾有一度對賴希非常有興趣。在《疾病的隱喻》中，她指出現代觀念認為癌症和性以及情緒的壓抑有關，這就要追溯到賴希。[31]她堅稱「沒有比賦予疾病某種意義更具有懲罰性的了」。[32]癌症就只是一種疾病罷了。它沒有任何意義。

作家在面對這種曲解的象徵意義時，進入了一個他們不熟悉的角色。「不是去演繹意義（此乃文學活動之傳統宗旨），而是從意義中剝離出一些東西：這一次，我把那種具有唐吉訶德色彩和高度論辯性的『反詮釋』策略運用到了真實世界。」[33]這是她在一九八九年出版的《愛滋病及其隱喻》，即《疾病的隱喻》姊妹篇中，所寫的話。她在文中反思了自己兩年半的抗癌過程。她看到她的病友如何因為隱喻而士氣低落，甚至走向死亡，因為他們被迫要表露出「對自己所患的癌症的厭惡」。他們「深陷在有關疾病的種種幻想中不能自拔，而我對此卻十分冷靜」。[34]

她對科學忠貞不移的信念為其他病患提供了安慰，而且自成了醫學史上一個篇章。連相機做出紀錄之後都會造成改變，她的觀察也開始改變對疾病和患者的刻板印象。癌症變成只是一種疾病——這有部分要歸功於她。癌症的可憎和痛苦不可能稍減，但是拿掉隱喻之後，桑塔格也減輕了癌症病人額外要面對的精神痛苦，而這其實是他們原本無須面對的。桑塔格的作品雖然不乏偽裝過後的自我形象，但是都不比她寫疾病的書中所出現的形象來得強烈——或說透露真情。

她紀錄下那些折磨癌症病患的迷信。她引述了她青少年時期的兩位英雄所說的話，分別是托馬斯·曼（「疾病的症狀不過是愛的力量變相的顯現；所有的疾病都只不過是變相的愛」）和安德烈·紀德——紀德說他筆下的男主角染上結核病是「因為他壓抑了他真正的性傾向」。[35]她引用了當代的一名紐約心理學家對於「癌症患者的基本情感模式」的大略描述。說他們在「童年期或青少年期都以疏離感為其標誌」，接著，在成人期發生了「有意義的關係」缺失，那個時期的發展使他們「認定生活毫無意義」。[36]接著，她又引用了十九世紀對癌症患者的描述——當時認為癌症患者的生活就是「長久伏案的研究工作、對於公共生活的動盪和焦慮、患得患失的野心、動輒發怒以及過度的悲傷」。她寫下文藝復興時期的英格蘭人相信「快樂的人不會感染瘟疫」。[37]

這種對於壓抑、內在本質和悲傷的描寫——她說這是懲罰性而且老舊的觀念——卻與她日記中的自我形象重疊，而那正是她隱藏的自我，她幾乎不曾讓這種形象出現在公眾面前、或她的寫作中：後者是她要扮演的角色、或說她的面具，是她發展出來的生存方式。她寫道：「我要對自己的癌症負責。以前我活得像個懦夫，壓抑著自己的欲望、自己的怒火。」[38]蘇珊苦苦責怪自己。唐・萊文說「她（在一九五〇年代）來到紐約，這裡的人會以性愛和死亡和那之類的事為書寫主題。她完全接受了那些，那時候她開始覺得：或許癌症是我自己帶來的」。[39]

她對自己的身體極端疏離，所以她甚至得提醒自己要洗澡。她忽視健康的方式也令人咋舌。她從來不運動。睡得也很少。她有時候會忘了吃飯，有時候又吃得狼吞虎嚥。她的菸癮很大——而且甚至連對腫瘤科醫師都不老實交待自己的生活習慣。[40]但是在《疾病的隱喻》中，她一概不承認上述事情——她熱切地想要將她罪惡、羞恥和恐懼的故事替換成其他可用的內容。她反而駁斥「那些拿給一般大眾看的粗略統計數字，諸如百分之九十的癌症是『因環境造成的』，或者因飲食不當和吸菸而患癌症去世的人，占癌症患者死亡總數的百分之七十五」。[41]她沒有說這些統計數字粗略在哪裡，或是展示她對背後的科學有任何興趣。

癌症的發生極為複雜；各種原因都會造成這種疾病。但是在突然遭受的打擊下，她失去了區分悲劇和戲劇的能力——那也是她近期才獲得的能力。她不認為個人要對某些癌症、某些人負起責任，所以說一個萬寶路老菸槍會得癌症，這個推論聽起來就像會被隕石砸得粉身碎骨一樣不可思議。她不認為自己的選擇有任何導致她生病的潛在可能性，反而創造出一個故事，說她是如何得救的。她把她的存活歸功於自己決定用最極端的方式治療，還有協助她實施這些極端方式的醫生。但是這個故事的核心繫於一個不可思議的悖論。她對自己的患病不必負責——但是能夠治癒卻是因為她。

——

她對隱喻的力量特別崇敬，並覺得要摧毀一個神話——舊日認為患病者充滿罪惡，患病是出於他們對性的壓抑和道德墮落——就必須帶進另一個神話。雖然她的身體能夠積極證明自己，像是她在一九七五年所做的，但是桑塔格為了證明隱喻的重要性，便重塑了她的故事，用她所稱的「科學」——另一種思維導向的神秘化模式——來取代原本神秘化的「佛洛伊德—賴希式解釋」。

大衛說：「我母親熱愛科學，她以一種近乎虔誠、強烈而不可動搖的堅定來崇尚科學。」[42]但是她後來說自己的治癒不是那麼依賴科學，更多的是仰賴所謂正面思考的力量。她談到了李奧納德．伯恩斯坦的妻子，費利西亞．蒙特阿萊格雷（Felicia Montealegre），她曾經被譽為智利第一美女，然而也在同時被診斷出癌症。蒙特阿萊格雷和蘇珊經常談起她們共通的苦難。費利西亞在醫學上的診斷比較樂觀，但她最後還是病死了——蘇珊於是相信那是因為她有失敗主義者的心態。[43]

她相信是因為她下定決心要活下來，所以才能夠戰勝。那表示她下定決心不能死，而這帶來難以想像的巨大痛苦。在生命的盡頭時，她一度對自行車賽的冠軍蘭斯．阿姆斯壯（Lance Armstrong）產生興趣，阿姆斯壯也像她一樣，被死亡籠罩——結果卻戰勝了癌症，他說：「當然，有一段時間，有一段脆弱的時間，你會想著我要死了，或者我也許要死了。此時，我全心投入、全神貫注而且完全相信我的醫生、藥物與治療步驟。」大衛覺得如果換成蘇珊，她也會這麼說。[44]

她要說的故事：

並不是她在罹患乳癌後經歷手術與隨後種種治療的過程。而是她要以這種方式漸漸將其記住，正是這種「重寫」的過程，訴說了她從那時起的生活方式。

她沒有說的是：還是有許多病人全心承諾要與疾病對抗，他們也完全信賴他們的醫生，而且願意承受難以忍受的痛苦——但他們還是死了。可是，勇於承受苦痛卻成了她的生存故事的標誌。大衛說：「她對於自己敢接受這樣具實驗性又痛苦的治療，感到很自豪，它的痛苦指數比當時大部分人接受的治療都高出許多。」[45]許多癌症的生存者都有這樣的自豪。腫瘤學家辛達塔．穆克吉（Siddhartha Mukherjee）說：「你會想要一個專屬的傳奇故事，說明為什麼是你得以倖存，在那個傳奇故事中，你就是英雄。」[46]穆克吉還說這種創造神話的想法，在倖存者的書寫中由來已久，但他會說：

「噢，其他人會失敗，是因為他們沒找到這位巴黎的醫師。」你不需要懂腫瘤學，就知道在我們的文化中，這些事情有多麼經常反覆出現。人們會去墨西哥打一些藥，當活下來之後，他們就會告訴自己：「那是因為我有膽量、而且懂得去墨西哥找這些藥。」

桑塔格的悖論在於她竭力主張心靈沒辦法讓一個人生病——只能夠治好他。她始終堅持佛洛伊德的概念——身體是「心理需求的症狀表現」。或許這有損她在《疾病的隱喻》中的主張，不過它還是能夠激勵其他人，否則他們就會默默地接受自己的疾病要受到道德判斷。她是值得驕傲的，正如同她告訴一名訪問者說有「數百人寫信給我，說這本書挽救了他們的生命，說他們因為這本書而去看了醫生、或是換了醫生」。[47]

因此，《疾病的隱喻》其實意外成了它強烈反對的東西：隱喻。它用一個神話代替了另一個神話，「對幻想保持冷靜的」蘇珊・桑塔格取代了本應害怕、有罪的女性。癌症的舊理論被治療學的進展徹底推翻——這是「觀看的革命」——具有象徵性的桑塔格開始幫助人們：有人因此而得到較好的治療，並活了下來；還有人雖然沒有得到救助，但是至少在死時，並沒有因為自己枉費了人生而感到羞恥。

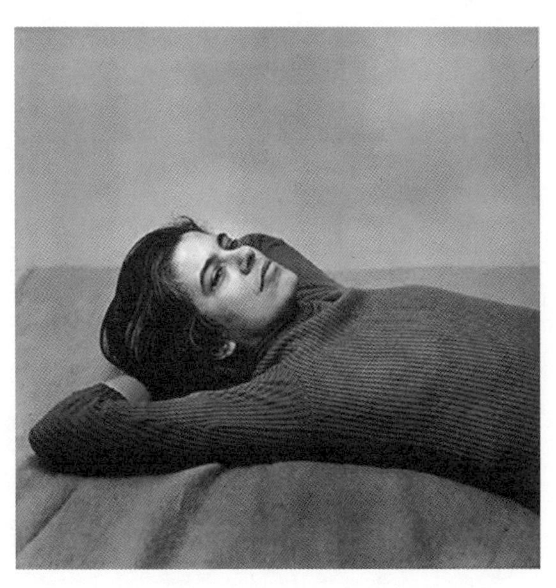

第三部分

第二十四章 永遠忠實的

一九七七年秋天，當時蘇珊正在接受最後一期癌症治療，唐・萊文來到蘇珊的公寓，用廚房桌上的一盞燈旁找到了《論攝影》的第一份稿子。房子裡很安靜，他發現蘇珊躺在床上。他為這本書的事向她道賀，而她開口問到：「但還是比不上華特・班雅明吧，不是嗎？」[1]

在她個人認為的名人堂裡，班雅明占有首要的地位；隔年她寫了〈土星座下〉（Under the Sign of Saturn）這篇文章，並獻給他，她在文中說他所喜愛的事物——收藏和書籍、碎片和廢墟——也是她喜愛的，而她認為他最傑出的特徵是那受虐、憂鬱的個性。她以明確知道自己在談什麼的口吻寫道：「因為土星氣質就是緩慢，易於猶豫不決，於是這些人有時必須大刀闊斧殺出一條捷徑。但有時，這把刀最後卻指向自己，結束一切。」[2]

這個體察（aperçu）令人心碎，而這只是這篇文章的許多發現之一。它顯示警句家桑塔格絕對沒有比班雅明差。班雅明寫道：「寓言是憂鬱症患者允許自己享有的唯一的、卻也是功效強大的娛樂。」蘇珊語帶贊同地引用了這句話。[3]寓言其實是這篇文章最大的趣味之一：班雅明對蘇珊而言是一種隱喻，是她自己的土星氣質的範例，他「以自覺與不留餘地的態度來處理與自我的關係，從未將自我視作理所當然。自我成了必須加以解讀的文本」。[4]他視自我為一種美學現象，所以憂鬱症患者成了理想的詮釋者。他站在一個獨特的位置看這個世界，永遠無法真正成為世界的一部分，因為世界完全存在於他之外：「全然是由於死亡恐懼總是在憂鬱症患者心頭縈繞不去，所以他們才是最懂得如何去閱讀這個世界的一群人。」[5]世界也是個文本，自我在其中旅行、嘗試解釋這個世界，成為一位旅行作家。「無可置疑的，班雅明不僅是個不斷移動的流浪者，同時也是個收藏家，背負著沉重的物，或該說是所謂的熱情吧。」[6]

在土星座下誕生的人物是會撒謊的（「偽裝掩飾、不露口風亦是憂鬱症者必要的技能之一」），他需要自由（「班雅明同樣也會狠狠地拋下彼時好友，頭也不回的離去」），並且用閱讀和寫作來隱藏社交的不安（「一旦為人注視，第一反應便是趕緊將眼神下移，直盯著角落瞧。但更好的做法是可以低頭望向筆記本，或埋首於書牆之後」）。[7]土星座下的人「永遠都在工作，不停想著要如何再做更多」，他們總是覺得有所不足，[8]害怕在完成工作之前就被死亡攫獲了：「這些句子背後潛藏著某種恐懼，例如過早就被中止寫作能力的恐懼。除此之外，這些句子還充滿許多理念，有如巴洛克繪畫的畫面總是充滿各式各樣的動態。」[9]

工作的重要性讓關係變得困難：

對憂鬱症患者來說，以家庭連帶形式出現的自然關係往往會造成錯誤的主觀性，也就是感情用事（sentimental），它會不斷耗盡個人的意志、獨立自主的能力，以及專注工作的自由。它同時也對人性造成挑戰，而這正是憂鬱症患者事先就明白的弱點。[10]

憂鬱症患者會不惜一切代價保護他的工作，因為如果沒有工作，他的自我也會分解。他需要盔甲——不是真實的自我，而是掩蔽自我的方式。這可能很像是「角色扮演」——桑塔格在〈關於「坎普」的札記〉中透露了對它的模糊感覺，但它不像是沃荷想成為塑膠的欲望；它是「透過角色扮演形成的存有」（Being-*Through*-Playing-a-Role）。就像是蘇珊有時候會與桑塔格分離，存有（being）有時候也會與角色分離；但是角色讓存有可以抓住這個世界，即使他無可救藥地與世界疏離。這讓他塑造了一個自我，一個只能像書一般理解的自我。而他像是一名狂熱的收藏家，收藏品包括書之類的，失去這些文本，就是失去了自我：這裡是指字面意義的文本，也是字面意義的自我。班雅明自殺的原因之一，就是他無法收回被迫留在納粹戰線後方的藏書。

那個脆弱而真實的、隱藏的自我在敏銳地察覺到他的才華與缺點之後，便創造出一副行事得宜的面具、一個角色：

> 那些不甘於屈居他人之下、自覺不足、窒礙難行、得不到自己想要的，甚或是無法恰當地（或一致地）指出它們是什麼東西的種種感受，都能夠、也覺得必須以親切和善的面目，或是滴水不漏地操弄加以掩飾。

蘇珊對自己的要求標準像個暴君，但是這也激勵她做得更多、做得更好。「我想像有人告訴莎士比亞：『輕鬆點！』」

這句話是埃利亞斯．卡內提說的。她在〈激情的心靈〉（Mind as Passion）中，以誠心贊同的語氣引用了這句話——〈激情的心靈〉是《土星座下》（*Under the Sign of Saturn*）的最終章，出版於一九八〇年，該書收錄了先前曾經在《紐約書評》發表的幾篇文章。[11]卡內提是一名猶太裔的英國居民，他在保加利亞出生，後來又移居瑞士，他的母語是西班牙語，但是他以德語寫作，蘇珊寫卡內提的文章幾乎剛好就是在他獲得諾貝爾獎的一年前所寫的。她寫卡內提的文章比她寫班雅明的文章更像是自傳，甚至和她標榜要寫的對象沒有什麼關係。[12]她在卡內提身上看到一個同時有著傑出才能和巨大限制的人——就像是她自己——如何找到前進的路。沒有父親的蘇珊不僅把卡內提當作模範，還找到了她應歸屬的系譜。

這篇文章的一開頭便是卡內提對奧地利作家赫曼．布洛克（Hermann Broch）的獻詞，它極富表現力，也「創造了兩位作家間的承繼關係」。卡內提說在這位偉大的現代作家身上，可以「看到獨創性、概述其所屬的時代特性以及他的時代對立」。[13]這位作家是名「高尚的崇拜者」；他「持續不斷地以偉大的夙昔典型來督促自己，確認他所從事的一切任務在智識上的必要性，檢查他的精神熱度，在眼見著日曆一頁一頁褪去時，驚懼不已」。他展現出「龐然渴望」，誓言——就像是十六歲的卡內提、或甚至是更年輕時的蘇珊——要「習盡萬物」。

〈激情的心靈〉主張心理的激情和身體的激情是一樣的，甚至還更優位：維護身體是為了心靈之故。她寫道：「胃口的萎縮、慾望的飽足、激情的貶值，這些可能性都無法動搖他的意念。感受衰頹對卡內提而言，就像是身體老朽對他的意義一樣，他毫無任何感覺，其思考僅僅固著在心靈能持續多久。這世上著實難以再找到任何人能如卡內提一般，在心靈中如此熟稔自在，卻幾乎不見任何矛盾情結。」[14]這個說法既接受了班雅明所說的自我，也讓不顧念身體看起來沒有罪。「癌後」（postcancer）的概念對蘇珊來說又更具有吸引力了。卡內提是「文學界中最著名的死亡憎惡者之一」。他習慣對值得推崇的前輩表達欽佩之意，這個方法既「正確充分地留下景仰對象的身影，也是讓某人彷彿依舊存活於世上的方法」。文學帶來生命；而當生命消逝時，文學則會留下生命的記憶。

《土星座下》散發著這樣的虔敬。這本書收錄了兩篇紀念文章，分別是寫保羅・古德曼和羅蘭・巴特。巴特在與蘇珊最後一次見面時這樣說過：「啊，我永遠忠實的蘇珊！（Ah, Susan, *Toujours fidele.*）」蘇珊也紅著臉表示了同意。她對他說：「不論過去或現在，我都是。」巴特本身的「性格底蘊是個樂於讚揚之人」，而她也是。蘇珊・桑塔格在別人面前表現出來的，大部分就是這些楷模表現給她看的一面：他們是高雅文化的典範，也替更好的自我提供了可能性。

—

跨入四十歲之後，桑塔格半推半就地從她早期對共產主義的熱忱中醒過來，因為她接觸了一些來自共產主義國家的流亡者——尤其是約瑟夫・布羅茨基。《土星座下》一書就是獻給布羅茨基的，但是相較於她在《土星座下》寫的其他人，布羅茨基還在世，而且也不老：其實他還比蘇珊年輕七歲。但是他無疑是個偉大的人，當他年僅二十三歲的時候，就獲得了蘇聯當局——用他們那種邪惡的方式——的認可。

在一九六三年的那個時間點，他在一本兒童雜誌上發表了幾篇翻譯作品和一首詩。[15] 一九六二年的明顯自由化讓索忍尼辛的《伊凡・傑尼索維奇的一天》（*One Day in the Life of Ivan Denisovich*）得以出版，但是在那之後，政府決定傳達的訊息卻是：雖然已經「去史達林化」了，但是體制並沒有改變。為了傳達這個訊息，他們還用因襲已久的蘇聯方法攻擊沒沒無聞的布羅茨基。他們先是用一篇文章。文中指控布羅茨基是「一個侏儒，還自吹自擂要爬上巴納塞斯山」，他「不在乎自己其實是像蠕動般地爬上了巴納塞斯山」，甚至還「不論用什麼骯髒的手段，都不會放棄爬上巴納塞斯山的目標」，而且——如果上述還不夠壞的話——他想要「自己一個人爬上巴納塞斯山」。文章公開後，緊接著就是和卡夫卡如出一轍的審判。法庭門口貼出了一張公告，上面寫著「對寄生蟲布羅茨基的審判」。[16]

這看起來根本就是齣鬧劇，但是這套劇本真真切切殺死了上百萬人。它的確無聲無息地成功擊潰了許多其他人，但是布羅茨基不一樣，讓他遭受不公平審判的法庭引來了國際的非難。布羅茨基的不同之處也在於他了活下來：他被判處在俄羅斯北極圈服五年苦役，最後服了十八個月的刑。這位沒沒無聞的詩人成為轟動的案例，並在國際抗議之後遭到釋放。尚—保羅・沙特原本同情史達林主義，但是在寫給「蘇聯最高蘇維埃主席團」主席的信中，他也對這「令人困惑和可嘆的偏離正道之舉」感到遺憾。[17]

布羅茨基之所以與眾不同，最重要的一點是他確實展現了天才，而他的其他數千名同志要不是缺少才能，不然就是沒有獲得發展才能的機會。第一個肯定他才華的人正是安娜・阿赫瑪托娃（Anna Akhmatova），她是俄國文化界在史達林統治下遭苦受難的代表人物。布羅茨基二十一歲時遇到安娜。安娜在讀了他的詩之後說：「你根本不知道你寫出了什麼！」[18]

布羅茨基在一九六五年獲釋，之後還在俄國待了七年。最後，在沒有任何預警的情況下，他被塞進一架飛機、送到維也納，然後就再也沒有回到這個他出生——也是他憎恨——的國家。蘇珊寫下：「家是俄羅斯。再也不是俄國。」他的經驗讓他有一種高蹈派（Parnassian）的文化概念：文化是對抗粗俗和暴政的武器。這個想法的背後認為人人有責任強化普世的傳統；他在美國的大學教課時，都會在第一堂課上提到這個傳統。

> 這個清單要從《薄伽梵歌》（Bhagavad Gita）、《吉爾伽美什史詩》（Gilgamesh Epic）、《舊約聖經》開始，然後是古代希臘和羅馬作家的大約三十本著作，接著發展到聖奧古斯丁、聖方濟各（Saint Francis）、湯瑪斯・阿奎那（Thomas Aquinas）、路德（Luther）、喀爾文、但丁、佩脫拉克（Petrarch）、薄伽丘、拉伯雷（Rabelais）、莎士比亞、塞凡提斯、本韋努托・切利尼（Benvenuto Cellini）、笛卡兒、史賓諾沙、霍布斯、帕斯卡、洛克（Locke）、休謨（Hume）、萊布尼茲（Leibnitz）、叔本華、齊克果（但是沒有康德，也沒有黑格爾！）、托克維爾（Tocqueville）、屈斯汀（Custine）、奧特嘉・伊・加塞特（Ortega y Gasset）、亨利・亞當斯（Henry Adams）、漢娜・鄂蘭、杜斯妥也夫斯基（Dostoevsky）的《群魔》（The Possessed）、羅伯特・穆齊爾（Robert

Musil）的《沒有個性的人》（The Man without Qualities）、《青年特爾勒斯》（Young Törless）和《五個女人》（Five Women）、伊塔羅・卡爾維諾的《看不見的城市》、約瑟夫・羅特（Joseph Roth）的《拉德茲基進行曲》（Radetzky March），最後則是一份四十四名詩人的清單，為首的有茨維塔耶娃（Tsvetaeva）、阿赫瑪托娃、曼德爾施塔姆（Mandelstam）、巴斯特納克（Pasternak）、赫列勃尼科夫（Khlebnikov）和扎博洛茨基（Zabolotsky）。[19]

或許也只有蘇珊跟得上他了。他們在一九七六年一月透過羅傑・施特勞斯相識——就在她切除乳房後——然後她就滔滔不絕地表達了對他的愛意。許多認識他們的人都對他們這段戀情的性愛本質抱持懷疑態度，但是她的確是愛他的：在她生命中還有意識的最後時刻，她唯二呼喊的名字就是布羅茨基和她的母親。[20]

布羅茨基其實就是她在圖森和舍曼奧克斯時代夢想的朋友；她想要在菲利普・瑞夫身上找到的老師：她終其一生尋找的伴侶必須與她在智識和藝術上互相匹配，甚至是強過她。她從來沒有遇過另一個朋友能與她如此意氣相投，因此他過早地於五十五歲時過世，讓她感到哀痛，她告訴一個朋友：「我是孤零零的一個人了。沒有人可以聽我分享我的計畫、我的想法。」[21]布羅茨基的傳記作家也在他的詩裡找到了這份愛：「肉慾因死亡而終止，性愛的空間卻永無止盡。」[22]

蘇珊說：「他給人一種難以磨滅的印象。他這個人就是讓人感覺如此權威。」[23]他有著一頭紅髮和明亮的綠色眼睛，對女性有十足的吸引力，他的權威散發出魅力，讓他無疑是一個與生俱來的偉大詩人。這種身分也帶來責任，首先便是無法規避最高的藝術標準，他的教學大綱也反映出這個想法，他宣稱「寫作不只是取悅同代人，也是為取悅前輩」；蘇珊可能也會這麼寫，她還在他對文化的概念中找到與自己相同的想法。[24]布羅茨基寫道：「人最大的敵人不是共產主義、不是社會主義、不是資本主義，而是人心、人的想像力走向粗俗。」[25]

這些標準為世界的生活提供了一條路，就像是班雅明活在書中、透過書而生活。這些得自文學的標準馴化了人們：「如果要一個讀過許多狄更斯的人，以某種理想之名拿槍射向他的同類，勢必比沒有讀過狄更斯的人更為困難。」[26]閱讀要更敏銳、更有人性；布羅茨基還提出用「*Homo legens*」——即「閱讀人」（reading man）——來取代社會主義的「新人」（new man）。[27]雖然他基本上不是個政治作家，但是他的美學也帶來政治的結果。他痛恨共產主義，蘇珊從未看過一個這樣強大的心靈有此能量。凱倫．肯納利（Karen Kennerly）在一九八〇年代和蘇珊成為朋友，布羅茨基抵達美國之後不久，肯納利也和他有過一段短暫的關係，他們在密西根共度完一次連假之後，肯納利對布羅茨基的政治信念感到瞠目結舌：

> 他很難相處。常常鬱鬱寡歡。也幾乎不會說英文。……當時的總統是尼克森，他坐在電視機前面看新聞，新聞播出了美國國旗和尼克森在講話，而他就開始拍手了。我當時想：讓我離開這

裡！[28]

蘇珊・桑塔格當然沒幾個朋友會為電視中播出的尼克森總統鼓掌。但是因為布羅茨基有個人和藝術方面的權威，所以很難嘲笑他。他緊緊掌握住蘇珊，有部分方式已經近乎強迫，他們兩個人共同的朋友，波蘭作家雅洛斯瓦夫・安德斯說布羅茨基「很傲慢」。[29]西格莉德・努涅斯也說：「我不喜歡他對待她的方式。」[30]蘇珊自己則說：「我不喜歡他個性中的某些東西。我不喜歡他有時候對人很卑劣。有時候他真的很殘忍。」不過她還是尊崇他在公眾面前的角色：

> 他總是能深深打動別人、比別人知道得都多、比別人的標準都高，這些都讓我留下深刻的印象。……我覺得我們之間的連結在於他知道：我是唯一一個和他有著相同標準的美國人——不管他早期認為我們情感上的連結是什麼。[31]

他的這些標準和態度，帶領她在人生的最後幾十年進入了另一個角色：自由主義的良知喉舌——而不再是激進派。她對於自己讀過的反共產主義作品從來沒有完全吸收，即便她還常與這些作家有私交。有一次，當她在對索忍尼辛表達懷疑的態度時，布羅茨基插話了。他說：「但是，蘇珊，他寫蘇聯的一切都是真的。」她很驚訝——斯蒂芬・科赫說她似乎不曾真正了解壓迫、勞改營都是真實存在的，或是她認為那些都太過誇大。

她將它劃歸為不存在。我相信當真是那樣。然後在某個時間點，它走出了它的分類，她又重新變成一個理智的人了。[32]

——

蘇珊也不畏掀起戰端，這點很討布羅茨基的喜歡。在一九七七年十一月，《論攝影》出版的那個月，她去參加威尼斯的「異議雙年美術展」，這個活動「是要向某些現在被認為是社會主義陣營的歐洲國家在藝術和文化中提出的『異議』問題致敬」。[33]布羅茨基也在那裡，他接到了蘇珊的電話。蘇珊撞見奧爾加．拉吉（Olga Rudge）——艾茲拉．龐德（Ezra Pound）交往多年的情婦——她邀請蘇珊去拜訪他們。蘇珊很怕自己一個人去，所以要布羅茨基陪她去。他們一起走了進去，布羅茨基寫道：「我突然地、但確實被一種厭煩的感覺籠罩。」[34]拉吉開始滔滔不絕地辯白何以龐德會在戰時做出一些通敵的行為，包括為義大利的法西斯政府製作廣播，後來蘇珊打斷了她：

「可是當然啦，奧爾加，妳也不覺得美國人是因為艾茲拉的廣播而生氣吧。因為，如果就只是廣播，那艾茲拉也不過是另一個東京玫瑰*而已。」現在說起來，那是我聽過最有力的回擊之一了。我看著奧爾加。我必須說她就只是靜靜聽著，像個好人。或者更好的說法是像個好手。也或許她真的沒有掌握到蘇珊在說什麼，但我懷疑是這樣。她問道：「那麼是因為什麼呢？」蘇珊回答：「因為艾茲拉的反猶太主義。」[35]

反猶太主義就是一種「人心、人的想像力走向了粗俗」，蘇珊和布羅茨基認為這是人類的大敵，蘇珊在七〇年代就瞄準了這類敵人。她也和布羅茨基一樣，相信美學是倫理學之母，與美的交流會使得「閱讀人」獲得道德上的提升。蘇珊在走向生命的盡頭時寫道：「從一生深刻而漫長地接觸美學所獲得的智慧，是不能被任何其他種類的嚴肅性所複製的。」[36]

這個想法由蘭妮．萊芬斯坦進行了測試，她在電影裡，把令人憎惡的倫理內容包裹以精心設計的美學。她的作品重要性長久以來都受到承認，並不亞於龐德、賽林或三島由紀夫的作品，雖然她自己被人認為不符合文明規範。她在戰後試著重新贏回尊敬，直到七〇年代中期，她成功地重新把自己打造成一名不涉足政治的藝術家，總是聲稱自己只忠於美麗的事物。就連她的納粹電影，記錄一九三六年柏林奧運的《奧林匹亞》（*Olympia*）；以及慶祝紐倫堡政黨大會的《意志的勝利》（*Triumph of the Will*），都開始被電影迷視為大師級名作。這樣的重新改造之所以可能，有部分原因是不論觀眾聲稱她電影中的「內容」有多沉悶，她的電影美學都可以脫鉤、獨立出來。

如果美麗就是一切，蘭妮．萊芬斯坦的電影就是偉大的藝術了。一九七四年的「特柳賴德電影節」

（Telluride Film Festival）中，萊芬斯坦的納粹電影也有參展，她自己也獲邀為榮譽嘉賓，而且在同一年，她還出版了一本蘇丹的魯巴（Nuba）人攝影集。就連桑塔格也承認它「無疑是近年來最撼人的攝影書」。[37]桑塔格寫說讓萊芬斯坦重新回到大眾眼前，最大的推力就是「我們嶄新而又更寬容的美的意念」。[38]

萊芬斯坦的作品對桑塔格那些或許可以被歸類為「反詮釋」的文章提出了挑戰。桑塔格曾經在六〇年代為萊芬斯坦提出簡短的辯護，但是遭到眾多批評；她在〈論風格〉中寫道：美麗的事物可以激發出某些改善的特性——「無私、好沉思、專注與感覺的覺醒」——不論那個美麗的事物有多令人憎惡：

> 這是我們何以能夠問心無愧地珍惜藝術作品，以「內容」的觀點來看，我們的確能在道德上反對這些藝術作品（同樣困難的是在欣賞藝術作品的時候，例如《神曲》，它的假設對我們在才智上來說是陌生的）。將蘭妮·萊芬斯坦拍攝的《意志的勝利》與《奧林匹亞》稱為偉大的作品，並不是用美學的寬大仁慈來掩飾納粹的宣傳。納粹的宣傳就在裡面。但是其他東西也在那裡，而我們拒絕那些其他東西，是自己的損失。[39]

---

* 譯者註：「東京玫瑰」是第二次世界大戰時，美軍對東京廣播電臺的女播音員的稱號。當時日軍企圖以廣播進行心理戰，利用女播音員對太平洋上的美軍發送英語廣播，勾起他們的鄉愁和厭戰情緒。

這段話象徵了六〇年代想要整平化兩端的極惡想法，它還把但丁和蘭妮・萊芬斯坦相提並論。有一本訪談選集提到「桑塔格被頻頻要求總結她關於蘭妮・萊芬斯坦在納粹時期的電影攝製的形式『美』的想法」。[40]她向一名訪問者解釋那段話「是正確的——就現狀而言。它並不太離譜」。[41]

不過，她對於萊芬斯坦的興趣一方面可能反映出倫理學和美學之間的棘手關係，另一方面其實也反映出一種近乎性方面的渴望——想要被藝術強姦、因藝術而銷魂、被藝術征服。這就是萊芬斯坦的電影所提供的：用藝術來逃避自我的憂思。她在寫到對於看電影的迷戀時，說的是：「你希望被電影俘虜。」[42]即興創作表演是在追隨「亞陶對戲劇場面的看法，……場面『將會實際上包圍住旁觀者』」。這段描述也適用於萊芬斯坦拍攝的紐倫堡政黨大會電影：狂放的「整體藝術」海嘯會將個人捲走。

——

蘇珊・桑塔格的熱忱具有一股威力，讓她成為世界上最有權威性的活廣告。如果她讚美一本書或是一部電影——一曲舞蹈、一幅畫——都可能讓一位藝術家擺脫沒沒無聞的處境，讓他或她躋身大師之流：從此受到討論、被展示、被翻譯、被稱頌。埃德蒙・懷特早期的作品也一樣受過蘇珊的提攜，他說：「當埃利亞斯・卡內提榮獲諾貝爾獎時，英語文壇中只有蘇珊以他為題寫過文章。就我所知，溫弗里德・格奧爾格・澤巴爾德（W. G. Sebald）、丹尼洛・契斯（Danilo Kiš）和羅貝托・博拉紐（Roberto Bolaño）也都是她先開始提的——他們現在都被認為是文壇大師。」[43]還有其他數十名藝術家也都有一樣的經歷。

在她生命中的最後數十年，我們已經很難記得她曾經被認為是整平兩端的關鍵人物。她成了高雅文化的象徵，也代表那些支撐起高雅文化的嚴格標準。但是她也不會公開批評那些有所不足的作品。她把自己最為人所熟知的標籤拋在腦後，說：「所以我不是一個評論家。我真的認為評論家的一個重要工作就是攻擊這個，說這個是垃圾，這個糟糕，這是很有害的。儘管過程很好玩，但是我寫得最快的的確是關於蘭妮．萊芬斯坦那篇，因為在你感到憤怒、自認為有道理並且知道自己正確的時候，寫起來要容易得多。」[44]

她不信任那樣的寫作，但她還是用上了，這顯示在一九六五年和一九七五年這十年之間，許多事都改變了——一九六五年是她為萊芬斯坦稍作辯護的那一年，一九七五年則是她出版〈迷人的法西斯〉（Fascinating Fascism）的那一年。紐約的上一代知識分子已經警告要整平兩端——他們通常會用桑塔格作為例子——會震動舊日的標準。這有部分是因為女性主義者和非裔美國人要擴大經典的範圍。在六〇年代，控制已遭到鬆動，對許多年輕輩的知識分子來說，桑塔格自己就代表一種擴大的、現代化的感性。

但是，就算認為應該把機會開放給維吉尼亞．吳爾芙，不過讓蘭妮．萊芬斯坦也有機會又是完全不同的另一回事了。她在〈迷人的法西斯〉寫道：「十年前非常值得維護的藝術——作為少數人反潮流的趣味——到今天已經很難為它說項，因為它所觸發的道德及文化問題已變得嚴重，甚至危險。」[45]魯巴人的攝影集「充滿了令人不安的謊言」，尤其是藝術家的傳記部分。她寫道：「實在要頗具獨創性，才能把納粹時代形容為『德國陰暗和重大的三〇年代』。」她也嘲笑萊芬斯坦在前納粹的電影中把自己神話了：

> 這次萊芬斯坦為自己設計的角色是一頭原始的生物，但她與毀滅的力量有獨一無二的關係。只有衣衫襤褸的荷妲（Junta），這名被村人唾棄的女孩，能登上克麗斯塔羅山（Mount Cristall）的頂端。那兒放射出的幻異的藍光，能誘惑村中的少年登山，但卻在中途慘遭意外暴斃。[46]

桑塔格清點萊芬斯坦用了哪些「錯誤或無中生有的」資料，來為自己的過去洗白，這讓她的聲譽蕩然無存——桑塔格也抨擊那些極力吹捧萊芬斯坦的評論家。桑塔格會用寫傳記的方式讓人懷疑一名創作者的藝術，她也用這個方法對她的英雄羅蘭・巴特暗中作出批評——雖然她在同樣提到萊芬斯坦的那本《土星座下》對巴特讚譽有加。羅蘭・巴特在一九六七年的文章中提出「作者已死」的概念，試圖讓人們接受藝術家和作品之間沒有關聯，或是至少沒有重大的關聯。而在桑塔格筆下的情境中，這個詭辯卻失靈了。

萊芬斯坦在二〇〇三年以一百零一歲之齡去世，當時她大概也唱著《為了藝術，為了愛》（*vissi d'arte*）這首詠嘆調吧。但是她很清楚知道作者還未死，她的歷史與別人如何看待她的電影至為相關，而桑塔格施了一記重拳，讓她的名譽無法回復。雖然不時會有人想嘗試一下恢復她的名聲，但是從來沒有人真的做到，她也永遠被人記得是希特勒的御用導演。演員庫爾特・克魯格（Kurt Krueger）曾經說過：

「我不記得蘭妮恨過任何人，甚至包括希特勒；她只恨蘇珊・桑塔格。」[47]

——

讀者欣見蘇珊將萊芬斯坦打垮，這使得他們對〈迷人的法西斯〉存在的某些問題視而不見。第一個相關的就是女性主義。桑塔格在一九七二年發表了一篇極富表現力的長文〈老齡化的雙重標準〉（The Double Standard of Aging）。又在一九七三年發表了另一篇長文〈女性的第三世界〉（The Third World of Women）。在一九七五年則是兩篇比較短的文章，〈女性之美：該壓抑或是能力之源？〉（A Woman's Beauty: Put-Down or Power Source?）和〈美：接下來將如何改變？〉（Beauty: How Will It Change Next?）。這些都是桑塔格最優秀的幾篇文章，它們明確表現出「美」的想像世界和人們生活的真實世界之間的連結。她描述了女性如何因為不符合女性的代表形象而受到評斷，並指出這樣很殘忍，因此，她對於美和老化的文章成為她最令人稱道的文章，替《論攝影》的論點提供了另外的多重說明。

這些文章如此優秀，但是值得注意的是她卻再也沒有將文章再版。[48]《土星座下》收錄的所有文章，除了萊芬斯坦的那篇文章之外，都是關於男性；而且，就算女性主義的文章與其他文章的調性都不相符，桑塔格還是有許多機會收錄在其後的文集中，但它們反倒收錄了一些價值低許多的作品。她在雜誌上寫的所有文章後來幾乎都有收進書裡。不過桑塔格對文化的風向相當有概念；可以說最早在一九七〇年代末期，女性主義的大部分緊急目標都已經達成了，它也因而失去了某個確定的推動力。

美國食品藥品監督管理局（Food and Drug Administration）在一九六〇年核准了避孕藥上市。美國最高法院也在一九六五年認為避孕是合法的，而一九七三年則是流產合法化。一九六〇年代發生的這些勝利和深刻的文化改變，讓女性主義看起來勢不可擋。一九七一年四月三十日在曼哈頓中城（Midtown Manhattan）的紐約大會堂召開了一次集會，會中就是這種氣氛，諾曼．梅勒在會中面對的是包括吉曼．基爾（Germaine Greer）和黛安娜．特里林在內的小組員，還有蘇珊．桑塔格端坐在聽眾席中。後來的紀念影片《血腥大廳》（*Town Bloody Hall*）中把梅勒演成如家長式反應的守護龍，他最後死在女子戰士軍團的劍下。我們可以舉出一個著名的例子：梅勒說「一個好的小說家別的都可以不具備，但是不能沒有他那顆蛋」，辛西婭．奧茲克（Cynthia Ozick）就抓住了這句話，提出一個她一直想問的問題。「梅勒先生：那麼當你用你的那顆蛋蘸墨水時，都是用什麼顏色的墨水呢？」[49]

雖然梅勒擺出一副大男人的樣子，但是他其實也只是落單的妖魔。他在政治方面的內容極少與任何一名講者意見相左。但是小組員完全不承認梅勒有哪一部分是正確的，而影片中透露出許多左派的辯論——包括對共產主義和越戰的辯論——都存在內部歧異。（這也並非巧合，直到現在依然是如此。）影片也顯示講者都把重點放在諾曼．梅勒的罪惡，反而無視於菲利斯．斯拉夫萊（Phyllis Schlafly），是她激起對《平等權利修正案》（Equal Rights Amendment）的反對；安妮塔．布萊恩特（Anita Bryant），她已經變成反同性戀權利的同義詞；傑瑞．法威爾（Jerry Falwell），是他把充滿憤怒的福音派教徒帶進政治；或是隆納．雷根（Ronald Reagan），他當選美國總統，有部分就是得益於這種憤怒。

至少在那天晚上，父權制正在潰逃。不過風向已經在轉了。「第二波女性主義」走下坡的速度之快，著實令人咋舌。卡洛琳・海布倫寫道在一九七〇年之前，如果有女孩想要閱讀有關女性的生活（而不是「大多獻身於男性的命運」），只有「極少數、或是甚至沒有什麼典範」。但是幾乎就在重新找回女性的過去，尤其是女性在藝術方面的過去，這類工作展開的時候，顯然是女性主義的作家卻開始閃避了。詩人艾德麗安・里奇就是一個顯著的例子，她在六〇年代所寫的文章絕不亞於桑塔格；她也和桑塔格一樣，出現在《紐約書評》的創刊號；她還寫信給《紐約書評》，抗議〈迷人的法西斯〉提出的論點：萊芬斯坦的復活其實可以歸因於女性運動的追尋，它不加揀選的、就讓被遺忘的女性藝術家重新流行起來。

桑塔格寫道：「我想：令萊芬斯坦能日漸晉升為一位文化巨擘的一個重要原因乃是：她是女人，放棄了這樣一位作品受一致好評的女導演，女性主義者肯定會非常心痛」，不過她沒有對這句話提供任何證據。[50]里奇的信中指出是電影迷而非女性主義者讓萊芬斯坦重新流行，其實女性主義者甚至還抗議播放她的電影。[51]里奇寫道：「我們不是在尋找宣傳的『臺詞』或『正確的立場』。我們只是想看到這名女性（例如：桑塔格）在運作心靈時更深的複雜性，有什麼感情的基礎告訴她要這麼做；沒有事實證明其所描述的情況是如此。」

桑塔格的狂怒回應，表示里奇觸及到她的痛處。她指控里奇訴諸「一九六〇年代尚在萌芽的左翼主義」，從「女性主義的側翼」走向「純粹的煽動行為」，「升高了心靈（『智力鍛鍊』）和情緒（『感覺真實』）之間變質又危險的對立關係」。這種思考方式是「法西斯主義的根源之一」。像里奇這樣優秀的知識分子，還會受制於「反智主義（anti-intellectualism），說明了女性主義的修辭始終存在著輕率的一面」。[52]桑塔格對里奇的攻擊讓許多女性主義者開始疏遠她，再也不認為她是她們之中的一分子：她們之間的裂痕或許說明了桑塔格的女性主義文章為何遭到冰封。

——

里奇從未背離女性主義，她和女性主義一起遭到放逐。在她生命後來的三十七年中，只在《紐約書評》繼續發表過一篇文章。那是在她寫了那封與桑塔格有關的信之後，又過了六個月後刊出的：她大概本來就在撰文投稿了。她從來不只是一個作家，她一直是、也並不諱言自己是一名女性主義作家、一個「女性作家」，她也從來不否認這個加諸自己的名詞，雖然這嚴重制約了她在文壇的名聲。女性主義透過行動主義、心理學和大學不斷壯大自己，也透過傳記和評論讓女性的藝術遺產重回大眾視聽。但是它在「家庭」成員間變得不再流行：它變得較容易引發評論上的暴力。

桑塔格也決心不要陷在她認為會限制她的描述框架中。她對普遍性的追求是以漢娜．鄂蘭為楷模，鄂蘭靠著天賦完成了對女權事業的貢獻，她做到了平等——甚至還取得優越性。[53]但是也還有別的。十一歲的蘇珊就下了要受人歡迎的「重大決定」：「我明白了外＋內區別。」大衛說她「深刻地感受到自己永遠是無法得到安慰的局外人」，即使她天性如此，也無法撫平這種感覺。里奇身上還有另一種標籤——除了眾所周知的女性作家和女性主義作家之外，她也是一名女同性戀作家。桑塔格很清楚如果被人知道她是同性戀，就表示自己要被隔離在少數族群區域中了。

同性戀作家埃德蒙・懷特說過「出櫃不會帶來任何收穫」。[54]但這並不是說要讓一個人的關係永保神秘，雖然的確有許多人會這麼做。吉兒・約翰斯頓（Jill Johnston）曾經在市政廳的集會上宣稱：「所有女性都是同性戀，她們只是還不知道而已。」但是她也直到一九七一年才出櫃，也就是集會的翌年。也不過就在那之前的幾年，約翰斯頓說過：「我們的六〇年代世界中，蘇珊是我唯一知道的另一名女同性戀。」[55]這個說法很令人驚訝：約翰斯頓是同性戀，也是《村聲》雜誌的藝術評論家，因此，她所處的環境應該是全紐約最進步的一角。在後石牆（post-Stonewall）時代*，對同性戀的汙名已經有所減輕，但是幅度不大。懷特說紐約藝文界的「每個人」可能都知道某個著名人物的性傾向，「但是所謂的『每個人』大概也就是四百個人」。里奇帶著極大的勇氣公開出櫃，她也帶著這樣的勇氣買了一張票去西伯利亞——或至少是離開了紐約文化的家父長世界。

懷特說在前網際網路的時代中，「除非你遇到的某個人自己向你坦白，否則你不會知道一個人是同性戀。有百分之九十九的圈外人都不知道」蘇珊是——然而約翰斯頓的證詞也顯示已經有許多人知道蘇珊是了。圈外人要知道的唯一可能，就是蘇珊也和里奇一樣開始明擺著發表同性戀的作品，或是在受邀演講時，自己說出像是「身為一個女同性戀……」這樣的句子。

懷特說：「然後人們就會真的被嚇到，她的讀者會驟減三分之二。」蘇珊日增的文化力量，那份對她的崇敬所帶來的力量，無疑是因為她有放諸四海皆準的權威。如果她被人知道是女性主義者，更不要

* 譯者註：「石牆暴動」發生於一九六九年九月，是格林威治村的石牆酒吧發生的同性戀與警察之間的衝突事件。

說是個女同性戀，她就會被排擠到邊緣了。

——

〈迷人的法西斯〉很有趣。沒有什麼人不想看到納粹宣傳者被人揭穿，所以萊芬斯坦在這個意義上，就成了箭靶。文中暗示女性主義造成萊芬斯坦重新流行，這吸引了里奇的注意，但是很少人注意到這篇文章的另一個面向，更帶來困擾的另一面。

這篇文章區分成兩個「展品」。首先是萊芬斯坦的魯巴人照片。第二部分則是一本叫作《納粹親衛隊華衣》（*SS Regalia*）的廉價平裝書，除了與納粹主義相關的部分之外，它其實與萊芬斯坦無關。桑塔格寫到這本書的吸引人之處「在於性而不在學術」[56]——因為它展示制服的照片，而不是制服本身。她說那些是「平淡的圖片」，不過她仍然認為這個區別很重要，因為制服的照片「乃催情物件，而催情物件的圖片構成了一份四散流竄、強而有力的性遐想的一個單位」。[57]

我們並不清楚為什麼她把這本書歸類為色情文學，因為她也承認其中並沒有色情的內容。「正因為貌似無害，這些照片才證明影像的力量：我們像握著一本性幻想的每日禱文。」就像她認為女性主義造成了萊芬斯坦的重新流行，但是她沒有為這個論點提出任何證據：她也沒有說出是誰的幻想，或是為什麼這本書和其他數不清的以第二次世界大戰為題的軍事出版品有任何不同。

「舉世的色情文學、電影或玩物……ＳＳ（親衛隊）已經變成性冒險的參考資料。」[58]或許吧，但是就在街邊、在時代廣場的書店裡，其實並不缺少真正的色情書刊，它們或許比這本來源不明、重要性不高、又沒有直接關聯的作品可以提供更好的例子。讓我們想一下是誰製造出這個現象、又是誰享受其中，我們就會得到答案了。「男同性戀者把納粹主義情慾化的傾向明顯一點。」（明顯在哪裡？）「S／M——而非性放任——是過去數年來重大的性機密。」[59]（她是怎麼知道這件事的？）「為什麼一個虐殺同性戀者的社會可以挑逗同性戀者？」[60]（這是個好問題；我們還沒有得到答案。）她一再提到那些被納粹挑逗的男同性戀，但是令人失望的是無法將他們具體化。

桑塔格最強有力的寫作方式就是例子一個接著一個，引用也是一句接著一句而來，這讓讀者很難得出與她不同的結論。她的女性主義文章也和她關於攝影的文章一樣，用了一些令人著迷的細節，來顯示來源不明的操作（相機、照片、隱喻）可以造成歪曲和改變、解放和禁錮。但是〈迷人的法西斯〉顯露出桑塔格對於性和政治這兩個主題的寫作存在著弱點，只要這兩個主題出現在書頁以外的地方。這兩者都可以被美化，但是它們都不屬於美學。畢竟性的作品很難保持神秘。色情書刊到處可得，也不需要訴諸桑塔格在《納粹親衛隊華衣》中找到的那種規則。「過去幾年中」已經不再出現支配和順從式的幻想，它們既不是同性戀的，也不屬於異性戀。不過，就算它們專屬於同性戀，但是穿上皮革去格林威治村的酒吧，和以納粹暴行的殘酷形象為樂，還是有相當大的不同。（很難理解她有什麼其他的方法一再把《納粹親衛隊華衣》和「色情雜誌」拿來作比較。）[61]對於認為「所有關係都存在於主人和奴隸之間」的人來說，把她自己的想法投射到他人身上——不加引註、也非明顯可見——是一個移轉這些焦慮的方法。

寫作〈迷人的法西斯〉的這位作者是由書中獲得性知識的——來自像是三島由紀夫這樣瘋狂的天才，或是其他瘋狂的平凡人，例如《太陽肛門》（*The Solar Anus*）的作者：

> 與戰爭相較，社會契約太淡而無味了，所以單純的性交、口交只是還好而已、不夠刺激。正如巴塔耶一生創作強調的訊息：一切性行為最終朝向的目標是侵犯、是褻瀆。[62]

巴塔耶的主張仍未受到挑戰。難怪里奇說這篇文章缺乏「情感上的基礎」，會觸及她的痛處。寓言是憂鬱症患者唯一允許自己的樂趣，但是畢竟它極容易歪曲、遠離：會變成被動語態。桑塔格為了維持她的文化核心，所付出的代價就是不真實；而那種文化的核心也正在轉移。

第二十五章　她不知道她是誰嗎？

蘇珊罹病得到了許多意料之外的結果。其中之一就是創造出一種髮型，討論度還不輸給貓王艾維斯・普里斯萊（Elvis Presley）那種向前梳的油頭造型，或是安迪・沃荷那高高豎起的淡金黃色假髮；它的獨特，讓別人單靠這罕見的髮型就可以認出有這頭造型的人臉。它也很簡單：前額有一綹白色的髮絲，像是臭鼬的斑紋，周圍則都是黑髮。它的辨識力實在太高了，所以《週六夜現場》（*Saturday Night Live*）的戲服部門還有一頂「桑塔格假髮」——他們想要以喜劇元素比喻紐約的知識分子。[1]

它和許多偉大的想法一樣，起源也很簡單。蘇珊的妹妹茱蒂絲在一九六六年八月二十日於加州的聖馬刁與莫利・柯恩（Morrie Cohen）舉行了婚禮。蘇珊當時人在歐洲，所以沒有出席婚禮，這樣的怠慢讓姊妹倆失和了二十年。茱蒂絲和莫利在婚後不久就搬到檀香山，茱蒂絲在那裡的一個百貨公司工作，而在一九七〇年，蜜爾崔德和納特也搬來和他們同住：納特夫妻之前曾經跟著茱蒂絲一起搬到北加州，現在又跟他們一起搬來夏威夷。（茱蒂絲和莫利後來為了逃離他們而搬到茂宜島〔Maui〕，這次納特和蜜爾崔德就沒有一起搬過去了。）

蘇珊第一次到檀香山是在一九七三年，她從中國回來之後。在〈中國旅行的計畫〉中，她提到「三年後，我被沒有形成文字的不存在文學，以及與母親之間失去了電話聯繫的狀況，苦苦困擾著」。[2]蘇珊和蜜爾崔德之間交替出現的敵意和親密關係，也決定了她的許多段關係的模式，雖然敵意大概都只存在蘇珊的腦海中。但是要她去拜訪家人，一直是很困難的事。她的一個朋友說「她每一分鐘都心驚膽顫的，恨不得趕快離開」。[3]蘇珊沒有把自己生病的事告訴她的家人，最後是因為她的一個表親碰巧在《好萊塢報導》（*Hollywood Reporter*）看到她罹癌的報導，她的家人才終於知道這件事。[4]

等蘇珊好了一點之後，她終於飛到夏威夷。她在那裡遇到保羅・布朗，他是一名髮型師，和納特及蜜爾崔德的關係很好。布朗說在熱帶的烈日下，「我真怕她會曬成炸薯條，因為她簡直蒼白得像一張紙」。蜜爾崔德一直以來都想要讓女兒好好打扮，她希望布朗幫忙她——「讓蘇珊穿得漂亮一點、化點妝」。有一張蘇珊那時的變身照片流了出來：她化了全妝，身上穿著一件看起來像是居家服的衣服。她的頭髮沒有因為化療而掉光，但是她的頭髮變成白色了。保羅替她剪了頭髮，把全部頭髮染成如墨水一般的黑色，只留下一綹例外。[5]

—

桑塔格在《疾病的隱喻》中寫道：「對流行病常見的描述，側重於疾病對人格的毀滅性影響。」[6]就連聖人都只能臣服於病痛。當她談到自己的癌症時，說：「那與任何一件嚴重的緊急狀況一樣，都可以帶出人性最好和最壞的一面。」[7]維吉尼亞・吳爾芙寫到健康時說：「我們的理智會勝過我們的感情。……健康時，我們『不難保持虛假的親切』；生病時，這樣的假裝就無法繼續了」。吳爾芙寫到在生病時，「警察就下班了」。[8]

桑塔格也是如此。她的警察——她的超我（superego）、她的自我意識——也下班了。朋友們說她對其他人甚至比平時更漠然、更容易說謊。她連在青少年時期，麥瑞爾都覺得她不太誠實。海芮葉特問過：「她誠實嗎？」伊娃覺得「蘇珊有些地方做得很不好」。蘇珊認為她自己「努力變得誠實，只是因為希望自己值得別人尊敬」。唐形容「蘇珊有盲點」——「她在情緒上不夠聰明或是直覺」——還不只有艾琳、阿佛烈得，甚至蘇珊自己也對這番話有同感；蘇珊也同意她自己「對他人和他人的所思所想都不夠犀利」。

她在公眾面前不太會展露這樣的意識。她在〈河內紀行〉裡寫說自己具有「移情天賦」。至少除了日記之外，那篇文章罕見地用了她一直閃避的第一人稱，她自稱其實對這種需要感到不太自在。在描述別人的時候，像是她寫班雅明或是卡內提的文章，她會把她的心理學認知套上去，因此通常顯得很敏銳。她一直有不誠實和誇大的傾向——但是她自己也知道，也會因此責備自己。現在，不要考慮其他人，已經變成她的自我形象中不可少的部分。

她沒有接受紐約醫生的建議；她找到了自己的解決方式。她去了巴黎，這表示她不僅接手自己的治療，還主動地放棄紐約醫生，當她日後再提起這件事，認為忽視其他人正是她活下來的關鍵。米蘭達·斯皮勒（Miranda Spieler）是她在一九九四年到一九九六年間的助理，斯皮勒說：「她認為不要聽其他人的話、只相信自己，就是這樣才救了她，」這已經成為她的故事的核心。「這讓她覺得她的未來和安全取決於傾聽自己。她的執拗——她相較於其他人比較不願意屈服——都可以追溯回這個時間點，她認為是自己的任性和固執，在這時候救了她的命。」[9]

不過，如同腫瘤歷史學家辛達塔・穆克吉所觀察的，桑塔格在這件事上倒不特別。「病患會退入她自己個人的領域、變得好鬥、沒有時間留給其他人——他們會一直獨自戰鬥。」[10]

——

但是蘇珊並不是獨自戰鬥。她與妮科爾的關係在她生病之前變得很緊張；但是癌症掩蓋了她們的問題，還讓朋友一個個奔向她身邊。一名朋友口中的「法國團隊」（French Brigade）出現了：他說她們是「三、四位極講究的女性組合。堪稱夢幻組合：都是美麗、高雅、有修養、富有的女性」。[11]其中包括妮科爾「厭惡」的卡洛塔，[12]妮科爾還認為蘇珊生病是卡洛塔的錯。這種憎惡之情有部分是出自於嫉妒，因為蘇珊對妮科爾的愛，從來比不上她對卡洛塔發狂般的熱情。這對情敵會為了病人而做做樣子，但是如同羅傑・德格所說的，「〔蘇珊的〕屋子就像是戲棚，裡面搬演著隨時發生的每件事」。[13]

多虧了妮科爾帶蘇珊去巴黎就醫，才救了她的命。而且在蘇珊接受治療的期間，妮科爾不只在一個方面擔任蘇珊母親的角色。妮科爾在一九七〇年代後期戒了酒，但她仍是位「紅潤的酗酒者」，[14]雖然她像母親一樣照料蘇珊——餵她吃飯、替她洗澡、確保她有吃藥——但她還是重新複製了蘇珊之前的關係中那樣充滿敵意的依賴關係，使得她們既不可能快樂結婚，也不可能徹底分手。蘇珊還在化療的時候，她們就展開了一段極度痛苦的過程，和蘇珊與海芮葉特、艾琳和卡洛塔分手時的經歷一樣。不過現在又多了一層絕望，因為蘇珊擔心她的生活無法離開妮科爾。蘇珊在一九八一年提到她「自從一九七五年之後，一直感受到依賴感，如果妮科爾離開我的生命，我將再度生病」。[15]

如何讓自己一個人，如何讓自己不要是一個人——永恆的問題。

我很悲傷，但只是隱隱約約的。不只是因為我愛著、而且想念N.〔妮科爾〕，也是因為我對她、和對我自己都如此失望。

或許結束我和N.的生活，是我成為一等人的最後一絲機會了。（在智識層面當一個藝術家。）

我一直沉浸在平庸和妥協中——貪戀它的溫暖，失去了這樣的溫暖，我將無法存活。[16]

四年後，她和妮科爾還是糾纏不清，蘇珊也還在想著如何抽身而出。最後是妮科爾自己終結了這一切。蘇珊在巴黎的街上找到弗雷德里克．圖滕。「妮科爾和我分手了。」她傷心地告訴他：「發生這種事的時候，妳永遠都像是只有十六歲。」[17]蘇珊需要的也許是「避風港」和「家父長式的關係」，她的無助讓她想要這些關係，但是她一直抗拒她所感到的無助，還推開一些急著提供這類關係的人。她在一九八一年寫道：「我覺得我被嫌惡感俘虜了，總是覺得我所接觸的大部分人都很醜陋和膚淺。而同時，我又覺得那些感覺是我失敗的證據：失敗於愛人和被愛，我原本可以享受其中的。」[18]這是受限於她的意志，而她自己也知道。大衛寫到她總覺得「她一生中不管有什麼樣的意願，大抵都能夠實現（愛情是個例外：她認為自己在這方面被剝奪了任何天賦，而且不相信意願有任何用處）」。[19]

那個「永恆的問題」——她無法自己一個人——變得益發劇烈。她在幾年前曾經斬釘截鐵地與斯蒂芬・科赫談過這件事：「有一次，我們兩個人在中國餐館裡討論獨居或是與別人一起住。她說：我才不要自己一個人住。我不會自己獨居。如果要我自己一個人住，我可以——而且我真的會——在這間餐館裡隨便選一個人一起住。」[20]

她的房子裡常常擠滿了人。有許多人——大衛；妮科爾和卡洛塔；來訪者和賓客；羅傑・德格；唐・萊文；還有大衛的女朋友，年輕作家西格莉德・努涅斯——都在房子裡待了或長或短的時間。德格最後在河濱大道從一九七五年到一九七八年待了兩年多，他還注意到朋友們提供的錢在表面上看起來是好事，但反而讓蘇珊和大衛走上了歪路。

蘇珊一直從她與羅傑・施特勞斯的家長式關係中獲得直接、或是沒有那麼直接的支援。她的聲譽和名聲從來沒有轉化成銷售額，因此她一直沒能過上財務無虞的生活。施特勞斯幫她出版了幾本沒什麼賺頭的書（例如《卡爾兄弟》和《食人族二重奏》的劇本），而且還預先支付稿費給她，即使她後來根本沒有寫完那些書——她在一九七三年開給他「未來兩年內至少寫四本書的清單」：一本「關於中國的書」、一本小說選、一本長篇小說，還有一本論文集，但是四本書都沒有寫出來。（小說選《我等之輩》〔*I, etcetera*〕是在五年後出版的。）他支持她去國外，還幫她賣出國外版權；他也經常支付她的帳單。根據他的秘書兼「辦公室夫人」佩姬・米勒的說法，蘇珊是他最喜愛的作家；在她得病之後，羅傑還把她加進公司的健康保險。[21]

但是她在生病之初並沒有保險，所以羅伯特・史威爾斯和佩姬與羅傑一起幫她募款，讓她進行治療。他們幾乎過於成功了。德格說：「他們每天的生活都有英式鬆餅和中式的雞肉晚餐，一週還會有一或兩次被邀請去羅傑・施特勞斯家裡參加晚宴，或是被招待音樂會的門票。他們的生活方式立刻就有了不可思議的改變。她開始開著豪華轎車四處轉、坐上私人飛機，還跑去度假，她的整個生活方式都改變了——完全、完全地改變了。」

蘇珊會仔細追蹤每一名捐款者。如果有人提供的幫助不符合他的資力，即使她們並不算是親密的朋友，她都會抱怨。德格記得：「如果像賈姬・甘迺迪這樣的人給了兩千元美金，蘇珊就會說：『那個女人明明就很有錢。她是賈姬・甘迺迪啊。她不知道她是誰嗎？』」[22]

——

蘇珊害怕一個人獨處，而且她的治療耗時日久，又極為痛苦，這讓大衛很難獨立生活。他的「漫遊修業」（*Wanderjahre*）結束了，他決定回到學校。他在普林斯頓很難融入校園生活，這不只是因為蘇珊的病，也是因為他二十三歲才念二年級，比大部分學長姐的年紀都大；他的文化和經驗，也讓他比大部分學生都更為老練，不論他們的年紀為何。

所以大衛主要是和蘇珊住在一起，每週只有幾天去上課。他母親周遭的人——就是她自己在圖森或舍曼奧克斯時夢想可以出入的那種社會——也自然構成了他周遭的環境；就算在一個溺愛的單親媽媽眼裡，認為大衛有「強大的頭腦」，那樣的頭腦還是缺乏訓練，像蘇珊就曾經花了上千個夜晚在圖書館進行訓練。羅傑·德格說：「他很聰明，而且有趣，除此之外的天分就不多了。」例如他交給卡爾·斯科爾斯克（Carl Schorske）的報告就只得了「D」——斯科爾斯克是研究維也納的歷史學家，也是普林斯頓的大人物之一。如果大衛的母親在芝加哥或是哈佛遇到斯科爾斯克的話，一定會對他讚譽不已，不過斯科爾斯克看得出大衛並沒有太下功夫，德格說：「他在一個晚上就完成了卡爾·斯科爾斯克的報告，還吸了安非他命。」斯科爾斯克叫他重寫。[23]

大衛「基本上算是嚇到了」。他絕不是第一個熬夜一整晚後交出一份爛報告的大學生，但是他的母親卻有著暴君似的標準；這類令她失望的事層出不窮，他對這類事情的反應，也顯示出他對達不到標準感到很害怕。西格莉德·努涅斯說「他覺得自己成了失敗者。很容易就覺得羞恥」。[24]德格說大衛很「體貼，而且完全不顯得傲慢」——與他母親形成明顯的對比，他母親總是覺得自己高人一等。但是現在，他的朋友驚訝地看到他戴上一個新的面具。德格知道「這傢伙刻意試著要讓自己變成一個混蛋」。大衛也同意：「我決定了：絕不再當個好人。」

他開始說一些粗魯的話，他以前從來不曾這樣說話的。我告訴他：「你變了」，他說：「是的，那也是件好事。不要再期望我會跟以前一樣了。」[25]

蘇珊周遭的世界很齷齪。她總是受到一些異類的吸引，不過她的朋友同意她絕非惡毒的人，對流言蜚語也不是特別有興趣。西格莉德指出蘇珊是個菁英——她對成就高的人有興趣——但不是勢利鬼，她不會對高出身或高收入的人有興趣。然而，每天晚上舉辦的晚宴中，蘇珊及大衛還是會和新客人一起抨擊前一天晚上坐在這張桌子的人。德格說：「他們在談起另一個人時，總是會說一些負面或是搬弄是非的話。說誰很該死啦、說他是個怪人、還是誰誰誰真的很蠢。我不記得有哪一次的對話會像是『噢，莎莉人怎麼樣？』然後我們開始談論莎莉當真是個好人。」[26]

他們開始經常炫耀自己的優越。曾經有一次，在劇場的幕間休息時間，有人聽到大衛和蘇珊說：「我們應該疏遠誰呢？」[27]在蘇珊罹癌之後，幾年間一直流傳著一個玩笑，說他們想自己組成兩個人的上層社會。保羅．泰克還嘲笑：「美國文壇要建立桑塔格王朝了。」妮科爾．斯特凡娜把大衛叫作「巨獸」（*le monstre*）；其他人則叫他「王太子」（*le dauphin*）。蘇珊的朋友蓋瑞．印第安納說：「大衛向蘇珊學來這樣的勢利眼，但是他背後其實沒有什麼支撐。他畢生沒有完成什麼令人欽佩的事，但他覺得自己是上層社會的一分子。」[28]

身處上層社會，其實有部分要靠繼承而來。在大衛甚至還沒有完成大學學業之前，蘇珊就建議《紐約書評》應該要由大衛「當然繼承」，將來讓大衛從羅伯特．史威爾斯手上接過《紐約書評》——史威爾斯是大衛和蘇珊都很敬慕的偶像。[29]後來，蘇珊又表達她希望看到在羅傑．施特勞斯之後，由大衛繼承「法勒、施特勞斯和吉魯出版社」。大衛於一九七八年從普林斯頓畢業之後，也就是在她完成化療並出版了《疾病的隱喻》的後一年，羅傑僱用他當ＦＳＧ的編輯。他之前並沒有編輯的經驗，但是如同佩姬·米勒所說的，他對那個工作「充滿狂熱」，也「比其他人更聰明」。[30]他與文學界的聯結幫了他的忙——他與許多FSG的作者都是可以直呼名字的關係，他還會講西班牙語和法語，這當然也是一項助益。

蘇珊要求了一個亂倫式的安排，讓大衛當她的編輯。他們之間充滿問題的個人關係，於是變成充滿問題的職場關係。在大衛進入FSG之後，他們一直有爭執。大衛也觀察到蘇珊給出的愛與別人對她的愛恰成反比——「我總是著迷於惡霸——以為，他們要是沒發現我這麼讓人興奮，就表示他們一定很棒」——然而除非在完全私下，否則他會退縮，不願意與她發生爭吵，這使得爭吵的本質總是隱身在謎團中。埃德蒙·懷特寫道：「他們之間到底發生了什麼事，都沒有被說出來。這時候他們又顯得有點像是皇室家庭——整個朝廷都知道他們之間存在爭執，但是沒有人知道失和的真實情況是什麼。」[31]

閔達·雷·阿米蘭說這就像是她和愛人的相處一樣，「蘇珊可能會在大衛面前把自己搞得顏面盡失。然後她會道歉、乞求原諒」。[32]她會在回家時極盡討好之能事，唐·萊文說：「例如她會要妮科爾幫大衛買非常貴的法國西裝，還一次買個三、四套。」[33]另一個好用的賄賂是他在收集的豪華牛仔靴，他在一九八一年的第一本書就是寫這方面的。大衛給人的一般印象，借用菲利普·瑞夫對自己的描述，是「一個極為不自在的人」。羅伯特·史威爾斯說他像是「為了控制什麼，而在自己內心經歷了一場深層的戰鬥。我完全不想知道大衛的內心生活」。[34]

他的母親也不想。大衛愈想要讓自己拉開距離，蘇珊似乎就愈貪戀地崇拜他。她的崇拜對兩個人都帶來害處，讓他像卡洛塔一樣，變得只是反映出她所投射的東西。這取代了所有理性的母性思考，而理性思考對他可能才是最好的。她又複製了母親在她小時候對她的畸形嚴厲——「畸形」（creepy）這個詞還是她自己說的。她在一九六七年就已經看到這個問題出現了。

我自己的老化：其實我看起來也比我實際上年輕，好像

1）像是我母親的仿製品——部分是對她盲從臣服。標準由她設定。

2）像是仍然嚴守秘密承諾以保護她——我會為她的年紀撒謊，讓她看起來更年輕（我看起來比實際年輕，而她比我更甚。還有什麼方法比這更有效嗎？）

3）像是我母親的詛咒（我痛恨我體內的任何東西——特別是有形有狀的東西——那都像是她的）。我覺得我的腫瘤和子宮切除可能都是她的遺贈、她的遺澤、她的詛咒——這是我對此非常沮喪的部分原因。

4）像是在背叛我母親——我看起來年輕，但對她毫無好處。現在她正在變老，看起來也老；但我不是，我還保持著年輕——我增加了我們之間的年紀差距。

5）像是她為我布下的陷阱——所以現在別人以為大衛和我像是姊弟，讓我覺得非常高興，令我開心。我還記得她——我在談話時吹噓自己年紀，在不必要的情況下也會報出數字，而談到大衛年紀時還幫他加了一歲。[35]

埃德蒙．懷特在一九八五年寫了一本小說，《半迴旋》（*Caracole*），這本書讓他和大衛及蘇珊的友情畫下句點，因為書中的兩個角色——一個著名的知識分子和她的兒子——實在是太好辨認了。

她不止一次向他保證，她知道被孩子絆住是什麼感覺，在他們這個藝術家和知識分子的世界中，幾乎沒有人有孩子；畢竟她（在馬泰奧那疏離、但可能還算深情的協助下）養大過一個孩子，丹尼爾；丹尼爾現在已經三十歲了，看起來很像是她的弟弟，所以她是母親的身分經常受到懷疑，懷疑他們之間是否有什麼外人所不知的著名、或甚至是不名譽的過去。不過每當有天真或粗俗的人將丹尼爾誤認為她的弟弟或是情人，瑪蒂爾達總是很高興，她還經常故作靦腆地稱呼丹尼爾「親愛的」，這當然又增加了別人的誤會。

懷特還寫道：「丹尼爾喜歡說瑪蒂爾達比他認識的任何人都更不了解自己。」[36]不過就算蘇珊曾經在哪裡——在私底下，而且是一閃即逝地——展現出對自己的理解，她還是無法轉化為行動。一直以來都是如此，但是在她生病的那幾年，情況又惡化了。她的日記——其中收錄了她真實的自我——乾涸了，變得愈來愈不敏銳。

她不太提到大衛，這件事很值得注意，但是在偶爾提到的時候，也看得出她知道自己的存在會帶來壓迫，她愈來愈多的需索也不遑多讓。她在一九七一年提醒過自己：「我必須思考一下大衛。」他們的一個朋友：

（中肯地）說我從不描述他，只是描述我跟他的關係（我們）——當她要求我說說他的樣子，我覺得自己好像被堵住似的——感到尷尬——彷彿她是要我自吹自擂自己的優點。這是問題的關鍵：我太過於用他來確認自我，又太過於用我自己來確認他。這對他來說是多麼大的負擔。[37]

而在一七九五年，罹患癌症之後不久，她寫道：

D.〔大衛〕告訴我：他注意到我在這個春天顯得很焦慮——每當他要離家幾個小時、當他要去哥倫比亞的圖書館、要去找羅傑或是蓋瑞共度下午，之類的時候。這對他來說是多麼可怕的負擔！[38]

她在一九七七年搬離河濱大道的公寓，搬到鬧區的一間公寓（東十七街二〇七號）。從那時候開始，蘇珊和大衛就不住在同一間房子裡了，但是那並不表示當時二十五歲的大衛就可以自由離開：他最後還是住在隔壁。保羅．泰克在大為驚詫之下寫道：

在搬家的那個週末，妳改變了妳在我心目中的形象；從一個寬厚、非常有人性、溫柔的形象，變成一個愛操縱人的潑婦，因為害怕兒子（最後一定會）想要拿回自己的人生，妳看起來利用了所有惹人厭的花招，逼使別人留在妳想要他們待在的位置上，毫不尊重或理解他們的個人需求。[39]

她在大衛與西格莉德分手時證明了這一點，西格莉德在河濱大道的公寓裡住了一年多，羅傑．德格說大衛「極其瘋狂地陷入愛情，甚至還帶點危險」。後來，德格很驚訝地發現在蘇珊的日記中，隻字未提他們分手的事。就算她的確能夠說自己「（感覺）像個小孩一樣極度被輕視、忽略」，其實大衛也很有資格這麼說。他開始出現一些沮喪的跡象，西格莉德記得「他會連續睡上差不多三十六個小時」。[40]德格認為蘇珊的自戀足以解釋大衛的改變，「他是個好人，他的母親顯然愛他，但並不是愛他這個人。」她在乎的反而是他與她的關係。「她關心的就是他有沒有和她共進晚餐？那其實反映的是她自己。他的處理方式就是去羞辱其他人，因為這樣，他才不會覺得丟臉。」[41]他會羞辱的其中一個人就是蘇珊她自己，只要被他逮到機會。努涅斯說：「他很清楚做什麼事會讓她覺得受傷，而他也真的會去做。」

第二十六章　莊嚴的奴隸

罹癌後的桑塔格在公眾面前是絕對的強者。從一九七〇年代後期開始，她與紐約人文學院（New York Institute for the Humanities）的其他大人物，如布羅茨基、德里克・沃爾科特（Derek Walcott）、唐納德・巴塞爾姆（Donald Barthelme）一樣有大量的崇拜者；紐約人文學院的成員會聚在一起聆聽來訪嘉賓的演講，或是討論他們自己的研究。有著一綹白髮的桑塔格被視為學院的招牌之一，來訪者也經常驚訝於她所展現出的智慧和聰明，及她的旺盛鬥志。澳洲作家丹尼斯・奧特曼（Dennis Altman）說：「有一刻，她對我說的話大為光火，朝我猛地轉過身來；這本身就是一種令人感到威嚴的體驗，儘管也是令人感到相當可怕的體驗。」[1]這就是桑塔格，既威嚴又可怕，她挑起的眉毛可能為一個人的事業帶來希望，也可能粉碎他的期望，她能寫出像是〈迷人的法西斯〉這樣的文章，她洞悉每個人，也知道每件事。

不過寫小說的又是另一個桑塔格，或許可以說她小說的主要原則就是令人難以捉摸的敘述。她的早期小說和電影都帶有一種令人難以捉摸、大惑不解的感覺。她堅持沒有東西是可以理解的——包括她的角色、降臨在他們身上的事件——因此不可能對這些作品有情感上的投射。讀者會被她的理論招術弄得十分挫折，並感到憤慨，只有夠虔敬的讀者才能夠讀、或是賞析到最後。

用「難以捉摸」這種原則來組織一個故事，當然會令人感到挫敗。但是，如果我們看的不是敘述本身，而是敘述者，前文那些被視為掩蓋真實的方法，卻反倒能夠接近真實。在愈來愈令人畏懼的桑塔格的假面下，那個真實的女人絕對是難以捉摸的。當這個桑塔格——不是那個憑藉著粗魯的堅持、或是用附庸風雅的「馬倫巴」式理論包裝的桑塔格——在寫作中滲入了一點難以捉摸的不確定性，那些作品當然會得到迴響和權威性。其結果就像她不時會在日記中列舉的那些清單，或是超現實主義者的拼貼畫，還是約瑟夫・康奈爾的盒子：它們是外形破碎的局部斷片，表示它們很真實。生活就是在一片未知的迷霧中；經驗、記憶和夢想都只不過是以碎片呈現。

她在一九七八年出版了《我等之輩》一書，其中收錄了八個這類故事，都是在她生病之前寫的：在她還可以容許自己保有不確定性的時候。這本書獻給她那位一直保持斷斷續續親近感的母親，書的開頭篇章就在寫年幼的蘇珊，名字也寫明了是「蘇」。她在寫〈中國旅行的計畫〉時，以為自己不會去中國了，該文收集了她所知的父親的一切：記憶的片斷、成串的句子和許多空白。她最好的文章都是這種萬花筒式的寫法，堆疊著事實和格言，但是沒有一定要用它們帶出什麼全稱式的主張。它們不像萊芬斯坦的文章那樣，要宣稱或是指責些什麼。反而是表達出一種讓死者（她父親）甦醒的渴望；她要「想像那些無可想像的事」（亞陶）；定義那些無從定義的事（坎普）。這些作品不會阻斷討論。它們還是保留討論的可能性，也刺激討論；而刺激討論，正是成功的評論家具有的功能——和成就。

《我等之輩》是一本故事集，但是其中的故事並不完全是虛構，雖然「故事」常會讓我們覺得不是真實的事：舉例來說，〈中國旅行的計畫〉可以說是充滿詩意的回憶錄。下一個故事，〈百問猶疑〉（Debriefing），也是一篇回憶錄，它的虛構成分比較高，主角是化名為「朱莉」的蘇珊·陶布斯。

> 分享別人的記憶是件愉快的事情。記憶中的一切都讓人倍感親切而又無比珍貴。至少逝去的過去都是安全的——儘管當時我們還沒有意識到這一點，而此時我們已經意識到了。就因為它屬於過去，因為我們已經掙扎過來了。

朱莉——但是我們知道她並沒有掙扎過來——有著「像演員一樣的頭髮」，以及「優雅而疲憊的體態，略微寬大的手腕，羞澀的酥胸，寬胛骨的雙肩，像海鷗雙翅一樣的盆骨，一個空虛的軀體，人們或許不願意多想一下她赤裸時的樣子」。朱莉「不常痛痛快快地洗個澡。臭氣薰人」。她和這位講述者「知道的事情超出他們用得上的」。然而同時，他們「知道的又不夠多」。[2]

這篇故事充滿了六〇年代的紐約素材，這卻不足以帶領朱莉安全地在世界上走過一遭。這篇故事的其中一段是「人們想幹什麼？」（What People Are Trying to Do），其中包含了對其他人的觀察：「我們周圍，就我所見到的，人們都儘量想普通些。這要付出很大的努力。」[3] 而「什麼樣的解脫、安慰及幫助」（What Relieves, Soothes, Helps）這段提供了一些建議：「某種幽默感是有幫助的。……有時它幫助你成為一位偏執狂，……鬥爭被說得彷彿有助益似的。……它幫助你確立性自由的無罪感受，雖然並不十分清楚許多人實際上是不是這麼做的。」

有時它會完全改變了你的感覺，就像血液從心臟流出，然後又回復到原位一樣。變成另外一個人，可是並沒有施展什麼魔法。可以透過手術，使那些變性者重獲幸福，卻沒有道德上的等同對應物。[4]

沒有什麼可以真的幫到朱莉：什麼都改變不了她的感覺，她讓自己耽溺其中。本書的其餘故事也出現了這種想逃離自我的渴望。〈替身傀儡〉（The Dummy）講的是一名男子創造了一個替身人——一個替代自我的假面人——他把所有不想做的任務都交給替身執行：「我希望只留下讓我感到樂趣的部分。」[5]這也代表一種重返童年，不管是多奇異的可能性，在童年時都還沒有被持續累積的自我抹殺：

我也曾制訂過一些宏大的生活規劃。我想當一名北極探險家，想成為一名音樂會上的鋼琴家，想做一名紅得發紫的男妓，或者是世界級的政治家。我想成為亞歷山大大帝，或者是莫札特、俾斯麥、葛麗泰．嘉寶、貓王艾維斯．普里斯萊等等。[6]

這些計畫都沒有實現。不久之後，替身傀儡又把他覺得厭煩的部分再丟給了另一名替身：就連人偶都逃脫不了自我的負擔。

在〈舊怨重訴〉（Old Complaints Revisited）和〈基哲爾醫生〉（Doctor Jekyll）中，桑塔格檢視了另一種失敗。這兩篇故事也像《食人族二重奏》和《恩主》一樣，主角都是會帶來壓迫的權威大師，讓人想起賈可柏．陶布斯；但是這種大師也可能是代表任何有男性氣概的超我，像是托馬斯．曼或布羅茨基，他們都展現出高於她的權力。渴望自由的角色一定不會想要獲得這樣的權力。在〈舊怨重訴〉中，「莊嚴的奴隸」和一個組織糾纏在一起，其中的成員都不可能逃脫。〈基哲爾醫生〉中的信徒被綁在他們的領導人身上——那就是字面上的意思，他們被神祕的繩索綁住了。故事的隱喻很清楚，訊息也很明確，就像是有一個人告訴〈舊怨重訴〉中的一個角色的：「你是什麼樣子，就是什麼樣子。」[7]〈基哲爾醫生〉的結論則是：「別對我說自由。」[8]

——

其實人什麼都不知道，也無法逃避——即使她的這個診斷至少有部分是正確的，也不會產生任何鼓舞；蘇珊的情緒到了八〇年代早期又更為陰鬱了。她開始對華格納著迷，她在一九八一年寫道：「我這三年來對華格納的激情——那倒也不是一個太強烈的字眼——也象徵了我心理上的崩潰。我沉湎於其中，在其中漂浮：就像是尼采的形容」。[9]

她想要重新開始，試著放下她與妮科爾的持續糾纏——但是也失敗了——她還想試著找出一個新的書寫方式，找到一種道德的作法，讓變性者也可以感到快樂。她仍然很消沉、仍然覺得她做的比應該做的少，她還是處於一個可能會是永久性的恐慌狀態：

> 一定有辦法，可以不要像我現在這般感受到焦慮。我覺得——我不知道如何精確表達——很多餘、心神不定，而且（這已經五年了）像是處在死後的世界。我只是扮演著我還活著，扮演一名作家。我不知道要把自己放在哪裡。我既沒有能量，也沒有希望。情況應該可以比這更好的！[10]

這不只是一般寫文章的呻吟。她故事和日記中的不確定性是真實的。她在六〇年代和七〇年代發揮了深具代表性的輝煌生產力，但是到了八〇年代，在她的癌症完全康復之後，就乾涸了。她的時間被愈來愈多剪綵工作占據了。

但是她的名聲所付出的代價是她的個人生命和藝術生命。她於一九八〇年出版了《土星座下》，在一九九二年又出版了《火山情人》，然而在這兩本書之間，她只有產出一本小書，《愛滋病及其隱喻》。她寫了幾篇短文，有些很優秀；但是在那十年間，她沒有寫的東西比她寫的東西更值得注意。她接連開始、又放棄了一本接一本的書，因為其他無法令人滿意的計畫而分神，然後又一直掙扎著重新開始。我們可以看到這名享有「新創」之名的女性在八〇年代苦苦掙扎，想要超越過時的想法和陳舊的自我，那和潮流幾乎扯不上邊，只是十分近乎於她嘗試著要擺脫自己不好的部分、悲傷的部分。在《我等之輩》中，她一次又一次地觀察到飛離並不是一個選項。而當她明瞭飛離不可能之後，她變得益發消沉，因此開始考慮一種終極的逃脫：自殺。

不過，不確定的心靈同時也是一顆開放的心靈。而且蘇珊比較擅於對人表示讚賞，強過對人的攻擊；所以她較擅長提出質疑，而不是作出斷言。這也算剛好，因為當她試著為自己設想一個新的自我，正好就發生在一個十分變動的文化脈絡中。她之前被人視為「時代的主調」和「當代的靈感泉源」，現在卻發現自己陷入了泥淖。有些在六〇和七〇年代具有急迫性的問題，很快就變得和「教宗派與皇帝派」（Guelphs and the Ghibellines）之爭*一樣古怪。這些突然的轉變——藝術的、政治的、性方面的——加在一起，就讓她的世界顯得精疲力竭。

——

約翰．甘迺迪在一九六〇年的選舉象徵世代間的斷裂。二十年後，隆納．雷根的選舉又再度成了分水嶺。甘迺迪是最年輕的總統，剛好接在艾森豪這位年紀最大的總統之後上任。雷根就職時是六十九歲，又比艾森豪年長了七歲。他代表的不是一個新世代，但是的確代表了一個新的結盟。面對六〇年代進步派的勝利，他的反應就是緊守共和黨的老路——反工會主義、反共產主義、對富人徵收低稅率。他訴諸「州政府的權力」，這說服了南方的種族主義者；在詹森通過民權法案之前，他們之中有許多人都是民主黨人。在後甘迺迪時代，自由派的最高法院作出的判決激怒了許多人——例如禁止在學校禱告、

* 編註：又稱「圭爾夫派和吉伯林派」，指中世紀義大利中部和北部分別支持教宗和神聖羅馬帝國的派別。

容許墮胎和避孕——雷根讓這些人團結起來，在提出《平等權利修正案》之後，反女性主義的情緒也紛紛出頭。

他的選舉和接下來轟動一時的重新當選，終結了蘇珊浸淫二十多年的政治世界，在女性主義者與諾曼．梅勒舉行那場集會時，她的世界看起來是戰勝的一方。諾曼．波德里茨說在那個世界中「右翼並不存在。你甚至完全不會想到他們」。[11]在那些日子中，激進主義的敵人不是保守主義，而是自由主義，「對抗也只是派別之爭」。雷根事件證明了那些對抗讓左派完全忽略了右派正在復甦，也讓他們對這些人毫無準備，因為右派就和他們一樣反對自由主義，只是出發點完全相反。波德里茨說，像桑塔格這樣的人，沒有反駁保守主義的想法；她們甚至還不承認有這樣的想法存在。萊昂內爾．特里林是波德里茨的老師，他在一九五〇年寫道：「此時的美國，自由主義不只是主要的、它甚至是唯一的知識傳統。」他也說不存在保守主義的想法：只有「一些急躁的心理態度看起來像那樣的想法」。[12]

但是就連在當下，這都不是事實。雖說雷根是六〇年代的終結者，是他讓保守主義重新復甦，但是他同時也是六〇年代的產物。在某些方面，他其實代表了安迪．沃荷的勝利：沃荷的著名之處在於無法區別形象和真實、隱喻和物件、電影中的經驗和真實的經驗。雷根可以極有說服力地說出一個故事，例如他父親「醉到不省人事躺在臺階上」，但那剛好也是某個小說的情節；[13]他說在第二次世界大戰期間，自己為美國陸軍通訊兵團（Signal Corps）拍攝了納粹的死亡集中營，然而其實在整個戰爭期間，他都待在卡爾弗城（Culver City），在哈爾．羅奇工作室（Hal Roach studio）製作訓練用的影片。[14]

雷根活脫脫就是個沃荷名人的範例，他其實之前只是個二流演員，他這種感受性來自好萊塢，而且人們並沒有發現在他身上，就存在著一種反諷：無法區分暴行本身和暴行照片。在這種政治概念之下，他的總統之位可以定義為角色扮演，就像坎普：「生命的隱喻就像戲劇，是感性上最大的延伸。」瓊・蒂蒂安（Joan Didion）寫道，雷根讓「人們很快就發現修辭可以和行動互換」。[15]

——

修辭等於行動這個概念，也——碰巧——被某一類書寫視為格言，它們可以大致歸類為後現代主義。這個運動有部分和「法國理論」（French Theory）——或簡稱為「理論」——有所重疊，它與桑塔格早期的作品有些表面上的類似性，也成為某一代學術評論的主要基調。

「學術」這個詞很重要。「理論」從一開始就是為學術而努力。「理論」的許多美國信徒專門構思、並寫作一些難以讀懂的內容——還引以為豪；它有許多效果，其中之一就是切斷了專門的評論與受過教育的大眾之間的連結，這些連結看似命懸一線，但的確是必要的。維持這種連結一直是「家庭」的作家，例如特里林、艾德蒙・威爾森和漢娜・鄂蘭，和他們的第三代繼承者，包括桑塔格和羅伯特・史威爾斯的力量來源。「理論」將學術性的人文學科與一般讀者隔離開來，其製造出的「文本」均反映出他們要放棄過去的社會辯論，而這些辯論曾經是由學者擔任核心角色。許多後現代學者的文字都很晦澀，而雜誌的文化格調則愈來愈低，兩者之間的斷裂，使得桑塔格這樣的作家感受到威脅，覺得他們失去了出版的園地。

後現代主義的主要倡導者都是法國人——包括雅克・德希達、米歇爾・傅柯（Michel Foucault）、尚・布希亞（Jean Baudrillard）、愛蓮・西蘇（Hélene Cixous）和吉爾・德勒茲（Gilles Deleuze）——桑塔格也曾經擁抱過法國文化在戰後的出產品，而且當法國的作品在美國不受青睞時，她也曾經為它們宣傳。他們也和她一樣，對電影、攝影、超現實主義和其他形式的流行文化感到興趣，這些文化始終被認為比不上精緻藝術般優雅。他們也對性和女性主義有興趣；並且從她關注的作家身上吸取養分——包括巴特、班雅明和沙特。

但是桑塔格卻不喜歡這些後現代的作家，也幾乎也不曾指名道姓地引用他們。她反而對「所謂的後現代主義」很不以為然，她認為後現代主義就是「將所有東西都等同起來」。[16]她其實也是在拐彎抹角對批評她的人喊話，尤其是那些總是指控她想整平兩端的新保守主義者。這個指控是出自希爾頓・克萊默，他是她很久以前在《評論》雜誌的同僚，他說〈關於「坎普」的札記〉切斷了「高雅文化和高度嚴肅之間的連結，那是現代主義精神的基本教條」，所以造成了「後現代時期的精神破產」。[17]波德里茨也是持相同意見：「不只是〈關於「坎普」的札記〉，還有〈反詮釋〉，這兩者基本上是互為表裡——我不知道你可以叫它什麼。它當真不符合我們在那些日子認為的正確標準。」[18]

她做的一件事就是把標準擴大，把之前因歷史的不正義而被排除在外的藝術都包括進去，就像是女性主義和黑人運動嘗試在做的。那等於是用另一種方式，指出所有作品都是等同的。這也涉及了桑塔格在六〇年代的挑釁，她在〈反詮釋〉中引用德庫寧的話：「內容是非常微細的——非常微細。」這似乎也是她在說服自己要從感官上體驗藝術，就像是艾琳和保羅。她從來沒有真的認為內容不存在：她也和許多包括維根斯坦在內的現代主義者一樣，對哲學的轉變感興趣，從原本要檢視事物的意義是什麼——這是評論家的傳統任務——到檢視它們何以有這些意義。這個想法雖然普及，但是也有風險，因為它似乎是在說意義只是建構出來的，而語言、文學和藝術也只是一個優勢族群的偏見加總。後現代主義遠比馬克思主義或是佛洛伊德主義更像是「知識對藝術的復仇」，而這是她在〈反詮釋〉中提出的警告。

在後來的幾年中，她經常解釋為什麼要讓「正確標準」變得大眾化，這和廢除標準並不是同一回事。

> 我毫無疑問地、一點也不含糊、一點也沒有諷刺意味地忠於文學、音樂、視覺與表演藝術中的高雅文化的經典，但我也欣賞很多別的東西，例如流行音樂。我們似乎是在試圖理解為什麼這完全是有可能的，以及為什麼這可以並行不悖……以及多樣或多元的標準是什麼。然而，這並不意味著廢除等級制，並不意味著把一切等同起來。在某種程度上，我對傳統文化等級的偏袒和支持，並不亞於任何文化保守主義者，但我不以同樣的方式劃分等級……舉個例子：不能僅僅因為我喜愛杜斯妥也夫斯基，就表示我無法喜歡布魯斯・史普林斯汀（Bruce Springsteen）。如果有人說你非得在俄羅斯文學與搖滾樂之間作出選擇，我當然會選擇俄羅斯文學。但是我不必非要做出選擇。[19]

在二〇〇二年，她說後現代主義與政治的空白脫不了關係：在雷根之後，一些浮誇的、為電視製作的演說成為標準配備：

當紀念「九一一」的活動中援引了林肯這些偉大的演說時，它們——以真正的後現代的方式——變得完全沒有意義了。它們現在成為高貴的姿勢、偉大精神的姿勢。至於它們偉大的原由，則是不相干的。[20]

桑塔格對於會將「梵谷與沃荷」——林肯和雷根——「相提並論」的文化提出譴責。她形容「所謂的後現代主義——即是說，把一切等同起來」是「消費時代的資本主義最完美的意識形態。它是一個便於令人囤購、便於人們上街消費的理念」。[21]

如果我們認為語言和隱喻就是指它們自己，而不包括任何外在的現實，那麼當然就會發展成這樣。後現代主義移除了所有與（身體的、政治的）現實世界的連結，因此也顛覆了必要的權威，它證明了葡萄牙詩人費爾南多．佩索亞（Fernando Pessoa）在半個世紀以前說過的話：「一幅名畫代表它是一個有錢美國人想要買的畫。」[22]事情都只是以金錢來衡量，評論家的意見也不過就是一個顧客的意見。雷根時代就是沃荷的時代——還去掉反諷。

——

「理論」統治了美國學術界一段很長的時間，直到令人厭煩，它不願意接近讀者，使得人文學科變得更加邊緣——人文學科原本就已經受到只看重經濟價值而不重視其他價值的文化圍攻了。桑塔格的餘生中都在守護那些被人們帶著訕笑、形容為「經典」的作品。別人會認為這樣的選擇很保守。但是它與政治上的保守主義無關。它認為的鉅著符合芝加哥大學的保守主義——與雷根所象徵的舍曼奧克斯的保守主義位於對立面。

在六〇年代，她被人看作新派事物的代表。但是她在越南時期主張政治激進主義，和尊重過去的權威產生了矛盾。一九八八年時，她也承認她對某些新潮藝術形式的熱情是受到限縮的：

> 我在二十世紀六〇年代對新小說成就的態度不是百分之百的誠實。我真正更加喜歡的是新小說這個理念。當我寫文章談論薩羅特和羅伯—格里耶時，我更喜歡他們的隨筆以及他們關於小說的觀點，而不是他們自己在寫的小說。[23]

她在那幾年中經常表現得對「小說」很鄙視。這反映出她的不安全感，還有她對自己的質疑，這有助於解釋她自己的小說中何以出現愈來愈多講究的橋段。她在日記裡列了冗長的書單，其實她自己也讀了上千本小說，就算不是大部分，但其中仍有許多都符合約瑟夫．布羅茨基在教學大綱裡所反映的傳統文化。從圖森文具店的歲月之後，她就一直對這種文化心存崇敬。

她終生都在讀書，而她現在站上了一個絕佳的位置，可以在一般讀者面前守護這個文化：她的適任甚至讓「蘇珊．桑塔格」這個名字和高雅文化畫上等號。受人崇敬帶出了她人格中最好的一面，因此她幾乎沒有犯過錯；在政治上，也沒有人注意到她的想法中無法令人信服的那一部分，她從「一九六〇年代的天真左翼主義」重新成為——依照科赫的說法——一個聰明的人。

但是，桑塔格不是謹慎地在寫作中表達出這種進展，她用華麗的姿態放棄了她對左翼的忠誠，這件事招人非議。她的姿態還需要解讀，因為其所用的語言雖然曾經是政治爭論的主軸，但是現在幾乎已經消失了。蘇珊．桑塔格在一九八二年二月二日的一場活動中譴責了共產主義，那場活動現在被稱作「紐約大會堂集會」（Town Hall）。

—

直到蘇聯解體的不久之前，美國還有某些飛地在針對共產主義的對錯爭論不休。《黨派評論》曾經恭喜一名孕婦即將誕下「未來的蘇聯公民」，但那樣的日子好像很遙遠了，就像是距離「史達林主義者、托洛斯基主義者、列寧主義者、馬克思—列寧主義者曾經無止盡地在《黨派評論》——或者艾德蒙．威爾森所稱的『Partisansky Review』*——中爭辯他們立場」那樣的日子一樣久遠。[24]

幾十年來，分別有不同的共產主義模型流行過：通常都是作為美國國內鬥爭的代理人，就像是越南和古巴。不過對於共產主義的興趣，其實絕對不等於對實際政治的興趣，因為美國的共產黨擁護者頂多就是一小群人。美國人對共產主義的興趣主要是希望找到消費資本主義的替代品，因為資本主義對窮人和無權無勢者、對於文化、對於環境的破壞性看起來無堅不摧。他們的興趣其實是希望用民主的方式施行馬克思主義的珍貴觀點，因為就連最激進的分子，都同意共產主義無論在哪裡施行都會有缺陷存在——雖然它的確在某些地方流行著，例如尤其是古巴，還有北越。許多這類爭論都有關於美學——關於文化——而且就發生在一路存在這些爭論的紐約文化界。這就是蘇珊所在的世界——「美國的布魯姆斯伯里」（American Bloomsbury）†——蘇珊就是在那裡獲得了「激進分子中的激進分子」的名聲。[25]

她是在一九七〇年代中期遇到布羅茨基和他周遭的逃亡者，在那之後，她與曾經受過共產主義荼毒的作家變得很親近，雖然也的確是靠著布羅茨基大力強調他們的實際經驗，才使她重新成為「一個聰明的人」。不過即使是在那之前，她也多次去過共產主義世界，所以有很多機會看到真正的共產主義。他們在一九六八年前往古巴，羅伯特·史威爾斯在當時遇到了一名叫作赫伯托·帕迪拉（Heberto Padilla）的詩人，帕迪拉向他們講述了當地愈來愈糟的人權狀況，甚至帕迪拉自己也在一九七一年三月遭到拘捕和刑求。他獲釋之後立即發表了《自我批評》（*Autocritica*），這讓人想起史達林主義的公審大會，史威爾斯說那時候「會譬如要求他們說『我從五歲開始為ＣＩＡ工作』之類的話。而〔古巴當局〕還真的笨到會公布出來。」[26]

帕迪拉遭到迫害，使得古巴革命對許多國際支持者而言變得黯然失色。蘇珊與拉丁美洲和歐洲的

---

* 譯者註：《黨派評論》的原文是「Partisan Review」，這個稱呼是加入了俄語字根「sky」。

† 譯者註：布魯姆斯伯里是英國倫敦的時尚住宅區，有許多文化與教育機構，也曾有過許多文化界菁英。

許多菁英知識分子——沙特、西蒙·德·波娃、莫拉維亞（Moravia）、科塔薩爾（Cortázar）、帕斯（Paz）、魯爾福（Juan Rulfo）、巴爾加斯·尤薩等人——一起對這件事提出了譴責。她分別簽署了兩封信，一封發表在法國的《世界報》（*Le Monde*），另一封則登在《紐約時報》。但是不久之後，她卻變卦了。她出席了一場會議，會中有一名講者指責帕迪拉的「菁英主義，所以他寧可組成一個文學界的小圈圈，才使得他自己與其他人漸行漸遠」，她也「非常後悔」簽署了那兩封信。她說當初簽名，是因為「有人告訴她那是一封寫給卡斯楚的私人信件」，她完全「沒有想到這封信竟然被登在《紐約時報》頭版」。[27]雖然當她簽署刊登在《紐約時報》的那封信時，第一封「私人」信件其實已經在《世界報》刊出了。

但是，這件事也和蘇珊的許多政治誤判一樣，後來都獲得彌補的機會。過了將近十年後，史威爾斯接到帕迪拉的太太打來的電話，她已經先在一九七九年逃離古巴了。她請求史威爾斯協助她把赫伯托接出來，於是史威爾斯就邀請了小亞瑟·史列辛格（Arthur Schlesinger Jr.）——甘迺迪家族的特別助理——共進午餐。史威爾斯向他解釋了情況，史列辛格也正確地指示這件事必須求助泰德·甘迺迪（Ted Kennedy）。一週之後，參議員辦公室打來了一通電話：帕迪拉將會過境加拿大、抵達拉瓜迪亞機場（LaGuardia Airport）。他的到來讓大家都鬆了一口氣，但是同時也產生一個問題。記者招待會結束之後，史威爾斯說：「甘迺迪家給了他一千元，他也有一個合法的訪客身分。但是他能做什麼呢？他要住在哪裡？」

這件事靠蘇珊·桑塔格給出了答案。「蘇珊沒有多說什麼，她只是說：『過來我這裡好了。』」史威爾斯說帕迪拉最後在她那裡住了六個月。「我覺得這是蘇珊做過最無私、甚至稱得上是她做過最高貴的一件事了。」[28]

她經常表現出這種姿態，她在一九八〇年到訪波蘭之後，也做了類似的事。那次她和一群人一起去，其中包括喬伊斯·卡羅爾·歐茨（Joyce Carol Oates）和約翰·艾希伯里，他們在那裡遇到了波蘭的年輕作家雅洛斯瓦夫·安德斯。安德斯對蘇珊讚嘆不已。「她闡述觀點和意見的方式都帶著權威、十分大膽，有時候還帶著魯莽，沒有任何遲疑。我個人覺得那非常、非常地有趣，能夠帶給人們啟發和解脫。那一定是出自自由的心靈。」他也覺得她很了解波蘭的狀況。他記得：「她本來就知道布羅茨基和米沃什（Miłosz），而且說他們影響了她的想法。她不是〈河內紀行〉之後的蘇珊了。」[29]

她安排安德斯到美國訪問。他也在一九八一年底成行，還住在蘇珊位於十七街的公寓中。她在十二月十三日的早晨搖醒他，把《紐約時報》的標題給他看：〈波蘭宣布戒嚴〉。這發生在嘉祿·沃伊蒂瓦（Karol Wojtyła）於一九七八年底被選為教宗聖若望保祿二世（Pope John Paul II）之後，即使是依蘇聯集團的標準來看，都會覺得這個行動很極端。蘇珊到訪波蘭是在一九八〇年四月；在九月時，格但斯克（Gdańsk）造船廠的工人成立了工會「團結工聯」（Solidarity）。「團結工聯」的成立遭到教會和勞工階級的反對；教會可以說是全波蘭人忠誠的對象，勞工階級則是共產主義號稱以其名進行統治的。

安德斯失去了工作，也無法再與他的太太和小女兒聯絡。他在各方面都得靠蘇珊支援。他說：「我的處境很詭異，因為它不是一個非常典型的移民經驗，我是個知識分子，但是卻需要開計程車。」他在蘇珊的幫助下成了「紐約人文學院」的一員，並「開始在《紐約書評》上用不是母語的英文寫作」。

一九八二年二月還在紐約大會堂召開了一次集會，會中有左翼知識分子表達對「團結工聯」的支持。克里斯多福・希鈞斯（Christopher Hitchens）寫道：「集會的氣氛——甚至包括有問題的電影放映機、擠得水洩不通的講臺和留著鬍鬚的主席——都明顯表現出這是屬於左派的傍晚。」[30]左派在雷根時代變得士氣低落，而且改採守勢，不過它還是堅持一些舊日的形式，包括把共產主義不好的東西都和資本主義世界的某個壞處畫上等號。這惹惱了布羅茨基，和平運動家拉爾夫・斯科恩曼（Ralph Schoenman）向布羅茨基指出：

> 「我們邀請你來演講，是看重你對波蘭作家的幫助，但是這裡的人沒有必要回應你那不合時宜又自以為是的態度。我們支持『團結工聯』，是因為我們要從貶低它的人手中捍衛社會主義。我們不會讓雷根這樣的人為波蘭工人擊鼓吶喊。」
>
> 布羅茨基回問：「為什麼不？美國政府支持波蘭人民有什麼錯嗎？」
>
> 〔斯科恩曼回道：〕「在雷根和國務卿亞歷山大・海格（Haig）的宣傳事業中，土耳其總理比連德・烏盧蘇（Bulend〔原文如此〕Ulusu）也包括在內，烏盧蘇不僅依美國的指示在他的國家實施戒嚴，還將工會會員判處死刑，不經審判就關押了數以千計的人。如果你想和那些人為伍，不

要算我們一份。」[31]

蘇珊在布羅茨基的鼓勵下站了起來。

如果你願意的話，試想一下，有一個人在一九五〇年和一九七〇年之間只讀《讀者文摘》，而另一個人在那段時間內只讀《國家》或《新政治家》（*The New Statesman*）。你覺得哪一個讀者會對共產主義的實況了解得比較多呢？我想那個答案會讓我們停下來想一下。會不會我們的敵人才是對的？

她先是指責聽眾比《讀者文摘》更不說實話——底下的聽眾包括戈爾．維達爾、艾倫．金斯堡、埃德加．勞倫斯．多克托羅（E. L. Doctorow）、皮特．西格（Pete Seeger）和寇特．馮內果（Kurt Vonnegut）——馮內果用〈你來自南部聯邦州嗎？〉（Are You from Dixie?）的旋律唱了一首波蘭歌——然後又繼續捅刀。

共產主義就是法西斯主義——成功的法西斯主義（如果你願意這麼說的話）。我們比較會認為法西斯主義是一種可以推翻的暴政——而大部分也都失敗了。我再重述一次：我不只是說所有共產主義社會都很可能走向法西斯主義的命運（加上明顯的軍事統治）——尤其是如果他們的人民受到驅使而發起反叛——而是共產主義本身就是法西斯主義的變形，而且是最成功的一種變形。是有人性外貌的法西斯主義。[32]

聽眾開始發出噓聲與嘲笑；「家庭」成員在其後的幾週也發表了一篇又一篇的「回應」：大衛向其中一篇提出了挑戰，那是理查德・格雷尼埃（Richard Grenier）在《新共和》上發表的文章。[33]她最後的炮火引來了嘲諷，編輯菲利普・普切達（Philip Pochoda）寫道：「我並不樂見桑塔格這位美國左派長久以來最珍視的資產之一，被人譏諷地描述成有人性的諾曼・波德里茨。」[34]（波德里茨放棄了左派主張，並表明自己是雷根的支持者。）論戰中最冷酷的意見出自以薩・伯林爵士，他告訴蘇珊：「我同意。但是這張臉讓我不太肯定。」[35]

——

安德斯說：「她同時受到來自兩方的攻擊。我當時和她在一起。她對那件事感到非常、非常苦惱。那件事傷害了她，使她個人受到傷害。」但是蘇珊之所以遭受攻擊，主要還是因為她自己的論調。畢竟當時在大會堂裡的同一批人，從一九三〇年代開始就已經常對共產主義和法西斯主義的關係展開辯論了。多年來，同在集會中的許多人也試圖讓她了解共產主義的真相，以及共產主義與他們珍視的民主社會主義抱負有什麼不同。前托洛斯基主義者伊娃・柯莉希說：「她對共產主義很嚮往——當共產主義還在虐待、殺害人民，使他們遭受飢餓的時候。」[36]羅伯特．史威爾斯說：

她這個人對任何事都沒有始終一致的觀點，反而是一直在重新改造自己，她和不同女性〔她的愛人〕之間的關係、她與共產主義、與美國、與赫伯托〔．帕迪拉〕的關係都是如此……然後，接著你看到她寫出這本關於女演員的書〔指一九九九年出版的《在美國》〕，她一直在扮演別人。[37]

蘇珊一直把自己的失敗投射到其他人身上，她的朋友對她這樣也覺得很氣惱。埃德蒙．懷特在他影射蘇珊的小說中描述了這樣的個性：

瑪蒂爾達似乎浪費了許多時間在斟酌其他人的行為道德面向。她在理論層面博學多聞，但是有強大而天真的自我本位傾向，所以她的道德探究結果總是判定她的敵人有罪、赦免她的朋友，以及覺得自己的倫理表現無懈可擊。[38]

她總是在其他人身上投射自我。不過當她罹癌之後，她對帕迪拉的事情、或在〈河內紀行〉中的猶豫消失了。她益發相信自己創造的形象——那個誰的話都不聽、總是正確的女性——那成了一個愈來愈不可或缺的謊言。她用了許多精力迅速地否認她信仰共產主義，就像她以前也曾經這樣費力地宣傳她對於疾病的種種幻想「十分冷靜」。就是這樣的姿態，老是讓她惹上麻煩，至少在她的世界中，沒有人忘得了她曾經多麼吹捧共產主義。正如同一個與大衛年紀相仿的新朋友里昂・韋斯蒂爾（Leon Wieseltier）所說的：「在一九八二年，六〇年代才恍如昨日。」韋斯蒂爾對她在紐約大會堂的表現十分驚訝。[39]

一九八二年距離戈巴契夫（Gorbachev）在莫斯科掌權只早了四年，不過在那時以前，就幾乎已經沒有什麼人還有興趣討論共產主義了；所有爭執都只限於發生在「一小撮文人圈中，與大眾隔離開來」。菲利普・洛帕泰在休士頓見到她的不久後就注意到這件事。然而好像沒有一個史達林主義者、托洛斯基主義者、列寧主義者或是馬克思—列寧主義者想過這件事。

> 她預期她那挑釁的政治立場會遭到激烈的質問，她甚至在開場白就開宗明義提到這類爭議，但是，當然休士頓的所有人都不知道她在說什麼。……其實說起來，休士頓的上流社會——那些會去看歌劇、芭蕾舞、博物館開幕和我們叢書的人——對英國王室才會深感著迷。瑪格麗特公主（Princess Margaret）的來訪，遠比任何左翼門派的爭論會給人更多興奮的刺激。[40]

第二十七章　事情的正確發展

紐約大會堂集會中的某些辯論類型和想法很快就過時了。但是它們也不是全然無益。文化領域的時代變遷讓蘇珊不必再生產某些作品——她後來也承認自己並不喜歡這些作品——而她與激進主義的決裂，也讓她不再受到正統理論的拘束，而這些正統理論和二十世紀晚期的政治也的確愈來愈不相干了。她沒有變成新保守主義者、有人性的諾曼·波德里茨；她反而成了一名自由主義者——不論左派或右派的激進分子的大患。她餘生支持的理想不再是革命性的，但仍然有其急迫性。那包括了言論自由，反對種族、性別及宗教的偏見——這些目標都需要她提供擁護。在一個極度右傾的世界中，放棄激進主義並不意謂著與爭論絕緣。

她的寫作避免了迂腐的確信，因此享有權威性，她擁抱自由主義、在政治表達中容納不確定性，也增加了她在政治上的影響力：這等於說她嘗試容納複數的觀點，而不是強加單一立場。她的激進主義變得過時，但是她的自由行動主義卻成為持久的遺緒之一：她的論點讓文化變成與粗俗對抗的堡壘，讓藝術可與保障個人尊嚴的政治價值連結在一起。

如果她寫得少一些，她的行動主義就成了自家之言，會讓人質疑自由主義當真是位居溫和派的核心。其藝術或是政治上的傳統都在遭受圍攻：在美國國內，有雷根時期的消費主義和「理論」的術語各自用不同的方式在侵蝕高雅文化。在國外，它們則受到伊朗的阿亞圖拉・何梅尼（Ayatollah Khomeini）和南斯拉夫的斯洛波丹・米洛塞維奇（Slobodan Milošević）等狂熱分子的攻擊。桑塔格主張文化的核心性，她的確信將全世界各地的人團結在一起，並用她在六〇年代絕不支持的方式成為真正的反文化（countercultural）。

這大致就是蘇珊在八〇年代的生活——雖然她不願意以十年為期來畫分時間，甚至不願意按照世紀畫分，她寫道：簡略的表達方式尤其會隱藏現代的歷史論述。這個想法大約是在一八〇〇年出現的，當時的人開始思考是什麼把十九世紀和十八世紀分隔開來。在一九八一年的一場演講中，她朗讀了巴爾札克的《貝姨》（*Beatrix*）當中的一段話，並列舉出十九世紀的特徵：

> (a) 傾向於往旅行方面思考，(b) 傾向於用觀察而非參與的角度思考，(c) 將過去視為圖像，(d) 認為時代帶來的是產品而非作品，(e) 每一個時代都必須被取代，就像是父母被子女取代。這帶來了我們現代特有的矛盾心理：進步是自然的，人們也渴望進步，但是它也激起對過去的感傷，好像我們失去了一個比較純真的年代。[1]

在一九七四年，蘇珊患病不久之前，她所寫的〈盲目的旅行〉（Unguided Tour）收錄於《我等之輩》的最後一篇，這是她最像輓歌的一篇故事，字裡行間也明顯帶有這種感傷力。這篇文章的段落很短，有時候只有一個詞（「沒錯」、「汙染」）；有時候則是簡潔的旅行用語（「雷納先生說咖啡館在五點鐘關門」）；有時候又是桑塔格擅長的清單表列：

我認為形勢是安全的。搭個便車，喝點非瓶裝的水，想在走廊上胡亂刻畫，品嚐一點淡菜，把相機丟在車上了，常常光顧的海邊酒吧，確信旅館的門房會訂好房間，不是嗎？

但是講述這些中產階級旅客一般會做的瑣事，就是承認了在這些美好的事物中旅行的痛苦，因為這些美好的事物正在瀕臨瓦解和失去——就像是自我一樣。

他們還在那兒。

哦，但不會太久的。

我知道。那就是為什麼我要去，去道一聲再見。不管什麼時候我一旅行，總是要說再見的。

每當看到這個世界的美麗，我們也會意識到它的脆弱、意識到我們將失去多少東西：旅行「只是得不到報償的愛戀一種比較悲慘的形式」。在過去事物的包圍下年紀漸長，在旅行了幾年之後繼續旅行，就會知道即使是最美麗的地方，也不是永不停歇的自我真正的歸屬：「監獄和醫院都漲滿了希望。然而包租班機和豪華旅館卻沒有這樣。」不過就算在這個永遠關著門的世界中，「有時候你還是很快樂，並不僅僅是對事情充滿惱怒」。[2]

這篇故事於一九七七年在《紐約客》發表，幾年之後，它又以另一種形式帶給蘇珊快樂。她透過卡洛塔的朋友喬萬內拉．贊諾尼，被邀請到威尼斯為義大利電視臺拍攝〈盲目的旅行〉。在贊諾尼的幫助下，攝製團隊很快就到位了，但是蘇珊需要一個女演員扮演用旅行道別的女性：這部影片安排了一名美國女性與義大利愛人道別。當時人在巴黎的該片導演勞勃．威爾森提供了解決方案，他建議蘇珊起用舞蹈家兼編舞家露辛達．柴爾茲（Lucinda Childs）。

威爾森清楚預見了露辛達和蘇珊在藝術上會十分合拍。他也猜測她們在其他方面也可以處得來：露辛達美麗動人，她一到威尼斯之後，就很快地就和蘇珊墜入愛河。在十多年前和卡洛塔結束一段關係之後，她現在才又顯露出最強烈的熱情。她們的蜜月期很短，就和蘇珊的所有關係一樣。但是——又和蘇珊的其他關係一樣——她們的餘生中仍然存在各種方式的糾葛。

她們的戀情掩飾在露辛達和義大利男演員克勞迪奧．卡西內利（Claudio Cassinelli）的螢幕戀情之下。影片重現了故事中的幾個主題，也穿插了一些威尼斯勢所難免的背景：交雜著多種語言的閒談、穿梭在運河中的划槳手、聖馬可區昂首闊步的鴿子。這部影片比較不是專注在情節或角色，而是一些儀式化的舉動，比起傳統的敘事方式，它比較像是一支舞或是攝影小品。它符合蘇珊讚賞的方式，給人一種無聊的感覺（「或許，現在的藝術就是要無聊」）：它光是拍鴿子就整整拍了三分鐘。這或許是在向約瑟夫・康奈爾致意，康奈爾分別於一九五七年和一九五五年拍攝的兩部短片，《女神光》（*Nymphlight*）與《鳥舍》（*The Aviary*），都和《盲目的旅行》有許多共通的特徵：包括靜默、重複的動作、紀念性的建築物——還有一名動人的女性在遍地鴿子之間四處走動。

這部影片原本可以受益於威尼斯那對於死亡並無過分迷戀的空間部署；但影片裡這個「憂鬱之都」卻總是灰色、溼淋淋的，塞滿了對偉大亡者的紀念碑。情侶會走過華格納斷氣的皇宮；柴爾茲可以在達基列夫（Diaghilev）的墳墓獻上花圈，約瑟夫・布羅茨基後來也長眠在幾呎遠的地方。但是，當鏡頭停留在這部影片的真正主題，也就是「充滿文化的女性」露辛達身上時，影片才又重新展現勃勃生機。觀眾看著她跳舞、欣賞教堂、從橋上走過或是從橋下滑過，導演對她的愛讓影片充滿了一種浪漫的活力，紀錄下這兩名女性生命中的一個時刻：當時她們都很快樂，並不僅僅是對事情充滿惱怒。

——

勞勃・威爾森創造了一九七〇年代最具開創性的作品之一，《沙灘上的愛因斯坦》（*Einstein on the Beach*）。那齣歌劇的音樂是由菲利普・葛拉斯創作的，長達五個小時，中間都沒有休息，它有部分傳承自早期的現代主義作品，像是葛楚・史坦和維吉爾・湯姆森（Virgil Thomson）的《三幕劇中的四聖徒》（*Four Saints in Three Acts*），其特色是以聲音、動作和間接暗示取代了古典歌劇中包括了敘事手法等的戲劇元素；這種作法與蘇珊在許多小說中使用的技巧大有關聯，她不會用完美的形式塑造經驗，而是容許它保留破碎的樣子，就像是超現實主義者或約瑟夫．康奈爾的作品一樣。《沙灘上的愛因斯坦》是一齣「反詮釋」的歌劇。它想要用故事的高低潮來顯示生命實際上的樣子——一下子走到聚光燈下，一下子又只能退出——這侵蝕了現代對於線性發展、時代持續進步的想像，而這也是桑塔格一直反對的想法：愛因斯坦也比任何人都更極力駁斥這個想法。這類創作的典型作法是讓觀眾自由進出戲院。

柴爾茲是原本的選角之一，還有部分編舞交給她負責。《沙灘上的愛因斯坦》於一九七六年初次公演，當時柴爾茲已經是前衛派的老將了。她是賈德森舞蹈劇院（Judson Dance Theater）的創辦成員，這個劇院是由一群藝術和舞蹈家在商業區創辦的，雖然存在的時間不長，只從一九六二年延續到一九六四年，但卻是六〇年代的文化一個最精彩的時刻。商業區的前衛派與她成長的世界相當不同。柴爾茲是在上東區長大的，她是銀行家威廉．威爾遜．科科倫（W. W. Corcoran）的玄孫女——華盛頓的科科倫藝術館（Corcoran Gallery）就是威廉創辦的。上東區的環境很保守，因為有些新教徒大家族住在這裡，雖然它在地理上很靠近商業區，但是在文化上卻和商業區的藝術景觀截然不同，它與商業區的差距幾乎與它和圖森的差別沒什麼兩樣。柴爾茲從莎拉勞倫斯學院畢業之後，就開始向摩斯．康寧漢學跳舞。

她家人的反應並不熱情：「只要我準時上桌吃晚餐，他們並不在乎我在做什麼。」[3]就像菲利普．葛拉斯把約翰．凱吉的許多想法轉化成新一代的音樂，柴爾茲也把康寧漢的許多概念擴大後放進舞蹈中。她還打破了某些想法，包括把音樂和舞蹈分開的凱吉式傳統。柴爾茲還找到了方法，把小場廳的作品帶進大型劇院：《沙灘上的愛因斯坦》的美國首演就上了大都會歌劇院的舞臺。[4]

柴爾茲曾經說過：「我說的東西其實都要乘以十。」[5]這有部分是出自上層階級的節制謹慎。不過她的編舞中的確可以找到類似原則，她會把極有限的詞彙用很小的變化一直重複，造成一種催眠的效果，這和幾位視覺藝術家的作法有異曲同工之妙，像是索爾．勒維特（Sol LeWitt）、唐納德．賈德（Donald Judd）或丹．弗萊文（Dan Flavin）。也許她的編舞在外行人眼中看起來很簡單，但是其實它非常難表演，彼得．塞拉斯（Peter Sellars）導演說，演出她的作品需要「舞蹈史上最嚴峻的心智」。[6]葛拉斯的音樂會像咒語一樣重複，而在柴爾茲的作品中，精神成分則和藝術成分一樣多：它完美說明了蘇珊在〈靜默之美學〉中發現的神秘傾向。這種藝術「必然是傾向反藝術的，是對『主體』（或『客體』、『意象』）的消解，是時機對意圖的替代，以及對靜默的追求」。[7]這是柴爾茲的老師，摩斯．康寧漢在舞蹈中看到的：「舞蹈是肢體形式的精神活動，看到什麼就是什麼，這樣就已經足夠。而且我不相信舞蹈有可能『過於簡單』。」[8]

蘇珊筆下的柴爾茲「嚴厲卻不冷酷」。她在柴爾茲的作品中看到的是對克萊斯特想法的體現，而那些想法也曾經吸引她注意到蕭沆。這些想法跟進步時代的概念一樣，都始自十九世紀初，但前者對蘇珊而言卻是一種精神上的理想。

> 克萊斯特讚揚其不藉由心靈或是心理學的方式，達到藝術中優雅與深度的顛峰。這篇論文撰述時，現代主義獨特的心與腦、器官與機械對立的論點已經發明，但克萊斯特忽略機械論隱喻相關的攻擊，辨識木偶的機械動作帶有非個人的崇高性。……柴爾茲的編舞中，人不是中立的，而是超越人性的行為者。[9]

蘇珊在露辛達的作品中，發現她一直重複幾個主題——現在則是在動作和音樂中——這些也是終生吸引她的主題；她自己的作品，至少在《反詮釋》之後，也都縈繞著這幾個主題。她在一九八三年發表了〈《可見之光》詞彙表〉（A Lexicon for *Available Light*），文中寫到了柴爾茲的作品，也一樣認可這點。她的日記中還提到：「我的文章中有一個重要的主題：藝術是精神面的方案。嚴肅而優雅。（也是讓人解除負擔的方案——這是一個比較低的目標）。」[10]

——

但是她們的快樂就和電影中的愛情故事一樣，並不持久。露辛達和蘇珊的母親都曾經為了同樣的問題而苦苦掙扎。露辛達的母親——她也叫作露辛達——曾因交際場合而喝了許多酒，她有很多時間是在東六十六街的國際大都會俱樂部（Cosmopolitan Club）度過的。她和蜜爾崔德一樣，曾經很有錢，但是後來落魄了；她也和蜜爾崔德一樣寂寞；也和蜜爾崔德一樣，有時候會很依賴，有時候又很疏遠，當女兒向摩斯．康寧漢習藝時，她堅持女兒要在支票上署名「小露辛達．柴爾茲」，這讓她女兒的處境很尷尬。蘇珊是出自逃離父母世界的需求而塑造了自己的個性，露辛達也決定要逃離她的母親。但是她們都沒有準備好要擁有一段持久的關係。露辛達說：「在我們這樣的家庭環境中長大的人，對於事情該如何正確發展，知道得都不夠多。」[11]

回到紐約之後，事情很快陷入窠臼，發展模式也的確像兩人出身的家庭背景所預示的：事情在她們出身的家庭都無法獲得正確的發展。露辛達覺得無法融入蘇珊的文學世界；蘇珊則覺得露辛達沒有把足夠的注意力放在她身上，因為身為一名藝術家的露辛達有許多國際巡迴計畫。她們計畫在一九八四年二月前去日本，蘇珊曾經在一九七九年第一次造訪日本，她之後的人生中也一直很喜歡那裡。[12]露辛達記得她們之間曾經有一些談話，她覺得那是她倆關係的重要遺緒之一，但是蘇珊卻抱怨——通常還是大肆抱怨——露辛達（如大衛所說）「從來不改她的沉默」。[13]

蘇珊的關係總是存在著戲劇的一面，有人警告蘇珊，說露辛達可能無法回應她這樣的戲劇化。她們的日本行之後不久，蘇珊就在日記中寫道：

> 勞勃．威爾森在一九八二年八月說過：妳知道嗎，L〔露辛達〕是個隱士。……將近兩年之後我也說：L的確是個隱士。這表示妳無法——或是不會——與她做愛。肉體上的愛被收回了，頻率變得愈來愈少；接著，性方面的示意和互相愛撫也被放棄了；後來就因為失眠，有時候只得分房睡；接下來，分房睡就變成常規了。沒有共枕就不代表共享生活。[14]

蘇珊大部分親密關係的代表性動態就是一個人愈走愈近，另一個人卻踩了剎車，而且都是在她們相遇不久之後，就很明顯地開始走向這個方向，這段關係也沒有什麼差別。露辛達一直愛著蘇珊，但是她避免衝突的方式就是向後退，對於這樣的人來說，蘇珊並不是正確的伴侶。她們從日本回來之後，蘇珊寫了許多信給露辛達，內容都差不多，她在其中一封信中告訴露辛達：

> 我無法再繼續這個情況了，這讓妳變成虐待狂，也剝奪了我所有的尊嚴和自尊心。我覺得妳完全誤解我了。妳一直歪曲我的行為和用意，讓我變得我好像很不重要、沒有價值，甚至還是妳的敵人。妳不知道如何發現愛情、如何接受它、或是如何給出愛。[15]

蘇珊對其他人的批評也一向是對她自己的批評。她在一九八六年坦承自己「寫不出紀實小說，因為她無法（或者更精確地說，是不願意）去愛」。[16]她把這種失敗投射到露辛達身上，還誇張地說她是「冰山皇后」。這算是她個人秀中的標準部分，幾年後當上蘇珊助理的卡拉・歐夫說：「每當我們談起露辛達，你不可能在三十秒內還沒有聽她提到『冰山皇后』。有一次我和蘇珊一起出去，並且碰到露辛達，當她瞥見蘇珊並看著蘇珊時，妳很難把她臉上的表情和蘇珊平時談論的那個人聯想在一起。」[17]

露辛達說：「有時候是因為蘇珊有一種有趣的心理，她需要我變成冰山皇后。但是我不是，我其實不是。」不過柴爾茲也知道這股推動力是從哪裡來的：

> 她和我談過許多有關蜜爾崔德的事，當她和我談這些時，似乎認為我是她可以信任的人、一個溫暖的人。而在其他時候，她又把蜜爾崔德投射到我身上，她的方式並不公平，也讓我覺得很糟糕。她必須這麼做。而當時，我還不知道其實我完全可以理解。我想她有時候是自己在想像事情。你

知道的，她會決定、或是宣稱我因為什麼理由而不愛她。她會編造一些與什麼都不相關的事——因為我在派對上和誰說了什麼，或是她逮到了什麼小事，然後就說出一堆根本就沒有發生過的事。[18]

一個想什麼也只會說出十分之一的女性，卻要面對另一個說的比想的多出十倍的女性。蘇珊用來吸引露辛達注意的行為，有時候卻變成一齣鬧劇。達瑞爾．平克尼記得有一次蘇珊到林肯中心，因為她知道露辛達會在那裡演出自己的輕歌劇。他說：「她摘掉了眼鏡，所以幾乎看不到。」既然蘇珊其實等於是瞎了，所以她走得東倒西歪，還被絆倒、跌坐在走道上。「她需要人幫忙，她把事情弄得很大——所以露辛達不可能不知道她來了。」[19]

可是蘇珊把這些情節描繪成露辛達很冷漠、希望她受傷，蘇珊認為自己完全沒有「誇大事實」，她就是個受害者。在第一次提分手之後又過了四年，蘇珊還是想要獲得露辛達的注意：

我上週去看了〈芭蕾舞〉三次，三次妳都坐在觀眾席中，我見到妳、卻不跟妳打招呼的理由，是因為我見到妳之後，只有無盡的痛苦。我對妳還是有同樣的感覺。所以，當我坐在妳前面觀賞芭蕾舞（身邊是別人）時，我似乎感到很錯亂。當我看到妳時，我簡直想去死。或者——換一個說法——我想要伸手環抱妳。或是把我的小望遠鏡遞給妳。……

我真的不知道該怎麼做。我不跟妳打招呼似乎很可笑；我當然不想要把事情搞大，或是讓別人知道發生了什麼事。但是現在——我認為——我痛苦的程度應該超過妳所能夠想像的。在過去幾個月中，我幾乎要自殺了，而我現在也還沒有從黑暗中走出來。[20]

露辛達倒也不是對這些懇求不為所動——恰恰相反——但是她當時神經繃得太緊了。露辛達說：「當蘇珊說她想自殺時，我母親正躺在醫院裡，因為她確實試圖要自殺」。老露辛達被救回來了，而且這對母女在露辛達的父親死後，終於和解。老露辛達過去從來沒有看過女兒的表演，在她後來的人生中，則是每場都去。除此之外：「當我和蘇珊分手時，是她把我撿回來的，這救了我。」[21]

露辛達和蘇珊也和解了，但是她們既沒有乾脆地分手，也沒有復合。蘇珊在她們相遇十五年之後，再度寫道：「我們都是脆弱又複雜的人，不曾覺得任何一件事是容易的。」她接著說：「我們之中也沒有人喜歡戲劇的場景。」[22]或許她並不喜歡，但是她也沒有學會如何讓生活中不要出現戲劇性的場景。

——

她並沒有學到讓事情正確發展的全部：蘇珊的許多愛人和朋友都因為她的成癮而留下創傷。她在二十年前就寫過：「艾琳不是我媽媽。」她用「冷冰冰」來形容露辛達，而這也是她對蜜爾崔德的形容詞。

早在這之前——大約一九六〇年時——她就寫下「X，天譴」。關於酗酒者子女的第一本書，直到一九七八年才出版，與《疾病的隱喻》是同一年。[23]酒精中毒就和癌症一樣，充斥著說教式的神話，也只在專家之間，才開始討論酗酒者子女可能會出現的一些病狀。隨著愈來愈多的研究開始進行，也有人指出酗酒會造成跨代的行為模式。

在酗酒家庭長大的人會走向極端，在自大和自我鞭笞的自責之間搖擺；有時候像個優等生一樣極度活躍，有時候又顯得極度壓抑而毫無生氣；有時候會想尋求別人注意，但是有時候又對注意他們的人採取攻擊性姿態。因為他們很難相信只因為自己是誰、而不是因為他們做了什麼就會受到重視，所以他們經常苦於訂下一些自己不可能達成的抱負，她以前的愛人賈斯培·瓊斯，就還記得「她很早就覺得自己應該得諾貝爾獎」。這已經不只是一種抱負了；它需要始終對自己不減的肯定。[24]

珍妮特·沃伊茨（Janet G. Woititz）在一九八三年出版了《酗酒家庭的成年子女》（*Adult Children of Alcoholics*），那是第一本相關症候群的書。這本書在佛羅里達州的「迪爾菲爾德海灘」（Deerfield Beach）出版，所以沒有得到蘇珊的注意。也如同它偏遠的出版地，書中的語言通俗淺顯，也說明了這種症狀一開始被描述時，與比較高尚的心理學有多少距離。當時的治療學專業還是以佛洛伊德主義為主流，但是沃伊茨這本書其實不是沿襲自高度文人性格的佛洛伊德主義，反而是比較傳承自「匿名戒酒會」（Alcoholics Anonymous）的草根式療法。在像是蘇珊所處的圈子中，這種書籍常被貶低為「流行心理學」。但是這類著作提出的觀察很快得到大眾接受，並為許多苦於類似問題的人提供了協助。沃伊茨寫到，酗酒家庭的成年子女會在「總是要求實話」和「我根本不想知道」之間拉扯。這種需要知道和不想知道事實的衝突，她稱作「最嚴重的悖論」。[25]

就像是蜜爾崔德的行為會影響蘇珊，蘇珊的行為當然也影響了大衛。雖然他進到「法勒、施特勞斯和吉魯出版社」擔任她的編輯，但是不久之後，就開始達不到她的期望了。她在公開場合會極盡一切誇獎他，像是她在一九八二年告訴《紐約時報》：「我很滿意這樣的安排。我完全信任瑞夫先生的判斷。」[26]但是在私底下，她對他的任何失誤都絕對無法容忍。在校對《土星座下》時，她發現大衛把她提到的「克爾白（Kaaba）的黑石」改成了「克白勒（Kabbalah）的黑石」。她的反應不是覺得這個錯誤可能無傷大雅，也不是溫和地解釋兩者之間的差異，而是立刻打電話給他，還在電話裡開始咆哮。[27]

任何時候如果有人對蘇珊擺出高人一等的姿態，她都會十分敏感，但是她好像不知道大衛也是一樣的。面對蘇珊愈發猛烈的爆發，大衛的反應也和露辛達一樣，就是不予理睬。羅傑・德格說：「他們就像是戀愛中的兩個人一樣。會怒目相向，然後有好幾天不講話。」[28]在這段疏遠的時間中，蘇珊會使用一些技倆，像是在大都會歌劇院的通道上搖搖晃晃地走路，再加上各種藉口，希望大衛回心轉意。大衛的阿拉斯加雪橇犬努努快死的時候，蘇珊不斷求他讓她去看那隻狗；大衛知道這個要求其實和他的狗一點關係都沒有。

這對母子共通的朋友史特夫・瓦瑟曼（Steve Wasserman）說：「我一直覺得大衛有一天會起身反抗這個情況。如果這件事真的發生了，屆時我一定不會想捲入其中，因為那肯定非常醜陋。」最後的爆發就發生在一九八二年，紐約大會堂集會的那一年——也是蘇珊遇見露辛達的那一年。斯蒂芬・科赫說：

「蘇珊把我叫來，告訴我『大衛好像有點神經質，他有點精神衰弱』。」瓦瑟曼也記得「基本上他在早上起來時，都會呈現胎兒的姿勢，而且不能自已地哭泣、流淚」。[29]那年大衛三十歲。

造成他崩潰的直接原因是他和女友莎拉・馬西森（Sara Matthiessen）——作家彼得・馬西森（Peter Matthiessen）的女兒——分手了。[30]甚至他的醫生還發現他的脊椎長了一個什麼，並且擔心那是惡性的，所以他必須在斯隆—凱特琳癌症中心動手術。只不過幾年前，蘇珊就是在同一家醫院接受乳房切除術的。大衛的朋友，作家牙買加・金凱德（Jamaica Kincaid）說，大衛回想了一下他和蘇珊共度的全部人生，他把角色互換設想了一下，「他以為蘇珊會照料他，就像她罹癌時大衛也有照顧她一樣」。但是蘇珊——他那位以交了男朋友就不見人影而惡名狼藉的親生母親——卻和露辛達一起逃到義大利去了。金凱德說：「真的很難相信她就這麼跑掉了。我們都不敢相信她真的上了那架飛機。」[31]

蘇珊七〇年代後期的日記中，並沒有提過大衛與西格莉德分手的心碎經驗，同樣地在幾年後，她依然不曾有隻字片語提到大衛與莎拉分手、或是與癌症擦身而過的事。大衛的腫塊很順利而且迅速地切除了，也證明它是良性的。雖然有這類好消息，但是金凱德說大衛在心理上「愈來愈糟了」。還有人提議把他送到佩恩・惠特尼（Payne Whitney）精神病醫院。不過，他後來是搬去和金凱德以及她的先生艾倫・肖恩（Allen Shawn）同住。他在那裡住了六個月，他有時會嘲笑他們一成不變的生活——「你知道的，艾倫和我每天都會規律地起床、吃早餐，桌上都會有水煮蛋」——但是他也很感謝那種可預測性，那是他和蘇珊在一起時從來沒有的。

然後蘇珊回來了，又變成那個充滿愛的母親。但是大衛對這件事感到很受傷，那時也是我第一次接觸到她。那不是無情。那就是蘇珊的風格。沒有什麼詞彙或方式可以真正描繪她的行為。是的，你可以說她很殘忍或之類的，但是似乎又不是那樣，她同時也很親切。她就是一個偉大的人。在我認識蘇珊之後，我似乎就不曾再想要當一個偉大的人了。

沒有字彙可以形容這件事：這就是「X」。這件事也和許多其他的事一樣，似乎沒有讓蘇珊特別留意。或許她在文學或道德方面想要找到一個楷模，但是對於關係、對於「讓事情正確發展」，她倒是沒有想這麼做。這不是靠意志能夠解決的問題，金凱德說：

她真的想當一個偉大的母親，但是這件事，就和想當一個偉大的演員或這之類的人一樣。當母親的技巧真的超出了她的能力。就像是把她丟到火星去，周圍的人都在講另一種語言。她對這件事真的沒有才能。除了書裡的人之外，我認為她真的沒有照顧另一個人的才能。

但是大衛不是書裡的人；所以蘇珊看不到他，甚至不知道這是她應該做的。金凱德說：「這是他們兩個人故事的轉折點。不論她之前關於遺棄這個主題創作了什麼，但是這次是真的讓她看到遺棄的結果了。」[32]

大衛在多重災難的累積下——失去摯愛、要面對母親的狂怒、當母親編輯的緊張感、對癌症的恐慌——他的身體整個垮了。大衛在FSG的助理海倫·格雷夫斯（Helen Graves），是德州作家約翰·格雷夫斯（John Graves）的女兒，她目睹了他的衰弱。她說：「我為他工作時，他大部分時間都讓我覺得很愉快。我從來沒有碰過一個比他更好的老闆。我有很多時間都像個瘋子一樣傻笑，因為他真的很風趣。」但是他的健康還沒有出現問題之前就開始用古柯鹼了。格雷夫斯說：「他會一直打電話給我。他變得愈來愈容易生氣，愈來愈急躁，而且易怒。」[33]

他的工作開始受到影響。海倫要幫他接電話，並且要一直替他掩飾：「人們會對著我吼。」大衛說他的癮頭讓蘇珊「極不開心」，但是她的回應方式就是生氣。她的朋友羅伯特·博耶斯說：「她已經對大衛的惡習覺得沒有辦法了——完全沒有辦法。她無時無刻不在講這件事。」當大衛的人生中出現需要支援的時刻，換成一個比較有同理心的母親應該是可以提供的，但是大衛也知道自己沒辦法仰賴她。「失敗了許多次之後」，他終於戒掉了，因為他也理解這真的攸關生死。[34]

——

博耶斯說蘇珊認為她兒子的毒癮「不可原諒。絕對不可原諒，因為她知道這對於他個人和職業都具有毀滅性」。用了原諒這個詞，就等於說那是一種罪；蘇珊和絕大多數人一樣，都是用一種道德眼光看待毒癮。但是她對於這件事，也和她在許多其他的領域一樣，顯然無法調和「總是要求實話」和「我根本不想知道」兩個極端。譴責吸毒就表示要求實話。「人們需要被告知。」西格莉德·努涅斯想像她會如此堅持，「但是她告知別人時卻很不友善，而且還常常挑有其他人在場的時候。」[35]而當蘇珊要隱藏自己的什麼時，通常就是獨斷地搪塞過去。

當大衛的健康走下坡、她與露辛達的關係出現裂痕、並且與左派分道揚鑣時，她寫了一篇令人驚奇的文章。那是她專精的文章類型——評價一名歐洲重要作家的整體人生：這次的對象是尚—保羅・沙特。在幾篇草稿之後，她寫出了〈沙特的回絕〉（Sartre's Abdication）一文，這或許可以說是她最不帶掩飾的自畫像，然而她自己則似乎沒有察覺。它其實是一種自傳式小說：沙特被當作桑塔格的替身，對他的猛烈譴責，其實就是她對自我診斷出的毛病。她對沙特的解讀構成了這篇小說的所有要素：這個故事在講一個傑出的心靈，如何因為無法保持個人的誠實而失去偉大。那是一種失敗，也是「一個悲劇——因為他的心靈遭到誤用而致旁落，那是本世紀最有生產力、也最有天賦的心靈，但卻不是靠著知性、而是人格的缺陷形成了它；私生活的文化缺乏甚至更甚於政治的文化缺乏」。

失敗是雙重的。首先是他想擁抱公共角色。她敏銳地察覺到公共知識分子容易犯的錯誤。「沒有哪一位優秀作家說出來的和他寫的一樣好。（寫作表示可以一再修改。）」沙特在上千次訪談中談及了自己的方式，她堅持認為他接受了「自我通俗化的提議、攙進某人的想法，還會配合輿論調整想法」。訪談的形式會顧及各方，「用文學中主流的反菁英概念作為理想的槓桿」。

這個見解符合沙特的共產主義。他的論調和河內時期的蘇珊，聽起來相似到令人起疑，例如像是：「在我們設想的社會主義社會中，將不會再有任何知識分子。」他認為「先鋒的文學作品……是中產階級社會的奢侈品（因此就有那個留下惡名的評斷——認為第三世界的人無法閱讀羅伯—格里耶）」。她承認第一世界就夠難閱讀羅伯－格里耶了——不過那當然不是沙特所指的意思。她寫道他不顧及細微差異或真理就選擇這個政黨，是因為他對世界的美學或隱喻觀點作了過分概括的陳述。「事關政治時，沙特也把它看作是道德想像。」她形容「沙特的基本策略」是「真實和虛構互相混淆」。其結果就是他的生涯「充斥著實利主義——用了與道德主義類似的偽裝」。

卡內提描述了怎樣的理想生命長度可以容納許多公正之事，她也在〈激情的心靈〉裡加以引用：

花五十年享受童年生活與學生時代；再花五十年來逐漸認識世界，盡覽其間風華；用一百年的時間為大眾福祉貢獻心力；而在他經歷完人生的全部體驗後，還有一百年能夠充滿智慧的去影響、教導、樹立風範。噢！如果能活三百年的話，人類生命會發揮多大的價值啊！[36]

在寫這篇文章時，她剛過五十歲。她曾經享有過童年生活與學生時代。也曾經需要時間長大，不再犯政治上的錯誤；如果她說沙特應受指責這件事是對的，其實她比任何人都應該更能夠解釋何以他會鑄成這些錯。不過，指責的對象卻始終沒有落到她自己身上——而是指向了別人，她描寫的那個人「一直在與他所經歷的身體遲緩和心理衰老相抗衡；並因『他人』的愚蠢而深受其擾」。[37]

——

〈沙特的回絕〉一文的要旨，還包括沙特究竟是如何毀掉他的心智。

或許在與魔鬼的契約中，關於安非他命的契約約定了最多內容，因為他的雄心並沒有止步於當作家；那契約也是最具有毀滅性的，因為它既造成了身體的毀壞，也有心理的。

這場災難搞垮了沙特的健康，而且他從原本流暢的談話能力，陷入了多語症（logorrhea）。她寫道沙特對尚．惹內的長篇研究《聖．惹內》（*Saint Genet*）「不只是像多語症發作，還有過度表達的特徵，就像是吸了安非他命之後寫的」。她說沙特嗑藥，還說他的風格是因此而形成的，但是都只有提供極粗略的文字和醫學證明。她有愈來愈多這類未經證實的宣稱，這讓她從越南到瑞典，再到蘭妮．萊芬斯坦的許多政治文章，都顯得基礎薄弱，熟悉她歷史的讀者還發現其中不時出現精心偽裝過的自白：

安非他命與沙特作品中原本就存在的特徵互為迴響，呼應著他作品背後的雄心和焦慮。他對全知全能的感應、因全然理解而具有的吸引力、「整體」這個想法本身的吸引力——這些都因安非他命而擴大了。……安非他命會帶來焦慮，但是也有狂喜。

「他從來不認為」他那浮士德式的追求「要受到批評」——

在誇張（和狂妄）方面，兒時懷抱的夢想還遠不及他的追求，他追求要成為十九世紀風格的偉大作家，這在過去的幾十年中一直受到嘲笑（遭人說是修辭過度，被人說是過時的、中產階級的、理想主義且神經質的）。

他說：安非他命——

於哲學是沒有問題的，因為它能夠「引發一個人的能力」，但是這不適用於文學，因為寫小說時必須「絕對正常」。錯了。……使用安非他命本質上就是不再寄希望於文學了；等於是確定要放棄文學。[38]

——

她在一九七三年從巴黎寫給羅傑．施特勞斯，信中說「我一天工作大約十六個小時，一週工作七天。真是該死！我希望再寫快一點。我可能看起來寫得很快，或是至少比某些作家快，但那並不是真的。我只是比其他人坐在打字機前面的時間更久。」[39]她是一個精力過人的人。西格莉德．努涅斯說：「她會熬夜到很晚。她的那盞小檯燈會連開好幾個小時，燒得燈芯都黑了。」[40]但是她的很多活力是來自安非他命。安非他命是在一九三三年，也就是蘇珊出生的那一年，才初次商業化生產；而且要在好幾十年後，人們才完全理解安非他命的效果。第二次世界大戰期間的飛行員會吃安非他命，以確保他們在長途轟炸期間能夠保持清醒；接著在戰爭結束之後，開始有流行樂歌手使用安非他命，好讓他們在一場接著一場的演出中保持精力充沛；接下來就是美國的家庭主婦開始用它來當作減肥工具，於是安非他命就在這個幌子下進入了主流社會。作家也在差不多的時間發現了它。艾倫·金斯堡的《嚎叫》和傑克·凱魯亞克（Jack Kerouac）的《在路上》（*On the Road*）都是嗑了安非他命之後的作品。兩本書裡都交錯著雀躍的興奮之情、裝腔作勢和沮喪消沉：這正是安非他命的風格。

桑塔格也在六〇年代開始發展出這種性格。她吸食安非他命，通常用量還很大，且時間至少有二十五年。[41]安非他命能夠幫她保持專注。然而就算安非他命所做的只是剝奪她的睡眠，那也很夠了：每一名拷問者都知道，不讓囚犯睡覺一定會讓他發瘋。不過安非他命的效果還不只於此。安非他命會加劇一些人格異常的問題，這些異常合起來被劃歸為「B型」（Cluster B）分類。這些異常還不至於達到會對身體造成危險的精神疾病，但還是會讓病患或是周遭人的生活極為不愉快。它的症狀包括恐懼被拋棄、感受到令人傷心欲絕的孤獨，這些都會誘發發狂似的需求；還有反社會的行為，例如粗魯無禮（這類人很難有同理心）和反覆無常：情緒搖擺到足以摧毀人際關係。「B型」的人會有戲劇化的傾向，而且為了彌補自我價值感的低落，也會出現尋求注意的行為和浮誇的傾向。他們極渴望受到讚賞，所以會對別人作出刻毒的傷人評價。

蘇珊開始吸食安非他命的時候，大眾對於安非他命的後果還只有模糊的了解，就和對父母親酒精中毒的了解一樣。不過兩者的後果都如同維吉尼亞·吳爾芙所寫的，就像是維持秩序的機制已經下班了。

由於蘇珊的抗癌治療結果和她一連串關係的失敗，她已經愈來愈難管好自己。就連最愛她的人——或說尤其是最愛她的人——都嚇傻了。如果她像早期的日子那樣，其實感覺遲鈍、只專注在自己——甚至像她所說的，是「非常不圓滑」——而她現在對待其他人達到這樣的程度，也難怪蘇珊．桑塔格的誇張故事最後成了美國文壇的傳說。

她的行為被傳唱成一名傳奇女性的古怪行徑。但是聽到許多這類故事之後，就可以理解它們背後都有更陰暗的一面。研究過安非他命的人就會知道這些行為都是典型的「B型」。治療學家會嚴肅地開玩笑說：「B型」的B代表「混蛋」（bastard）。

——

她要求蓋瑞．印第安納幫忙編輯沙特的文章，這讓蓋瑞覺得很驚嚇。他說：「她竟然對那個主題有興趣。她顯然吸食安非他命上癮了。」有好幾年的時間，都是蓋瑞在幫她買安非他命。其他人也都覺得很驚訝。當她在形容沙特的癮頭時，大衛曾經諷刺地對海倫．格雷夫斯說：「但是同時，她自己的公寓也藏滿了這類東西。」

蓋瑞對她的態度很困惑，對她的文章本身也很不了解：她的原稿語句重覆、前後矛盾，讀者根本不可能跟得上她的思路。「她寫了又寫，對我也很生氣，要等我讀過之後，才了解蘇珊的寫作方式根本是我所知道的人之中從來沒有人用過、或是正在用的。」

她希望羅伯特．史威爾斯幫她出版這篇文章，但是羅伯特覺得這篇文章「很怪」。他在一封信中指出她使用了太多最高級的字眼（「異常的」、「驚人的」、「讓人暈眩的」），但是卻沒有具體的例子，這削弱了她的敘述，他也反對她不附任何註解，就斷言沙特在吸食安非他命：

> 這會讓許多人覺得驚訝。它原本似乎忽略了一個核心問題，然後才又稍微提及：我們怎麼會知道這件事，我們又知道了多少。……他與波娃的談話是我們獲得資訊的唯一來源嗎？他是什麼時候第一次透露這件事的，又是用什麼方式？照文章來看，妳在第四頁用了很大的篇幅提及他與安非他命的牽扯，而直到第七頁，我們才知道波娃在一九七四年是因這件事而責備他的。在第五頁中，妳說他早期的作品是以安非他命的風格為特徵。他是否承認這是他開始吸食安非他命的時間？他是否說《聖．惹內》是在吸食期間寫的（第六頁）？讀者完全不知道妳們是什麼關係，所以自然會出現這些問題：讀者不知道妳的情報是否由他自己直接告知；還是根據傳言而來的推測、抑或是閱讀他的作品之後所下的診斷；又或是沙特自己講出來的。[42]

史威爾斯一直沒有出版這篇文章。閱讀草稿時會覺得它比混亂的寫作或是沒有事實證明的主張更糟糕。讀者看到的是自我意識的喪失，也就是說：失去了自我。她曾經誓言說：「我不會讓『它們』從我這裡奪走它。我不會被打倒。」

以一個哲學的議題來說，對於藝術家和其對象「之間的連結狀態完全不加解釋」，等於是推翻了傳統上對隱喻的反對意見，這樣的意見認為隱喻會扭曲想要描述的事件核心。隱喻的扭曲或許是語言無法避免的結果。但是用沙特作為桑塔格的隱喻，卻不承認他其實是個隱喻——這是很奇怪的。承認才能讓小說與說謊顯得截然不同。這篇文章也無視於女性主義和同性戀權利運動的推進，但是愛滋病的災難很快就會證明這件事是真的。

第二十八章　不會消失的那個字

繼結核病和癌症之後，對現代造成最大恐慌的疾病於一九八〇年底出現在美國，那是《疾病的隱喻》出版之後兩年。桑塔格想不出還有什麼更好的論點來說明隱喻的致命運作了。六〇年代和七〇年代的女性主義和同性戀思想家，對於身體和貌似抽象的政治概念之間，提出了一些主張，但他們都沒有預料到，進入八〇年代，這些主張很快地被關於肉身的討論覆蓋過去——通常還是他們自己的肉身。

愛滋病讓語言的問題被推到政治的最前線。這個疾病肆虐的過程遭逢了許多語言上的困難。作家們在尋找軍事上的隱喻，來形容這場顯然不會停止的「侵略」。桑塔格之前在論及結核病和癌症時，就預示了其中的某些困難。但也有些新的困難。第一個碰到、也最棘手的困難，就是愛滋病不免要提到性——同性戀的性。需要真正把它說清楚——且不摻雜宗教上故作聖潔的惺惺作態，或政治上的裝腔作勢；不摻雜對受害者的責備或製造恐慌——的確是攸關生死的事。

桑塔格當然不是唯一一個人——更不是唯一一個同性戀——感覺難以找出適當的語言。如果我們閱讀八〇年代同性戀運動的文學作品，就會發現其中的說法甚至比二十年前的公民權利運動或是女性主義用語更過時得多。就連最激進的非裔美國人和女性主義運動家，都緊守著尊貴的傳統不放。在愛滋病的年代，同性戀運動家在提及他們的生活時必須另外發明一些措辭。愛滋病帶動了一場革命、激發出行動主義，這種行動主義也開發了一些語言。但是桑塔格在這場革命中大部分只是旁觀：有某些字眼是她不能說的。

「同性戀癌症」的謠言在八〇年代初期開始四處散播。一九八一年七月三日第一次出現在《紐約時報》：〈四十一名同性戀爆發罕見癌症〉（RARE CANCER SEEN IN 41 HOMOSEXUALS）。這種癌症被稱作「卡波西氏肉瘤」，它會「迅速致死」。人們對它的成因所知有限，這也部分解釋了為什麼上述那篇報導中呈現語言的混亂，而這種語言的混亂也象徵了這個疾病的歷程。不過那篇報導和那樣的語言，也多是出自對同性戀的刻板印象。它讓人聯想到一直以來可能存在的亂交情形：報稱受害者都是「與不同伴侶有多次和常態性接觸的同性戀男性，每晚會多達十次，一週則有四次」。

這樣的說法讓這個疾病看起來限於性事活躍的人，但事實當然不是如此：單一次接觸也可能傳染。報導的這句話好像是在說性生活乏味的人就可保安全；還有一名醫生表示女性和異性戀者可以免疫。病原體出自男同性戀傾向——而非某些行為——「非同性戀者沒有受到接觸傳染的明顯危險。庫蘭醫師指出：『截至今天，都沒有同性戀社群之外的案例通報，女性感染人數也是零，這是不會接觸傳染的最好例證。』」[1]這個論點不科學得令人尷尬：因為同性戀在生理上與異性戀並沒有什麼不同。

如果這些說法只存在於單一篇文章中、出版於人們還不理解疾病的傳播之前，且後來幾年中再也沒有人重複和強調這些說法，那麼，它們現在或許就不值得分析了。但是這類語言卻讓這種病始終伴隨著羞恥感，還讓人們對它的理解變得複雜。一開始的時候，的確沒有人知道這些奇怪的癌症是怎麼來的。格林威治村有一名位居同性戀族群核心的醫生約瑟夫．索納本德（Joseph Sonnabend），就住在離蘇珊幾條街的地方，他有了一個想法。在自己執業之前，他曾經是一名實驗室的微生物學家，這個經驗讓他對性方面的傳染病特別感興趣。他說：「幾乎沒有專家在研究性的傳染疾病。這個領域並不受到尊重。醫生們會帶著訕笑說出像『淋病』之類的詞。他們也不會說出『肛交』這類字彙。」[2]

醫學上的故作清高使得癌症病患因而受挫——《紐約時報》在一九五〇年代早期，曾拒絕刊登一個乳癌患者支援團體所刊登的廣告，理由是「《紐約時報》無法刊出乳房或是癌症這類詞彙」。[3]即使在愛滋病出現之前，同性戀男性也很難被醫生認真對待。索納本德醫師說：「同性戀會讓他們感到神經兮兮。我過去在大學裡聽到的事都很可怕。他們會毫不保留地拿同性戀來開玩笑。」不過當流行病傳播開來時，研究者也遇到了困難。以「同性戀病」來形容它，就表示要把這極小化成一群邊緣人的問題，並且對這群人帶有極大的敵意。因此，能夠找到一些詞彙來把這個疾病和同性戀的關係切斷，就變得很重要。在《紐約時報》頭一次提到它的將近一年後，有人提出了一個名稱。不久之後，「GRID」（男同性戀免疫缺乏症）這個病就變成了「AIDS」（愛滋病）：後天免疫缺乏症候群。

這個用語也有它自己的問題。愛滋病過去——至少在剛出現的時候——是指同性戀的疾病，索納本德也和許多其他人一樣，猜測它是藉由性行為傳染。「我可以很確定地知道得這個病的人不是哪裡都有。患者的地理位置都分布在微生物盛行率很高的地方」，諸如紐約、舊金山，還有比較少的像是洛杉磯這些常發生同性戀性行為的地方。但是，強調這件事又會加深刻板印象，並招來右翼的辱罵，他們在七〇年代已經對同性戀發動了民粹式攻擊，並且到了八〇年代，則已經在華盛頓當權。索納本德也看出，「有人不想指出的確有許多男同性戀會與不明的對象多次交媾。這類評價都帶著有色眼鏡，所以是不能說的」。

於是運動者很努力地想讓大家知道「愛滋病」這個用語。索納本德說：「他們竭盡全力地說這不是一個同性戀疾病。這是每個人都可能得的病。」在索納本德的協助下，於一九八三年成立了美國愛滋病研究基金會（American Foundation for AIDS Research）。「他們在我不知情的情況下發出新聞稿，說沒有人可以對愛滋病置身事外，每個人都有可能得到。這是為了便於他們籌募資金。」這樣講雖可理解，但是並不正確：的確還是有些族群曝露在更高的風險當中。不過就算愛滋病當時還不是每個人的疾病，它也很快就變成如此了。在一九八三年，全球還只有數百人死於該疾病。死亡人數最後卻達到將近四千萬人：堪稱史上最嚴重的流行病之一。

——

從第一批病人開始慢慢被送進索納本德的辦公室之後，經過了漫長的兩年，終於在一九八三年將疾病的成因獨立出來。美國政府在一九八四年宣布它的病因是病毒造成的，並且在一九八六年將該病毒命名為「人類免疫缺陷病毒」，即一般所知的「ＨＩＶ」。隨著研究出現成果、人們開始理解其如何傳染，因為誤解和恐慌而釋出的謠言也獲得平息：包括我會因為親吻而得病嗎？握手呢？如果碰到被汙染的汗是不是會得病？和病患用同一個杯子喝水的話呢？

其實沒有人能夠確定。沒有人能確定我是不是中了，因為直到一九八五年之前，都沒有可付費進行的檢測。在那之前，每次咳嗽、每次感冒、每次受傷都可能是在預言可怕的死亡。而可靠資訊的傳播，又因為政治而變得益發困難。兩個主要的病因在語言上都是禁忌。第一個病因是吸毒者在靜脈注射時用了遭到汙染的注射器。但是如果警告人們不可以共用針頭，卻又違反了「對毒品宣戰」的說法，那是雷根政府雷厲風行在推動的。雖然更換針頭可以遏制HIV病毒的擴散，但是那在大多數情況下卻是不合法的。

第二個病因是不安全的性行為。索納本德醫師記得在宗教右派主導的地區理——他們是一個異類團體，基本上對女性主義和同性戀都抱持敵意——「你絕對不能提某些事。甚至連保險套都不能提」。而同時，即使是大城市的同性戀社區，還是會看到經過的人們眼神中帶著恐懼。《村聲》雜誌的作者之一邁克爾．穆斯托（Michael Musto）在一九九〇年說明了用字遣詞可能為人們帶來怎樣的恐怖，而人們避開不用某些字詞，又會帶來什麼恐怖：

> 你會記得它以前被叫作「同性戀癌症」，而且可能經由毒品傳染。你還記得以前有人說帶病毒的人之中，有百分之十的人會發病。你還記得洛．赫遜（Rock Hudson）是第一位因愛滋病而死亡的名人。……他們避開了那個字——不論是在死亡證明書上、在對話中、還是在媒體上——但是

那個字不會消失。你對它很厭煩、很生氣、很害怕——但它**就是不會消失**。[4]

蘇珊在《疾病的隱喻》中寫道：「有數量驚人的癌症患者發現他們的親戚朋友在迴避自己，而家人則把自己當作消毒的對象。」[5]在愛滋病爆發之前，已經有許多人會閃避同性戀者，認為他們的性傾向十分骯髒；而愛滋病也被認為與性傾向有密切相關，就和癌症與結核病一樣。癌症「被認為是減退性慾的」。結核病則「被想像成能夠催發性慾，並且能產生一種超凡的誘惑力」。[6]不過，如果說癌症和結核病是與異性戀聯想在一起，愛滋病則被和同性戀牽在一起——作家米開朗基羅・西格諾里爾（Michelangelo Signorile）在幾年後，在一個讓他惡名遠播的專欄中，用一行全大寫的字母高喊同性戀是「一種可恥的秘辛，絕對不能和同性戀之名有所牽扯」。[7]

——

這一連串——沒有名字的事物、不能和其名有所牽扯的可恥秘辛——構成了「我們現在的生活方式」（The Way We Live Now），這也是蘇珊於一九八六年十一月發表在《紐約客》的文章題名。那篇故事描寫幾個人在談論一位不知名的病患，他染上了一種不知名的疾病，而那幾個人之中，沒有人可以真的說出發生了什麼事：「那是厄秀拉說的，艾拉似乎認為這些壞消息幾乎讓她鬆了一口氣，昆汀則認為那是他意料之料的爆發……」[8]想要知道發生了什麼事，只能夠根據別人的描述、聽某某人怎麼說，那些角色也都只是虛應故事，並籠罩在一股普遍的恐懼氣氛中：「貝琪說：嗯，現在每個人都要擔心另外的每一個人，那似乎就是我們生活的方式、我們現在的生活。」[9]

蘇珊在《疾病的隱喻》中，開宗明義就把疾病和健康區分開來：

疾病是生命的暗面，是一種更麻煩的公民身分。每個降臨世間的人都擁有雙重公民身分，其一屬於健康王國，另一則屬於疾病王國。儘管我們都只樂於使用健康王國的護照，但或遲或早，至少會有那麼一段時間，每個人都被迫承認自己也是另一王國的公民。[10]

但是在「我們現在的生活方式」中，疾病的本質模糊了兩種公民身分之間的界線。任何人都可能不受到任何警告就滑落到黑暗的一面。

我的婦科醫生說每個人都有風險，每個有性生活的人都有風險，因為性行為會讓我們每個人和其他、未知的許多人產生連結，而現在，這個眾多人的連結也成了死亡的連結。[11]

二十六個角色——二十六個字母的每一個字母都有一個——分別是以他們和疾病以及病人的關係來定義自己：他是否喜歡看到他們、他們是否會造訪他、他有什麼情況分別為他們知悉和不知。他們都知道他正走向何處，他們也都試著不理會這件事：

據說他曾經和凱特說一定有方法從這個局勢中找到正面的東西。保羅說：他真是個典型的美國人啊。貝琪說：嗯，你知道美國的那句諺語嗎——當你得到一顆又酸又苦的檸檬，你可以把它做成又甜又好喝的檸檬汁。[12]

陳腔濫調、閒言碎語——都是一些無意義的文字——對這些人如影隨形地施加迫害，甚至一路尾隨他們進了墳墓：「妲雅告訴路易斯：我最不能夠忍受的，就是想到當某人死亡時，電視仍開著。」[13]因為缺乏正確的知識或是有效的治療，那些受盡折磨的人仍然緊抱他們舊日的語言和隱喻。既然沒有希望，就連最陰鬱的詞彙也會帶來一些安慰——但只是暫時的，其實沒有效果。

——

在蘇珊．桑塔格將近百冊、篇幅上千頁的日記中，出現了一些特別令人膽戰心驚的事，躍入讀者的眼簾。那就是她列出的愛滋病死亡者清單：一頁接著一頁，一個人名接著一個又一個的人名，她沒有提供任何註解，那些清單就像是一九八二年樹立的「越南退伍軍人紀念碑」（Vietnam Veterans Memorial）一樣，讓人感受到危機的展開。有一些是蘇珊認識的藝術家——彼得．赫哈、羅伯特．梅普爾索普（Robert Mapplethorpe）、凱斯．哈林（Keith Haring）、傑克．史密斯、米歇爾．傅柯、布魯斯．查特文（Bruce Chatwin）——還有一些人的死亡讓這個疾病受到更多重視：洛・赫遜、哈爾斯頓（Halston）、列勃拉斯（Liberace）、佩里・埃利斯（Perry Ellis）。

只有一個名字出現了兩次：保羅・泰克。她曾經寫過兩本書獻給這個人：第一本是《反詮釋》，接著則是一九八九年的《愛滋病及其隱喻》。他在一九七八年、她罹癌之後，寫了一封信指控她是「愛操縱人的潑婦」，竟試著把他變成異性戀，自從那一年之後，她就不曾和他聯絡了：

> 妳和大衛努力想要把**我**塑造成**他**心目中的形象，我對此感到非常、**非常**憤怒，我說的就是那些該死的牛仔靴、所有的那些東西。……那些想要讓我「合乎時代」的事，真的非常無聊。非常俗不可耐。你們兩個似乎是擅自粗魯的決定要「讓我成為一名男子漢」（難道我也要「讓妳成為一名淑女」嗎！？）那是**妳**心目中認為的「男子漢」該有的樣子。妳又怎麼知道呢？…………
>
> 當妳和大衛重複做著那些「把保羅喚醒、教他成為一名『男子漢』」的事，我當真**覺得**不高興。
>
> 他甚至還當著我的面說了那些話！[14]

保羅散發的光彩沒有絲毫勉強，也非學究式的，這點讓蘇珊深受吸引，她對他那自然發出的溫暖也深感著迷，那正是她幼時缺乏的。如果蘇珊感到夠舒服、願意卸下心防，她就可能展現出少女心；保羅則終其一生都很孩子氣。斯蒂芬・科赫說：「如果他想要告訴你一件可能會嚇你一跳的事，他自己就會作出一個很誇張的驚訝表情。蘇珊很少和誰在一起的時候顯得愛玩鬧，但是保羅就是其中之一。那又不像是她和大衛在一起時那種玩鬧。他們會一直擁抱、用孩子氣的聲音講話、咯咯笑。保羅在那段時間很常來，當保羅來的時候，蘇珊總是事先就很開心。」

但是——比較像是阿佛烈得．雀斯特那樣——保羅也變得愈來愈錯亂。有一次他來找她時，「像梵谷那樣把一隻耳朵塗成血紅色」。[15]蘇珊對他嗑藥也感到心煩意亂。有一天他們在餐廳時，他開始四下張望：「蘇珊，妳看到沒有，這裡的人都死了。」她說：「沒這回事，保羅。他們沒死。」[16]他開始覺得任何對他表示一點點興趣的女性，都是在性方面受到他的吸引，如果他沒有回應她們，就一定會受到報復。科赫記得他還追求過蘇珊。

保羅會打電話來，問說他可不可以過來，蘇珊會給他一個（或許很明顯是假的）藉口。他還會接著再試一次、一直纏著她，盡全力想要和她喬到一個時間。雖然她在表面上還是忠於他們的友誼，但是她的確覺得他成了負擔。雖然不是很令人討厭，但是的確很瘋狂。他後來近乎狂熱的信奉羅馬天主教，她對這件事還比較有興趣。我記得他告訴過我：他經常聽到魔鬼在他的腦袋裡喋喋不休的說著什麼。

他在一九七八年指控蘇珊和大衛要「讓他成為一名男子漢」，但是在同一封信裡，他卻挑選了一個顯然很尷尬的時機懇求她借錢給他。不久之後，出色、亮眼的保羅被貧窮擊倒，開始收集一些雜貨。他變得精疲力竭、意志消沉，而且心理失常，所以也不可能再從事藝術。[17]蘇珊從來沒有回應過他借錢的要求。接著在一九八七年一月十五日，她發表〈我們現在的生活方式〉幾週之後，他送來了消息。他打電話給FSG，表示希望和蘇珊聯絡，但是她從來沒有回過他的電話。

我的醫生告訴我：我當然是得了愛滋病。我覺得心靈上有**什麼東西**完全不一樣了，我的幻滅、我對「藝術」世界感到的徹底厭倦，都顯得很極端……現在我知道我是對的。他們說這個病會帶來全新而且深刻的認識，果真是如此！有人說妳最近常和羅伯特．梅普爾索普見面，人們說**他**也「病得很厲害」。我根本不知道這些消息有多少是對的……不過如果這是真的……就表示妳碰到的這類問題已經夠多了。

他在信中提到，希望她能夠代為處理他遺留下來的一屋子藝術品。「我身後沒有未亡人……唯一的可能性就是這些東西都會被丟掉！所有的那些作品。」他說在他每次需要時，她都沒有幫忙他，但是他最後又加上：「我希望妳會原諒我……就像是妳知道的，我已經原諒妳了。」[18]他們最後言歸於好，不久之後，保羅就走向臨終了。在他最後的日子裡，他的朋友，藝術家安．威爾森（Ann Wilson）為他留下了一些匆促寫就的紀錄：

八月五日：「蘇珊〔．桑塔格〕來了——保羅要求我們離開，好讓他們獨處。蘇珊說保羅要她讀里爾克〔的《杜伊諾哀歌》〕給他聽，她走過去、拿起一本，從大約三之六的地方讀給我們所有人聽……

八月六日……下午兩點，蘇珊帶了同樣也是神父的作家伊凡·伊里奇去見保羅，他們作了一些討論，他的臉頰上有一個大大的圓瘤

八月七日下午四點，回過頭找沙拉（·席拉·貝加爾），蘇珊·桑塔格想要把保羅換到聖文森特醫院，交由芭芭拉·斯塔雷特照顧，而且顯然已經在著手進行了，這讓艾德覺得很苦惱

八月八日，我打電話給神父，問他對於臨終聖禮的建議——

八月九日……布朗醫師說「保羅身患HIV疾病。他有結腸炎。保羅還活著。保羅已經嚴重腹瀉了一個月，醫療都不見效。上個禮拜沙拉和保羅打電話來。我那時候得知他已經腹瀉三週了。他虛弱到無法下床，也無法自行進食。他被允許住院。我們發現他有嚴重的脫水。他很虛弱。……我個人認為他的病況已經不可能好轉了；他的手臂整個浮腫；這會讓他感到極大的痛苦；如果他沒有去醫院，可能在這兩天就會死亡了——這已經無關緊要了；不必再帶他回來了——我們已經沒有什麼可做的了，除了讓他舒服一點；

……在他將死之前，蘇珊·桑塔格打電話給斯塔雷特——保羅醫師，要了一點嗎啡——依你的評估覺得怎麼樣？

布朗醫師說「她沒有時間了」。

……晚上十點，蘇珊（·桑塔格）一邊念著書、一邊守了一整晚；我們所有人也都一起讀了；蘇珊和艾德在大約午夜的時候離開。蘇珊和我說：如果保羅死了，要打電話給她。

> 八月十日……保羅在凌晨一點四十五分嚥下最後一口氣
> 那位優秀的牙買加護士用白色紗布把保羅包了起來，在他身上擺了花——那些花是鮑勃．莫尼從保羅的屋頂花園採來的——中間還放了他的玫瑰經；沙拉打電話叫我回去看看他的樣子——他現在符合自己的形象了。[19]

——

一邊閱讀〈我們現在的生活方式〉，一邊看著泰克死亡過程的歷史紀錄，就可以看到桑塔格如何把文字的無力感——朋友們在走廊上的低語、醫生無望的含糊其詞、神父和詩人口拙的使用華麗的詞藻、病人則根本不想聽到任何聲音——轉化成難以去除的恐怖印象。

這件事顯然與愛滋病有關，但是蘇珊卻堅持它與愛滋病無關，這讓一切變得很古怪。她在一九九一年與英國藝術家霍華德．霍奇金（Howard Hodgkin）合作，將這篇文章付梓成書，霍奇金為那本書畫了六幅畫。版權頁宣布書的收益將「捐給英國和美國的愛滋病慈善機構」。但是霍奇金說蘇珊「不希望那是一個愛滋病的故事。她很堅持那一點，也拒絕說它與愛滋病有關。她希望那個故事可以不限於此」。[20]

堅持要「不限於」這個害死她成打朋友的疾病、堅持拒絕標籤、堅持要更加普世化——依照羅伯特．史威爾斯的說法，是堅持不要在藝術家和她的對象之間「製造連結」——這帶來一種諷刺的效果，拉開了她與對象的距離、破壞了她故事的可靠性，因為她把某些真實的東西變得抽象了。而這正是她自已在兩場慷慨激昂的辯論中，對於疾病隱喻的指控。

史威爾斯在一九八四年寫信給蘇珊，談及她寫沙特的那篇文章，而上述句子就出現在信中；在六週之前，艾德麗安・里奇才作了一場演講，講題為〈關於地點政治之筆記〉（Notes Toward a Politics of Location）。里奇開始認為作家應該「從材料出發。繼續對抗長期以來被認為比較崇高和優先的抽象化」，用具體的經驗說話：

> 或許我們需要停止說「那個身體」。……說「那個身體」會讓我與可以接近基礎觀點的方法漸行漸遠。說「我的身體」才能夠減少誘惑，不說出誇張的主張。[21]

這篇文章出現在愛滋病年代之初，當時有堪稱荒謬比例的人無法接受這種最個人的經驗、這樣的疾病和死亡。訃聞上會把死因寫成「突然染疾」，對患者的形容只是「病得很重」，在葬禮上也禁止提及死因，這類情形簡直多不勝數：詭異得讓人想起以前對癌症也是這樣保持沉默，這種沉默也曾經被桑塔格指責。不提及名字——用「那個身體」取代「我的身體」——就可以提供假性的安慰，也增加了一層沉默和羞恥的氛圍。

〈我們現在的生活方式〉發表的那幾個禮拜期間，《浮華世界》（*Vanity Fair*）派了記者邁克爾・斯耶爾森（Michael Shnayerson）去報導這場流行病，一直到一九八六年底。「那就像是報導一場正在你周圍發生的戰爭，就在這裡、就在紐約市，但卻是無形的。」斯耶爾森是異性戀，他住在貝德福德街

（Bedford Street），那是格林威治村的同性戀社群集中地。他說：「就連在這一區，我對愛滋病的所知也寥寥無幾。《浮華世界》的廣大讀者是看不見的，大概絕大多數的紐約人都看不見。」[22]

他訪問了蘇珊，報導的重點是這場病對藝術世界造成的毀滅。怎麼報導有其弔詭之處，他說：「這存在著政治風險，因為藝術圈的人有不合比例的高死亡率，但是，如果直言藝術圈有比較多同性戀，而且同性戀遠比異性戀更容易得愛滋病，這句話又顯得政治不正確。」自從這個「同性戀癌症」首度開始擴散恐懼之後，已經長達六年，但是主流媒體從來沒有寫過這件事。「這是首次在重要的地方，用了這些詞彙來談論這起流行病」——用直呼其名的方式。

對愛滋病保持沉默，就表示罹患此病的人無法被別人看見。《生活》雜誌曾經在越戰時期的一九六九年，刊出過一期甚具代表性的封面故事，那是一則攝影新聞報導，標題名稱為〈死於越南的美國人臉孔〉（The Faces of the American Dead in Vietnam）；《浮華世界》的編輯群借用了這則報導的概念。貼出了一頁又一頁、總共兩百四十二名鄰家男孩的臉，他們是在僅只一週內死於這個疾病的人。這個簡單的技巧——展示受害者的臉——對戰爭的爭議產生具大的影響。「我們必須停下來看看這些臉。除了必須知道有多少人之外，我們還得知道他們是誰。」[23]

由於愛滋病令人聯想到恥辱，因此受害者總是不會被人看到。米開朗基羅．西格諾里爾說「這種文化被關在櫃子裡」。在這種文化下，每當人們得知艾倫．金斯堡或葛楚．史坦是同性戀時，總是感到很驚訝。「同性戀傾向是不能談的。有些老婦人得知列勃拉斯是同性戀之後，就被嚇到了。」[24]有許多人根本不知道他們得了愛滋病，許多人甚至不知道他們是同性戀——所以西格諾里爾才說：「要理解事情的面貌，其實比光看文字還困難許多。」

許多人並不知道他們得了愛滋病，還有許多人甚至不知道他們是同性戀。而你做了什麼？你是否就只是把他們留在可能感染的途徑中？你和他們的愛人或家人都談過了嗎，知道他們的感情是什麼嗎？就我記憶所及，每個案例都有自己的問題。各種狀況都存在，說不定有五十種以上。……我們等於一直在揭露這些人是同性戀。有些人被出櫃了，但是還有許多人沒有。我想：相關爭論才剛要開始討論什麼比較重要，把這些故事講出來其實更為重要，要讓人們知道它的毀滅性，並且吸引政府的注意力，讓政府做點什麼。

這是艾德麗安・里奇的結論。就像在越戰時期一樣，對愛滋病的政治回應也變成必須。反對同性戀的雷根有好幾年一直忽略這個流行病。他用沃荷式的「精選摘句」（sound bite）——這是專為雷根創造的詞彙——來掩飾他的殘忍。雷根也和許多政治人物一樣，會善用隱喻當中最令人存疑的那個功能：切斷語言和現實之間的連結。桑塔格認為濫用隱喻會讓國民不再把陳腔濫調連結到某個主體，她顯然是對的。這也就是為什麼——像是《生活》在六〇年代和《浮華世界》在八〇年代所做的事——運動者體認到「必須知道是誰」在說話、是誰在步向死亡。〈我們現在的生活方式〉發表的脈絡就是在說：我們必須能夠指稱其名字——尤其是愛滋病的名字。

第二十九章 妳怎麼不回旅館去？

〈我們現在的生活方式〉於一九八六年十一月二十四日在《紐約客》刊登。六天後，「夏威夷國際電影節」（Hawaii International Film Festival）就在檀香山開幕了。蘇珊到那裡去擔任評審團成員，她已經參加好幾年了，這也是為了造訪她的家人。雖然那裡是一個有著棕櫚樹、夏日風情的地方，還有機會看到亞太地區各地的電影，但是蘇珊實在受不了那幾次旅行。史特夫．瓦瑟曼說：「還是有幾次美好的旅行，但是它像是在演什麼恐怖電影。」[1]

對於蜜爾崔德和納特而言，錢一直是個問題，但是從其他方面來說，他們在夏威夷的退休生活還是很愉快的。他們計畫搭乘度假郵輪，還邀請朋友一起同行，包括蜜爾崔德的美髮師保羅．布朗，和納特的外甥傑夫．吉塞爾（Jeff Kissel）。傑夫是來夏威夷上大學的，而且他待在檀香山的前期，每週至少有五天會來找這對夫妻。兩人在八〇年代早期之前都很活躍，直到七十幾歲的蜜爾崔德因關節炎而不良於行，納特也被迫要擔任照護的角色。直到那個時候，她酗酒一事才變得比較浮上檯面。

吉塞爾說：「她絕對沒有因酒精而造成任何損傷。她沒有變得具攻擊性。她就是縮回自己的臥室裡。晚上的娛樂時間只會持續一個半小時就結束。」布朗也同意：「她不會因為酒精而變得懶散、爛醉或笨拙。她絕對不是那種人。」[2]但是她一直縮在臥室裡，卻是蘇珊兒時最痛苦的回憶之一：一個需要安全感的孩子失去了她可以依靠的存在。「抗拒女王」總是在事情變得令她討厭時就消失了；所以蘇珊說她「最深刻的體驗是冷漠」。

蜜爾崔德有崇拜者，但是其中不包括她的女兒。茱蒂絲說：「我母親死後，從別人的反應就可以看得出來，她的朋友都像失去了至親，他們都覺得她是世界上最棒的人，也是最美麗的。」

除了我們之外，她在每個人的眼裡都當真十分有魅力。她也像蘇珊一樣，可以在不同的關係中換上不同的面孔。她會把我們分類。我是很一般、很普通的那種女兒。她不知道任何一丁點關於我的生活的事。其實蘇珊也不知道，真的。[3]

蜜爾崔德不喜歡瑣事、也不喜歡受到打擾，她畢生都在耕耘自己的外貌。她每個禮拜都會做頭髮，在生命接近終點時，她也展現了極大的堅忍。保羅．布朗說：「我注意到有好幾次，我都得幫她從椅子上站起來。她有時候會把手放在背上。我問她：噢，妳覺得背痛嗎？她說對，她覺得有些痛。」但是她的背痛卻不是因為關節炎。她也和許多其他人一樣，即使知道自己罹病了，也始終說不出口癌症這個名字。在茱蒂絲的記憶中，「她從來不曾說過那個名詞」。她在臨終前，用了一些方式表達對蘇珊的愛。她等到蘇珊抵達，並與她在機場相會，當時她已經只剩幾天可以活了。一等到蘇珊在威基基（Waikiki）的凱悅酒店安頓好，她就說：「現在我們可以去醫院了。」

茱蒂絲說：「我覺得媽媽決定去醫院、在那裡安息，是因為我們兩個都在這裡。就連當她在醫院裡——臨終之際——她的手指甲還是修得漂漂亮亮的。」

——

這對姊妹整個禮拜都並排睡在醫院的地板上。自從蘇珊在二十年前缺席茱蒂絲的婚禮之後，她們就沒有這麼親近過了。現在，蘇珊又重新發現了她的妹妹，而且在餘生多了一位女性朋友——曾經被她小看為平凡家庭主婦的人。茱蒂絲告訴她：「我終於了解，媽媽唯一留給我的就是妳。」

蘇珊加了一句：「她哭了。我也哭了。」[4]

蜜爾崔德說：「妳在這裡做什麼？妳怎麼不回旅館去？」

這些就是她對蘇珊說的最後一句話了。「噢，噢，噢……我要怎麼辦？」則是她的最後一句話，「不是和任何人說的」。這對姊妹決定摘掉她的呼吸器，因此，蜜爾崔德在一九八六年十二月一日以八十歲之齡辭世。她選擇了火葬，她的骨灰灑在歐胡島（Oahu）附近的海域。

那個塑造蘇珊最多的人走了。蘇珊的許多關係——與她自己、與她兒子、與她的愛人們的關係——都是由蜜爾崔德塑造的。她在小女孩時對蜜爾崔德感到的是激動、近乎浪漫的愛，而隨著她年紀漸長，換成了對蜜爾崔德留下的空白感到的怨恨——這種空虛已經成了蘇珊內在的情感了。熱情有時候會因為成熟而轉趨無感。但是蘇珊的情況並不是如此，她就是無法同情這名女性——蜜爾崔德先是因為母親的早逝而生活受阻，然後又被年輕守寡絆住了腳步，接著則有酗酒的問題，並因此而與外界隔絕。她還變得要依賴自己的外貌取得價值感，以及依靠那些看起來很有吸引力的男性。

蜜爾崔德死後不久，蘇珊就在日記裡吐露她「對於離家總是覺得很有罪惡感／所以蜜爾崔德的確有權利對我這麼冷漠、這麼不寬厚。（像是當我得知自己懷孕時，從麥迪遜打的那通電話這類事情。）」[5]不過，蘇珊通常會把罪惡轉嫁給讓她感到內疚的人，也就是她的母親。她在幾年後說：「我沒有母親。」

蘇珊回到紐約之後，向露辛達・柴爾茲詳細描述了她母親的死。「我母親沒有想要親吻我、擁抱我或是做其他這類的事。」露辛達批評她的這種說法。

> 「妳難道不明白嗎？她在等妳。她克服了不可思議的身體極限，只為了見妳。這名女性已經奄奄一息了，但是她還是拖著病體去機場。」……她用自己的方式表現了許多——但不是用蘇珊期盼的方式。她活著撐到蘇珊抵達，那已經是個奇蹟了。[6]

蘇珊曾經跟朋友講過一個夢境，或許可以說明蜜爾崔德是如何牢牢地控制她，又對她造成了什麼傷害；她一直覺得被一個鬼魂纏著，而她有時會在那個鬼魂身上看到她摯愛的這名女性。她在夏威夷的時候，有一天在沙發上睡著了，她「感覺到有另一個人類的存在十分靠近她——她抬起眼睛來看，發現那是她的母親，她的母親傾斜著上半身，像是要扼死她」。[7]沒有人像蜜爾崔德這般對她陰魂不散。

在母親去世後，蘇珊的寫作變得比較個人、也比較可接近，就像是她在〈我們現在的生活方式〉那樣，同時混合了對事實的揭露和模糊的說法。這算是又重拾了她在十年前的走向，朝向比較個人的風格。她發表於一九八七年底的〈朝聖〉，那篇關於托馬斯．曼的故事，就是最好的例子。

她構思這篇作品已經已經幾十年了，但是直到蜜爾崔德死後才發表。文中她把家人描繪成智識上的原始人，並提到她那「陰鬱、瘦削」的母親，而且說她覺得和蜜爾崔德、納特住在一起，就像是「她生命中的一段貧民窟時間」。這當然會使她的母親受傷——也會傷到她的繼父。她的表親傑夫．吉塞爾說：「納特是我見過最真誠的人之一。」

> 他始終相信蜜爾崔德和蘇珊的關係其實很親密。她們經常通電話。當蘇珊決定當眾說出那些話時，我想他是真的嚇到了。原來她對母親有如此多批評，他真的對這件事感到很受傷。在蜜爾崔德死後幾年，有一次我和他聊天時問他：「你最近有聽到蘇珊的消息嗎？」他只是看著我，然後說：「我和蘇珊沒有任何關係了。」那真的就是他最後一次提到她。[8]

蜜爾崔德的死讓蘇珊從此能夠寫出比較私人的事，不過也進一步磨損了蘇珊在十多年前與癌症對抗時，早已稀釋的圓滑和同理心。她日記中那個「高眺的寂寞旅人」——一個有著敏銳自覺力的角色，能夠準確的診斷出她的缺點，並嚴厲的申斥她的錯誤——威脅說要永遠離開了。她一直只能把露辛達或蜜爾崔德看作是自己的延伸，同樣的，她對自己的兒子也只能夠用同樣的方式看待。大衛三十五歲了，但是如果他想要確立自己的認同、在他們之間樹立及確保界線的存在，都會傷害到她。在一九八七年三月二十五日，她母親的八十一歲生日時——「她的第一個冥誕」——蘇珊寫道：

幾十年來，身為D〔大衛〕的母親讓我的認同膨脹——我是一個成人了，我很強大，我也被愛
所有事都是正面的……

現在都變成負面的了：
我覺得和他在一起時，我的身分都被剝奪了。
我不再是作家——
只是他的母親
他的敵手
而且我也不再被愛[9]

她的朋友在一九七五年觀察到的：「我從不描述他，只是描述我跟他的關係」，到現在還適用。不過她也曾接著寫道：「這對他來說是多麼大的負擔。」現在她卻沒有這種同情心了。她對於和兒子，還

有和母親及幾個女朋友的關係從不感激，只是覺得「不被愛」。但她其實是被愛的。里昂．韋斯蒂爾說「我愛蘇珊」，他可以代表許多其他人。「但是我不喜歡她。」她愈來愈會侮辱愛她的人，因此，如果有一個人只知道她是著名的公眾人物，他經常會對她的離群感到驚訝。許多原先很親密的朋友都放棄了她。「她就像是瑪麗蓮．夢露，妳不可能在週六晚上和她約會」，韋斯蒂爾說「她對自己絲毫不理解」。[10]所以她會覺得其他人很刻毒、很冷漠，並因此而深受其擾。但是她又沒有看到自己反過來也對別人造成傷害，她的朋友和認識她的人一直對她的行為感到迷惑，而且在她去世後過了許多年，他們也一直沒有找到答案。

FSG的行銷公關長傑夫．賽羅伊（Jeff Seroy）曾有一次向他的精神病醫師提起蘇珊，他的醫師突然笑出聲。賽羅伊問他什麼事這麼好笑。那名醫生回答：「你很難想像這幾年來，曾經有多少坐在那張椅子上的人談起過蘇珊．桑塔格。」[11]

——

不過，雖然她會把別人逼瘋，但是大概也沒有別人像她這樣，拼命地想維持牙買加．金凱德所謂的那個「偉大的人」、那個她努力創造出的影子自我。韋斯蒂爾認為她的名聲——她是屋子裡最聰明的人、帶頭決定步調的人——讓她有責任知道每一件事，韋斯蒂爾認為這種名聲讓她付出了代價。

她有這種很糟糕的想法，總是覺得自己不足，而要成為她也不容易。她神經質的程度十分驚人。我甚至認為她還喘得過氣，已經是很了不起了。如果你老是覺得自己還不夠、又總是被冠上荒唐的名聲，你會有什麼感覺呢？如果你其實很害怕自己會被掏空呢？[12]

在蜜爾崔德去世的前後，她又加倍努力展現出一種令人讚賞的外觀。她在一九六四年的日記中坦誠了這件事，而且透露出這種傾向由來已久，可以往回追溯到她小的時候。

我看重專業能力＋力量，認為（從四歲起？）這對「身為一個人」而言，至少比裝可愛更容易達成。[13]

如果一個人對於被愛感到絕望，她就會趕走那些試著愛她的人，或是對他們覺得不以為然，這也似乎說明了桑塔格的關係。她有極親密的時刻，但是可能很快就在瞬間燃燒殆盡。她之前的朋友眾多。韋斯蒂爾說：「我開始注意到與我偶然相遇的每個人，幾乎都曾經是蘇珊的好朋友。她與每個人一開始的關係都很好，可以分享秘密，彷彿世上只有他們兩個人。但是她與許多人的關係結束倒不只是蘇珊放棄了他們：他們也一樣放棄了蘇珊。」

蘇珊——本人——把人們都趕跑了。但是象徵上的桑塔格卻十分有吸引力。她的公共知識分子形象十分鮮明，所以伍迪．艾倫還請她出演他的仿紀錄片，一九八三年上映的《西力傳》（*Zelig*），他讓她在片中扮演一名時事評論家。他拍攝蘇珊在威尼斯運河對倫納德・西力（Leonard Zelig）作了一番深刻的評論，說他是「人類變色龍」，會出人意料之外的出現在任何地方、變形成任何東西：他是一個沒有固定身分的名人，他像一面鏡子，能夠映照出任何事物。

蘇珊在那部電影中的位置可以看作是美國知識分子的門面，然而，帶著反諷。不過這個位置在一九八七年六月三日還正式成真了：她被選為美國筆會（PEN American Center）的會長。她的出線，象徵那個令人尊敬的組織的一次變身。「美國筆會」是在一九二一年遵循國際聯盟（League of Nations）的原則成立的，它是最早成立的國際人權組織之一。它的工作有很大一部分是在幫助被壓迫政權盯上的作家們，但是因為它是國際組織，所以就像聯合國一樣，得依靠會員之間的協調，因此也並不總是能起作用。共產國家裡，像布羅茨基這樣的作家會被通緝，而「官方作家」則都是共產黨員，所以這樣的組織能夠觸及的範圍有限。但是仍有證據顯示它發揮了寶貴的作用，舉例來說：當阿瑟・庫斯勒（Arthur Koestler）被法西斯的獨裁西班牙政府關押時，筆會介入並拯救了他的性命，還有當諾貝爾獎得主渥雷・索因卡被奈及利亞宣判死刑時，也是筆會救了他的命。女性主義作家梅雷迪思・塔克斯（Meredith Tax）說，直到八〇年代中期之前，美國筆會都是「一個相當小、發展也不算特別好」的團體。但是一九八四年選出的新任會長諾曼・梅勒推動了轉型。很多文學界的人對梅勒的盛氣凌人和大男人主義都深惡痛絕，但是他卻有辦法提高美國筆會的形象，且他也的確做到了，這件事絕對沒有幾個作家做得到。塔克斯說：「梅勒來了之後，美國筆會突然變得像是洛克斐勒中心。」[14]

一九八六年一月的國際筆會大會（International PEN Congress）是由紐約主辦，梅勒在那場大會中讓人們看到了這種轉變。印度作家薩爾曼・魯西迪（Salman Rushdie）對這場「梅勒大會」留下不可磨滅的印象，後來連他自己都很快地就需要這個組織的支持了。魯西迪對筆會名冊中列名的人「還不是只有稍微感到驚訝而已」。「布羅茨基、鈞特・葛拉斯（Günter Grass）、〔艾默思・〕奧茲（Oz）、索因卡、巴爾加斯・尤薩、貝婁、瑞蒙・卡佛、多克托羅、〔童妮・〕莫里森（Morrison）、愛德華・薩伊德（Edward Said）、斯蒂隆、厄普代克（Updike）、馮內果、巴塞爾姆和梅勒自己」都在裡面，有一名攝影師在中央公園裡叫魯西迪坐進一輛馬車，當時他發現自己竟然和切斯瓦夫・米沃什（Czesław Miłosz）以及蘇珊・桑塔格擠在一起。[15]

梅勒是個宣傳天才，他創辦的活動可以把文學擺到政治和文化的核心：在某些歐洲國家，文學是可以占到這樣的位置，但是在美國卻從來不曾達到——這點令桑塔格大感遺憾。梅雷迪思・塔克斯說：「《紐約時報》的頭版會每天刊出筆會的大會。紐約的文學活動一般不會這樣。」魯西迪寫道：「在那幾天中，人們會覺得紐約文壇很重要，作者間的辯論受到廣泛的報導，就連文學界這個小圈圈之外的人似乎都覺得很重要。」[16]

期間也發生了兩件主要的爭議。第一件是梅勒邀請了雷根的國務卿喬治・舒茲（George Shultz）與會。這引來了抗議：抗議者包括對美國的種族隔離或對尼加拉瓜政策有批判的作家群；還有些人是因為記得國務院曾經視某些作家為破壞分子而拒發簽證，其中包括法利·莫沃特（Farley Mowat）和加布列·賈西亞·馬奎斯（Gabriel García Márquez）。抗議運動由桑塔格和多克托羅帶領，他們在舒茲要上臺演講時，向梅勒遞交了一封信。梅勒有把信給舒茲看，但是拒絕大聲念出來。格雷斯·佩利（Grace Paley）發表抗議演說時，梅勒說：「我請國務卿來這裡，不是要聽妳這個女人說教的。」[17]抗議者對他的下一個解釋大概還稍能接受：既然「美國筆會」是要減少作家受到壓迫，「如果能從國務院獲得比較多庇蔭，我們的工作會比較有效率」。[18]

但是梅勒很會講一些反駁的話，有時候是開玩笑的，有時候則的確會提及一些厭女的修辭。這些會損及他在爭論中的立場——更不要說他還刺傷了自己的妻子。這也使得女性的代表性不足，在一百二十名受邀者之中，僅有十六名女性。塔克斯說：「他說來的都是世界上最優秀的作家。等到第一天在那裡坐定之後，我們才痛苦地了解到：原來世界上最優秀的作家都是白人男性。」美國筆會的執行長凱倫·肯納利則對這個描述提出異議。她說：「要邀請誰是由我和蘇珊、唐納德·巴塞爾姆共同決定的。」他們也邀請了許多傑出的女性——瓊·蒂蒂安、尤多拉·韋爾蒂（Eudora Welty）、多麗絲·萊辛（Doris Lessing）、瑪麗·麥卡錫——只是她們都無法出席。[19]

梅勒並沒有承認或是試著解決這個問題，反而是火上澆油地告訴記者：「像蘇珊·桑塔格這樣先是知識分子，然後才是詩人和小說家的女性並沒有很多。」這又進一步激怒了那些抗議者。但是倒沒有激怒蘇珊。她和納丁·戈迪默說：「文學絕對不會給每一個人公平的機會。」[20]這一再被當作是她主張用人唯才的說法。但是其實正好相反。塔克斯還記得「她並不是說『噢，少來了，諾曼。其實有很多女性知識分子，只是誰誰誰太忙了，而誰誰誰已經去世了』——其他任何人應該都會這麼說的。她把這當作是自己應得的。」[21]

她的評語假設了某些競技場是公平的，而且在暗示女性並不是憑藉成就、而是要求依性別給她們包容。桑塔格當然知道女性主義就是在批評競技場並不公平，她們認為女性如果能夠達到她的位置，絕對不只是因為她們格外優秀——更重要的是——她們要格外幸運。在女性主義的說法中，她是「特例的女性」：就像是一個黑人或是猶太人家庭被特許住在全白人的社區。即使有單獨的特例不適用該規則，並不會損及規則的有效性；有彈性只是強化了規則的存在。

諷刺的是，其實是梅勒自己的發現才最靠近問題所在，他發現「世界上有些國家並沒有優秀的女性作家」。這句話也像他一貫的風格一樣，用最挑釁的方式講出來，並引來一陣噓聲。但是他真正的意思、他要解釋的，其實是「那些國家的女性遭到剝削，也被壓制了出頭的可能性」。有人缺乏獲得教育、生育控制權、經濟機會的門路，這表示能夠克服這類結構的所有女性都算特例。

——

歷經這次失敗之後，美國筆會需要一名女性會長。梅勒的任期在一九八六年六月結束，小說家霍爾滕斯・卡里舍爾（Hortense Calisher）成為下一個選擇。然而卡里舍爾旋即與負責行政事務的肯納利發生不合，而且在一年後就辭職了，但當時蘇珊找到一個方法讓各方都保有尊嚴。她曾被選任的「美國藝術暨文學學會」（American Academy of Arts and Letters）當時正在找新的會長，於是她把卡里舍爾推薦給他們，然後建議肯納利讓自己擔任美國筆會的會長；她過去也曾經獲邀擔任這個職位。肯納利說「願上帝保佑蘇珊」，因為她找到了一個如此周到的解決方式。「就因為這樣，你怎麼可能不永遠愛她呢？」[22]

會長一職主要是象徵性的。他／她要去開會；造訪華盛頓；草擬和簽署信件，然後發送新聞稿。但是這個會章中最上位的角色非常適合蘇珊。下一屆「國際筆會大會」是她一個重要的起步，該次大會於一九八八年八月二十八日在首爾召開，就在保羅．泰克過世兩週多之後。美國筆會和它的同盟者——澳洲、加拿大、丹麥、荷蘭、瑞典和西德——抗議選在南韓召開，因為南韓雖然在穩定地朝向民主化發展，但還是有作家被關在牢裡。抗議沒有成功，不過肯納利還是在大會召開前兩週去了南韓，為他們的抗議做一些基礎工作。他籌辦了一次向異議作家致敬的簡單雞尾酒會，而這種「節制、非對抗性的作法」，與其他國家追尋的「靜默外交」（quiet diplomacy）形成強烈的對比。[23]

蘇珊從來不主張節制、非對抗性的作法。一家南韓報紙把這場顯然算適度的雞尾酒會形容為「非法集會」，它吸引了一百五十人與會，包括被關押作家的朋友和親戚。與會者在席間閱讀被關押者的作品，並描述他們的苦境。南韓政府認為那次酒會是對他們的侮辱，蘇珊得知這件事之後，立刻予以還擊：「我們這一群作家是來這裡幫助其他作家的。當一個沉默、彬彬有禮的來客不是我的工作。作家的工作就是要大聲說出來。」這些活動對南韓政權的確夠有攻擊性，盧泰愚總統原本預定要來致詞的，後來就取消了。[24]

他們的抗議被注意到了。作家李山河（San-Ha Lee）寫了一首詩描述美軍在韓戰期間對平民百姓的殘酷行徑，因此在一九八七年遭到逮捕。他的律師告訴人在獄中的李山河：桑塔格希望讓他成為美國筆會的榮譽會員。

> 在冗長的法律程序中，人在紐約的桑塔格數次要求南韓政府釋放我。……這讓政府開始感到有些窘迫，因為奧運即將於同一年在南韓舉辦，政府必須要很小心國際的觀感。因此政府給了她一些釋放我的承諾，我在獄中也聽到了。當我在獄中時，蘇珊・桑塔格好幾次要求與我會面，但是都被主管機關拒絕了。[25]

等到政府有辦法靜靜解決這件事時，他們也的確這麼做了：一名出版人在十月遭到釋放，到了十二月又有三名，而李山河則在一九九〇年獲釋。[26]但是他被禁止出國。

> 我直到十年後的二〇〇〇年，才終於能夠去日本。而蘇珊・桑塔格在二〇〇四年以七十一歲之齡死於癌症，所以我一直沒能與她見上一面。蘇珊・桑塔格會不時出現在我看的電視螢幕上，我有時候也會看到《旁觀他人之痛苦》，她的名字對我而言是一種提醒：我必須檢討自己的思想有何進展、我是否走在正確的道路上，而在踏過的道路上，我又留下多深的足跡。[27]

首爾大會對桑塔格而言其實是一次彩排，在不久之後，她又緊接著扮演了另一個重要得多的角色。她那令人生畏的名聲、長期活動的紀錄和美國筆會會長的地位加在一起，使她在碰到現代文學史上最惡名昭彰的傳奇之一時，擔任了核心的角色。在蘇珊由首爾回國之後的一個月，薩爾曼·魯西迪在倫敦出版了《魔鬼詩篇》（*The Satanic Verses*）這本小說，這讓他在一九八九年的情人節那天，遭到伊朗的「最高領袖」阿亞圖拉·何梅尼下達追殺令。因為它的書名是在暗示穆罕默德生命裡，撒旦曾經引誘這位先知講出三名異教女神的名字這件事；但是其實何梅尼政府裡沒有人讀過那本小說。

作者魯西迪被指控的罪名是褻瀆先知；接著，伊斯蘭教令「fatwa」——音譯為「法特瓦」，這個字已經漸漸不限於伊斯蘭世界使用了——帶來其後的一波恐怖行動，最後造成至少六十個人死亡。還有英國及美國的書店遭到炸彈攻擊。魯西迪的挪威出版者及土耳其和義大利的翻譯都遭到槍擊或遇襲受傷。日文版翻譯也被謀殺。魯西迪自己在接下來的幾年中也只能到處藏身，一直對伊朗當局進行不見效果又很恥辱的「陪罪」。魯西迪也開始認為其他支持「節制、非對抗性作法」的作家拋棄了他——那種作法本身就像在譴責魯西迪蓄意挑起這場災難。約翰·勒卡雷（John le Carré）以飽嘗世故之姿說：「我不認為我們之中如果有任何人對一個偉大的宗教做出不禮貌之事，可以免於懲處。」反閃米特族*的羅爾德·達爾（Roald Dahl）說魯西迪是「一個危險的機會主義者」，他「清楚地知道自己在做什麼，因此無從請求諒解。這種造成轟動的題材當然可以把一本不怎麼樣的書推上暢銷書榜首——但是我認為這實

* 譯者註：即反猶太之意。

在是很劣質的作法」。[28]

伊斯蘭教令法特瓦在一九八九年形成了一種會讓人感到真實恐懼的新現象，這個字本身也是。多克托羅說：「那是我們第一次嚐到了神權治下的感覺。我們第一次嚐到世界的某個部分在信仰和暴力之間的關聯。」[29]這本書當時還沒有在美國出版——原本是預定在二月二十二日，何梅尼下達追殺令後的一週多。最初還有許多人覺得應該是出於什麼誤會；等到當法特瓦下達之後，幾位出名的美國作家——包括一些大聲反對南韓審查制度的作家——卻避之唯恐不及。凱倫·肯納利說：「因為他們已經過世了，所以我現在才說出來。亞瑟·米勒說過他不想和這件事有任何關聯。馮內果也是這麼說。在他們還活著的時候，我一直假裝這件事不存在。」[30]

危險是真實存在的：筆會辦公室一直接到騷擾電話；企鵝出版集團必須僱用保鏢；大型連鎖書店聽到其他國家的暴力事件之後，都感到很害怕，所以都不願意銷售該書。魯西迪獲得了英國安全部門的保護，但是其他與此書相關的人都沒有。魯西迪說：「我知道美國記者到處打電話、想要得到書評，他們都很驚訝怎麼有許多重要的美國作家突然之間都聯絡不到人了。」[31]就連一向鬥志高昂的梅勒都遲疑了；但他一直都覺得不會有其他美國作家比他更有戰鬥力。

事情在幾天之內發生了改變。魯西迪寫道：「在蘇珊出面之後，幾乎所有人都發掘了更好的自我。」[32]蘇珊認為那本書該得到重視，但是幾乎沒有人看過那本書，大家都只有看到那些爭議事件。筆會找來一些重要作家，讓大家一起閱讀書的摘錄。梅勒來了，瓊·蒂蒂安、唐·德里羅（Don DeLillo）、多克托羅、黛安娜·特里林、賴瑞·麥可莫特瑞、愛德華·薩伊德、羅伯特·卡羅（Robert

Caro）和里昂・韋斯蒂爾都來了。魯西迪說：「我很高興是由蘇珊、而不是其他比較膽小的人擔任會長。」

這次的團結，替正在因「非伊斯蘭世界的敵意」而氣餒的魯西迪帶來最重要的支持。「紐約的樞機主教、英國首席拉比和主教都站到了另一邊。他們都在大力譴責一本自己也沒有看過的小說。」在讀書會後隔日，「B・戴頓」（B. Dalton）連鎖書店和「巴諾書店」（Barnes & Noble）都宣布他們一定會讓《魔鬼詩篇》上架。魯西迪在聽過讀書會的紀錄之後說：「這件事對我來說很重要。有了盟友，讓我感到充滿戰鬥力。」首席盟友就是被他稱為「好人蘇珊」的這位女性。

第三十章　不拘禮節的親密感

安妮．萊博維茨在認識蘇珊時，已經是個名人了；即使以蘇珊那個世界的標準來看，也絕對是如此。安妮出生於一九四九年，她當時還未滿四十歲，不過在大部分人都還在讀大學的年紀，她就已經很出名了。她的父親是空軍官員，所以安娜—露（Anna-Lou）*也和蘇珊一樣，有個流浪的童年。這強化了她的家人的向心性：她是六個孩子中的其中一個，「我的兄弟姊妹一直是、現在也還是我最好的朋友。」[1]他們一直搬家，所以很難與家人之外的人維持關係。但是對一個攝影師來說，任何地方都可以去、讀出別人心裡在想什麼，並得到自己需要的東西，這其實是一種必需的天賦。

她也和蘇珊一樣有個酗酒的母親；她也和蘇珊一樣，展現出「酗酒家庭的成年子女」的特徵：她們缺乏信心，而且急著證明自己，用不可能的完美主義來折磨自己和其他人；她們在危機之間蹣跚前行，有時候顯得慷慨大方，有時又顯得急躁而暴力。她也和許多酗酒家庭的小孩一樣出現酒精成癮的傾向，[2]不過和蘇珊相反的，是她說自己的童年「極為快樂」，也記得她「強烈感受到自己被愛」。[3]

她的父親在越戰期間被派駐到克拉克空軍基地（Clark Air Base），那是菲律賓的大型軍事城，有多

* 譯者註：安妮．萊博維茨的本名。

次戰爭都是從那裡出發的：因此她父親經常到越南。在一九六七年，反戰運動到達高峰的時候，安妮開始在舊金山讀藝術學校，而舊金山正是發起運動的核心。學了一年繪畫之後，她去造訪父母，還和母親同遊日本。她在那裡正式買了她的第一臺相機，並且帶著它去爬富士山。她愛上攝影的即時性，也喜愛攝影讓她不要被隔離在個人的畫室中。她說：「畫室裡有許多抽象表現主義藝術家都像是在生氣。我不想選擇抽象派藝術。我喜歡貼近現實。」[4] 後來成為攝影師之後，她還是保有畫家的鑑賞力，隨著她在財務面和技術面可運用的方法愈來愈多，她的鑑賞力也愈來愈細緻了。

她一方面想對父親保持忠誠，但是又對戰爭感到痛苦，在這兩方面的撕扯之下，她在一九六九年作出了第三種選擇——前往以色列的集體聚落「基布茲」（kibbutz）。但是等她知道「流浪到國外也不會解決任何事」之後，便帶著一堆以色列的照片回美國了。在〈河內紀行〉刊出一年之後，安妮也開始有對戰爭的回應，她發表的一些反戰示威照片在舊金山和柏克萊掀起軒然大波。在她男友的鼓勵之下，她帶著這些照片和她從「基布茲」帶回來的作品，去找一家新雜誌的藝術總監。幾年之後也成為藝術總監的羅傑·布萊克（Roger Black）說：「對較年輕的一代來說，《滾石》雜誌可能還比之前的任何雜誌都更為重要。」[5]

安妮·萊博維茨為那個年代的英雄賦予了一張臉，她自己也在這個過程中成了一名英雄。她在年僅二十歲的時候，就說服揚恩·溫納（Jann Wenner）讓她為約翰·藍儂（John Lennon）拍照，這為她取得一個華麗的出道舞臺。溫納只比她大三歲，是出了名的一毛不拔；安妮能夠拿到那個工作，是因為她告訴溫納自己可以買比較便宜的青年機票飛到紐約，而且她那兩週的開銷只報了二十五美元。[6]「洋子後來說她和約翰看到揚恩派了像我這樣的人，來幫他們這麼有名的人拍照，覺得印象非常深刻。」[7]她拍的特寫照片被刊在一九七一年一月二十一日那期《滾石》雜誌的封面。因為那期封面，安妮開始變成著名的《紐約時報》攝影總監凱西・瑞安（Kathy Ryan）口中所謂的「我們這個時代某些名人御用的宮廷畫家」。[8]

一年多之後，謝爾・希爾弗斯坦（Shel Silverstein）寫了一首歌，並成為虎克博士樂團（Dr. Hook and the Medicine Show）的暢銷歌，其中有一段的歌詞是：

> 我們可以吃遍各種藥丸，嚐遍各種興奮的感覺，
> 但是有一種興奮感我們一直不知道，
> 那就是當你的照片
> 被刊在《滾石》雜誌的封面，你會感受到的那種興奮。[9]

幾年後當了她助理的安德魯・埃克萊斯（Andrew Eccles）說：「那是一種認可。想要登上《滾石》雜誌的封面，就等於是說我想要安妮・萊博維茨替我拍照。」[10]

萊博維茨夠幸運，她在正確的時間出現在正確的地方——在反文化的高峰出現在舊金山。她夠幸運，才會正巧發現一個新興雜誌，而這個雜誌後來竟成了那個世代的代表。但是要達到她的專業頂峰，並且終生在那個位置待了將近五十年，這就不能只靠運氣了，而她的部分秘訣就是能夠去到別人到不了的地方。

早年為《滾石》雜誌寫文章的提摩西．克魯斯（Timothy Crouse）說她可以近看一個人的臉：

> 她有這個能力，這是我在其他攝影師身上從來沒有看過的，她可以看近一個人的臉，真的就是如字面的意義。鏡頭就靠在他們臉上，那個人可能曾經與她共事，所以她有時間和他建立起融洽的關係，或就是一個她所知不多的人，也可能是她一秒鐘前才在街上偶遇的人。那不只是因為她膽子很大。這並不是說她會不知分寸的盯著他們的臉看。而是說她可以在一秒鐘內就建立起某種友好關係。[11]

安德魯．埃克萊斯說她會走進別人的家裡：

> 對方會說：「噢，妳不能來我家。」進入對方的家就成了她必須做的一件事。「我要怎樣才能夠進他們家裡呢？」我們會一直詢問。我們可能會聲稱和那棟房子有什麼關係。不管那是什麼。總之我們一直有動力想這麼做。[12]

她會讓人裸體入鏡。《滾石》雜誌一直被開玩笑說出現在雜誌上的人都有部分、或是乾脆全身都沒有穿衣服，這也是該雜誌的部分賣點。

和我拍照片真的非常有趣。我會把他們按在泥地裡！我會把他們吊在天花板上！接著他們會說：「萊博維茨，我聽說過妳很難纏。我有聽說過那不容易。」[13]

她還會上人們的床。一九七四年出任《滾石》雜誌照片編輯的凱倫・穆拉克伊（Karen Mullarkey）說：「性事在她的作品裡占了極大份量。所有真正好的照片都有性方面的誘惑力——因為它們會像是有種不拘禮節的親密感。」不斷遷徙的童年讓她一直在和新的城市、新的學校、新的人群協調，也讓她有能力展現出這種不拘禮節的親密感。

他們會讓你覺得他們是你的朋友、他們是你的什麼人，所以他們可以得到他們想要的，然後他們就閃人了。你拍的是一位名人。你會極盡一切能事討好他們，讓他們覺得有足夠的安全感。然後他們的弱點就呈現出來了——接著你進去、一一突破——然後就結束了。[14]

《滾石》雜誌另一名資深老手馬克思・阿奎萊拉—赫維格（Max Aguilera-Hellweg）說：看近一個人

的臉、走進他們家裡、讓他們裸體入鏡、把他們推進泥巴裡——就是字面上的意思——這就是攝影師的支配遊戲：

> 安妮從一開始就知道攝影師要如何處理人的心理學。從你打電話給對象的那一分鐘開始，你就要開始掌控他們。你說的每一件事，都是一直在展開方程式，是在爭取與他們有更多時間、獲得更多親密感、讓他們顯露出更多自己——好一直保持支配的地位。好把他們保存在膠捲上。讓他們展現自己。有時候你也要揭露自己，讓自己走進更親密的關係。有時候你會故意說錯，好讓他們挑戰你。但是，如果你不是從一開始就這麼做，你就會錯失時機了。[15]

在早年安妮自己還沒有出名的時候，她需要找出自己和拍攝對象的連結。而她在靠近對象時，就像是蘇珊在寫卡內提或是亞陶那樣，埃克萊斯說她會「帶著無盡的關注和尊崇，對那人感到傾慕。對他們極盡讚譽之能事」。

> 她真的愛她的拍攝對象。有時候是**真的**愛上了她的對象，然而她會對那人所做的每一件事極盡奉承。有些攝影師未必有這些人際技巧。當有人在他們的鏡頭前面時，他們說的只是：「噢，不要

> 那樣，那會讓你看起來很胖」，或是「不要那樣坐」。但是從安妮的嘴裡，都是說「你現在這樣做真的很棒——不過可以再試試別的」。她會讓人覺得他們自己很棒。這會讓人感覺放鬆和安全，也許就讓對方願意脫去他們的衣服，或是在不知不覺間就接受了他們原本有點防備的想法。[16]

安妮的對象並不是只對照相機示愛。也有人盛傳她和幾名攝影對象睡過，包括米克．傑格（Mick Jagger）和布魯斯．史普林斯汀。[17]一九七一年開始在《滾石》工作的莎拉．拉津（Sarah Lazin）說：「傑瑞．加西亞（Jerry Garcia）有一系列照片，顯然是在早晨起來、爬下床的時候拍的。」凱倫．穆拉克伊也記得安妮鏡頭下的琳達．朗絲黛（Linda Ronstadt）是如何不加修飾，她攤平在床上、屁股對著空中，披著一件紅色的緊身長睡袍。

> 你真的不太可能拍到那種照片。「嘿，你躺在床上好了。欸，你要不要把裙子掀起來？」就算這樣說，也不可能變得出像她拍的那種場景。一定還有什麼私人得多的東西。[18]

安妮幫朗絲黛拍這些照片時，朗絲黛三十歲。她過去一直被塑造成十幾歲的女孩形象，所以安妮決定展現出她長大成人的一面。朗絲黛後來對這些照片感到「痛悔莫名」，她說安妮騙了她，這些照片是在她以為的「休息時間」拍的。[19]雖然安妮堅決否認她與拍攝對象之間有愛情，不過她倒是很自豪自己像隻兀鷹一樣：

我喜歡在這些人有時間的時候和他們工作，當他們覺得無聊到爆、沒有別的事可做的時候。你知道的，在他們有機可乘時，伺機而入。[20]

這樣吸血鬼式的照相機是蘇珊所譴責的。朗絲黛的照片將讀者的視角置於她的上方。讀者看不到她的臉，就像是她的衣服一樣被脫去了；她的外陰部也幾乎被看到了，甚至像是在請人多看兩眼。安妮用了黛安·阿巴斯的技巧才拍到這些照片，阿巴斯寫過：「我總是覺得，攝影是一種下流的玩意兒——這也是我喜愛攝影的原因之一，我第一次做攝影時，感到非常變態。」[21]蘇珊在《論攝影》中引用了這段話；萊博維茨很欣賞阿巴斯，安妮會為了支配拍攝對象而奉承他們，這呼應了蘇珊對阿巴斯手法的描述：「絕非偷看怪異者和被社會遺棄者，在他們不知不覺時抓拍他們，而是去結識他們，使他們放心。」[22]這是用另一種方式聲明蘇珊在每一次使用相機背後看到的支配。

拍攝就是占有被拍攝的東西。它意味著把你自己置於與世界的某種關係中，這是一種讓人覺得像知識，因而也像權力的關係。[23]

——

這個設局裡還包含了製造誘惑的東西。在朗絲黛伸手像是要拿東西的床頭櫃上，其實還有一面鏡子沒有在鏡頭裡。穆拉克伊說：「她肚子朝下趴著，只穿了襯褲的腿向後伸出去，往前像是要拿什麼東西。那是因為鏡子上有古柯鹼。」[24]

那時候性或毒品還不至於拉響警報。拉津說：「那時候不像現在，每個人本來就會和不同的人上床。這類事情在現在是受到禁止而且違法的。」嗑藥也是一樣，穆拉克伊說：「很難解釋藥品在那個年代到處都有，它很普遍。」布萊克說：「但是我們從來不知道誰死於嗑藥。」[25]

《滾石》創始於一九六七年，發生「愛之夏」（Summer of Love）的那一年，當年有一首歌的內容是邀請人們去舊金山，還要在頭髮上插滿鮮花。當年真的有上千人聚集到這種「嬉皮的愛情集會」，也已經有避孕藥，性病的治療技術也有進步，所以能夠召開以性為號召的慶典，不論是在音樂會、冥想聚會或是這類性的集會上，都飄蕩著大麻煙。

除了菸草之外，「愛之夏」的象徵藥品還有興奮劑LSD；不過在七〇年代，到處都拿得到更多藥性更強的毒品。雖然《滾石》早期的兩名象徵人物，吉米・罕醉克斯（Jimi Hendrix）和珍妮絲・賈普林（Janis Joplin），都在一九七〇年的夏天因服藥過量致死，且兩人的死相隔沒幾天，但是古柯鹼和海洛因的危險性卻沒有被大眾理解。《滾石》公司內部甚至還有販賣毒品的人，他們就在一間叫作「卡普里會客廳」（Capri Lounge）的房間裡賣貨。穆拉克伊說：「你可以在那裡買到你想要的大麻。你可以在那裡買到古柯鹼。那裡就像是公司福利社。」經營「卡普里會客廳」的兩名嬉皮會替所有顧客照相，以免有人舉發他們，他們也像所有夠聰明的毒販一樣，會控制自己，不要沉迷於自己所賣的貨品中。羅傑・布萊克說他們兩個人最後都全身而退：「一個在卡茲奇山擁有一大片田地，還可以遠眺哈德遜河。另一個則住在阿拉巴馬州，他有一個兩千英畝大的馬場，有很大的馬廄，還有幾臺荒原路華攬勝（Land Rover）的車。」[26]

不是每個人都這麼幸運。對安妮來說，轉折點發生在一九七五年夏天，她陪滾石樂團（Rolling Stones）進行美國巡演時。

> 安迪・沃荷在長島邊緣的蒙托克（Montauk）有一處地方，樂團就在那裡排演，我也在那裡待了一個月左右，接下來有一段休息時間，然後就在六月展開巡演。我很天真。……當時我以為如果要拍到最好的作品，就要變成一隻變色龍。……我做了與滾石樂團一起巡演時，所有妳覺得應該做的事。那是我生命中第一次覺得被什麼東西接管了。[27]

她回來時已經變了一個人。就算每個人都嗑藥，大家還是會同意「滾石」不太一樣，拉津說：

> 搖滾樂團「感恩至死」（Grateful Dead）嗑了成噸的藥，多到他們沒辦法去歐洲巡演。不過整體來說，「滾石」還有更邪惡的地方——我指的是真的邪惡。有人死了。她和那些人出去這麼一段時間之後，把她毀了。除了藥之外，還有性，然後又是藥，還有一些壞事、邪門歪道和可怕的事。我不知道她遇到了什麼，但是當她回來的時候，她已經變成另外一個人了。她變得愈來愈怪，嗑

> 的藥也愈來愈多，在紐約過完了第一年，七七年到七八年，她已經變得一團糟了。[28]

她陷入了誘惑物的控制、做出所有能討好的事。凱倫說：「在一開始的時候，她會做所有事情。真該死。只要能照到照片。有時候，那是很沒有尊嚴的。她會接下他們想做的所有鳥事。」就是這種浮士德式的協議讓安妮獲得了成功。凱倫告訴她：「問題就是妳會營造出某種不拘禮節的親密感，妳對那個很擅長。但那是有代價的，因為妳會看到很可怕的東西。」

—

安妮也和蘇珊一樣，在公眾面前總顯得淡定自如。但是認識她的人就不會被她騙了。布萊克說：「安妮非常脆弱，她總是害怕自己會沒辦法重新振作起來。她會在辦公室裡歇斯底里地發作、亂丟東西、一副茫然無頭緒的樣子。」她幾年來都是這樣子的狂熱工作狀態。她曾經在一九七三年說過：「我不知道還有沒有辦法更瘋狂了。不過我的確是用我操縱東西的速度在驅趕自己。」[29]她和蘇珊一樣有證明自己的需求，埃克萊斯說她「一直想要拍出下一張鉅作」。

> 她強烈地感覺自己有責任拍出這個人最好的照片。或許有些醫生在工作時也是這樣想的。好像這張照片如果拍得夠好，就可以拯救對方的生命了。[30]

她的老闆揚恩・溫納也利用了她這樣永無休止的驅動力；布萊克說揚恩對「人性有非常敏銳和狡黠的判斷」。安妮、揚恩和他太太，珍，形成了一個鐵三角。布萊克說：「他們的關係非常、非常緊密，堅不可摧。你不可能突破那個鐵三角。」安妮成了他們的孩子，穆拉克伊說：「她是那個家庭關係中唯一的孩子。他們的關係一部分是那樣，然後再加上藥。藥太容易取得了。你做得到任何自己想做的事。不會有別人說三道四。」後來的幾年中，安妮從來不曾再直呼揚恩和珍的名諱：她總是稱呼他們是「他們」。[31]

揚恩把安妮的缺乏信心看作是控制她的關鍵。穆拉克伊說：「他利用了『沒有我，妳哪裡都到不了』這個事實。『沒有我，根本就不會出現妳這個人』。」這個操縱手法如果再加上鼓勵和提供機會，就會變得更加有效。他會告訴她：「妳將成為這個世界上最棒的攝影師。」她也的確拿到了驚人的揮灑空間。在雜誌十週年的那一期封面上，只有出現兩個人的名字：亨特・斯托克頓・湯普森（Hunter S. Thompson）和安妮・萊博維茨。他給了她整整五十頁作十年來的作品回顧。布萊克寫道：「沒有哪一位創作者會這麼常出現在《滾石》雜誌上。」[32]到那一期為止，由她拍攝的封面照片竟然多達五十八期。

《滾石》雜誌在十週年的一九七七年時搬去紐約，安妮的五十頁代表作選輯是由比・菲特勒（Bea Feitler）操刀設計的。比在一九三八年於巴西里約熱內盧出生，她的雙親是猶太人，在她的雙親以難民身分從德國法蘭克福搬來的短短兩年之後，比就進入紐約的帕森（Parsons）設計學院就讀。她完成學業之後便回到巴西，在重點雜誌《要人》（*Senhor*）闖出了名號，她的作品包括為搶先刊出克拉麗斯・利普科特（Clarice Lispector）故事的各期雜誌設計封面。[33] 但是她在一九六一年回到紐約，最後成了《哈潑時尚》（*Harper's Bazaar*）的藝術總監。十年後，她又成了女性主義雜誌《女士》（*Ms.*）的創辦人之一。

穆拉克伊說：「安妮終生都在尋找一名強大的女性當她工作上的母親。」就像是之前的揚恩和之後的蘇珊，比也為她顯示了自我改善的可能性：

> 比絕對是個美人，而且還很有異國風情，她有著亞麻色的頭髮，充滿生命力，設計能力也是一流，還能夠給她很有建設性的評論，有助於形塑她的眼光和她看待事情的方法。她在中央公園南區有一棟很棒的公寓，極好的一間公寓，裡面收藏了許多藝術書籍。她會拿出一些東西秀給你看，她的設計品、她完成的書、與她共事的偉大攝影師。這裡就代表了機會。

她與黛安・阿巴斯有密切的合作，而且還是一名天生的老師。巴西攝影師奧托・斯圖勃可夫（Otto Stupakoff）說：「我合作過上百名藝術總監，就我所知，唯有她會覺得自己對攝影師有教學責任。」[34]

穆拉克伊也說，比和安妮說話時，帶著沉穩的權威。

她很堅定，也很精明。這會帶給安妮安慰，因為安妮會對別人大吼，好試著鎮住他們。比不需要對別人吼。安妮深受這點吸引，因為這樣很有安全感。這樣像是一個可靠的好母親。[35]

她們的戀愛關係為時很短，但是這代表安妮不再與揚恩糾纏，而且多了一些穩定性。但是她還繼續在嗑藥，行為也愈來愈沒有好名聲，雖然她仍然繼續創作出最好的作品。她還年輕，她聲稱自己想獲得真實，但是卻和蘇珊一樣，偏好透過相機看到變動的世界。她說：「這個事業的本質是在看東西看起來像什麼，而不是它真正是什麼。」蘇珊可能會在《論攝影》裡邊挑眉邊引用這句話。「我鼓勵人們接受我所看到的真實。」[36]

她也和蘇珊一樣，會對照片和真實感到混淆，這讓她會去到一些明智的人會退避三舍的地方。布萊克記得在一九七八年的一次拍攝：

佩蒂．史密斯（Patti Smith）在紐奧良有一場演出。所以安妮租了一個倉庫。她想要一面火牆。她在電影裡看過別人的作法，是用繩索，很重的繩索，來編織成網子，把網子浸泡在煤油裡，然後點燃它。那就會變成一面實實在在的火牆。她編好那個網子之後，叫佩蒂．史密斯站到前面，然後點燃了火。顯然好萊塢的人編這些繩子的方法要比她所知的密實得多，那張網在大火中燒得一乾二淨，佩蒂・史密斯也像是背部有一級燒傷一樣，真的覺得非常、非常燙，她的汗如雨下，而安妮則大喊著：「太棒了！真是完美！」[37]

—

她最重要的照片之一攝於一九八一年，照片裡，她的一位朋友，喜劇演員約翰・貝魯西（John Belushi）站在路邊。那幀照片的形式堪稱完美，藍綠交錯，就像是法國瓷器之都利摩日（Limoges）的瓷釉一樣繽紛；但是那個傲慢的演員臉上的表情、他一副失敗者的姿勢、還有穿流而過的車燈，讓這張照片就像是在說著什麼不祥的預言，而他也確實於幾個月後死於服藥過量。

貝魯西死於「速球」（speedball），這是一種混了海洛因和古柯鹼的毒品；在他死時，安妮也吸食同樣的毒品好幾年了。這兩個人經常在一起嗑藥。有兩次，她幾乎快死了；兩次都是她的發行商把她載到醫院。第一次有幾個醫生救了她；第二次時，同樣的醫生又準備救她，但是醫生警告她：「如果妳再被送來第三次，我就不會再把妳救回來了。」[38]

安妮在達科他有一棟公寓，那是中央公園西區的一棟建築物，也是她在約翰・藍儂被謀殺前，為藍儂和小野洋子拍照的地方。有一次，穆拉克伊偶然發現了一個令她感到驚駭的場景：「牆壁上有血漬，有一道圓弧形的血跡劃過了牆面。」她在客廳裡坐了十五分鐘，才鼓起勇氣走進另一個房間，看看安妮是不是已經死了；等到她終於走進房間，並且發現安妮還活著，穆拉克伊便打電話給她的父親。「我其實沒有把她檢查過一遍，不過我告訴山姆：『她好像得了重感冒。我怕她感染肺炎了。她就是不要去看醫生。你可以過來嗎？這真的很重要。』」

最後，安妮終於同意接受戒毒療程。第一輪的二十八天結束之後，她又登記了下一輪的二十八天。

——

安妮需要恢復健康，才能接下一個新工作。《浮華世界》在一九三六年停止出版，但是其實它並沒有死透：同樣由康泰納仕出版集團（Condé Nast）發行的《時尚》雜誌，刊頭就寫著「與《浮華世界》合併」。康泰納仕的老闆小紐豪斯（Si Newhouse）決定讓《浮華世界》復活，轉型成一個文學與政治類的新雜誌：但是要有光面印製的質感，同時也對《時尚》雜誌主要經營的流行和社會主題保持關心。比出任了藝術總監，她把安妮也帶進去。但是比在一九七九年被診斷出一種罕見的癌症。雖然早期介入治療似乎救了她的命，但是癌細胞已經轉移了。一九八一年九月，在她第二次手術的一個月後，她開始做《浮華世界》的工作，並準備在一九八三年三月上市出版。她為雜誌定下原型之後，就回到里約，最後於一九八二年四月八日病逝在她母親的床上。這對安妮來說是無可彌補的損失，當她的《攝影》（*Photographs*）一書在一九八三年出版時，她便將該書獻給比。

比的過世也是《浮華世界》的損失，雖然它的重生的確帶來聲量，而這也是兩名創刊編輯，理查德．盧克（Richard Locke）和萊奧．勒曼（Leo Lerman）的努力成果。然而如果沒有比的領導，圖像設計將是一團混亂，故事的結束和開始可能都沒有秩序感。安妮的朋友洛伊德·齊夫（Lloyd Ziff）說：「他們花了太多時間做過度的設計，所以要重新設計，然後又撕毀、再重新設計。」而且他們的概念也被批評對預設的讀者群太過賣弄知識，邁克爾·斯耶爾森說它「就像是雜誌版的《紐約書評》」一樣。[39]它於一九八三年十月出版的第八輯封面，就是蘇珊·桑塔格的特寫。

那一期出版正是蒂娜·布朗（Tina Brown）從倫敦來擔任新編輯的時候。布朗在二十幾歲時，就因拯救了行將就木的《閒談者》（*Tatler*）而聲名大噪，因此她也同樣被交付了拯救《浮華世界》的任務。在布朗入主《浮華世界》的那一年，席德·霍爾特（Sid Holt）也加入了《滾石》，霍爾特說：「好的一面是她帶來了英國的等級意識。壞的一面也是她帶來了英國的等級意識。」[40]

斯耶爾森說：「蒂娜有一句話。『我們想要變得火辣、再火辣、更火辣』——不是只有火辣就夠了，所以要說三遍。她同時擁有權力、金錢和魅力。」——她十足符合沃荷式的理想，只從回顧時來看的話，她的雜誌可說是雷根時代的象徵。她的頭號下手，安妮·萊博維茨，打造的都是世界上最有名的人，但是她不只是展示那些已經很有名的人。她也可以創造出名人。由萊博維茨掌鏡的照片會帶來一種地位——遠勝過桑塔格的吹捧宣傳——那是沒有其他照片做得到的。

第三十一章 這些那些「蘇珊・桑塔格」的事

在一九八七年三月，遇到安妮的一年多之前，有一把火燒了蘇珊的公寓。她在一九八五年夏天搬離第十七街，搬到蘇活區的國王街三十六號，一棟雙拼式房屋的上層，她與隔壁鄰居共用壁爐的煙囪。那些老式的壁爐原本只是作裝飾用——直到有新住戶啟用了壁爐，在三更半夜把蘇珊的臥房搞得都是黑煙，她說：「感謝上帝，我那時起床了。如果再晚個五分鐘……」[1]

蘇珊的藏書沒什麼事，但是消防員必須打通天花板；等到安然度過立即的危險之後，她發現自己的屋頂沒了，可以用來遮風避雨的東西只比防水布好不了多少，她也很驚恐地發現自己沒有足夠的錢，無法住進一間體面的旅館。她說：「我頓時明白自己完全失去所有保護了。」她接著想：「或許我不該對這些事覺得無關緊要。在一塊磚頭掉到妳頭上之前，妳大概都不知道自己毫無防備。」[2]

屋頂最後修好了，被煙燻的地方也擦乾淨了。不過這場火災還造成了其他結果，包括將一些人帶進——和帶出——蘇珊的生活。《浮華世界》的編輯莎朗・德拉諾（Sharon DeLano）同時也是蘇珊的朋友，長年以來幫蘇珊處理各種實際事務，她招來一個叫作彼得・佩羅內（Peter Perrone）的年輕人幫蘇珊的藏書編目，這樣才能夠為它們投保。

彼得說：「那就像是一見鍾情，你突然就加入了這個隊伍。」直到蘇珊去世之前，彼得都和她走得很近。同時還有來自阿拉巴馬州的年輕畫家里士滿·伯頓（Richmond Burton）加入這個隊伍，由他負責將從火災中救出來的書重新歸位。他到蘇珊家的第一天，正好是安迪·沃荷的葬禮，他瞥到廚房的櫃子上放了《美國的藝術》（*Art in America*）紀念專刊。蘇珊看到封面時脫口而出：「他真的是一個很糟糕的人。我當然不會去參加葬禮」。

伯頓回說：「我同意。我從來沒有喜歡過他的作品。人們到底都在裡面看到了什麼？」

「嗯……大部分的人都很愚蠢」，我們幾乎是不約而同地說。我們的相處有了一個好的開始。[3]

但是這個團體的成員會有變動，即使是看起來很核心的成員。這場火災造成的損失也包括她與羅傑·施特勞斯的關係；這段關係比她所有的親密友誼都持續得更久。這段關係的決裂並沒有立即發生，也沒有徹底決裂，然而她出於對錢的憂慮，首次找了一個幫她出版著作的代理人。對蘇珊而言，安德魯·威利（Andrew Wylie）是一位夠像樣的人選：可以和她有智識上的辯論，他們兩人在其他方面也夠合。羅伯特·史威爾斯眼中的蘇珊總是會擺出各種不同的姿態；安妮·萊博維茨把她自己形容為變色龍；威利也用同樣的方法形容他自己：

我沒有一個自己的、很穩定的特性。我有一連串各種借來的個性。我想那就是為什麼我常可以成

> 功地代表另一個人，我真的不只是可以從他們的觀點看這個世界，我甚至還可以變成他們。所以我很清楚他們想要什麼，因為其實我放棄了原本的個性、進入他們體內。所以，如果我花了一天半和蘇珊．桑塔格在一起，當你在那天的尾聲時看到我，你絕對會相信我就是蘇珊．桑塔格。[4]

威利的出名之處在於他可以把不賺錢、但是值得敬重的文學作家變成出版商名單上的搖錢樹。是大衛介紹他給蘇珊認識的：大衛也在威利的力勸下離開了ＦＳＧ。大衛說：「是因為他相信我——遠比那時候的我更相信自己——我才成了作家。」[5]如果要擄獲蘇珊的感情，相信她兒子的才華絕對是最有效的方法，不過大衛成了作家，又使他更深入踏進蘇珊自己的領域，讓他們兩人都感受到競爭意識，她在一九九〇年寫給一個朋友的信中說：

> 大衛很好，經過這一切之後，也終於願意當一個作家了。他覺得對自己有一點遺憾、對自己很驕傲，與我則多了一點競爭意識。我們的關係勢必會變得不太容易，然而他始終是我生命中的摯愛。[6]

在發生火災的那一年，他出版了《前往邁阿密：新美國的旅客、流亡者和難民》（*Going to Miami: Tourists, Exiles, and Refugees in the New America*）。這時候和大衛相識的書商米謝爾．卡普蘭（Mitchell Kaplan）說：「邁阿密受制於自己的自卑情結。這件事從來沒有被正視過。在發行的這本書裡，大衛於各種不同的面向上都是對的。」[7]他之後又出了一系列書，共通主題就是他對戰爭的興趣。

——

蘇珊認識威利時，很明確地說過要他幫忙處理「桑塔格已被當成隱喻」這件事，她說：「你得幫我停止繼續當蘇珊．桑塔格。」換句話說，她要將她的公眾角色需求委託給別人，好專心在寫作。她「急著要」寫一本小說，「但是卻因為這些那些『蘇珊．桑塔格』的事而讓我沒辦法寫。」[8]

威利可以為她擋掉那些永無止盡的懇切要求，並且幫她獲得財務上的安全感，確保她永遠不必再睡在塑膠防水布下。她與一個著作權代理人的關係原則上應該不至於造成她與羅傑的嫌隙。畢竟羅傑很愛蘇珊：照佩姬．米勒的說法，超過他對任何其他作家。羅傑自己也建議她找一個代理人，因為法勒、施特勞斯和吉魯出版社沒有辦法處理她收到和提出的各種要求。[9]羅傑了解出版商和作者的利益並不總是完全調和：作者當然想收取更多報酬，但是出版商當然想付得少一點。

威利說：「由於雙方建立關係的方法之故，每位作者都會由最初的感激之情轉向氣憤。」這種「家父長式的出版商模式」的確隱含著權力的不平衡。[10]但是當她評論自己與施特勞斯的關係時，她卻認為很難說是家父長模式造成了他們的衝突，而是因為她感受到不足。她早前曾經寫過：「我找到了一個提供安全港、封邑關係的系統，可以為我擋住令人恐懼的事物——我可以抵抗，並存活」；他們的關係走到最極端就是封建式的。幾十年來，一直是他直接或間接地在支援她。他出版了她的所有書。還一直都會預付稿費給她，即使她最後並沒有寫成那些書。他一直讓她的書在本國付印，然後又行銷到國外。他會幫她付瓦斯和電費帳單；當她出外旅行時，大衛就由他和佩姬照顧；他給了大衛一個享有聲望的工作，而且僱用大衛長達十多年。

但是在蘇珊和大衛的說法中，卻認為她們母子受到剝削。大衛說在火災之後，「羅傑毫無反應。他其實可以給她一點錢的。但是他卻連一分錢都沒有給她，他支付給她的報酬也太低了」。[11]但是他並沒有明說是哪些工作的報酬過低。她在《土星座下》和《愛滋病及其隱喻》之間空白了長達八年的時間，而且《愛滋病及其隱喻》還是一本不達百頁的小書。雖然她享有盛名，但是她的書籍銷售量始終不好。不過由蘇珊自己的預期倒是可以看出一些什麼。她在幾年後告訴《華盛頓郵報》：「我工作了超過三十年。要是說我能夠擁有一棟公寓、可以把書出版、並且還有時間寫作，應該也都不為過。這些不算是什麼不合理的要求；它們並不顯得墮落。」[12]

乍看之下，這些要求聽起來也的確合理。但是，難道有誰應該提供公寓，給她那上千冊藏書一個空間？大部分作家——那些沒有私人的收入，也沒有穩定銷售書籍的作家——都被迫得要靠教書、編輯、翻譯、演講或是報導維生，難道有誰應該提供她免於這些的自由？她在一九六二年時，提到她與母親的相似處有這一條：「金錢——我認為金錢是庸俗的（這觀念來自母親）。金錢來自『某個地方』。」[13]

她寫給羅傑的信裡說：「你是個有錢人。而我卻不富有。我完全沒有錢。我不覺得你了解這件事。」[14]這種說法背後的態度，有助於解釋為何即使她餘生仍待在FSG，羅傑也開出了當時堪稱天價的八十萬美元預付金簽下她之後的四本書，然而他們之間的裂痕卻始終沒有完全弭平。

那四本書並不包括《愛滋病及其隱喻》。《愛滋病及其隱喻》是在一九八九年初出版的，在她簽約的不久之前。書封的設計很樸素，上面沒有放作者的照片，但是她因為宣傳而需要新的照片。她知道她的朋友莎朗．德拉諾當時在《浮華世界》和安妮．萊博維茨是同事，所以蘇珊就問莎朗可不可以請安妮幫她拍攝所需的照片。[15]安妮答應了，最後照出來的照片是蘇珊坐在桌子旁邊，頭髮明顯向後撥，滿懷期盼地凝望著遠處。

安妮那「不拘禮節的親密感」常常導向別的方向。她無意間找到一種萬無一失的方法誘惑蘇珊：就是對她那本甚少受到關注的《恩主》表達熱烈的興趣。安妮是從攝影的角度來看，所以覺得那本書接連呈現出奇異的圖像，那對她的確有吸引力，而且不是從文學角度欣賞的人可以感受得到的。安妮對蘇珊感到目眩神迷。她說：「我記得有一次我和她共進晚餐，我不知道該怎麼和她說話，所以我的衣服整個被汗濕透了。這有部分也是因為我實在太高興她會對我感興趣。」[16]

這一切都是從她們第一次相約出去之後就開始了。她們相遇之後沒過幾週，蘇珊就有了第一名助理，一名來自西德克薩斯州、務實嚴肅的女性，她的名字叫作卡拉．歐夫，她在接下來的幾年都為蘇珊工作。

在我接到的前幾通電話中，就有一通是安妮打來的。蘇珊當時應該是出門在進行書的巡迴發表會，所以安妮問說：「妳有她的行程表嗎？妳可以寄來我的攝影工作室嗎，而且讓我攝影室的負責人和妳聯絡？她的旅程都還好嗎？是誰在處理？我希望把她升級到頭等艙。」

卡拉發現蘇珊是那種典型會惺惺作態的人。她說：「蘇珊對安妮真的很好，但不是那種充滿深情的態度，至少在頭幾個月是如此。然後我在某一天才突然恍然大悟。」卡拉覺得蘇珊要隱藏她們兩人的關係，是因為她不確定卡拉是否可以信任。蘇珊會告訴她：「這是安妮，我們只是朋友。我的朋友安妮昨晚在這兒待了一會兒。」卡拉倒不是很在乎那些話，她只是擔心蘇珊會以為她憎惡或是害怕同性戀。最後，她終於鼓起勇氣告訴她的新老闆說毋須隱藏她們倆人的關係。然而那時，蘇珊依舊說安妮只是一個朋友。

我說：「不，她一定不是。看看她來時的樣子，她會帶花給妳、撫摸妳。她在向妳示愛。」她會說：「妳當真覺得如此嗎？噢，少來了。我不知道妳是否知道，但我是真的有和女人在一起過的。」

卡拉說她一直以為蘇珊是同性戀，但是蘇珊說：「我不喜歡那個標籤。我也和男人在一起過。」在那次對話之後，每當卡拉在場時，蘇珊就允許自己對安妮表現出更多喜愛——但也只是暫時的，而且只有在私底下。在公開場合中，其實她對卡拉表現的感情還比她對安妮展現的情緒多更多：卡拉不是同性戀，所以一個擁抱或是肉麻的介紹詞（「這是我的助理，我真是愛死她了」）不會引發任何懷疑。「她不會被貼上和我同樣的標籤。」[17]

在一九八九年，「被貼上標籤」——也就是出櫃的意思——和十年前有著截然不同的意義。在愛滋病之前，埃德蒙．懷特覺得如果蘇珊被公眾認為是同性戀，她大概會少掉三分之二的讀者。但是愛滋病也迫使人們重新檢視他們看待「標籤」的方式。在這個流行病期間——先是有數十個人死亡，接著是數百個人，接著是上千人、百萬人死亡——每一年都會出現如何對抗它的新想法，還有如何對抗那些加諸給染病者的標籤，畢竟他們不論是出於什麼緣由而染病，都並非自願。

到了一九八九年，激進派占了上風。那個政府發言人曾經在提到「同性戀癌症」時失聲大笑的雷根政府，換成了以宣揚「家庭價值」之名來激化攻擊同性戀的布希政府。這些攻擊並不只是言語修辭而已。許多同性戀相繼死於同一種疾病，但要不是這種疾病和同性戀畫上了等號，它原本可以受到更積極的嚴陣以待。（而當它浮現檯面時，它其實已經是不限於同性戀的疾病了。）雷根和布希的說法造成了同性戀的死亡：在美國，有百分之三十的自殺青少年是同性戀，這是美國政府的統計資料，而這個政府的領導人還在煽動對同性戀的仇恨。[18]這是一個絕望的狀況，而危急的人也想盡辦法要扳回一城。一九八七年愛滋病解放力量聯盟（AIDS Coalition to Unleash Power，ACT UP）成立了。它把同性戀的憤怒帶上街頭，並且組織了一些受到矚目的示威遊行，抗議對他們帶來壓迫的機構，例如天主教教會和美國食品藥品監督管理局。蘇珊在《疾病的隱喻》中譴責過「癌症＝死亡」這個想法。而現在，這些運動所舉的標語則寫著「沉默＝死亡」。

八〇年代晚期的愛滋病運動留給後世一些遺緒，其中延續最久的就是對沉默的批評：也就是批評櫃子的存在。這個批評的出發點認為同性戀是天生的傾向，和異性戀沒什麼兩樣。在危機的壓力下，這樣簡明易懂的論點開始顯得很容易推廣。同性戀運動家會說性傾向與性完全不同，且性傾向並不比身為黑人、女性或是天主教徒更為「私密」。他們訴求，在討論同性戀生活時，並不需要與討論異性戀生活有什麼不同。這很激進，因為媒體總是用盡全力假裝同性戀其實都是異性戀。米開朗基羅・西格諾里爾在一九九三年寫道：「美國的媒體不會報導同性戀名人的生活，因為他們認為同性戀是你能夠想得到最噁心的事，甚至比婚外情、墮胎、酗酒、離婚或是第三者的小孩這類事情都更糟——那些事都還可以見諸媒體。」[19]

西格諾里爾在短命的《出櫃週刊》（*OutWeek*）雜誌上有一個專欄，他會用這個專欄揭露名人的同性戀傾向，他因此而變得惡名遠揚。其實很難想像這麼外圍的爆料，只因為提到了一些「大家都知道的」人是同性戀，就會引發爭議。舉例來說：像邁爾康・福布斯（Malcolm Forbes）這樣耀眼的社會名流、同時也是著名的法貝熱（Fabergé）彩蛋收藏家，是個同性戀，這應該不是什麼令人震驚的事。但是這卻也不是可以訴諸文字的事——即便西格諾里爾在一九九〇年寫到他的事時，他已經過世了。《紐約時報》極為謹慎地說這則爭議涉及一名「最近亡故的商人」。[20]因為這是講一個人的重大罪行，所以還不可以提到他的名字。

《時代》刊出這篇關於福布斯的爭議文章之後，人們開始知道這種手法叫作「出櫃」。這並不是運動者喜歡的用詞，西格諾里爾說：「我覺得這應該就是一種『報導』。」[21]報導一個公眾人物是同性戀簡直可恥，所以像西格諾里爾這樣的記者被人比作麥卡錫主義（McCarthyite）的主腦。但是他們也迫使媒體討論在強化櫃子的過程中，媒體自己扮演了什麼樣的角色。西格諾里爾寫道：「那時候的許多媒體很明顯是有偏見的。女同性戀和男同性戀的生活都受到嚴重的扭曲。」[22]七〇年代的媒體給了同性戀一個比較能獲得同情的空間，但他們還是得面對雷根時代又更普遍的文化抵制。這關乎種族：雷根和布希利用了對於非裔民權運動的反抗。它又是經濟的：雷根和布希決心削弱「大社會」的社會民主（social-democratic）遠景。它也關乎性。西格諾里爾在八〇年代寫到女同性戀在螢幕上總是遭到詆毀：「這是直接肇因於對女權運動的強烈反對；獨立、堅定的女性都會被表現成兇神惡煞、仇視男性的女同性戀。在愛滋病危機的期間，對男同性戀的負面描繪也大幅增加。」[23]

在蘇珊讀到派翠西亞．海史密斯的《鹽的代價》之後，又過了三十年；書中的女同性戀角色失去了她的孩子——但是沒有被殺——這還被認為是一個值得慶幸的結局，而這樣的狀況還是沒有太大改變。如果男同性戀或女同性戀想要反駁這類描繪，他／她們必須展現出真實的面貌、由自己來定義自己，而不是將定義權交到敵人手中。「替別人出櫃的人」堅決認為，如果不出櫃的話，就會延續人們認為同性戀可恥的這種想法，而愛滋病的流行則讓情況變得更緊急，逼使每一個人，尤其是名人，都必須選擇一個立場。

雖然爭論仍很激烈，但是主張出櫃的分析明顯占了上風，所以隱瞞自己的性傾向，輕者被視為可悲，重者則會被視為病態。這樣的主張還沒有完全落實成真，就連在同性戀之間也是如此。但是他們會輕視躲在櫃子裡的人，就像是非裔美國人如何看待那些膚色比較淺、想要矇混「通行」的黑人，或是猶太人如何看待那些和他們信奉同一個宗教，但是卻想要改名字，好加入其他禁止猶太人參與的社團之人。這堪稱是革命，西格諾里爾也驚訝於事情改變之多、改變之快：

> 僅僅在五年前，主流還認為出櫃、「炫示」一個人的性傾向是一件令人「難堪」的事。做這種事的人還會被說成「言行失檢」，甚至被認為「不符合潮流」。不過出櫃的主張讓人把注意力聚焦在櫃子本身，說櫃子是一個很可怕、令人同情的地方。出櫃的主張要求每個人都要出櫃，還說躲在櫃子裡的人——尤其是當權卻未出櫃的人——是阻礙進步的懦夫。出櫃的主張讓局面完全翻轉了：現在反倒是**還在**櫃子裡才會讓人難堪了。[24]

「僅僅在五年前」：前段引文的這幾個字寫於一九九三年。蘇珊在那幾年中出版了《愛滋病及其隱喻》，也展開了她和安妮的關係；她的書和這段關係的問題都明顯可以看到櫃子的痕跡。每當同性戀遭到惡意對待和報復，他們總是把這和櫃子聯想在一起，甚至只有櫃子這個可能性。自我憎恨轉化成輕蔑和殘忍；想要隱瞞自己是誰，最後被渲染成欺瞞。它讓人變得鄙陋。

如同癌症或成癮等疾病所蒙受的道德汙名，對同性戀的汙名也以顯著的速度日益洗刷。不過桑塔格堅持不說「我的身體」，則讓《愛滋病及其隱喻》顯得比較有趣。這並不是說，因為書裡沒有舉她自身的生活例子來點出她要指責的問題，所以就變得沒有價值。她的作品中常見的基本主題就是探討事物與隱喻之間的距離，尤其是檢視對身體的隱喻——「把身體說成是神廟」、「把身體比作工廠」、「把身體比作城堡」——都是為了拆解身體。[25]在她自己的作品中出現這些想法，可以一路追溯回〈反詮釋〉。她還宣告自己在《疾病的隱喻》的目的是：

> 不是去演繹意義（此乃文學活動之傳統宗旨），而是從意義中剝離出一些東西：這一次，我把那種具有唐吉訶德色彩和高度辯論性的「反詮釋」策略運用到了真實世界，運用到了身體上。畢竟，我的目的是實際的。因為，我一再傷心地觀察到，隱喻性的誇飾扭曲了患癌的體驗，給患者帶來了確確實實的後果。[26]

她在詮釋（語言、隱喻）和真實世界（身體、醫藥、政治）之間建立起連結，為她之前的文章增加了豐富而全新的層次。她堅持用科學角度而非道德語彙來看待這場災難，也有一些益處。她將愛滋病視為某種事物——蓬勃發展的性活動——的終結，也很有趣：六〇年代的人們曾經想過要找到比較新、比較自由的生活方式，但這種種嘗試的其中一個結局，卻是對於「安全性行為」的堅持，縱使這無可避免且必要，卻仍舊令人掃興失望。

這種種嘗試到了八〇年代，則邊緣化了：

> 部分是對所謂「傳統」的更欣然回歸，正如藝術中對圖像和風景、調性和旋律、情節和人物的回歸，以及對晦澀的現代主義那些高論的摒棄。……與這種新出現的性現實主義形影相隨的，是對調性音樂、布哥洛（Bouguereau）繪畫、證券投資事業以及教堂婚禮的樂趣的再發現。[27]

雖然這本書的主題很嚴肅，但它讀起來還是很有趣。它展現了桑塔格經常被批評有所欠缺的幽默感，尤其是將幾則貼切的引用串連起來，讓人印象深刻。她把對HIV病毒的恐懼和對電腦病毒的新恐懼連結在一起——個人電腦和愛滋病一樣，都是一九八〇年代的革命性劇變——用一句廣告詞來比擬何以應該堅持使用保險套：「把軟體裝入你的電腦前，務必先弄清楚該軟體的來歷。」[28]這本書的措辭輕靈，比她的其他作品都更容易上手。

不過，某部分的桑塔格還是覺得必須在實質和風格、身體與心靈、事物和形象、現實和夢境之間作出選擇。她在《恩主》中的角色選擇擁抱夢境，完全將現實排除在外。但幾年來她轉向了另一個方向，有時候有點遲疑、有時又帶著斬釘截鐵的堅定。她心裡認為唯有放棄隱喻，才能對真實有絕佳的理解。她像是一名希望落空的信徒，決定用她破除因襲的熱情斬斷隱喻，而她現在的攻擊對象則是對愛滋病的戰爭隱喻，她的結論是：「我們眼下並沒有遭受侵犯。身體不是戰場。愛滋病患者既不是在劫難逃的犧牲品，也不是敵人。」[29]

不過，其實把身體真的看作戰場，也不算是濫用隱喻（健康的細胞和受感染的細胞的確在此交戰）；說病毒在侵犯人的身體也不是；就算疾病不是敵人，至少在一定程度上它們仍是免不了的死傷事故。在一九八九年，罹患愛滋病還是無異於宣判死刑。

——

桑塔格早期的小說受到許多詆毀。但是就算那幾本書失敗了，它們依然是勇敢而光榮的失敗——讓人難忘。她幾本相關主題書籍，從《反詮釋》到《論攝影》和《疾病的隱喻》，都隱藏著難以言喻的熱情。

它們改變了你看世界的方式。

你絕對不會忘了它們。

如果把《愛滋病及其隱喻》和那個時代的其他作品擺在一起看，它的問題就顯得很清楚了，其他作品包括東尼．庫許納（Tony Kushner）的《天使在美國》（*Angels in America*）、埃德蒙．懷特的《告別交響曲》（*The Farewell Symphony*）、安德魯．霍勒蘭（Andrew Holleran）的《男人的美麗》（*The Beauty of Men*）、保羅．莫奈（Paul Monette）的《借來的時間》（*Borrowed Time*）、阿蘭．霍靈赫斯特（Alan Hollinghurst）的《美麗線條》（*The Line of Beauty*）、蘭迪．希爾茨（Randy Shilts）的《世紀的哭泣》

（*And the Band Played On*）。這些書籍的種類各異——橫跨劇本、小說、回憶錄、歷史——但是共通點就是都帶給人全然的心痛。和上述這幾本書、甚至和〈我們現在的生活方式〉相比，桑塔格的稿子似乎很平淡、過分謹慎，也不帶感情：它們沒有提到愛滋病對我的朋友、我的情人、我的身體帶來何種意涵，所以也不容易讓人記得。她用後設語言（metalinguistic）做的評論的確很重要，但是上述那些書中也都有；而且在她之前，也有評論家是那麼做的，只是沒有被提到。這件事的值得注意之處，是那些同性戀的評論——出櫃者的評論——也都和她一樣。

消除隱喻：會說「那個身體」。

擁抱現實：則會說「我的身體」。

桑塔格的書籍還有一項重要之處，它會在不經意間犯了它自己批評的事。它的文字顯示隱喻很有可能會在不知不覺中造成混亂、變得過於抽象、成為謊言。她在幾年前就寫到她要「試著抽象化」；抽象化和距離感是她對任何主題表現熱情的好方法。評論家克雷格・謝里曼（Craig Seligman）說她那些沉悶的散文有「一種消音的效果，就像是鋪滿整個地板的地毯」。他引用了一段文字，計算出共有下列被動語態的例子：

> 被認為……被評價……被理解為……目前被說成是……被當作……被稱為……被想成……被看作……被養成……可以被視為……任何相關究責單位皆不能視其為……可能會被……冷酷的排斥[30]

被動語態讓作者避免在字面上提到「我」。克里斯托弗．萊曼－豪普特（Christopher Lehmann-Haupt）在《紐約時報》刊登了一篇評論表達他的困惑：「她從來不會清楚指出她的終極關懷。」這呼應了史威爾斯對她寫的沙特文章的批評：「讀者對於連結是否存在毫無概念。」[31]當這麼多人都已大喊出聲時，被動語態——官僚式的語態、鋪滿地毯後發出的聲音——顯得並不合適。

並不是每個人——不是每位作家——都需要大喊出聲。但是桑塔格總是不惜讓自己身處險境，她還會蔑視那些不這麼做的人：那些沒有親自去河內或哈瓦那的人；那些不願意為薩爾曼．魯西迪或不久之後的塞拉耶佛冒死亡風險的人。新的愛滋病行動主義就是她的那種行動主義。她不需要去衝撞五角大廈或是伏擊紐約的樞機主教。但還是有許多她可以做的事，而同性戀運動者也懇請她做出一些最基本、最勇敢也最符合原則的事。他們要她說出「我」、說出「我的身體」：從櫃子裡走出來。西格諾里爾日復一日打電話到萊博維茨的攝影工作室，要求她和蘇珊對她們的關係作出回應。兩個人都沒有回他的電話。

她在《愛滋病及其隱喻》裡寫到她為什麼要寫《疾病的隱喻》，她說：「畢竟，我的目的是實際的。」愛滋病運動者認為如果她說自己是同性戀社群的一員，可以對這個士氣低落且行將就木的社群帶來極大的實際影響。如果全國最著名的、在文化上有著旁人難以企及的權威性的作家，說出她和另一位著名的女性正在交往，這——在實際上——會有什麼意義呢？西格諾里爾也說明了她可以帶來的影響：

想像一下如果她是在美國食品藥品監督管理局……另一件比較不明確的是如果蘇珊・桑塔格出櫃了，會對編輯和作家、以及報紙的社論作者帶來什麼影響。光是《紐約時報》就有這麼多問題。首先，只要他們報導這個流行病。再者，要讓他們的醫藥新聞編輯對美國食品藥品監督管理局和國家衛生院做一些必要的獨立調查。再讓政治新聞編輯專注在雷根—布希執政的那幾年間。……這些都會讓人們產生出櫃的勇氣。有一個人出櫃之後，又會給另一個人多一些出櫃的勇氣。就是要這樣的效果。[32]

所以，面對一個早已不止是禮貌性批評的運動，這本書不願顯示它與運動的相關，才是最值得關注的。它的確是蘇珊作品的初步嘗試。但是一名學者寫道：「雖然這的確是桑塔格的書裡面與同性戀權利最相關的了，但是沒有證據顯示《愛滋病及其隱喻》是要對愛滋病或同性戀運動起作用。」[33]大眾的反應也是聳聳肩而已。

第三十二章 劫持人質

在一九八九年秋天，蘇珊待在柏林開始寫《火山情人》，那是她在《死亡之匣》之後完成的第一本小說，她夢想已久了。但是工作被世界局勢擔擱了。她在十一月九日和卡拉去看她的朋友，阿爾夫．柏德（Alf Bold）的電影；當蘇珊、卡拉和阿爾夫走到室外時，發現他們的眼睛因為催淚瓦斯而有些刺痛。他們在看電影時，東德政府宣布將開放柏林圍牆。二十八年來，這條邊界都是用地雷和機關槍死死守住的，所以東德警察現在還有點不知所措。卡拉說：「有些人看起來可能是太高興了，所以施放了一些催淚瓦斯。蘇珊覺得那還挺有趣的。」[1]對於那些夢想有一個無牆世界的人來說，那晚看起來的確是一場勝利。

蘇珊也即將在她從來不曾勝出的領域——金錢——中取得一場勝利。她的意外之財來自三個地方。首先是與FSG簽了八十萬美元的契約。再來是麥克阿瑟獎金（MacArthur Fellowship）——金額共有二十五萬美元，外加健康保險，並從一九九〇年開始分五年給付。這筆獎金「沒有附加條件」，受獎者不必做任何事來換取這筆獎金。但是第三筆、也是最豐富的一筆就不是這樣了：它是安妮．萊博維茨的錢。

有了錢，讓蘇珊生平第一次買了一棟公寓。在火災之後，她就把買房子列為優先要務，甚至在她拿到麥克阿瑟獎金之前，她就決定要買了。她一直希望能獲選，她也常提到這件事——尤其是因為在幾個不同的場合中，她都聽說自己被列入名單，只是沒有受到重視。她後來知道了箇中原因：選委會成員之一的索爾·貝婁對她投下反對票，貝婁私下很討厭蘇珊，而且他一直以來都反對把獎項頒給女性和「激進的黑人」。[2]

蘇珊和彼得·佩羅內一起去看了幾間公寓，然後她就覺得無聊了。她告訴卡拉：「那就像是在逛街買酸奶。」彼得繼續一個人找房子，並且幫她把選項刪到剩下最後兩間。第一間在蘇活區，那是她曾經住過的地區，房子是一間很大的頂樓房，有五千平方英尺，讓她有足夠的空間放她的藏書。另一間是在倫敦街的一間頂層豪華公寓，那棟建築物占據了切爾西的一整個街口，視野寬廣，可以看到哈德遜河和帝國大廈，挑高的房間裡還有大理石壁爐。要在這兩間公寓之中作選擇其實不完全是在挑選房子，而是感受力和生活方式的評比，蘇珊也馬上就意識到了。

她告訴佩羅內：「我不知道要選哪一間，如果選蘇活區的頂樓，其實就是選擇一種修道或學者的生活，它與倫敦街的房子截然不同。」那間頂樓並不算是特別時髦。佩羅內說：「那只是個空間而已。她的書、工作、內在生活和想要獻身的事業都可以在那裡找到落腳之處。倫敦街那兒就真的很迷人了，住在那裡將召喚出一個完全不同的人。」[3]要選擇自己的面具從來就不是一件容易的事，但是她會選哪一個，其實是毋庸置疑的。

她的餘生就一直住在倫敦街。幾個月後，同一棟建築裡有另一間頂層的豪華公寓要出售，於是安妮就搬了進來。倫敦街也不是全然光鮮亮麗。在切爾西還有中產階級的住宅區在重建中，那些建築物附近有幾個蓋得比較粗糙的國宅計畫。那幾棟房子很舊，庭院中有些除不乾淨的雜草，路面磚也鋪得不太平整。[4]但是桑塔格和萊博維茨搬進來，象徵了鄰近地區未來發展的方向，還有她們之間的關係的發展方向。安妮在一九八九年六月於飛機上寫道：「我正在讀《反詮釋》──我發覺自己打從內心在微笑──因為我可以帶著妳和我一起──我可以讀到妳、感受到妳──妳是如此而絕對的特別。我沒有辦法比現在更愛妳了。怎麼可能說我還沒到愛妳的高點呢──」[5]

──

蘇珊在幾十年前曾經在她的日記中吶喊過：「我從來沒有當過小孩！」而現在她和安妮在一起，似乎回到了她從來不曾經歷過的童年。她一直在許多段「封建」關係中尋找雙親，而不是愛人。安妮說：「她的內在有一個迷人而美麗的孩子。她能夠對生活和所有事情感到愉快。」[6]蘇珊在此時的許多描述中都有出現「孩子」這個詞。卡拉．歐夫會在週末離開，留蘇珊自己在家裡工作，而當她在週一回來時，總是會對蘇珊連基本的照顧自己都做不到而感到驚訝。「她會穿著同一件衣服，沒有洗過澡，也沒有刷過牙，這之類的，就像是個小孩一樣。」[7]

安妮看起來是個完美的母親。到了八〇年代末，因為有《浮華世界》給她的幾百萬美元，和一連串受矚目的廣告宣傳，她已經可以負擔幾年前絕對難以想像的生活，那時的蘇珊還曾窩在國王街的一張塑膠防水布底下呢。安妮不只是富有：她堪稱奢華，又極為大方。她也想要照顧蘇珊。「我想要為她做一切我做得到的事，不管她需要什麼。我覺得我像是在照顧一個偉大的作品。」[8]

她想要買下她的工作時間。她說：「我愛蘇珊。我覺得她是個偉大的藝術家，所以我真的很高興能為她做這些事。」[9]安妮為蘇珊提供了蘇珊自己絕對不可能負擔的舒適感。一開始，是蘇珊的生活中各處都開始出現盛放的花朵，接下來，安妮的大方饋贈也總是讓人驚奇萬分。她提供車輛、頭等機票，還為蘇珊的公寓僱了私人主廚，並讓女傭前去打掃——還有，那棟公寓本身，在不久之後也改由安妮支付：首先光「只是」維持，每個月就要花三千五百美元，最後，抵押借款也是她付的，她還在中央街的警察大廈公寓（Police Building）為蘇珊租了一間工作室，好讓蘇珊在那裡寫她的小說，那是一幢有獨立進出口和電梯的公寓——安妮說：「她有了幫助和支援之後，的確就開始寫小說了，那真的很令人興奮。」[10]——然後安妮又在范達姆街的大樓租了一間辦公室，她自己的攝影工作室也在那裡。這些都還只是前奏，之後的幾年間又繼續多了幾個在安妮名下、但是歸蘇珊使用的地方：在哈德遜河谷的一幢房子和塞納河畔的一間華麗公寓，那是蘇珊的夢想。還有豪華的假期、一個全新的衣櫥和數不清的禮物。[11]

安妮也不只是金援蘇珊。她也會直接，或更多時候是間接地，為蘇珊身邊的人提供奧援。她支付蘇珊的所有助理費用。安妮的許多錢最後也透過蘇珊進了大衛的口袋，「用來買蘇珊每年送給大衛的聖誕節禮物，納瓦霍（Navajo）手鐲」。[12]妮科爾也受到安妮的援助；妮科爾那揮霍無度的父親在一九八四年去世之後，她也變得貧窮了，卡拉說：「我只要打電話給安妮，告訴她『妮科爾需要錢』，她就會把錢送過來了。」[13]蘇珊的下一任助理是格雷格·錢德勒（Greg Chandler），他的工作之一就是把安妮的支票存起來。待麥克阿瑟獎金用完之後，這些支票總計已經達到每週一萬五千美元。她們的會計師估計在兩人關係存續的期間裡，安妮至少給了蘇珊八百萬美元。[14]

如此之慷慨是多麼吸引人，這很容易理解，不過她們的戀愛關係——蘇珊這一生中維持最久的一段關係——所表現出來的，卻讓許多旁觀者如霧裡看花。從兩人關係的早期開始，蘇珊給人的印象就是想擺脫這段關係，她的不舒服也完全攤開在外人眼前。她會連珠炮似的對安妮惡言相向，里士滿·伯頓說她「就像是個小型機關槍」。[15]

斯蒂芬·科赫說：「那是一種威嚇式的、帶著優越感、又略帶冒犯性的高傲語言。」理查德·霍華德記得她會反覆的重複同一句話，來攻擊安妮——「妳真是愚蠢，妳真是愚蠢」——這讓他幾乎決定結束他們幾十年來的友誼。卡拉第一次聽到蘇珊嘴裡說出「笨」這個字時——那是蘇珊的主要指控——「眼淚幾乎馬上掉了下來。那就像是一個孩子被她的母親辱罵」。[16]瓊·阿科切拉（Joan Acocella）在二〇〇〇年為《紐約客》寫了一篇蘇珊的略傳，她說從來沒有看過那種事。

> 人們很難忍受與她和安妮同桌吃飯，因為她會像個虐待狂，非常侮辱人、非常殘忍。錯的那個人當然看起來不是安妮。例如我們在談論亞陶，蘇珊會對安妮說：「嗯，妳應該不知道他是誰吧。」這真是太不可思議了。這種作法真的讓人完全難以相信，但是當她們在一起時，這一幕每天都在重演。[17]

大衛並不是安妮的朋友，然而他說：「她們真是我看過最糟糕的一對了，既刻薄、又完全不友好，還帶著恨意。我不只一次〔和蘇珊〕說：『妳看著辦吧，要嘛對她好一點，要不然就離開她。』」[18]他在九〇年代對蘇珊的密友邁克爾．西爾瓦布拉特（Michael Silverblatt）說：「你這麼推崇這名女性，你愛慕她而且敬重她——你還贊同她和安妮在一起。其實她根本已經變得惡毒、招搖、暴力又粗魯。」[19]

在西爾瓦布拉特認識安妮的那一天，蘇珊說她「覺得有義務跟他解釋：安妮是我見過最笨的人」。和往常一樣，蘇珊又當著安妮的面把她講得像個廢物一樣。蘇珊和瑪麗盧．歐斯塔基奧說「這個人」——她講到安妮時還語帶輕蔑的提高了聲調——「什麼都不懂」，當時安妮就坐在她隔壁。[20]蘇珊還向另一名攝影師高聲說：「你才是全美國唯一讓人關注的攝影師。」當時安妮也站在她旁邊。[21]

伯頓有一次提到他們去了一間顯然要價過高的巴黎餐廳：「好像是蘇珊在『L'Ami Louis』過生日的那一次吧。蘇珊的惡言惡語真的十分煞風景。那次經驗真的完全被毀了。」[22]在倫敦街過第一個聖誕節時，安妮在新公寓安排了一次極為豐盛的晚宴。羅傑和多蘿西婭．施特勞斯夫妻都來了，其他的出席者還有彼得．佩羅內、大衛和他的女朋友、卡拉．歐夫和其他大約六個人。侍者開始端出前菜時，蘇珊看到裡面有蝦，於是她便站了起來，把餐巾紙往地下一丟，對著安妮吼道：「妳怎麼這麼愚蠢？大衛對貝類海鮮過敏！妳怎麼這麼蠢啊？」

安妮跑了出去。卡拉發現她在蘇珊的床上啜泣。她問道：「我該怎麼做？我怎麼能讀懂每個人的心？我又不知道大衛對貝類海鮮過敏。」幾分鐘之後，她又收拾好情緒：「我會打電話給另一間餐廳，我會親自去幫大衛買一份——去他的——小菜回來，好確保他不會被前菜給殺了。」她叫了車，並帶著一個外帶餐盒回來，放在大衛面前。她說：「我真的很抱歉，我差一點害得你不舒服。我不是故意的。」[23]

——

當安妮自己主事時，她其實也很暴虐。隨著她的名望日高，她的工作人員增加了，但是她的惡名同時也是。她的一名助理克里斯蒂安．威特金（Christian Witkin）說「她在助理之間的名聲很差，她會在拍攝現場朝著助理丟雜誌、對他們大吼、在公共場合給他們難堪。她會送出一種恐嚇的訊息：像是她要直刺你的咽喉」。[24]不過，她僱用的人都有很好的薪水，他們的任務很明確，也隨時可以離開。

大家嘴裡的安妮都是一個對朋友和家人很慷慨的人——她對蘇珊也很慷慨。不過蘇珊就正好相反了。她頂多可以展露出一點「不拘禮節的親密感」，對崇拜她明星光環的年輕作家私下吐露一些什麼、和每年見一次面的朋友逛逛博物館。但是每當新朋友從只是認識到往前跨了一步，變得比較親密時，他們常會覺得自己好像受到霸凌。安妮對蘇珊的愛足以讓她忍受這些攻擊。她自己也說：「我可以做任何事。」[25]

安妮對蘇珊的表現和蘇珊對其他女性——海芮葉特、艾琳、卡洛塔——所表現的舉止完全如出一轍，這些女性對蘇珊有愛，但是都不比蘇珊愛她們得多。友好和卑屈、慷慨和姑息、捐棄前嫌和受到虐待之間的區別，是蘇珊自己一直看不清的。她的一名朋友，樊尚．維爾加（Vincent Virga），有一個戒酒成功的伴侶，他便覺得安妮的反應十分典型：

> 蘇珊這種行為幾乎稱得上是幼稚——不是天真，而是幼稚——是上癮者的典型行為。安妮則是蘇珊的人質。這讓我想起在「戒酒無名會家庭團體」（Al-Anon）裡會說的一句話：「我們沒有愛人。我們劫持的是人質。」[26]

格雷格．錢德勒開始替蘇珊工作之後不久，有一天他們一起坐車，從里士滿．伯頓的畫展開幕式後返回。他們在閒聊著當天晚上的事，安妮的言談中犯了一個無關緊要的文法錯誤，蘇珊便爆發出來：「妳要知道，如果妳去上大學的話，犯這種錯會讓妳聽起來像個不折不扣的蠢蛋！」

> 幾天之後，我去了安妮的攝影工作室，並看到安妮是怎麼工作的：她就和蘇珊一樣，愛發號施令、

愛掌控一切、要求很高、而且脾氣暴躁。所有人都得聽她差遣——不過她和蘇珊在一起的時候，就像是個孩子。[27]

——

蘇珊和安妮初識時，她告訴安妮：「妳做得很好，但是妳可以更好。」這個籲求被有心人聽進去了：「我想要做得更好，拍出一些重要的照片。」[28]安妮的成功也和蘇珊一樣，是把她的不安全感轉化成完美主義。這兩個人都對其他人像個暴君，對自己則更是如此。她們的成功有很大一部分是因為找到對的老師——大師——幫她們精進。安妮來到《浮華世界》時就揮別了性、毒品和《滾石》雜誌的搖滾樂過去，她誓言要「擺脫那個讓人脫衣服的女孩名聲」。[29]當她遇到蘇珊時，她又想要更進一步在著名的攝影評論家幫助下，把自己的照片從登在報刊上，轉而掛到博物館的牆上。

她希望蘇珊幫她學習如何拍一些「重要的照片」。蘇珊也幫忙她了，就像是她也幫了許多在那幾年間踏進她生命的人。她對許多人來說就像是人生導師——堅持你該多讀點書的教授、拖你去看外國電影的姊姊、能夠為你介紹異國料理的餐廳常客。她對文化的熱忱和分享的急切都是如假包換的；但是她不太擅長區分老師和學生、以及主人與奴隸之間的不同。

安妮和蘇珊第一次相遇時，就急著把自己擺到比較低下的地位。她告訴蘇珊：她是她所知最聰明的人，蘇珊非凡的智識甚至讓她感到戰慄。[30]在一開始時，就像是蘇珊會鞭策蜜爾崔德閱讀亨利．詹姆斯，她也叫安妮要讀書。維爾加說：「蘇珊希望安妮把這些書讀完。她試著教育她。」但是她很快就對安妮的進展速度感到沮喪，於是開始對這個在別人眼中也不好對付的女人，展現出高高在上的態度：她經常大聲當眾提及安妮對巴爾札克的無知。雖然蘇珊懂得讚賞艾琳・佛妮絲和保羅・泰克等人的才華，且他們也不曾經過學校教育，但是她對安妮就完全沒有這種欣賞的眼光。

蘇珊依然在嘗試形塑她從兒時就一直渴望的理想伴侶，所以她對待安妮的方式就像是對待她的妹妹，茱蒂絲還記得：「她會覺得我沒有發揮潛能，她要讓我知道我很有潛力。」她也想讓安妮知道這件事。雖然蘇珊的行為有時候會讓她們的朋友聞之喪膽，但是真正的當事人——安妮自己——倒不是如此。她說：「我需要的就是再認真一點。」[31]

蘇珊覺得她在感覺和感情的領域都提供了幫助。邁克爾・西爾瓦布拉特有一次問蘇珊為什麼要一直說某個人的壞話，但是卻又和她在一起。蘇珊告訴他：「你要知道。安妮和米克・傑格睡過。安妮在《滾石》雜誌工作時，幾乎和她拍攝的每一個男人都睡過。」她問西爾瓦布拉特有沒有聽過「砲友」這個詞，那是她從安妮那裡學來的。他很驚訝原來她沒有聽過這個還算常見的詞。

> 「我必須教會安妮感情是什麼。我們不是砲友，我知道安妮現在沒有這樣做了，但是我不可能和一個有砲友的人交往。」蘇珊認為她的工作就是要把她認為的感情，人的感情，教給安妮。[32]

牙買加・金凱德曾經說過蘇珊想要當個好母親，但是她的方式在別人眼裡看起來，可能是當個偉大演員的方式；蘇珊自己也承認她沒有愛人的天分；史特夫．瓦瑟曼感覺到「她體內同時在進行好幾場小型戰爭」，兩種愛情觀之間的戰爭。交戰的一方是她在理智上的信念，另一方則是感情上的信念：

她一方面想要當一個充滿愛、慷慨的人，但是在另一方面，她又有著讓自己感到窒息、強迫式的愛情觀，與約翰．藍儂正好成對比。約翰．藍儂認為你給出多少愛就是接受了多少愛。愛是可以無限擴大的藝術品。你擁有的愛沒有數量上限，並不是說你給出一點，能分給其他人的就變少了。並不是這樣算的。但是我想她正是這樣計算的。如果我把愛給你，我留給自己的就變少了。[33]

蘇珊在《佛洛伊德：道德家的思想》中描述了佛洛伊德療法要努力克服的性傾向。「權力是愛情之父」，兩者的連結內涵包括了「雙親的支配本質」。雙親的權威對小孩來說是必要的。但是如果到了成年期之後仍未清理，這種形式的愛就會淪為受虐狂。因此，發展進化為成熟的人後，就會擺脫「性交是施虐的概念」，而達到「除去父母的影響之後理想的愛，兩個對等個體的交換」。她在年輕時也明確宣示過這個目標。但是到她踏入了人生的最後一個階段，還是一直無法解開這個難題。

———

蘇珊在許多其他方面都很聰明，所以她無法理解自己對其他人造成的影響，這讓身邊的人都著實感到不可思議。至少從大學時開始，就有一些朋友因為過於困惑，而懷疑她是不是故意的，但是許多人的結論是她就是單純看不到自己對其他人的影響。她的老朋友馬蒂·埃德勒從芝加哥開始就一直很納悶這個現象，他認為：「不是她想要傷害別人。而是她對這件事真的渾然不覺。」[34]

阿佛烈得·雀斯特在三十年前說她「非常不圓滑」。她提出反駁，說她只是「很遲鈍、太不敏感」——雖然她也有寫到艾琳並不這麼想：「她以為我清楚自己在做什麼，只是不知道自己很殘酷。」但是她寫的「X」文章顯示出已經消褪的自我意識——她也想要了解自己的缺點，並加以消除。名聲使她免於受到這個行為的某些苦果。她身邊從來不乏逢迎獻媚的人。也總是有周圍的人——助理、出版商、代理人、朋友——在她後面收拾殘局。她口中的不確定性和受到傷害也漸漸變成過去式，她認為要歸責於她的年輕或缺乏經驗；如果說安妮是人質，其實蘇珊也是——她被一股不理性的力量綁架了，讓她注定要一遍又一遍的演出同樣的劇本，一遍又一遍爭鬥於同樣的「小型戰爭」。雖然她認為自己和佛洛伊德之間有距離，但是她的行為其實確認了佛洛伊德的核心論點：意識與無意識的不平等。

——

在後來的幾年中，她的朋友不斷離去。不過，雖然有些朋友覺得除了轉身離去之外別無選擇，但是他們愛她的理由和恨她的理由是一樣的。就像是小孩子不必遵守大人的規則，蘇珊也不必。

從刷牙到付帳單，她對許多事情的一無所知，觸動了許多人。她也和蜜爾崔德一樣，甚至不清楚電燈開關在哪裡，她對於一些想法的天賦和她無法維持日常生活，這兩者的失調讓她自己和其他人都難以忍受。別人比她自己更能看清她的問題，所以就會想要保護她。先是替蘇珊工作、接著又替安妮工作的年輕波蘭學生凱西婭・戈爾斯卡（Kasia Gorska）說：「看著她、接近她的大腦和她的知識、傾聽她的意見，總是一場令人愉快的饗宴。她在某些方面就像個小孩。」[35]

但不幸的是，她卻痛恨這個其他人都喜愛的小孩。海芮葉特・舒默斯在幾十年前就看出蘇珊的男性化是她的盔甲，她用來保護自己脆弱的本質：「後來的每件事都在抹殺她本質的那個小孩。」那注定是場謀殺。隱喻的自我——「蘇珊・桑塔格」——幫助那個小孩——「叫她『蘇』」——存活下來，但是，想成為不是她本來面貌的另一個人，需要付出高昂的代價。試著愛或保護那個小孩的人經常受到隱喻的傷害。卡拉・歐夫說：「在這個怪獸人格底下的，是一個真的受到驚嚇、很甜美的人。如果你可以碰得到那個人，那實在是很美妙。」[36]

第三十三章　值得收藏的女人

桑塔格在一九九五年發表了一篇短文，〈單一性〉（Singleness），文中寫道：「每個作家以勞力產出一定數量的作品後，都會覺得自己既是《科學怪人》中的法蘭克斯坦博士，也是怪物。」她在文章中檢視了大眾面前的作家和私人自我之間的區隔。她寫下，既有一個「桑塔格」，也有一個「我」：

「桑塔格與我」的遊戲中，否認是真的。小書架上署名為蘇珊・桑塔格的作品愈來愈長，折磨我，卻也讓我不情願地引以為傲，痛苦地區分我（我是一個搜尋者）與她（她不過被發現）的不同，寫及她的每件事物都讓我畏懼，稱讚與批評一樣多。[1]

她靠向安德魯・威利，希望減輕「蘇珊・桑塔格的事」所帶來的負擔，她還在一九八三年寫下「擁有兩個自我，描繪出詩人可悲的命運」。[2]現在她說為了避免這個命運，她要寫一本讓「桑塔格與我」都能感到自豪的書。她在與安妮・萊博維茨交往的頭幾年間，寫了這本書。

她到了——

> 最後，開始感覺那位作家就是我，不是我的替身、知交、影子玩伴或是想像。（因為，幾乎花了我三十年的時間，我走到這一點，我終於能夠寫出我真正喜歡的書《火山情人》。）

桑塔格寫的《火山情人》是蘇一直夢想要寫的書。她在〈單一性〉中暗示在寫這本小說之前，先要調和一些緊張關係——諾斯底教的二元論之間、心靈和身體之間、「桑塔格」和桑塔格之間：怪物和法蘭克斯坦之間。

但是那本書本身和桑塔格對書的反應，也顯示她並沒有把人格的兩面作完美的結合，所以無法成為一個整體。她的作法是選擇一邊，而放棄另一邊。她對於托馬斯·曼、華特·班雅明或，約瑟夫·布羅茨基的選擇不是崇敬他們，而是成為他們，丟下她比較早期小說的現代主義經驗。這也是她對沙特的批評重點：她想讓自己成為「十九世紀風格的偉大作家」。

這就是她生來要扮演的角色。她扮演時也沒有絲毫猶豫，就安於那樣的名聲和金錢、高雅文化和「歌劇」的夢想世界。或許浮誇和裝模作樣是一般人無法接受的，但是主流女伶並不會如此，她們也被預期要那樣，這樣也會強化她們的傳奇色彩。蘇珊·桑塔格的最後兩本小說就是關於女演員的。

《火山情人》的故事核心是一段著名的三角關係：英國駐那不勒斯大使威廉·漢密爾頓（William

Hamilton）爵士；當代英雄納爾遜（Nelson）勳爵；以及全歐洲最迷人的女性埃瑪．漢密爾頓（Emma Hamilton）——她是漢密爾頓的妻子，卻是納爾遜的情婦。

這本書所根據的故事早先已經拍成電影——《漢密爾頓夫人》（*That Hamilton Woman*），女主角是由費雯．麗（Vivien Leigh）出演。電影是在一九四一年拍的，當時蘇珊還沒有搬去圖森。不管她當時或之後有沒有看過這部電影，這名言語粗俗的交際花都引起了她的興趣。她在一九六〇年想過：「這個多所隱瞞的女人身上到底有什麼，才能讓這麼多不凡的男性愛她？」[3]八〇年代時，她在倫敦找到了多份影本。「有爆發的維蘇威火山，沉睡的維蘇威火山，火山岩石的特寫和切面——她買了五份影本，隔天又來買了五份，然後又買了七份。」一名記者如此寫道。[4]

維蘇威火山所在的城市就是卡洛塔的城市。她的主角也和卡洛塔一樣，像張白紙，有著美麗的留白。和卡洛塔不一樣的是，卡洛塔完全不在表面之外另下功夫，埃瑪則很努力配合別人的幻想。她在這個意義下比較像是安妮，而不是卡洛塔，她渴望受到形塑、鑄造、雕琢，她想要「讓他印象深刻，正如雕塑家姆指下捏著的黏土一樣」。雖然威廉爵士愛她，但是他——蘇珊在書中都稱呼他「騎士」——看埃瑪時，就像是蘇珊對待安妮一樣：「她的完美和他的幸福並不意味著他不想提升她。」就像是蘇珊對安妮一樣，騎士也會注意到埃瑪的文法錯誤——讓她說出：「噢老天爺，他們可真俗氣。」其結果就是「騎士的官邸從早到晚都有家庭教師」。[5]

她寫下：「他對我說，我是一件了不起的藝術品。」[6]埃瑪那奢侈的美——「一個真正了不起的美人總是有足夠的美來應對兩個戀人」[7]——需要方法展示。「騎士第一次是要求她在一隻高大的、一端打開的天鵝絨盒子裡做這種造型，然後是在一個巨大的鍍金框架中。」就像是安妮會要模特兒擺姿勢，埃瑪也要，還要能適應任何人的注視：埃瑪擺出的姿勢——「態度」——被整個那不勒斯的法庭盯著看。埃瑪聳了聳肩：「如果我具有演員天分的話，我情不自禁要那麼做。如果我喜歡討人歡心……討人歡心是易如反掌的事，和學習求知沒有區別。」[8]

身為一件藝術品，埃瑪對收藏很敏感。她接連渴望被幾位有權勢的男性擁有，直到最後，是由當時一名最重要的收藏家得到了她。桑塔格了解如果一個人想力爭上游，成為目標自然有其用處。而這種收藏家和收藏品、獵人和獵物的心態，讓桑塔格又能夠發揮她創造格言的才能了。

收藏家總是超過必需的。

每位收藏家都是潛在的盜賊（如果事實上還不是的話）。

你無法擁有所有的東西。……而事實上，你能占有很多東西。[9]

那名傑出的收藏家——上了年紀的騎士——是個憂鬱症患者，美女和藝術就是他的藥。桑塔格寫道「他好像是被壓抑的英雄，總是活動過多」——這是在寫他，但也是在講她自己。「他通過種種令人震驚的熱情擴張，度過了一個又一個令人沮喪的衝突漩渦。」[10]這些熱情讓他成為別人的崇拜者：「甚至不是想要去崇拜，而是他喜歡崇拜。」他想要收藏的——除了埃瑪之外、除了那些極美的古器物之外——是讓他極為癡迷的火山：「騎士開始去鑑賞溫和的地府。」[11]

「對於長期鬱悒寡歡的人來說，一旦歡樂重臨，那種得意是什麼也比不了的。」[12]埃瑪的到來為偉大的男性帶來歡樂，但是重要的女性就沒有那麼看好她了。第一位是曾經替被處決的法國皇后瑪麗・安東妮（Marie Antoinette）畫過肖像的薇姬・勒布倫（Vigée Le Brun）夫人。當她在那不勒斯避難時，就打量過埃瑪：

在她繪製的所有肖像畫中，唯獨沒有出現過妓女身分。一個獨立的女人用自己的智慧與才能在這個大千世界中生存下來，和另外一個處在同樣危險遊戲中的女人一樣，這是一種不愉快的描繪。儘管肖像畫有些粗俗，但是這幅畫卻是成功的。藝術家也結識了不少顧客，她肯定認為騎士（癡情的）和年輕的女人（單純與虛榮的）不會和以別人一樣的眼光看待這幅肖像畫，他們只是讚譽地看著那年輕女人傾國傾城之貌。

她在適合自己的眾多角色與戲劇人物的表現中，尤其喜愛描摹這種類型的女人，她們的命運不同於她本人幸福的命運，像阿里阿德涅（Ariadne）和米蒂亞（Medea），這些公主們為了異國情人犧牲了自己的一切：過去、家庭、社會地位，最後卻遭人背叛。她並不視她們為受害者，而把她們當作一種情慾放縱的表現；有著強烈情感和英雄性格的人物，她們以魯莽和全心全意的姿態，只投入一種單一的激情。

她煞費苦心構思她的「風姿」，提高了舞臺技藝。[13]

本書中真正的女英雄，革命作家埃莉奧諾拉・德・芳茜卡・皮門特爾（Eleonora de Fonseca Pimentel），認為埃瑪「不僅精力旺盛、庸俗，而且狡詐殘忍，嗜血成性」。書中的另一名女性角色可能也會同意她的評價，那個角色一開始有出現，然後直到最後一段才又現身：

我〔埃莉奧諾拉〕會對自己撒謊說作一個女人有多麼困惑紛亂，所有的婦女都這麼做，包括本書的作者。可是，我還是無法原諒只關心自己的榮耀或幸福的人們，他們以為自己是文明的，可是他們都是卑鄙齷齪的，那群該死的傢伙！[14]

——

權力帶來財富和收獲的欣喜、軍事和性的征服，知道其喜悅真實存在的人總是反覆描述權力的榮耀。不過書中真正的女英雄則加以抗拒，而桑塔格認為抗拒才是真正高貴的印記。埃莉奧諾拉說「我很清楚權力，我目睹了這個世界是如何被統治，可是我卻不能接受」。

桑塔格在關於卡內提的文章中寫道：

他現在想要「獻上深深一鞠躬」的寄宿學校老師，當年在某回全班參觀屠宰場時的冷酷作風，深深贏得了卡內提的心。因為卡內提被這位老師強迫去面對一個極度駭人的場景，他在當下即認知到謀殺動物是某種他「不打算有一天能成功克服」的事情。

她引用了卡內提的觀察：「在卡夫卡的作品中，音調最為高昂的段落談的是與動物有關的罪惡感。」[15]如果桑塔格要指責埃瑪、納爾遜、騎士和他們所領導的這個世界有多麼虛幻和殘酷，最有效的方法就是彰顯這個世界對於奴役動物的殘酷。宮廷慶典的特色是一座放滿食物（包括活動物）的人造山，這些食物會被發放給殘忍的市民，讓他們拿著手中的刀來分食：

鼻子聞到的是血腥味，及動物因驚嚇而排出的糞便味；耳朵聽到的是動物遭屠殺時的嚎叫，人們摔落下去，或是從山上某個地方因推擠發出的叫喊聲。[16]

也不只有如此奇觀才能將殘酷呈現出來。騎士養的一隻猴子，傑克，被和他的其他收藏品關在一起，「拴起來，不讓牠難受就行」。騎士對待傑克的方式，就像是蘇珊對待愛她但是她卻沒有那麼愛他們的人。「他只想要一個頑皮的門徒，一個小丑」，她寫道，「而可憐的傑克對騎士謙卑，足以顯其恭順」。因此「他開始經常逗弄猴子，變得有一點殘忍，剝奪掉牠的一些什麼」。[17]法庭不會懲罰這類犯罪。但是犯下這些罪的人會被他們的野蠻反噬；「卑鄙齷齪」的這三人會受到他們應得的報應。

——

「那群該死的傢伙」是《火山情人》的最後一句話。但卻不是桑塔格的最後一句話。她的主角們真的都很卑鄙。他們也真的很可愛。他們要抵制內在的限制，就像她一樣。他們也和她一樣，要對抗外來的限制——政治和社會的、愛與熱情所帶來的限制。他們在這場鬥爭中就像她一樣，顯露出既是怪物、也有英雄的一面。

她在《火山情人》中拒絕選邊站、拒絕做終局的選擇。這曾經是一個陷阱，讓她的許多政治文章弱化成像是在宣傳。但相反地，她這次是耐心剖析每個人心中互相衝突的動機——那些小型戰爭——讓本書兼具了她最好的文章所具有的精確性，和她最好的故事所具有的衝突性。這就是「沒有堅定的意見」和「承認人類生活充滿複雜性和衝突」之間的差異——也就是小說家和宣傳人員之間的區別。

她把這個觀點帶進最困難的問題——隱喻。她以前不願意說「路直如弦」。「有一部分深處的我——覺得『路是直的』就是我們需要的，以及我們應該說的」，而現在，那一部分的我像是經歷了一場地震般讓步給：

> 它像一陣大風，一場風暴，像一場災難，又像一次地震，像一次滑坡，像一次山洪，像一場樹林的焚毀，像山洪的咆哮，像浮冰的斷裂，潮汐的巨浪，像覆舟失事，像一場大爆炸，一陣歇斯底里的發作，像一場熄滅的火焰，四射的光輝，像昏黑的夜幕，像一座坍塌的橋樑，又像一個敞開

口的空洞。像一次火山爆發。[18]

但是——思想的真正本質依然是這個但是——這並不表示她已經明確擁抱隱喻，願意透過美學的操作把一件事轉換成另一件事。小說裡的大部分內容還是在講人們如何對抗這種美學觀點的限制——即使再認真耕耘，美學的觀點仍然無法比得上本質的殘酷現實：包括一個人的本質。

騎士視自己為——曾是——一位體面和極富理性的外交使節。（這難道不是我們從古典藝術的研究中所獲益的嗎？）除了最有益的投資和他的搜集慾望付諸實施，在這些石頭中還內蘊了一種道德。在他所收藏的碎片中，暗淡的大理石，銀製品、玻璃製品，都內藏著一個完美與和諧的範本。各種稀世古物，引人注意的神奇之物，大部分是早期古物收藏家未曾見過的。而在這些古物中他所忽略的東西，非預期的東西，都在他珍愛的火山中：荒涼的洞穴和山谷、漆黑的山洞、裂縫與懸崖、大瀑布、坑洞套坑洞、岩石重疊岩石——垃圾與暴力、危險、缺陷。[19]

我們在《火山情人》中看到了布羅茨基的「閱讀人」那悲哀的死亡。即使在最精雕細琢的外觀下，仍藏有無法修飾的黑洞。藝術不只是教導善或道德的微小工具：產生藝術的同一股惡魔般的力量也會造成情慾和政治的爆發。

美學或隱喻的觀點不只是美化。它也是殘酷的——對一位美麗的女性而言尤其是如此。埃瑪的美麗讓她擺脫卑賤的出身、一飛沖天，讓她躋身於大人物之中；但是提高身分的代價就是失去了自我，桑塔格寫道：「她不知她是誰了，但她清楚自己正在高升。」[20]當現實再度浮現、要向夢境追討回公道時，角色（persona）和個人（person）之間的張力就守不住了。

埃瑪說：「沒有美貌這個護身符，從此人人都可以嘲笑我了。」[21]她墮落到開始酗酒。這位美人遭到老妓女在酒醉後咒罵；這個不再值得收藏的女人遭到拋棄。或許因為她的殘忍，她被拋棄也是咎由自取。但是她不該因為以下這些而受到譴責：

> 莫過於說她是在至關緊要的、富女人味方面的失敗：即對於不再年輕的身材的保養和調理的失敗。[22]

《火山情人》取得了巨大的成功。蘇珊之前從來沒有寫過一本暢銷書。現在她有了——而且是用小說的體裁，因為她一直夢想自己擅長寫小說。她說：「我想我算是大器晚成。我一直在問自己——為什麼要花這麼久的時間？」最後，她認為那是因為她「不善於表現、沒有獲得內心的自由。……我可能不太好意思使用『成熟』這類陳腐的字眼，但是我覺得當真是如此。……我覺得我現在可以寫出最偉大的作品」。[23]

《火山情人》是她在《土星座下》後，時隔十二年出版的第一本書，中間只有篇幅八十幾頁的《愛滋病及其隱喻》。她在那幾年間有了一些改變，大的文化背景當然也是。這本小說廣受好評，也受到媒體的極度重視，讓蘇珊陶醉在她的成功中。如果有朋友表達出對那本書的興趣，就會讓她志得意滿。她還對幾個人做過同樣的回覆：「很好，現在再讀一遍吧」或是「讀第二遍會更有收穫」。泰瑞．卡斯特把她這種孩子般的歡愉看在眼裡：

> 一名服務生走了過來，說：「我知道妳是個名人，不過妳是誰？」她乍聽到這個問題顯得很高興。她說：「嗯，我是蘇珊．桑塔格。是一名作家，我最近寫了一本小說，你可能有聽過，書名叫作《火山情人》。」她接著又說：「就在這裡好了，我會把它寫在餐巾紙上。」所以她就寫下了自己的名字，就像在簽誰的高中紀念冊一樣，還有《火山情人》四個字，也是寫在那張餐巾紙上。[24]

佐伊．海勒（Zoë Heller）也親眼目睹過這類事情。有一名報刊經銷商認出了蘇珊，她樂得眉開眼笑，還花了幾分鐘和他攀談：

> 她告訴我說她因為那次相遇而「大受感動，表現得十分女性化、甚至幾乎湧出母親的情感」。她說：「我想著：雖然他站在那裡賣報紙，但是或許這不是他在世界上最想做的事。如果他知道我是誰，那表示他有讀書，還可能上過大學，然後又……嗯，我可能是把工作上的情感投射太多

> 在他身上了。我只是覺得他可能不是在做自己最想做的事，他也在奮力爭取自己的尊嚴。」
>
> 雖然她的反應如此溫暖，但是桑塔格宣稱自己寧可不要在大眾面前受到注意。她說：「人們都不太相信這件事，不過，雖然我個人的確得到過這些注意，但是我其實一點都不想出名。」[25]

法勒、施特勞斯和吉魯出版社在一九九六年迎來五十週年，在慶祝紀念會上，以色列作家大衛·格羅斯曼（David Grossman）向她自我介紹，當時他的說詞是：「噢，桑塔格女士，很榮幸見到妳。我非常喜愛妳寫的文章。」她略顯不悅：「我的文章？那太幼稚了！你有讀過《火山情人》嗎？」[26]有禮貌從來不是她的強項。現在她又開始用貶抑的口吻談論她的論文，但是用滿腔熱血宣傳她的小說家頭銜。

她的老朋友羅伯特·博耶斯說：「她開始用評論家和女性文學家的姿態談論自己的作品，但是完全只提自己的小說。」[27]就像是她不在乎把自己和安妮的衝突擺到眾人眼前，即使那些人和她遠遠稱不上親密，她同樣地也開始在公眾面前攻擊朋友，毫不在乎這會帶給別人什麼印象。有一次，她到博耶斯任教的斯基德莫爾學院（Skidmore College）演講，博耶斯也為她準備了一段長篇大論的介紹。

等他講完之後，蘇珊站上講臺，嘲笑地說出：「羅伯特·博耶斯還是沒有搞懂。他依然不了解我是一名小說家，他所談論的其他作品都只是我為了保持寫作而寫出來的，當我在朝向一名小說家之路邁進時，總是要讓自己有點事做。」這麼直接而且過分的攻擊，讓講堂的空氣頓時凝結起來，三百名聽眾都感到心驚膽戰。佩格・博耶斯（Peg Boyers）在事後走向蘇珊，對她說：「妳必須立刻向羅伯特道歉。」蘇珊也道歉了，還道歉了「好幾次」，像個受處罰的孩子一樣——也像個其實根本不知道自己錯在哪裡的孩子。

她在阿姆斯特丹參加小說發表會時，和荷蘭作家亞伯拉姆・德・斯瓦安（Abram de Swaan）同臺。斯瓦安對義大利劇作家皮藍德婁（Pirandello）的評論惹惱了她。當時在聽眾席中擔任翻譯的安妮・萊特（Annie Wright）說：「她開始長篇大論說了一連串批評。完全沒有停。她一直說，一直說一直說——實在是太激烈了，甚至還上了荷蘭的報紙，荷蘭報紙當時對這類事情通常都沒什麼反應的。」[28]

——

《火山情人》的角色在其他人的內心劇中也找得到。例如一九九〇年再度露面的卡米爾・帕格里亞。她們曾經在本寧頓短暫相遇，在之後的二十年中，帕格里亞一邊自豪於自己的成功，一邊也爆發出對蘇珊的「荷馬式吹噓」：「二十五年來，我一直追在那個賤女人後面，最後我終於超越她了！」[29]帕格里亞在一九九〇年出版了一本意想不到的暢銷書，《性人物》（*Sexual Personae*），比《火山情人》早了兩年。書的副標題是「從內費爾蒂蒂到艾蜜莉・狄金森的藝術與衰落」（*Art and Decadence from Nefertiti to Emily Dickinson*），這讓我們可以一窺它的討論範圍和野心；帕格里亞的誇耀之詞也顯示出其實對許多女性知識分子而言，尤其是對於年輕一輩的女同性戀，桑塔格依然占據核心地位。就算桑塔格自己年輕時不屬於某一派，但是對年輕一代而言，她的確是某個派別的代表人物，他們渴望能夠超越她。帕格里亞說：「到了九〇年代，在介紹美國女性知識分子的媒體和快報中，都會認為我是她的繼承人，這應該是不爭的事實。」[30]

帕格里亞公開譏諷桑塔格的那種語調是故意的。帕格里亞開心地把她自己比作《彗星美人》中的伊芙・哈林頓，她極力展現的這種鋒芒，也很快就成了小報標題。她說自己「同意將異教徒公開展示」，還支持「文壇派閥的無聊對戰」，[31]她將自己對桑塔格的攻擊塑造成與過去的大陣仗對抗。

> 我喜愛小威廉・法蘭克・巴克利（William F. Buckley）和戈爾・維達爾之間持續存在的對決，他甚至還威脅要打他。戈爾・維達爾和諾曼・梅勒，瑪麗・麥卡錫和麗蓮・海爾曼。我覺得那樣極好。我愛八卦小報，我也覺得用八卦專欄來攻擊桑塔格很好。[32]

這種刻意的高調的確成了八卦小報的標題。《紐約郵報》的第六版八卦專欄出現了一則標題，〈更多來自桑塔格的「噩夢」〉[33]，它也成了八月的話題，當時卡米爾說桑塔格是「中產階級品味的終極象徵」和「有知識的公爵夫人」，然而以「知識的存在來說，可謂已死」。

蘇珊說她甚至沒有聽說過卡米爾・帕格里亞。一名採訪者問她是否真的說過「卡米爾・帕格里亞是誰？」這句話。

她回答：「不好意思喔。我們講的難道不是英文嗎？」[34]

這位採訪者把這段剪輯放給帕格里亞看，帕格里亞看完之後搖了搖頭：

那就像是〔電影〕《轉捩點》（*The Turning Point*）中的安妮．班克勞馥（Anne Bancroft），我是說她真的已經被人超越了，嗯，被年輕一輩的競爭者。……她不看電視、不迷搖滾樂，她漸漸被超越了。……所以她幫了我一個極大的忙。一九九二年對我來說是太棒的一年，因為她從躲起來的地方出來了，吉曼．基爾也從從躲藏的地方出來了，這瞬間讓人們了解到**我**是多麼有趣。

帕格里亞事後對桑塔格沒有加入這場故作姿態的表演感到很懊惱。她說：「那對讀者來說一定很有趣。」那會讓帕格里亞與桑塔格的對決被放送到全世界。「我覺得女性之間的公開決鬥是好事，就像是男性之間也一直有公開決鬥。若那樣的話我就可以寫桑塔格的臺詞！她要反對我的部分。但她就是沒有要加入這場遊戲——完全沒有。」[35]

帕格里亞說：「安迪．沃荷是我的英雄，我在大學時是沃荷的信徒。」依照沃荷的方式來說，不合作就是蘇珊的合作方式，她的角色豐富了帕格里亞自己的角色。還有誰比蘇珊．桑塔格更能夠扮演「說中文小姐」、「有知識的公爵夫人」呢？蘇珊的冷落只會更激勵帕格里亞，讓這件事上了八卦小報，這

場喧鬧也強化了桑塔格的名聲，讓人更覺得她是個不好對付的大牌女名人。

她告訴佐伊・海勒，說她其實只是假裝沒聽過卡米爾・帕格里亞。「理由是有一次我去參加一個派對，我聽到一個人說：『葛楚・史坦，那是誰啊？』我很愛這句話。所以我就用這句話來講帕格里亞了。」[36]但是只要蘇珊合作，最後就促成卡米爾・帕格里亞的表演了。而在幾個月之後，蘇珊就前往塞拉耶佛，架設起一個她自己的、重要得多的表演舞臺。

第四部分

第三十四章 一個認真的人

當柏林圍牆倒塌時，大概就連最頑固的犬儒派，都看得出道德世界的弧線已經彎向正義了。電視上播出群眾拆毀圍牆和驅逐暴政的畫面令人興奮，似乎也驗證了傳統的美國信仰：自由終將是全體人民的命運，歷史也可以和進步合而為一——這或許是出自天真，或許說充滿希望，或者說兩者兼而有之。共產主義垮臺了，地球的各個地方都出現了自由政府；拉丁美洲的大部分獨裁者也都在那幾年崩潰了；一九九三年的〈奧斯陸協議〉保障了以色列和巴勒斯坦的和平；納爾遜・曼德拉（Nelson Mandela）遭到釋放，也宣告了南非種族隔離政策的終結。

這些巨大的改變讓和平或民主看起來都像是注定的結局。要嘲笑這個想法也很容易，桑塔格就常常這麼做。在〈中國旅行的計畫〉中，她引用了一名美國參議員在世紀之交所說的話：「上帝保佑吧，我們要把上海提高了再提高，直至達到堪薩斯州的水準。」[1]不過，在短短的幾年中的確是有大幅進步，就連最慘烈的倒退——例如天安門事件的屠殺——都只像是暫時的失敗。法蘭西斯・福山在一九九二年出版了《歷史的終結及最後之人》（*The End of History and the Last Man*），那本書的書名的確能夠總結這個年代，也因此而變得有名。歷史很少能為樂觀主義找到什麼理由，不過終歸還是能找到更好的自我。

充滿陽光的南斯拉夫是這幾場革命的頭幾名獲利者。相較於共產歐洲的其他地方，這塊充滿島嶼、山岳和森林的土地受到共產主義的侵蝕較少。共產國家的國民要出國旅行通常相當困難，但是南斯拉夫人和其他共產國家的國民相當不同，他們可以自由往來。南斯拉夫是獨裁國家，不過狄托（Tito）從來沒有像史達林或是羅馬尼亞的希奧塞古（Ceauşescu）那樣全然大權在握；雖然他們的經濟並不健全，但是也從來不至於像俄國或是羅馬尼亞那樣全面崩潰。在共產主義的統治結束後，南斯拉夫憑藉著頗具前景的產業和教育程度高的人民、良好的基礎設施和好酒，似乎已經準備好要完善地融入西方世界。

外部世界認為南斯拉夫是一個國家，該國的人民便是南斯拉夫人。外部世界對這個地方只有很偶爾、心不在焉的關心，因此對這裡的特色：「民族」、宗教和文化的複雜性，毫無心理準備。舉例來說：該國最大的族群團體是塞爾維亞族（Serb），他們的空間通常和塞爾維亞人（Serbian）重疊——但兩者還是有所區別，塞爾維亞人是指塞爾維亞的居民，但不完全是塞爾維亞族：他們可能是阿爾巴尼亞人、匈牙利人、猶太人或甚至是華人。相對的，塞爾維亞族是一個族群團體，他們信奉東正教，分散在莫斯科到邁阿密的任何地方；甚至還有波士尼亞塞爾維亞族（Bosnian Serb）、科索沃塞爾維亞族（Kosovo Serb）和克羅埃西亞塞爾維亞族（Croatian Serb）——他們不能和「塞爾維亞克羅埃西亞人」（Serbian Croat）搞混；這幾個族群各自有自己的歷史，不過都是講同一種語言，這種語言通常被稱為「塞爾維亞—克羅埃西亞語」（Serbo-Croatian），但是視地方而定，也有可能稱之為塞爾維亞語、克羅埃西亞語、波士尼亞語、蒙特內哥羅語（Montenegrin），或者，有時候他們就只是聳聳肩、說那是「我們的語言」。

當這個國家開始分崩離析時，這類複雜性讓南斯拉夫很容易被形容為中世紀的謎團，人們認為這裡一直在醞釀一種深不可測的敵意；如果外國政治人物想要袖手旁觀，也很能夠用這種說法作為他們的藉口。但是對南斯拉夫也還有其他的描述方法，最明確的就是說它是一個現代的歐洲國家。它的確是由多民族的人口組成，但是由公民而非由民族形成的國家應該個個都是如此。大衛・瑞夫寫道，如果一個南斯拉夫人「擁有海邊的小屋、一輛以上的汽車和大學學歷，算是很司空見慣的事」。[2]他們「就和其他已開發的現代國家一樣，國民都要依賴電梯、瓦斯管線、超級市場和電」。

或許，如果獨裁政府被擊敗的話，南斯拉夫可以依瑞士或是比利時的模式，成為聯邦政府。也或是依照捷克斯洛伐克的模式，讓各個組成部分和平分手、各走各路。但是這兩件事都沒有發生，甚至這個國家還成了恐怖的代名詞，這有很大一部分要歸因於斯洛波丹・米洛塞維奇這個人，他是原本的共產黨官員，在一九八〇年代嶄露頭角，他批評塞爾維亞族明明占多數卻還受到虧待，因此順勢崛起。他宣稱塞爾維亞族遭到科索沃阿爾巴尼亞人（Kosovar Albanian）、克羅埃西亞人和波士尼亞穆斯林的壓迫——他在擔任塞爾維亞的總統時，轉而把權力集中到貝爾格勒（Belgrade）。這引來了反作用力。讓斯洛維尼亞（Slovenia）和克羅埃西亞在一九九一年上半年分離出去。斯洛維尼亞很快就確定獨立了；但是克羅埃西亞卻進行了激烈的戰鬥——克羅埃西亞與塞爾維亞接壤，也住了許多塞爾維亞族人。南斯拉夫的軍隊對有「亞得里亞海之珠」美稱的杜布羅夫尼克（Dubrovnik）進行了轟炸，也像是在預示後面將發生的事。

波士尼亞與赫塞哥維納（Bosnia and Herzegovina）——共和國裡面人口最混雜的地方——也在隔年發生了同樣的事。這裡的人口「區分成」塞爾維亞族、克羅埃西亞人和穆斯林，但是他們其實都混住在一起，因此，其實有許多波士尼亞人認為在克羅埃西亞爆發的那種殘酷暴力事件是不可能在波士尼亞上演的，因為一旦用民族或宗教背景來區分人民，無異於摧毀他們的城市、鄰里和家庭。但這就正是波士尼亞進行獨立公投之後發生的事——公投遭到波士尼亞塞爾維亞族的抵制。波士尼亞在四月六日獲得國際承認，當天也隨即爆發戰爭。南斯拉夫的殘餘軍隊在五月二日封鎖了波士尼亞首都。

—

說塞拉耶佛是「首都」，有一點過於推崇它了，有一名波士尼亞人誇張地形容它只是一條街。那條街與米里雅茨河（Miljacka River）平行，有人認為它分成兩個部分，從河邊走過幾個街區，就陡升到綠色的丘陵區，從小山丘上可以看到幾個花園和清真寺的尖塔，因此讓這個城市充滿伊斯蘭風情。它也不乏歐洲的現代性：塞拉耶佛距離米蘭和伊斯坦堡、維也納和雅典都差不多等距，因此充斥著一種世界性的文化，讓人感受到一種複雜的氛圍，似乎遠遠超過它的地理大小所能夠承載的。塞拉耶佛的清真寺和猶太教堂櫛比鱗次，天主教教會和東正教教堂也是一間接著一間，堪稱是多元思想的典範；後來像是紐約這樣的城市，也延續了這種理想。中歐有許多像這樣的城市；但是大部分都在二十世紀被「民族統一主義」（irredentism）摧毀了——民族統一主義現在也威脅著塞拉耶佛。

環抱塞拉耶佛的山谷很深，兩端也都很窄，就像是用兩隻手合成一個杯狀。山谷如同在手腕相碰的地方，擠進一個狹小的隘口；而如同手指互碰之處，是山谷的頂端，則為一塊平坦的區域，有足夠的空間蓋一條機場跑道。波士尼亞也和克羅埃西亞一樣想要吸引觀光客，所以城市中有這塊區域是他們的福氣。從市中心搭乘滑雪纜車過來只需要幾分鐘，因此塞拉耶佛能夠主辦一九八四年的冬季奧運。但是接下來卻有少數人盤算著將這種地形用於比較卑鄙的目的。

塞拉耶佛在八年後遭到包圍。城市被封鎖了一千四百二十五天，堪稱現代史上最長的一次圍城。甚至是先前紀錄的兩倍之久——先前的紀錄是納粹對聖彼得堡的圍攻。如果美國海軍下定決心終結這一切，根本花不到四十八小時，[3]但是有可能結束這個局面的人，卻都用一些陳腔濫調作為推託之辭——例如南斯拉夫的種族過於複雜難以理解，彼此間的結怨又難以修補。這些歷史的複雜性的確存在，但是既然塞拉耶佛已經被圍了，道德上的義務應該還是有的。

米洛塞維奇和他的官員下令，要這個本就混合了各種族的南斯拉夫軍隊執行任務，去建立起一族統制（ethnocracy），範圍是以塞爾維亞族為主、或是對他們而言具有歷史重要性的地區，不論那個重要性是不是想像出來。於是軍隊和無數附庸就在全世界的眼前，逐一對不同社群的穆斯林和克羅埃西亞人進行謀殺、強姦和驅逐；雖然全世界都同意的事當然很少，但是在希特勒之後有一個原則應該是確定的，就是要把文明和野蠻區分開來。要拒絕「種族清洗」——這是南斯拉夫屠殺教給世界的新詞彙。大家都同意種族恐怖的現象應該留在過去；但是如果沒有外力的介入，這種共識也只是空話。在距離威尼斯不過一小時遠的地方，集中營被建了起來、平民要忍受炮擊和饑餓，但是所謂的文明國家卻風平浪靜、一切如常。

一名年輕的波士尼亞女性，阿特卡・卡費齊奇・里德（Atka Kafedzić Reid）說：「那真的很令人震驚，你可以在一天之內，從只能在MTV上看見，到真的走進一個中世紀的場景。」[4]在這個奧運城市中，送人一顆洋蔥現在是代表無私的奢侈禮物；永無休止的炮擊讓鳥群受到驚嚇，所以也逃離了城市；人們要把自己的排泄物用紙袋包起來，另外找地方丟；市民們也不再多看一眼自己在街上跨過的死屍。大衛・瑞夫寫道：「一個歐洲城市就這樣淪落到什麼也不是。那裡像是放慢了動作的迦太基（Carthage），只是這次有了觀眾，也有了影像紀錄。」[5]

——

大衛在一九九二年前去波士尼亞，那時圍城已經接近第一個夏天的尾聲。他和許多待在塞拉耶佛的新聞記者一樣，這次旅程也成為他的一個分水嶺。他寫道：「在我前去波士尼亞之前的前半生中，總是自以為幾乎不會對任何事感到憤怒。」[6]他會安排這趟行程，也和許多前往塞拉耶佛的記者一樣，是因為縱使不明確，但他仍相信有一個文明世界的存在，他有責任讓那個世界知道這件事。他心裡想的是：「如果波士尼亞的新聞可以傳進那些人家裡，他們就不會允許大屠殺繼續發生了」。[7]

在第一次採訪接近尾聲時，他和日後的塞拉耶佛電影節（Sarajevo Film Festival）創辦人米羅・普里瓦特拉（Miro Purivatra）有過一次交談，大衛問米羅需不需要他帶什麼東西、或是什麼人回來。米羅說：「如果說有一個我們希望她來這裡、看看發生了什麼事的完美人選，非蘇珊・桑塔格莫屬。」大衛並沒有說破他和桑塔格的關係——米羅說：「我當然也不知道他就是她的兒子。」——大衛只說他會竭盡所能。幾週後，大衛又出現在米羅的門外。「我們互相擁抱，接著大衛就告訴我：『你要求的那件事我做到了，你想要的客人現在就在這裡。』她就站在門後。蘇珊・桑塔格。我嚇呆了。」至少又過了一個月，米羅才搞清楚他們的關係：「他們從來沒有跟我說。」[8]這時是一九九三年四月，蘇珊第一次造訪這個地方——蘇珊總共到這裡十一次，這裡也成了她生命中很重要的地方，甚至還有一個重要的市區廣場以她命名，這裡的重要性也讓大衛甚至考慮把她安葬於此。

塞拉耶佛位於伊斯蘭教和基督教、天主教和東正教的交匯點，與桑塔格終其一生追求的興趣不謀而合。她在這個世界上最不堪的地方來來去去了將近三年，專注在下列問題上：身為藝術家的政治角色和社會責任；努力將美學與政治結合，並理解美學即政治；心靈和身體之間的連結；掌權與失勢的經驗；遭受、看待和陳述痛苦的方式；照片、語言和隱喻是如何創造——與扭曲——了人們所謂的現實。接下來，她還真的將這些搬演成戲劇。

——

蘇珊第一次來的時候說：「我之前沒有來，是因為我很害怕，我之前沒來是因為我沒有興趣。我之前沒有來，是因為我不知道來了有什麼用。」[9]但是當她離開的時候，已經無法把這個城市從腦海中抹除了。外在世界的冷酷漠然和她看到的事物形成了太過鮮明、看著刺眼的對比。

離開塞拉耶佛，一小時後就來到一個正常城市（札格拉布〔Zagreb〕）。在機場坐進計程車（計程車！）……行進在交通號誌控制的車流中、街道兩旁排列的建築物有完整無缺的屋頂、沒有砲彈痕跡的牆、窗戶上有玻璃……用過廁所後可以沖洗……衝去泡澡（已經好幾週沒有泡澡）而有水、熱水從水龍頭流出……散散步、看看商店，大家都像你一樣，在正常的地方走路……買東西的小雜貨店架上都是貨物……進入餐廳會有菜單……[10]

安全抵達柏林之後，她發現自己其實「完全被迷住了」，她寫信給一個德國朋友，信中說：「現在去塞拉耶佛，就有點像在一九四二年底到訪華沙的猶太區。」[11]她把那裡比作納粹大屠殺，並沒有任何輕率之處——等到那兒的大屠殺、集中營和「種族清洗」一一被揭露之後，這種比喻更是司空見慣。但是蘇珊是第一個將兩者相提並論的人，她第一次造訪之後，就在接受德國電視臺訪問時提出來了。一名年輕的戲劇導演哈里斯．帕索維奇（Haris Pašović）說：「她公開說一九九三年在波士尼亞發生的事是種族滅絕，她是第一個公開這麼說的國際人士。第一位。她完全了解這件事。她百分之百的獻身於這件事，因為她知道這對波士尼亞很重要，但是其實，它對全世界的重要性其實也不遑多讓。」[12]

在塞拉耶佛面臨生死攸關的，其實並不只是那裡的人民和一個國家的命運。塞拉耶佛是歐洲城市——而大衛筆下的歐洲「除了是一種地理分類之外，也漸漸變成一種道德類型」。[13]其類型就是自由社會奉行的開明思想：就是文明本身。波士尼亞人知道這一點，所以對他們的求助遭到如此冷漠的對待，感到十分迷惑。

「我們是歐洲的一部分，我們是前南斯拉夫的公民，支持歐洲價值，也就是世俗主義、宗教寬容，以及多種族。歐洲其他地方怎麼能讓這一切發生在我們身上呢？」當我回答，歐洲是、也永遠是兼具野蠻主義與文明的地方時，他們不想要聽。現在沒有人會爭論這種陳述。[14]

對歐洲的這種概念是在納粹大屠殺之後出現的，大屠殺之後，人們同意文明的基本作法就是願意對抗在波士尼亞蔓延的這種恐怖。在奧許維茲集中營之後，文明政府的意義就是要對抗這類犯罪；但是這件事也不只是對政府呼籲：自由公民也有挺身對抗的義務。但是，單一個人要怎麼擋得住種族滅絕的大軍呢？自蘇珊孩提時開始，「要怎麼反抗不正義」這個問題就一直盤據在她心頭：自從她讀了《悲慘世界》之後，自從她在聖莫尼卡的書店裡第一次看到納粹大屠殺的照片之後。

她在一九七九年說過：「高貴行為的想法對我很有吸引力。像是『高尚』這樣的詞，對現在的我們來說已經很奇怪了，至少可以說是聽起來惺惺作態。」[15]但高尚就是她所描繪的核心，很像她更早期寫的「認真」。她在〈靜默之美學〉的筆記中寫過，「認真」——

是代表去到「那裡」。感受事物的「重量」。一個人自己言行的重量。……當〔齊克果〕說今天已經沒有基督教徒，他的意思是沒有認真的基督教徒，沒有認真看待基督教的基督教徒。

> 不「認真」看待的話——
> 也就是說沒有準備好要真心實踐
> 要親身犯險，不是空口說白話[16]

塞拉耶佛為她提供了一個親身犯險的機會，讓她實踐這個為她的生命帶來尊嚴的想法。這是她在討論愛滋病時不可能做到的事——但是她現在做得到了，帕索維奇也見證了她願意做到的程度。

> 蘇珊很了解，非常、非常徹底地了解，這是歐洲，或許也是全世界歷史的關鍵時刻。她真的知道。她也作好了準備，要為此赴湯蹈火。因為她說過……我試著不要哭出來。我很久沒有用這種方式談論蘇珊了。她沒有明說，但是我敢說她不會想在一個有可能發生這些事的世界活下去。[17]

蘇珊・桑塔格只是一個個人，但是她的生涯讓她絕不只於此。她是世界主義的象徵，她也象徵受到

攻擊的「歐洲」文化。她夠認真地承擔起對那個文化的責任，把兩種存在——蘇珊這個人和桑塔格所代表的隱喻——都推上了火線。

她經常思索作家的公眾責任。她很欽佩那些同樣處於危險的情境中，卻甘冒生命風險的前輩作家。她也很震驚於與她處於同樣位置的許多人竟不願意冒險。《紐約時報》駐巴爾幹半島的通訊記者約翰·伯恩斯（John Burns）說：「在認識蘇珊之前，你會很驚訝她竟然在那裡。沒來的人也都一定知道塞拉耶佛。在面對這種顯然是種族滅絕的案件時，當代的知識分子人都在哪裡呢？」[18]

她在第一次造訪完塞拉耶佛回到平靜的德國時，「氣餒地發現每一個與我交談的德國知識分子和作家——鈞特·葛拉斯、〔漢斯·〕馬格努斯〔·恩岑斯貝格爾〕（〔Hans〕Magnus〔nzensberger〕）等人——似乎都對種族滅絕完全的冷漠，或甚至更糟。這是我第一次聽到馬格努斯像個德國人一樣講話，而不是以歐洲人的身分」。在塞拉耶佛時，她也被問到何以有許多著名的美國作家都缺席：

> 西方知識分子，西方人作家、西歐和北美的作家，這次集體地從政治中抽離。你提到了馮內果……這些人都只是坐在他們那寬敞、豪華的公寓中，到了週末，就去郊外享受他們的私生活。[19]

它與另一場衝突的對比也很常被提到，例如伯恩斯在八月對桑塔格作了一次訪談，其中就有提到：

> 塞拉耶佛是我們這個時代的「西班牙內戰」，但是它受到的冷漠回應著實令人感到訝異。在

一九三七年時，雖然當時的情況也極危險，但像是海明威、安德烈・馬爾羅、喬治・歐威爾和西蒙・韋伊等人都紛紛趕往西班牙。西蒙・韋伊遭到嚴重的燒傷，喬治・歐威爾還被子彈打中，但是這些危險都沒有成為他們不去的理由。他們是出於團結而去，也因為這個行動而創作出當代一些最優秀的文學作品。[20]

不過，這樣冒死前去成就了什麼呢？在回到倫敦或巴黎之後，這能夠燃起他們的文學創作動力嗎？桑塔格在《反詮釋》中有一篇文章，評論米歇爾・雷希斯（Michel Leiris）的《成長秘史》（*Manhood*），雷希斯的這本回憶錄有一篇令人難忘的序言，〈關於被視為鬥牛術的文學〉（On Literature Considered as a Bullfight），文中表示現代文學是蒼白、安全而且無害的。「身為一位作者與文字人是不夠的。這是無聊與呆板的。這樣的身分缺乏危險／威脅。」承平國家的中產階級需要往比較黯淡的異域——不論是藝術的或地理上的異域——尋找使他激動的事物。

> 當雷希斯在寫作時，他必然感覺到一種等同於鬥牛士的認知，也就是他要承受被牛角牴刺的風險。而只有在這種時候，寫作才是值得的。但是作家要如何達到這種鼓舞性的致命危險的感覺呢？雷希斯的答案是：經由自我暴露與**不要**為自己辯護；不是經由製作藝術作品與作者本身的物體化；而是經由將自己——他這個人——放在火線上。而我們身為讀者，也是這場血腥行為的旁觀者，知道當它表現得好時（思考鬥牛如何被視為卓越美學的、儀式的行動來討論），無論文學

如何自我否認，它便成為文學。[21]

雷希斯與艾德麗安．里奇有同樣的要求，這也是同性戀運動家的要求：把自己放上火線。桑塔格把這種義務詮釋成美學或政治上的要求；但是也可以解釋成雷希斯所理解的另一個意義：就是要求人冒生命的風險。只要親身來到塞拉耶佛，這個要求倒是驚人地容易達成。在圍城期間，平均每天有十個人遭到殺害，遭到殺害的總人數是一萬一千五百四十一人。

—

利用其他人的苦難「達到這種鼓舞性的致命危險的感覺」，難道不是一件古怪的事嗎？一個人的責任——不論是社會的、政治的、道德的、美學的——就只有冒著被嚴重燒傷、被槍射到脖子或是被牛角牴刺的風險嗎？志願承受這種風險就夠了嗎——或者說，如果要證明一個人的承諾，唯有求死一途嗎？

就連勇於前往塞拉耶佛的人，都會發現回答這些問題有多麼困難。有些人，即使動機無可非議，仍然會冒犯塞拉耶佛人。在大家都吃不上飯的時候，瓊．拜亞（Joan Baez）諄諄告誡阿特卡．卡費齊奇說她「太瘦了」；在法國被稱作「ＢＨＬ」的伯納德—亨利．列維（Bernard-Henri Lévy）在波士尼亞則有「ＤＨＳ」的稱號：「Deux Heures a Sarajevo」，「待在塞拉耶佛兩小時」之意。

當地人有很多機會掂量他們的訪客。代表聯合國簽發通行證的烏納．塞克勒茲．瓊斯（Una Sekerez

Jones）——蘇珊的通行證也是他發的——說：「這些戰爭的訪客都像是找到了什麼完整的馬戲團元素，這讓我們感到很寒心」：

其他人都像是在想：他們都在那裡做些什麼？我以為她來，也只是來看一眼這些保留區的人是怎麼生活的——然後很快就會走了。之後她卻留下來了。這真的是非常、非常不尋常。[22]

她第一次造訪時，由菲麗妲·杜拉科維奇（Ferida Duraković）替她翻譯了一名記者的問題。

他的第一個問題是：來塞拉耶佛作這場戰爭巡禮，帶給妳的感覺是什麼？我如實翻譯了這個問題，蘇珊說：我能了解這個問題。請妳翻譯這題時要格外注意。她看著我，然後說：「年輕人，請你不要問笨問題。我是個認真的人。」[23]

——

《旁觀他人之痛苦》是桑塔格一生中出版的最後一本書，她在書中寫道：「人們需要明星目擊者。」[24]這本書也和她的其他許多作品一樣，旨在思考觀看和再現的方式；或許她提到明星聽起來像有譏嘲之意，但其實不是的——或者至少不完全是。目擊也和各種形式的觀看與再現一樣，本來就通常是悲哀地起不了什麼作用。看到一件事的發生，即使要賭上一個人的性命去寫下來或是拍成照片，如何可能改變軍隊或是政治的世界呢？

不過約翰・伯恩斯看到了目擊的重要性。在圍城開始之後不久，就有三名新聞記者遭到殺害；以BBC為首的其他記者也決定全數撤離——「那是一場激烈而可恥的辯論」。他們撤到伊利扎（Ilidža）郊區，安全地抵達機場後方，而他們所住的旅館，正是法蘭茲・斐迪南大公（Archduke Franz Ferdinand）到塞拉耶佛的絕命旅途中投宿的旅館。撤到那裡時，伯恩斯決定要回到塞拉耶佛。他的解釋是：「我們一離開後，塞爾維亞族就開始對那個城市發動猛攻。在那天，總共發射了一萬發子彈。新聞記者都走了，所以他們覺得不必再受到控制。」

受到關注還是會帶來不同，即使那個不同十分有限。蘇珊在《論攝影》中討論了對災難的再現會受到的限制。「一張帶來某個始料未及的悲慘地區的消息的照片，除非有激發情感和態度的適當背景，否則就不會引起輿論的注意。」[25]目擊者——作家、記者、攝影師——能夠建立起脈絡；但是過程緩慢得令人無法忍受，也不容易知道是否帶來任何不同。她寫道：「一個作家再也不能認為迫切的任務是將消息帶給外面的世界。消息早已經傳出去。」[26]

這就是大衛的發現。所有地方的每個人都知道在波士尼亞發生的事，但是極少人能夠跳脫出除了團結之外的修辭表達。政治人物依賴「同情心疲勞」（compassion fatigue），就像是蘇珊在《論攝影》中提出的警告——戰爭的照片變得只不過是「現已為大家所熟悉的暴行展覽的無法忍受的重播」。[27]這個世界擺明是冷漠的，這激怒了受害者，他們開始嘲笑那些沒有影響力的訊息傳播者，不論是名人或記者。

在塞拉耶佛的圍城歲月裡，經常可以在轟炸或狙擊的隆隆砲聲中，聽到某個人向攝影記者——他們因頸項所懸的照相機而容易辨認——大叫：「你正在等某些炸彈爆炸，好去拍些死屍照片嗎？」[28]

為了塞拉耶佛甘冒生命危險的記者遭到了審判。而他們也一樣在審判那些被他們質疑是來觀光的人。不過塞拉耶佛人和新聞記者都很尊敬蘇珊．桑塔格。像是美國的珍妮．迪．喬瓦尼（Janine di Giovanni）就對她十足的韌性大為折服。

對我這個二十幾歲的女孩子來說，那已經是不可思議的艱難。而她是名六十幾歲的女性。那真是太讓我震驚了。紐約的知識分子去那裡是很奇怪的。許多名人都來過，記者對他們都冷嘲熱諷。我記得我聽說她來了，但是當時沒有什麼特別的感覺。然而她不曾抱怨。她與其他人坐在一起，也是有什麼就只能吃什麼，她也和我們一樣，住在轟炸過後的房間裡。[29]

演員伊祖丁．巴耶羅維奇（Izudin Bajrović）說：

> 她向我們展現了這個世界**有部分**人可以理解發生了什麼事，也準備好要為這裡做些事。雖然**不是**全世界。但是她願意前來，帶給我們的意義還是大過某國的首相。我們並不真的相信哪一國的首相。我們也從不懷疑她的善意。但是我們的確懷疑其他任何人所謂的善意。[30]

如果受到讚揚與取得成功會帶出她最醜陋的那一面，壓迫與困乏就是帶出了最好的一面。她在紐約可能是個高傲的人，但是在塞拉耶佛卻很和藹。她在那裡親上火線作出見證，因此贏得全世界的尊敬；但是對於要解答她所提出的困難問題——不論是作為個人或是象徵的她，到底能做什麼以提供幫助——這卻絲毫沒有助益。她說：「我不想到這裡來當個觀光客，看看每個人受苦的樣子。……我想要付出點什麼、作出貢獻。」[31]而她後來寫道：或許最適當的回應就是沉默。

> 最好就是什麼也不要說，是我原始的意圖。談論正在從事的事情，不論意圖為何，或許都會變成自我宣傳的形式。[32]

許多現代的藝術家的確作出了這種回應——沉默。在柏格曼的《假面》中，當伊麗莎白看到其他的恐怖事物出現時，也是這種反應——一名自焚的越南和尚；在華沙猶太區被嚇壞的孩子。蘇珊在將近三十年前寫道：伊麗莎白「希望能夠真誠面對生活、不必撒謊、不必表演、不必裡外不一。正因為如此，伊麗莎白放棄了以死求解脫的打算之後，決定不再說話」。不過這是精神上的回應，而不是政治上的。波士尼亞人有真實的需求，蘇珊也希望她真正成為助力。

我很樂意甚至僅僅把一些病人扶上輪椅。我冒著生命危險去做此決定：那環境極難忍受，而且槍火無情！炸彈四處爆炸，子彈從我耳邊掠過……那裡沒有食物，沒有電力，沒有自來水，沒有郵件，沒有電話，天天如是，週週如是，月月如是！這不是「象徵式」的。這是真實的。[33]

她第一次到訪時，就要菲麗妲．杜拉科維奇安排她與知識分子會面。杜拉科維奇邀請了一些人，他們提出了幾個預期中的物資需求——蘇珊也及時提供了。但是她問他們：「除了帶食物、錢、水或香煙來之外，你們還希望我做些什麼嗎？你們希望從我這裡獲得什麼嗎？」

最後，她和帕索維奇，這位國際電影節的主辦人，討論要演一齣話劇。這當然無助於讓這個城市重獲自由。但還是有實際的功用。它可以為演員帶來工作、提供文化活動，並告訴世人：雖然傳言說南斯拉夫民族很粗野，但是他們其實很現代，就和會讀報紙文章的其他人一樣現代。她本來考慮搬演阿佛瑞德．雅里（Alfred Jarry）的《烏布王》（*Ubu Roi*），因為這齣戲常被認為是現代劇場的先祖。[34]她也有提到貝克特寫的《歡樂時光》（*Happy Days*），它的內容是一名婦女在遭到活埋時，與她的丈夫叨叨的追憶起過去的快樂日子。劇情結束在泥土淹到她的脖子時。

帕索維奇記得：「她帶著貝克特來了。但是我說：蘇珊，在這裡——在塞拉耶佛——的我們仍在等待」。[35]

第三十五章　文化活動

「存在（Being）！存在不是別的！存在就是成為（becoming）！」蘇珊的第一齣舞臺劇中，有一個角色這麼呼喊著。[1]這是演出皮藍德婁的《你需要愛》（*Come tu mi vuoi*），她在一九七九年，聽從出演過《食人族二重奏》的女演員阿德里安娜·阿斯蒂（Adriana Asti）的話，在義大利的杜林（Turin）執導了這齣戲。[2]蘇珊一直很喜歡皮藍德婁：早在一九五八年，她就寫過「皮藍德婁這傷感作品中所呈現的虛幻&真實深深吸引我」。[3]一個朋友說她那時也和卡洛塔變得比較親近。[4]那齣劇也有蘇珊崇拜的另一個角色的影子，在《如你所願》（*As You Desire Me*）一九三二年電影版本中的一個角色：

> 皮藍德婁這齣戲讓我著迷的是「心理上的同類相食」（psychological cannibalism）這一主題。所以，我把葛麗泰·嘉寶在電影裡演的人物放到了我的作品的中心位置，把她塑造成一個給其他人物下套的社交界女王，但最終她還是栽在他們的手裡。[5]

在這段製作過程中又誕生了另一個劇本：《床上的愛麗思》（*Alice in Bed*），它於一九九一年九月在德國的波昂（Bonn）進行首演。

演主角的阿德里安娜・阿斯蒂有一天開玩笑跟我說——我直說了吧?——請妳為我寫一個劇本。而且記得,我要一直都在舞臺上。於是我的腦海裡就浮現了愛麗思・詹姆斯(Alice James)——一名受過許多挫折的作家,同時也是真正的殘疾者——我當場就想好了那個劇本,也把這件事告訴阿德里安娜。但是在接下來的十年間,我都沒有再碰這個劇本。[6]

愛麗思・詹姆斯幾乎就和蘇珊・陶布斯一樣,是一種警示、是失敗女性的象徵,蘇珊・桑塔格對她也一直都有興趣。桑塔格在四十二歲得了癌症;愛麗思・詹姆斯則於四十三歲死於癌症。才華洋溢的愛麗思有兩個哥哥,威廉・詹姆斯(William James)和亨利・詹姆斯,兩人都是偉大的作家,但是桑塔格筆下的愛麗思卻沒有「自我中心、主動進取、漠視私慾這些等質,然而它們卻是令一個開闊、有創造力的天賦開花結果所需要的養分」——桑塔格也和維吉尼亞・吳爾芙一樣,認為這種自我中心對男人而言比較自然。[7]

相反地,愛麗思躺在床上。桑塔格還在劇本裡寫進了幾個著名的女性,同時包括真實和虛構的人物——她們是昆德麗(Kundry)和梅塔(Myrtha),艾蜜莉・狄金森(Emily Dickinson)和瑪格烈・弗勒(Margaret Fuller)——她們都很沉著、鎮靜,也有人只是「想靠著睡覺來逃避」;她們各自用不同的方式努力面對行動問題,並決定如何反應。桑塔格說她們有「中產階級才會有的心病」,[8]在執導皮藍德婁時,她的心中其實就縈繞著這個主題:「另一齣關於絕望或假裝絕望、無助的女性的戲」。[9]

這些女性是真的無助、或只是「假裝的」？一名評論家寫下：「愛麗思感到羞愧，是因為認知到她威脅要自殺只是自我的表演，彷彿這些威脅就只是演出來的空話。」[10]這些威脅讓人想起蘇珊也威脅過要自殺，就在當她結束與露辛達的關係時；這也讓她再多想了一下責任的問題。

對自己的責任——

愛麗思：生命不只是有沒有勇氣的問題。

瑪格烈：可是它是啊。[11]

——和對其他人的責任：

昆德麗：要救任何人都很難。可是那又是我們唯一渴望想做的。

——

《紐約時報》的劇評家法蘭克・瑞奇（Frank Rich）在一九八五年寫道：

> 如果有什麼稱得上是「文化活動」，那必定首推〈雅克和他的主人〉，那是米蘭・昆德拉的劇本，

現在正由哈佛的美國劇目劇團（American Repertory Theater）演出。這不只是美國第一次搬演這位捷克斯洛伐克的作家唯一的舞臺作品，也標示著蘇珊・桑塔格以戲劇導演的身分在美國出道。匆匆翻閱節目單時，有一半的人希望在演員表上發現歐文・豪和菲利普・羅斯的名字。[12]

在後意識形態年代裡，這是文化活動（Cultural Event）：由名人為律師、教授和銀行家提供娛樂；當蘇珊・桑塔格在哈佛執導新戲時，她的座上嘉賓也被預期是一群律師、教授和銀行家。這種文化也沒有什麼不對。但是相較於桑塔格一向對「文化」這個詞的理解，這只是像文化的可憐遠親。真正偉大的藝術為生命提供了不凡的意義和尊嚴，完全值得用生命去換取——就像她在青少年時就願意把生命交託給史特拉汶斯基，成年之後，也一直最欣賞那些把藝術理解為鬥牛的藝術家。

她向這種文化保證會盡其一生。幾十年來，桑塔格被迫看到文化的核心受到質疑、價值遭到腐蝕。她在一九九六年寫下「嚴肅標準幾乎已經被破壞殆盡，而文化優勢中最清晰、最具說服力的價值則源於娛樂工業」。[13]她在大約那個時候對自己的助理米蘭達・斯皮勒提到，在一九六八年的哥倫比亞大學學生抗議運動期間，有一名學生領袖在一封公開信的結尾寫了「你這個混帳給我靠牆站好」*。蘇珊挖苦地說：「我都不知道我們要走的是這個方向。」[14]

這個方向與其說是走向反抗，不如說是朝向金錢。將一生獻於莎士比亞、畫家林布蘭與莫札特，和把心力投注給安迪・沃荷，是不同的兩回事。走向消費主義不需要什麼要求，更不是一種犧牲。這或許就是文化和「文化活動」之間的差異：文化活動不至於有任何被牛角牴刺的風險。

現代主義質疑於藝術的社會功能。但也不是為了看到它被標價取代。許多現代藝術——從約翰·凱吉那首靜默的曲子，到保羅·泰克的裝置，和艾倫·卡布羅的即興創作——都表現出想要跳脫買賣的定位。這些藝術家在尋找另一種正當性的證明：桑塔格說「藝術應當根據道德嚴肅性的標準來證明自己的正當性」，這是引用亞陶的要求。[15]但是那些標準究竟是什麼，卻是一個令人發狂的難題，亞陶自己也找不到藝術的作用，桑塔格在文章中寫道，亞陶的觀點「讓藝術作品自身變得毫無用處」。[16]作家的社會和政治角色也是如此：

> 我們可以依據作家廢除自我權威的努力，依據他們無意為社會提供道德建言的心態，以及依據他們不再將自己展現為社會評論者而是展現為先知預言家、精神冒險者和社會賤民的傾向，來辨認現代作家。[17]

不過桑塔格在亞陶對「心理學唯物主義：絕對心智同時也是絕對肉體的」[18]假設中，找到另外一個比較不明顯的用處。他「有關劇場的書寫可以看成以身心重新統一為題的一本心理手冊。劇場成為他的至高隱喻，用以指涉自我修正的、自發的、肉體的、知性的心智生活」。[19]這種重新統一並不是為了樂趣。她寫道：「他心目中的劇場與提供『無聊、做作消遣』的那種純娛樂性毫不相干。只有最狂熱的道

* 譯者註：這句話出自阿米里·巴拉卡（Amiri Baraka）的一首詩〈黑人！〉（Black People!），是指警察要逮捕黑人時常吼的一句話。

德家才會希望人們去劇場看戲就如同他們去看外科醫生或牙醫一樣。」[20]這是要「以藝術作為神裁」。雖然它可以加速形成「即時、完全統一的意識」，[21]甚至使得「語言和實體之間的分歧得以癒合」，[22]但它也可能會殺死你。

——

蘇珊在一九九三年七月十九日回到塞拉耶佛執導《等待果陀》。當她製作這個表演時，連電都沒有，也沒有像樣的服裝，舞臺布景也只是聯合國配給的幾塊塑膠板，而那本來是要拿來修補被狙擊火力射穿的窗戶的。[23]但是這次演出的確是一個文化活動*，可以顯示出現代主義文化曾有的樣子——還有它在極端的環境中也依然該是的樣子。

阿蘭．羅伯—格里耶在一九五三年二月，《等待果陀》首演後不到一個月寫道：「沒有其他地方會為了做這件事冒這麼大的風險，而其所涉及之事無疑是必需的。此外，也沒有其他地方必須採用這麼克難的方法。」[24]他提到貝克特自己用的方法：舞臺背景是一棵細小的樹和一個垃圾桶；精簡到極致的語言；穿著破爛的乞丐演員——一位被剝奪了視力，另一位則被剝奪了說話能力——在等待著永遠不會到來的拯救和顛峰。

這樣的設定在一九五三年的巴黎只是藝術上的選擇：用來當作隱喻。而在四十年後的塞拉耶佛，卻是每天的現實。第一個評論這齣劇的劇評說：「他們看著人物的開心和受苦，而不了解他們是在看自己的生活。」[25]不過這種誤解並沒有發生在塞拉耶佛人身上。選角時，蘇珊問演員是否覺得他們的生活和貝克特的作品有任何關聯。擔任「幸運兒」（Lucky）一角——雖然這名字有點諷刺——的阿德米爾．格拉莫查克（Admir Glamočak）的回答是：

> 我對「幸運兒」的演繹是在刻畫、表現塞拉耶佛這個城市。「幸運兒」是受害者。塞拉耶佛也是受害者。我可能會比現在再瘦十公斤，那麼我就不需要任何化妝，只需要裸露出身體的一點部分，讓你看到骨頭和本應是肌肉的部分。「幸運兒」所說的任何事、好像沒有意義的話，其實都是塞拉耶佛每個人的心聲。[26]

伊祖丁．巴耶羅維奇認為選擇這齣劇是顯而易見的：

> 我們當真在等待什麼人來解救我們擺脫這場災難。我們覺得那是一個人道的舉動。一件正派的好事。解救我們脫離水深火熱之中。但是沒有人來幫助我們。我們白等了。我們等待著有人會說：事情根本不應該是這樣的，無辜的人怎麼可以遭到殺害。我們一直在等。《等待果陀》的確是我們的生活。[27]

* 編註：原文此為小寫。對比於前一個段落、帶有批評意味提到的「文化活動」，則是首字大寫。

蘇珊住在假日酒店（Holiday Inn），那是一棟令人感到愉快的黃色建築，它的名字讓人聯想到中產階級在一個平靜的地方度過假日。它是為一九八四年的奧運興建的，然而到了現在，還不到十年間，它就已經被孤立在一條寬闊的大街盡頭，那條街的名字叫作波士尼亞之龍（Zmaja od Bosne）大街，但是卻以「狙擊手之巷」（Sniper Alley）的別名在全世界惡名遠播。它是從機場通往市中心的主要道路，在附近的小山上還有許多高樓，直接凝視著塞爾維亞族的陣地。

從機場到假日酒店要搭乘聯合國的裝甲車，如果沒有裝甲車可搭，則要搭乘汽車：避免遭到射殺的技巧是要儘可能平躺、斜靠在駕駛座上，幾乎達到仰躺的程度，並且以最快的速度加速通過那條大街。在機場和假日酒店之間的短短距離就可能遭到殺害，也經常有人遇害。

旅館本身是一棟大型的長方形建築，周圍則是挑高、有頂棚的庭院。正對著塞爾維亞族陣地的那一面會遭到砲擊，但是最遠的那一面大致上還是安全的。大部分外國記者都住在那裡。蘇珊寫下：「飯店的一名員工說自從一九八四年冬季奧運以來，這個地方還沒有這麼爆滿。」[28]員工要竭盡全力保持飯店的門面，但是他們整潔的制服也愈來愈破爛了，而且他們得在廚房的地板上點起爐火，烹煮任何可以得到的食物。

假日酒店在圍城的標準下算是個豪華的地方：那裡有食物，早餐會供應澱粉類的捲餅。在這個遭到封鎖的城市中，就連這些都已經像是奇蹟了，也沒有人確實知道飯店職員是怎麼弄出這些的。演員伊祖丁·巴耶羅維奇還記得對於蘇珊戲裡那些忍飢挨餓的演出者來說，這樣的食物有什麼意義。

基於某種理由，她會從某個地方為我們帶來捲餅，放在早餐桌上。當我們吃著那些捲餅時，會覺得一切真是太棒了。如果你現在在工作中吃到一個三明治，不會覺得那是什麼大事。但是在那時候，當她帶來那些捲餅的時候，那實在是一件意義非凡的大事。[29]

菲麗妲·杜拉科維奇還記得蘇珊會用一些隱晦的方式表達感情。她說：「她不是一個溫柔的人。和她講話或是和她在一起時，你必須要非常小心。」不過她會用比較周到的方式表示她和大家團結在一起：

那時候她的菸癮很大，她也很緊張，所以會把抽了一半的菸就放在煙灰缸裡。在第三天還是第四天的時候，我突然看到演員們都在等她把煙屁股放下來，因為她總是只抽一半。他們會在十五分鐘的休息時間內走到煙灰缸那裡。她在某一天早上發現了這件事，之後她就再也沒有那樣做過了。她要不然就是會把整根菸抽完，要不然就是會在煙灰缸旁邊留下一包菸，假裝是她忘在那裡的。用這種方式讓演員們不至於覺得羞辱。[30]

負責協助外國訪客的新聞部（Information Ministry）官員塞納達·克雷索（Senada Kreso）也記得她

的另一種表達方式，這件事讓她覺得自己被當作一個普通的女人看待，而不是一個可憐的受難者，所以讓她很難忘。許多外國訪客來時都會帶著食物，但是蘇珊出現時，卻帶來「一大瓶香奈兒No. 5香水」，作為禮物送給塞納達。「從這時候開始，我就對這名女性有最崇高的敬佩，不只是因為她是作家。」[31]

巴耶羅維奇也從未忘記她的慷慨。

在八月十八日，我女兒的一歲生日那天，蘇珊帶著一顆西瓜來彩排。對於我們來說——我不知道該怎麼形容——簡直就是不可思議。我完全不敢相信。當她知道那天是我女兒的生日，她就把整顆西瓜切了一半給我。那簡直比中樂透還要好運。就像是現在有人送給你一臺全新的賓士車。甚至比那還要高興！當我帶著半顆西瓜回家時，沒有人相信在他們眼前看到的東西。[32]

蘇珊的文書中最令人感動的東西之一，就是一張畫了綠白條紋的西瓜圖畫。上面有像是孩子的字寫著：「蘇珊就是我們的大西瓜！」[33]

蘇珊在一九七一年的日記裡寫著：「我正在尋找自己的尊嚴。別笑。」這句話似乎也適用於塞拉耶佛，適用於這裡的人，她說他們「每天都要花很多時間查看廁所的水流，才不會讓廁所變成糞坑」。[34]

對於塞拉耶佛而言，也同樣對於蘇珊．桑塔格而言，文化是克服恥辱和恐懼的最好方法。在蘇珊的戲中扮演波卓（Pozzo）的老一輩明星，伊內斯．芬所維奇（Ines Fančović）說：「我的確得去打水——

但是如果我把自己想成一個打水的人，那就很討厭了。當我在劇場工作時，我會把其他的一切都忘了。我會忘了我每天需要搬運多達三十或五十公升的水，我會忘了我很害怕砲彈、我真的很害怕砲彈。[35]

在一九九三年那個炎熱且挨餓的夏天，桑塔格和她的演員每天都要工作十個小時。在巴黎的原版演出，並不意外地是由亞陶的朋友羅傑．布林（Roger Blin）執導，當時只用了基本的布景，在塞拉耶佛的演出也是如此：但這並不是出於藝術的選擇，而是因為別無選擇。

〔格拉莫查克說：〕我們要靠著燭光演出。我們有兩盞小聚光燈掛在發電機上。有時候，我們甚至沒有燃料啟動發電機。那我們就得用更多蠟燭，不過，這樣我們的蠟燭就會用完了。於是我們開始自製油燈。所以，那個貝克特的世界就好像完美的出現在這裡、出現在現在。

這裡、現在顯露出一些貝克特不曾預期過的困難。有些阻礙是技術性的，例如她寫說「缺乏在日光下、或是日光燈下可見的正常四周事物，簡單如一起戴上或是脫下圓帽這類禮貌的事情都做不到」。[36]

有些則是營養的問題：雖然她已經很努力讓劇團吃飽，但是演員們實在太過營養不良，所以他們在休息時都會立刻躺下。「另外一項疲勞症狀是他們比我合作過的任何演員都還要慢記住臺詞。」「焦躁與恐懼」也會讓他們忘記臺詞，[37]他們的恐懼也不是空穴來風。危險程度可能有別，但是都絕對無法拋諸腦後。有一天，塞拉耶佛遭到將近四千顆砲彈襲擊；而在另一天，七月三十日，只有一顆打來：但是卻也夠殺死茲萊科·史帕洛瓦羅（Vlajko Šparavalo）這位著名的莎士比亞劇演員了。這個消息傳到排練室時，巴耶羅維奇說：

蘇珊走過來，問我們今天是否還要工作。我是唯一一個說我覺得今天不應該繼續下去的人。其他人都說好、我們還要排練。蘇珊也同意了。現在我覺得或許那天我太傷感了。或許他們才是對的，這裡每天都有人死去。[38]

演員的心中都深知這個工作的意義。沒有地方比塞拉耶佛更能夠呈現亞陶的戲劇，而「亞陶的劇」是真的「把這個瘟疫受害者的世界視為現代戲劇藝術的真正主題」。[39]飾演愛斯特拉岡（Estragon）的維利柏·托皮奇（Velibor Topić）指出了表演在那個背景下意謂的事。

你不能夠把觀眾當傻子。你不知道五分鐘或十分鐘後、或是到了明天，你是不是還活著。所以你不能夠愚弄觀眾。你必須讓他們看到你最誠實的表演能力，因為你真的不知道明天你還能不能夠演出另一場。我曾經在受傷的人面前表演，在失明的孩子面前表演，在醫院的二樓表演，而一樓還有人正在進行腿部的截肢手術，的確有人正在失去他們的性命、正在嚎叫，而這些都發生在我表演的時候。[40]

——

演出就在這個背景下漸漸成形。蘇珊對文本作了大幅修改。流浪漢弗拉季米爾（Vladimir）和愛斯特拉岡變成三對不同的伴侶：分別是兩名男性、兩名女性、一名男性和一名女性。這帶來了另一重障礙，讓這齣戲變得過於冗長；所以，蘇珊在首演前的七天決定要把第二幕刪掉。格拉莫查克記得她的解釋是「第二幕還是會留在觀眾腦海中，也會留在我們全部人的腦海中。或許我們可以在第二幕時坐下來，就只是和觀眾一起等，等看看現在有誰要做什麼、有什麼事會發生」。

刪掉這幕戲有實際面的理由：「我如何要求觀眾在沒有大廳、沒有廁所、或是沒有水的狀況下，舒服地坐著不動達兩個半小時呢？」[41]也有象徵性的理由：

或許我覺得第一幕的絕望對塞拉耶佛的觀眾而言已經足夠，而我希望可以省去第二次果陀又沒有來的絕望。……因為《等待果陀》如此精確的闡述塞拉耶佛人此刻的感覺：飢餓、情緒低落、等待武裝外力拯救他們，或是保護他們，似乎也只適合演出第一幕的《等待果陀》。[42]

格拉莫查克說這齣戲在塞拉耶佛受到盛讚。

> 她帶來一場精彩的演出。她用了另外一個人的文本演出這裡、現在正在發生的事情，而那個文本甚至是在事情真正上演的好幾年前寫的。[43]

塞納達・克雷索說象徵性很重要，觀眾接受它「就是我們的生活故事」。製片人阿迪米爾・凱諾維奇（Ademir Kenović）說只要是看過的人，就一定不會忘記它；凱諾維奇是個很神奇的人，他在戰爭期間還一直在製作電影，包括《等待果陀》。

> 它帶來希望，強大的東西在戰爭期間會顯得一百倍強大。如果有什麼好東西，在戰爭期間更會顯得一百倍好。心理上的重要性**至為重大**。蘇珊・桑塔格正在告訴世界這裡發生的事！所以它遠比你所能夠想像的，更加不可小覷。[44]

或許那齣戲會對觀眾帶來強烈的影響，不過它對於不曾看過的人——那些認為波士尼亞的衝突很遙

遠又難以想像的人——也意義非凡。蘇珊說她對「《等待果陀》引起的國際媒體關注感到驚訝」[45]，雖然這聽起來很像是故作謙虛。常有人批評蘇珊熱衷追逐名聲，她在波士尼亞也是如此：愛爾蘭記者凱文・梅耶斯（Kevin Myers）舉了一個特別愚蠢的例子，他說自己「真正的錯誤就是沒有對外報告說她還和塞爾維亞族砲兵合作，他們已經標示了波士尼亞重裝甲部隊的位置」。[46]

不過她感到驚訝也完全可以理解。其後又過了幾年網際網路才在全世界通用，因此，要從一個被圍攻的城市中獲取新聞幾乎是一件不可能的挑戰。在那裡，任何要依賴電力的通訊方式——包括廣播、電話、電報、電視——大概都已經完全不存在了。為了向《紐約時報》發送報導，約翰・伯恩斯還要用到當地總統府裡的特殊軍用無線電，他要在塞拉耶佛外的一個城鎮向一名警察口述他要報導的事——那名警察幾乎不會說英文——並由那名警察把報導內容傳到克羅埃西亞的斯普利特（Split），再從那裡用電腦傳到紐約。[47]

波士尼亞人完全知道困難所在，即使消息傳得出去，他們也沒有天真到以為會發生什麼事。但是他們依然懷抱希望，伊祖丁・巴耶羅維奇說：

> 我們希望這個策劃會打開世人的眼睛。讓他們看到在我們身上發生的事，讓他們有所反應。我們也希望蘇珊・桑塔格的影響力足以讓事情發生改變。我們的期望顯然很高。但是我們甚至無從知道這個世界有沒有聽說過這件事。[48]

當他們得知這次演出獲得極大的關注，圍城中的塞拉耶佛人都顯得十分激動。帕索維奇說：「《華盛頓郵報》的頭版就寫著〈等待柯林頓〉（Waiting for Clinton）、〈等待國際介入〉（Waiting for Intervention）。這對我們來說是很大的勝利——《紐約時報》和每個人都在報導這件事。」[49]這確認了文化可以帶來尊嚴。詩人戈蘭・西米奇（Goran Simić）說：「我們希望外部世界的人知道我們的事。西方人對我們的印象就是以為我們尚未開化。」[50]

蘇珊看到她那些有影響力的朋友如此冷漠，她對此感到很沮喪，但還是有兩個人露面了，也各自為這件事作了宣傳。妮科爾・斯特凡娜在法國四處探詢。皮埃爾・貝爾傑（Pierre Bergé）——伊夫・聖羅蘭的伴侶——在度假時接到她的電話，電話那頭的妮科爾說：「蘇珊現在人在塞拉耶佛，她想要演出《等待果陀》，但是她需要錢。有沒有什麼事是我們可以做的呢？」[51]貝爾傑立刻就同意了，蘇珊寫道在極短的時間內：

> 妮科爾竟然出現在這個被圍的城市中，（這並不是一件容易的事！）還自己指揮拍攝，這真是太讓我驚訝了，她只帶了一名攝影師、一個負責音響的人，她要紀錄下我正在彩排的這場演出——在一個被炸毀的戲院中，與當地演員一起演出的《等待果陀》……妮科爾和平常一樣無所畏懼，而且熱情——她在青少年時一定曾經在倫敦參加過「自由法國部隊」（Free French Forces）的志願軍、參與過解放巴黎的戰鬥。[52]

當米羅．普里瓦特拉要求大衛把蘇珊．桑塔格帶來時，他對於兩個人是母子一事毫無所知，同時，他也沒有想到後面還有一件令他驚訝的事等著他。蘇珊第一次到訪快要離開時，她問米羅是否需要她下次再帶什麼東西或是什麼人回來，米羅要求一位著名的攝影師——他還是完全不知道蘇珊的人際關係。他說：「或許可以請她在這裡拍些照片。」

接著在大約五個月後，蘇珊．桑塔格敲響了他的門。「嗨，米羅。我帶來了你想見的客人。」她帶了安妮．萊博維茨同來。[53]

安妮抵達之後，隨即拍了一些表現力很強的照片，包括科謝沃醫院（Koševo Hospital）的產科病房，那裡的產婦必須在沒有麻醉的情況下生產；還有《解放》新聞（*Oslobođenje*）的英勇記者群，他們奮力的帶回離前線只有幾步之遙的消息。或許她最著名的一幀照片，是一輛倒地的兒童腳踏車，旁邊還有一灘畫成半圓的血漬——就像是禪宗的「圓相」圖案。這種攝影完全不需要後製的改變或是拿掉什麼，就如同她所記得的：

我們是在開車經過時碰巧遇到的。這裡剛剛遭到迫擊砲轟炸，有三個人被炸死，包括騎這臺腳踏車的男孩。他死在我們把他送醫的途中，死在我們汽車的後座。[54]

桑塔格在《論攝影》裡寫下「攝影基本上是一種不干預的行為」。[55]而現在，她看到了照片對波士尼亞的理想是多麼重要。這些照片刊登在《浮華世界》，讓這場戰爭得到數百萬人的注視，而這些人或許都沒有看過大衛・瑞夫在《國家》或是約翰・伯恩斯在《紐約時報》所寫的報導。安妮的作品在雜誌上創造出一種奇怪的連結——「塞拉耶佛突然出現在布萊德・彼特隔壁的那一頁」——而她自己的生活中也是。在拍到這名被謀殺的男孩之後，安妮就回國了：「我得記住要從哪一邊拍攝芭芭拉・史翠珊的臉。」[56]

桑塔格的《等待果陀》回答了許多與現代藝術的用處有關的重要問題。藝術無法拯救那名騎腳踏車的男孩，也無法帶來軍事介入、或是召喚重要的這個那個。但是她找到這個方法貢獻出她所擁有的一切，就像是第二幕的弗拉季米爾所提出的勸告：

> 在我們有機會的時候，我們要做些事！並不是每天都有人需要我們。人家需要的並不光是我們。別人也會有同樣的機會，即使機會不比我們更好。所有的人類都聽到呼喊，那些求救的叫聲還在我們的耳中迴響！但在這地點，在這時刻，不管我們喜不喜歡。我們就是所有人類的代表。現在還不太晚，讓我們盡力而為！讓我們好好地代表一次醜惡的人類，去做殘酷的命運託付我們所做

的事！[57]

如果現代藝術家——現代人——所處的環境讓他體認到果陀是不會來的，這並不表示那個人不被需要、或是他無法帶來任何不同。桑塔格決心要帶來差別，這讓她顯得與眾不同。凱諾維奇說：「她並不是被視為不同常人。她真的與眾不同。」[58]在她死後，波士尼亞將國家劇院前面的廣場命名為「蘇珊·桑塔格廣場」。這恰如其分地表達了人們對她的敬意，格拉莫查克說：

蘇珊·桑塔格被封為塞拉耶佛的榮譽市民，這是這個城市給她的最高榮耀：我就沒有這個頭銜。也沒有劇院前的廣場會以我命名。不只是我，所有的演員都沒有。老演員死後，會有一條郊區的路以他命名。不過我總是在想：就算有一個——去他的——什麼廣場以蘇珊·桑塔格命名，她也真的**當之無愧**。[59]

第三十六章 蘇珊的故事

桑塔格在一九九三年第二次造訪塞拉耶佛，並製作了《等待果陀》。一九九五年底《岱頓協定》（Dayton Accords）在俄亥俄州的空軍基地簽署之前，她總共重回波士尼亞七次。這份協定讓圍城畫下了句點，但是「種族清洗」也讓波士尼亞被分割成不同的飛地，並且讓這個國家在經濟上如同一灘死水，政治上也沒有活力。蘇珊的生活在圍城期間已經和波士尼亞的生活牢牢繫在一起，不論有沒有《等待果陀》帶來的名聲，她的英勇事蹟都依然會繼續下去。

蘇珊每次去，都帶了成捲成捲的德國馬克（那是波士尼亞的地下貨幣）藏在衣服裡，並分給作家、演員和人道組織。她也會為這個與世隔絕、郵政已無法運作的地方帶去信件，離開時再把信帶出來。她在一九九四年獲頒萬寶龍藝術贊助大獎（Montblanc de la Culture Arts Patronage Award），獎金都奉獻給塞拉耶佛。她嘗試為戰爭中失學的孩子們辦了一間小學；她不停在歐洲和美國奔走，說明波士尼亞戰況的起因；她一直纏著居高位的朋友，要他們幫人逃出塞拉耶佛。

當札格拉布的美國大使館拒絕發簽證給阿特卡．卡費齊奇時，她拿起了電話。蘇珊下令說：「給我半個小時，然後妳再回去大使館。」簽證當然就下來了，最後幫阿特卡一家十四口在紐西蘭展開了新生活。[1]她也透過加拿大筆會，幫詩人戈蘭．西米奇、他的太太阿梅拉（Amela）和兩個孩子轉往加拿大。

菲麗妲·杜拉科維奇說「蘇珊甚至還辦了一場喬遷派對」——她也為戰爭期間懷孕的菲麗妲帶來堆積如山的維他命和產前用藥。哈桑·格魯希奇（Hasan Gluhić）也是在她的幫助下才逃往美國——在《等待果陀》的那趟旅程期間，格魯希奇是蘇珊的司機，他在申請美國政治庇護的宣誓陳述書上，寫到是這件事為他帶來了危險，「〔伊斯蘭〕基本教義派反對她，也反對那場演出。」

在一九九四年一月三日，我下班回到家的時候，發現我太太在哭，我的孩子也嚇得瑟瑟發抖。我家裡的門上被漆了「叛徒」和「異教徒」幾個斗大的字。我隔天去上班的時候，發現我桌上貼了一張字條，上面寫著「格魯希奇：不要忘了發生在薩爾曼·魯西迪身上的事。信奉伊斯蘭教的波士尼亞沒有你這種人的容身之處。」[2]

桑塔格檔案中的證據顯示她花了兩年多為格魯希奇奔走不懈。她寫信給每個人，從丹尼爾·派屈克·莫尼漢（Daniel Patrick Moynihan）參議員——請他安排公益假釋——到「小紅屋學校」（Little Red School House）——那是一所紐約的私立學校，要他們准許格魯希奇的孩子入學。她還替格魯希奇安插了一個安妮·萊博維茨身邊的工作。

約翰·伯恩斯說：「如果不是親眼看到，我一定不會相信。蘇珊變得極受歡迎。她的舉止也顯得很自在，看不出絲毫優越感。」[3] 帕索維奇是在波士尼亞以外的其他地方就認識她，他知道像是在紐約這種地方，她需要保持一點距離。他說：「她不容易親近，不過那是因為她用這個方法來過濾人。在這裡，她的那種高姿態消失了。她只是個普通人，人們也會接近她。」[4] 她表示自己也是普通人的象徵之一，就是拒絕穿防彈背心。有數十名波士尼亞人都記得她的這種表態，他們認為她是用一種低調的方式強調自己和別人是平等的，她也願意一起勇敢地面對別人每天都要遭遇的風險——不論是遭到殺害，或是被炸成殘廢。米蘭達·斯皮勒是在大約這個時候在紐約替她工作，她向米蘭達「表達她喜歡自己有可能遭到射殺這件事。能夠去死，這件事在某種意義上會令她很激動」。[5]

杜拉科維奇回憶起戰爭會帶來濃厚的同志情誼和諸多強烈的感覺：

> 她會帶酒來，我們就一起快樂地聊天，她主要會問一個問題：「你對圍城下的生活有什麼感覺？你會覺得失望或是沮喪嗎？」我說——當時我三十六歲——在我的一生中，還從來沒有像現在這樣感覺到我還活著。我覺得太棒了。我想要活下去，我想要寫作，我想要在清晨看到太陽升起，我想要見到人們。我對生命感到饑渴。於是她說：「那真的很有趣，當我得到癌症時，那也的確是我人生中第一次覺得原來生命是如此美好。」[6]

凱西婭·戈爾斯卡也看到塞拉耶佛帶給她的改變。「當她回來時，真的是全身充滿能量。她身處在那些事件的核心，因此散發出這樣的力量。」[7]她在一九九四年的戰爭中期，開始寫《在美國》這本小說，這本書在二〇〇〇年出版，並且獻給「我在塞拉耶佛的朋友們」——杜拉科維奇也說：「整本書裡都是塞拉耶佛，充滿來自塞拉耶佛的能量。她在那裡時，整個人都活起來了。」[8]

但是，就像是愛、成功和金錢讓她變得既不快樂又很刻薄，她新挖掘的這個目標也漸漸讓她失望了。她控訴其他知識分子都不與波士尼亞人站在一起，這讓她與自己原本想招募的人漸行漸遠。或許她的行動主義可以激勵人心，但是她用自己的行動來責備別人，這就十分遺憾了，因為這表示沒有人會與之爭辯她在一九九五年所作的分析：

> 個人主義、教化自我、私人福利等，最重要的特徵都是「健康」概念，這是知識分子最可能署名的價值觀。（「你怎麼能在那麼多人吸菸的地方待那麼久？」紐約這裡某個人針對我兒子——作家大衛·瑞夫——時常前往波士尼亞旅行所提出的問題。）我們無法期待消費資本主義的勝利不會對知識分子階級留下什麼。在購物的時代，邊緣化、貧窮的知識分子更難與更不幸的人打成一片。[9]

她和許多親眼見證悲劇的人一樣，覺得很難把這些經驗從腦袋中抹除。她也發現身處在「並不想知道你知道的、不想聽到你剛剛離開的城市居民正在經歷的痛苦、混亂、恐怖和羞辱」的人群中，有多麼艱難——這是她在一九九五年所寫的。「你發現唯有和也去過波士尼亞的人在一起，才會覺得自在。或者，和也去過其他殺戮之地的人。」[10]

這些都完全可以理解。但是在兩年後，她又以同樣的分析篤定地告誡其他知識分子閉嘴，就似乎不是那麼理所當然了。

> 無論你辛苦同情哪一種事物，如果沒有花費大量時間在那個國家、戰爭、不公平的經驗上，就無權發表意見。
>
> 缺少第一手的知識與經驗，請默不作聲。[11]

但是，如果一個人沒有親身經歷到塞拉耶佛遭受的「任何事物」，就沒有權利對那裡的圍城表示痛惜嗎？這個世界不能夠從文學、電影或照片——從藝術中——學到一些什麼嗎？

警察都下班了*。斯蒂芬·科赫說：「她嘴裡的波士尼亞的每件事都令人欽佩。然而她在這方面的行為則令人難以忍受。因為，如果你自己沒有去過塞拉耶佛，就好像在道德上變得明顯低人一等。她會

* 編註：這是借用維吉尼亞·吳爾芙的話，警察指理智或超我。見二十五章。

帶著一種幾乎目空一切的態度，很明確地讓對方知道這一點。」[12]她想要在道德上立於不敗之地，這種需求在過去因為可疑的政治動機而顯得輕佻，而出自這種需求的行為，現在又觸怒了一些本來有同情心且受人仰慕的人們。

她的態度在泰瑞．卡斯特的筆下，甚至已經接近滑稽了，泰瑞說他在「菲律賓的帕羅奧圖（Palo Alto）那條俗麗、開滿精品店的主要大街」上遇到她。[13]

桑塔格穿著她的招牌高級知識分子戰服：寬鬆的黑色上衣和絲質的黑色寬長褲，搭配了幾條異國風、大波浪捲的圍巾。她常常要調整這些圍巾，或是乾脆就用力地往一邊肩膀後面甩去，她不時會停下來噴一口菸，或是因為喉頭的痰而大咳幾聲。（桑塔格這位名人的「外表」總是讓我想到《天倫之樂》〔*Blithe Spirit*〕裡的舞臺指示：「妳要成為阿爾卡蒂女士，儘可能的戴上那些珠寶。」）……

她告訴我有關圍城的事，當炸彈就掉在她們附近時，有一名和她一起避難的南斯拉夫婦女和她要親筆簽名。她很喜愛那名婦女的聰明外露（「泰瑞，她當然讀過《火山情人》了，而且就和所有歐洲人一樣，對它評價甚高」），也很欣賞自己的沉著冷靜。然後她突然停下來，一臉嚴肅地問我有沒有躲過狙擊砲火。我說沒有，很遺憾地我沒有。她火速跑開——先是在一間精品店的門口急速蹲下，然後換到另一間精品店的門口，又做了同樣的事，把她的白色網球鞋都弄髒了，她就沿路一直重複這樣的事，直到復原傢具（Restoration Hardware）和31冰淇淋的店前。有五、六名丈二金剛摸不著頭腦的帕羅奧圖人停下步伐，看著她怪異地跑進跑出，她還會突然低下頭，指著她想像中在屋頂上的槍手，並且作出誇張的手勢叫我跟上。

但她的行為已經超出不小心流露的滑稽了。她在紐約一場派對中的所作所為，甚至讓薩爾曼・魯西迪注意到她個性中的分裂。

她其實是兩個蘇珊，好的蘇珊和壞的蘇珊，好的蘇珊很有才華、風趣、忠誠而且比較高貴，壞的蘇珊則總是在欺負人的魔鬼。威利那邊的一名資淺代理人說了一些關於波士尼亞衝突的事，但是那並不合蘇珊的意，於是壞的蘇珊開始大吼，威利的那名資淺代理人幾乎快被她吞掉了。[14]

里士滿・伯頓看到她在過去只對安妮做的行為，現在滲透到她所有的互動中，這種「烈士情節」造成她對別人的辱罵。他說：「她的耐心磨損殆盡，那好像和塞拉耶佛有關。好像什麼事歸根究底，都和塞拉耶佛有關。每件事都會成為她發怒的契機。這讓你覺得：蘇珊，妳不該再去那裡了。不過她還是去了。」[15]

她開始用很冠冕堂皇的詞來形容自己：

不論我要做什麼、不論我從事什麼職業，我都知道我不會用自私的精神去從事。如果我要成為一名醫師，我會在大醫院裡工作——我不會自己開業，坐在診間裡看著人們走進來、回答他們愚蠢的問題，藉此賺一大堆錢。不，我會在大醫院裡為窮人工作……[16]

伯頓說：「都是因為她參與了塞拉耶佛的事，這使得她當真認為自己是幾乎遭到獻祭的英雄人物。我甚至曾經聽過她在電話裡怎麼講她自己的——把自己比作聖女貞德。」[17]

——

她親炙塞拉耶佛的當時和其後幾年間，就是「蘇珊故事」的黃金年代，故事中的女主角無法察覺別人是怎麼看她的。

這名女性覺得自己是聖女貞德，然而她也是去五十八街的裴卓仙（Petrossian）餐廳狂吃魚子醬的同一個人，賴瑞．麥可莫特瑞說她吃的量之多，簡直要「消滅這個物種」了。麥可莫特瑞因為幾部電影和暢銷書而變得有錢，這件事也被蘇珊拿來充分利用。他在某一天傍晚要從華盛頓回來的飛機誤點了，當他終於走進餐廳時，餐廳的侍者總管告訴他桑塔格女士已經離開了，並且留了一張紙給他：那是一張帳單，桑塔格為自己點了一份豪華、豐富的魚子醬大餐。[18]

她的新助理格雷格．錢德勒看過好幾次她大發雷霆。有一次是在一九九五年夏天，當時她必須去馬德里參加《火山情人》的西班牙發表會。她其實很不願意去。在出發之前，她交給他一個大盒子，裡面是她這幾十年來從世界各地收集來的硬幣，並且囑咐他把西班牙貨幣比塞塔（peseta）挑出來。等他終於完成之後，蘇珊檢查了他的分類，並從裡面挑出一枚法郎。她帶著責備的態度揮舞著那枚法郎，高聲叫道：「這裡有一枚法郎！這是枚法郎！該死的，你是叫我拿法郎去西班牙做什麼？」她立刻變得勃然大怒，抓起那些硬幣，它們全部亂灑得整個房間都是。

錢德勒說：「我盡職地把那一團亂收拾乾淨，一邊覺得自己好像是克莉絲汀娜·克勞馥（Christina Crawford）*。」[19]

大衛也承認：「我一直寧可盡最大的可能，少寫我與我母親最後十年的關係，簡單地說，我們之間的關係經常是緊張的」。[20]

就算蘇珊周圍的某些人並不喜歡、或甚至是憎惡大衛，但是他們也都承認他處在一個很難忍受的位置，他對波士尼亞的參與也顯示了這一點。他在一九九五年出版了《殺戮場：波士尼亞與西方的失敗》（*Slaughterhouse: Bosnia and the Failure of the West*），指控「國際社會」：當波士尼亞人開玩笑說「等

---

* 譯者註：克莉絲汀娜·克勞馥在一九七八年出版《最親愛的媽咪》（Mommie Dearest）一書，爆料她的養母、好萊塢巨星，瓊·克勞馥，從小就虐待她。

待柯林頓」，他們其實是在等國際社會。那本書思考了許多蘇珊在越南時曾經提出的語言問題。她當時寫說「法國人是『法國殖民者』；美國人是『帝國主義侵略者』」。[21]而現在，大衛寫下：「『切特尼克』*是最嚴格意義的法西斯主義侵略者，塞拉耶佛的防禦則是英雄事跡」。[22]這對母子有共通的興趣，但是大衛做的是一名報導者的工作，而不是從審美的角度出發，他的作品比蘇珊所寫的任何內容都更基於政治實況。

以大衛的觀點來看，蘇珊參與波士尼亞一事顯得有點棘手。這有部分原因是蘇珊是他自己帶去的，也有部分是因為蘇珊並沒有對他的寫作提供明確的幫助。安妮在一九九三年一月為蘇珊的六十歲生日安排了一次尼羅河遊船之旅。賓客名單中包括霍華德・霍奇金，還有他的伴侶安東尼・皮提（Antony Peattie）——霍奇金曾經為〈我們現在的生活方式〉作畫。皮提說：「她對〔大衛的〕寫作、他的戀情和生活都很苛刻。」[23]霍奇金也看到，「每當有機會來臨時，她在口頭上都像是要阻止他採取行動。她真是非常惡劣」。[24]

大衛在波士尼亞發掘了一項使命。他在德國見到波士尼亞難民之後，感受到「我當作家以來，從未感受到的一種非做不可的驅動力……於是我就上了飛機，飛到札格拉布」。[25]當他看到波士尼亞戰爭的恐怖和不公不義擺在眼前，幾乎說不出任何話了。他回到紐約，試著說服其他人來到塞拉耶佛：「我邀約了幾十個人，但是唯一一個被我說動的，是我自己的母親！」[26]

她也知道她的現身會給大衛帶來難題。所以在大眾面前，她會說這件事要聽大衛的。她第一次去塞拉耶佛時，就宣布：「我不會把這件事寫成書，因為我覺得家族事業必須分工——要由大衛來寫這本書」。[27]保羅・泰克在二十年前就指責過她想要在「美國文壇建立桑塔格王朝」。而現在，她還是把寫作當成「家族事業」。她原本的確有心要遵守約定，哈里斯・帕索維奇說：「她覺得這是大衛的故事，但是後來，她還是免不了想自己寫點什麼。」[28]大衛也只是說：「她不可能遵守這個諾言的。」

就算在她去之前，大衛已經知道如果蘇珊參與其中，「她的角色一定會超越我」。

> 我很自豪我在波士尼亞所做的事。我主要是在北部工作，也就是被塞爾維亞族占領的巴尼亞盧卡（Banja Luka）和集中營附近——那是當時世界上一個很駭人的地區。我必須冒著很大的身體危險，而我也甘冒巨大的代價做這件事（我曾經受過很重的傷，幾乎就快死了，那是九二年的秋天，在波士尼亞中部的澤尼察〔Zenica〕發生的事）。波士尼亞是我心之所繫——或許是唯一一個我曾經全心相信的目標。[29]

但是他得作一個明確的選擇。「哪一個比較重要呢？是讓我母親接手波士尼亞的事業並在那裡工作，使塞拉耶佛更受到注意？還是我自己的自尊與抱負？雖然我不希望因為母親而變得黯然失色，但是波士尼亞的事當然比我自己的願望更為重要。」大衛很小心地把蘇珊在塞拉耶佛完成的事歸功於她，但是對於波士尼亞來說的好事，未必對他們的關係也有助益。

* 譯者註：The Chetnik，指南斯拉夫軍隊切特尼克支隊。

我們很疏遠，但是並沒有決裂。我們還是會互相見面，她去波士尼亞之前，有時候會在日記裡提到很難與我見上一面、我不常在她身邊。波士尼亞不是雷神索爾的戰鎚*：那裡發生事情了，也讓我們之間的一切發生了改變。但是並沒有正面的幫助。

蘇珊也知道——她向妹妹透露她「覺得自己偷了大衛發出的雷鳴之響」——但是和往常一樣，即使她在理智上知道，但仍然無法據此做出對感情有助益的事。[30]在圍城結束之後又過了七年，當她已經在準備最後一本書《旁觀他人之痛苦》時，在寫給朋友保羅．迪洛納爾多（Paolo Dilonardo）的信上，她還有提到：

> 大衛很介意我寫這本書，他真的很介意。這對他來說，就像是延續了我〈在塞拉耶佛等待果陀〉（Waiting for Godot in Sarajevo）對他的背叛；他在一九九三年要求我不要寫那篇文章，但是在那之前，我已經答應《紐約書評》了。昨天晚上在本村庵（Honmura An）餐廳時，他說：「妳就不能把世界的這個角落留給我作題材嗎？」他指的是戰爭。我回答說：但是它是《論攝影》的後續，他則說：那是歷史，那是戰爭，而妳對歷史根本一無所知。妳所有的一切都是從我這裡得知的。妳在侵入我的領域。
>
> 我很苦惱。但是我現在沒辦法做什麼。[31]

我沒有辦法做什麼：這句話也同樣可以回答藝術在塞拉耶佛發揮了什麼功用。要怎麼回答這個問題呢？如同蘇珊的波士尼亞朋友塞納達．克雷索所說的：「藝術會讓你更敏銳、成為一個更有人情味的人。藝術可以讓你哭、可以讓你快樂、可以讓你悲傷，但是它幫不上忙。」[32]藝術本身不會召喚來塞拉耶佛需要的軍隊。藝術甚至不總是讓人更有同理心，就像我們在蘇珊的許多段關係——她與自己的關係、與別人的關係——看到的那樣。

在圍城最高峰的那段時間，她在日記裡問了：「人應該怎麼活呢？這是十九世紀俄國文學的大哉問……我活在十九世紀俄國文學的庇蔭下。」[33]桑塔格總是轉向文學和藝術幫她解答這個問題。藝術提供了結合的典範。但是她終其一生都認為美化就是扭曲。她自己的人生的確也很有說服力地展現了這個論點，絕不遜於她在寫作中的論述。隱喻是否會深化一個人與現實的關聯——還是相反地，會造成扭曲和汙染呢？換一種方式來說：杜斯妥也夫斯基可以幫妳和兒子好好相處嗎？

她在二〇〇二年形容「文學本身的角色」就是「擴大我們的同情、教育我們的心靈、創造內向、確保和加深這樣一種意識（連同其所有後果），也即其他人、其他不同於我們的人確實是存在的」。[34]不過看看她生命最後幾年中發生的事，就知道藝術無法確保這樣的體認。人的同理心並非與生俱來，再多

* 譯者註：北歐神話中，傳說揮舞雷神之鎚就能使骸骨完善的死物復活。

隱喻也無濟於事，再多的文學知識——有誰的文學知識會多過她呢？——也無法取代這種把他人看在眼裡的能力。她曾經吐露自己「對他人和他人的所思所想都不夠犀利」，但是「很確定自己心中具有移情與直覺力」，不過在說完這席話的幾年後，她還是沒有學會同理心。

蘇珊這幾年的這些事可能是因為她對事情漫不經心，不過也漸漸顯露出她的確有殘酷的一面。她開始連最細微的干擾都無法忍受，當朋友試圖表現親密時，她也會躲開，有一天，她的助理卡拉．歐夫在幫蘇珊打包旅程行李時，發生了一件事。她們先是像以前那樣隨意打發時間，後來卡拉想要正經講一段話，於是她說：「蘇珊，妳能和我一起回來就太好了。」而蘇珊回答：

「我只是要離開幾天而已。」我說：「我不是那個意思。有一部分的妳已經離開了，當我看到真正的蘇珊——但不是很常——我會真的、真的很想念她。和另一個蘇珊在一起其實很痛苦。」她說：「我不知道妳在說什麼！」然後就站起身來，急急忙忙地走掉了。[35]

米蘭達．斯皮勒曾經在九〇年代中期說：「她沒有固定的朋友。她被孤立於人群之外。」[36]布羅茨基於一九九六年一月二十七日在紐約去世，他死時有一本勒布（Loeb）的《希臘詩選》（*Greek Anthology*）攤開在他的桌上。他的離世是她的巨大損失。蘇珊告訴瑪麗盧．歐斯塔基奧：「我變成孤單一個人了。我再也沒有人可以說話，我的計畫和想法都沒有人可以和我交流了。」[37]布羅茨基是她承認的極少數幾個優秀人才之一。而現在他走了。

她在《論攝影》中寫道：「攝影師有機會在一張照片與一個生命之間作出選擇的情況下，選擇照片竟已變成貌似有理。」[38]她現在也選擇了沃荷式的個性，這與她在蕭沆的作品中看到的目標可謂完全相反；蕭沆作品的目標是不要「讓一個人的生活成為對象、成為一個物件」。她漸漸開始和同樣被美化的其他人互動。有一天傍晚，里昂・韋斯蒂爾很驚訝地聽說她才剛和黛比・荷莉（Debbie Harry）——「金髮美女」（Blondie）樂團的女主唱——一起出門。「在她踏進的那個世界裡，人們只知道米克・傑格，但是不知道滾石樂團*。那裡是名流聚集之地。每個人都是偉大的朋友，然而誰也不認識誰。」[39]

在那裡，只要一個人夠有名，一般人所受的束縛就不會套用在他身上。但是為了交換這個自由，這個人必須選擇用照片——形象——覆蓋他的生活；而年輕的桑塔格在《恩主》一書中，認為這是一種死亡。

> 昔日的他不見了。現在，他老態龍鍾，在眾目睽睽之下變得束手無策、目光呆滯。現在，他完全成了名人。他說著嘲諷人的話，大家聽了都哈哈大笑，他什麼人也不會得罪。他的行為已經變成種種姿態。[40]

* 譯者註：米克・傑格就是滾石樂團的主唱。

桑塔格在一九九四年開始寫她的下一本書，該書是描述一名占據公眾視野的女性，不經絲毫痛苦或任何猶豫地，就「完全成了名人」。

黛安・阿巴斯在一九六五年替蘇珊和大衛拍攝的照片；或許這是最能夠表達他們的共生關係的一張照片。阿巴斯在一九七一年自殺身亡，現代藝術博物館舉辦了她的回顧展，還成為史上最多人參觀的攝影展。桑塔格也是七百萬名觀展者之一，她對於被當作怪胎展示的人感到既著迷又厭惡。她對於阿巴斯有著極為矛盾的反應，這種反應延伸到阿巴斯的手法本身，最終並催生了她在一九七七年那本重要的文集——《論攝影》。

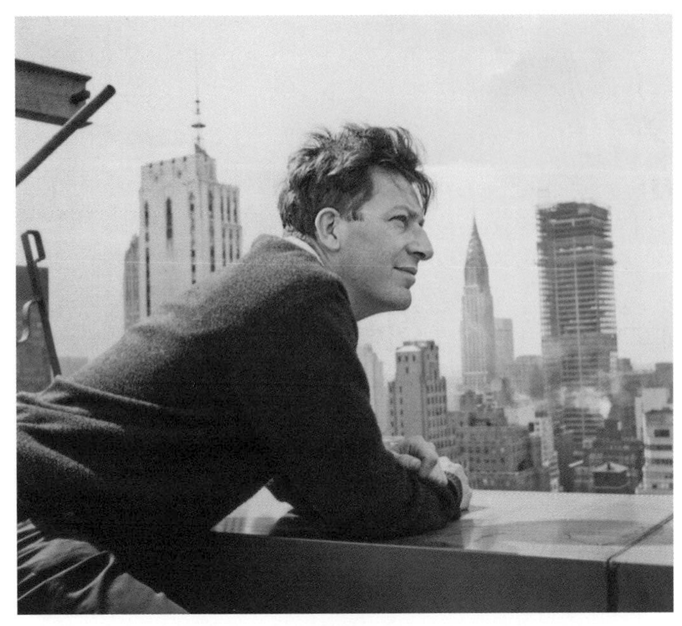

保羅・古德曼在一九七二年去逝時，蘇珊稱他「全然就是位最重要的美國作家」。她同情他的雄心追求：「如果一名作家總是涉足太多領域，就不免有一股駭人、刻薄的美國式怨恨直指而來。」他過世時，蘇珊正從與卡洛塔・德爾・培佐分手的情傷中慢慢復原——卡洛塔是名懶惰的那不勒斯公爵夫人，也是歐洲上流社會的「四百個女性戀」之一（圖為十年後她與蘇珊的合照）。

當蘇珊因為失去卡洛塔而十分消沈之際，她前往坎城參加影展，並在那裡遇到了「四百個女性戀」中的另一人，妮科爾．斯特凡娜（上圖），妮科爾是羅斯柴爾德家的女繼承人，也是法國抵抗運動中的女英雄。蘇珊這位前「圖書館小姐」發現自己在坎城與路易．馬盧、約翰．藍儂、小野洋子和珍妮．摩露（下圖由左至右）過從甚密。

桑塔格發現她的作品「一直執著於假死主題」。透過她與當代最偉大的攝影師之一，彼得·赫哈（左圖）的友誼，她漸漸脫離了這個主題。赫哈在巴勒莫一個放滿乾屍的地窖裡，為他的男友保羅·泰克拍照：「屍體也可以用來裝飾房間，就像花一樣。」泰克顯得很驚訝。贖罪日戰爭時，蘇珊和妮科爾去了以色列；她的第三部電影《應許之地》也充滿屍體——用身體作為苦難的證據，她之前的作品都避開了這個主題。

蘇珊在一九七五年，年僅四十二歲的時候，被診斷出乳癌四期；當時大家都認為她無法存活了。在經過磨人的治療之後，她飛到檀香山去看她的母親。她的頭髮那時候已經全白了，所以她母親叫她去找一名美髮師替她重作造型。最後設計出來的髮型——整頭黑髮，只留一綹白髮——成了當代的代表性標誌之一。她在一九七八年回家之後，寫了《疾病的隱喻》，那是她對癌症的反思；此圖為該書出版時她在 FSG 辦公室照的相片。

桑塔格有一篇未出版的文章在批評尚－保羅．沙特（左上圖），她說他的心靈是「本世紀最有生產力、也最有天賦的心靈」，但是卻被安非他命毀了；然而她矢口未提她自己也用了同樣的藥好幾十年。她也攻擊希特勒的影片製作人蘭妮．萊芬斯坦（下圖中）；而反過來，桑塔格也和她心目中的女英雄之一漢娜．鄂蘭（右上圖）一樣，遭女性主義者批評為「特例的女性」，她們認為她可以不受到社會和經濟框架的限制，但是那些的確會阻礙其他女性。

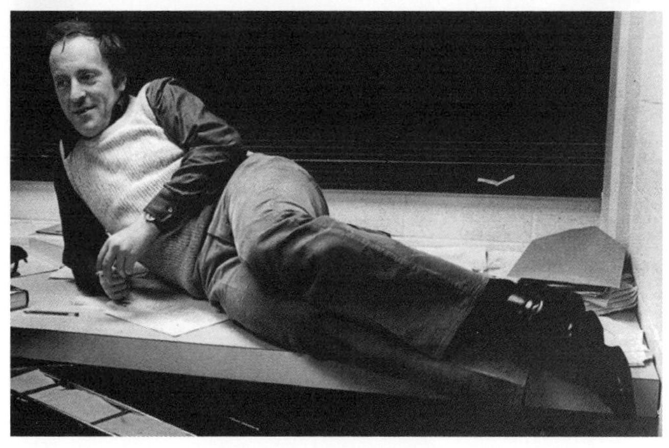

俄國詩人和諾貝爾獎得主約瑟夫．布羅茨基；蘇珊說「他總是能深深打動別人、比別人知道得都多、比別人的標準都高，這些都讓我留下深刻的印象」。蘇珊在他喜愛的城市威尼斯與舞蹈家兼編舞家露辛達．采爾茲相遇，她的最後一部電影，《盲目的旅行》，便是露辛達主演的。她的餘生都很愛露辛達（這張照片是由羅伯特．梅普爾索普拍攝），而她在臨死前喊了布羅茨基的名字。

桑塔格以公共知識份子的身份參與了數不清的座談會，包括一九八二年的這一場（中圖），她在會中說出「共產主義就是有人性外貌的法西斯主義」。隔年，蘇珊．桑塔格在伍迪．艾倫的仿紀錄片《西力傳》中，扮演一名無處不在的時事評論家「蘇珊．桑塔格」（下圖）。後來，桑塔格以筆會會長的身份聲援遭到伊斯蘭基本教義派攻擊的薩爾曼．魯西迪，其方法是組織如上圖的讀書會，會中有（從左至右）蓋伊．塔雷斯、埃德加．勞倫斯．多克托羅和諾曼．梅勒參與。

因愛滋病而掀起革命時，人們要求同性戀的公眾人物捨棄隱喻，更直接地表達他們自己（下圖），而她則大致放棄了這樣的角色。她從來沒有承認她與安妮·萊博維茨（上圖右）那段持續很久——但是始終緊張——的關係。蘇珊告訴安妮「妳做得很好，但是妳可以更好」。安妮也說「只要能讓蘇珊高興，我可以做任何事」。

始於一九九二年的塞拉耶佛圍城是現代史上為期最久的圍城。蘇珊（和大衛〔上圖中〕以及導演哈里斯・帕索維奇〔上圖左〕）冒著巨大的個人危險去到那裡，在沒有電力、也只能依靠蠟燭照明（圖中）的情況下，讓《等待果陀》得以上演，演員總是處在饑餓的狀態下，所以蘇珊會偷帶一些珍貴的圓麵包給他們（下圖）。這是將鬥牛般的藝術帶到「這個瘟疫受害者的世界——亞陶曾經視其為現代戲劇藝術的真正主題——」演出。

蘇珊與《等待果陀》的演員。（第一排，由左至右：）米莉雅娜・齊羅耶維奇（Milijana Zirojević）、娜達・丘列夫斯卡（Nada Đurevska）、蘇珊、阿德米爾・格拉莫查克、伊祖丁・巴耶羅維奇。（第二排：）伊雷娜・穆拉穆希奇（Irena Mulamuhić）、伊內斯・芬所維奇、維利柏・托皮奇。（最前者：）錫阿德・貝伊托維奇（Sead Bejtović）。托皮奇說：「你不能夠把觀眾當傻子。你不知道五分鐘或十分鐘後、或是到了明天，你是不是還活著。所以你不能夠愚弄觀眾。我曾經在受傷的人面前表演，在失明的孩子面前表演，在醫院的二樓表演，而一樓還有人正在進行腿部截肢手術，真的有人正在失去他們的性命、正在嚎叫，而這些都發生在我表演的時候。」

在一九九八年，蘇珊擺脫癌症的二十五年後，她又復發了；而在一九九九年拍攝這張照片的時候，她又再度康復，但是永遠不會完全回復到從前了。她在二〇〇〇年出版了最後一本小說《在美國》，而在二〇〇一年九月十一日，當時她人在柏林，看到了 CNN 播出的恐怖影像而嚇呆了。她替《紐約客》寫了一篇短文，那篇短文違反了她自己的原則：「若非親身到過那裡的人，都沒有權利主導公眾輿論。」她為九一一事件寫的那三段話，成了她最具爭議性的文字。

蘇珊在二○○四年三月進行了最後一次海外旅行，她與納丁・戈迪默共遊南非，戈迪默說「不論蘇珊在哪裡，牆似乎都會擴大」。幾週之後，蘇珊又被診斷出癌症，而這次罹癌最後奪走了她的命。在她死後，塞拉耶佛劇院前的廣場為了紀念她，便以她命名。

桑塔格探索、並寫下了造假或是編排照片的歷史，包括這幾張戰爭照片——它們分別是在安提頓（戰役）（Antietam）、柏林和硫磺島拍攝的——她也探討了如果知道它們是經過編排的，何以會損及它們自己以及攝影整體的權威性。

桑塔格用她的最後一本書《旁觀他人之痛苦》探討了她終生追尋的主題——觀看的猥褻和必要之處。她追溯了受苦照片的歷史，從戈雅到現代，並探討了真實的恐怖事件照片（像是一名越南女孩從遭到轟炸的村子裡逃出來，或是一名柬埔寨婦女和她的嬰兒即將被處死）是如何創造出道德脈絡，並用以終止這些恐怖。

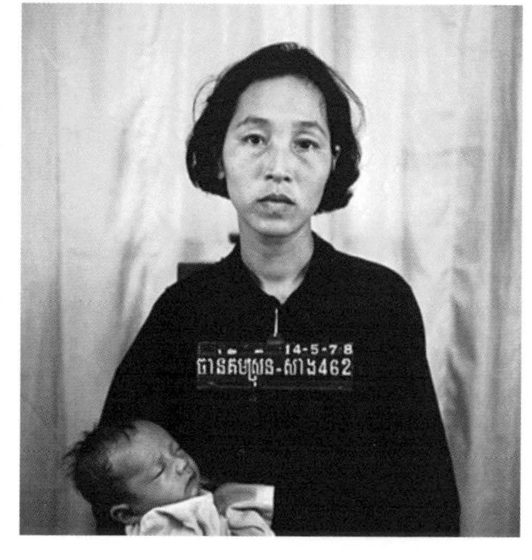

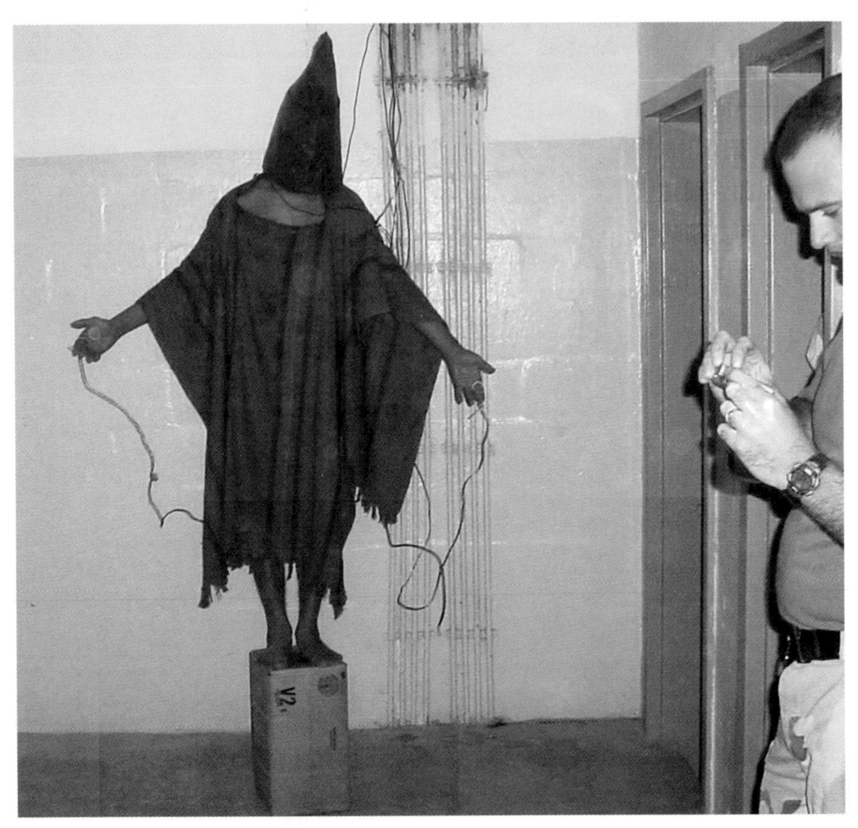

在二〇〇四年，當時已經在接受末期癌症治療的桑塔格寫下她的最後一篇文章，〈旁觀他人受刑求〉，這是為了回應從阿布格萊布監獄流出來的照片，這些照片顯示美國人會虐待伊拉克戰俘，而且還拍下自己在做這件事。這篇文章也和她其他有關攝影的文章一樣，告訴我們：看起來可能很知性或抽象的主題——真人與該人照片的區分，或事物與其隱喻的區分——卻可能損及人的身體，並使得他們尖叫。

第三十七章　卡拉斯的方式

《在美國》的開頭便是迅速閃過的回憶錄。蘇珊童年待在圖森和洛杉磯時，就隱約感受到了她的使命：「只要堅定不移、比別人更在乎重要的事，必能達到我想要的成就。」她回憶起自己與菲利普・瑞夫的婚姻：「我認識卡蘇朋先生十天便嫁給了他。」[1]她也描述了她與一名紅伶（diva）的第一次相遇：

我記起第一次近距離接觸紅伶的經驗：那是三十多年前的事，我剛到紐約，非常窮，一位富有的追求者帶我去呂太斯（Lutèce）吃中飯，就在第一道美食盛上盤不久後，一個模樣熟悉、滿頭烏黑秀髮、嘴唇豐滿紅豔、顴骨高聳的女子讓我的注意力全活了過來（想想看），她和一個老男人在隔壁桌吃飯，大聲對他說：「平恩先生，〔停頓一會兒〕我們得照卡拉斯（Callas）的方式做，否則就不要做。」[2]

她當時還不知道，後來有許多人描述第一次見到蘇珊・桑塔格的場景時，也是帶著這種崇拜明星的語調。這個紅伶的角色，讓《在美國》與她早期的小說產生了連結。這個角色用戲劇性的方式表達出人和遭美化的人、現實和夢想之間的對比：這正是桑塔格的重要主題。紅伶是其他人的夢想。他們對她有幻想、渴望擁有她、把她的美看作理想、崇拜她的才華、羨慕她的財富和名聲。她是集體意志下的產物——而這個產物也像是文學或政治小說一樣，有自己的真實性。

自從蘇珊還是個孩子、而且開始叫她母親「親愛的」以來，她就一直對這個如夢般的人物很著迷。她在一九六五年寫下「希望我是嘉寶」，當時已經很明確地把這個渴望和她的同性戀傾向連結在一起。她後來的日記中在「女伶」這個字下面，寫了「厭惡……熱愛」，然後列出以下清單。

> 我厭惡拜會、寫信、在照片上簽名。我熱愛有人來看我，但我厭惡去看他們。我熱愛收到信、讀信、對信發表評論，但是我厭惡寫信。我熱愛給人建議，但是我厭惡聽取建議，我也從來沒有聽從任何人給我的明智意見。[3]

她的作品中充斥著紅伶的身影：嘉寶、卡拉斯、伯恩哈特（Bernhardt）、米蒂亞、漢密爾頓夫人——現在又有了波蘭女演員海倫娜・莫德斯卡（Helena Modjeska），她在《在美國》中化身為瑪琳娜・扎蘭斯卡（Maryna Zalewska）。桑塔格繼承了兩代的電影「狂熱影迷」（fans-fatales）——她是這麼形容她母親的。她在好萊塢的影子下度過童年，這也教會她用電影當作逃避，就像大部分未成名的人一樣——不只是逃避令人厭倦的平凡日常，也要逃掉知覺本身。她渴望藝術能夠帶來毀滅（*la petite mort*）：「渴望歌手的藝術會使正常知覺達到狂喜，流傳至今成為一種無法壓抑的現象，它通常被視為是歌劇世界的怪異現象、脫離常軌，這就是崇拜歌劇女伶。」[4]

這是對紅伶比較黑暗的想法。明星地位不等於快樂。但是對於放棄快樂的人來說，這或許反而是她能作出的最大期望。

> 瑪琳娜坐下來凝視鏡子。她當然是掉淚了，因為她太快樂——除非快樂的人生永不可得，而人類可以獲得的最崇高的生命是英雄式的。快樂以多種形式出現，能夠為藝術而活，是一種榮幸、一種賜福。[5]

她在接受訪問時，被問到這段話是否算是她的自述，她語帶贊同地說：「我完全認同這段話。」[6]她的成長過程中沒有期待過快樂；她的朋友邁克爾．西爾瓦布拉特也說：「蘇珊不認為快樂是一個重要的主題。我不覺得她對快樂有興趣。那不是蘇珊。」[7]形式達於極致的藝術——亞陶的劇場、華格納的歌劇——帶來的其實是某種滿足。

> 她是個悲劇演員。她想要全然的激情。強化的品質，那就是蘇珊。有時候她甚至像個怪物，許多朋友跟我說他們到任何地方都絕不會同蘇珊在一起——他們一再強調——甚至是連想都不會想，連問都不必問。她對人真的是非常、非常粗暴。我絕對沒有說錯。有蘇珊在的地方，一向會先有一段華麗炫技的場景，接著則出現抒情調。[8]

——

她在一九七八年接受訪問的時候說：「我的確幻想過毀掉這一切，用一個筆名全部重新開始，這樣就沒有人知道我是蘇珊・桑塔格了。不過我的想法還是延續的、會從這個新開始一直往下走，而不是再回到本來的源頭。」[9]

她喜歡小說家的身分，《在美國》讓她為這件事找到更進一步的方法，而同時也回到源頭。那本小說是根據波蘭最著名女演員的真人真事改寫而成，那位女演員在一八七六年事業高峰時，遠離了一班朋友，繞了地球半圈，想要在加州的安那翰（Anaheim）建立一個烏托邦社區。那個社區並沒有繁榮盛大起來，這應該也是大家意料中的事；不過莫德斯卡成功的回歸舞臺，還因為她在美國的盛大成功，而飽受讚譽。她甚至還有自己的火車，並有「寵物狗的大幅水彩畫掛在私人車廂的客廳鑲板上」。[10]

出於各種原因，這個故事對桑塔格有著不可抗拒的魔力。它藏有重新開始這個主題，而這次是在一個如夢般的烏托邦。（她在六〇年代時，一邊寫作關於越南和古巴的事，一邊暫時寫過一本叫作《約瑟夫・多佛》（*Joseph Dover*）的小說，也是在講關於建立一個烏托邦社區的故事。）書裡的題材在說在歐洲通行無阻的人，卻在唯物主義的加州吃了癟，而這也是她在托馬斯・曼回憶錄中的題材。

不需要什麼想像力，就能從瑪琳娜身上聽到桑塔格的聲音。她在小說中坦白承認「當我們在討論其他事情，其實都是在討論我們自己」，[11]她也在書中思考有什麼動機會使人想變得有名、名人又需要什麼名聲，這是本書最精彩的部分。她寫道：「她不想像個小孩，當初她之所以成為女演員，一部分原因就是永遠不想再有這種感覺」。[12]成為女演員也讓瑪琳娜能夠擺脫對女性的約束，她寫道：「女人不該多話。女紅伶卻可大鳴大放。身為紅伶、握有紅伶的特權，她可以亂發脾氣、任性要求，她可以說謊。」[13]

在美國，紅伶的特權又比歐洲更為寬鬆了。

> 在美國，人們期望妳顯露紊亂的內在熱情、發表一些無法嚴肅看待的議論、擁有脫軌怪誕的小弱點，以及奢華無度的需求，後者正好展現妳的意志力、妳的貪慾，以及妳的自愛利己，這些都是好事。[14]

其實美國的建立就是賴以要求專業者行動：一直移動，到下一個城市、下一套裝扮、下一個角色。演員的上一種存在可以像昨夜的戲服一樣直接拋棄：「改變生活就像脫掉手套一樣簡單。」[15]甚至連新生活都不夠：「M（瑪琳娜）要的不是新生活，而是新的自我。」[16]自我就在那兒，等著她去創造：

> 接受訪問便是改寫自己的過去，首先是她的年紀（她少報了六歲）、她的祖先（中學拉丁文老師變成亞格羅尼卡大學的教授）、她如何成為女演員（亨利希變成華沙一家重要民間劇院的導演，她十七歲時在那家劇院首次登臺）、她到美國的原因（參觀建國百年博覽會）、到加州的原因（調養身體）。到了那個星期結束，連瑪琳娜都開始相信這些故事。[17]

美國允許紅伶給人親密的幻覺：「到一個地方，你取悅那兒的人，然後永遠不必再看到他們。」[18] 能夠演出來的感情都是有用的，就連瑪琳娜那令人稱道的毫無虛假也是假的：「他們所謂的自然其實一點也不自然，而是她經過千百個細微的判斷與決定，為每個角色量身創造的。」[19] 最後，存在與假裝的存在愈來愈真假難辨「——她愈來愈難區分她的話與她的真實想法——是不是偉大的演員都會如此？」[20]

——

瑪琳娜說：「我相信自己可以完美地模仿我在真實生活並不擅長的感情。」蘇珊也讓人覺得她常在做完美的模仿，而不是展現真實的感覺，如同蓋瑞．印第安納所說的：

她表現得如此與高采烈，讓周圍的人深深感覺其中似乎有某種戲劇性和做作的成分。我覺得她在看完維果（Vigo）的《亞特蘭大號》（L' Atalante）之後，十分刻意地哭了出來，即使她根本就已經看過三十次了……蘇珊會從一種熱情馬上轉變成下一種，就像是一艘在風雨中飄搖的船，到了每一個顯靈之港都要停靠。[21]

桑塔格在一九九八年告訴一名波蘭記者：「我自己就是一名女演員，在櫃子裡的女演員。我一直想寫一本關於女演員的小說。我完全了解表演是什麼。」[22]這本小說也證明她很清楚如果表演虛假的感情，其危險就是讓表演和現實混為一談。桑塔格幾乎是完美分析這類主題的人選；然而為了探索這些主題，她也需要她過去所沒有的一些反諷、一些距離感，她對瑪琳娜的迷戀也削弱了這本書的力道，否則它其實可以成為一本鉅作。

> 演員不須要本質。或許演員的本質反而會構成妨礙。一個演員需要的只是一副面具。[23]

桑塔格早期也曾寫過她對「替身人」的渴望，那是真實或是隱喻意義下的複製人；她將坎普定義為「就像角色扮演一樣」：「生命的隱喻就像戲劇，是感性上最大的延伸」。不過她並沒有在這本書中多加審視像表演的人生所帶來的後果，她形容瑪琳娜的方式，對於熟知她生活的人而言，會令人不舒服。瑪琳娜嘆著氣說：「我也不是個好母親（哪有辦法？我是個演員！）」她後來也反覆強調：「女演員常是意志頑強的母親，令人窒息又漠不關心。」[24]她不曾檢視過這對孩子可能造成什麼意義，桑塔格對於瑪琳娜如何對待那些降為她野心之陪襯的愛人們，也同樣寬容：「那個愛上他的我曾經想要揚名立萬，想要在世上幹出一番大事業。」[25]

這本書中描寫的愛是來自狂熱的影迷，是一種持續感到悸動的狀態、「熱情」、「由你從來不認識或幾乎不認識的其他人，付出了類似戀愛的感情」。

兩人相守（à deux）這種事對我來說不重要。現在我明白了。如果你願意，這可以說這是我的職業偏見（*Déformation professionelle*）。[26]

在她躋身明星之列以後，她的私人火車內會有紅伶穿梭，她會從一個地方到另一個如神話般的地方，為這一群那一群仰慕她的群眾帶來快樂，不斷增加榮譽的桂冠和愛她的人。她愈成功，桑塔格對她的描述就愈如夢似幻。如夢似幻，如同這是一場「幻想」。

她創造的女性——不論是瑪琳娜或是「蘇珊．桑塔格」——都結合了瓊．克勞馥的蠻橫和葛麗泰．嘉寶的空白。她把自己比作聖女貞德，她的出名之處在於她很出名，她的所在地也是名流聚集之地，她還可以用卡拉斯的方式做事。唯一的條件就是她「不是一名女性，而是一名『女性』」。

桑塔格在最好的作品中都會壓抑自己的熱情。她受到「坎普強烈的吸引，但也幾乎同樣強烈地被坎普所冒犯」。她與《在美國》那名受到美化的女性，兩人的連結就是都懷有「華麗、引人注目的風采」；不過令朋友感到驚訝的，是她不願意別人將她歸類為紅伶，那是她從兒時就憧憬不已的。當西爾瓦布拉特這麼說時，「她會非常生氣。她痛恨被歸入『紅伶』之列。她就是無法忍受，也無法接受」。[27]那個會自我剖析的桑塔格——致力於自我改善、寫下「我認同那個『摧殘自己的婊子淑女」的那個人——消失了。

對自己的渴望審查、壓抑了幾十年後，她在某種意義上解放了。西爾瓦布拉特認為她那華麗、引人注目的面具，正是她能夠一直吸引到有雄心的女性的關鍵。

蘇珊決定要成為那種女性——能夠得到她想要的東西的女性。我們稱呼這種女性為「悍婦」（hellcats），這個詞我們之後未曾再用過。我們甚至也不再稱她們是蛇蠍美人（femmes fatales）。那些稱呼女性的用語都夠強烈，搆得上她認為自己所擁有的。在麗蓮・海爾曼的《小狐狸》（*Little Foxes*）中，瑞吉娜一角是一個強悍的妹妹，她取代了哥哥們、謀殺自己的丈夫，就是為了取得家族財富的控制權。她有時候必須扮演壞女人——我所謂的壞女人是指老派電影中的女反派。那是她的許多個面向之一。她不在乎你想要、或是期待她做什麼。那是一個有自我意識、陰鬱又專注於自己的人，她只在乎結果。對於蘇珊來說，除了結果其餘免談。[28]

——

《在美國》這個書名提到了一個地名，那裡的人並不需要固定不變的認同。這個概念有部分反映出桑塔格在波士尼亞的經驗，她也在序言中提到。在波士尼亞，或延伸到歐洲，認同是永遠不變的——甚至有些人民，像是南斯拉夫人，並沒有察覺到他們擁有的認同，但是他們的認同也不會改變。她寫道：「在這裡，過去並不重要。在這裡，現刻與當下並不是用來肯定過去，而是取代過去、抹消過去」。[29]評論家很常提到這個特性。角谷美智子在《紐約時報》的文章中寫道：「歐洲就是要談過去、談根源與傳統；美國則是要講現在，講自由、新生和改變。」

我們都聽說在美國，「窮人可以富起來，法律之前人人平等，街上鋪的都是黃金」。美國就是「誕生未來的地方」。在美國，「人們認為任何事都是可能的」。雷夏德在一封信中宣告：「美國人就是會把一切拋諸腦後的人。」[30]

雖然這段敘述毫無新意，但是它並不顯得憤慨或是懷有恨意，像是桑塔格在越南時期的某些寫作那樣。相反地，它對這個地方的敘述的確說得通，一般人都認為這個地方的認同當真可以任意轉換和擺脫：「在美國，人人相信意志力。」[31]她在越南時譴責「奉『意志』為圭臬」是「美國最醜陋的東西」。她又在一九六〇年的日記中提到要「擬定方案：摧毀意志」。而現在，她毫不猶豫地歌頌美國人的意志力，還說瑪琳娜的旅程是一次逃脫，等於「地理上的治療」。她寫道：「一個人的幸福端賴不受困於自我存在，這一身不過是皮囊，上面寫了你的名字。」[32]獲得成功加強了瑪琳娜對意志的信仰：「我已徹底證明只要有堅強的意志，你可以超越任何障礙。」[33]

但是就連最偉大的女演員也避不開某些「陷阱」，尤其是其中最殘酷的陷阱。桑塔格年輕時所寫的小說會以假死作為一個主題，後來這個主題，又以字面上的形式回到了這本小說中。

眾人公認她（瑪琳娜）死得最好的是《茶花女》，根據本城首屈一指的《地方企業報》的報導，有一晚她演《茶花女》，在上千個座位的劇院裡，兩名座位隔得遠遠的觀眾，看到瑪格麗特從沙發上彈起來，重重地跌落地板，而後死去，竟不約而同嚇得身體僵直癱瘓，表演結束後一小時才有辦法從座位上起身。[34]

瑪琳娜的跟隨者讚揚她對於克服死亡的意志和決心。

「她根本不知死亡為何物。」雷夏德說。

「她是我們眾人的啟發。」魏辛登太太說。[35]

———

當蘇珊在一九九八年六月寫下這些字句的時候，她人是在義大利的巴里（Bari）和保羅・迪洛納爾多在一起，正準備完成這本書。蘇珊是在迪洛納爾多翻譯《火山情人》時遇見他的。安妮說：「他看起來很奇怪而且有趣。她又很愛義大利，她在那裡有過許多美好的羅曼史，她在那裡度過難忘的歲月，而且她很喜歡聽義大利人的腔調。」[36]大衛會挑戰蘇珊，也經常和她爭論，但是保羅從來不曾對蘇珊表示異議，有這樣的好兒子在身邊，蘇珊便覺得信心滿滿。

而現在，這位用意志力的女英雄開始與現實生活產生碰撞了。「或許她能以意志力完成的不可能壯舉是有定數的，她已經用光配額了。」[37]書接近尾聲處，發出了這個質疑。蘇珊在寫作時想著「現在什麼事情都阻礙不了我了」。不過在幾天之後，她就開始排血尿了。[38]

第三十八章 海洋生物

有將近二十五年間，桑塔格一直在擔心癌症復發。在她於一九九八年七月回到紐約時，這個診斷終於來了：子宮肉瘤。腫瘤已經如葡萄柚般大小，「像個海洋生物般」死死纏住她——她是這麼跟朋友說的。[1]這個生物從內部吞噬了她，醫生診斷要切除子宮，然後再進行放療和化療。治療要用到好幾劑「克莫抗癌注射劑」（cisplatin），那是一種含鉑的藥劑。這可能有助於對抗她的肉瘤，但是醫生也警告說這會讓她的身體充滿重金屬，之後可能會引發不同的疾病。

蘇珊現年六十五歲了，她很清楚自己將用上什麼治療。邁克爾．西爾瓦布拉特說：「她很清楚自己將走向死亡。她覺得她可以面對癌症，但是我不確定她是否覺得自己可以面對化療、和因為治療而造成的虛弱。」她可以「很輕易地」講出這些事。不過如果她因為病痛的折磨而感到氣餒，那麼她也勇敢地下定了決心，要度過難過。她有一個朋友的伴侶也罹癌了，她對這個朋友說：「記住：這不是她的人生繞了遠路。這就是她的人生。」[2]而現在，西爾瓦布拉特說：「變成是她的人生要面對疾病。她把自己的家打造成戰場。她保留了所有血液檢驗紀錄。醫生有的東西她都有。她還把X光片放在她的電腦上。」[3]

她專注在這個疾病造成的身體樣態，這樣有助於緩解她的痛苦和恐懼。她也提議其他相同處境的人也聚焦在這個方面。談到二十一年前所寫的《疾病的隱喻》時，她說：「畢竟，我的目的是實際的。」她第一次罹癌時每當問起其他病患用了什麼藥，他們一定只是回答「化療」。而現在，她很驚訝地發現當她再問起同一個問題，「他們能夠很容易地說出一些多音節的字」。[4]這並不是她一個人造成的，不過因為她堅持病患不應該無異議地服從醫療權威，這讓許多人會去做功課，包括她自己。而且他們還不是只有看書：「網路是二十一世紀疾病的引爆點。」[5]

她也看到了負面的變化。疾病和健康也成了銷售和消費的產品，和其他東西沒什麼兩樣。「製藥產業扮演了巨大的角色，如果沒有實質的控制，它的器材和宣傳就可以直接進到等候室、檢驗室和醫院病房。新資本主義醫學——由保險公司官僚主導——徹底削弱了醫生的權威，使醫生無法代表病患作出獨立的判斷。」她也和以前一樣，留意到有些語言被用來掩蓋變化的發生。她寫道：醫生成了「提供醫療服務的人」；而病患則是「醫療服務的消費者」。[6]

她的罹病還帶來另一個恐懼：或許她沒辦法活著完成《在美國》了。她覺得完成這本書要比活著本身更重要，西爾瓦布拉特也同意這一點。他說：就算她死了，寫完那本書還是一個偉大的終極勝利：「我覺得完成那本書至少和對抗她罹患的癌症一樣重要。」她硬是繼續寫了，那本書也帶有她奮鬥的影子。凱西婭．戈爾斯卡說：「你會覺得它的誕生伴隨著痛苦。」[7]

的確，在這本小說震撼人心的表面下，潛伏了很難用言語表達、無以名狀的什麼東西。「或許瑪琳娜也得了——？這次是否輪到她了？」[8]《在美國》的最後一個場景只有一個段落，但是占了二十七頁篇幅；如果它有時候讀起來像是沒完沒了的叫嚷，那是因為她寫作時「吃了一大堆止痛藥」——瓊．阿科切拉在二〇〇〇年訪問她時，聽到她是這麼說的。[9]有至少兩年，桑塔格承受了巨大的苦楚，而且她後來也沒有痊癒：她的雙腳出現神經性病變，這讓她行走困難，也迫使她必須接受物理治療。

但是罹癌也為她帶來安慰。在九〇年代中期，當她與安妮的關係降溫時，她和露辛達又重燃愛火：蘇珊從來沒有停止過對露辛達的愛，而且對安妮的抗議置之不理。這段關係主要是在歐洲進行的，這讓安妮很受傷害；但是因為蘇珊需要照顧，還是激發了這名女性和大家合力照顧她。[10]

——

她是這麼描寫瑪琳娜的：「上帝知道她多麼軟弱，但因為她非常努力而原諒了她。」[11]始終「有一點太努力」的桑塔格對自己就沒有這麼寬容了。瑪琳娜的情緒背後隱藏著美國世俗的清教徒觀念——如果要得到拯救，必須以絕無鬆懈的敬業作為代價。蘇珊克服癌症之後，反而比平素更有決心擠出人生最大的意義。她說：「一天只有二十四小時，但是我想要過得像是一天有四十八小時。」[12]

這種決心看起來令人欽佩——甚至很激勵人心。但是她敦促自己的方式毫無憐憫。當她生病時，她展現出對科學和治療的全然信服，然而只要她回復健康，她就好像忘了曾經有這樣的信服，又開始忽視自己的身體，用她中產階級的自我本位，開始拒絕「以『健康』為理想」。雖然她熱愛科學，且在大衛筆下的她也「以一種近乎虔誠強烈而不可動搖的堅定來崇尚科學」，[13]但是她卻完全不理會最基本的科學方針，這也讓她身邊的人大感震驚。

自從她讀了《馬丁·伊登》之後，就把睡覺和死亡畫上等號。格雷格·錢德勒注意到她「對睡眠有不尋常的糾結」，並且說她「經常在小寐之後又否認。即使我走進臥室，看到她在睡覺——並且聽到很大的鼾聲——她仍然會對我否認」。泰瑞·卡斯特也遇過同樣的事，她走進倫敦街時，看到桑塔格顯然是剛起床。泰瑞為了吵醒她一事而道歉。

> 她的反應像是我指責她沒有念過普魯斯特、或是每天只顧著看八點檔連續劇。她馬上臉色一沉，並且怒氣沖沖地朝我吼。我到底是用哪隻眼睛看到她在打盹的？難道我不知道她從來不曾小睡片刻嗎？她當然沒有在打盹！她也不可能會打盹！再過一百萬年都不會！我到底在說什麼蠢話！看在上帝的份上，我怎麼會蠢到這種程度？竟然說她在**打盹**！[14]

蘇珊一直用她的各式胃口——對食物、對文化、對經驗的胃口——讓旁人大吃一驚。她把這歸因於她那「堪稱傳奇的精力」——她有能力從一個活動進到下一個活動，從來不曾顯露出半點疲態，也不會讓在後追趕的人看到她的沮喪。[15]

她在塞拉耶佛時，有許多夜晚是和《紐約時報》的通訊記者約翰·伯恩斯一起秉燭度過：「我現在

又可以看到妳像獾一樣的頭髮了。」伯恩斯剛從一場差點要了他的命的癌症中康復，他們會一起討論疾病的刻板印象所帶來的痛苦。伯恩斯記得有一個主張「心靈勝於物質」的醫生給了他一些蠟筆，鼓勵他要「讓癌症成為你的朋友」。他們一起笑了出來。但是伯恩斯也承認當他生病的時候，其實有想過是自己曾經「嘲笑上帝」。「蘇珊能夠了解我覺得癌症是個處罰。」[16]

癌症不是對嘲笑上帝的懲罰。但是的確可能是對嘲笑科學的處罰，就連蘇珊這樣對「健康」不屑一顧的人，也都知道抽煙並不是一件好事。一九九三年時，有一名巴西記者在訪問結束後打電話給她，問她在訪問時抽的是哪一牌香菸。他記得「蘇珊大發雷霆。她很恥於提供這類資訊，因為她已經罹癌了，她不想要人們知道她還在抽菸」。[17] 她一天還是至少會抽兩包菸，有時候她會和卡拉一起出門，如果有一名攝影師突然靠近她們，「她〔桑塔格〕就會把菸塞到我手裡，就算我當時手裡已經有一根了」。[18]

在一九九五年，在發現自己二度罹癌的三年前，她參加了一個叫作「抽菸終結者」（Smokenders）的計畫。她在筆記本上寫滿了一些她覺得很好笑的「大眾心理學」術語。其中有許多都牽涉到「佛洛伊德的一般論點——也就是認為疾病出自歷史」。她寫的包括：「成功與失敗唯有一線之隔——那就是你的態度。」還有一些短句：「別再自憐了——看看你自己有多好笑——把自己救回來吧。」她也鼓勵自己：「自憐是一種消極的想法——找一種積極的想法來取代它吧。停止自憐，讓自尊再現。」[19] 其中也有實用的建議，這位優秀的學生寫下：「一整個禮拜都不要清菸灰缸。」「在任何被觸發的情況下都不要抽菸。」

以上句子都是戒菸計畫的標準說詞，但是它們出現在桑塔格的手記中，就變得像是杜尚派

（Duchampian）所寫的句子了。

看看那些抽菸的人
　他們看起來很迷人嗎
他們看起來是否
很享受人生

自我改善的關鍵是要「對自己作宣傳」。

大聲地對自己說出來
　當你起床的時候，
當你上床的時候
「優秀　堅強
　積極　的想法」

還有「何以我想要戒菸的（具體）理由」：

這樣我就不會得肺癌
我也不會再肺氣腫 可以讓大衛高興
可以停止咳嗽

以及「夢想（你還想完成的事，要做……）」：

到亞馬遜上山下海
有場絕佳的性愛

令人驚異的是「抽菸終結者談話」（Smokendertalk）中出現了威廉．詹姆斯的一句話。他說：「我們這一代人最偉大的發現，就是明瞭人可以靠改變態度而改變生活。」但這也不是一體適用：例如蘇珊就沒有戒菸成功。但是「抽菸終結者」和這類組織大力宣導詹姆斯和佛洛伊德這一代人的著作，只要想要對心理態度——意志——加以有意識地引導，並主張這樣就可以改善生活。他們的想法可能有部分衍生自宗教，但是已經經過改換，和道德主義無關了——道德主義包括罪惡和仿效上帝的概念，之前的自我改善方法就是這些概念所支撐的。基督徒會想像基督的熱情。接受精神療法的病患也會利用他／她們自己的想像。

桑塔格相信夢境是真實的，這創造了她，帶她度過艱困的生活。她的許多困境都是因為拒絕看到一般人認為的現實。但是夢境也有用處。「抽菸終結者」的指導員說要「建立『夢想藍圖』」。那會讓人愉快、輕鬆……可以用來消遣」。碰巧她就一直生活在「夢想的藍圖」中。這在某些方面會是一股力量、一種麻醉劑。她拒絕對她的天資、她的成就、她的創新可能性設限——許多原本具有洞察力的人都是因這樣而裹足不前。

在一九九八年十月十九日，《紐約書評》歡慶三十五週年時，形容枯槁的桑塔格戴著一頂黑色的長假髮現身了。到了一九九九年春天，她已經強壯到可以重回巴里。她需要保羅給予無條件的支持，幫她完成那本書。但是她被亞得里亞（Adriatic）海對面還未停息的災難分散了注意力：那也是斯洛波丹·米洛塞維奇戰爭中的最後一次行動。

——

一九九五年的《岱頓協定》終止了波士尼亞戰爭。但是米洛塞維奇還是決意要給原屬於南斯拉夫的另一群人——科索沃省的阿爾巴尼亞人——一點教訓。科索沃省的阿爾巴尼亞人占了人口的百分之九十，當南斯拉夫在共產主義統治下時，這個塞爾維亞的省份享有高度自治，但是當南斯拉夫開始分裂時，這種自治就削弱了，對阿爾巴尼亞人的強力鎮壓也接踵而來。在一片硝煙中，這次鎮壓並沒有得到它應得的注意；但是任何關注的人應該都會覺得它遲早要惡化成公開戰爭，只是時間早晚的問題。當米洛塞維奇的軍隊展開種族清洗行動，並驅逐了大約一百萬人之後，一直以來對波士尼亞置之不理的「國際社會」終於覺得受夠了。

科索沃人不必像波士尼亞人那樣一直等待柯林頓。北大西洋公約組織（NATO，以下簡稱「北約」）在一九九九年三月二十四日開始轟炸塞爾維亞。這場戰役持續了七十八天，在這七十八天中，柯林頓總統受到多方批評，許多批評他的人過去也曾經指責美國的介入手法過於拙劣，包括六〇年代介入越南和古巴的內戰，以及八〇年代對尼加拉瓜、黎巴嫩和巴拿馬的介入。但是，如果〈河內紀行〉的讀者也期望蘇珊．桑塔格名列批評者之中，五月二日刊於《紐約時報》的一篇長文卻要讓他們失望了。

〈我們為什麼在科索沃？〉（Why Are We in Kosovo?）一文是在巴里寫的。這個地方離北約的義大利空軍基地不遠，而要突擊塞爾維亞的北約飛機都是從這個基地起飛的。有許多義大利人反對轟炸行動。桑塔格寫道：「右派反對移民。而左派反對美國。」這篇文章的大部分在批評歐洲人放棄了戰後歐洲的理想：「是歐洲讓波士尼亞死亡的。」《在美國》也透露出對歐洲同樣得失望之情。該書描述的是一個庶民和唯物主義的美國；不過，她在那本書中仍然接受自己的國家，同樣地，她現在也認為柯林頓的介入是正確的。[20]她堅持「不是所有暴力都應該受到同等指責。也不是所有戰爭都同樣不正義」。

那篇文章也和她的大部分作品一樣，有提出如何觀看的論點。文章的一開頭是一名朋友從紐約打電話來，問當時人在義大利的桑塔格是不是聽得到炸彈在塞爾維亞爆裂的聲音。她的「這位美國朋友地理觀念很差，還以為歐洲國家只比郵票大一點」，這當然很值得嘲笑。但是地理其實並不重要。任何有付出一點點關注的人都看得到科索沃正在發生的事。那跟一個人身在何處無關——而是他願意看向哪裡，又是否願意看。

當然，如果事情不是發生在自己身上，要把目光從當下發生的事情移開是很容易的事。或是你沒有讓自己身處在發生事情的地方。我記得一九九三年的夏天在塞拉耶佛，有一個波士尼亞的朋友悔恨地告訴我：一九九一年時，她在電視上看到有人拍攝武科瓦爾（Vukovar）被塞爾維亞族夷為平地的鏡頭，那時她心裡想著：真是太可怕了，不過那件事發生在克羅埃西亞，在波士尼亞這裡，是不可能發生這種事的……然後就轉到別臺了。[21]

華盛頓並沒有忽視這份支持。幾天後，蘇珊就被邀請到白宮參加一場國宴。那場宴席的主賓是匈牙利總統根茨．阿爾帕德（Árpád Göncz）。他曾經在共產黨政權下被判處死刑，在監獄裡以自學的方式學會了英文，獲釋後就成了一名作家和翻譯。他出版過一本文選，《災難的想像》（*A pusztulás képei*，英文書名為：*The Imagination of Disaster*），其中收錄了許多蘇珊的文章，包括〈靜默之美學〉和〈關於「坎普」的札記〉。[22]

科索沃的行動還在持續；柯林頓總統也向阿爾帕德總統信奉的「歐洲」原則舉杯致敬——而蘇珊在塞拉耶佛時認為底下這些原則已死。

閣下展望個人或國家都能夠和平地摒棄差異、相處在一起，由彼此的差異中獲得力量，以平等的尊嚴對待所有人，這勢必會為歐洲和世界帶來更好的未來。[23]

蘇珊反思了一下何以某些政治人物能夠在談話時讓對方覺得自己是世界的中心。她特別注意到比爾・柯林頓有某些特質——他微笑的樣子、他的凝視、他的強而有力——因為她的許多朋友認為她也擁有這些特質。她告訴邁克爾・西爾瓦布拉特如果對方在三十秒內把注意力專注在你身上，就會給你一種受到重視、雙方很親密的錯覺。這頓晚宴是在一九九九年六月八日舉辦的。兩天之後，北約的轟炸行動就停止了，南斯拉夫的軍隊也從科索沃撤退。

——

蘇珊在五個月後的十月二十六日又回到白宮，這次是應希拉蕊・柯林頓之邀，參與了安妮・萊博維茨的攝影集《女性》（*Women*）的出版，這本攝影集拍攝了各行各業的女性影像。出版這本書是蘇珊的想法，她寫的序言也再度反映出她對觀看與被觀看的著迷。她寫道：「觀看男性的第一眼就只是看過去而已。而女性則會被仔細端詳。」她討論了女性如何因為美麗而遭到讚美和責難：「想要看看知名美女若干年後的照片，最主要的興趣是要看看她們是成功或是拙劣地跨過年紀漸增的恥辱。」[24]她也提到了《克莉絲蒂娜女王》（*Queen Christina*）的最後一幕，紅伶的絕對空白如何成為她的力量來源：

嘉寶問導演魯本・馬穆利安（Rouben Mamoulian），拍攝時她該想寫什麼。他的經典回答是：「什麼都不用想。不要想任何事情。一片空白。」他的指導為電影史留下最感人的影像：鏡頭移進，長時間特寫，觀眾別無選擇，只能解讀那張美麗絕倫、欲哭無淚、茫然的臉。這張臉是一張面具，可以任意投射一個注視海峽的女人的完美形象。[25]

攝影集的最後是一張她的照片，她留著癌症治療之後又長回來的白色短髮，封面上也用大大的字母將萊博維茨和桑塔格並列。書裡的名字和這篇文章顯示安妮在兩件事情上算是成功了。第一件事是「洗脫她過去老是讓別人脫衣服的名聲」。第二件則是讓她自己成為一名嚴肅的藝術家——得到蘇珊・桑塔格的背書。蘇珊從來不會不好意思替安妮提供建議。有時候她的建議還顯得很多餘，甚至有點侮辱人——例如當她們在尼羅河乘坐遊船時，她一直用手肘碰安妮，叫她看金字塔。（霍華德・霍奇金說：「那讓大家都有點尷尬。」）有時候她也會對安妮的視覺感官天賦表達驚訝之意，例如當她第一次進到安妮的公寓時，就叫了出來：「她還真是有眼光！」[26]

瑪琳娜有時候想：我真是個暴君。但他似乎不介意。他真是善良、有耐心、好丈夫一個。這就是婚姻的真正自由與令人滿足處，不是嗎？你可以合法要求一個人「見你所見」。完全「見你所見」。[27]

安妮也和瑪琳娜的丈夫一樣，竭盡全力想要看到蘇珊所看到的東西。

> 當妳和她一起參觀博物館時，如果她發現了自己喜歡的東西，就會叫妳去站在她剛才觀賞那件展品時所站的位置，好讓妳看到她所看到的東西。妳站得偏左或是偏右一點都不行。就是得剛剛好站在她剛才站的那個位置。[28]

安妮說：「她說我不錯，但是還可以更好。我因為她而擴大了目標，也把目標訂得更多樣化。我是因為她而去盧安達、去了塞拉耶佛，並且開始更嚴肅地看待事情。」[29]

> 她真的非常、非常嚴厲。她很難取悅。自從認識她之後，我就一直在試著讓她滿意，但是未必總能夠成功。她一直在更上一層樓。……她是一名很冷酷的評論家，但是她給的稱讚也是最棒的，她是我最忠實的書迷。[30]

蘇珊喜歡用安妮的名義介入一些事，她的某一次介入催生了那十年間最令人難忘的雜誌封面之一。安妮受委託拍攝女演員黛咪·摩爾（Demi Moore）的照片，這張照片將登上一九九一年八月號的《浮華世界》封面。摩爾當時懷有七個月身孕，萊博維茨決定照她的側面照，她要摩爾化好妝、戴上很大塊的鑽石——就這樣了。「總是讓人脫衣服的女孩」又重施故技了。但是這張照片讓蒂娜·布朗心存疑慮，因為當時還沒有孕婦——尤其是全裸、又極容易讓人聯想到色情的孕婦——登上過雜誌封面。蘇珊接過電話，說服布朗就這麼做吧，根據估計，約有一億人看到這期封面，並創造了《浮華世界》史上最好的銷量。[31]

———

在蘇珊第二次罹癌之後，她們的關係有所改善。安妮會在蘇珊生病時照料她；蘇珊也會敦促安妮上博物館。她們可以互相照顧。彼得·佩羅內說：「她總是試著在蘇珊的生日時為她做一些驚人之舉。蘇珊變回了一個小女孩：真的有人記得她的生日，並且在生日時為她挖空心思。」[32]安妮的朋友洛伊德·齊夫還記得安妮位於萊茵貝克（Rhinebeck）的鄉間宅邸，他們曾經一起在壁爐邊度過幾個浪漫的夜晚，那時蘇珊會為客人們大聲朗誦維吉尼亞·吳爾芙。

蘇珊讓安妮享有高雅文化帶來的體面，不過安妮則讓蘇珊顯得很酷。她拍攝的雜誌封面會被一億名讀者看到，其中大部分人都沒有聽過蘇珊·桑塔格，讀過的人就更少了。就算蘇珊看不起現代的名人文化，她也不會對這麼多潛在讀者帶來的好處視若無睹。她曾經告訴一個朋友，妮科爾·斯特凡娜教會了她一件事；妮科爾在發生車禍之後就讓自己消失在大眾眼前了，而「如果妳遠離了大眾的目光，妳便會就此消失」。[33]

安妮回應蘇珊的方式就是試著證明——和改進——她自己。奧利弗·斯特蘭德（Oliver Strand）是蘇珊最後的幾位助理之一，她說：「她在蘇珊面前真的很努力，每當她被交待要做什麼事情，我們都好像是看到了伊萊莎・杜利特爾（Eliza Doolittle）*。」有些人會認為很殘酷的事，安妮卻把它們看作鼓勵。蘇珊六十歲生日時，安妮帶她去乘坐遊船，她們順著尼羅河而下，慢慢接近古夫金字塔。為了要看日出，她們從兩點就開始費勁攀上一些巨大的石塊。安妮說：「當時風很大，妳會覺得自己快要被吹到掉下去了。」爬到一半的時候，安妮就覺得夠了。她想：我也不一定真的要爬完全程。「就算哪兒都不去，就待在這兒，我也覺得很舒服了。」但是接下來，蘇珊卻迅速呼嘯而過，並且跟安妮說：「待會兒在山頂見！」安妮就順從地跟上去了。「就是這麼簡單。如果蘇珊決定要做這件事，我也會一起爬上去。」

安妮大多數對她們關係的記憶都是一些受到鼓舞的事。她說：「她很嚴厲，但是總有好事可以抵銷。好的事情遠遠多過壞事。我們在一起創造了許多很棒的經驗。」[34]

* 譯者註：《窈窕淑女》的女主角，她原本是一名處於社會低層、渾身髒兮兮的賣花女，後來被希金斯教授訓練成一名氣質高雅、儀態萬千的窈窕淑女。

第三十九章　世界上最自然不過的事

蘇珊在一九九六年三月收到來自一對夫婦，卡爾・羅利森（Carl Rollyson）和麗莎・帕德達克（Lisa Paddock）的來信，信上寫著：「我們剛和W・W・諾頓公司（W. W. Norton）簽約，要完成妳的傳記」。桑塔格在一九八〇年前往波蘭的旅程中，曾經和他們有過短暫的一面之緣。他們又接著寫道：「在那之後，卡爾已經出版過瑪麗蓮・夢露、麗蓮・海爾曼、瑪莎・蓋爾霍恩（Martha Gellhorn）、諾曼・梅勒、畢卡索（針對年輕讀者）和麗貝卡・韋斯特（Rebecca West）的傳記」。[1]

蘇珊十分震驚，不過並沒有馬上提出警告。羅利森和帕德達克在八月時與羅傑・施特勞斯取得聯絡。施特勞斯寫信給諾頓公司的出版人史塔林・勞倫斯（Starling Lawrence），信中提到了「這個讓她厭惡的計畫」。[2]幾個禮拜之後，《紐約時報》刊出了一篇對羅利森和帕德達克所作的採訪：〈買單的孤寂之路：這個世界對於未獲授權的傳記作者顯得極不友善〉（It's a Lonely Way to Pay the Bills: For Unauthorized Biographers, the World Is Very Hostile）。羅利森似乎完全無法站在蘇珊的立場去想。他笑著說：「我對每一個人的指示都是多說一點，多說一點，再多說一點。我希望寫出一本好書，色彩繽紛的故事。要讓每個人談論。我希望名滿天下」。而另一方面，帕德達克則似乎比較能夠理解蘇珊——和其他任何人——為什麼不喜歡這種不請自來的打擾。她說：「如果是我也完全不喜歡。這會讓我很生氣而且心煩。」[3]

蘇珊在成為公眾人物的四十年間結識了許多人——更不要說她還有許多敵人——她在一九九七年初時，決定清楚表明這些所謂的合作對象其實都違反了她的意願。她寫信給所有自己能想到的人：「我想要讓你們知道，不管他們找你們說了什麼，其實我跟他們完全沒有聯絡。」

在我生前出版了一本關於我的傳記，我覺得它是出自一個微不足道、又不太正經的公司，再加上作者還不知會我，沒有向我傳達他們的寫作意圖、或是得到我的同意及合作，就簽下了契約出版這本書，那給我的感覺又更不愉快了。[4]

那本書很快就寫完了，作者的代理商在一九九九年底寄信給十五本期刊，提供初步的書摘給他們發表。其中一份是寄給《洛杉磯時報》的書籍部編輯。也就是蘇珊的老朋友史特夫・瓦瑟曼，於是他便把書摘傳真給蘇珊。[5]

——

那封信裡有提到它的書寫對象「與其他女性的公開愛情」。但是很難想像這裡所講的「公開愛情」，其實之前只在主流出版物裡被提過一次——那是在七年前，佐伊・海勒在柏林為《獨立報》

（*Independent*）訪問蘇珊時。海勒的報導中出現過下面這半段文字：

> 她所有的朋友都知道自從她與瑞夫的婚姻關係結束後，她的每一段戀愛關係都發生在與女性間，但是桑塔格不願意被歸類為女同性戀，也不願意證實她與長期伴侶，攝影師安妮·萊博維茨的關係。「我當然覺得五十九歲的女性還被認為有活躍的感情關係——我的確是有——是一件很棒的事，但是我不會再多談我的性愛生活了，我只想談我的精神生活。它……太過於複雜，而且結尾聽起來總顯得乏味。」[6]

蘇珊讀了海勒的訪問之後大為恐慌，接下來便打電話給自己的代理商安德魯·威利，要和他討論這次「危機」。海勒說不久之後，

> 大衛·瑞夫——其實我從來沒有見過他——打電話給我，我事先當然沒有想到，而且這件事也挺奇怪的，所以我也完全搞不清楚發生了什麼事。我們在《獨立報》的辦公室裡見面，再一起去吃午餐，我其實不記得他還有沒有說其他的什麼，我只記得他說了一句話：「妳把她弄哭了。」[7]

那次會面讓海勒大感挫折，她完全沒有想要幫蘇珊「出櫃」的意思：她以為她只是提到了某件大家都知道的事。其實她同時期的寫作還反對出櫃：「大約是在同一個時候，我也訪問了歌手巴瑞·曼尼洛

（！），我完全沒有提到他是同性戀。」那次午餐還有更古怪的地方：大衛並沒有明確地說到底是什麼事讓他的母親如此苦惱。

卡拉·歐夫看到了這樣隱瞞帶來的代價。她說：「其中一個重點是這讓安妮覺得很沮喪和苦惱，因為她對這段關係很自豪。她愛她，而她們都是公眾人物。她不想要用這件事來作廣告，但是也不覺得需要假裝得像沒這回事。」蘇珊的反應讓安妮很受傷，她流著淚告訴她：「我愈來愈覺得妳好像以我為恥。」[8]

卡拉問蘇珊：「為什麼妳就不能和交往的人好好在一起，不要管有誰知道這件事？」蘇珊的回答讓她大為震驚：

> 「嗯，那和妳不一樣啊，卡拉。妳可以和男人結婚，這兩件事不一樣。我們不能夠獻身彼此。兩個同性的人和不同性別的人不會有同樣的關係。而且，我也還喜歡男人。」
>
> 我說：「所以妳是雙性戀。那也好啊。這會傷害到什麼嗎？」「那又有助於什麼嗎？這跟別人完全無關，就是我自己的事。」我繼續追問她，最後她終於說出：「我不覺得同性關係是正當的。」從她嘴裡講出來的話和自稱基督徒的人所講的東西沒有什麼兩樣：「兩方不會合適。」

大衛後來的作品中寫道：「性模式裡的愛必須能橫跨性別，這樣才是真的。」[9]桑塔格的《恩主》裡描述同性戀是「用面具開的一個玩笑」。經過了這麼些年，她還是沒有想要脫下這層面具。她用了另一個面具——知名作家的身分——來蓋過這層面具，她也曾經明確表示知名作家的面具是為了隱藏她的性傾向，她寫道：「我需要有個認同的身分當武器，來反擊社會對我的敵視。成為酷兒讓我覺得自己更脆弱，讓我更想躲避，變成隱形人。」

或許文化改變了，但是桑塔格並沒有變。按照西格諾里爾的說法，直到她生命的後期，她都認為同性戀是「一種可恥的秘辛」。她在公開場合甚至是私底下，都激烈的駁斥她與萊博維茨有任何關係。她在二〇〇二年告訴阿根廷作家路易莎・瓦倫祖拉（Luisa Valenzuela）：「和大家想的都不一樣，我們不是戀人。」[10]隔年，義大利記者亞歷山德拉・法卡斯（Alessandra Farkas）在《晚郵報》（*Corriere della Sera*）提及這段關係，她挑出這段內容去信給法卡斯。

她在電子郵件裡大發雷霆：「我很驚訝、也真的很生氣妳竟然將對於我私生活的長期謠言當作事實報導——它明明沒有任何證據或是相關性。妳對我的私生活一無所知。妳也不曾詢問過我。」

> 這個謠言真的不是事實。不過就算它是真的，妳在這樣一篇我想是話題嚴肅的訪問稿裡，引用這種八卦的內容，在我看來，也是很沒有文化、而且粗魯的。[11]

法卡斯很有禮貌地回覆她（「提到您友誼的這段內容顯得很自然而且真實。……對我們或是我們的讀者而言，並沒有把性傾向當作一個特別的議題」），但是這只是讓蘇珊更為激動了。一個朋友說「她一直心心念念著『法卡斯這個女人』」，[12]並且寄了一封電子郵件回擊，信中標註的許多引號是代表嘲笑的意思：

> 妳在討論我作品的段落中，卻提及安妮．萊博維茨的確是我的朋友，我無法理解這有何「自然」之處。而且我也沒有印象妳提到友誼。我的確有很多朋友。其中也有幾位是攝影師。它也稱不上是什麼「資訊」。妳所謂的「調查」只不過是湊合了幾則長期以來的閒話——雖然它當然「傷害」不了我——它的內容完全不是事實。[13]

她也不是每次的回應都這麼挑釁。《紐約時報》在二〇〇三年想要進行事實查核，於是詢問她是否曾經「與安妮．萊博維茨女士原本為伴侶關係」，也得到了她的回覆。「我當然知道有這個謠言存在。但是這個資訊並不正確。」[14]她甚至還對自己的妹妹說謊。

> 我去紐約找她。……那時候如果我們一起出門、去了什麼地方、看了什麼、和誰一起出去，她都會說：「我必須去安妮那兒看看。她跟家人發生了很大的問題。」她會編一大篇鬼扯的故事，然後我就要到隔天早上才會看到她，接著，她又會再編別的故事，然後又扯出別的理由，後來我就習慣了。

茱蒂絲是讀了《好萊塢報導》才得知姊姊羅癌的事，同樣地，她也是聽一位舊金山的朋友隨口談起，才知道她姊姊的這段關係——那位朋友在談到的時候，只是把它當作一件大家都知道的事。但是卻讓茱蒂絲大為驚訝。[15]

當蘇珊得知羅利森決定替她出櫃的時候，她正在接受《紐約客》的瓊·阿科切拉採訪。這個專訪預計與《在美國》的出版同時刊出。阿科切拉說：「我對蘇珊所作的一系列採訪，是我一生中做過最困難的採訪。尤其我甚至還採訪過尼金斯基的女兒，她是一名精神分裂症患者。」[16]

如果她只是因為自我本位而如此折磨阿科切拉，其實很奇怪。但是她這個人本來就會不時用霸凌的方式作出誇張的表現，所以她對自己打擊阿科切拉一事幾乎毫無自覺。

> 她**真心**希望我說她的好話。她**真心**希望我當她的朋友——這裡要加引號：當她的小圈圈中的一分子，變成「她的人」。她對於誰**是**她的朋友極為自豪，但是她也會欺騙自己。她會說：嗯，那個誰誰是我非常親密的朋友。而我可能前一天才和那個人通過電話，他的說法卻是：那個該死的、討人厭的女人。[17]

阿科切拉很快就發現了要點所在。例如蘇珊透露第一個和她上床的女性是艾琳．佛妮絲，這只是因為艾琳送了她一千朵白玫瑰。但是阿科切拉知道羅利森的書快要出版了，因此她告訴蘇珊「要在他們替妳出櫃、用槍口對準妳之前」先有動作。她建議先刊出一些無傷大雅的內容。

「妳可以利用我阻止他們。利用這篇文章阻止他們。就說妳是雙性戀好了，這才是真的事實。」嗯，這把她嚇壞了。她完全呆住了，她跟我說：「我不知道妳在說什麼。我不知道要說哪些話。」我說：「我會把它們寫在一張紙上，妳也可以說點別的，或就是照著紙上的話說。我會坐在妳前面，把這一切都紀錄下來，我會把錄音機打開。」

《紐約客》的事實查核嚴格要求每一段引用都要有證據支持，所以阿科切拉才需要錄音。

下次，我又來了。你一定不相信：她就坐在客廳中央這個巨大的高椅子上，我坐在邊邊的一個沙發上。我說：「蘇珊，我得過去那邊，或是妳要來這裡。」那真是很神經質。最後她終於過來沙發這邊了。我的高度有點像是坐在她腳邊。我打開了錄音機，但是如果錄音機有任何問題，我大概就死定了。總而言之，經歷了難以置信、拖拖拉拉的刁難之後，她終於說了我報導裡的那些話。

人們可能會覺得要〈關於「坎普」的札記〉作者講出以下這些蘊含邏輯的話，應該是一氣呵成。「我有女朋友又有男朋友，這件事又怎麼樣呢？我猜是因為我從來不覺得應該把這件事講出來，對於我來說，這似乎是世界上最自然不過的一件事。」[18]

這段話寫下來之後，可能顯得很無害，但是它在講話時則完全不是那麼回事。

幫我謄寫的人，也就是替這段訪問打逐字稿的人，是一名同性戀，而且是紐約的男同性戀——也就是說他已經公開出櫃了——他要在旁邊打字，其中也包括這一段。他聽到的不只是文字本身，還有她哽塞的語調。那名紀錄員說他邊打字邊留下眼淚。我說：「我也是。」當她說這段話時，我哭了。[19]

——

櫃子並不是指一個地方。它是一個隱喻。它和另一個相關的隱喻——「出櫃」——都能看出隱喻的整體缺陷。不論「出櫃」在文化或是社會上如何令人焦慮，在實際或是語言學上，這個詞聽起來都像是個簡單、一次性的動作——就只是決定從一個房間裡跨出來，進到另一個。

同性戀運動在一九六〇年代之前並沒有這個隱喻，男／女同性戀也不會用這個詞彙形容自己。

> 「出櫃」也和許多同性戀在用的詞彙一樣，調皮地用了女性文化的語言——在這個例子中，這個詞原本是指女性被初次正式介紹到她所屬的文化圈——或是「初進社交圈」——的儀式。……戰前的同性戀並不會說**走出**我們所謂的「同性戀櫃子」，而是說**走進**他們所謂的「同性戀社會」或「同志世界」。[20]

有了一個名字之後，就可以對現在被稱為「櫃子」的這個現象進行研究和理解了。同性戀與黑人和婦女解放運動屬於同一個時代，等他們開始認為自己是受到壓迫的少數族群之後，他們也理解到同性戀小孩的成長方式，和女孩或是少數族群長大的方式其實極為不同。

女孩——絕大部分——是從母親那裡學習當一個女人。黑人小孩也可以從父母和社區那裡學到對付種族歧視的方法。但是，大部分的同性戀小孩都是在異性戀家庭出生的，他們通常也會進入一個強烈反對同性戀的社群。這激發了他們強烈的撒謊動機，矢口不承認自己是誰，這樣的行為攸關他們的生存——雖然在其他脈絡中可能是該受譴責的。

年輕的蘇珊就是在這個脈絡下寫下了「成為酷兒……讓我更想躲避」。隨著她漸漸長大，這種技法也不限於兒童了。對於成人來說也至關重要。許多同性戀也和她一樣都會結婚。直到六〇年代之前，與其他同性戀組成社交圈都還會帶來駭人的風險。如果他們被發現、就像是差點發生在蘇珊身上的事，那麼他們可能會失去他們的孩子，而且，如果他／她們是從事需要證照的職業，包括醫藥業、法律或精神病治療，曝光就代表會因為「道德敗壞」的理由而被撤銷執照。警察經常騷擾同性戀。記者會潛進同性戀酒吧，公布他們在那裡看到了什麼人、他們的名字和住址；這逼使許多人走上絕路。

這種壓力導致自尊感降低和沮喪。查爾斯．西爾弗斯坦（Charles Silverstein）醫師是治療同性戀的第一批心理學家，他說：「當時的理論認為如果你真心想改變，就一定做得到。所以，如果一個人一直幻想自己是同性戀，那一定是他們自己的錯。他們變成人生的失敗者、家庭的失敗者，和配偶的關係也會失敗，但是又無法改變。這會帶來更大的挫敗。」西爾弗斯坦說這種失敗的感覺會讓「有些人覺得無法建立起戀愛關係」。「這類伴侶還是存在，但是他們大部分都住在鄉下地區。我從來沒有看過大都市裡有這類伴侶，而且可以在一起很久，雖然我知道其實還是有。」[21]

在警察於一九六九年突然對石牆酒吧發動搜查之後，就算同性戀運動真的展開了，但是依然不存在「留在」或是「走出」櫃子的問題。一個人可能在週末是公開的，但是週一早上到了辦公室之後，又隱藏起來了。或是有一個人在城市裡生活得很自在，但是如果去到保守的鄉下，又恢復成閃閃躲躲的樣子。「櫃子」絕對不是指一個地方，即使擺脫之後，也不可能從此就一勞永逸。同性戀在某些地方不會遭到身體的危險，如果在那樣的地方「出櫃，表示他／她得選擇之後要如何處理日常時刻和普通的對話」。[22]另一名學者寫下這是「一個可能永無休止的過程。……（同性戀）每天都得決定是否要揭露、要對誰揭露——認同自己是異性戀的人可能沒有任何可以相提並論的經驗」。[23]

這就是桑塔格成長的世界。雖然對同性戀的觀點有了革命性的改變，但是直到她走到生命的終點，她的行為顯示她仍然擺脫不了自己年輕時普遍存在的態度。公開當一名同性戀已經不會讓她面臨法律或社會的風險。（如果有的話，就是過於誠實會讓她被冠上鬥士的名聲，讓別人認為她在為了激進的理想奮鬥。）但是她仍然延續自己的習慣，這個年代已經不再用科學來譴責同性戀，而心理學家則對這個選擇的結果有了愈來愈多理解。在一九九三年，有兩名研究者寫道：「隱藏性傾向、讓自己看起來像是異性戀，會演變成終生對自己的憎惡，墮落、小謊話和半真半假的謎團，會搞壞一個人的家庭和友誼關係。」[24]

隱瞞會造成另一種損失。另一名同性戀精神病醫師發現在那幾年間，在櫃子裡的人「無法正確評估其他人對〔他們〕的觀感，也沒有發現、並承認〔他們〕自己的力量」。[25]這就能夠解釋為什麼四十年來，蘇珊一直掙扎著無法公開講出大家其實都已經知道、至少在私底下知道的事。一逕地隱藏，讓這類人很難感受到「能夠反映其真實能力的成就」——因為這些成就也和他們自己一樣，好像不是真的。這讓他們格外依賴其他人的意見。

「透明、不可見、失去自己的聲音、被堵在牆或其他障礙物的後面，這些詞語可以用來形容」待在櫃子裡的主觀經驗。這些也都是隱喻。但是「櫃子」並非代表祕密、隱藏和恥辱。它代表一個人失去了聲音，而且無法向外看。

——

阿科切拉說和蘇珊待在一起，「不啻於和龍同處一穴」。

蘇珊當真是很難、很難相處，而且她會說謊。她滿口謊言。雖然我們稱不上是朋友，我們只是認識，又屬於同一個社交圈。她還是用很不應該的方式對我說謊了。

阿科切拉寫的簡介，〈饑餓藝術家〉（The Hunger Artist），於二〇〇〇年三月六日刊出，那是一篇溫暖而且語多讚美的報導。她對《在美國》的溢美之詞遠超出她認為該書實際應得的讚揚，而且隻字未提蘇珊是怎麼對待她的。她說那是「我寫過最不公正的一篇簡介。如果我直言不諱說出跟蘇珊在一起的感覺，那篇報導就會完全不同了」。阿科切拉就像個孩子一樣——就算母親在外人面前顯得很可怕，但是因為她看到母親的努力，所以不願意讓她公然受辱——阿科切拉有感於蘇珊那「永無止盡的不滿足」，所以願意為她掩蓋。蘇珊則把那篇文章打了回票，因為它「極盡讚美之能事，但是過於通俗」。[26]

——

兩個月後，《紐約時報》刊出了一篇不是那麼持讚賞態度的短評。加州一名八十一歲的業餘歷史學家艾倫．李（Ellen Lee），發現《在美國》至少有十二段文字似乎是抄襲海倫娜．莫德斯卡所寫、或是與她有關的作品，而書中女主角瑪琳娜．扎蘭斯卡的原型就是莫德斯卡。李專門研究莫德斯卡，她對這件事感到很震驚：「像蘇珊．桑塔格這麼高水準和有名望的作家，怎麼會在使用資料時沒有標註引用，也沒有說明出處？」[27]

桑塔格試圖扭轉這個爭議。她告訴《紐約時報》的記者：「有一個更巨觀的論點，認為所有文學都是組合了一連串的參考資料和間接引用。」她繼續說：「我認為作家和資料提供者是不同的。資料提供者有其消息出處，也要對實際的用字加註引號。」雖然她借用的素材加起來總共只有大約三頁，但是除非是採取極端自由主義的觀點，否則大概也很難說桑塔格這樣子使用「資料來源」不算是抄襲。她大概得用她為瑪琳娜所設的標準來評價自己——以及免除自己的責任：

她跟團員說：「所有舞臺上的原則也都適用於真實人生。」（但是她快活地偷笑：「不適用的時候除外。」）其中一條是：絕不承認意外錯誤。[28]

不過桑塔格對抄襲這個主題很有興趣。她的小說人物常常一下子害怕被發現，一下子又用一些魯莽的行為拿命運冒險。《恩主》的希波賴特試圖殺死安德斯太太，但是除了他想要被抓之外，顯然沒有更好的理由。《死亡之匣》的迪弟自白犯下了一件他其實沒有做的謀殺案。她還在日誌裡仔細思考各種類型的抄襲：

布萊希特會被駁斥為抄襲者嗎？在歌德（Goethe）與愛克曼（Eckermann）的談話中，他指出所有被控抄襲的作家都應該堅定的回應：「在那裡的東西都是我的，不論我是從書裡得到的，或是從生活中得到的，那並不重要；重要的只有我是否正確的使用它。」布萊希特沒有問題，他運作的方式就是各方收集。不過D・M・托馬斯（D. M. Thomas）算不算呢？不，他的話就不能免責。[29]

在高中時曾經和蘇珊一起偷書的麥瑞爾・羅丹懷疑她不誠實，而且她不會只在店裡行竊。後來蘇珊也曾經告訴埃德蒙・懷特不要再引用參考資料，她說他應該「聲稱那是你自己的想法」。[30]

艾倫・李倒是接受了蘇珊的解釋，雖然仍語帶保留。她在《紐約時報》的文章中說：「或許規則改變了，或是小說現在有不同的規則。」但是她讀到蘇珊在文章裡的話，還是感到很驚訝。桑塔格說：「我其實覺得她們應該很興奮。莫德斯卡幾乎被人遺忘了。她過去是偉大的人物。我讓她成為一個了不起的人。真實的莫德斯卡是很糟糕的種族主義者。」對於李和其他波蘭裔美國女性、努力想要保護莫德斯卡死後名聲的人而言，這無異於誹謗。那些一樣被她睥睨視之的「消息來源」顯示桑塔格的指控終究不是真的：莫德斯卡其實是對抗種族主義的強力鬥士。[31]

蘇珊並沒有因為那件事而有所節制。她於二〇〇四年在南非約翰尼斯堡作了最後一場演講，演講中還是充滿了抄襲自評論家勞拉・米勒（Laura Miller）的臺詞。米勒說：「諷刺的是那場演講還是關於文學倫理的。」[32]

瑪琳娜說：「雖然劇評人對我的禮遇我沒得抱怨，但是我一向不喜歡劇評人。他們一開始總認為你注定失敗。」[33]不過，雖然書評家對於《在美國》的反應不太熱烈，但是該書獲得了美國國家圖書獎的殊榮。有些人認為是因為阿科切拉報導桑塔格得了癌症，還要忍受重金屬的毒害，才打動了評審。其他人則認為桑塔格的終生成就的確該得這個獎，即使不是全無異議。

新學院（New School）的教授詹姆斯．米勒還記得大衛那時候病了，所以不太確定到底能不能夠來。這讓蘇珊很緊張，她既緊張大衛，也緊張那個獎，這讓米勒看到他以前不曾看過的蘇珊的另一面。

> 沒有人——真的是沒有人——預期蘇珊．桑塔格會用**那本**小說獲頒美國國家圖書獎。……大衛在十一點的時候突然出現，而蘇珊——她還在流淚。流著眼淚。她完全處於無防備之下，而且被吞沒了。……她的不安全感如此強烈，所以在獲得這種肯定的時候就完全卸下武裝了。她貪得無厭地要求肯定，所以當這種時刻來臨時，就顯得**暈暈然**了——而大衛直到最後一刻才現身，這件事真是出乎人預料之外，而又令人感動。[34]

她打電話給最近才結交的年輕詩人布倫達．肖內西（Brenda Shaughnessy）。肖內西說：「那是我聽過她在電話裡的聲音最溫柔的一次。完全不像是她典型的厲聲講話。」蘇珊邀請她去參加在中城的俄羅斯茶炊（Russian Samovar）酒吧所舉辦的宴會——那是她與布羅茨基常一起去的地方。羅傑・施特勞斯在那裡，她的所有朋友也都在。不論她周遭的人對《在美國》抱持什麼懷疑，他們都滿懷興奮。

> 羅傑對她說了一些很棒的話：「蘇珊，妳知道這件事真正重要的是什麼嗎？妳知道為什麼這件事這麼令人興奮嗎？因為那表示《在美國》將會永垂不朽。它會留名千古。這會讓它永遠、永遠存在。」那的確是她想聽到的話。那是她希望發生的事。我們都知道那是她最遠大的夢想。有些歌劇歌手走到鋼琴旁邊。他們為她獻唱。那真是一場如夢似幻的勝利。我覺得我很幸運能夠在那裡。那場景真是太美了。[35]

第四十章　重要的是那個作家是什麼

蘇珊生命最後幾年的好幾段友誼都呈現十分類似的模式。這些朋友都比她年輕，甚至是年輕許多。他們通常都是同性戀或雙性戀。大概都出身自乏味的鄉下地方，就和蘇珊一樣，也都像她一樣極具天分，通常是作家或是視覺藝術家。他們也大多不確定如何發揮自己的天賦——直到生命中突然出現這位「機械降神」（*dea ex machina*）。

她會精心地對他們表達幾近諂媚、絕不可缺的讚美。她會作出一些讓他們永難忘懷的絕妙建議。她會支持他們的作品、誇獎他們，且還常常是在知名人士的面前，說「太棒了」或是「很出色」。她會把他們帶進自己的社交圈，讓這些人和其他大人物稱兄道弟、直呼其名。讓他們有機會吃到不曾吃過的食物，並且觀賞到前所未見的戲劇。讓他們讀到一些自己從未聽過的書，並與過去不可能同桌的人一起吃飯。他們會受邀去別的國家，那是靠他們自己絕對負擔不起的地方。在這段蜜月期，他們會看到自己成為以前在沒沒無聞的家鄉時，曾經夢想成為的那類人。他們會對這一切「永遠感激」——這句話會一再出現。

但是，接下來就會出現反轉了。一開始，這位良師益友會很熱衷的推薦書。而現在，她則坦承朋友的極度無知讓她很沮喪。年輕人都急著證明自己、改進自己；她一開始可能也是基於鼓勵而講了某些話，但是後來就成了霸凌。蘇珊常帶她的女門徒去看歌劇或是芭蕾舞，但是到了當場，卻變得冷落或是忽視她。這些年輕的新朋友會對蘇珊待人的方式感到很驚訝，尤其是看到她如何對待那位顯然付了所有帳單的女性——這位女性也只不過和其他人一樣被歸為同一類。桑塔格的過分恭維會替人帶來自尊，而失去了這種自尊堪稱是一件毀滅性的事，如果是有藥癮或酒癮的人，又顯得更糟了。但是她們也無法讓自己立刻擺脫蘇珊的魔咒。如果看過那個親切、女孩子氣、緊張不安的「蘇」，就會覺得有必要幫助現在這個蘇珊，帶她變回他們「深深愛上」——這句話也一再出現——的那個充滿魅力的人。對許多人來說，即使在她離世之後很久，她依然是他們生命中最重要的一段關係、最關鍵的影響力來源。

布倫達．肖內西就是她的這類朋友之一。FSG在一九九九年出版了肖內西的第一本詩集《內心充滿突如其來的喜悅》（*Interior with Sudden Joy*）。這本書引起了蘇珊的注意，而且根據肖內西在哥倫比亞的老師理查德．霍華德的說法，蘇珊對於肖內西當年二十九歲的年紀格外留心。霍華德叫肖內西打電話給桑塔格：「她沒有自己打那通電話。她叫了一個兩人共通的朋友打那通電話。」蘇珊很期待和這本書背後的女性見面。「她當真以為我會用那種很像艷情詩的方式說話。但是我完全不是。我是在南加州長大的。我講話有『山谷女孩』的腔調。她看起來很失望。」[1]

但是蘇珊很親切。她和布倫達談了許多關於詩的問題。她鼓勵她寫作，還帶她去了幾間書店，並且指責她沒有把書讀得更精通。這一切在剛開始時，都顯得很激勵人心，布倫達說：「我很難解釋她的魅力和性感，我很難說明她這個人有多麼耀眼。在我眼裡，她完全不老。」布倫達也和其他許多人一樣，對蘇珊迷戀不已。「我愛聽她講話。我愛她笑的樣子。」

認識蘇珊之後，布倫達也看到了她的脆弱之處。布倫達記得：「例如她會說『我不喝酒，因為我的母親是個酒鬼』。」接下來「她會把一杯雞尾酒拿在手上」，布倫達覺得這樣很動人。

> 我開始注意到如果對話轉向她完全不懂的內容，她就會很快的把話題導回她知道的事。我開始了解她會一再重複這類事情。她對自己的想像就是她得是個全知的人。這成為一種巨大的壓力；讓人很提心吊膽。[2]

肖內西和許多其他人一樣，看到了她的孤寂。「我最後也加入了這個沉重的輪班，我們要隨時待命、帶她去看醫生。我心裡想的是：『噢，我的天啊，我真是太幸運了。我可以和這麼棒的人出去。』我的腦海裡並沒有浮現──為什麼這麼棒的人一週想和我出去五次呢？她怎麼這麼有空？」

隨著蘇珊年歲漸長，她的寂寞益發加劇了。[3]她於六〇年代初期在巴黎寫下：「我仍不知道該如何獨處──就算在咖啡館坐上一小時。」[4]孤獨讓她變成了小孩子，她在一九六三年寫下：「我厭惡獨處，每當獨處，我就覺得自己好像十歲」，同時她還告訴斯蒂芬·科赫，她寧可隨機從中國餐館裡找一個人住在一起，也不願意一個人獨居。她於一九七七年又在日記裡寫道：「如何讓自己一個人，如何不要讓自己一個人——這是一個恆久的問題。」

她在一九九五年的〈單一性〉中寫道：「如同卡夫卡所說，為了寫作，孤獨的程度永遠都不足夠。」[5]而同時，牙買加．金凱德又說：「她害怕寂靜。然而我一直覺得她所讚賞的那種思考衍伸自寂靜。」她寫作時都和人在一起：她會坐在唐．萊文旁邊，嘴裡咬著安非他命，大口大口的喝著咖啡，噴出萬寶路的煙。她也會持續在房間裡和年輕作家泰德．麥尼一起寫作，這讓他大為驚奇。她會跟邁克爾．西爾瓦布拉特說：「帶上一本書來我房間裡。我要寫文章。我們可以一邊說說話。」她需要一直有人在旁邊，這讓別人感到很窒息，蘇珊的讚美也漸漸變成辱罵，這讓肖內西開始懷疑蘇珊或許只是需要一個隨侍在旁的女侍。「為什麼她要把一個比自己年輕三十歲的人叫來——然後又斥責那個人？」

——

蘇珊需要得到讚美，這和她要人陪伴的需求幾乎不相上下，因此，她有時候會做出妥協，甚至是連她最堅定的朋友都無法支持的妥協。她以《在美國》獲得美國國家圖書獎的幾個月前，就在二〇〇〇年五月先前往以色列，領了「耶路撒冷社會之個人自由獎」（Jerusalem Prize for the Freedom of the Individual in Society）。相較於後來，那時候的以巴衝突看起來還有和平解決的希望，但是這個榮譽在當時還是很具有爭議性。有幾位知名作家鼓吹她拒絕這個獎項。蘇珊最親密的朋友之一，同時也是南非的諾貝爾獎得主納丁．戈迪默，就寫了一封語氣堅決的信給她。

> 我選擇寫信而不是打電話給妳，是因為我很沮喪而且憂傷，這會讓我在電話裡顯得混亂，但是我想要清楚的把我的意思傳達給妳。我最親愛、最關心的朋友，妳是我五根手指內就數得到、擁有最耀眼生命的作家——毫無疑問，我相信妳不應該同意接受今年的耶路撒冷獎。[6]

戈迪默也和蘇珊一樣是猶太人，她也獲頒過那個獎，但是卻拒領。因為她不「想要從一個種族隔離的社會，前往另一個種族隔離的社會」。她也看過南非的抵制的確有效迫使種族隔離的政權下臺。以色列曾經是那個政權的主要同盟，任何明眼人，包括以色列人自己，都看得出它在巴勒斯坦進行種族隔離。

她的另一個朋友，巴勒斯坦裔的美國作家愛德華．薩伊德，也央求蘇珊拒領。

> 以色列的殘酷軍事占領至今已經三十三年了，那是二十世紀和二十一世紀為時最久的占領（除了日本占領朝鮮的三十五年之外）。……這不是兩個國家之間的戰爭，而是一個國家對另外一群沒有國家、遭到驅逐、無人帶領的人民進行的殖民軍事行動。
>
> 因此，像妳這樣有非凡魅力的人現身領獎，當然有助於提高以色列政府敗壞的國際名聲，對於以色列政府來說，當然是如獲至寶，這象徵最有才能的人最終依然同意以色列的所作所為。[7]

蘇珊並沒有回應戈迪默。不過她有寫信給薩伊德：「拒絕獎項的話，我要怎麼讓大家知道這件事呢？召開記者會嗎？寫一篇社論投稿到《紐約時報》嗎？——與其擺出這種姿態，遠不及我去到那裡、把事情大聲講出來，會來得受人重視。」[8]這是一個奇怪的結論：畢竟她在譴責科索沃的種族清洗、中國對作家的迫害、很快地還有美國在伊拉克的酷刑時，都沒有嫌《紐約時報》的社論欄不夠正式。

一名猶太人律師認為桑塔格把這稱作「以色列的諾貝爾獎」並不適當，當肖內西把這則訊息傳給她看時，「她真的很不高興」。她很生氣布倫達竟然同意這個說法：「我覺得她在擔心無法為後世留下什麼。她擔心人們會忘了她。」

蘇珊的得獎演說有些部分只是場面話——「在以色列和巴勒斯坦的所有作家和讀者的爭取下，創造了由獨一無二的聲音和繁複多樣的真相所構成的文學」——也有對缺乏如同她道德勇氣的作家提出的攻擊。

> 獲得這個獎的所有作家都曾真正致力於「社會中的個人自由」嗎？**這**就是他們——我現在必須說「我們」——的共同點嗎？
>
> 我不這樣想。
>
> 他們代表著一個覆蓋面很廣的政治意見光譜。不僅如此，他們之中有些人幾乎未曾碰過這些「大字」：自由、個人、社會……
>
> 但是，一個作家說什麼並不重要，重要的是那個作家**是**什麼。[9]

愛德華·薩伊德覺得這篇說詞「糟透了」，[10]而且她在反思「正當的行為」時，卻不曾提到與頒獎同時舉行的耶路撒冷書展上，並沒有阿拉伯人或穆斯林的身影。[11]

——

肖內西很愛蘇珊的建議。她說：「她都不會講得很婉轉。她總是有點殘忍。但是絕對是好建議。」她的很多建議都是關於申請獎項。有一次，蘇珊問布倫達有沒有申請古根漢獎學金（Guggenheim Fellowship），布倫達辯稱說她還太年輕，承擔不起這樣的榮譽，蘇珊就爆發了。「拒絕自己不是妳的工作。是他們的工作。妳只管提出申請就好了。如果他們要拒絕妳，那也是他們的工作。和妳一點關係都沒有！為什麼妳會覺得那是妳該管的事？妳太自我本位了！」布倫達聽話，就去申請了——然後申請了第二次、第三次、第四次、第五次。終於在她嘗試第十一次的時候，得到了那筆獎學金。

她也會對別人提出建議：一樣直率，一樣切中要害。她讓里士滿·伯頓覺得他以前沒有在畫廊和博物館求表現，是他自己太膽小了。

> 她會很快說出一些我大概都同意、不過別人都不敢說的話。她會說：「聽著，里士滿，絕大部分人都只是害怕他們自己的感覺。」有這樣的理解、還能夠詳細的說出來，真是一種天賦，尤其是

> 從她嘴裡說出來。[12]

她告訴邁克爾・西爾瓦布拉特要長大。他孩提時對灰塵和髒汙過敏，所以他的父母把所有填充動物玩偶都燒掉了。他等到長大之後才開始收集玩具。她命令他：「把所有玩具丟掉。一個都不要留。你現在已經不是孩子了。你做那種瘋狂小孩子行為的時間已經太久了。我不是在對你發脾氣，不過你該停止了。你就是該停了。不要再回頭看童年了。」他也聽從了，而且總是很樂意。他也看到她給其他人的建議：

> 她告訴吉米・麥考特（Jimmy McCourt）：「吉米，我不知道你做得如何，不過你的這位戀人當真值得你為他付出，他值得你給他時間；如果你繼續照現在這個方式喝酒，你就會失去他了。你會失去他，而你還以為你算是個什麼角色。你寫了一本沒有什麼人知道的專業小說。不過如果你再寫一本的話，誰知道呢？」吉米也沒有生氣，反而加入了匿名戒酒會，他和他的男朋友直到今天還在一起，這大部分也要歸功於蘇珊。所以，雖然的確有人被蘇珊說的話毀了或是搞瘋，不過也有同樣多的人因為蘇珊而得救——我就是其中之一。[13]

她在最後的歲月中，和一名年輕的德國策展人克勞斯・貝森巴赫（Klaus Biesenbach）走得很近，貝森巴赫還記得曾經有一次，當他們凌晨四點在柏林買薯條時，蘇珊對著他大吼，因為他用錯了一個字。

這件事改變了他對工作的整體態度：「她讓你知道你所做的每件事、用的每個字都會產生影響。每件事都有意義。你一定要非常精確和專心。」他也了解為什麼她這麼強調字的意義。她對他說：「克勞斯，身為策展人或是評論家，我們唯一擁有的就是我們的意見。我們絕對不能出賣它，絕對不能有所讓步。那是你唯一擁有的東西。」[14]

伯頓說：「她好像一直坐陣在我的腦中。她一直是眾人理想中的權威人物。」但是權威有時候也會淪為威權主義。在蘇珊過世之後，肖內西說：「我聽到幾位女性（包括泰瑞．卡斯特和西格莉德．努涅斯）提到她曾經說她們很愚蠢，我真是嚇了一大跳。她們當然絕對不愚蠢。」她開始向治療師諮商，試圖釐清何以一個對她這麼壞的人，卻對她很有吸引力。所有虐待關係中的殘忍都會讓偶發的和藹顯得更有麻醉作用。「當她對我顯露愛意——當她沒有覺得我是個白痴，在那個當下——一切都太棒了。」

——

桑塔格很容易對什麼陷入痴迷，她比那些比較會抑制自己的熱情、比較清楚自己對人的判斷、對自己的缺點也會加以諷刺的女性來說，更容易感到失望。不過有一個朋友從來沒有讓她失望，那就是藝術——大概找不出其他更好的字了。她在二〇〇一年出版了《重點所在》（*Where the Stress Falls*）一書，就是為了向這位朋友致敬，並顯示她的讚美有何魅力。

當一個人無法真的欣賞自己時，讚美就會指向他人，她在《火山情人》裡寫道：「他想讚美自己，卻機敏地稱讚他所愛的任何人。」漢密爾頓夫人的「熱情是值得愛戀的」，[15]她也是一樣。讚美是在參與一件比自己更偉大、更純粹、更美麗的事物；讚美也的確符合她的個性——那是一種迷戀，一種熱情——並不是長期穩定的愛，而是靈光乍現地陷入愛戀。

《重點所在》集合了她二十年來實踐的讚美。它充滿了對理想的渴望，不論是理想的藝術作品、或是理想的「嚴肅」生活——包括道德上的、藝術上的、政治上的。它寫作的對象包含書籍、電影和舞蹈；包含她視如己出的人們，例如理查德·哈里伯頓，或是她所重視的大人，例如露辛達·柴爾茲和約瑟夫·布羅茨基。也包括足以為她標幟的地點，尤其是塞拉耶佛。它也展示了她為藝術提供的最重要服務之一。在《反詮釋》之後，她就以帶來各地藝術發展的新聞而享有盛名，因為她的報導方式是只有像她這樣具備豐富旅行和閱讀經驗的人，才能做得到的。書中包括關於丹尼洛·契斯、胡安·魯爾福和馬查多·德·阿西斯（Machado de Assis）的文章；也有關於寧那·華納·法斯賓德（Rainer Werner Fassbinder）和霍華德·霍奇金的文章。

在那幾年間，「蘇珊·桑塔格」已經成了高雅文化的同義詞，《重點所在》有助於解釋其中的緣由。完全不懂知識分子的人也認可她這位知識分子。她在伍迪·艾倫的《西力傳》裡是權威大師，她是《浮華世界》封面上的天才——而在二〇〇〇年，她又接受安妮·萊博維茨的拍攝，成為「絕對伏特加」（Absolut Vodka）的廣告人物。走向大眾化可能會顯得俗氣，但是在消費的年代，文化的守護者的確需要深入民眾。凡是認為文化值得捍衛者，都會覺得桑塔格是有希望的人物。

這位女性會去每場首映式、看每一齣歌劇、讀了每一本書，而且只用戲劇演出，就力抗塞拉耶佛的圍城，因此她的意見是不可或缺的。而對蘇珊這個人來說，這卻代表了某種足以使她發狂的壓力。在以色列時，她宣稱作家的重要性在於她過去是什麼。但是桑塔格真正的重要性漸漸變成她所代表的東西。「蘇珊．桑塔格」這個隱喻是一個重要的原創。它已經遠遠脫離了她的個人生活，比她活著的時間還要久，這有助於解釋為什麼像瓊．阿科切拉這樣有所偏袒的評論家，在道德曲線上為蘇珊分類時卻對她如此寬容。

——

《重點所在》收錄了〈伯蘭德的嬰兒〉（Borland's Babies）這篇文章，文章內容是關於澳洲攝影師波利．伯蘭德（Polly Borland）拍攝了一系列穿著嬰兒服的成人男性。伯蘭德要展示的是「一個親密、熟悉空間內的平庸活動，如哭鬧、流口水、吃東西、睡覺、洗澡、手淫等，這些會具有怪異儀式的特色，因為這些活動都是由穿著嬰兒裝、仿照嬰兒的動作做成」。桑塔格寫到伯蘭德照片的魔力是他對這些顯然很怪的人卻沒有做奇怪的描述。它們並不像是「黛安．阿巴斯照片中的率真凝視」。

照片流露的人性真實面因過於明顯而毋須說明，是退化的誘惑？還是退化的樂趣？再沒有其他方法可以如此敏銳地接收人性、作出如此直接的描述。影像召喚我們的認同（「凡人均沒有與我不同」），我們膽敢承認、也能想像這些感覺，就算我們很驚訝會有人特意表現出來（因為我們假設這些行為是羞恥的）。[16]

這也是蘇珊夢想中的作品，雖然她常常表達對童年時期的嫌惡之情。（「當初她之所以成為女演員，一部分原因就是不想像個小孩。」[17]）如果她的朋友顯得孩子氣，會招致她的嚴厲指責。她便曾告訴西爾瓦布拉特：「不要再回頭往童年看了。」

諷刺的是，她把自己的愛人，包括艾琳、卡洛塔、妮科爾和露辛達，都看作是自己母親的化身。所以，當安妮在二〇〇〇年——五十一歲高齡時——決定要有自己的孩子，年紀反而是她所有困難中最小的一項。蘇珊一直以來都嘲笑她的這個想法。卡拉．歐夫說：「她會取笑她想要有個孩子這件事。」[18]肖內西目睹當她得知安妮「未經她同意」就懷孕時，有多麼心煩意亂。她在某一天吃午餐時就爆發了。她坦誠：「我簡直崩潰了。安妮要離開我。她要一個孩子，不需要我了。」[19]

安妮說：「我有很多東西想要給出去。我給了蘇珊很多，但是我還想要給出更多。我想要給出更多愛。我來自一個大家庭，我也想要有孩子。我是說：我也真的在進行。最後我們將走在自己的路上。」她也想要幫蘇珊做一些蘇珊一直想做的事：「有了莎拉（Sarah）我真的很開心。那麼妳想要做的事情是什麼呢？」她為蘇珊在巴黎的塞吉耶街（rue Seguier）買了一間公寓，就在費德多蒙霍隆酒店（Hôtel Feydeau de Montholon）座落的地方，位於塞納河河岸，可以清楚看到巴黎聖母院。安妮說：「在巴黎買公寓，是讓她有地方可以寫作。」[20]

蘇珊也變得很喜愛莎拉。安妮拍攝了一張兩個人在長島沙灘的照片：一個人即將走到生命的終點，而另一個人才剛在生命的起點。安妮笑著說：「我會看著那些照片，然後想：到底哪一個才是孩子？」[21]

兩、三年後，布倫達在蘇珊的幫助下，得到一個前往日本的獎學金；那是她母親的國家。她住在東京，蘇珊也到東京為一個藝術競賽擔任評審。布倫達很高興見到蘇珊，但是蘇珊來了之後，卻搞得她「很焦慮」，蘇珊開始丟出一連串問題對布倫達疲勞轟炸。「她很狂躁，像連珠炮似地講話，真的是講太多話了。『妳覺得這裡怎麼樣？這兒怎麼樣？妳覺得東京怎麼樣？』我說：『我喜歡這裡。』她又繼續問：『妳喜歡它的什麼地方？告訴我妳喜歡它的什麼地方！為什麼妳這麼喜歡這裡？』」

布倫達以前也經常要回答蘇珊的問題——但是卻只會讓蘇珊覺得她是啞巴、或是很可笑。而這次，因為她遠道而來、也在日本待了幾個月，所以她決心要誠實回答：這裡結合了古代文化和最新潮的新奇事物，讓她深深著迷。

> 她只是張開雙臂，做了個手勢，然後繼續說：「妳怎麼會喜愛這裡？它已經再也讀不出什麼了吧！」
>
> 我說：「妳這是什麼意思，什麼叫再也讀不出什麼了？」「它再也讀不出什麼了！妳喜愛的每

件東西都是！書籍！妳喜愛的每件東西都是！它已經結束了！再也讀不出什麼了！」她像是發了瘋一樣。而我大概是說了：「為什麼妳總是這麼負面？為什麼妳要和我爭論？我根本不想和妳爭論。」我哭了出來，而且大吼。我甚至沒有注意到這件事有多好笑。回想起她說東京再也讀不出什麼了，真的是很好笑。

我在哭，而且做了一件我以前從來沒有做過的事，我終於對她說：「妳知道嗎？我沒辦法了。我不可能和妳一起去吃午餐。我要走了。」

我轉身要走，她抓住我的手臂，她真的是抓住了我的手臂，而且說：「不要離開我。不要把我留在這裡。」我大概是說：「好吧，好吧。」我突然了解到她其實很無助，她真的沒有辦法自己一個人在東京到處走。

她總是表現得像「噢，我來過東京一百次了，我對這裡很熟」。但是，事實卻是她怕獨自一個人被留在那個街口。她說：「我不會回旅館。我不知道要怎麼回旅館。」她住的是一間很大的旅館。要回去根本就不是什麼難事。但是她好像真的、真的很苦惱。她還抓著我的手臂。我說：「好了，沒事了。我們就忘了那件事吧。讓我們忘了那件事。我們可以去吃午餐了。」[22]

第四十一章 災劫的旁觀者

蘇珊在二〇〇一年初和大衛一起回到塞拉耶佛，千禧年時她也在那裡。她說那裡是理想的慶祝地點。二十世紀是在塞拉耶佛拉開序幕的，始於法蘭茲．斐迪南大公在一九一四年遭到暗殺；也在那裡結束，因為一九九二年的圍城。她的朋友、過去的波士尼亞政府發言人塞納達．克雷索說，她在那裡總是比較快樂。克雷索發現她的「心情極好……充滿能量」。他們還一起去了「塞拉耶佛少見的一間好餐廳」。

> 我們笑得像瘋了一樣，狂笑不止，我們大吃，我們醉得一塌糊塗。……那是我和大衛第一次和她談論一些閒聊的話題，像是占星術。我讀過那些書，大衛也讀過，例如琳達．古德曼（Linda Goodman）的《十二星座》（*Star Signs*）和《愛情宮位》（*Love Signs*）。那對她來說像是天啟。帶給她另一個全新的世界。[1]

很快地，她便得知安妮懷孕的事。她二月時在牛津做了一場演講，演講的內容後來被寫成《旁觀他人之痛苦》，她在世時出版的最後一本書。那場演講和接著的那本書，延續了她幾乎所有作品中的論點——有關作家和政治、語言和戰爭、照片和殘酷行為。她在那本書中寫道：「作為他國災劫的旁觀者，是一種典型的現代經驗。」

她也在九月十一日下午當了那個旁觀者——而旁觀的對象卻是她自己的國家。有幾組恐怖分子在那天早上登上了飛機、制伏飛行員，讓飛機瞄準美帝國的心臟衝去。有一架原本要開往華盛頓的飛機上乘客奪回了控制權，最後墜毀在賓夕法尼亞州的原野。另一架飛機則撞毀了五角大廈的一大部分。還有兩架飛機撞上曼哈頓的世界貿易中心，讓這棟曾經是世界上最高樓的建築物有部分坍塌。電視臺當場轉播，人們看到被困在高樓層的人從一百層樓往下跳，因而摔死。上百萬人旁觀了這場悲劇，蘇珊・桑塔格也是其中之一，她當時人在柏林市中心的阿德龍飯店（Hotel Adlon）。

六十年前發生了珍珠港事件，讓美國團結起來對付死亡威脅。而這次則是九一一攻擊事件。不過，人們很快地看出喬治・沃克・布希（George W. Bush）這位支持度不高的總統，利用這次攻擊取得了狹隘的黨派優勢；布希是一八八八年之後，唯一一個以普選少數選票當選的總統。他知道在面對這樣重大的災難攻擊時，大部分美國人會覺得團結在政府背後是愛國者的義務。自從有科學民調之後，這位總統當時竟然曾經短暫地獲得高達百分之九十二的支持率，但是他在結束任期時，堪稱是最不受歡迎的總統。

有好幾週的時間，曼哈頓到處貼滿尋人啟示，仍在悶燒的廢墟也發出駭人的惡臭。一週之後，開始有參議員和新聞媒體的郵箱接到軍事上才會使用的炭疽病毒，最後造成五個人死亡。這些攻擊事件最後沒有找到確定的兇手，但是擴大了災難的氛圍。大家都同意必須做點什麼。而沒有人想到隱喻。

應該說幾乎沒有人。在攻擊發生了兩天後，蘇珊還一直緊盯著阿德龍飯店套房的電視機，她的老朋友，《紐約客》的莎朗．德拉諾，要她為雜誌簡短的寫一些東西。於是蘇珊就寫了以下三段話。

上週二發生了一連串令人毛骨悚然的事實，而一邊還有公眾人物和電視評論員在散播一些自以為是的蠢話、和顯而易見的欺騙，事實和後者的差距讓人不禁覺得吃驚和沮喪。事件之後獲准發出的聲音似乎一起構成了一股運動，把大眾當成小孩子對待。大眾好像不知道這並不是對「文明」或是「自由」、「人道」、「自由世界」的「懦弱」攻擊，這次攻擊的對象是世界上自認的超級大國，而肇因是某些與美國的結盟或行動。有多少國民知道美國還在轟炸伊拉克？如果說這些願意犧牲自己來達到殺人目標的人是「懦弱」的，恐怕用這個字眼來形容那些從高空殺人的人還比較恰當吧——而且他們甚至還不是為了報復。就勇氣的觀點而言（從中立的道德來說，我們都承認勇氣是美德）：不論你認為誰是週二大屠殺的行兇者，他們都不是懦夫。

我們的領導者下定決心要讓我們相信每件事都很好。美國不會害怕。我們的精神不滅，雖然那天注定會在歷史上留下惡名，而且美國現在已經進入戰爭狀態。但是，其實每件事都稱不上安好。這也不是珍珠港事件。我們有一個機器人般的總統，他向我們保證美國依然立於高處。有許多不同的公眾人物，不論是執政或在野，過去對政府的國外政策都持強烈的反對態度，但是現在都顯

> 然不發二話，只說他們團結在布希總統背後。有許多事情需要思考——關於美國的情報和反情報的不當之處、關於美國外交政策的可能選項（尤其是在中東）、關於軍事防禦的明智方案——或許華盛頓及其他地方現在已經在做了。但是他們並沒有告訴大眾要承擔許多現實的負擔。蘇聯共產黨大會裡那種所有人無異議的拍手通過、報喜不報憂的陳詞濫調讓人鄙視。而這些天來，美國政客和媒體評論員不約而同誇誇其談一些偽善、掩蓋實情的辭藻，似乎也配不上成熟民主國家的名號。
>
> 擔任公職的人傳達的訊息是他們認為自己要能夠巧妙的建立信心和管理悲傷。政治，民主政治，原該容許不同的意見、鼓勵大家坦誠相對，但是現在卻被精神療法取代了。我們當然要能夠感到彼此的哀傷。但是不要一起犯傻。一些歷史意識可能有助於我們理解不久之前發生的事、和後續會發生什麼事。我們一再被告知「我們的國家很強大」。而在我看來，這完全不能帶來安慰。誰會懷疑美國很強大呢？但那不是美國應該全心追求的。[2]

這幾段話比她出版過的所有內容都更有煽動性。這些內容可能還有預言性——甚至時間也證明了的確如此。她的頭一句話遭到刪減——她的原文是：「對這群受到震驚的、哀慟的美國人和紐約人而言，似乎從來沒有像面對上週二那一連串令人毛骨悚然的事實那樣，讓他們離承認現實更加遙遠」——編輯的版本讓她覺得原意遭到扭曲。

不管有沒有加上那句話，她的論調就是在批評許多人都錯了，就連她在刊出那篇文章之前就是如此了。大家聽到的第一個反應都是嚇到了。美國學會早就計畫在柏林舉辦一場活動，她原本要在那場活動中朗讀一段《在美國》，但是上百名聽眾希望聽她談談當時那個無法迴避的話題。於是她就朗讀了一段文字，那段內容正如她自己先前承認的，不具備「什麼特別高的水準，不過受到關注，也有說教意味，也或許延伸太廣、言過其實了」。

一名當場聽到的德國記者顯得很震驚。「這個批評的破壞性極大，而且還劍指美國，一定會引起爭論。先前不曾有報紙報導過這種交戰國的怒火。只能看看《紐約客》過幾週會不會把它刊出來。」[3]她朗讀完之後，重新抬起頭來時，底下的聽眾已驚得目瞪口呆。

那篇文章違反了她自己的原則，她在四年前才針對塞拉耶佛的事清楚說過：「若非親身到過那裡的人，都沒有權利主導公眾輿論。」她透過有線電視新聞網CNN在旅館房間裡收看的一堆影像，無法取代在紐約的親身經歷，她對事件的消極反應也的確示範了她的舊日說法。不論再怎麼覺得感同身受，照片永遠無法取代現實。

在她的母國，還有許多人記得她以前作的政治介入，右翼也對她展開了猛烈的攻擊。《新共和》的一篇文章開了第一槍，那篇文章叫〈奧薩瑪·賓拉登、薩達姆·海珊和蘇珊·桑塔格的共通點是什麼？〉（What do Osama bin Laden, Saddam Hussein, and Susan Sontag have in common?）。雷根傳統基金會（Reaganite Heritage Foundation）的一名發言人說：「受人尊敬的知識界不應該再容許蘇珊·桑塔格的發言。」[4]《紐約郵報》的一名專欄作家也說：「我想要赤腳走過布魯克林大橋上的碎玻璃，一直走到那個卑劣的女人家裡，掐住她的脖子，把她拽到原爆點，逼她把那些話也對消防隊員說一遍。」[5]

自己人的火力更具有殺傷力。她還讓大衛．瑞夫感到氣憤。她在文章出版的一週後寫道：「其實我不太喜歡我替《紐約客》寫的那篇文章，那是我匆忙完成的」，希望藉此平復大衛的不悅。「寫的時候我就覺得有點太粗糙了。現在我覺得還有更多缺點。我的確是要譴責美國人一再重複一些討好和恫嚇的說法。但是我也應該針對恐怖主義發表一點意見——你的幾封信裡都有對我強調這件事了。……」他依然沒有放過她。「我一直在想你提出來的事。我的文章充滿了仇恨嗎？我寧可認為是它寫得不太聰明。我開始覺得人們——也包括我——之所以會採取一些讓你痛恨和看不起的立場，是因為他們對布希的怒火：美國竟然要由這一群人帶領。」[6]

大衛還是無法釋然。她也漸漸因為他的堅持而感到不快，但是還在為自己辯解。

我再說一次我的文章。我是上個禮拜四寫的。我那時候人在柏林。那些用詞是我從CNN聽到的。莎朗要我寫點東西，我就答應了。你說那是「莎朗強加給我的觀點」。拜託。……我的失誤我自己會承擔。[7]

她在《在美國》裡寫下「絕不承認意外錯誤」。她絕少這麼做，只有對大衛是例外。現在她對大衛一再讓步，想要讓這個唯一會嚴厲斥責她的人重新贊同她：在她與其他人的互動中，極少見到「我的失誤」這種字眼。

不過說到她寫的這篇評論的實質內容，其實她可不是什麼傻子。武力外交政策是當時的主流，反對她的運動等於在針對所有質疑武力外交政策的人。白宮新聞秘書阿里・弗萊斯徹（Ari Fleischer）在九月二十六日警告人們要「注意他們說的話，注意他們所做的事」。喜劇演員比爾・馬厄（Bill Maher）也與桑塔格說了同樣的話——恐怖分子並不是懦夫——並因此而飽受責難。他說：「在飛機撞上大樓時，留在飛機裡、說出你想要達成的目標，那並不怯懦。」這番評論使他的廣告客戶驟減，他的節目也在一季結束後就被停播了。

葛倫・葛林華德（Glenn Greenwald）是對布希政府堅不讓步的批評者之一，他認為在情緒反應被強化成唯一正解之前，應該作出反應。他認為很重要的是要說出以下這些話：「我們應該停止用無人機襲擊對方和殺人，理由是這樣就不會有人因為報復而想要攻擊我們。如果你是桑塔格，你看到這些人都用九一一事件將軍國主義合理化，還要求擴大軍國主義和帝國統治，那的確就是你該跳出來阻止的時候了。」

葛林華德認為桑塔格指出了美國的行動和恐怖主義之間的關聯，她這個論點也是正確的。

大部分美國人都以為美國只是在意自己的世界事務，是這些該死的極端宗教狂熱者有一天，不知道出於什麼理由，就攻其不備、突然決定要突襲我們，對吧？就只是因為他們充滿仇恨，亂七八糟的像瘋子一樣。我覺得如果你像桑塔格一樣，數十年間都在說美國才是世界上極端暴力和侵略的根源，你就有十足的理由將美國的行動和恐怖主義這兩件事連結在一起。[8]

如果換了一個總統，可能會證明桑塔格是錯的。但是喬治．沃克．布希不是那個總統，他很快地讓美國陷入越戰以來最嚴重的外交政策災難。但是，就算證明了桑塔格的分析沒有錯，大衛和其他批評她的人還是說得有道理。她的分析背後缺乏同理心，因此破壞了她自己的關係，也讓她的許多政治觀察顯得不值一提。布倫達．肖內西就曾經被她嚇到。

> 九一一事件發生時，她說過最驚人的一件事讓我到現在都還記憶猶新。她說：「那些餐廳員工啊！那些餐廳員工！我不在乎銀行家。我不在乎企業執行長。我不在乎那些金融界的人。那些餐廳員工！」我的感覺是：「等一下，妳說妳不在乎其他人？」九一一事件還能扯到這些政治的事真是太奇怪了。[9]

九一一事件發生時，懷有八個月身孕的安妮．萊博維茨正在醫院診間傾聽嬰兒的心跳聲。她說：「在我回公寓的路上，我從窗戶向外望，雙塔已經不見了。只剩下煙霧瀰漫。我真不敢相信我沒有抓起照相機跑回現址，但是我必須考慮肚子裡的孩子。」[10]蘇珊在幾天之後就回到紐約了，她們一起去了現

在被稱為「原爆點」（Ground Zero）的現址，安妮罩了一件很大的外套，掩飾她的孕肚。

阿根廷作家路易莎・瓦倫祖拉曾經在這裡住了「長達十年」，為了表示她與這個城市站在一起，便在九月底前來紐約。在十月二日，就在安妮的生日之前，蘇珊邀請她到安妮位於萊茵貝克的鄉間宅邸。瓦倫祖拉說：「安妮把朋友、同事和助理聚在一起，一邊向生命致敬，也邀請他們一同相信這個世界仍然值得孩子降生。」蘇珊戴了一頂帽子，上面印有紐約消防局的標誌，她還提議唸「瑞普・凡・溫克爾」（Rip van Winkle）的故事*，因為那個故事的背景就在萊茵貝克附近。「那天傍晚聽到的朗讀具有一股魔力，蘇珊後來還邀我去她在安妮地產上的小房子。我們在那裡看著屋外的池塘，她告訴我她有多麼快樂、她對於小孩即將降生有多麼開心。她告訴我：『我會像她的祖母一樣。』」[11]在二〇〇一年十月十六日，蘇珊剪斷了莎拉・卡麥隆・萊博維茨（Sarah Cameron Leibovitz）的臍帶。安妮說：「當他們把莎拉推進來我的病房、讓我單獨和她在一起時，其實我超乎想像地害怕。」[12]

蘇珊也是如此。她對於被遺棄的恐懼沒過多久就浮出表面。《時尚》雜誌的編輯和安娜・溫圖（Anna Wintour）——安妮在「康泰納仕」名義上的老闆——也來參加莎拉出生的慶祝派對，而且與蘇珊搭乘同一臺電梯。邁克爾・西爾瓦布拉特說安妮對溫圖的歡迎顯得有點太過熱情。

蘇珊說：「我算誰啊，跑龍套的吧？」我不敢相信蘇珊會說出這種芭芭拉・史翠珊的臺詞。不過

---

* 譯者註：該書或譯為《李伯大夢》，其英文書名就是主角瑞普・凡・溫克爾的名字。

她就是想要站在安妮旁邊，不要受到忽略或是被排擠到一旁，尤其是不要被安娜·溫圖。我覺得蘇珊當時在想：嗯，妳現在是不能忽略安娜·溫圖，但是妳也不能夠忽視我。她像是在上演歌劇的一幕，她的愛人正在迎接攝政王，因此忽略了自己真正心之所繫的悲情對象。[13]

萊博維茨漠然的說：「我想她就是要我屬於她。」

——

安妮在二〇〇二年初搬離倫敦街。她在西村買了兩間相鄰的連棟房屋，重新裝修後，準備供給她一家人居住。蘇珊在五月時寫信給路易莎·瓦倫祖拉，信上說：「出於一些我難以揣測的理由，安妮的新生活中當真沒有我的位置，或者說她只是讓我有時候可以去她的公寓拜訪，但是那裡當然一定還有其他的很多人。」對於有其他人爭奪安妮的注意力，她顯然感到很氣憤；但是蘇珊還是很節制：「她漸漸變得比較殘酷又專橫，我告訴自己不該想要接近這樣的人。」[14]

蘇珊在一九六二年寫下：「在西方，這種對愛的宗教式狂熱是受苦的宗教式狂熱的其中一面——受苦是嚴肅且至高無上的象徵（十字架的典範）」。[15]這是她過去的經驗，現在也還是這樣：她總是在愛情中受苦。她寫給一個朋友的信中說：「我從地獄走過一回了。」

曾經充滿希望、或者說輕信、或者帶著自虐，我被趕出來了，我們（在電話裡）展開一場對話，不到一分鐘，我就聽到她粗魯、惡毒、當真很愚笨地尖叫著指責我；然後就掛了我的電話。如果不是這麼痛，那件事其實還挺好笑的。換句話說，我被炒魷魚了，雖然安妮不是這麼看的。（安妮能夠理解的關係，就只有她與員工和親戚的關係。）[16]

到了下個月，蘇珊寫給彼得．佩羅內的信裡提到珍（Jane）是「地獄來的保姆」——她是一名英國女性，蘇珊誤以為安妮和她有染。

至於安妮，嗯，她離開了……心理上、身體上都是。她唯一想的，就是把珍找回來。……而同時，珍整個夏天都和尼亞科斯一家人在他們的希臘島上度過，九月才會回來——安妮從來沒有聽過尼亞科斯。搬家則預定在十一月進行。所以，之後呢？之後珍就可以照顧安妮、帶她到處看看，讓她感受到安全感。

安妮還是姿態不變：「我被告知如果我想搬去那裡，我會獨立的自己住在一層。」[17]

——

安妮的開銷總是讓人敬畏，她周圍的某些人也覺得她對錢的態度反映出她對現實整體而言有一種抗拒。她的助理克里斯蒂安・威特金覺得從她的拍照就可以看出來，他說：「她毫無頭緒。她會對我們提出一些荒唐的要求，讓我們——例如——泡在大西洋裡，讓水淹到膝蓋。她希望水裡有些光線，但是我們當然不會冒著生命危險滿足她的要求。她似乎沒有這類常識。」[18]

但是，毫無頭緒也有它的用處。就像蘇珊也不理會規則，這樣才能展示她的實力。威特金說：「她〔安妮〕是令人望而生畏的女性。她會愚弄你。她對於要怎麼擺放正確的照明沒什麼概念，但是她在心理層面非常聰明。有心機的聰明。」她也和蘇珊一樣，有時候會顯得過度慷慨，而嚇你一跳。她會在開幕式「或是在員工的聖誕節晚會上，突然變成全世界最好的人。她會送勞力士手錶和禮物給你，讓你愛死她。她好像是一個隨時可以控制的開關」。

她也知道這樣揮霍的花費會讓人印象深刻，她甚至對別人的錢還更隨便。蘇珊的助理奧利弗・斯特蘭德說在莎拉出生後，安妮得去歐洲進行拍攝，她想要搭協和號客機，她還為保姆和女兒買了回程的協和號客機：「但是當然接下來就改機票了。」

> 只算孩子搭飛機過來的錢，低價位的票是一萬元。高價位的票則是三萬五千元或四萬元。這類事情每年都會有個幾次。[19]

但是就連安妮也有極限，她的財務狀況面臨惡化，因為過度奢侈，再加上沒有人給她好的財務建議。二〇〇二年十月十一日，丹．凱倫姆（Dan Kellum）正在忙於籌備莎拉．萊博維茨的一歲生日派對。其中包括「一次可以讓兒童觸摸和餵食小動物的可愛動物園之旅，還邀請了爵士音樂家兼兒童歌手丹．扎因斯（Dan Zanes）和鄉村歌手羅珊．凱許（Rosanne Cash）來表演，凱許還是專程飛來唱莎拉最愛的搖籃曲」。凱倫姆在準備這些慶祝活動的時候，接到一通語氣很驚慌的電話。那兩幢十九世紀的連棟房屋有一個下層地下室，僅五英尺高；安妮決定要挖穿地基，變成完整的一層樓。在挖掘的過程中，她與隔壁房子共用的牆面發出吱吱嘎嘎的聲響，還下沉了幾英寸。《紐約》雜誌的報導說：「牆面與地板分開，出現了一個洞」。大部分損失都由保險支付了，但是保險不支付鄰居的房屋損壞。鄰居提出了訴訟，雙方在二〇〇三年達成協議，安妮決定以一百八十七萬美元買下鄰居的房子。[20]這兩棟房子的複合建築物加進第三棟房子之後，又變得更龐大了，而且她還花了費用進行整修和重建。

為了幫助安妮逐漸惡化的財政，蘇珊用她的公寓——那棟公寓的錢大部分也是安妮付的——設了第二順位抵押權，然後借了她一些錢：蘇珊的會計師說大概有三十萬美元。[21]

—

UCLA在二〇〇二年一月宣布他們取得桑塔格的所有檔案。她說：「我很高興我的檔案將要去UCLA，這也將重建我與南加州的舊連結。」[22]該筆交易也包括她的藏書，其中約有兩萬本書。收購的價格為一百一十萬美元，這足夠讓桑塔格替大衛在曼哈頓下城的翠貝卡（Tribeca）買一間很大的整層公寓。不過，雖然她在新聞稿中表達了喜悅，但是私底下她其實不是這麼想的，看到她的文件準備被送走，讓她很受不了。莎朗・德拉諾說：「那在心理上是一件很困難的事，她這麼做，是為了幫大衛得到那間公寓。」[23]凱倫・穆里根（Karen Mulligan）在安妮的攝影室工作，當時也有幫忙準備那些檔案，他說：「她真的很心煩意亂。其實她根本不想那麼做。」[24]

閔達・雷・阿米蘭說她買下那間公寓之後，「花了大筆的錢，然而比起她花在裝修上的時間，那筆錢甚至還算不了什麼。甚至連她買的門把，都要先經過他確定是他想要的」。蘇珊下了不尋常的決心想要讓大衛感到開心，這點讓奧利弗・斯特蘭德印象深刻：「她只有在那時候才顯得不理性，還有一點攻擊性，而且略顯傲慢和浮誇。」大衛讓她感到害怕。安妮・萊博維茨說：「她有好幾次都叫他是惡霸。」有一次，那時莎拉還沒有出生，在大衛走出去之後，蘇珊轉向安妮。跟她說：「等妳有小孩之後就知道了。」[25]

第四十二章　無法理解，不能想像

美國在二〇〇三年三月對伊拉克發動攻擊。要等全世界看清這件蠢事的全貌，還需要一些時間，那時候才會有更多人站出來說他們反對這場侵略，但是在事發的時間點卻不是那樣的。許多重要的自由主義者還是對參議院的侵略決議投下贊成票；希拉蕊．柯林頓在二〇〇八年表態支持，這成為她在民主黨的總統提名中敗給巴拉克．歐巴馬（Barack Obama）的主要原因，因為歐巴馬反對戰爭。

在那時候，這類反對立場需要一點勇氣。不過，後來證明了桑塔格對過激的愛國主義語言提出警告，的確有先見之明，當戰爭的前奏發生時，我們已經看到驚恐的平民百姓不斷遭到壞隱喻那像是流彈一樣地掃射。布希的國家安全顧問康朵麗莎．萊斯（Condoleezza Rice）說伊拉克擁有大量的毀滅性武器，她用這種欺騙的手法說服了大家，她說：「我們總不希望等看到蕈狀雲時，才得到實際的證明。」英國有一份「狡詐檔案」（dodgy dossier）也顯示伊拉克偷藏了被禁止的武器，照一名英國官員的說法，那些武器「絕對精彩」。伊拉克其實和九一一攻擊事件完全無關，所以必須建構起某種連結——才能消費它。在被問到為什麼政府要等到二〇〇二年九月才推動案子時，布希的幕僚長率直地承認：「從行銷的觀點來看，你不會選在八月引進新產品。」[1]

對九一一狂熱的支持性語言紛紛出籠。在越戰時規避了兵役的小布希總統，現在被宣傳成尚武、有男子氣概的人，只有他能夠阻止美國陷入末日戰爭。他的反對者都被嘲笑成「優先怪美國」俱樂部（Blame America First Club）的會員。這個用語被套用到各式各樣的人身上，包括鄉村樂團「狄克西女子合唱團」（Dixie Chicks）、法國政府和蘇珊．桑塔格。甚至連美國眾議院的自助餐廳，菜單上的「炸薯條」（French fries）都改成了「自由薯條」（freedom fries），可見相關修辭一直在刷新低點。在世界貿易中心剛倒下的兩天後，像桑塔格這樣子指責沙文主義顯得並不合適，直到有數十萬人——有些統計還認為超過一百萬人——在伊拉克的煉獄中遭到殺害之後，她的反對才顯得有先見之明。

——

在侵略行動的一個月之前，桑塔格才剛出版她認為應該如何看待和譴責戰爭的最後一本反思之作。《旁觀他人之痛苦》於二〇〇三年二月面世，那是她七十歲生日的一個月後，也是入侵伊拉克的一個月之前。

她一開始就引用了維吉尼亞．吳爾芙對於戰爭那「勇敢而不太受歡迎的」反思，那是在第二次世界大戰爆發不久之前出版的。在「反恐戰爭」——其實那就代表了永久戰爭——的年代，沒有戰爭的世界好像很離奇。但是在第一次世界大戰之後並不是這樣的。桑塔格還記得一九二八年的《非戰公約》（Kellogg-Briand Pact）要求十五個具領導地位的國家，包括美國、法國、英國、德國、義大利和日本，共同宣布「放棄以戰爭作為執行國策的手段」。[2]這份放棄聲明很快就被人遺忘了。夢想世界沒有戰爭的想法已死，因此，要如何解讀暴力的圖像就成為當務之急。國民應該知道他們是怎麼被操縱的——被誰，又是為了什麼目的。

許多新聞記者成為宣傳伊拉克戰爭的幫凶，他們有時候是出於輕信，但通常則是經過計畫。如果讀者不試著理解他們傳播的圖像，就會直接接受政治人物和宣傳單位下的標題，她寫道：「所有的照片都靜候被文字解釋成扭曲。在最近一輪的巴爾幹戰爭初期，塞爾維亞及克羅埃西亞雙方竟用同一批照片——某個遭轟炸村落的童屍照片——各自進行宣傳講解。」[3]

戰爭加上資本主義後期的行銷機制，使得詮釋圖像變得空前困難。戰爭影像漸漸接替了戰爭本身，就像是布希的幕僚長所說的，現在它成了一個消費品。越南戰爭是「第一場由電視攝影機逐日見證的戰爭」，它「在家庭生活與死亡和毀滅之間，建立了一種面對面的、既近猶遠的新關係」。在現在這個二十四小時播放有線新聞的年代，透過電視播放的戰爭經過安排之後，成了最大程度的娛樂。它刺激了戰爭出現，又讓它們繼續延燒；圖像大大贏過了現實，所以人們愈來愈像只是用著隱喻在看：他們看的只是真實事件的再現。這也就是為什麼「世界貿易中心在二〇〇一年九月十一日遭到攻擊之後，許多在災難現場附近親眼目睹甚或死裡逃生之人，都形容那經驗『不真實』、『超現實』、『像一部電影』」。[4]

菲利士・畢亞托（Felice Beato）是十九世紀「最早涉足多個戰場的攝影記者」。[5]賴瑞・布羅（Larry Burrows）是在越南「第一位以彩色照片紀錄一整場戰爭的重要攝影家」。[6]他們用了從視覺奇觀和娛樂領域中借來的動詞；桑塔格還收集了一份造假的戰爭照片清單，讓人大開眼界。例如海軍陸戰隊在硫磺島升起美國國旗的照片，是由一名「美聯社的攝影記者」「重新排演」的。蘇聯士兵在烽火漫天的柏林國會大廈（Reichstag）升起紅旗，這個景象也是「專為攝影機編排的畫面」。[7]知道這些照片是假的，有損它們的權威性。「一直要到越戰時代，我們才可以肯定沒有任何一張名照是裝設出來的。這點相當重要，令這些影像具備了一份道德權威。」[8]

在這段歷史演進中，照片愈來愈趨近它要顯示的事物；藝術家讓他們的隱喻漸漸靠近那些「再現」要象徵的事物和事件，而且一再重申那些照片的道德權威。桑塔格在追溯這個系譜時，一路從戈雅（Goya）的《戰爭的災難》（*Desastres de la guerra*）到杜斯妥也夫斯基，再到與她同時代的記者和攝影師，他們都高舉著真實的照片對抗偽造的圖片，並冒著生命危險傳達一些照片，好讓它們能夠轉化成行動。

愈來愈忠於真實，使得《旁觀他人之痛苦》較《論攝影》顯得更為樂觀。她在波士尼亞看到了見證者們是多麼努力地把照片帶回來。她寫道：「報導塞拉耶佛的大部分資深記者並不中立。」[9]製造照片不只是為了滿足偷窺狂或宣傳。這個發現讓她必須與兩種看法爭論，而她承認讓那兩種想法得以普及的正是她自己。

第一種看法是：公眾的注視是由「傳媒」——即最具決定性的由照片——所引導。……第二個看法似乎是前述觀點的反面。那是說，於一個照片飽和的，不，該說是超飽和的世界，我們應當關注之事對我們的撞擊愈來愈少：我們已經麻木不仁。……在輯錄了六篇文章的《論攝影》

（一九七七年）的啟卷文中，我曾提出：一樁藉由照片而為世人知曉的事件當然比匱乏照片的事件更形真實，然而在反覆不斷的曝光之後，事件又會變得沒那麼真實。我還寫下：照片於撩動憐憫之情的同時，亦令其枯萎。真的嗎？在我寫下這些思緒那時，我確實這樣想。但今天我卻不那麼肯定了。[10]

她還與自己以前的看法爭執——那時她認為一直增生的照片會侵蝕它們的道德權威。

自從《論攝影》後，許多評論家曾說：戰爭的殘酷——感謝電視——已變成每晚客廳裡的平淡家常。……然而這類言論是在要求些什麼呢？把血淋淋的影像削減配額——例如，每星期一次——就能夠維護其振聾發聵的威力嗎？或更廣泛地說，就能達到如同我在《論攝影》中提出的「影像的生態平衡」（ecology of images）嗎？這世界不會出現影像的生態平衡。也不會有監督委員會配給驚怖，以令我們更易駭愕。而人間獸行也不會停止。[11]

波士尼亞和伊拉克證明了我們需要去看，那攸關生死。但是怎麼辦到呢？隱喻——影像、照片、曾經很遙遠的那些事——能夠「恢復我們的感官能力」嗎？能夠教會我們「看更多，聽更多，感覺更多」嗎？

相較於其他人，這些問題終身縈繞在桑塔格的心頭。或許因為她不是自然會讓人覺得需要同情的對象，所以才能提出這些問題；可以正常聽到的人，極少會想像一個聾人如何聽。她的殘疾和她想要克服的渴望，讓她能夠對其他人視為理所當然的現象提出反省，她自己的論點也豐富了她的反思。

但是她的殘疾卻有一個諷刺的結果，就是她反而看不到其他人看得到的東西。這樣的缺陷讓《旁觀他人之痛苦》在作出結論時，就像是一個聾人只因為自己聽不到，就拒絕承認音樂的存在。

〔其他人〕無法理解。不能想像。這是穿越戰火、身畔不遠的人橫遭不測、他們卻僥倖逃過厄運的每個士兵、每名記者、每位支援人士及獨立觀察者永遠揮之不去的持續感受。而他們是對的！[12]

這是這本書的最後幾句話，它們看起來也很合理。但是要多讀幾遍之後，才能感受到弦外之意。如果沒有第一手的經驗就無法了解或想像任何事，那麼又何必要將經驗再現呢？拼命想透過自身見證什麼的人，豈不是就只是白白折磨自己了？這段話重複了《在美國》對婚姻的概念——「可以合法地要求一個人『見你所見』。完全『見你所見』」。也呼應了她對安妮的要求：「妳站得偏左一點或偏右一點都不行。妳就是得剛好站在她剛才站的那個位置。」

這其實和杜斯妥也夫斯基的小說、或是戈雅的蝕刻版畫透露的隱喻概念完全相反。如果這幾位藝術家依照桑塔格的準則思考，那麼他們的作品根本就不可能出現。如果任何再現的方式，都無法為身處塞拉耶佛的人和閱讀塞拉耶佛故事的人搭起橋樑、填平兩者的鴻溝，那麼又何必要寫下塞拉耶佛的事情呢？藝術再現的重點不是要讓讀者的經驗和藝術家的經驗完全一樣。再現的重點是要讓讀者或觀眾可以進入另一個人的經歷。我們其實有能力想像。我們有能力理解。

否則，那就是說黑人絕對不可能了解白人、男人不可能了解女人，中國人也不可能了解波士尼亞人：根本沒有人可能了解另一個人。如果要想像另外一個人的生活，並不需要變成那一個人、或是與其他人有一模一樣的經驗——這也就是為什麼隱喻的基礎是在同理心。藝術和隱喻不會讓其他人的經驗變得全然相同。它們只是讓其他人的經驗變得可以想像。

——

蘇珊在整個二〇〇三年收穫了許多榮耀和獎項。她在四月前往哥倫比亞的波哥大（Bogotá）參加書展。她的助理奧利弗・斯特蘭德說：「的確有些人跟她說那當真不是什麼好主意，其中也包括安德魯・威利。」——那是她的代理人。畢竟那時候的哥倫比亞還很危險。然而她說：「我覺得我們應該去。」她的西班牙文編輯胡安・克魯茲（Juan Cruz）也與她同行。

但是他們抵達之後不久，在智利出生的斯特蘭德就發現他們誤會了一件事。蘇珊以為西班牙文的

「會談」（*conferencia*）就等於英文的「會談」（conference），所以她沒有準備演講；但是西班牙文中的那個字其實有「演講」的意思。她還以為只是要接受採訪。「我在記者會的中段發現了那件事，於是我趕快告訴她，那時候大概是晚上十點吧。」斯特蘭德知道她對寫作總是要掙扎許久，所以還以為她會很苦惱，但是她卻顯得臨危不亂。她在隔天早上告訴斯特蘭德：「我會去，而且我會對賈西亞・馬奎斯支持卡斯楚處決知識分子提出譴責。」[13]

這可不是什麼微不足道的挑釁。諾貝爾獎得主加布列・賈西亞・馬奎斯是哥倫比亞的象徵人物，也是全世代最著名的作家之一——但是他一直替卡斯楚辯護，因此也變得惡名昭彰。或許在六〇年代的確有許多拉丁美洲的作家對古巴革命寄予厚望，但是在經過半個世紀的政治鎮壓和人為造成的貧窮之後，已經讓卡斯楚在知識分子之間沒有幾個支持者了。馬奎斯是少數例外，但卻是個重要人物，他讓那個獨裁者可以擺出一副與莽夫有別的嘴臉。

就在蘇珊去波哥大之前，古巴政權在三月舉辦了一次例行性的公開審訊，有七十八名異議分子被判刑入監，刑期分別為十二年至二十七年不等，罪名甚至還包括「持有索尼（Sony）錄音機」。不久之後，卡斯楚又將三個試圖搭乘一艘小船潛逃至美國的人判處死刑。[14]這些舉動受到全世界的譴責。桑塔格在一場演講中，對著一千名聽眾（還有三百個人在場外候補）說：

我知道加布列・賈西亞・馬奎斯很受人尊敬，也有很多人讀過他的書。他是這個國家偉大的作家，我也很仰慕他，但是他沒有對古巴政權最近的作為表達反對之意，這是不可原諒的。[15]

哥倫比亞聽眾並沒有生氣，他們也對這位大人物的支吾其詞感到困窘，因此對這段話報以熱烈的起立鼓掌。這樣的反應迫使賈西亞・馬奎斯作出回應。他告訴哥倫比亞的報紙《時代報》（*El Tiempo*）：「過去二十多年來，我自己都數不清楚曾經幫助過多少囚犯、異議分子和謀反者，我協助他們離開監獄或是離開古巴，只是沒有聲張而已。」蘇珊立刻還擊：「所以這個政權值得你替它辯護嗎？你替一個要幫助別人逃離它的政權辯護？」[16]

在書展結束之後，蘇珊、斯特蘭德和克魯茲轉往卡塔赫納（Cartagena de Indias）。那場辯論讓她打起了精神，就連在這個悠閒的海灘城市都還維持著一絲不苟的日程安排。克魯茲寫道她在旅館的游泳池「一直游、一直游、一直游到沒了感覺」。她還不顧加勒比海的酷熱，一刻也不得閒地到處探索文化、音樂和藝術，「要達到人類馬拉松的極限」。

——

在莎拉出生之後不到兩年，安妮・萊博維茨就不顧一切地決定要再生幾個孩子。雖然已屆高齡——她在二〇〇三年就已經五十四歲了——她在莎拉出生之後還又打算再懷孕兩次。兩次懷孕的結果都流產了。她被迫接受自己不可能再有孩子這個事實，轉向尋找代孕，她借用了蘇珊的幫助寫信給某些女性，希望她們能幫她。她在信中解釋了何以她決定推遲生育，蘇珊用安妮的語氣寫道：「我曾經有過精彩而美妙的經歷，而我現在知道能夠做自己喜歡的事，並因此而讓自己過上好的生活，是一件多麼不可置信的幸事。」

> 人們都說——嗯，這樣說有點像是在自誇——像我這種人，就算只剩下一件衣服，也會把它給需要的人。我覺得我的確可以大言不慚的說：慷慨是我最重要的特徵之一。我喜愛幫助別人。還有什麼呢？我想我也很重感情。我喜愛人群，尤其是孩子。我很愛哭。但是我也很強韌。在非常時刻，我是個好人。
>
> 家庭對我來說就是一切。當我們聚在一起慶祝猶太人的節日，那是我特別鍾愛的一個時刻。我對傳統和宗教價值有強烈的信仰。從一開始養育莎拉，我就十分遵奉宗教的價值。[17]

雖然蘇珊筆下描述了安妮的慷慨與強韌，而且信中也透露出她顯然支持安妮想要有更多孩子的想法，但是她們的關係並沒有得到改善。莎朗．德拉諾在九月底催促蘇珊要斬斷這種束縛，蘇珊也的確為此而苦惱。

> 天哪，妳是**蘇珊．桑塔格**。……我知道妳對於現在與安妮的關係並不是毫無罪惡感。妳的不耐煩和吹毛求疵已經藏不住了。不過，難道人不會繼續前進嗎？會啊，還是會的。**妳到底在做什麼？**[18]

莎朗寄出這封電子郵件之後過了五天，十月三日時，公布諾貝爾文學獎獎的得主是柯慈（J. M. Coetzee）。蘇珊的法國出版商多米尼克・布爾古斯（Dominique Bourgois）說這個消息讓蘇珊非常沮喪。[19]這表示在未來可見的幾年內，這個獎很可能不會再頒給另一個用英語寫作的作家了，時年七十歲的蘇珊也了解她大概無法達成這個從小立定的目標了。不過，幾天之後，她就在法蘭克福獲得了另一個享有盛名的獎項，德國書商和平獎（Peace Prize of the German Book Trade）。當時的美國大使是丹・科茨（Dan Coats），他原本是印第安納州的參議員，沒有什麼特別的事蹟，但科茨認為蘇珊具有反美主義，因而拒絕出席頒獎典禮以對此事表達抗議，展現了對蘇珊的怠慢。其實她獲頒這個獎也至少有部分是因為她反對伊拉克戰爭，那的確是德國政府所反對的。

桑塔格代表了在「自由薯條」的美國還有另一種選擇，她在演講中也大致承認了這點。

> 對歐洲、對某些歐洲國家表示憤怒和輕視的言論，現時在美國的政治辭令中是極為盛行的；而在這裡，至少在這大陸西邊的富國中，反美情緒則比任何時候都更普遍、更聽得見、更激烈。[20]

她分析了這種對立，尤其是會對美國造成的誤解：「美國是一個保守性使歐洲人覺得難以理喻的國家」，但它又「是激進的，甚至是革命的，而這同樣使歐洲人覺得難以理喻」。[21]作為隱喻的大陸或許會引來危險的誤解，但是它也一樣會激起夢想：歐洲人嚮往美國；美國人則嚮往歐洲。

美國人之中，就有一名在「文化沙漠」南亞利桑那州長大的女孩蘇珊，她透過了一位名叫斯塔基的老師發現了德國文學。「幾年之後，我到洛杉磯上高中，我在一本德國小說中發現了整個歐洲。《魔山》絕對是我人生中最重要的一本書。……」

她接著談到了弗里茨·阿諾爾德（Fritz Arnold）——他後來成為她的德文編輯——他在戰時成了階下囚，沿著桑塔格家前面的那條路可以一直通到北亞利桑那州，他就被關在那裡。

> 弗里茨告訴我，使他能夠在亞利桑那州的戰俘營撐過將近三年戰俘生涯的，是他獲准看書：他用這幾年時間閱讀和重讀英國和美國經典。而我告訴他，當我在亞利桑那州作學童、等待成長、等待逃入更廣大的現實時，使我得救的，是看書，看翻譯書和用英語寫的書。
>
> 接觸文學，接觸世界文學，不啻是逃出民族虛榮心的監獄、市儈的監獄、強迫性的地方主義的監獄、愚蠢的學校教育的監獄、不完美的命運和壞運氣的監獄。文學是進入一種更廣大的生活的護照，也即進入自由地帶的護照。
>
> 文學就是自由。尤其是在一個閱讀的價值和內向的價值都受到嚴重挑戰的時代，文學**就是**自由。[22]

桑塔格在孩提時曾經向世界主義的傳統宣示，而這是一篇感人的、向世界主義傳統道別的演說——

雖然當時她自己還不知道。

——

幾個月之後，在二〇〇四年三月，她應納丁．戈迪默之邀前往南非。他們已經不再就以色列之事起爭執。蘇珊甚至在《旁觀他人之痛苦》一書中，用了最爆炸性的南非詞彙形容以色列——她以前從來沒有把這個詞用在耶路撒冷：「以種族隔離政策毫不留情地管轄著自一九六七年以來攻占的土地。」[23]

當南非金山大學（University of the Witwatersrand）要以戈迪默的名義舉辦年度演講時，她建議邀請蘇珊為首席講者。她說：「我一直希望蘇珊能夠來南非。不論蘇珊在哪裡，牆似乎都會擴大。」蘇珊在她的陪同下穿插了一些觀光行程，戈迪默說：「她不太舒服，但是她絕不饒過自己，也不饒過別人！」

戈迪默想要帶她去野生動物保護區，但是蘇珊聲稱她對自然沒有興趣。「我有興趣的是人。」但是戈迪默很堅持：「妳已經看到很多人了，我絕對不能讓妳來到非洲，卻只看到人類這一種動物。」蘇珊出於對戈迪默的喜愛，還是接受了這個安排。

我帶她去了一個很棒的野生動物保護區，但是那天有點毛毛雨，這讓我很煩躁。當時是三月，有一半時間都在下雨。她倒是毫不在乎。雨滴就落在她的一頭亂髮上，而她——一開始，她倒是很愛那裡的鄉間，很高興可以看到周遭的有刺植物和開闊的視野。……後來我們看到了一些動物，尤其是長頸鹿、大象——小一點的動物就看不見了，因為雨一直在下——她對牠們的威嚴、鎮定、牠們的一切都留下極深刻的印象。……接下來她說了一些話——我也真的很希望能夠實現。她說：「嗯，對啊，我希望能夠再來一次。我想要回來、坐在這裡」，因為這裡很像旅館的一部分——你可以去那裡——會有人餵你食物，有人照顧你。而且她說：「這就是我遠離紐約、巴黎、遠離任何地方所需要的，我想要來這裡，在這裡完成我的書。」……這當然很棒不是嗎——同時我又覺得她自相矛盾、還出爾反爾，我還會拿這件事來笑她。除了人類這種動物之外，我不想看其他東西，然而接著——她就愛上了這個地方和這些動物。[24]

——

她想要回去寫完她的書，這個想法顯得格外酸楚，因為當她去南非時，已經知道——或是至少強烈懷疑——她生病了。在那趟行程的幾週之前，她去聖塔菲履行一個演講邀約。邁克爾·西爾瓦布拉特準備要在那裡介紹和訪談她。在他們認識的十二年間，桑塔格和西爾瓦布拉特成了熱情擁抱彼此的朋友。他說：「她的感情豐富。她會抱持、接觸和感受到強烈的情感需求。」[25]

西爾瓦布拉特是少數幾個得到她信任、能夠碰觸她的人。彼得·佩羅內可以說明這對她來說有多麼困難。因為有一次他帶她去看醫師，想用針灸療法幫助她戒菸；彼得早已跟在她後面講了好多年，最後才終於讓她答應一試。一位年長的華人針灸醫師向蘇珊解釋整個流程，並且告訴她當針刺下去時，病人通常沒有什麼感覺。但是她隨之開始扭動身體，並且放聲尖叫，而那時候醫生甚至還沒有碰到她。他問她說：「妳還好嗎？」她回答：「你繼續，你繼續。」他又再試了一次，結果還是一樣。這讓醫生覺得很惱火，最後終於決定告訴她根本不可行。她對彼得說：「我們還是去吃港式點心好了。」[26]

蘇珊和邁克爾在聖塔菲時去了一家名為萬波（Ten Thousand Waves）的按摩中心。蘇珊說她這輩子還沒有按摩過。她告訴他：她的母親「總是像豬一樣享樂。她希望自己儘量不要變得像她母親那樣」。他們訂了一間雙人房。西爾瓦布拉特知道接下來勢必發生一些她極少會做的親密接觸。他說：「我知道她想要看看自己能不能夠讓我看她切除乳房後的傷口、那些傷疤。她對於與其他人裸裎相對有極大的恐懼。我當然很受震撼，十分感動也受到驚嚇。」

更嚇人的事還在後面。按摩時施加的壓力在她身上留下瘀青的印子——西爾瓦布拉特說：「這時候她才知道自己患了這種很麻煩的白血病。」

第四十三章　唯一真實之物

大衛從巴勒斯坦做完報導回家的路上，在三月二十八日從希斯洛（Heathrow）機場打了一通電話。蘇珊先是聽他講完約旦河西岸的故事之後，說她有一件事要告訴他，但也「有可能是搞錯了」。她低估了事情的危險性，不過還是要大衛隔天陪她去看醫生。他一回到紐約之後，就去了她的公寓。「她滔滔不絕地談論中東，而我呢，因為說不了什麼重要的事情（更甭說觸摸她了），就一直講有關亞西爾・阿拉法特和他在藍馬拉（Ramallah）的官邸。」檢查結果沒有什麼好懷疑的。蘇珊得了「骨髓造血不良症候群」，那是一種血癌。醫生殘酷地詳細解釋了那種病。她說：「這麼說，你是在告訴我，事實上是沒救了。我做什麼都沒用，對吧？」醫生沒有直接回答她。他的建議是與其做一些無效的治療，不如好好過完她所剩不多的時間——大概還有六個月。[1]在開往市中心的路上，她就只是盯著窗外看。「唉」，她說：「唉。」[2]

——

蘇珊一開始就知道事情的實際狀況了。她告訴好幾個朋友：「我被三振出局了。」[3]她和彼得・佩羅內說：「這次我感受不到自己的幸運。」她在最鬱悶的時候還常常會說：「這次，這輩子第一次，我覺得自己沒有什麼與眾不同。」[4]她一向無法獨處，但是現在，她甚至需要一個人全天候陪著她。她的管家淑姬．金漢（Sookhee Chinkhan）因此而必須睡在客廳。有一天晚上，她驚醒並開始尖叫，金漢為她禱告：「主啊，求求祢帶給蘇珊平靜。」[5]

大衛寫道：「當我母親談起疾病，語氣中強烈的流露出她是所有規則中的例外的感覺。」[6]她對癌症感到恐懼除了因為癌症對身體帶來的威脅，也是因為她喪失了對自己感到的特殊感。她不是為了對抗現實的醜陋才刻意擺出高姿態。如果她放棄了自己是例外的想法，就等於放棄了構成她身分的基礎，而她是靠著這個想像，才從蘇．羅森布拉特轉化成蘇珊．桑塔格的。放棄了，也就等於死亡，雖然，如果面對這樣的診斷結果仍然堅持不放棄，那也與瘋狂無異了。大衛說她的選擇在不久之後變得更明確了：「要說我們大家全擔心她緊接下來的精神狀態，這還不足以描述我們這些親近她的人感覺的種種焦慮。」[7]

蘇珊想像蜜爾崔德會說：「對我撒謊。」一旦蘇珊的心靈重新凌駕於身體，她大概也會對周圍的人提出這種要求。大衛也「說出了我相信她希望聽到的答案」。他覺得他別無選擇。「在我母親生病期間，我始終認為她絕不可以『聽到』有人說她要死了。」[8]

這位女性「一直想要假裝我的身體不在那裡」，她始終很願意讓自己的身體接受極端的嚴峻考驗。她在第一次罹癌時寫道：「他們在我身上使用化學武器。我還得歡呼。」她堅信鋼鐵般的心智是生存的關鍵，所以她還會再歡呼一次：以她的倔強，最後一次向佛洛伊德致敬。

她又回去工作了。在診斷結果出來的一個月後，發生了一件可怕的事，被證實與她的想法仍有相關。四月底出現了一批照片，顯示美國人在伊拉克的阿布格萊布（Abu Ghraib）監獄會對囚犯施以酷刑。小布希總統原本將這場戰爭包裝成解放運動，他的虐囚行徑被揭發，大大損及了這場戰爭的正當性，也使得桑塔格又針對這個已經占據她一生的主題寫了最後一篇文章，〈旁觀他人受刑求〉（Regarding the Torture of Others）。這篇文章並由《紐約時報》雜誌於五月底刊出。

她最後發表的這篇文章中告訴我們，即使是一個看起來可能很知性或抽象的主題，仍可能實際損及人的身體。許多事物和隱喻的二分造成了影響，犯罪與罪犯的分開就是其中之一。當阿布格萊布的照片出現在世人眼前時，「總統對這些照片感到震驚和噁心——彷彿這項錯誤和恐怖只存在於圖像中，而不在於它們指涉的事實」。

語言也是如此：「接著是對於『刑求』這個名詞的迴避」，小布希的法律用語繞過了這個名詞。隱喻意謂了許多事情；它的邪惡能力之一就是可以讓罪惡披上別的名稱，加以偽裝。孔子在數千年前就說過濫用隱喻會導致社會的毀滅，因為暴政就是始於語言。這番警告絕對值得一提再提。它在各個世代都是要學習的課題，通常也會付出駭人的代價。

那些被關在由美國人控制且逍遙法外（extralegal）的刑罰王國的人是被稱為「被羈押者」

（detainees）；「囚犯」（prisoners），這個最近被廢棄的名詞隱含著根據國際法和所有文明國度所賦予的某些權利。無止盡的「全球反恐戰爭」——在五角大廈的政令中，尚算合理的阿富汗戰事以及在伊拉克永無勝望的愚行都包括在內——必然導致任何布希政府所界定的「可能的恐怖分子」（a possible terrorist）都遭妖魔化和非人化：這類定義不容爭議，而且事實上通常是秘密通過的。

在這些淩亂的意義中，又插入了相機這個掠奪性武器。照出阿布格萊布照片的這些人並不覺得他們的所作所為有什麼不對，他們紀錄酷刑，就和他們紀錄其他的事情沒什麼兩樣。酷刑也不過就是另一個攝影題材。

安迪・沃荷的「在真實時間中拍攝真實事件」（filming real events in real time）的理想——既然生活本身未經剪輯，它的紀錄又何須剪輯呢？——已經成為常態。……我在這裡——醒來，打呵欠，伸懶腰，刷牙，做早餐，送子女上學。

相機讓所有事件都變得一樣。「照片和現實之間的區別——正如同政治辭令和政策之間的區別——輕而易舉就能蒸發不見。」結果也如同沃荷的預言一般，人們和照片已經沒有分別。她寫道：「照片即我們。」

兩者的區別是被誇大的嗎？其實不存在「影像的生態平衡」——影像經過增生後已無法檢驗。因此必須用對象和照片具有的同一性來作為積極的武器。照片還保有文字已失去的力量，所以必須用照片來對抗其他照片，這就是戈雅之後的藝術家所致力的事。

> 照片不會消失。這就是我們生存其中的數位現世的本質。……在此之前，有的僅是文字和言詞，在我們這個無窮盡的自我複製和自我傳播的數位時代，「空言」很容易被掩蓋，被遺忘。[9]

——

在這篇文章刊出的兩天後，五月二十五日，羅傑·施特勞斯以八十七歲之齡去世；在蘇珊的一生中，羅傑是她持續最久、視如父親般相待之人。他們的關係延續了四十二年。蘇珊告訴卡拉·歐夫：「我從來沒有想過竟然會和羅傑在同一年死去。」[10]

她在《疾病的隱喻》中指責對病人撒謊的作法。她當時寫道：「對癌症患者撒謊，以及癌症患者自己對自己撒謊，所有這些都證明在發達的工業社會裡，人們多麼難以正視死亡。然而，當代對死亡的拒斥並不能解釋人們撒謊的原因。」[11]但她的經驗顯示還有另一種解釋：患者希望別人對他們撒謊——而且是堅持希望。但是，撒謊讓她沒有機會慢慢接受在她身上發生的事。莎朗·德拉諾看到她有時候遠比她的真實情況顯得更加樂觀，因為她的醫生常常帶給她沒有憑據的勇氣。「她被剝奪了讓自己安於死亡的機會。」德拉諾認為如果更認真地向她解釋各種選項，就像是最初診斷的那位醫生曾經試圖要做的，那麼她應該會作出不同的選擇。但是她們決定不要那個醫生，這使得後續的可怕「治療」幾乎注定要失敗。許多包括德拉諾在內等陪伴桑塔格度過最後幾個月的人都說：「就算說那是酷刑也不為過。」[12]

三十年前，當蘇珊第一次準備接受癌症手術時，她寫下：

我們不再學習死亡的藝術——那原本是古老的文化中必不可少的教條和衛生保健；不過每一雙眼睛——在不經意間——就會吸收到那種知識。身體也知道。相機也無可阻攔的在展示給我們看……[13]

身體知道。但還是需要把那種知識帶給心智。一直有人在她面前提起「神奇的藥」，這讓她對自己餘命的期待遠超過理性的判斷。但是她擊敗癌症兩次了。第一次勝利導致她的傷殘，第二次勝利則毒害了她：第三次罹癌，便是她得了子宮肌瘤之後接受化療所造成的。[14]那次治療仍然帶給她六年的生命。在新醫生的鼓舞下，她決定做任何事，以換取再多一點時間。

所以當她在寫〈旁觀他人受刑求〉時，自己其實也在經歷刑求，她急切地想要證明最初的診斷是錯的。她的作戰計畫有兩個部分。首先是決心用透徹的研究贏過疾病。大衛寫道：「尤其是要蒐集資訊。」[15]第二點則是願意忍受痛苦。

她選擇了骨髓移植。大部分癌症治療都是為了緩解症狀，爭取更多時間。成功的骨髓移植可以完全治癒。這種療法是將幹細胞注射到靜脈，而它們會——出色地、神祕地——奮力進入骨髓。如果一切順利，它們就會固定在那裡，並且開始製造新的血。罹癌患者的毒血會被捐贈者的新造血系統取代。

摧毀一個人的整個造血系統並不是件小事。雖然有精確的理論支持，但是她在紐約的醫生還是覺得移植有太多障礙，因此不想冒險。對於像她這個年紀、又有這些病史的人來說，成功機會十分渺茫。費用也貴得嚇人；最後是由安妮支付了。[16]做這個手術還會帶來各種意想不到的痛苦。但它還是有成功的機會。蘇珊找到了一名與她相配的捐贈者：有三分之一的患者根本做不到這件事。她也找到了一間西雅圖的醫院願意提供這種治療——那是華盛頓大學的福瑞德哈金森腫瘤研究中心。她去之前，就已經先在斯隆—凱特琳癌症中心展開化療了。接著在六月九日，安妮就安排她搭乘私人飛機去西雅圖。

安妮也安排了一整組人照顧她，以確保蘇珊不會有一個人的時候。當時因為有他們在，西雅圖那個夏天的頭幾天並沒有什麼不快。蘇珊和莎朗・德拉諾一起去了雷姆・庫哈斯（Rem Koolhaas）設計的新公立圖書館。她也和彼得・佩羅內一起去看了《蜘蛛人2》。安妮和佩羅內在萬豪居家飯店準備了兩間套房：一套讓蘇珊在等待手術時可以住，另外一套則是給來探病的朋友和親戚住的。

她的朋友，身兼醫師和作家的傑若・古柏曼（Jerome Groopman）寫道：「骨髓移植不是任何人可以預先做好準備的。」[17]

這種治療是最後手段了。就算一切都進行順利，它還是超乎我們一般可以想像的經驗——比化療的苦難更進了一步，到了接近致命的程度。[18]

七月時，蘇珊被單獨隔離在一個放射的房間中，從臨床上來說，她已經處在生死的交界了。她在八月二十一日接受移植。當時還沒有辦法確定細胞能不能夠固定下來；在有疑慮的那幾天，安妮時時刻刻都在照相。或許文字不足以充分形容其他人的痛苦，但是照片卻可以彰顯出那種折磨。蘇珊的皮膚變黑了。她的臉腫到讓人認不出來。這些照片在發表時引發了各種爭論，最受人注意的或許是它們明明在拍攝這位極好識別的女性，但是卻無法讓人一眼可辨。蘇珊．桑塔格變得完全不像是她自己了。

——

保羅．迪洛納爾多前來接替彼得，卡拉又來接替保羅；卡拉從八月底待到十月初，接下來換成莎朗。安妮的父親當時在佛羅里達也是臨終狀態，不過安妮還是有空時就會過來。茱蒂絲則從夏威夷過來了。

來的這些人面臨到艱鉅的工作。卡拉的整個九月都在和一些照顧蘇珊的人互通電子郵件。當醫生等著要看移植是否成功時，他們在討論著蘇珊的血球數監測值。妮科爾．斯特凡娜當時人在巴黎，她也展現出熾熱的關懷，希望伊斯雷爾醫師再一次顯現奇蹟。蘇珊曾經在一個很絕望的時刻打電話給妮科爾，當時妮科爾自己也又老又病了。蘇珊說：「我覺得我這次做不到了。」[19]還少不了蘇珊的助理安．詹普（Anne Jump）的各項努力。以及安妮組成的團隊，安妮從紐約的工作室支付他們薪水，由他們安排各項實際事務，還有她自己對蘇珊提供的情緒支持：「安妮已經做得比預期更好了，她把所有注意力都放在蘇珊身上（充滿了深情和甜蜜），如果安妮一直待在這裡，反而沒有辦法保持這個水準。」[20]

他們也很努力分散蘇珊的注意力：「安妮播放了歌劇《帕西法爾》（*Parsifal*），讓蘇珊看得目不轉睛。」[21]他們也見識了最基本的活動是如何變得無比困難。蘇珊會花好幾個小時才吃得完簡單的一餐，她也沒辦法控制身體機能，這帶來極糟的後果。她的大小便失禁，但是通常不夠清醒到知道自己已經弄髒了，卡拉寫道：「她講話時你幾乎都聽不到，她不會講電話，她的手會抖，當你跟她講話時，她也不會看著你（就算有，也是極少）。」

他們用盡一切努力讓蘇珊再活得久一點，好讓移植發揮效果，而蘇珊則有一個很強烈的願望：再看看大衛。大衛的雙親都在面臨死亡。菲利普．瑞夫在費城也病了，而大衛自己也要在紐約接受一個小手術。不過許多人都覺得要他來可能很勉強。安妮說：「要把大衛叫去那裡會很困難。」[22]自從卡拉在八月去到那邊之後，他就沒有再出現過了，不過他答應會在九月二十八日、他生日那天過去。隨著時間流逝，他還沒有現身，蘇珊開始恐慌。「你可以打電話給大衛嗎？我們找得到大衛在哪裡嗎？大衛不在這裡。我希望他不是出了什麼事。大衛在哪裡？大衛人在哪兒？大衛人呢？」

最後，卡拉終於在大約五點時和大衛通上電話。他說：「我不會過去。」卡拉提醒他那大概是她最後一次活著陪他過生日了。「這件事對她的意義非凡。」但是他人在紐約，而且不願意再講下去了；卡拉只好把這個壞消息傳達給她。「她嚇壞了。我記得她好像說：『噢，我的天啊，他還好嗎？他住院了嗎？』」

為了讓她不要再一直想大衛，卡拉帶了一些壽司給她，因為她痛恨醫院的食物，卡拉並且提議她聊聊大衛出生時的事。「我當然不能夠讓她聊死亡，但是我可以和她一起慶祝大衛的生日。這是我所能給她的。」她在那天晚上寫信給大衛。

我們把燈關掉，一起看月亮升起，我要蘇珊聊聊你出生時的事。她說在你出生的前一天，凌晨四點的時候，她當時正躺在菲利普身邊，突然發現自己躺在一灘水裡。菲利普問她應該做什麼，她說：「我想應該要叫一臺計程車。」當她身處在醫院的產房裡，可以聽見其他女性分娩時的叫聲。「奇怪的是她們不會喊丈夫的名字，她們喊的是自己的母親。」每隔幾個小時，她就會要求幫她止痛，他們會說：「快了快了，但是妳要先多推出來一點。」那是一段漫長的努力，很艱辛，但是當一切結束時，她有了一個十磅重的男孩。「我一直都知道大衛會來到我身邊。我從來沒有想過我會生個女孩。」

你看起來像個伊努伊特人（Inuit）男嬰。你的脊椎根部有一塊斑，那是屬於蒙古人種的，連到你的小屁股。你的頭髮是黑色的，毛茸茸的，一直蓋到你的眉毛。

我覺得有了你，可能是蘇珊遇過最快樂的一件事。她總說你是她畢生的愛。你必須知道她有多麼以你為榮，甚至可能還要再乘上一千倍。[23]

朋友們紛紛送來一些重量級的外國電影，那是蘇珊過去一生中一直很喜愛的，但是她現在卻顯得不感興趣了，這讓他們很驚訝。莎朗說：「她不要德萊葉（Dreyer）或是柏格曼，她要看的是卡萊·葛倫（Cary Grant）和佛雷·亞斯坦。也就是美國歌舞片。」於是她們一起看了《刁蠻公主》（*Kiss Me, Kate*）、《萬花嬉春》（*Singin’ in the Rain*）、《一夜風流》（*It Happened One Night*）、《費城故事》（*The Philadelphia Story*）、《熱情如火》（*Some Like It Hot*）和《江湖俠侶》（*To Have and Have Not*）。[24]莎朗說：「譬如說，我們就真的很愛《甜姐兒》（*Funny Face*）。我們覺得它真的撐得住。」蘇珊在看電影時不願意受到任何打擾。有一次，一名醫生想要打斷她，蘇珊只是揮揮手叫他離開。「你現在先離開，等放完電影以後再回來。」那名醫生堅持一定要現在做，但是蘇珊還是要他待會兒再回來——那時候她正在看《阿依達》（*Aida*）。卡拉說：「她正在看歌舞片時，根本不會讓別人有講話的機會。」

她的人生中也經常靠藝術來保持神志清醒。醫生開給她愈來愈大劑量的利他能（Riralin），希望讓她保有足夠的精力接受物理治療，但是這種藥並沒有起作用。唯一能讓她分散注意力的，是談論過去、觀賞電影和唸書給她聽。

卡拉於九月二十二日寫信給幾個主要成員，信裡提到：「我沒有辦法強調她有多麼愛別人唸書給她聽，她真的很愛。我覺得她的心靈很飢渴，所以需要餵食。我的主要工作除了在住院者需要時幫他們一把，其他的，就是給她一些精神上的刺激。」三天後，她寫道：

> 今天，她似乎對每件事都覺得特別恥辱。我告訴她：我對她處理這一切的方式都感到十分欽佩，我也知道那一定有難以言喻的困難。我不知道這樣講有多少幫助。我面對的是一個很沮喪的人。只有在唸書給她聽時，她看起來才會快樂起來，還會一直說只有書籍才是唯一真正的事物。[25]

卡拉要離開她、回她自己在新墨西哥州的家時，想要好好和蘇珊道別；但是蘇珊不願意承認這次告別就是永別了。她說：「噢，親愛的，下次妳來紐約的時候，我們一定要去吃港式點心。」

——

雖然蘇珊感到疼痛、屈辱和無聊，但還是有理由相信她會痊癒。卡拉在離開之前的九月二十六日寫下：「她的癌症看起來得到緩解了，移植好像也沒有排斥。身體對移植骨髓的反應幾乎堪稱完美。」彼得．佩羅內回來的時候，希望看起來又更濃厚了：她被移到醫院的另一層，那一層住的都是一些復原有所進展的病人，所以他們也對這個有進展的信號感到很高興。[26]

然而那個希望很快就被澆熄了。她發展成「移植物對抗宿主疾病」（graft-versus-host disease，

GVHD），這是移植最害怕的結果：身體自己的細胞把移植進來的細胞看作入侵者，因此開始攻擊它們。她又在十一月九日搬回原來的樓層。大衛寫信給莎朗，信上說：「這是一個難以置信的複雜過程，總之就是不太好，GVHD很嚴重，其他都不重要了」。[27]他們必須等待另一次骨髓切片檢查——這又是一次極痛苦的程序。

她在紐約的朋友，包括莎朗和安妮，都倉促地開始安排萬一移植失敗後的各項事宜。大衛在十一月九日寫信給她在紐約的腫瘤學家史蒂芬·尼默（Stephen Nimer）醫師。

> 我母親的狀況也許，我要強調是也許，到了回家比較好的程度。他〔她在西雅圖的醫生〕告訴我們那主要取決於他們接下來幾天要做的骨髓切片檢查。如果結果不好，他們的建議是讓她轉去紐約，但是我開始覺得就算她沒有診斷出轉成AML〔急性骨髓性白血病，acute myeloid leukemia〕——我不確定這是不是正確的說法——她轉到斯隆—凱特琳癌症中心都不會變得比較好。[28]

結果正如他們所害怕的。在十一月十三日星期六，大衛、彼得·佩羅內和醫療團隊的六位醫師向她宣告了那個可怕的消息。她尖叫：「這不就代表我快要死了！」

彼得說：「蘇珊簡直崩潰了。」一名醫生的助理試著安慰她。

「妳也許可以用這段時間專注追尋妳的靈性信仰。」

「我沒有靈性信仰！」

「妳可以用這段時間和朋友在一起。」

「我沒有朋友！」[29]

安妮匆匆趕來西雅圖。彼得說她來了以後，完全清楚該怎麼做。

那真是十分美麗的一幕，因為基本上蘇珊那時候極為悲傷。她知道那件事代表什麼。安妮來了，她立刻就爬上她的床，抱住她。那真的很……我不知道怎麼說，那的確就是當下應該做的事，沒有別人做得到。蘇珊那時候的確因此而獲得安慰，也讓她安靜下來了。[30]

——

兩天後，十一月十五日，安妮用醫療專機帶她回紐約，並且獲准入住斯隆—凱特琳癌症中心。蘇珊十分抑鬱，但卻十分英勇，她一直想把自己從沮喪的情緒中拉出來，有時候連來探病的人都對她的活力感到驚訝。隔天早上，她就坐在床上讀《新共和》雜誌，還抱怨其中的一篇文章。[31]她也繼續對她想完成的最後一篇文章修修改改，那是替冰島小說家哈爾多爾・拉克斯內斯（Halldór Laxness）的《冰川下》

（*Under the Glacier*）所寫的序言。她在那篇序言中引用了他的一個角色所說的話，而那似乎是對她自己的寫作提出了真知灼見。

> 「不要有個人觀點。不帶偏見！……儘可能用第三人稱寫……不得核實！……別忘記人們通常只會講出一小部分真話：誰也不會說出大部分真話，更遑論是全部的真話……人們說話時會暴露自己，不管他們是在撒謊還是在講真話……記住，任何對你講的謊話，哪怕是刻意的謊話，也往往是一個比誠實講出的真話更重要的事情。不要糾正它們，也不要試圖解釋它們。」[32]

大衛朗讀了《唐璜》（*Don Juan*）。彼得·佩羅內朗讀的是《伊凡·伊里奇之死》（*The Death of Ivan Ilyich*），他希望能開啟關於死亡的對話。但是他沒有辦法，雖然她還是有稍微提到結束。在斯隆—凱特琳癌症中心時，她把大衛叫來她身邊。她說：「我留給你的一個最重要的東西，就是我的日記。但是裡面有一些東西要刪掉」——她指的是某些愛人的名字——「不過你應該把這些日記出版。」[33]她也為自己的葬禮選好了音樂：貝多芬的最後一首鋼琴奏鳴曲，第32號；還有他最後幾首弦樂四重奏中的其中一首，第15號。T·S·艾略特曾經在寫給斯蒂芬·斯賓德（Stephen Spender）的信中提到這個作品：「我發覺它有太多可探討的。他的後期作品有一種如天堂般的、或是至少超越人類的喜慶感，讓人想像這可能是他在經歷巨大的苦難之後，因為獲得緩解和重新達到調和之後所產生的。」[34]

那樣的調和——那種緩解——卻沒有降臨到她身上。尼默醫師提到有一種實驗中的藥，受到這種藥的激勵，她一次又一次重拾意願，甚至讓那時候遇到她的馬塞爾．范登布林克（Marcel van den Brink）醫生都感到震驚。他看到她一直舉棋不定，前一秒還想著「我不想試了。我知道那是不會有希望的」，幾秒鐘之後，她又覺得「我不想放棄。給我另一種藥試試」。范登布林克醫師也不知道鼓勵她是不是一個明智之舉。「有人可能會覺得那是給她一種不實的希望。」她已經病得太重了，新的治療法也不會帶來任何不同。

> 通常到了那個階段的人，都已經對長期以來的戰鬥感到很疲倦了。他們可能照做了一、兩次，然後還是會說：「不了，不了，不了，請給我別的藥試試，看看能不能夠救我。」她臨死之前一直像個鐘擺，幾秒鐘之內就會搖擺個好幾次，原本是「我再也受不了了，我想要放棄」，馬上又變成「其實不是那樣的，讓我再試試那種藥」。她這樣的情況並不尋常。我不常見到這樣的人，她直到生命的最後一刻都還是這樣。[35]

她必須要活下去；她還有事情要做。她從孩提時就已經內化的完美標準是不可能放棄的。大衛寫道，她「說著（我是指她能說話的時候）自己出院後打算要做的事。她要以一種不同的方式寫作，她要慢慢地結識新人，要從她一直想做的許多事情中挑選一些來做」。[36]有一天，安德魯．威利發現她在睡覺，但是她很慌亂地否定，並堅持他看錯了。她沒有在睡覺。她是在工作。[37]

當她睡著時，會夢見自己遭到迫害。在十二月的某天晚上，她夢到希特勒在追她。在十二月十八日，莎朗很驚訝地發現她在煞費苦心討好一名她從來不曾抱有好感的護理師。因為她的被害妄想，讓她覺得護理師晚上都在召開秘密會議，討論她有多麼卑鄙而且傲慢，所以決定要一起對付她。而她也下定決心要扳回一成。[38]

——

打從年輕時開始，桑塔格就會在日記裡寫一些臨終的話。葛楚·史坦從昏迷狀態裡醒過來的時候，問她的伴侶：「愛麗絲，愛麗絲，答案是什麼？」

愛麗絲·托克勒斯（Alice Toklas）回答：「沒有答案。」

史坦繼續說：「嗯，那麼，問題是什麼？」

關於亨利·詹姆斯，她寫的是：

> 他唯一能忍受的打字聲音是雷明登公司（Remington）出產的打字機，＋在他床榻邊——臨終前的那一刻——他甚至要求她〔他的秘書〕使用雷明登的打字機來紀錄他的遺言。就在這臺打字機的節奏聲中，他嚥下最後一口氣。福婁拜一定會欣賞這一點——藝術家之天職所散發出來的感傷。[39]

在聖誕節那天，她抓著安妮的袖子央求她：「帶我離開這裡。」安妮必須離開她、去佛羅里達看望自己的父親；他在六週之後就離世了。[40]安妮說：「我和她吻別，告訴她我愛妳，她也說我愛妳。」[41]在十二月二十六日，她氣喘吁吁地只喊出了兩個人的名字：她的母親和約瑟夫·布羅茨基。[42]到了十二月二十七日，她問：「大衛在嗎？」他回答說：「在。」接著她說：「我要跟你說……」[43]——這就是她說的最後一句話了。

尾聲 本體與隱喻

那是十二月二十八日早上七點十分，桑塔格闔眼後，大衛掀開她的睡袍，凝視她的身體：那上面佈滿了傷痕、瘀青。[1]他在她的一群朋友注視下，親吻了她做乳房切除手術留下的傷疤。[2]而另外一個與她最親近的人，則需要靠自己的證據才能相信這個曾經活躍的女人已經死了。在葬禮的禮拜儀式上，安妮為蘇珊穿上由福圖尼（Fortuny）設計的服裝；那是她們一起在米蘭買的。她要營造的形象就是一具穿得很漂亮的屍體——就是這樣了。她那個時代最為人所知的作家殞落了。

大衛決定把她葬在巴黎的蒙帕納斯區（Montparnasse）。葬禮在二〇〇五年一月十七日舉辦，那是各種意義的歸鄉之旅。她將永遠和沙特、蕭沆、巴特和貝克特作伴——那是她在圖森時所夢想的理想家庭。安妮支付旅費讓許多朋友來參加她的葬禮。但是很多人來了之後，卻覺得那是一場慘澹的告別。從華沙飛來的凱西婭·戈爾斯卡很婉轉地說：「那是我參加過最不尋常的葬禮。」[3]瑪莉娜·阿布拉莫維奇（Marina Abramović）也一樣沮喪：「她是一個這麼有個人魅力和無窮精力的人，卻只有一個小小的、可悲的葬禮。……那天下著雨。什麼事都不對。」[4]莎朗·德拉諾對群眾的人數感到很失望，只有受邀者才能前來：「如果照蘇珊的意思，她會寧可讓群眾在街上灑花。」[5]

三月三十日在卡內基音樂廳地下室的贊克爾廳（Zankel Hall）舉辦了一場紀念活動。雖然她的許多朋友都出席了，還由內田光子演奏荀白克和貝多芬，但是這個活動也讓人留下難受的感覺。

安妮和莎朗為賓客製作了一本精美的書。其中有蘇珊和茱蒂絲在亞利桑那州的生活，還有她為人樂道的這一路人生旅程，照片都出自二十世紀的著名攝影師之手。分別有安迪．沃荷、約瑟夫．康奈爾、理查德．阿維頓、彼得．赫哈、羅伯特．梅普爾索普、卡提耶－布列松和歐文．佩恩鏡頭下的蘇珊，最後則是安妮．萊博維茨自己。

但是大衛不同意在活動的會場內將這本書發給來賓。所以安妮和莎朗只能夠拿到一樓大廳，等賓客一到就拿給他們。在那場儀式過後，蘇珊的朋友們分成了「大衛派」和「安妮派」。安妮和大衛各自舉辦了一場招待會，但是並不是每個人都知道他們只能夠二選一。保羅．迪洛納爾多告訴幾位哀悼者：「如果你去了她那邊，就不能來我們這邊了。」[6]

茱蒂絲在嚴冬中從夏威夷來到紐約，所以借了一件她姊姊的大衣穿；當她搭上計程車要去機場時，大衛要求她把大衣還回去。茱蒂絲只有說「大衛，再見了」，但是並沒有把大衣脫下來。安妮也拿走一件大衣，那是她在某個聖誕節，她們一起去威尼斯時，由她買給蘇珊的，所以安妮把它當作珍貴的紀念物。保羅指控她偷了東西，當她下一次來到那棟公寓時，她發現鎖被換過了，目的就是要讓她進不去。[7]

最後，有兩本討論她死亡的書分別出版了——分別是大衛的《泅泳於死亡之海》（*Swimming In A Sea Of Death*）和安妮的《一名攝影師的一生》——但是兩本書的敘述互不相容。許多陪伴蘇珊度過最後幾個月時間的人，都覺得大衛的敘述有所隱瞞，而許多不信任安妮的人，則覺得她在蘇珊生病時所照的照片都令人不舒服。

萊博維茨的書招來了一些說法，甚至比《論攝影》在三十年前引發的評論更為激烈。評論家大衛．湯姆森（David Thomson）寫的是：「說真的，問題就只在於你何時會覺得想吐。」[8]但也有人覺得那本書很動人。除了在工作上拍的照片之外，安妮只有在這本書裡還加上一些她的私人照片——她家人的活動、她父親的死、她孩子的出生。但是這本書的確帶來一些讓人不舒服的問題——就是《論攝影》在討論的問題。桑塔格在《論攝影》裡寫到攝影會將現實，包括其他人正在受苦的現實，包裝成消費品。她引用了一段廣告：

「布拉格……胡士托……越南……札幌……倫敦德里（Londonderry）……萊卡。」不論是破滅的希望、青年人的放浪形骸、殖民地戰爭和冬季體育活動都是相同的——它們都被相機平等化了。拍照與世界的關係，是一種慢性窺淫癖的關係，它消除了所有事件的意義差別。[9]

萊博維茨像是真的要說明所有經驗在相機的機械眼之下，都會變得一樣扁平，她先是放了比爾・柯林頓和比爾・蓋茲的整版照片，然後在幾頁之後，又放了遭到屠殺的盧安達學童的血手印。她先是展示了一些美麗的胴體——李奧納多・狄卡皮歐的脖子上繞了一隻天鵝；全裸的辛蒂・克勞馥（Cindy Crawford）身上纏了一隻蛇——而旁邊則是波士尼亞戰爭的災民，這種照片的並置讓人聯想到《論攝影》。

那本書最麻煩的問題是那些關於屍體的描述。它用照片的隱喻，用圖像，取代了現實，蘇珊寫道：「攝影取得的長期成功之一，是其把活的生命變成事物、把事物變成活的生命的戰略」。[10]而這些事物通常是在承受痛苦的活人，「亞陶曾把這個瘟疫受害者的世界視為現代戲劇藝術的真正主題」。[11]

> 無論為攝影提出什麼道德要求，攝影的主要效果都是把世界轉化成一家百貨公司或無牆的展覽館，每個被拍攝對象都被貶值為一件消費品，或提升為一件美學欣賞品。通過相機人們變成現實……的顧客或遊客，因為現實被理解為多元、饒有興味的、唾手可得的。[12]

不過，忽略痛苦也可能有違這本書的書名。萊博維茨說：「《一名攝影師的一生》說的是愛情故事。那才是它的本質。」[13]它要講述的是她們的關係：她們早年那些快樂的日子、她們一起的多次旅行，還有故事最後是如何結束的。她孩子的誕生、加上她父親及伴侶的死亡，讓這本書顯得極為私人。她事後說：「當我在製作這本書時，我是用一種執著的、全心投入的方式，好像沒有想過這本書還會被其他人看到。」[14]書中的照片所引發的爭議——關於攝影的倫理、應該如何看待他人痛苦的爭議——其實是向桑塔格的想法致敬。

——

同時，桑塔格在蒙帕納斯區的墓園則吸引了朝聖者。那裡也是許多著名人士的安葬之所，不過蓋在她遺體上的黑色厚板則是最多人悼念的目標之一，她的墓前也常堆滿了鮮花或墓石。不過，說是對她的人生致敬也有些許諷刺：這些訪客要致敬的其實不是蘇珊・桑塔格的遺體。而是她所代表的東西。在她死後，她寫的書到底好不好、她講的話是愚蠢還是睿智、她到底是錯的還是對的，就毫不重要了。任何作家也都是如此。

蘇珊・桑塔格真正重要的是她所象徵的東西。她沉著抗癌的形象鼓舞了某些人，其實，真正的蘇珊也和其他人一樣深感恐懼，但是對那些人來說，這件事就不是那麼重要了。同樣地，在對抗不正義時，桑塔格自己也不總是一往直前，但是對於高舉她的海報參加抗議遊行的人來說，這件事也顯得毫不重要。

她示範了如何謹守過去的成績，但是同時仍然能夠擁抱自己的世紀。她展現出對於藝術和美的無盡尊崇——還有對知識匱乏和心靈匱乏的絕對鄙視。她讓幾代婦女都記得她是不懼怕男性的思想家，也毫不在意她被預期要成為怎樣的角色。她代表了自我改善——要讓自己成為比別人預期中更好的人。她象徵的作家類型十分廣泛，既不過度專門化，也不只是業餘的藝術愛好者。她代表了寬容和多元的美國所抱持的希望，期望能和其他沒有沙文主義的國家攜手前行。她支撐起藝術家的社會角色，展現了藝術家如何抵抗暴政。她也為世界帶來希望，證明文化可以永存，儘管世界已經被冷漠和殘酷包圍。

——

卡內提寫到，現代的偉大作家要「具有獨創性；既能總結他自己的年代；也要反抗他的年代」。桑塔格死後，每當有一個需要詮釋的新現象出現，人們總是會好奇「如果是她，會怎麼想」，並且開始懷念她。這並不是因為她的答案總是對的。那是因為將近五十年來，她——更甚於其他重要的公眾思想家——總是讓文化辯論成為其他知識分子都沒有做過的樣子，甚至在她之後，也沒有其他知識分子這樣做了。每個人都可以與她爭論；不論他們同意或是不同意她的結論——不論她自己同意或是不同意她的結論——她既總結、也反抗了她的年代。

語言與現實的關係是她的主題。語言或現實都不穩定，而在一個惡名昭彰的騷亂世紀中，沒有作家能夠像桑塔格一樣，反映出這種不穩定性。在她的一生中，文化的意義隨時在變動，人們如何理解文化與社會的關係也一直在變。這些改變會讓一個活在現代的人改變他/她的生活方式——包括女性如何生活、同性戀又如何生活。她一直追溯著這些態度的改變，包括人們如何死亡。

在政治領域，桑塔格的一生讓人們看到，就連一些最重要的詞彙——「社會主義」、「藝術」、

「民主」——都可能很不固定。她也展示了「美國」這個詞彙有十分劇烈的變動，甚至涵義還彼此衝突。古巴革命時她人在那裡；柏林圍牆倒塌時，她人在那裡；她在河內時也經歷了轟炸；贖罪日戰爭時，她也在以色列。當紐約的藝術家決心一起抵抗金錢和名聲的拉扯時，她在其中，然而當許多人決定投降時，她仍未抽身。她見證了科學和醫藥的大幅改變，從佛洛伊德對命運的顛覆、到對於吸毒和酗酒的全新理解、再到新心理學的出現。

她把被分割的自我帶到了這個被分割的世界。她人屬於這個時代，但是她最主要的主題其實已經脫離了她的時代。亞里斯多德寫道：「隱喻就是給了某個東西屬於另一個東西的名字。」而桑塔格也展示了隱喻是如何形塑自我，然後又讓自我變形；語言是如何提供安慰，然後又進行破壞；再現帶來了方便，但是也可能讓人厭惡；為什麼就連偉大的詮釋者都應該反對詮釋。她也對照片和肖像製造出的謎團提出警告：包括傳記作者的照片和肖像也無可避免。

43 Rieff, *Swimming,* 137.

尾聲 本體與隱喻

1 出自作者對唐·萊文所作的訪談。

2 出自作者對喬安娜·羅伯森所作的訪談。

3 出自作者對凱西婭·戈爾斯卡所作的訪談。

4 Andrew Goldman, "The Devil in Marina Abramovic," *The New York Times Magazine,* June 13, 2012.

5 出自作者對莎朗·德拉諾所作的訪談。

6 出自作者對卡拉·歐夫所作的訪談。

7 出自作者對安妮·萊博維茨和茱蒂絲·柯恩所作的訪談。

8 David Thomson, "Death Kit," *The New Republic,* February 12, 2007, 26–27.

9 Sontag, *On Photography,* 11.

10 同上註，頁 98。

11 同上註，頁 105。

12 同上註，頁 110。

13 出自作者對安妮·萊博維茨所作的訪談。

14 Annie Leibovitz, *Portraits, 2005–2016* (New York: Phaidon Press, 2017), afterword.

10 出自作者對卡拉・歐夫所作的訪談。

11 Sontag, *Illness,* 8, 9.

12 出自作者對莎朗・德拉諾所作的訪談。

13 Hujar, *Portraits in Life and Death,* preface by Sontag.

14 Rieff, *Swimming,* 71.

15 同上註，頁 45。

16 出自作者對安妮・萊博維茨、里克・坎托爾和莎朗・德拉諾所作的訪談。

17 Roiphe, *Violet Hour,* 39.

18 同上註，頁 43。

19 出自作者對唐・萊文所作的訪談。

20 Karla Eoff to Sontag's care group, e-mail, mid-September 2004.

21 Karla Eoff to Sontag's care group, e-mail.

22 出自作者對安妮・萊博維茨所作的訪談。

23 Karla Eoff to David Rieff, e-mail, September 28, 2004.

24 Roiphe, *Violet Hour,* 44.

25 Karla Eoff to Sontag's care group, e-mail, September 22 and September 25, 2004.

26 Roiphe, *Violet Hour,* 54.

27 David Rieff to Sharon DeLano, e-mail, November 9, 2004.

28 David Rieff to Stephen Nimer, e-mail, November 9, 2004.

29 Roiphe, *Violet Hour,* 56.

30 出自作者對彼得・佩羅內所作的訪談。

31 Roiphe, *Violet Hour,* 58.

32 "Outlandish: On Halldór Laxness's *Under the Glacier,*" in Sontag, *At the Same Time,* 101.

33 出自作者對莎朗・德拉諾所作的訪談。

34 Katie Mitchell, "A Meeting of Minds," *Guardian,* November 18, 2005, https://www.theguardian.com/music/2005/nov/18/classicalmusicandopera.thomasstearnseliot.

35 出自作者對馬塞爾・范登布林克所作的訪談。

36 Rieff, *Swimming,* 104–5.

37 出自作者對安德魯・威利所作的訪談。

38 出自作者對莎朗・德拉諾所作的訪談。

39 Sontag, *Reborn,* 88, November 4, 1956; November 16, 1956.

40 Roiphe, *Violet Hour,* 75.

41 Emma Brockes, "Annie Leibovitz: My Time with Susan," *Guardian,* October 7, 2006.

42 Rieff, preface to Sontag, *Consciousness,* xii.

7 同上註，頁 56。

8 同上註，頁 57。

9 同上註，頁 112。

10 同上註，頁 104–5。

11 同上註，頁 108。

12 同上註，頁 126。

13 出自作者對奧利弗·斯特蘭德所作的訪談。

14 Enrique Krauze, "García Márquez's Blind Spot," *New York Times,* May 28, 2014.

15 "Gabo responde a Susan Sontag," *El Tiempo,* April 29, 2003, http://www.eltiempo.com/arcHIVo/documento/MAM-1033192.

16 "Susan Sontag contra Gabo," *La Nación,* April 4, 2010, http://www.lanacion.com.ar/1249538-susan-sontag-contra-gabo.

17 Letter to potential surrogate mothers, Sontag Papers.

18 Sharon DeLano to Sontag, e-mail, September 29, 2003.

19 出自作者對多米尼克·布爾古斯所作的訪談。

20 "Literature Is Freedom," in Sontag, *At the Same Time,* 193.

21 同上註，頁 200。

22 同上註，頁 207。

23 Sontag, *Regarding,* 36.

24 Nancy Kates，出自對納丁·戈迪默的訪談（未出版）。

25 出自作者對邁克爾·西爾瓦布拉特所作的訪談。

26 出自作者對卡拉·歐夫所作的訪談。

第四十三章　唯一真實之物

1 出自作者對莎朗·德拉諾所作的訪談。

2 Rieff, *Swimming,* 1–11.

3 出自作者對卡拉·歐夫和邁克爾·西爾瓦布拉特所作的訪談。

4 Rieff, *Swimming,* 85.

5 Katie Roiphe, *The Violet Hour: Great Writers at the End* (New York: Dial Press, 2016), 32.

6 Rieff, *Swimming,* 144.

7 同上註，頁 81。

8 同上註，頁 98、104。

9 Sontag, "Regarding the Torture of Others," *The New York Times Magazine,* May 23, 2004.

4 David Talbot, "The 'Traitor' Fires Back," Salon, October 16, 2001, http://www.salon.com/2001/10/16/susans/.
5 Rod Dreher，引用自 Seligman, *Sontag & Kael,* 97。
6 Sontag to David Rieff, e-mail, September 20, 2001, Sontag Papers.
7 同上註。
8 出自作者對葛倫．葛林華德所作的訪談。
9 出自作者對布倫達．肖內西所作的訪談。
10 Leibovitz, *A Photographer's Life.*
11 Luisa Valenzuela, "Susan Sontag, amiga," *La Nación,* January 14, 2008.
12 Leibovitz, *A Photographer's Life.*
13 出自作者對邁克爾．西爾瓦布拉特所作的訪談。
14 Sontag to Luisa Valenzuela, e-mail, May 24, 2002, Sontag Papers.
15 Sontag, *Against Interpretation,* 47.
16 Sontag to Joan Macintosh, e-mail, May 24, 2002, Sontag Papers.
17 Sontag to Peter Perrone, e-mail, June 22, 2002, Sontag Papers.
18 出自作者對克里斯蒂安．威特金所作的訪談。
19 出自作者對奧利弗．斯特蘭德所作的訪談。
20 Goldman, "How Could This Happen to Annie Leibovitz?"
21 出自作者對里克．坎托爾和安妮．萊博維茨所作的訪談。
22 Dawn Setzer, "Library Buys Sontag Papers," UCLA Newsroom, February 12, 2002, http://newsroom.ucla.edu/stories/020212sontag.
23 出自作者對莎朗．德拉諾所作的訪談。
24 出自作者對凱倫．穆里根所作的訪談。
25 出自作者對安妮．萊博維茨所作的訪談。

第四十二章　無法理解，不能想像

1 "Quotation of the Day," *New York Times,* September 7, 2002, http://www.nytimes.com/2002/09/07/nyregion/quotation-of-the-day-766518.html.
2 Sontag, *Regarding,* 3, 5.
3 同上註，頁 10。
4 同上註，頁 21。
5 同上註，頁 51。
6 同上註，頁 38。

35 出自作者對埃德蒙・懷特所作的訪談。

第四十章　重要的是那個作家是什麼

1 出自作者對布倫達・肖內西所作的訪談。
2 同上註。
3 Rieff, *Swimming,* 65.
4 Sontag, *Reborn,* 275, June 12, 1961.
5 "Singleness," in Sontag, *Where the Stress Falls,* 261.
6 Ronald Suresh Roberts, *No Cold Kitchen: A Biography of Nadine Gordimer* (Johannesburg: STE Publishers, 2005), 573.
7 Edward Said to Sontag, April 27, 2001, Sontag Papers.
8 Sontag to Edward Said, May 5, 2001, Sontag Papers.
9 "The Conscience of Words," in Sontag, *At the Same Time,* 155.
10 引用自 Roberts, *No Cold Kitchen,* 576。
11 同上註，頁 575。
12 出自作者對里士滿・伯頓所作的訪談。
13 出自作者對邁克爾・西爾瓦布拉特所作的訪談。
14 出自作者對克勞斯・貝森巴赫所作的訪談。
15 Sontag, *Volcano Lover,* 235, 126.
16 "Borland's Babies," in Sontag, *Where the Stress Falls,* 229–30.
17 Sontag, *In America,* 85.
18 出自作者對卡拉・歐夫所作的訪談。
19 出自作者對布倫達・肖內西所作的訪談。
20 出自作者對安妮・萊博維茨所作的訪談。
21 同上註。
22 出自作者對布倫達・肖內西所作的訪談。

第四十一章　災劫的旁觀者

1 出自作者對塞納達・克雷索所作的訪談。
2 Sontag et al., "Tuesday, and After," *The New Yorker,* September 24, 2001.
3 Harald Fricke, "Meinung und nichts als die Meinung," Taz.de, September 15, 2001, http://www.taz.de/ArcHIV-Suche/!1151172&s=&SuchRahmen=Print/.

的結局。……」桑塔格：「人們不為其他、也會為了情節而讀。不過超文本小說的支持者堅持情節會有『侷限性』，並且一直挑戰其限制。」米勒：「人們不為其他、也會為了情節而讀。不過超文本小說的支持者堅持情節會有『侷限性』，並且一直挑戰其『限制』。」

也有人指控《床上的愛麗思》有抄襲之嫌。茶會的場景「與卡里爾．丘吉爾（Caryl Churchill）的戲劇——《頭等女孩》（Top Girls）——中一群知名女性在一起的想像場景極為雷同」（Schreiber, *Geist,* 237）。達納．海勒（Dana Heller）也問過桑塔格其與另一個作品的相似之處，這激起了她的情緒（桑塔格被人抓到在說謊時，一向會這樣爆發）。「我一直在想桑塔格有沒有讀過另一本與這本書書名相同的小說——它是凱瑟琳．辛恩（Cathleen Schine）在一九八三年出版的，也就是比桑塔格的劇本早了十年——那本書講的是一個黑色幽默故事，一個會讀會寫的年輕女性（她叫作愛麗思）染上一個無法診斷的疾病，使得她無法動，只能一直躺在床上，但是她的頭腦還是一直動著壞念頭。所以我就拿這件事問了她。那不是一個對的問題。也讓蘇珊．桑塔格因此而爆發了。『沒有，我沒有讀過辛恩那人寫的任何東西，不過更重要的是這個問題根本就很荒謬，因為我的劇本和任何一本小說之間都沒有半點關係，如果妳對我的劇本夠熟悉，當然就會知道這件事！妳懂我的劇本嗎？妳看過我的劇嗎？』我結結巴巴的說：『我讀過，但是沒有看過妳的劇。』『那就對了，在這個……鎮上……看起來妳也看不到我的劇了，不過如果妳有讀懂劇本，妳就會知道它和任何小說都毫無關聯，頂多只有名字是一樣的——除非妳覺得瓊．蒂蒂安的《民主》（*Democracy*）受到亨利．亞當斯的影響，因為亞當斯也寫過一本叫作《民主》的書。妳會去問瓊．蒂蒂安她的《民主》是不是參考了亨利．亞當斯的《民主》嗎？』我覺得我像是在太歲爺頭上動了土。我摒住氣息，掙扎的考慮了她的問題很久，可謂是現代壓力演化中一個『創造性的時刻』。我被迫承認『我大概會。』這時候，桑塔格顯然不再對我抱有希望了，她只是看向別處。我的學生也震驚得說不出話來。不過震懾於她的爆發具有的戲劇性效果，還有對於我感到不忍卒睹（因為我膽敢以不怎麼有效的努力，當面迎擊她的怒氣），他們也完全警戒了起來。這會是一場戰鬥嗎？還是他們的老師準備要逃走了？桑塔格靜下心來，準備下一個問題，有剎那間看起來我成功逃離了這個情境。但是她又突然轉向我，開始重提我所作的指責，只是這次顯得很平靜、不帶感情。『我很驚訝，真的很驚訝妳會問這種其他人都不可能問的笨問題——就連對愛麗思．詹姆斯的生活一無所知的人都不會問。』桑塔格的腦子裡又出現了其他東西。她很快的問我：『妳知道愛麗思．詹姆斯是誰嗎？』我說：『我知道。』她並沒有停下這個交叉詢問。『妳知道她為什麼在床上嗎？』我說：『她得了癌症。』」（Dana Heller, "Desperately Seeking Susan," *The Common Review,* Winter 2006.）

33　Sontag, *In America,* 250.

34　James Miller in Philoctetes Center, "Susan Sontag: Public Intellectual, Polymath, Provocatrice."

11 Sontag to Alessandra Farkas, e-mail, February 3, 2003, Sontag Papers.

12 出自作者對安東尼奧・蒙達（Antonio Monda）所作的訪談。

13 Sontag to Alessandra Farkas, e-mail, February 4, 2003, Sontag Papers.

14 Sontag to Joyce Wadler, October 8, 2003, Sontag Papers.

15 出自作者對茱蒂絲・柯恩所作的訪談。

16 出自作者對瓊・阿科切拉所作的訪談。

17 Joan Acocella in Philoctetes Center, "Susan Sontag: Public Intellectual, Polymath, Provocatrice."

18 Acocella, "The Hunger Artist."

19 出自作者對瓊・阿科切拉所作的訪談。

20 George Chauncey, *Gay New York: Gender, Urban Culture, and the Making of the Gay Male World, 1890–1940* (New York: Basic Books, 1994), 6–7，引用自 Jack Drescher, "What's in Your Closet?" in *The LGBT Casebook,* eds. P. Levounis, J. Drescher, and M. E. Barber (Washington, D.C.: American Psychiatric Press, 2012), 3–16。斜體為原文所加。

21 出自作者對查爾斯・西爾弗斯坦醫師所作的訪談。

22 Jack Drescher, "The Closet: Psychological Issues of Being In and Coming Out," *Psychiatric Times,* October 1, 2004.

23 Drescher, "What's in Your Closet?"

24 Drescher, "The Closet."

25 同上註。

26 Sontag to Lee Poague, March 9, 2001, Sontag Papers.

27 Doreen Carvajal, "So Whose Words Are They, Anyway? A New Sontag Novel Creates a Stir by Not Crediting Quotes from Other Books," *New York Times,* May 27, 2000.

28 Sontag, *In America,* 349.

29 Sontag Papers, March 17, 1996.

30 出自作者對埃德蒙・懷特所作的訪談。

31 出自作者對琳達・布洛柯基（Linda Plochocki）、海倫娜・莫德斯卡基金會（Helena Modjeska Foundation）所作的訪談。

32 出自作者對勞拉・米勒所作的訪談。更多例子可參見 Michael Calderone, "Regarding the Writing of Others," *New York Observer,* May 9, 2007。

桑塔格：「自從文字處理程式變成大多數作家——包括我——都會使用的工具，就有人宣稱小說將會出現一個華麗的嶄新未來。」米勒：「個人電腦和文字處理程式變成大多數作家都會使用的工具之後不久，就有聲浪指出小說將會出現華麗的嶄新未來。」桑塔格：「超文本小說有時候被認為是模仿真實生活，再加上無限的機會和令人驚異的結局。」米勒：「超文本有時候被認為是模仿真實生活，再加上無限的機會和令人驚異

22 Leland Poague and Kathy A. Parsons, *Susan Sontag: An Annotated Bibliography: 1948–1992* (New York: Garland Publishing, 2000), 47.

23 William J. Clinton, "Remarks at the State Dinner Honoring President Arpad Goncz of Hungary," June 8, 1999, http://www.presidency.ucsb.edu/ws/?pid=57698.

24 "A Photograph Is Not an Opinion. Or Is It?" in Sontag, *Where the Stress Falls,* 241; Annie Leibovitz, *Women* (New York: Random House, 1999).

25 "A Photograph Is Not an Opinion. Or Is It?" in Sontag, *Where the Stress Falls,* 247.

26 出自作者對彼得・佩羅內所作的訪談。

27 Sontag, *In America,* 74.

28 Leibovitz, *A Photographer's Life.*

29 Jesús Ruiz Mantilla, "Sin Susan Sontag, no habría ganado el Príncipe de Asturias," *El País,* November 11, 2013.

30 Natividad Pulido, "Desde que conocí a Susan Sontag traté de complacerla, pero no siempre funcionaba," *ABC* (Madrid), June 19, 2009.

31 Maxine Mesinger, "VF Dresses Demi in Paint," *Houston Chronicle,* July 7, 1992；蒂娜・布朗的回憶錄則訴說了不同的故事版本，*Vanity Fair Diaries*。

32 出自作者對彼得・佩羅內所作的訪談。

33 出自作者對米蘭達・斯皮勒所作的訪談。

34 出自作者對安妮・萊博維茨所作的訪談。

第三十九章　世界上最自然不過的事

1 Carl Rollyson and Lisa Paddock to Sontag, March 7, 1996, Sontag Papers.

2 Roger Straus to Starling Lawrence, August 28, 1996, Sontag Papers.

3 Janny Scott, "It's a Lonely Way to Pay the Bills: For Unauthorized Biographers, the World Is Very Hostile," *New York Times,* October 6, 1996.

4 Sontag to Jeannette Paulson Hereniko, February 20, 1997, Sontag Papers.

5 Elizabeth Manus, "Susan Sontag Gets Jumpy; Pat Conroy Gets Left Out," *New York Observer,* January 17, 2000.

6 Heller, "The Life of a Head Girl."

7 出自作者對佐伊・海勒所作的訪談。

8 出自作者對卡拉・歐夫所作的訪談。

9 Rieff, *My Life Among the Deathworks,* 126.

10 Sontag to Luisa Valenzuela, e-mail, May 24, 2002, Sontag Papers.

Times, February 29, 2000.

31 Sontag, *In America,* 342.

32 同上註，頁 216。

33 同上註，頁 303。

34 同上註，頁 278。

35 同上註，頁 183。

36 出自作者對安妮・萊博維茨所作的訪談。

37 Sontag, *In America,* 342.

38 Rieff, *Swimming,* 75, 77.

第三十八章　海洋生物

1 出自作者對卡拉・歐夫所作的訪談。

2 出自作者對托德・吉特林所作的訪談。

3 出自作者對邁克爾・西爾瓦布拉特所作的訪談。

4 Liam Lacey, "Waiting for Sontag," *Globe and Mail,* November 23, 2002.

5 出自桑塔格對一本書籍的提案——該書原訂書名為《罹病》（*Being Ill*），但是最後並未動筆，March 15, 2001, Sontag Papers。

6 同上註。

7 出自作者對凱西婭・戈爾斯卡所作的訪談。

8 Sontag, *In America,* 62.

9 Joan Acocella in Philoctetes Center, "Susan Sontag: Public Intellectual, Polymath, Provocatrice."

10 出自作者對露辛達・采爾茲所作的訪談。

11 Sontag, *In America,* 41.

12 Lacey, "Waiting for Sontag."

13 Rieff, *Swimming,* 31.

14 Castle, "Desperately Seeking Susan."

15 Lacey, "Waiting for Sontag."

16 出自作者對約翰・伯恩斯所作的訪談。

17 Bob Fernandes, "Suburbana América," *Isto É,* June 23, 1993.

18 出自作者對卡拉・歐夫所作的訪談。

19 Smokenders notebooks, Sontag Papers.

20 Sontag, "Why Are We in Kosovo?" *The New York Times Magazine,* May 2, 1999.

21 同上註。

第三十七章　卡拉斯的方式

1 Sontag, *In America,* 24.

2 同上註，頁 15。

3 Sontag Papers, n.d. [1980s].

4 "Wagner's Fluids," in Sontag, *Where the Stress Falls,* 205.

5 Sontag, *In America,* 369.

6 Chan, "Against Postmodernism."

7 出自作者對邁克爾·西爾瓦布拉特所作的訪談。

8 同上註。

9 Cott, *Susan Sontag,* 137.

10 Sontag, *In America,* 346.

11 同上註，頁 363。

12 同上註，頁 85。

13 同上註，頁 41。

14 同上註，頁 347。

15 同上註，頁 159。

16 同上註，頁 228。

17 同上註，頁 268。

18 同上註，頁 44。

19 同上註，頁 304。

20 同上註，頁 355。

21 Gary Indiana, *I Can Give You Anything but Love* (New York: Rizzoli, 2015), 118–19.

22 指埃爾茲別塔·薩維卡（El bieta Sawicka），引用自 Carl Rollyson, *Reading Susan Sontag: A Critical Introduction to Her Work* (Chicago: Ivan R. Dee, 2001), 176。

23 Sontag, *In America,* 206.

24 同上註，頁 39、208。

25 同上註，頁 127。

26 同上註，頁 290。

27 出自作者對邁克爾·西爾瓦布拉特所作的訪談。

28 同上註。

29 Sontag, *In America,* 196.

30 Michiko Kakutani, "'In America': Love as a Distraction That Gets in the Way of Art," *New York*

7 出自作者對凱西婭・戈爾斯卡所作的訪談。

8 出自作者對菲麗妲・杜拉科維奇所作的訪談。

9 "'There' and 'Here,'" in Sontag, *Where the Stress Falls,* 328.

10 同上註，頁 324。

11 "Answers to a Questionnaire"，引用自同上註，頁 298。

12 出自作者對斯蒂芬・科赫所作的訪談。

13 Castle, "Desperately Seeking Susan."

14 Rushdie, *Joseph Anton,* 363.

15 出自作者對里士滿・伯頓所作的訪談。

16 Hadžiselimović and Radeljković, "Literature Is What You Should Re-Read."

17 出自作者對里士滿・伯頓所作的訪談。茱蒂絲・柯恩也聽過她的這個比喻。

18 出自作者對賴瑞・麥可莫特瑞所作的訪談。

19 出自作者對格雷格・錢德勒所作的訪談。

20 Rieff, *Swimming,* 160.

21 "Trip to Hanoi," in Sontag, *Styles,* 216.

22 Rieff, *Slaughterhouse,* 123.

23 出自作者對安東尼・皮提所作的訪談。

24 出自作者對霍華德・霍奇金所作的訪談。

25 Rieff, *Slaughterhouse,* 52.

26 出自作者對大衛・瑞夫所作的訪談。

27 Hadžiselimović and Radeljković, "Literature Is What You Should Re-Read."

28 出自作者對哈里斯・帕索維奇所作的訪談。

29 出自作者對大衛・瑞夫所作的訪談。

30 出自作者對茱蒂絲・柯恩所作的訪談。

31 出自作者對大衛・瑞夫所作的訪談。

32 出自作者對塞納達・克雷索所作的訪談。

33 Sontag Papers, 1994.

34 "The World as India," in Sontag, *At the Same Time,* 177.

35 出自作者對卡拉・歐夫所作的訪談。

36 出自作者對米蘭達・斯皮勒所作的訪談。

37 出自作者對瑪麗盧・歐斯塔基奧所作的訪談。

38 Sontag, *On Photography,* 12.

39 出自作者對里昂・韋斯蒂爾所作的訪談。

40 Sontag, *Benefactor,* 260.

39 Sontag, *On Photography,* 105.
40 出自作者對維利柏・托皮奇所作的訪談。
41 "Waiting for Godot in Sarajevo," in Sontag, *Where the Stress Falls,* 312.
42 同上註，頁 313。
43 出自作者對阿德米爾・格拉莫查克所作的訪談。
44 出自作者對阿迪米爾・凱諾維奇所作的訪談。
45 "Waiting for Godot in Sarajevo," in Sontag, *Where the Stress Falls,* 318.
46 Kevin Myers, "I Wish I Had Kicked Susan Sontag," *Telegraph,* January 2, 2005.
47 出自作者對約翰・伯恩斯所作的訪談。
48 出自作者對伊祖丁・巴耶羅維奇所作的訪談。
49 出自作者對哈里斯・帕索維奇所作的訪談。
50 出自作者對戈蘭・西米奇所作的訪談。
51 出自作者對皮埃爾・貝爾傑所作的訪談。
52 Sontag Papers.
53 出自作者對米羅・普里瓦特拉所作的訪談。
54 Angela Lambert, "Taking Pictures with Annie Leibovitz: From Jagger toTrump, She Summed Up the Seventies and Eighties. Her Latest Subject Is Sarajevo," *Independent,* March 3, 1994.
55 Sontag, *On Photography,* 11.
56 Bob Thompson, "A Complete Picture: Annie Leibovitz Is Ready for an Intimate View of Her Life," *Washington Post,* October 19, 2006.
57 Samuel Beckett, *Waiting for Godot: A Tragicomedy in Two Acts*，由作者從原本的法文版本自行翻譯（New York: Grove Press, 1954），頁 51。
58 出自作者對阿迪米爾・凱諾維奇所作的訪談。
59 出自作者對阿德米爾・格拉莫查克所作的訪談。

第三十六章　蘇珊的故事

1 這個故事出自 Atka Reid and Hana Schofield, *Goodbye Sarajevo: A True Story of Courage, Love and Survival* (London: Bloomsbury, 2011)。
2 Affidavit of Hasan Gluhić, Sontag Papers.
3 出自作者對約翰・伯恩斯所作的訪談。
4 出自作者對哈里斯・帕索維奇所作的訪談。
5 出自作者對米蘭達・斯皮勒所作的訪談。
6 出自作者對菲麗妲・杜拉科維奇所作的訪談。

11 Sontag, *Alice,* 63, 68.

12 Frank Rich, "Stage: Milan Kundera's 'Jacques and His Master,'" *New York Times,* January 24, 1985.

13 "Thirty Years Later," in Sontag, *Against Interpretation.*

14 出自作者對米蘭達・斯皮勒所作的訪談。

15 "Approaching Artaud," in Sontag, *Saturn,* 28.

16 同上註，頁 29。

17 同上註，頁 16、15。

18 同上註，頁 22。

19 同上註，頁 39。

20 同上註，頁 36。

21 Artaud, *Selected Writings,* xxxiii, xxiii.

22 同上註，頁 xxxv。

23 出自作者對伊祖丁・巴耶羅維奇所作的訪談。

24 Ruby Cohn, ed., *Casebook on* Waiting for Godot: *The Impact of Beckett's Modern Classic: Reviews, Reflections & Interpretations* (New York: Grove Press, 1967), 17. 貝克特為何如此吸引蘇珊，該書也提供了另一個想法。我們在《墨菲》（*Murphy*）中讀到：「墨菲覺得他自己分裂成兩個部分——身體和心靈。它們顯然會交流，否則他也不知道它們有什麼共通點。但是他覺得他的心靈和身體緊緊綁在一起，他不了解有什麼管道可以影響交流，或者兩種經驗有什麼重疊。他很滿意於兩者都沒有跟隨另一方。他不會因為感覺到其一而連帶想到另一方，或想到其一而連帶感到另一方。」

25 同上註，頁 11。

26 出自作者對阿德米爾・格拉莫查克所作的訪談。

27 出自作者對伊祖丁・巴耶羅維奇所作的訪談。

28 "Waiting for Godot in Sarajevo," in Sontag, *Where the Stress Falls,* 315.

29 出自作者對伊祖丁・巴耶羅維奇所作的訪談。

30 出自作者對菲麗妲・杜拉科維奇所作的訪談。

31 出自作者對塞納達・克雷索所作的訪談。

32 出自作者對伊祖丁・巴耶羅維奇所作的訪談。

33 Sontag Papers.

34 "Waiting for Godot in Sarajevo," in Sontag, *Where the Stress Falls,* 303.

35 Pjer Žalica, dir., *Sarajevo—Godot,* SaGA Production Sarajevo, 1993.

36 "Waiting for Godot in Sarajevo," in Sontag, *Where the Stress Falls,* 309.

37 同上註，頁 310。

38 出自作者對伊祖丁・巴耶羅維奇所作的訪談。

1993.

21 "Michel Leiris' *Manhood,*" in Sontag, *Against Interpretation,* 64.

22 出自作者對烏納・塞克勒茲・瓊斯所作的訪談。

23 出自作者對菲麗妲・杜拉科維奇所作的訪談。

24 Sontag, *Regarding the Pain of Others* (New York: Farrar, Straus and Giroux, 2002), 33.

25 Sontag, *On Photography,* 17.

26 "Waiting for Godot in Sarajevo," in Sontag, *Where the Stress Falls,* 299.

27 Sontag, *On Photography,* 19.

28 Sontag, *Regarding,* 12.

29 出自作者對珍妮・迪・喬瓦尼所作的訪談。

30 出自作者對伊祖丁・巴耶羅維奇所作的訪談。

31 John Pomfret, "'Godot' amid the Gunfire: In Bosnia, Sontag's Take on Beckett," *Washington Post,* August 19, 1993.

32 "Waiting for Godot in Sarajevo," in Sontag, *Where the Stress Falls,* 319.

33 Chan, "Against Postmodernism."

34 "On Being Translated," in Sontag, *Where the Stress Falls,* 336.

35 出自作者對哈里斯・帕索維奇所作的訪談。

第三十五章　文化活動

1 Julia A. Walker, "Sontag on Theater," in Ching and Wagner-Lawlor, *Scandal,* 133.

2 有關於桑塔格對此次在斯塔維萊劇院（Teatro Stabile）的合作有何想法，可參見她於一九八一年三月二十日與「英國皮藍德婁協會」（British Pirandello Society）進行的訪談（該次訪談報導並未刊出，資料來源為 Sontag Papers）。桑塔格在訪談中，不尋常的對阿斯蒂口出惡言。桑塔格或許在私下會說出很傷人的話，但是她極少在公眾面前這麼做。這幾乎可以確定是這篇訪談從未公開發表的原因。

3 Sontag, *Reborn,* 180, January 6, 1958.

4 出自作者對瑪麗盧・歐斯塔基奧所作的訪談。

5 Roger Copeland, "The Habits of Consciousness," in Sontag, *Conversations,* 191.

6 Edward Hirsch, "Susan Sontag, The Art of Fiction No. 143," *Paris Review,* no. 137 (Winter 1995).

7 Sontag, *Alice in Bed* (New York: Farrar, Straus and Giroux, 1993), 113.

8 同上註，頁 116。

9 同上註。

10 Walker, "Sontag on Theater," in Ching and Wagner-Lawlor, *Scandal,* 142.

32 出自作者對卡米爾・帕格里亞所作的訪談。

33 "More from Sontag's 'Nightmare,' " Page Six, *New York Post,* August 14, 1992.

34 克里斯多福・萊登(Christopher Lydon)訪問卡米爾・帕格里亞,一九九三年,https://www.youtube.com/watch?v=kFgYcVbAaNs。

35 出自作者對卡米爾・帕格里亞所作的訪談。

36 Rollyson and Paddock, *Making of an Icon,* 274.

第三十四章 一個認真的人

1 "Project for a Trip to China," in Sontag, *I, etcetera,* 14.

2 David Rieff, *Slaughterhouse: Bosnia and the Failure of the West* (New York: Simon & Schuster, 1995), 31, 123.

3 出自作者對約翰・伯恩斯所作的訪談。

4 出自作者對阿特卡・里德所作的訪談。

5 Rieff, *Slaughterhouse,* 216; Dževad Karahasan, *Sarajevo, Exodus of a City* (New York: Kodansha America, 1994), 78–79.

6 Rieff, *Slaughterhouse,* 25.

7 同上註,頁 9–10。

8 出自作者對米羅・普里瓦特拉所作的訪談。

9 Omer Hadžiselimović and Zvonimir Radeljković, "Literature Is What You Should Re-Read: An Interview with Susan Sontag," *Spirit of Bosnia* 2, no. 2 (April 2007), http://www.spiritofbosnia.org/volume-2-no-2-2007-april/literature-is-what-you-should-re-read-an-interview-with-susan-sontag/.

10 "'There' and 'Here,'" in Sontag, *Where the Stress Falls,* 323.

11 Sontag to Peter Schneider, June 18, 1993, Sontag Papers.

12 出自作者對哈里斯・帕索維奇所作的訪談。

13 Rieff, *Slaughterhouse,* 34.

14 "Waiting for Godot in Sarajevo," in Sontag, *Where the Stress Falls,* 304.

15 Cott, *Susan Sontag,* 97.

16 Sontag Papers, n.d. [mid-1960s]. 本段摘錄自〈靜默之美學〉的早期筆記,筆記中透露出她本來是考慮要寫一篇「關於乏味的文章」。

17 出自作者對哈里斯・帕索維奇所作的訪談。

18 出自作者對約翰・伯恩斯所作的訪談。

19 Hadžiselimović and Radeljković, "Literature Is What You Should Re-Read."

20 John Burns, "To Sarajevo, Writer Brings Good Will and 'Godot,'" *New York Times,* August 19,

2 “A Poet’s Prose”，引用自同上註，頁 8。
3 Sontag Papers.
4 Span, “Susan Sontag, Hot at Last.”
5 Sontag, *Volcano Lover,* 133, 163.
6 同上註，頁 128。
7 同上註，頁 135。
8 同上註，頁 406。
9 同上註，頁 72、73。
10 同上註，頁 23。
11 同上註，頁 25。
12 同上註，頁 119。
13 同上註，頁 166。
14 同上註，頁 419、299。
15 “Mind as Passion,” in Sontag, *Saturn,* 195–96.
16 Sontag, *Volcano,* 41–43.
17 同上註，頁 77–80。
18 同上註，頁 160。
19 同上註，頁 56。
20 同上註，頁 134。
21 同上註，頁 407。
22 同上註，頁 242。
23 Span, “Susan Sontag, Hot at Last.”
24 Terry Castle, “Desperately Seeking Susan,” *London Review of Books* 27, no. 6 (March 17, 2005).
25 Heller, “The Life of a Head Girl.”
26 出自作者對牙買加．金凱德所作的訪談。
27 出自作者對羅伯特．博耶斯所作的訪談。
28 出自作者對安妮．萊特所作的訪談。住在阿姆斯特丹的美國傳記作家朱莉．菲利普斯（Julie Phillips）也說：有朋友告訴她桑塔格——根據自己在塞拉耶佛的豐富經驗——就斷言「人們根本沒有真的了解城市戰爭是什麼樣子」。「你會感到聽眾之間瀰漫著一種震驚和憤怒的情緒，並不是因為德．斯瓦安是猶太人（他出生於一九四二年），而是因為聽眾中有許多人都是從戰爭中活過來的。」出自作者對朱莉．菲利普斯所作的訪談。
29 Paglia, *Vamps,* 355.
30 出自作者對卡米爾．帕格里亞所作的訪談。
31 Paglia, *Vamps,* 357.

9 出自作者對安妮・萊博維茨所作的訪談。

10 同上註。

11 這段描述出自多個資料來源，包括作者對卡拉・歐夫、格雷格・錢德勒、莎朗・德拉諾、里克・坎托爾（Rick Kantor）、克里斯蒂安・威特金（Christian Witkin）和安妮・萊博維茨所作的訪談。

12 出自作者對安妮・萊博維茨所作的訪談。

13 出自作者對卡拉・歐夫所作的訪談。

14 出自作者對里克・坎托爾所作的訪談。

15 出自作者對里士滿・伯頓所作的訪談。

16 出自作者對卡拉・歐夫所作的訪談。

17 出自作者對瓊・阿科切拉所作的訪談。

18 出自作者對大衛・瑞夫所作的訪談。

19 出自作者對邁克爾・西爾瓦布拉特所作的訪談。

20 出自作者對瑪麗盧・歐斯塔基奧所作的訪談。

21 出自作者對蓋瑞・印第安納所作的訪談。

22 出自作者對里士滿・伯頓所作的訪談。

23 出自作者對卡拉・歐夫所作的訪談。

24 出自作者對克里斯蒂安・威特金所作的訪談。

25 出自作者對安妮・萊博維茨所作的訪談。

26 出自作者對樊尚・維爾加所作的訪談。

27 出自作者對格雷格・錢德勒所作的訪談。

28 Scott, "From Annie Leibovitz."

29 Andrew Goldman, "How Could This Happen to Annie Leibovitz?" *New York,* August 16, 2009.

30 出自作者對卡拉・歐夫所作的訪談。

31 出自作者對安妮・萊博維茨所作的訪談。

32 出自作者對邁克爾・西爾瓦布拉特所作的訪談。

33 出自作者對史特夫・瓦瑟曼所作的訪談。

34 出自作者對馬蒂・埃德勒所作的訪談。

35 出自作者對凱西婭・戈爾斯卡所作的訪談。

36 出自作者對卡拉・歐夫所作的訪談。

第三十三章 值得收藏的女人

1 "Singleness," in Sontag, *Where the Stress Falls,* 260.

14 Kachka, *Hothouse,* 258.

15 出自作者對莎朗・德拉諾所作的訪談。

16 Janny Scott, "From Annie Leibovitz: Life, and Death, Examined," *New York Times,* October 6, 2006.

17 出自作者對卡拉・歐夫所作的訪談。

18 Signorile, *Queer,* 81.

19 同上註，頁 75。

20 http://www.msignorile.com/bio.htm.

21 Signorile, *Queer,* 77.

22 同上註，頁 67。

23 同上註，頁 232。

24 同上註，頁 84。

25 Sontag, *Illness,* 96.

26 同上註，頁 102。

27 同上註，頁 165。

28 同上註，頁 167。

29 同上註，頁 183。

30 Seligman, *Sontag & Kael,* 36.

31 Christopher Lehmann-Haupt, "Shaping the Reality of AIDS Through Language," *New York Times,* January 16, 1989.

32 出自作者對米開朗基羅・西格諾里爾所作的訪談。

33 Jay Prosser, "Metaphors Kill," in Ching and Wagner-Lawlor, *Scandal,* 200.

第三十二章　劫持人質

1 出自作者對卡拉・歐夫所作的訪談。

2 Gloria L. Cronin et al., *A Political Companion to Saul Bellow* (Lexington: University Press of Kentucky, 2013). 里士滿・伯頓也說過同樣的事。

3 出自作者對彼得・佩羅內所作的訪談。

4 出自作者對傑夫・賽羅伊所作的訪談。

5 Annie Leibovitz to Sontag, June 1989, Sontag Papers.

6 Scott, "From Annie Leibovitz."

7 出自作者對卡拉・歐夫所作的訪談。

8 Scott, "From Annie Leibovitz."

25 出自作者對莎拉・拉津、凱倫・穆拉克伊和羅傑・布萊克所作的訪談。

26 出自作者對凱倫・穆拉克伊和羅傑・布萊克所作的訪談。

27 Leibovitz, *At Work,* 34.

28 出自作者對莎拉・拉津所作的訪談。

29 Annie Leibovitz, ed., *Shooting Stars: The* Rolling Stone *Book of Portraits* (San Francisco: Straight Arrow Books, 1973), 70.

30 出自作者對安德魯・埃克萊斯所作的訪談。

31 出自作者對凱倫・穆拉克伊所作的訪談。

32 *Rolling Stone,* no. 254, Tenth Anniversary Issue, December 15, 1977, 62.

33 例如：可參見 *Senhor,* July 1960。

34 Bruno Feitler, *O design de Bea Feitler* (Sao Paulo: Cosac Naify, 2012).

35 出自作者對凱倫・穆拉克伊所作的訪談。

36 Leibovitz, *Shooting Stars,* 70.

37 出自作者對羅傑・布萊克所作的訪談。

38 出自作者對凱倫・穆拉克伊所作的訪談。也可參見 Joe Hagan, *Sticky Fingers: The Life and Times of Jann Wenner and* Rolling Stone *Magazine* (New York: Alfred A. Knopf, 2017)。

39 出自作者對邁克爾・斯耶爾森所作的訪談。

40 出自作者對席德・霍爾特所作的訪談。

第三十一章　這些那些「蘇珊・桑塔格」的事

1 Paula Span, "Susan Sontag, Hot at Last," *Washington Post,* September 17, 1992.

2 同上註。

3 Richmond Burton, "Notes on Life with Susan"，未出版的手稿。

4 Rebecca Mead, "Mister Pitch," *New York,* August 5, 1996.

5 Kachka, *Hothouse,* 257.

6 Sontag to Judith Wechsler, June 13, 1990, Sontag Papers.

7 出自作者對米謝爾・卡普蘭所作的訪談。

8 Kachka, *Hothouse,* 257.

9 出自作者對佩姬・米勒所作的訪談。

10 Kachka, *Hothouse,* 257.

11 同上註，頁 256。

12 Span, "Susan Sontag, Hot at Last."

13 Sontag, *Reborn,* 298, "Week of Feb. 12, 1962."

28 Rachel Donadio, "Fighting Words on Sir Salman," *New York Times,* July 15, 2007.

29 Paul Elie, "A Fundamental Fight," *Vanity Fair,* May 2014.

30 出自作者對凱倫・肯納利所作的訪談。

31 出自作者對薩爾曼・魯西迪所作的訪談。

32 Rushdie, *Joseph Anton,* 150. 另一個不同觀點可參見 John R. MacArthur, "The Friends Rushdie Forgot," https://www.spectator.co.uk/2012/09/the-friends-rushdie-forgot/。

第三十章　不拘禮節的親密感

1 Letter to a potential surrogate mother, Sontag Papers.

2 出自作者對凱倫・穆拉克伊（Karen Mullarkey）所作的訪談。

3 Annie Leibovitz, *At Work* (New York: Random House, 2008).

4 同上註，頁 13。

5 出自作者對羅傑・布萊克所作的訪談。

6 *Rolling Stone,* no. 254, Tenth Anniversary Issue, December 15, 1977, 62.

7 Leibovitz, *At Work,* 44.

8 出自作者對凱西・瑞安所作的訪談。

9 https://www.youtube.com/watch?v=vqpK9lUTVXs.

10 出自作者對安德魯・埃克萊斯所作的訪談。

11 出自作者對提摩西・克魯斯作的訪談。

12 出自作者對安德魯・埃克萊斯所作的訪談。

13 Annie Leibovitz, *Photographs* (New York: Pantheon/Rolling Stone Press, 1983).

14 出自作者對凱倫・穆拉克伊所作的訪談。

15 出自作者對馬克思・阿奎萊拉 - 赫維格所作的訪談。

16 出自作者對安德魯・埃克萊斯所作的訪談。

17 出自作者對莎拉・拉津（Sarah Lazin）和羅傑・布萊克所作的訪談。

18 出自作者對羅傑・布萊克所作的訪談。

19 朗絲黛對萊博維茨照片的態度：http://www.ronstadt-linda.com/gold03.htm，http://www.ronstadt-linda.com/artnt77.htm。

20 Leibovitz, *Photographs.*

21 Sontag, *On Photography,* 12–13.

22 同上註，頁 35。

23 同上註，頁 4。

24 出自作者對凱倫・穆拉克伊所作的訪談。

她在酗酒。瓊・阿科切拉（Joan Acocella）於二〇〇〇年在《紐約客》發表了一篇人物略傳，其中寫道「蘇珊多年後，才從茱蒂絲那裡得知母親有酒精中毒的問題。」她的資料來源是蘇珊。但是唐・萊文記得當蜜爾崔德搭乘郵輪時，蘇珊提過郵輪上竟然還有「匿名戒酒會」（AA）團體，真是很有趣的事，這似乎表示她是從蜜爾崔德那裡得知這件事的。大衛・瑞夫也記得蘇珊曾經在檀香山和母親一起去過匿名戒酒會的聚會。或許這個例子也可以說她在理智上知道某事，但是在情緒上沒有辦法完全吸收。

3 出自作者對茱蒂絲・柯恩所作的訪談。

4 Sontag Papers, December 30, 1986, Paris.

5 同上註。

6 出自作者對露辛達・采爾茲所作的訪談。

7 出自作者對史特夫・瓦瑟曼所作的訪談。

8 出自作者對傑夫・吉塞爾所作的訪談。

9 Sontag Papers, March 25, 1987.

10 出自作者對里昂・韋斯蒂爾所作的訪談。

11 出自作者對傑夫・賽羅伊所作的訪談。

12 出自作者對里昂・韋斯蒂爾所作的訪談。

13 Sontag, *Consciousness,* 7, August 6, 1964.

14 出自作者對梅雷迪思・塔克斯所作的訪談。

15 Salman Rushdie, *Joseph Anton: A Memoir* (New York: Random House, 2012), 75–76.

16 同上註，頁 76。

17 Rhoda Koenig, "At Play in the Fields of the Word," *New York,* February 3, 1986, 40–47.

18 Walter Goodman, "Norman Mailer Offers a PEN Post-Mortem," *New York Times,* January 27, 1986.

19 出自作者對凱倫・肯納利所作的訪談。

20 Koenig, "At Play in the Fields of the Word."

21 出自作者對梅雷迪思・塔克斯所作的訪談。

22 出自作者對凱倫・肯納利所作的訪談。

23 同上註。

24 Digby Diehl, "PEN and Sword in Seoul," *Los Angeles Times,* September 11, 1988.

25 "Park Sang-mi's Empathetic Storytelling: The Drum Sounds That Beat the Consciousness of the Silent," trans. Hyosun Lee, *Kyunghyang Shinmun,* October 13, 2015.

26 Yongbeon Kim, "'The Poetry I Risked My Life to Write Has Finally Been"Restored" 16 Years Later': Poet Lee San-ha," trans. Mia You, *Munhwa Ilbo,* June 16, 2003，由 Naver News 於線上出版，http://news.naver.com/main/read.nhn?mode=LSD&mid=sec&sid1=103&oid=021&aid=0000033892。

27 "Park Sang-mi's Empathetic Storytelling."

5 Sontag, *Illness,* 6.

6 同上註，頁 13。

7 Michelangelo Signorile, *Queer in America: Sex, the Media, and the Closets of Power* (New York: Random House, 1993), 68.

8 Sontag, "The Way We Live Now," *The New Yorker,* November 24, 1986.

9 同上註。

10 Sontag, *Illness,* 3.

11 Sontag, "The Way We Live Now."

12 同上註。

13 同上註。

14 Paul Thek to Sontag, May 29, 1978, Sontag Papers.

15 出自作者對斯蒂芬・科赫所作的訪談。

16 出自作者對弗雷德里克・圖滕所作的訪談。

17 Rachel Pastan, "Remembering Paul Thek: A Conversation with Ann Wilson and Peter Harvey," Institute of Contemporary Art, University of Pennsylvania, http://icaphila.org/miranda/6114/remembering-paul-thek-a-conversation-with-ann-wilson-and-peter-harvey.

18 Paul Thek to Sontag, January 15, 1987, Sontag Papers.

19 這些筆記也保留在 Sontag Papers。

20 出自作者對霍華德・霍奇金所作的訪談。

21 Adrienne Rich, "Notes Toward a Politics of Location," in *Blood, Bread, and Poetry: Selected Prose: 1979–1985* (New York: W. W. Norton, 1986), 215.

22 出自作者對邁克爾・斯耶爾森所作的訪談。

23 Ben Cosgrove, "Faces of the American Dead in Vietnam: One Week's Toll," *Life,* June 27, 1969, http://time.com/3485726/faces-of-the-american-dead-in-vietnam-one-weeks-toll-june-1969/.

24 出自作者對米開朗基羅・西格諾里爾所作的訪談。

第二十九章　妳怎麼不回旅館去？

1 出自作者對史特夫・瓦瑟曼所作的訪談。

2 茱蒂絲・柯恩說蘇珊「直到生命很後期才知道」她母親有酗酒。大衛・瑞夫質疑這點：「她不可能不知道。」但是蘇珊的確常常不知道一些別人看來都覺得再明顯不過的事。她的日記裡只有一次模模糊糊的提到酗酒的事：「我母親每天都醉醺醺的躺到下午四點，臥房的百葉窗關得嚴嚴實實」——這是她在一九七三年八月十四日寫的。（Sontag, *Reborn,* 362）夏威夷的朋友說直到蜜爾崔德的健康在最後幾年垮掉之前，蘇珊的確不容易知道

25 Woititz, *Adult Children of Alcoholics,* 27. 她又補充：酗酒家庭的成年子女「擁有的經驗就是有時候被很親密的對待，有時候又被趕走——一種不一致的相愛親子關係。他們可能今天覺得被愛，明天又被冷落在一邊。害怕被拋棄是一種極度的恐懼。……因為害怕被拋棄，所以你不可能對自己有自信。你會對自己沒有好感，也不相信自己值得被愛。所以你看向其他人，因為覺得他們有一些你無法帶給自己、讓自己覺得好過的東西」（頁68）。這可謂完美說明了蘇珊的大部分人際關係。

26 Ruas, "Susan Sontag: Past, Present and Future."

27 出自作者對唐・萊文所作的訪談。

28 出自作者對羅傑・德格所作的訪談。

29 出自作者對史特夫・瓦瑟曼和斯蒂芬・科赫所作的訪談。

30 出自作者對牙買加・金凱德（Jamaica Kincaid）、托德・吉特林（Todd Gitlin）、露辛達・采爾茲和大衛・瑞夫所作的訪談。

31 出自作者對牙買加・金凱德所作的訪談。

32 同上註。

33 出自作者對海倫・格雷夫斯所作的訪談。

34 出自作者對羅伯特・博耶斯和大衛・瑞夫所作的訪談。

35 Sigrid Nunez, *Sempre Susan: A Memoir of Susan Sontag* (New York: Atlas, 2011), 117.

36 "Mind as Passion," in Sontag, *Saturn,* 201.

37 "Sartre's Abdication"，未出版的文章，Sontag Papers。

38 同上註。

39 Sontag to Roger Straus, Paris, May 13, 1973, Sontag Papers.

40 Nunez, *Sempre Susan.*

41 她的日記裡第一次提到安非他命，是在一九六〇年三月十二日。依照大衛・瑞夫和海倫・格雷夫斯的說法，至少在八〇年代中期之前，她都有繼續吸食。Sontag Papers；出自作者對大衛・瑞夫和海倫・格雷夫斯所作的訪談。

42 Robert Silvers to Sontag, August 24, 1984, Sontag Papers.

第二十八章　不會消失的那個字

1 Lawrence K. Altman, "Rare Cancer Seen in 41 Homosexuals," *New York Times,* July 3, 1981.

2 出自作者對約瑟夫・索納本德所作的訪談。

3 Mukherjee, *Emperor,* 27.

4 "The AIDS Era: Life During Wartime," July 31, 1990, in Michael Musto, *La Dolce Musto* (New York: Carroll & Graf, 2007), 246–47.

Washington。

2 Sontag, "Unguided Tour."

3 出自作者對露辛達・采爾茲所作的訪談。

4 羅傑・德格說大約在《海灘上的愛因斯坦》首次公演的時候，蘇珊和朋友之間曾經多次討論過「《海灘上的愛因斯坦》究竟真的是一個偉大的作品，還是不過就是個噱頭」。出自作者對羅傑・德格所作的訪談。

5 出自作者對大衛・瑞夫所作的訪談。

6 出自作者對彼得・塞拉斯所作的訪談。

7 "The Aesthetics of Silence," in Sontag, *Styles,* 4.

8 "A Lexicon for *Available Light,*" in Sontag, *Where the Stress Falls,* 162–63.

9 同上註，頁 168–69。

10 Sontag Papers, August 20, 1983.

11 出自作者對露辛達・采爾茲所作的訪談。

12 同上註。桑塔格計畫要寫一本關於日本的書，甚至也已經簽約了。但是那又成了她那幾年中從未付諸實行的眾多計畫之一。

13 出自作者對大衛・瑞夫所作的訪談。

14 Sontag Papers, March 24, 1984.

15 Sontag to Lucinda Childs, November 9, [1984?], Sontag Papers.

16 Sontag Papers, December 30, 1986, Paris.

17 出自作者對卡拉・歐夫所作的訪談。

18 出自作者對露辛達・采爾茲所作的訪談。

19 出自作者對達瑞爾・平克尼所作的訪談。

20 Sontag to Lucinda Childs, June 7, 1987, Sontag Papers.

21 出自作者對露辛達・采爾茲所作的訪談。

22 Sontag to Lucinda Childs, August 12, 1997, Sontag Papers.

23 這本書是指Robert J. Ackerman's *Children of Alcoholics* (Holmes Beach, FL: Learning Publications, 1978)。

24 出自作者對賈斯培・瓊斯所作的訪談。她的法國出版者多米尼克・布爾古斯記得當她得知柯慈（J. M. Coetzee）得獎時——那是在她死前一年多的事——她極為苦澀、覺得失望。那座獎頒給了與她同為英文寫作的作家，她也知道那幾乎代表她不可能得獎了。但是她一直覺得需要證明自己：當她因最後一次罹癌而接受骨髓移植——那是她戰勝癌症的最後一線生機——失敗之後，她的代理人去醫院看她，當時她蜷作一團在睡覺。當她知道是誰來了之後，她突然生龍活虎了起來，這位瀕死的女性堅持：「我正在工作！」出自作者對安德魯・威利（Andrew Wylie）和多米尼克・布爾古斯所作的訪談。

15 同上註，頁 99。

16 Evans Chan, "Against Postmodernism, etcetera—A Conversation with Susan Sontag," *Postmodern Culture* 12, no. 1 (Johns Hopkins University Press, September 2001).

17 Seligman, *Sontag & Kael,* 116.

18 出自作者對諾曼・波德里茨所作的訪談。

19 Chan, "Against Postmodernism."

20 "One Year After," 120.

21 Chan, "Against Postmodernism."

22 Fernando Pessoa, *Heróstrato e a busca da imortalidade,* trans. Manuela Rocha, ed. Richard Zenith, *Obras de Fernando Pessoa,* Vol. 14 (Lisbon: Assírio & Alvim, 2000).

23 Stefan Jonsson, "One Must Defend Seriousness: A Talk with Susan Sontag," *Bonniers Litterära Magasin* 58, no. 2 (April 1989): 84–93; in Sontag, *Conversations,* 244.

24 Atlas, "The Changing World of New York Intellectuals."

25 同上註。

26 出自作者對羅伯特・史威爾斯所作的訪談。

27 Mary Breasted, "Discipline for a Wayward Writer," *Village Voice,* November 5–11, 1971.

28 出自作者對羅伯特・史威爾斯所作的訪談。

29 出自作者對雅洛斯瓦夫・安德斯所作的訪談。

30 Christopher Hitchens, "Party Talk," *Observer,* June 20, 1982.

31 Ralph Schoenman, "Susan Sontag and the Left," *Village Voice,* March 2, 1982.

32 "Susan Sontag Provokes Debate on Communism," *New York Times,* February 27, 1982.

33 James Brady, "Town Hall," Page Six, *New York Post,* April 17, 1982；出自作者對海倫・格雷夫斯（Helen Graves）所作的訪談。

34 "Tempest on the Left," *Across the Board: The Conference Board Magazine* XIX, no. 5 (May 1982).

35 Sontag to Octavio Paz, March 2, 1982, Sontag Papers.

36 出自作者對伊娃・柯莉希所作的訪談。

37 出自作者對羅伯特・史威爾斯所作的訪談。

38 White, *Caracole,* 265.

39 出自作者對里昂・韋斯蒂爾所作的訪談。

40 Phillip Lopate, *Notes on Sontag* (Princeton, NJ: Princeton University Press, 2009), 171–72.

第二十七章　事情的正確發展

1 出自資料來源提供給作者的下列日記：Kimble James Greenwood, December 8, 1981, Seattle,

28 出自作者對蓋瑞・印第安納所作的訪談。

29 出自作者對羅傑・德格和西格莉德・努涅斯所作的訪談。

30 出自作者對佩姬・米勒所作的訪談。

31 White, *City Boy,* 279.

32 出自作者對閔達・雷・阿米蘭所作的訪談。

33 出自作者對唐・萊文所作的訪談。

34 出自作者對羅伯特・史威爾斯所作的訪談。

35 Sontag, *Consciousness,* 223, August 10, 1967.

36 Edmund White, *Caracole* (New York: Dutton, 1985), 93.

37 Sontag, *Consciousness,* 400, n.d. [early 1970s].

38 Sontag Papers, May 25, 1975.

39 Paul Thek to Sontag, May 29, 1978, Sontag Papers.

40 出自作者對西格莉德・努涅斯所作的訪談。

41 出自作者對羅傑・德格所作的訪談。

第二十六章　莊嚴的奴隸

1 Rollyson and Paddock, *Making of an Icon,* 190.

2 "Debriefing," in Sontag, *I, etcetera,* 33, 37.

3 同上註，頁 38。

4 同上註，頁 44–45。

5 "The Dummy"，同上註，頁 88。

6 同上註，頁 93。

7 "Old Complaints Revisited"，同上註，頁 129。

8 "Doctor Jekyll"，同上註，頁 230。

9 Sontag Papers, May 31, 1981. 在《華格納事件：尼采反華格納》（*Nietzsche contra Wagner*）中，尼采寫道：「理察・華格納想要的則是另一種運動；他顛覆了以往音樂的生理學前提。游泳，漂浮——不再是行走、舞蹈」（III, 1）。

10 Sontag Papers, May 31, 1981.

11 出自作者對諾曼・波德里茨所作的訪談。

12 同上註；Lionel Trilling, *The Liberal Imagination* (New York: Viking Press, 1950), preface。

13 Steven R. Weisman, "The Hollow Man," *New York Times,* October 10, 1999, https://www.nytimes.com/books/99/10/10/reviews/991010.10weismat.html.

14 Joan Didion, *Political Fictions* (New York: Alfred A. Knopf, 2001), 112.

59 同上註，頁 103。

60 同上註，頁 102。

61 同上註，頁 98。

62 同上註，頁 103。

第二十五章 她不知道她是誰嗎？

1 Acocella, "The Hunger Artist."

2 "Project for a Trip to China," in Sontag, *I, etcetera,* 28.

3 出自作者對史特夫・瓦瑟曼所作的訪談。

4 出自作者對茱蒂絲・柯恩所作的訪談。

5 出自作者對保羅・布朗所作的訪談。照片由吉爾・吉爾伯特（Gil Gilbert）提供。

6 Sontag, *Illness,* 40.

7 Charles Ruas, "Susan Sontag: Past, Present and Future," *New York Times,* October 24, 1982.

8 Virginia Woolf, "On Being Ill," in *The Moment and Other Essays* (London: Hogarth Press, 1947).

9 出自作者對米蘭達・斯皮勒所作的訪談。

10 Mukherjee, *Emperor,* 169.

11 出自作者對樊尚・維爾加所作的訪談。

12 出自作者對唐・萊文所作的訪談。

13 出自作者對羅傑・德格所作的訪談。

14 出自作者對大衛・瑞夫和西格莉德・努涅斯所作的訪談。

15 Sontag Papers, June 2, 1981.

16 Sontag Papers, January 27, 1977.

17 出自作者對弗雷德里克・圖滕所作的訪談。

18 Sontag Papers, May 31, 1981.

19 Rieff, *Swimming,* 140.

20 出自作者對斯蒂芬・科赫所作的訪談。

21 出自作者對佩姬・米勒所作的訪談。

22 出自作者對羅傑・德格所作的訪談。

23 同上註。

24 出自作者對西格莉德・努涅斯所作的訪談。

25 出自作者對羅傑・德格所作的訪談。

26 同上註。

27 出自作者對斯蒂芬・科赫所作的訪談。

29 出自作者對雅洛斯瓦夫・安德斯所作的訪談。

30 出自作者對西格莉德・努涅斯所作的訪談。

31 Polukhina, "Thirteen Ways of Looking at Joseph Brodsky."

32 出自作者對斯蒂芬・科赫所作的訪談。

33 Carlo Ripa di Meana, "News from the Biennale," *The New York Review of Books,* September 15, 1977.

34 Joseph Brodsky, *Watermark* (New York: Farrar, Straus and Giroux, 1992), 71.

35 同上註，頁 72-73。

36 "An Argument About Beauty," in Sontag, *At the Same Time,* 12.

37 同上註，頁 73。

38 同上註，頁 84。

39 "On Style," in Sontag, *Against Interpretation,* 25.

40 Sontag, *Conversations,* xv.

41 Bernstein and Boyers, "Women, the Arts, & the Politics of Culture"，同上註，頁 59。

42 "A Century of Cinema," in Sontag, *Where the Stress Falls,* 118.

43 出自作者對埃德蒙・懷特所作的訪談。

44 Ruas, "Susan Sontag: Me, Etcetera," in Sontag, *Conversations,* 176.

45 "Fascinating Fascism," in Sontag, *Saturn,* 98.

46 同上註，頁 77。

47 Steven Bach, *Leni: The Life and Work of Leni Riefenstahl* (New York: Alfred A. Knopf, 2007), 271.

48 在桑塔格死後，她的女權主義文章才收錄於 *Susan Sontag: Essays of the 1960s & 70*，並由美國圖書館（Libr ary of America）於二〇一三年出版。

49 Chris Hegedus and D. A. Pennebaker, dirs., *Town Bloody Hall,* 1979.

50 "Fascinating Fascism," in Sontag, *Saturn,* 84.

51 Adrienne Rich and Sontag, "Feminism and Fascism: An Exchange," *The New York Review of Books,* March 20, 1975. 湯姆・盧迪——蘇珊的朋友和邀請萊芬斯坦出席的「特柳賴德電影節」導演——確認了里奇的觀察屬實。出自作者對湯姆・盧迪所作的訪談。

52 Rich and Sontag, "Feminism and Fascism: An Exchange."

53 出自作者對唐・萊文所作的訪談。

54 出自作者對埃德蒙・懷特所作的訪談。

55 Rollyson and Paddock, *Making of an Icon,* 92.

56 "Fascinating Fascism," in Sontag, *Saturn,* 98.

57 同上註，頁 100、99。

58 同上註，頁 101。

1 第二十四章 永遠忠實的

1 出自作者對唐・萊文所作的訪談。

2 "Under the Sign of Saturn," in Sontag, *Saturn,* 117.

3 同上註，頁 124。

4 同上註，頁 121。

5 同上註，頁 119。

6 同上註，頁 124。

7 同上註，頁 126。

8 同上註，頁 127。

9 同上註，頁 129。

10 同上註，頁 128。

11 關於亞陶的文章是發表於《紐約客》。

12 在《泅泳於死亡之海》（*Swimming In A Sea Of Death*）一書中，大衛的原文是「（我母親還寫過）一篇文章來討論他，我發覺該文是一名作家在描述另一名作家的作品，同時也是一篇偽裝起來的自傳」。

13 "Mind as Passion," in Sontag, *Saturn,* 181.

14 同上註，頁 203。

15 Lev Loseff, *Joseph Brodsky: A Literary Life,* trans. Jane Ann Miller (New Haven, CT: Yale University Press, 2011), 69.

16 同上註，頁 72、82。

17 同上註，頁 116。

18 同上註，頁 58。

19 同上註，頁 189。

20 出自作者對大衛・瑞夫和茱蒂絲・柯恩所作的訪談。

21 出自作者對瑪麗盧・歐斯塔基奧所作的訪談。

22 Loseff, *Brodsky,* 219.

23 Valentina Polukhina, "Thirteen Ways of Looking at Joseph Brodsky," *Words Without Borders,* June 2008, http://www.wordswithoutborders.org/article/thirteen-ways-of-looking-at-joseph-brodsky.

24 "Joseph Brodsky," in Sontag, *Where the Stress Falls,* 331.

25 Loseff, *Brodsky,* 163.

26 同上註，頁 235。

27 同上註，頁 234。

28 出自作者對凱倫・肯納利所作的訪談。

16 Peter Hujar, *Portraits in Life and Death*, preface by Susan Sontag (New York: Da Capo Press, 1976).
17 Rieff, *Swimming,* 36, 73.
18 同上註，頁 35。
19 Sontag, *Consciousness,* 386, May 25, 1975.
20 出自作者對閔達・雷・阿米蘭所作的訪談。
21 Sontag Papers, April 8, [1984].
22 出自作者對約翰・伯恩斯（John Burns）所作的訪談。
23 出自作者對羅伯特・史威爾斯所作的訪談。是史威爾斯的伴侶——達德利（Dudley）伯爵夫人葛蕾絲（Grace）——幫妮科爾打聽到伊斯雷爾醫生。
24 出自作者對斯蒂芬・多納迪奧所作的訪談。
25 Sontag, *Illness,* 100.
26 同上註，頁 6、8。
27 同上註，頁 21、22。
28 同上註，頁 102。
29 同上註，頁 53。
30 同上註，頁 57。
31 同上註，頁 40、23。
32 同上註，頁 59。
33 同上註，頁 102。
34 同上註，頁 100。
35 同上註，頁 21。
36 同上註，頁 51。
37 同上註，頁 52、55。
38 Rieff, *Swimming,* 36.
39 出自作者對唐・萊文所作的訪談。
40 出自作者對斯蒂芬・科赫所作的訪談。
41 Sontag, *Illness,* 70.
42 Rieff, *Swimming,* 31, 41.
43 出自作者對羅傑・德格所作的訪談。
44 Rieff, *Swimming,* 91.
45 出自作者對大衛・瑞夫所作的訪談。
46 出自作者對辛達塔・穆克吉所作的訪談。
47 Marithelma Costa and Adelaida López, "Susan Sontag: The Passion for Words," in Sontag, *Conversations,* 230.

1972)。

22 Sontag, *On Photography,* 36.

23 同上註，頁 23。

24 同上註，頁 40。

25 同上註，頁 41。

26 Rieff, *Swimming,* 150.

27 Cathleen McGuigan, "An Exclusive Look at Annie Leibovitz's Compelling—and Surprisingly Personal—New Book," *Newsweek,* October 2, 2006, 56.

28 Susie Linfield, *The Cruel Radiance: Photography and Political Violence* (Chicago: University of Chicago Press, 2010), xiv.

29 同上註，頁 4。

30 同上註，頁 120。

31 同上註，頁 160。

32 同上註，頁 172–73。

33 同上註，頁 39、19。

第二十三章　對幻想保持冷靜

1 Sontag, *Consciousness,* 400, n.d. [early 1970s].

2 Sontag, *Reborn,* 207, July 14, 1958.

3 Sontag to Judith Sontag, July 27, 1954, Sontag Papers.

4 出自作者對羅傑・德格所作的訪談。

5 Rollyson and Paddock, *Making of an Icon,* 161.

6 Paul Thek to Sontag, May 29, 1978, Sontag Papers.

7 http://infed.org/mobi/ivan-illich-deschooling-conviviality-and-lifelong-learning/.

8 出自作者對大衛・瑞夫所作的訪談。

9 出自作者對湯姆・盧迪（Tom Luddy）和斯蒂芬・科赫所作的訪談。

10 出自作者對大衛・瑞夫所作的訪談。

11 Rieff, *Swimming,* 38.

12 Siddhartha Mukherjee, *The Emperor of All Maladies: A Biography of Cancer* (London: Fourth Estate, 2011), 60ff.

13 Rieff, *Swimming,* 25, 40–41.

14 Rollyson and Paddock, *Making of an Icon,* 172.

15 出自作者對斯蒂芬・科赫所作的訪談。

Model）——她有名列偉大的攝影師之一——評論《論攝影》時說：『這本書是一位女性所寫的，她知道每件事，但是卻不了解任何事。』」出自作者對斯蒂芬・科赫所作的訪談。

2　Colin L. Westerbeck Jr., "On Sontag," *Artforum,* April 1978, 58，引用自 Seligman, *Sontag & Kael,* 130。

3　Neal Ascherson, "How Images Fail to Convey War's Horror," *Los Angeles Times,* March 16, 2003.

4　Sontag, *Consciousness,* 401, February 1976.

5　Sontag, *On Photography,* 3.

6　同上註，頁 21、15。

7　同上註，頁 7。

8　Rieff, *Moralist,* 115.

9　Jonathan Cott, "Susan Sontag: The *Rolling Stone* Interview," in Sontag, *Conversations,* 121.

10　Sontag, *On Photography,* 70.

11　Robin Muir, "Women's Studies," *Independent,* October 18, 1997.

12　Rollyson and Paddock, *Making of an Icon,* 176.

13　她後來有向負責她的法國出版者承認她對阿巴斯太嚴厲了。出自作者對多米尼克・布爾古斯（Dominique Bourgois）所作的訪談。

14　Rollyson and Paddock, *Making of an Icon,* 176.

15　Sontag, *On Photography,* 29.

16　同上註，頁 32。

17　Sontag, *Consciousness,* 104, August 28, 1965.

18　Sontag Papers, November 1972.

19　Sontag, *On Photography,* 38.

20　同上註，頁 58。

21　同上註，頁 34。完整的引用文是：「每個人都會有這樣的事情——他們必須以某種方式看待事情，但他們最後卻是以另一種方式看它，這就成為人們看到的東西。你會在街上看見某些人，而你在他們身上看到的基本上是缺陷。我們會有這些怪癖，實在是很異常的事。而且我們還不滿意自己的癖好，所以就創造出完整的另一套。我們的完整偽裝像是在對世界發出信號，要求世界以某種方式看待我們，但是雖然你希望人們以某種方式理解你，但是卻無法幫助人們了解你。那就是我一直說的：意圖和結果之間存在著分歧。我認為如果你夠仔細的審視現實，如果你用某種方式確實、當真得到了事實，那也是想像出來的。說你當真了解，這完全是想像出來的，是我們看起來像這樣，有時候你也可以非常清楚的在照片裡看到這樣的想像。世界上有些事很諷刺，你想要的事永遠不會照你想要的呈現出來。」出自 *Diane Arbus: An Aperture Monograph* (Millerton, NY: Aperture,

27 Sontag, *Reborn,* 115, January 1957.

28 同上註，頁 139, late February or early March 1957。

29 同上註，頁 299, "Week of Feb. 12, 1962"。

30 出自作者對茱蒂絲・柯恩所作的訪談。

31 Camille Paglia, "Sontag, Bloody Sontag," in *Vamps & Tramps: New Essays* (New York: Vintage, 1994), 344.

32 同上註，頁 347。

33 Camille Paglia, letter to Gail Thain Parker, September 27, 1973, Administrative Records, 1972–1975, Bennington College Archive, Bennington, VT, http://hdl.handle.net/11209/8827.

34 Paglia, "Sontag, Bloody Sontag," 350, 351.

35 同上註，頁 352。

36 Dudman, "From Camp to Campfire."

37 出自作者對大衛・瑞夫所作的訪談。

38 Dudman, "From Camp to Campfire."

39 同上註。

40 Yoram Kaniuk in Sontag, dir., *Promised Lands,* New Yorker Films, 1974.

41 Sontag Papers 中有一份未標註日期的文件，其中便包含這個「對我自己作品的『結構』
分析
在我的小說、電影中的死亡（假死）主題
《恩主》中的安德斯太太之死
《死亡之匣》中的尹可多納之死
《食人族二重奏》的鮑爾夫妻之死
在上述的各個例子中，每一個被認為死亡的人其實都沒有死——而且還回來了
死亡開始變得真實，是從一九七三年開始
〈百問猶疑〉（Debriefing）中的朱莉（Julia）之死
《應許之地》中的眾多死亡、死亡、死亡」

第二十二章　思考的本質

1 Schreiber, *Geist,* 175. 根據斯蒂芬・科赫的說法：赫哈因為這本書中沒有提到他而覺得深受冒犯，他覺得這表示蘇珊認為他不夠有名、無法名列其中；而且蘇珊還覺得攝影不是真正的藝術。「在彼得看來，這種意見具有毀滅性。而且他還告訴我——大概是在我們某次討論這本書的時候——理查德・阿維頓曾經跟他說過：『彼得，你知道嗎——我有時候覺得蘇珊說不定是我們的敵人。』」科赫還說：「彼得的偶像莉賽特・莫德（Lisette

la mort d'une enfant terrible," *Libération,* March 15, 2007.

2 Monique de Rothschild, *Si j'ai bonne mémoire . . .* (Saint-Rémy-en-l'Eau: Éditions Monelle Hayot, 2001).

3 出自作者對唐・萊文所作的訪談。

4 Sontag, *Consciousness,* 318, April 27, 1971.

5 Victoria Schultz, "Susan Sontag on Film," from *Changes* (May 1, 1972), in Sontag, *Conversations,* 33.

6 （《追憶似水年華》的作者）普魯斯特的作品最後有部分被製作成《青樓紅杏》（*Swann in Love*），由伏加・舒倫杜夫執導，於一九八四年拍攝。

7 出自作者對唐・萊文所作的訪談。

8 同上註。

9 同上註。

10 Maria Adele Teodori, "Un'americana a Parigi," *Il Messaggero,* May 26, 1973. "Perché non voglio vivere negli Stati Uniti. Non potevo pensare a un luogo piu logico come scelta, non ha bisogno di ragioni e l'amo molto. . . . Restare in America oggi significa diventare pazzo, finire, sparire, disintegrarsi, in un qualsiasi modo. E se stai fuori, capisci cos'e quel paese e anche come e difficile tornarci a vivere."

11 Sontag, *Consciousness,* 351, January 7, 1973.

12 Eliot Fremont-Smith, "Diddy Did It—Or Did He?" *New York Times,* August 18, 1967.

13 H. Michael Levenson, "The Avant-Garde and the Avant-Guardian: Brother Carl New England Premiere at the Brattle," *Harvard Crimson,* July 27, 1973.

14 出自作者對諾爾・伯奇所作的訪談。

15 "On Paul Goodman," in Sontag, *Under the Sign of Saturn* (New York: Farrar, Straus and Giroux, 1980), 3.

16 同上註，頁 8–9。

17 Sontag, *Consciousness,* 342, October 21, 1972.

18 同上註，頁 348, November 6, 1972。

19 "Project for a Trip to China," in Sontag, *I, etcetera,* 18–19.

20 Sontag, *Consciousness,* 361, July 31, 1973.

21 Sontag Papers.

22 同上註。

23 Helga Dudman, "From Camp to Campfire," *Jerusalem Post Weekly,* November 27, 1973.

24 Teodori, "Un'americana a Parigi."

25 出自作者對卡拉・歐夫所作的訪談。

26 出自作者對唐・萊文所作的訪談。

7 出自作者對大衛・瑞夫和唐・萊文所作的訪談。

8 Bernstein and Boyers, "Women, the Arts, & the Politics of Culture, in Sontag, *Conversations,* 60.

9 出自作者對大衛・瑞夫所作的訪談。

10 Sontag, *Consciousness,* 386, May 25, 1975.

11 Sontag, *Reborn,* 193, February 25, 1958.

12 Sontag, *Consciousness,* 313, January 1971.

13 Sontag Papers, July 27, [1958], Ydra.

14 Sontag, *Consciousness,* 138, November 8, 1965.

15 "Notes on 'Camp,'" in Sontag, *Against Interpretation,* 279, 286.

16 "Greta Garbo, 84, Screen Icon Who Fled Her Stardom, Dies," *New York Times,* April 16, 1990.

17 "Novelist Drowns Herself," *East Hampton Star,* November 13, 1969.

18 Hugh Kenner, "Divorcing," *The New York Times Book Review,* November 2, 1969.

19 出自作者對斯蒂芬・科赫所作的訪談。

20 出自作者對伊森・陶布斯所作的訪談。

21 Sontag, *Consciousness,* 384–85, May 25, 1975.

22 出自作者對羅伯特・史威爾斯所作的訪談。

23 Sontag, "Some Thoughts on the Right Way (for Us) to Love the Cuban Revolution," *Ramparts,* April 1969, 6.

24 Sontag and Dugald Stermer, *The Art of Revolution: Ninety-Six Posters from Cuba* (London: Pall Mall Press, 1970).

25 Max Roser and Esteban Ortiz-Ospina, "Literacy," Our World in Data, September 20, 2018, https://ourworldindata.org/literacy/.

26 Jonathan Lerner, "Whorehouse of the Caribbean," Salon, January 4, 2001, http://www.salon.com/2001/01/04/havana/.

27 出自作者對弗洛倫斯・馬爾羅所作的訪談。

28 Sontag, *Brother Carl* (New York: Farrar, Straus and Giroux, 1974), x.

29 同上註，頁 xv、xi。

30 出自作者對埃德加多・科薩林斯基所作的訪談。

31 出自作者對彼得・霍爾德所作的訪談。

32 Sontag, *Consciousness,* 261, February 4, 1970.

第二十一章　中國、女人、怪胎

1 Jean-Luc Douin, "Nicole Stéphane," *Le Monde,* March 17, 2003; Gérard Leford, "Nicole Stéphane,

29 出自作者對彼得・霍爾德所作的訪談。
30 出自作者對格斯塔・伊克曼所作的訪談。
31 未出版的劇本，Sontag Papers。
32 出自作者對格斯塔・伊克曼所作的訪談。
33 Sontag Papers, 1984.
34 出自作者對菲利普・洛帕泰所作的訪談。
35 "A Century of Cinema," in Sontag, *Where the Stress Falls*.
36 "Godard," in Sontag, *Styles,* 148, 150.
37 同上註，頁 151。
38 同上註，頁 154。
39 同上註，頁 155。
40 Sontag, *Duet for Cannibals: A Screenplay* (New York: Farrar, Straus and Giroux, 1970), 16.
41 Koch, *Stargazer,* 63.
42 Klas Gustafson, *Gösta Ekman: Farbrorn som inte vill va' stor* (Stockholm: Leopard Förlag, 2010), 202.
43 Sontag, "Letter from Sweden," 32.
44 同上註，頁 28。
45 同上註，頁 29。
46 同上註，頁 31。
47 同上註。
48 同上註，頁 32。
49 同上註，頁 35。
50 同上註，頁 27。
51 同上註，頁 38。
52 "Trip to Hanoi," in Sontag, *Styles,* 249.
53 Sontag, "Letters from Sweden," 38.

第二十章　四百個女同性戀

1 出自作者對唐・萊文所作的訪談。
2 出自作者對瑪麗盧・歐斯塔基奧（Marilu Eustachio）所作的訪談。
3 出自作者對大衛・瑞夫所作的訪談。
4 出自作者對帕特里齊亞・卡瓦利所作的訪談。
5 Giovannella Zannoni to Sontag, March 7, 1970, Sontag Papers.
6 出自作者對唐・萊文所作的訪談。

第十九章　Xu-Dan Xôn-Tăc

1 Lyndon Baines Johnson, "Remarks in Memorial Hall, Akron University," October 21, 1964, http://www.presidency.ucsb.edu/documents/remarks-memorial-hall-akron-university.

2 "Trip to Hanoi," in Sontag, *Styles,* 208, 206.

3 同上註，頁 209。

4 James Toback, "Whatever You'd Like Susan Sontag to Think, She Doesn't," *Esquire,* July 1968.

5 Jonathan Cott, *Susan Sontag: The Complete* Rolling Stone *Interview* (New Haven, CT: Yale University Press, 2013), 96.

6 Sontag, *Styles,* 211.

7 同上註，頁 212、214。

8 同上註，頁 213。

9 同上註，頁 215。

10 同上註。

11 同上註，頁 216。

12 同上註，頁 224。

13 同上註，頁 229。

14 同上註，頁 224。

15 同上註，頁 226。

16 同上註。

17 同上註，頁 234。

18 同上註，頁 253。

19 同上註，頁 251、252、256、262。

20 Nguye˜n Đú'c Nam, "Con Ngu'o'i Vie・t-Nam Hie・n đa・i Trong Nhâ・n Thú'c Cu 柹 a Nha Văn My˜ Xu-Dan Xôn-Tăc," trans. Cindy A. Nguyen, Sontag Papers.

21 *Evening Standard,* July 18, 1967.

22 "What's Happening in America," in Sontag, *Styles,* 195.

23 出自作者對羅伯特・史威爾斯所作的訪談。

24 出自作者對閔達・雷・阿米蘭所作的訪談。

25 Rieff, preface to Sontag, *Consciousness,* xi.

26 Sontag, "A Letter from Sweden," *Ramparts,* July 1969.

27 出自作者對阿格妮塔・埃克曼爾所作的訪談。

28 出自作者對博・瓊森所作的訪談。

10 "Thinking Against Oneself," in Sontag, *Styles,* 80.
11 同上註，頁 74。
12 同上註。
13 同上註，頁 77。
14 同上註，頁 78。
15 同上註，頁 87。
16 同上註，頁 80。
17 Ilinca Zarifopol-Johnston, *Searching for Cioran,* ed. Kenneth R. Johnston, foreword Matei Calinescu (Bloomington: Indiana University Press, 2019), 10.
18 同上註，頁 13。
19 同上註，頁 102、93。
20 "Thinking Against Oneself," in Sontag, *Styles,* 90.
21 同上註，頁 93。
22 同上註，頁 94。
23 引用自 Kay Larson, *Where the Heart Beats: John Cage, Zen Buddhism, and the Inner Life of Artists* (New York: Penguin Press, 2012), 237。
24 "The Aesthetics of Silence," in Sontag, *Styles,* 5.
25 同上註，頁 6。
26 同上註，頁 14、12。
27 "Bergman's *Persona,*" in Sontag, *Styles,* 124.
28 同上註，頁 131。
29 同上註，頁 144。
30 "The Pornographic Imagination," in Sontag, *Styles,* 37.
31 同上註，頁 36。
32 Sontag Papers, December 31, 1948.
33 "The Pornographic Imagination," in Sontag, *Styles,* 46.
34 同上註，頁 50。
35 同上註，頁 47。
36 同上註，頁 57。
37 同上註，頁 45。
38 同上註，頁 55。
39 同上註，頁 57。
40 同上註，頁 58。
41 Sontag, *On Photography,* 70.

12 同上註。

13 "Thirty Years Later," in Sontag, *Against Interpretation and Other Essays* (New York: Picador U.S.A., 2001), 311.

14 同上註，頁 309。

15 引用自 Robert R. Tomes, *Apocalypse Then: American Intellectuals and the Vietnam War, 1954–1975* (New York: New York University Press, 1998)。

16 同上註，頁 70。

17 Paul L. Montgomery, "Detective Interrupts Vietnam Read-In," *New York Times,* February 21, 1966.

18 "Robert Mayer in New York: Dr. Spock's Breakfast Club," *Newsday,* December 6, 1967.

19 "Susan Sontag's Statement to the Press, Wednesday, March 16, 1966," Sontag Papers.

20 "What's Happening in America" 原本刊於 *Partisan Review,* Winter 1967。

21 Allen Ginsberg, *Howl and Other Poems* (San Francisco: City Lights Pocket Bookshop, 1956).

22 出自作者對斯蒂芬・科赫所作的訪談。

23 Paul Thek et al., *"Please Write!": Paul Thek and Franz Deckwitz: An Artists' Friendship, Boijmans Studies* (Rotterdam, Netherlands: Museum Boijmans van Beuningen, 2015), 13.

24 Sontag, *Death Kit,* 311.

25 Sontag, *Consciousness,* 335–36, July 21, 1972.

26 Sontag, *Death Kit,* 157.

27 同上註，頁 177、179。

28 Sontag, *On Photography,* 168.

29 Sontag, *Death Kit,* 209.

30 同上註，頁 272。

第十八章　精神官能症的大陸

1 出自作者對理查德・霍華德所作的訪談。

2 出自作者對斯蒂芬・科赫所作的訪談。

3 同上註。

4 Schreiber, *Geist,* 119.

5 出自作者對唐・萊文所作的訪談。

6 出自作者對茱蒂絲・柯恩所作的訪談。

7 出自作者對大衛・瑞夫所作的訪談。

8 Sontag, *Reborn,* 261, March 20, 1960.

9 Sontag, *Consciousness,* 137, November 7, 1965.

44 Sontag Papers.
45 出自作者對大衛・瑞夫所作的訪談。
46 出自作者對佩姬・米勒所作的訪談。
47 Sontag to Judith Sontag Cohen, May 27, 1968, Sontag Papers.
48 出自作者對斯蒂芬・科赫所作的訪談。
49 Sontag, *Reborn,* 223, December 28, 1959.
50 Jill Johnston, *Jasper Johns: Privileged Information* (New York: Thames and Hudson, 1996), 50.
51 同上註，頁 64。
52 同上註，頁 55。
53 Sontag, *Consciousness,* 144, November 20, 1965.
54 Johnston, *Privileged Information,* 134.
55 出自作者對賈斯培・瓊斯所作的訪談。
56 Sontag, *Consciousness,* 78, March 26, 1965.
57 Sontag, *Against Interpretation,* 303.
58 Benjamin DeMott, "Lady on the Scene," *The New York Times Book Review,* January 23, 1966.
59 Larry McMurtry, *Times Literary Supplement,* June 7, 1992.
60 出自作者對斯蒂芬・科赫所作的訪談。
61 出自作者對唐・萊文所作的訪談。
62 同上註。

第十七章　天佑美國

1 Sontag, *Conversations,* 258.
2 Annie De Clerck, "Susan Sontag"（訪談），http://cobra.canvas.be/cm/cobra/videozone/rubriek/boek-videozone/1.676237。
3 Paul Thek, notebook dated November 30, 1978–12.11.78, Alexander and Bonin, New York.
4 Irving Howe, "The New York Intellectuals," *Dissent,* October 1, 1969.
5 Peter Brooks, "Parti pris," *Partisan Review,* Summer 1966.
6 引用自 Seligman, *Sontag & Kael,* 23。
7 "Media Man's Mascot," *Guardian,* September 28, 1967.
8 Sontag, *Against Interpretation,* 301.
9 同上註，頁 298。
10 同上註，頁 297。
11 同上註，頁 295。

11 Sontag in *The New York Times Book Review,* May 31, 1964.

12 Sontag, *Consciousness,* 108, August 29, 1965.

13 同上註，頁 110, August 28, 1965。

14 Edward Field, *The Man Who Would Marry Susan Sontag: And Other Intimate Literary Portraits of the Bohemian Era* (Madison: University of Wisconsin Press, 2005).

15 Rollyson and Paddock, *Making of an Icon,* 107.

16 Blake Bailey, "Beloved Monster," Vice, March 1, 2008.

17 Rollyson and Paddock, *Making of an Icon,* 106.

18 Sontag, *Consciousness,* 117, September 6, 1965.

19 同上註，頁 108, August 29, 1965, Tangier。

20 同上註，頁 107, August 29, 1965。

21 出自作者對麥克・克魯格所作的訪談。

22 尤拉姆・卡紐克的談話引用自 Rollyson and Paddock, *Making of an Icon,* 163。

23 Sontag, *Consciousness,* 134, October 17, 1965.

24 出自作者對伊娃・柯莉希所作的訪談。

25 Sontag to Rogers Albritton, May 14, 1966, Sontag Papers.

26 出自作者對唐・萊文所作的訪談。

27 出自作者對伊娃・柯莉希所作的訪談。

28 Sontag, *Consciousness,* 115, September 6, 1965.

29 出自作者對唐・萊文所作的訪談。

30 出自作者對大衛・瑞夫所作的訪談。

31 Sontag, *Consciousness,* 105, September 3, 1964.

32 同上註，頁 104, August 28, 1965。

33 同上註，頁 69, January 5, 1965。

34 Sontag, *Reborn,* 300, March 3, 1962.

35 出自作者對唐・萊文所作的訪談。

36 Sontag, *Consciousness,* 97, August 24, 1965.

37 出自作者對里昂・韋斯蒂爾所作的訪談。

38 D'Antonio, "Little David, Happy at Last," 128.

39 Rollyson and Paddock, *Making of an Icon,* 89.

40 出自作者對弗雷德里克・圖滕所作的訪談。

41 出自作者對羅傑・德格（Roger Deutsch）所作的訪談。

42 出自作者對伊森・陶布斯所作的訪談。

43 出自作者對唐・萊文所作的訪談。

23 Terry Castle, "Some Notes on 'Notes on Camp,'" in Ching and Wagner-Lawlor, *Scandal,* 21–31.

24 "Notes on 'Camp,'" in Sontag, *Against Interpretation,* 276.

25 Koch, *Stargazer,* 22, 15.

26 出自作者對斯蒂芬・科赫所作的訪談。

27 出自作者對唐・萊文所作的訪談。

28 同上註。

29 Ephron, "Not Even a Critic Can Choose Her Audience."

30 "Not Good Taste, Not Bad Taste—It's 'Camp.'"

31 Larry McMurtry, *In a Narrow Grave: Essays on Texas* (New York: Simon & Schuster, 1968), xxiv.

32 Eliot Fremont-Smith, "After the Ticker Tape Parade," *New York Times,* January 31, 1966.

33 出自作者對斯蒂芬・科赫所作的訪談。

34 出自作者對唐・萊文所作的訪談。

35 出自作者對斯蒂芬・科赫所作的訪談。

36 出自作者對大衛・瑞夫所作的訪談。

37 出自作者對馬蒂・埃德勒所作的訪談。

38 Koch, *Stargazer,* 13.

39 出自作者對格雷格・錢德勒所作的訪談。

40 出自作者對唐・萊文所作的訪談。

41 出自作者對蓋瑞・印第安納所作的訪談。

42 出自作者對卡米爾・帕格里亞所作的訪談。

第十六章　你在哪裡停下，相機在哪裡開始

1 Sontag, *Reborn,* 262, December 18, 1960.

2 同上註，頁 266, April 14, 1961; April 23, 1961。

3 Sontag, *Consciousness,* 72, January 16, 1965.

4 Sontag, *Reborn,* 312, March 26, 1963.

5 桑塔格引用這些康奈爾的話，是出自 BBC 的一個廣播節目對羅伯特・麥克納布（Robert McNab）所作的訪談（訪談日期為一九九一年十二月九日），Sontag Papers。

6 Koch, *Stargazer,* 6.

7 Rollyson and Paddock, *Making of an Icon,* 111.

8 Diana Athill, *Stet: A Memoir* (London: Granta Books, 2000), 202.

9 Rollyson and Paddock, *Making of an Icon,* 107.

10 Athill, *Stet,* 185.

50 Ross Wetzsteon, "Irene Fornes: The Elements of Style," *Village Voice,* April 29, 1986, 42–45.

51 出自作者對唐・萊文所作的訪談。

52 Memran, *The Rest I Make Up*.

第十五章 Funsville

1 John Wain, "Song of Myself, 1963," *The New Republic,* September 21, 1963.

2 "Identifiable as Prose," *Time,* September 14, 1963.

3 Hannah Arendt to Roger Straus, August 20, 1963, Sontag Papers.

4 Sontag, *Benefactor,* 6.

5 Stephen Koch, *Stargazer: Andy Warhol's World and His Films* (New York: Praeger, 1973), 140.

6 同上註，頁 xi。

7 同上註，頁 5。

8 同上註，頁 6、7。

9 Dana Heller, "Absolute Seriousness: Susan Sontag in American Popular Culture," in Barbara Ching and Jennifer A. Wagner-Lawlor, *The Scandal of Susan Sontag* (New York: Columbia University Press, 2009), 32ff.

10 Koch, *Stargazer,* 22–23.

11 出自作者對諾曼・波德里茨所作的訪談。

12 "Not Good Taste, Not Bad Taste—It's 'Camp,'" *New York Times,* March 31, 1965.

13 Atlas, "The Changing World of New York Intellectuals."

14 "On Roland Barthes," in Sontag, *Where the Stress Falls,* 80.

15 Sontag Papers, July 19–July 24, 1958, Ydra.

16 引用自 Seligman, *Sontag & Kael,* 116。

17 Robert Trumbull, "Homosexuals Proud of Deviancy, Medical Academy Study Finds," *New York Times,* May 19, 1964.

18 Donn Teal（其筆名為「Ronald Forsythe」），"Why Can't 'We' Live Happily Ever After, Too?" *New York Times,* February 23, 1969, quoted in David W. Dunlap, "Looking Back: 1964 | 'Homosexuals Proud of Deviancy,'" *New York Times,* June 9, 2015。

19 Heilbrun, *Writing a Woman's Life,* 79.

20 出自作者對斯蒂芬・科赫所作的訪談。

21 "Jack Smith's *Flaming Creatures,*" in Sontag, *Against Interpretation,* 226.

22 "Pornography Is Undefined at Film-Critic Mekas' Trial," *Village Voice,* June 18, 1964. 這個有罪判決後來被上訴審法院推翻了。

26 出自作者對阿倫・格里克斯曼所作的訪談。喬納特・安貝也說過類似的故事：「有一次他要去波士頓……他堅持一定要開車去劍橋，尤其是那幾條他和桑塔格以及他們年幼的兒子住在那裡時曾經走過的街。我們沿著那個街區繞了五、六次，每當經過他們以前住過的房子時，就一次又一次的慢下來。我們就是（照字面所示的）開著車繞圈圈，看到他真誠的懊悔，我頓時了解為什麼他會在餘生出版的最後一本書裡寫著「獻給蘇珊・桑塔格」。（Imber, "Philip Rieff: A Personal Remembrance."）

27 Boris Kachka, *Hothouse: The Art of Survival and the Survival of Art at America's Most Celebrated Publishing House, Farrar, Straus & Giroux* (New York: Simon & Schuster, 2013), 48, 51.

28 出自作者對喬納森・加拉斯（Jonathan Galassi）所作的訪談。

29 Kachka, *Hothouse,* 147.

30 出自作者對佩姬・米勒所作的訪談。

31 出自作者對格雷格・錢德勒所作的訪談。

32 Christopher Lehmann-Haupt, "Roger W. Straus Jr., Book Publisher from the Age of the Independents, Dies at 87," *New York Times,* May 27, 2004.

33 出自作者對喬納森・加拉斯所作的訪談。

34 Kachka, *Hothouse,* 130.

35 同上註。

36 出自作者對喬納森・加拉斯所作的訪談。

37 Kachka, *Hothouse,* 147.

38 Rollyson and Paddock, *Making of an Icon,* 66.

39 Sontag, "Demons and Dreams," *Partisan Review,* Summer 1962, 460–63.

40 Podhoretz, *Making It,* 170.

41 Sontag, *Reborn,* 223, December 28, 1959.

42 同上註，頁 232, January 1960。

43 同上註，頁 258, February 29, 1960。

44 Sontag, *Consciousness,* 98–99, n.d. [1962].

45 同上註，頁 214, n.d. [1967]。

46 Sontag, *Reborn,* 241, February 18, 1960.

47 語出自一名年輕的電影導演——蜜雪兒・梅姆蘭（Michelle Memran）——她和艾琳終身以朋友相待，直到艾琳在人生的最後患有失智症，她還花了數年時間對艾琳進行大規模採訪。最後拍成的電影《*The Rest I Make Up*》就是取材自她的多次專訪。

48 Cummings, *Maria Irene Fornes,* 8.

49 在一九六五年到二〇〇〇年之間，佛妮絲總共得了十一次獎。http://www.obieawards.com/?s=fornes.

NJ: Princeton University Press, 2015), 104.

第十四章　極其歡樂或極其憤怒

1 Sontag Papers.

2 出自作者對斯蒂芬・科赫所作的訪談。

3 "Report—7th Meeting," March 7, 1961, Sontag Papers.

4 出自作者對弗雷德里克・圖滕所作的訪談。

5 出自作者對斯蒂芬・科赫所作的訪談。

6 出自作者對諾曼・波德里茨所作的訪談。

7 Ira S. Youdovin, "Recent Resignations Reveal Decentralization Problems," *Columbia Daily Spectator* CV, no. 81 (March 9, 1961), http://spectatorarchive.library.columbia.edu/cgi-bin/columbia?a=d&d=cs19610309-01.2.4.

8 引用自Ilana Abramovitch and Seán Galvin, eds., *Jews of Brooklyn: Brandeis Series in American Jewish History, Culture, and Life* (Hanover, NH: Brandeis University Press, 2001), 303。

9 出自作者對愛德華・菲爾德所作的訪談。

10 Norman Podhoretz, *Making It* (New York: Random House, 1967), 309.

11 同上註，頁 40。

12 同上註，頁 110。這個詞原本是由莫瑞・坎普頓（Murray Kempton）所使用的。

13 Mark Greif, "What's Wrong with Public Intellectuals?" *The Chronicle of Higher Education,* February 13, 2015, http://chronicle.com/article/Whats-Wrong-With-Public/189921/.

14 引用自 Greif, *Age of the Crisis of Man,* 17。

15 Greif, "What's Wrong with Public Intellectuals?"

16 出自作者對唐・萊文所作的訪談。

17 Sontag, *Reborn,* 160, November 4, 1957.

18 同上註，頁 163, December 29, 1958。

19 Podhoretz, *Making It,* 161.

20 同上註，頁 268。

21 Alfred Albelli, "Prof: Gotta Be Sneak to See My Son," New York *Daily News,* December 15, 1961, Sontag Papers.

22 Sontag, *Reborn,* 223, December 24, 1959.

23 Albelli, "Prof: Gotta Be Sneak."

24 "Prof Wins 1st Round on Son," undated clipping, Sontag Papers.

25 Sontag to Zoë Pagnamenta, e-mail, July 20, 2001, Sontag Papers.

19 同上註，頁 41。

20 同上註，頁 109。

21 同上註，頁 258。

22 同上註，頁 261。

23 Sontag, *Reborn,* 229, January 21, 1960.

24 出自作者對唐・萊文所作的訪談。

25 Sontag, *Reborn,* 274, June 12, 1961.

26 同上註，頁 246, n.d. [February 1960，也可能是 1961]。

27 Sontag, *Reborn,* 255, February 19, [1960，也可能是 1961]; February 29, [1960 or 1961]。

28 Sontag, *Benefactor,* 223.

29 同上註，頁 52、55。

30 同上註，頁 57–58。「我開始隨同我的作家朋友的時候，對他的活動未作評論。即使我覺得自己有權利勸他的生活別那麼錯亂、放蕩，我也會閉口不談的。然而，讓 - 雅克卻不允許我保持沉默。儘管我不攻擊他，他倒是要堅決而巧妙的保護自我，或者確切的說，保護由偽裝、秘密行事、誘騙和裝扮別的角色所帶來的種種快慰。

那年夏天有好幾次，他都想方設法讓我打破沉默，說出我心裡的反對意見。『希波賴特，別這麼嚴肅，好不好？你連個道學家都不如。』我禁不住要把這一充斥著不正當慾望的世界看作一場夢，他們的所作所為有技巧，但同時也是沉重而危險的，而他只視之為人生一場戲。『我們大家為什麼不能每晚、每月、每年換一副面具呢？』他說，『包括我們的工作面具、階層面具、公民身分面具，還有我們的觀念面具、夫妻面具、家長子女面具、主僕面具。甚至身體面具——男與女、美與醜、老與少面具。多數人不作任何反抗就戴上這些面具，一戴就是一輩子。但是，在這家咖啡館裡，你周圍的人不是這樣。你懂吧，同性戀是對面具的一種調侃。你試了，就會明白同性戀是怎樣帶給你一種可愛的自我疏離的。』

但我不想疏離自我，我倒是想進入自己的內心世界。

『在我們這個時代，什麼是革命性行為？』後來一次見面時，他問我，其實他不要我回答，『推翻一種習俗就像是回答一種問題。提問的人已經排除了非常多東西，我們可以說，他在提問的同時也已經提供了答案。至少，他劃了範圍，對他的問題做出合理回答的範圍。懂嗎？』

『這個我懂，但不懂這與革命性……』

『希波賴特，你想啊，你知道，如今你如果想要反傳統，其實都用不著什麼大無畏精神。在我們時代，人們只得以同性戀的做法來嘲弄我們這個時代的性習俗和社會習俗。』」

31 Mark Greif, *The Age of the Crisis of Man: Thought and Fiction in America: 1933–1973* (Princeton,

38 出自作者對海芮葉特・舒默斯・斯威林所作的訪談。

39 出自作者對斯蒂芬・科赫所作的訪談。

40 Sontag, *Consciousness,* 169, January 4, 1966.

41 Suzy Hansen, "Rieff Encounter," *New York Observer,* May 2, 2005.

42 Sontag, *Reborn,* 219–20, September 1959.

43 Hansen, "Rieff Encounter."

44 Sontag Papers, February 22, 1959.

45 Sontag Papers, March 4, 1959.

46 出自作者對大衛・瑞夫所作的訪談。

47 同上註。

48 Hansen, "Rieff Encounter."

49 Sontag to Mildred Sontag, [1960], Sontag Papers.

50 出自作者對唐・萊文所作的訪談。

第十三章　角色的喜劇性

1 "Happenings: An Art of Radical Juxtaposition," in Sontag, *Against Interpretation,* 271.

2 Sontag Papers, Notebook #4, April 20, 1947.

3 Sontag to Judith Sontag, on *Commentary* stationery, n.d. [probably summer 1959], Sontag Papers.

4 出自作者對茱蒂絲・柯恩所作的訪談。

5 Sontag, *Consciousness,* August 7, 1968, Stockholm.

6 Sontag Papers, 1947.

7 "Simone Weil," in Sontag, *Against Interpretation,* 50.

8 "Nathalie Sarraute and the Novel," in Sontag, *Against Interpretation,* 111.

9 Sontag, *Benefactor,* 4–5.

10 出自作者對陳耀成（Evans Chan）所作的訪談。

11 Sontag, *Benefactor,* 19.

12 同上註，頁 97。

13 同上註，頁 80、83。希波賴特也和亞陶一樣涉足電影表演。

14 同上註，頁 155。

15 "Happenings: An Art of Radical Juxtaposition," in Sontag, *Against Interpretation,* 269.

16 Sontag, *Benefactor,* 261.

17 Rieff, *Moralist,* 136, 76, 119.

18 Sontag, *Benefactor,* 40, 18.

7 出自作者對西格莉德・努涅斯所作的訪談。

8 出自作者對大衛・瑞夫所作的訪談。

9 出自作者對茱蒂絲・柯恩所作的訪談。

10 日期不明，出自標示為 September 1, 1958–January 2, 1959 的筆記本，Sontag Papers。

11 這本小說後來改編成電影《因為愛你》(*Carol*)，並由陶德・海恩斯(Todd Haynes)執導。

12 Sontag, *Reborn,* 181, January 16, 1958.

13 出自作者對達瑞爾・平克尼所作的訪談。

14 Jacob Taubes to Sontag, November 10, 1958, Sontag Papers.

15 出自作者對大衛・瑞夫所作的訪談。

16 出自作者對茱蒂絲・柯恩所作的訪談。

17 出自作者對西格莉德・努涅斯所作的訪談。

18 Charles Ruas, "Susan Sontag: Me, Etcetera," in Sontag, *Conversations,* 181.

19 出自作者對大衛・瑞夫所作的訪談。

20 Jacob Taubes to Sontag, October 22, 1958, Sontag Papers.

21 出自作者對諾曼・波德里茨(Norman Podhoretz)所作的訪談。

22 同上註。

23 出自作者對斯蒂芬・科赫所作的訪談。

24 出自作者對羅伯特・史威爾斯所作的訪談。

25 出自作者對海芮葉特・舒默斯・斯威林所作的訪談。

26 Michelle Memran, dir., *The Rest I Make Up,* 2018.

27 出自作者對斯蒂芬・科赫所作的訪談。

28 Mary V. Dearborn, *Mailer: A Biography* (New York: Houghton Mifflin Harcourt, 2001), 83.

29 出自作者對羅伯特・史威爾斯所作的訪談。

30 Stephanie Harrington, "Irene Fornes, Playwright: Alice and the Red Queen," *Village Voice,* April 21, 1966, 1, 33–34，引用自 Scott T. Cummings, *Maria Irene Fornes: Routledge Modern and Contemporary Dramatists* (London: Routledge, 2013)。

31 Sontag Papers, March 4, [1959].

32 Sontag Papers, February 22, 1959.

33 Rollyson and Paddock, *Making of an Icon,* 53.

34 Sontag Papers.

35 Sontag Papers, March 2, [1959].

36 Sontag Papers, March 8, [1959].

37 Sontag, *Reborn,* November 11, 1959. 出版時這一段根據 Sontag Papers 的原稿作過大幅編寫：例如提到與自己交媾、提到佛洛伊德(！)的部分就刪掉了。

定看得出來，並且給了她幾個看起來很明顯的隱喻範例。下次我們見面時，她走過來——拿了惹內的法文版複本——跟我說：你知道嗎，你是對的！我剛剛把惹內又看了一遍！每頁都有五、六個隱喻！看，我把它們都畫線了。還把它交給我，像個得意的學生。而我一邊想：這個女人是英文界最著名的評論家之一。不過我並沒有因此而看不起她。我還覺得有點感人。」

26 Zwerling, *Abroad,* 270–71, April 3, 1958, Seville.

27 出自作者對喬安娜・羅伯森所作的訪談。

28 出自作者對斯蒂芬・科赫所作的訪談。

29 Edmund White, *City Boy: My Life in New York During the 1960s and '70s* (New York: Bloomsbury, 2009), 271.

30 出自作者對諾爾・伯奇所作的訪談。

31 Sontag, *Reborn,* 182, January 12, 1958.

32 同上註，頁 184, February 5, 1958。

33 同上註，頁 193, July 14, 1958。

34 Zwerling, *Abroad,* 266, January 13, 1958.

35 出自作者對愛德華・菲爾德（Edward Field）所作的訪談。

36 出自作者對貝爾納・多諾霍所作的訪談。

37 Sontag, *Reborn,* 202, May 31, 1958.

38 Kaplan, *Dreaming in French,* 110ff.

39 引用自同上註，頁 97。

40 Sontag, *Reborn,* 166, December 31, 1957.

41 同上註，頁 164, December 31, 1957。

42 Sontag Papers, December 29, 1958.

43 "A Poet's Prose," in Sontag, *Where the Stress Falls,* 8.

44 David Rieff, preface to Sontag, *Reborn,* xiii.

第十二章　鹽的代價

1 Sontag to Mildred Sontag, Athens, n.d. ("Monday night"), Sontag Papers.

2 引用自 Kaplan, *Dreaming in French,* 111。

3 出自作者對大衛・瑞夫所作的訪談。

4 Philip Rieff to Joyce Farber, March 27, 1959, Sontag Papers.

5 Draft dated February 26, 1958, Paris, Sontag Papers.

6 日期不明，出自標示為 September 1, 1958–January 2, 1959 的筆記本，Sontag Papers。

watch?v=qUvf3fOmTTk.

7 Sontag, *Reborn,* 193, February 25, 1958.

8 出自作者對貝爾納・多諾霍所作的訪談。

9 Sontag, "The Letter Scene," *The New Yorker,* August 18, 1986.

10 喬納特・安貝（Jonathan Imber）——瑞夫以前的學生——寫道：「在瑞夫生命的晚期，他的兒子大衛有一次跟我說：他父親一生中都在懷疑自己生病了，不過這次他是真的病了。」Imber, "Philip Rieff: A Personal Remembrance."

11 出自作者對喬伊斯・法伯所作的訪談。

12 H. L. A. Hart to Morton White, December 18, 1957，引用自 White, *A Philosopher's Story,* 149。

13 Harriet Sohmers Zwerling, *Abroad: An Expatriate's Diaries*: *1950–1959* (New York: Spuyten Duyvil, 2014), 26, February 21, 1951.

14 同上註，頁 32, July 15, 1951。

15 同上註，頁 121–22, December 2, 1954。

16 同上註，頁 129–30, May 1, 1955。

17 Sontag, *Reborn,* 183, January 2, 1958.

18 Zwerling, *Abroad,* 264–65, December 7–22, 1957.

19 Sontag, *Reborn,* 167, December 31, 1957.

20 同上註，頁 165, December 29, 1957。

21 Sontag, *Consciousness,* 133, December 10, 1965.

22 Schreiber, *Geist,* 61.

23 出自作者對斯蒂芬・科赫所作的訪談。

24 出自作者對諾爾・伯奇所作的訪談。

25 （曾經在八〇年代與蘇珊和大衛都交好的）作家泰德・麥尼（Ted Mooney）記得蘇珊「就視覺上來說看不到畫」。他們曾經一起去看蒙德里安（Mondrian）的回顧展：「她可以作出正確的評價，但是她其實看不到。我記得我花了五分鐘站在一張畫前面，告訴她不要作判斷或是以口頭表達想法……那根本不可能。她看不到其中的重點。她不相信那是可能或是值得做的。我也覺得很沮喪，因為我發現她對於某些需要體會和抽象的東西，都是在腦中一項項核對，而不是真的去看一眼。」在大約一九七六年時和蘇珊很親近的里昂・韋斯蒂爾（Leon Wieseltier）也說了類似的故事。「蘇珊每晚都去看歌劇，但是如果你問我蘇珊真的擅長音樂嗎，我必須說『不』。那都像是照著計畫在做。她不會跳舞。她永遠沒辦法照著拍子踏步。」弗洛倫斯・馬爾羅說蘇珊沒有眼光；斯蒂芬・科赫說「她不是一位好的讀者，不過她抓得住某種風格的發揮方式。我還記得一件事——其實講出來甚至有點侮辱她。大家都知道她很推崇尚・惹內的作品。有一次，我和她討論隱喻的手法。她說她看不出這有隱喻，她看到的是兩個不同的事物。我說：噢，不會吧，妳一

21 同上註，頁 38。

22 同上註，頁 31。

23 Antonin Artaud, *Selected Writings,* ed. and intro. Sontag (New York: Farrar, Straus and Giroux, 1976), xxxiii, xxiii.

24 同上註，頁 xxxv。

25 同上註，頁 xxv。

26 同上註，頁 xlv–xlvi。

27 Rollyson and Paddock, *Making of an Icon,* 38.

28 "Report—7th Meeting," minutes of a class taught at Columbia University by Jacob Taubes and Sontag, March 7, 1961, Sontag Papers.

29 出自作者對麥克・克魯格（Michael Krüger）所作的訪談。

30 Sontag, *Reborn,* 83, September 4, 1956.

31 同上註，頁 140, March 27, 1957。

32 同上註，頁 98–99, March 3, 1957。

33 同上註，頁180–81, January 6, 1958。那位朋友是安娜特・米雀爾森（Annette Michelson）。

34 Kaplan, *Dreaming in French,* 92.

35 Sontag, *Reborn,* 170, early 1958.

36 White, *A Philosopher's Story,* 148; Sontag Papers, July 1, 1958.

37 Sontag Papers.

38 出自作者對閔達・雷・阿米蘭所作的訪談。

39 出自作者對邁克爾・西爾瓦布拉特（Michael Silverblatt）所作的訪談。

40 Sontag, *Reborn,* 103, 133, 135, January 14, 1957; January 19, 1957; February 18, 1957.

41 出自作者對大衛・瑞夫所作的訪談。

42 Sontag, *Reborn,* 152, September 5, 1957.

第十一章　你所謂的意義是什麼？

1 未出版的虛構式回憶錄，Sontag Papers。

2 Sontag Papers.

3 出自作者對茱蒂思・斯平克・格羅斯曼（Judith Spink Grossman）所作的訪談。

4 出自作者對貝爾納・多諾霍所作的訪談。

5 Judith Grossman, *Her Own Terms* (New York: Soho Press, 1988), 217.

6 Jonathan Miller and John Cleese, "Oxbridge Philosophy," https://www.youtube.com/

30 Rieff, *My Life Among the Deathworks,* 126.

31 出自作者對喬伊斯・法伯所作的訪談。

32 Rieff, *Moralist,* 155, 167.

33 Sontag, *Consciousness,* 47, November 17, 1964.

第十章 哈佛的諾斯底教徒

1 出自作者對哈迪・弗蘭克所作的訪談。

2 Sontag to Mildred Sontag, University of Connecticut press release, Sontag Papers.

3 Sontag to Mildred Sontag, "Tuesday" [Fall 1955], Sontag Papers.

4 Mackenzie, "Finding Fact from Fiction."

5 Sontag to Mildred Sontag, Sontag Papers.

6 出自作者對閔達・雷・阿米蘭所作的訪談。

7 Sontag, *Essays of the 1960s & 70s,* ed. David Rieff (New York: Library of America, 2013), 816.

8 Sontag to Mildred Sontag, Sontag Papers; Morton White, *A Philosopher's Story* (University Park: Pennsylvania State University Press, 1999), 147–48.

9 Sontag Papers. 大約在這個時候（一九五八年），桑塔格已經開始用小說的形式寫一些短篇回憶錄（內容是關於她的婚姻）。她後來的人生中也經常重複這個主題，不論是在對話、或有時候也會在她的寫作中。

10 出自作者對哈迪・弗蘭克所作的訪談。

11 Hans Jonas, *Memoirs: The Tauber Institute Series for the Study of European Jewry* (Hanover, NH: Brandeis University Press/University Press of New England, 2008), 168.

12 Sontag, *Consciousness,* 336, July 21, 1972.

13 Susan Taubes, *Divorcing* (New York: Random House, 1969), 225.

14 Christina Pareigis, "Susan Taubes—Bilder aus dem Archiv," *Aus Berliner Archiven* (Beiträge zum Berliner Wissenschaftsjahr, 2010), 22.

15 Sontag, *Reborn,* 288, September 14–September 15, 1961.

16 Taubes, *Divorcing,* 56.

17 出自作者對克里斯蒂娜・帕雷吉斯所作的訪談。

18 "Debriefing," in Sontag, *I, etcetera,* 52.

19 "'Thinking Against Oneself': Reflections on Cioran," in Sontag, *Styles of Radical Will* (New York: Farrar, Straus and Giroux, 1969), 75.

20 Hans Jonas, *The Gnostic Religion: The Message of the Alien God and the Beginnings of Christianity,* 2nd ed. (Boston: Beacon Press, 1963), 31.

件草稿——同時有打字的字體，也有桑塔格的手寫字。它後來似乎並沒有發表，或許是因為桑塔格的成果大大超出了書評所需、或是應該有的內容。它的學術性很高，而且熟稔文藝復興的歷史和哲學，讓人很難相信是出自一個十八歲的女孩之手——這表示桑塔格的智識在那時候就已經發展得很成熟了。這篇書評的作者可以在幾年後寫出《佛洛伊德：道德學家的思想》一書，絕對讓人不難想像。我們已經看到這幾篇書評的作者累積了她的名聲了。

3 出自作者對閔達・雷・阿米蘭所作的訪談。

4 Sontag to Mildred Sontag, July 4, 1956, Sontag Papers.

5 Jacob Taubes to Sontag, October 22, 1958, Sontag Papers.

6 出自作者對唐・萊文所作的訪談。

7 Jacob Taubes to Sontag, November 19, 1959, Sontag Papers.

8 Collection of David Rieff, dated "29th Sept. 98."

9 Rollyson and Paddock, *Making of an Icon,* 46.

10 Philip Rieff, *Freud: The Mind of the Moralist* (New York: Anchor Books, 1961), viii.

11 同上註，頁 38。

12 同上註，頁 40。

13 同上註，頁 67。

14 同上註，頁 75。

15 同上註，頁 145。

16 同上註，頁 128。

17 同上註，頁 134。

18 同上註，頁 176。

19 同上註，頁 148。

20 同上註，頁 153。

21 同上註，頁 174。

22 同上註，頁 175。

23 同上註，頁 182。

24 同上註，頁 149。

25 出自作者對西格莉德・努涅斯（Sigrid Nunez）所作的訪談。

26 Daniel Horowitz, *Consuming Pleasures: Intellectuals and Popular Culture in the Postwar World* (Philadelphia: University of Pennsylvania Press, 2012), 315.

27 出自作者對塞繆爾・克勞斯納所作的訪談。

28 Rieff, *My Life Among the Deathworks.*

29 出自作者對阿倫・格里克斯曼所作的訪談。

Angela Davis (Chicago: University of Chicago Press, 2012), 93.

17 出自作者對喬伊斯・法伯所作的訪談。

18 出自作者對茱蒂絲・柯恩所作的訪談；Sontag Papers。

19 Sontag, *Reborn,* 64, February 13, 1951.

20 出自她將婚姻創作成小說式的回憶錄，Sontag Papers。

21 Arthur J. Vidich, *With a Critical Eye: An Intellectual and His Times,* ed. and intro. Robert Jackall (Knoxville: Newfound Press, 2009).

22 James Miller in Philoctetes Center, "Susan Sontag: Public Intellectual, Polymath, Provocatrice."

23 出自作者對喬伊斯・法伯所作的訪談。

24 未出版的回憶錄，Sontag Papers。

25 出自作者對喬伊斯・法伯所作的訪談。

26 Michael D'Antonio, "Little David, Happy at Last," *Esquire,* March 1990.

27 Sontag Papers, September 10, 1948.

28 出自作者對斯蒂芬・科赫所作的訪談。

29 出自作者對阿倫・格里克斯曼所作的訪談。

30 出自作者對塞繆爾・克勞斯納（Samuel Klausner）所作的訪談。

31 未出版的回憶錄，Sontag Papers。

32 Susan Rieff, "Decisions," Sontag Papers.

33 Sontag Papers.

34 Sontag, *In America,* 24.

35 Sontag, *Consciousness,* 362, August 14, 1973；作者對大衛・瑞夫所作的訪談。

36 Rieff, *Swimming,* 40–41.

37 出自作者對卡拉・歐夫（Karla Eoff）所作的訪談。

38 Joan Acocella, "The Hunger Artist," *The New Yorker,* March 6, 2000.

39 Heller, "The Life of a Head Girl."

第九章 道德家

1 Philip Rieff, *Freud: The Mind of the Moralist* (Chicago: University of Chicago Press, 1959), 6.

2 Sontag to Judith Sontag, Sontag Papers. 有一份她捉刀代寫的手稿還保留在私人收藏中。日期始自一九五一年，是對〈雅各・布克哈特，哲學家與歷史學家〉（Jacob Burckhardt, Philosopher and Historian）這篇論文所作的各方面評論（該文於一九四一年發表於耶魯）。那篇文章的作者是詹姆斯・黑斯廷斯・尼可斯（James Hastings Nichols），他在桑塔格就讀時，也在芝加哥大學教書。某幾頁的背面寫下了菲利普・瑞夫要以自己名字發表的信

18 同上註，頁 275。

19 Rollyson and Paddock, *Making of an Icon,* 32.

20 Sontag Papers.

21 出自作者對希德妮・西斯克所作的訪談。

22 出自作者對喬伊斯・法伯所作的訪談。

23 Sontag to Mildred Sontag, October 29, 1950, Sontag Papers.

24 出自作者對喬伊斯・法伯所作的訪談。

25 Sontag, *Conversations,* 274.

26 出自作者對露西・普林斯（Lucie Prinz）所作的訪談。

27 出自作者對瑪莎・埃德爾海所作的訪談。

28 Sontag, *Reborn,* 67–68, early September 1950.

29 同上註。

30 Sontag to Mildred Sontag, Chicago, [November?] 1950, Sontag Papers.

第八章　卡蘇朋先生

1 出自作者對菲利普・瑞夫所作的訪談。

2 Jonathan Imber, "Philip Rieff: A Personal Remembrance," *Society,* November/December 2006, 74.

3 出自作者對阿倫・格里克斯曼（Allen Glicksman）所作的訪談。

4 Gerald Howard, "Reasons to Believe," *Bookforum,* February/March 2007.

5 出自作者對大衛・瑞夫所作的訪談。

6 Philip Rieff, *My Life Among the Deathworks: Illustrations of the Aesthetics of Authority,* Vol. 1: *Sacred Order/Social Order* (Charlottesville: University of Virginia Press, 2006), 185–87.

7 出自作者對大衛・瑞夫所作的訪談。

8 Maxine Bernstein and Robert Boyers, "Women, the Arts, & the Politics of Culture: An Interview with Susan Sontag," in Sontag, *Conversations,* 75.

9 Sontag to Judith Sontag, November 25, 1950, Sontag Papers.

10 Sontag to Mildred Sontag, December 2, 1950, Sontag Papers.

11 Rollyson and Paddock, *Making of an Icon,* 35.

12 出自作者對閔達・雷・阿米蘭所作的訪談。

13 Sontag Papers.

14 同上註。

15 Sontag Papers, July 27, [1958], Ydra.

16 Alice Kaplan, *Dreaming in French: The Paris Years of Jacqueline Bouvier Kennedy, Susan Sontag, and*

28 同上註，頁 36, June 6, 1949。

29 同上註，頁 42, August 3, 1949。

30 同上註，頁 33, May 31, 1949。這名女性的名字叫作艾琳・里昂。

31 同上註，頁 34, May 30, 1949。

32 同上註，頁 33, May 31, 1949。

33 出自作者對海芮葉特・舒默斯・斯威林所作的訪談。

34 出自作者對麥瑞爾・羅丹所作的訪談。

35 出自作者對吉恩・馬勒姆和麥瑞爾・羅丹所作的訪談。

36 Sontag Papers.

37 Sontag, *Reborn,* 40, June 29, 1949.

第七章　仁慈的獨裁者

1 *Barron's Profiles of American Colleges* (New York: Barron's, 1986), 253.

2 Deva Woodly, "How UChicago Became a Hub for Black Intellectuals," January 19, 2009, https://www.uchicago.edu/features/20090119_mlk/.

3 出自作者對瑪莎・埃德爾海所作的訪談。

4 出自作者對羅伯特・史威爾斯所作的訪談。

5 Molly McQuade, "A Gluttonous Reader: Susan Sontag," in Sontag, *Conversations with Susan Sontag,* ed. Leland Poague (Jackson: University Press of Mississippi, 1995), 277.

6 "Robert Maynard Hutchings," Office of the President, University of Chicago, https://president.uchicago.edu/directory/robert-maynard-hutchins.

7 Sontag, *Reborn,* 30–31, May 26, 1949.

8 引用自喬爾・斯耐德（Joel Snyder）的說法，出自 Bernstein, "Sontag's U. of C"。

9 出自作者對閔達・雷・阿米蘭（Minda Rae Amiran）所作的訪談。

10 出自作者對希德妮・西斯克（Sidney Sisk）所作的訪談。

11 出自作者對瑪莎・埃德爾海所作的訪談。

12 引用出自 Rollyson and Paddock, *Making of an Icon,* 29。

13 James Miller in Philoctetes Center, "Susan Sontag: Public Intellectual, Polymath, Provocatrice," https://www.youtube.com/watch?v=zXJe3EcPo1g.

14 出自作者對喬伊斯・法伯所作的訪談。

15 Robert Boyers in Philoctetes Center, "Susan Sontag: Public Intellectual, Polymath, Provocatrice."

16 出自作者對羅伯特・史威爾斯所作的訪談。

17 Sontag, *Conversations,* 278.

17 同上註，頁 223, December 24, 1959。

18 同上註，頁 220, November 19, 1959。

19 Sontag Papers, August 24, 1987.

第六章 雙性戀的進展

1 Sontag, *Consciousness,* 315, April 11, 1971

2 Sontag, *Reborn,* 14, February 19, 1949.

3 Gene Hunter, "Susan Sontag, a Very Special Daughter," *Honolulu Advertiser,* July 12, 1971.

4 David Bernstein, "Sontag's U. of C.," *Chicago Magazine,* June 2005.

5 Sontag Papers, June 18, 1948.

6 Hunter, "Susan Sontag, a Very Special Daughter."

7 出自作者對特里・朱克爾所作的訪談。

8 Sontag Papers, Notebook #11, May 28, 1948–May 29, 1948.

9 Sontag, *Reborn,* 8, September 2, 1948.

10 Sontag Papers, Notebook #11, May 28, 1948–May 29, 1948.

11 Sontag, *Reborn,* 5, August 19, 1948.

12 同上註，頁 13, February 11, 1949。

13 Sontag Papers, Chicago.

14 Sontag to Judith Cohen, June 6, [1960], Sontag Papers.

15 Sontag Papers, December 30, 1986, Paris.

16 Sontag, *Reborn,* 14, February 19, 1949.

17 同上註，頁 20, May 17, 1949。

18 同上註，頁 15, April 6, 1949。

19 出自作者對唐・萊文所作的訪談；Djuna Barnes, *Nightwood,* preface by T. S. Eliot (New York: New Directions, 1937)。

20 Barnes, *Nightwood,* 35.

21 同上註，頁 90。

22 同上註，頁 118。

23 同上註，頁 95。

24 同上註，頁 100。

25 出自作者對海芮葉特・舒默斯・斯威林所作的訪談。

26 Sontag, *Reborn,* 18; Sontag Papers，寫於其中一本（其日期為 5/7/49–5/31/49）的封面。

27 Sontag, *Reborn,* 20, May 23, 1949.

這段比較戲劇性的描述可能不屬於創造神話（雖然桑塔格的確常編造神話）。

28 Sontag Papers, March 7, 1947.

29 Sontag Papers, Notebook #5, March 7, 1947–May 6, 1947; Notebook #11, May 28, 1948–May 29, 1948.

30 Sontag Papers, October 18, 1948.

31 Sontag Papers, August 24, 1987.

32 引用史特夫・瓦瑟曼（Steve Wasserman）的說法，出自 Schreiber, *Geist,* 33。

33 Margalit Fox, "Susan Sontag, Social Critic with Verve, Dies at 71," *New York Times,* December 28, 2004.

34 引用諾曼・賓恩鮑姆（Norman Birnbaum）的說法，出自 James Atlas, "The Changing World of New York Intellectuals," *The New York Times Magazine,* August 25, 1985。

35 Zoë Heller, "The Life of a Head Girl," *Independent,* September 20, 1992.

第五章　羞愧之色

1 Sontag, "Pilgrimage."

2 Sontag Papers, December 28, 1949.

3 Thomas Mann, *Tagebücher 1949–1950,* ed. Inge Jens (Frankfurt am Main: S. Fischer Verlag, 1991), 143.

4 〈朝聖〉的早期草稿，Sontag Papers。

5 同上註。

6 Sontag, *Reborn,* 113, January 1957.

7 Sontag Papers, June 9, 1948.

8 Sontag Papers, May 26, 1948.

9 Michael Miner, "War Comes to Rockford/Cartoonist Kerfuffle/Cartoon Recount," *Chicago Reader,* June 5, 2003, http://www.chicagoreader.com/chicago/war-comes-to-rockfordcartoonist-kerfufflecartoon-recount/Content?oid=912271.

10 Sontag Papers, May 26, 1948.

11 Sontag Papers, February 10, 1947–April 20, 1947.

12 Sontag Papers, May 6, 1948.

13 出自茱蒂絲・柯恩寫給作者的電子郵件。

14 Sontag Papers, Notebook #12, n.d., around 1948.

15 Sontag, *Reborn,* 11, December 25, 1948.

16 同上註，頁 34, May 31, 1949。

50 同上註；Sontag, *Reborn,* 127, September 1957。

51 Susan Rieff, "Decisions," Sontag Papers.

52 Sontag, *In America,* 195.

53 出自作者對賴瑞・麥可莫特瑞所作的訪談。

第四章 下斯洛博維亞

1 Ephron, "Not Even a Critic Can Choose Her Audience."

2 Sontag, *In America,* 120.

3 Rieff, *Swimming,* 88.

4 Sontag, "Pilgrimage."

5 出自作者對格雷格・錢德勒（Greg Chandler）所作的訪談。

6 Sontag, "Pilgrimage."

7 出自作者對烏韋・米謝（Uwe Miche）所作的訪談。

8 Sontag, "Pilgrimage."

9 Sontag Papers, August 24, 1987.

10 Sontag, *Reborn,* 70, January 12, 1950.

11 出自作者對弗洛倫斯・馬爾羅所作的訪談。

12 Sontag, "Pilgrimage."

13 Rieff, *Swimming,* 142.

14 "The Imagination of Disaster," in Sontag, *Against Interpretation,* 211.

15 同上註，頁 225。

16 同上註，頁 224。

17 同上註，頁 217。

18 Sontag, "Pilgrimage."

19 同上註。

20 同上註。

21 出自作者對麥瑞爾・羅丹所作的訪談。

22 Jack London, *Martin Eden* (New York: Macmillan, 1909).

23 "Time to Get Up," May 17, 1948, Sontag Papers.

24 Rollyson and Paddock, *Making of an Icon,* 17.

25 出自作者對麥瑞爾・羅丹所作的訪談。

26 "Viva la Slobbovia," *The Arcade,* April 16, 1948, Sontag Papers.

27 Perron, "Susan Sontag on Writing." 她在日誌中寫了幾位對她有激勵的英語老師，讓人猜測座猶太教堂是在佛羅倫斯。而她妹妹則提到在聖費爾南多河谷建的猶太教堂。

21 Sontag to Jonathan Safran Foer, May 27, 2003, Sontag Papers.

22 出自作者對茱蒂絲・柯恩所作的訪談；Sontag, *Reborn,* 107, 116, September 1957.

23 "Literature Is Freedom," in Sontag, *At the Same Time,* 207.

24 出自作者對茱蒂絲・柯恩所作的訪談。

25 Sontag Papers.

26 同上註。

27 "The Desert Sanatorium and Institute of Research: Tucson, Arizona," http://www.library.arizona.edu/exhibits/pams/pdfs/institute1.pdf.

28 Sontag, *In America,* 154.

29 出自作者對茱蒂絲・柯恩所作的訪談。

30 出自作者對賴瑞・麥可莫特瑞（Larry McMurtry）所作的訪談。

31 Sontag, *Reborn,* 108, September 1957.

32 Sontag Papers, March 25, 1987.

33 Sontag, *Consciousness,* 114–15, September 6, 1965, Tangier.

34 Rieff, *Swimming,* 74.

35 Sontag, *Death Kit* (New York: Farrar, Straus and Giroux, 1967), 260–63.

36 Sontag, "Pilgrimage."

37 Sontag, *Consciousness,* 114–15, September 6, 1965, Tangier.

38 出自作者對茱蒂絲・柯恩所作的訪談。

39 Sontag Papers，出版的日誌中沒有收錄這段。

40 出自作者對斯蒂芬・科赫（Stephen Koch）所作的訪談。

41 "Literature Is Freedom," in Sontag, *At the Same Time,* 207.

42 同上註。

43 Greg Daugherty, "The Last Adventure of Richard Halliburton, the Forgotten Hero of 1930s America," *Smithsonian,* March 25, 2014.

44 "Homage to Halliburton," in Sontag, *Where the Stress Falls: Essays* (New York: Farrar, Straus and Giroux, 2001), 255; Annie Leibovitz, *A Photographer's Life: 1990–2005* (New York: Random House, 2006).

45 "Homage to Halliburton," in Sontag, *Where the Stress Falls,* 255.

46 Judith Cohen to Sontag, Sontag Papers.

47 *Cactus Press,* vol. I, no. VIII, May 6, 1945, Sontag Papers.

48 Sontag Papers, 1948.

49 出自作者對茱蒂絲・柯恩所作的訪談。

38 Sontag, *Reborn,* 258, February 29, 1960. 說此話的人是瑪莉雅・艾琳・佛妮絲（María Irene Fornés）。

第三章　來自另一個星球

1 Sontag, *Reborn,* 106ff.
2 同上註，頁 115, January 1957。
3 Sontag, *The Volcano Lover: A Romance* (New York: Farrar, Straus and Giroux, 1992), 105.
4 Sontag Papers，其日期為一九四八年。蘿絲這個角色在桑塔格的小說中取名叫作「瑪麗」。
5 Sontag, *Reborn,* 106, January 1957.
6 根據大衛・瑞夫的描述，引用自下列書中：Daniel Schreiber, *Susan Sontag: Geist und Glamour: Biographie* (Berlin: Aufbau Verlag, 2010), 18。
7 Sontag Papers.
8 出自作者對沃爾特・弗雷根海默所作的訪談。
9 Carolyn G. Heilbrun, *Writing a Woman's Life* (New York: W. W. Norton, 1988), 21. 她在十二頁有對此作出解釋：「在一九八四年時，我較武斷的以一九七〇年作為女性傳記的新時代開端，這是因為南希・米爾福（Nancy Milford）撰寫的《賽爾妲》（*Zelda*）是在該年出版。該書最明顯的重要性是它透露了史考特・費茲傑羅（F. Scott Fitzgerald）假設他對妻子——賽爾妲——的人生具有權利，賽爾妲只是一種藝術財產。」
10 Carl E. Rollyson and Lisa Olson Paddock, *Susan Sontag: The Making of an Icon* (New York: W. W. Norton, 2000), 152.
11 Michael Norman, "Diana Trilling, a Cultural Critic and Member of a Select Intellectual Circle, Dies at 91," *New York Times,* October 25, 1996.
12 Wendy Perron, "Susan Sontag on Writing, Art, Feminism, Life and Death," *Soho Weekly News,* December 1, 1977.
13 Sontag, *In America* (New York: Farrar, Straus and Giroux, 2000), 11.
14 出自作者對雅洛斯瓦夫・安德斯（Jarosław Anders）所作的訪談。
15 Sontag, *In America,* 26.
16 Sontag, *Reborn,* 113, January 1957.
17 此段引用出自 Craig Seligman, *Sontag & Kael: Opposites Attract Me* (New York: Counterpoint, 2004), 16。
18 Rollyson and Paddock, *Making of an Icon,* 161.
19 出自作者對唐・萊文所作的訪談。
20 出自作者對保羅・迪洛納爾多（Paolo Dilonardo）所作的訪談。她告訴保羅她去的第一

6 Judith Cohen in Nancy Kates, dir., *Regarding Susan Sontag,* HBO, 2014.
7 出自作者對茱蒂絲・柯恩所作的訪談。
8 出自作者對唐・萊文（Don Levine）所作的訪談。
9 Sontag, *Consciousness,* 25, August 29, 1964.
10 出自作者對唐・萊文和茱蒂絲・柯恩所作的訪談。
11 Sontag Papers.
12 出自作者對唐・萊文所作的訪談。
13 Sontag Papers.
14 Sontag Papers.
15 Sontag, *Consciousness,* 213, August 9, 1967.
16 Sontag Papers, n.d.
17 Sontag, *Consciousness,* 226, August 9, 1967.
18 Sontag, *Reborn: Journals and Notebooks, 1947–1963,* ed. David Rieff (New York: Farrar, Straus and Giroux, 2008), 302, March 3, 1962.
19 Janet Geringer Woititz, *Adult Children of Alcoholics* (Deerfield Beach, FL: Health Communications, 1983), 3.
20 Sontag Papers.
21 這段討論是根據 Woititz, *Adult Children of Alcoholics*。
22 同上註。
23 Sontag, "Pilgrimage," *The New Yorker,* December 21, 1987.
24 "Project for a Trip to China," in Sontag, *I, etcetera,* 7.
25 同上註，頁 22。
26 出自作者對保羅・布朗所作的訪談。
27 Sontag Papers.
28 出自作者對茱蒂絲・柯恩所作的訪談。
29 出自作者對露辛達・采爾茲（Lucinda Childs）所作的訪談。
30 Sontag, *Consciousness,* 222, August 10, 1967.
31 同上註，頁 213, August 9, 1967。
32 同上註，頁 223, August 10, 1967。
33 出自作者對菲麗妲・杜拉科維奇（Ferida Duraković）所作的訪談。
34 出自作者對樊尚・維爾加所作的訪談。
35 Eva Kollisch in Kates, *Regarding Susan Sontag.*
36 Sontag, *Consciousness,* 222, August 10, 1967.
37 同上註，頁 223。

22 Sontag Papers, August 10, 1967.

23 Sontag to Mildred Sontag, July 4, 1956, Sontag Papers.

24 出自作者對海芮葉特・舒默斯・斯威林所作的訪談。

25 出自作者對茱蒂絲・柯恩所作的訪談。

26 Sontag Papers, March 25, 1986.

27 Sontag Papers, March 25, 1987.

28 Sontag Papers, January 11, 1960.

29 出自作者對茱蒂絲・柯恩所作的訪談。

30 Sontag Papers, n.d.

31 "Project for a Trip to China," in Sontag, *I, etcetera,* 23.

32 Sontag Papers, n.d. 在數千頁的桑塔格文集中，只有這兩句是蜜爾崔德自己發聲的。

33 "Project for a Trip to China," in Sontag, *I, etcetera,* 24.

34 Sontag, *Illness,* 7.

35 Suzie Mackenzie, "Finding Fact from Fiction," *Guardian,* May 27, 2000.

36 "Project for a Trip to China," in Sontag, *I, etcetera,* 17.

37 Sontag Papers, n.d. 桑塔格的父親於一九〇六年三月六日出生在紐約市下東區一個貧窮的移民家庭中，在五個孩子中排行老四。

38 "Project for a Trip to China," in Sontag, *I, etcetera,* 5.

39 同上註，頁 7。

40 同上註。

41 "China" screenplay, Sontag Papers.

42 "Project for a Trip to China," in Sontag, *I, etcetera,* 24.

43 Sontag Papers, n.d.

44 Sontag Papers, n.d.

45 Rieff, *Swimming,* 174.

第二章　彌天大謊

1 出自作者對樊尚・維爾加所作的訪談。

2 出自作者對瑪莎・埃德爾海所作的訪談。

3 出自作者對茱蒂絲・柯恩所作的訪談。

4 出自作者對特里・朱克爾（Terri Zucker）和大衛・瑞夫（David Rieff）所作的訪談。

5 Sontag, *As Consciousness Is Harnessed to Flesh: Journals and Notebooks, 1964–1980,* ed. David Rieff (New York: Farrar, Straus and Giroux, 2013), 72, January 16, 1965.

進出亞洲的紀錄，而她唯一一次從歐洲來的紀錄則是在一九三一年。

傑克．羅森布拉特是在一九二三年十一月十七日首次申請護照，當時他表明要在一九二三年十一月二十九日搭乘〈亞洲皇后〉號（*Empress of Asia*）、途經溫哥華前往中國。他的職業欄寫著「毛皮買家」，其僱主為「Julius Klugman's Sons, Inc.」，該公司的地址是「42 West Thirty-Eighth Street, New York City」。

他在天津申請延長護照的期限，當時他的身分是「Mei Hwa Fur Trading Corporation」的代表。這份申請沒有標註日期。他在一九二四年五月十九日離開上海，搭乘〈麥迪遜總統〉號（*President Madison*）於一九二四年六月四日航抵西雅圖。他當時的住址是「950 Noe Avenue, New York」。他在一九二七年七月九日搭乘〈加拿大皇后〉號（*Empress of Canada*），離開橫濱前往馬尼拉和溫哥華。那時他住在「330 Wadsworth Avenue, New York」。他又在一九二八年七月十七日搭乘〈麥金利總統〉號（*President McKinley*）從神戶航向西雅圖，並於一九二八年七月三十日抵達。當時的住址是「Continental Fur Corporation, 251 West Thirtieth Street, New York」。傑克與蜜爾崔德在一九三一年六月三日搭乘〈巴黎〉號離開利哈佛，並於一九三一年六月九日抵達紐約。他們當時列的住址是「251 West Thirtieth Street」。傑克在一九三三年十月十四日搭乘〈柯立芝總統〉號（*President Coolidge*）離開上海，並在一九三三年十月二十四日抵達檀香山。他給的地址仍然是「251 West Thirtieth Stree」。他在檀香山遇到蜜爾崔德。她是在一九三三年十月十八日搭乘〈蒙特雷〉號（*Monterey*）離開洛杉磯的，並在一九三三年十月二十三日抵達檀香山。兩人在一九三三年十一月四日一起搭〈盧林〉號（*Lurline*）離開，然後在一九三三年十一月九日抵達舊金山。他們在一九三四年二月十四日離開漢密爾頓（Hamilton）和百慕達，搭乘〈百慕達君主〉號（*Monarch of Bermuda*）在二月十五日抵達紐約。他們那時申報的住址是公司的地址：「251 West Thirtieth Street」。茱蒂絲於一九三六年六月二十日在紐約出生。他們又在一九三七年一月三日搭乘〈奧連特〉號（*Oriente*）離開哈瓦那，並於一九三七年一月五日抵達紐約。他們那時列出的地址是「21 Wensley Drive, Great Neck, Long Island」。他們在一九三八年三月十一日搭乘〈加利福尼亞〉號（*California*）再度離開哈瓦那，並在一九三八年三月十四日抵達紐約。傑克於一九三八年十月十九日在天津去世。沒有任何線上紀錄可以顯示蜜爾崔德何時回到美國。

16 "China" screenplay, Sontag Papers.

17 Judith Cohen to Sontag, late 1970s, Sontag Papers.

18 Sontag, *I, etcetera,* 18.

19 出自作者對茱蒂絲．柯恩所作的訪談。

20 "China" screenplay, Sontag Papers；同上註。

21 出自作者對茱蒂絲．柯恩所作的訪談。

21 David Rieff, *Swimming in a Sea of Death: A Son's Memoir* (New York: Simon & Schuster, 2008), 62.

22 Sontag Papers, December 12, 1957.

23 Sontag, *On Photography,* 164.

24 "Notes on 'Camp,'" in Sontag, *Against Interpretation,* 281.

25 Sontag Papers, December 9, 1961.

26 Sontag Papers, April 11, 1971.

27 Sontag to Peter Schneider, June 18, 1993, Sontag Papers.

28 出自作者對阿德米爾・格拉莫查克（Admir Glamočak）所作的訪談。

29 出自作者對塞納達・克雷索（Senada Kreso）所作的訪談。

第一章　抗拒女王

1 在桑塔格死後，這兩支影片由加利福尼亞大學洛杉磯分校（UCLA）做成數位影音檔。現在可以於下列網址觀看：http://digital2.library.ucla.edu/viewItem.do?ark=21198/zz00151t9g。在船上拍攝的影片標註為一九二六年，影片中兩人搭乘〈巴黎〉號（*Paris*）前去北京，但是真正的年份應該是一九三一年，這對夫妻於該年搭乘那艘船從（法國的）利哈佛（Le Havre）前去紐約。（參照註 15 所列的美國海關紀錄。）火車上的標誌是：斯托爾布齊（Stolpce）—華沙（Warszawa）—波茲南（Poznan）—〔茲邦申？（Zbąszyń?）〕—柏林—漢諾威—科隆—列日（Liege）—巴黎。

2 出自作者對茱蒂絲・柯恩（Judith Cohen）所作的訪談。

3 Sontag Papers, "week of Feb. 12, 1962."

4 出自作者對茱蒂絲・柯恩所作的訪談。

5 出自作者對保羅・布朗所作的訪談。

6 Nora Ephron, "Not Even a Critic Can Choose Her Audience," *New York Post,* September 23, 1967.

7 Sontag Papers.

8 出自作者對茱蒂絲・柯恩所作的訪談。

9 Sontag Papers.

10 Sontag, *Illness as Metaphor* and *AIDS and Its Metaphors* (New York: Doubleday, 1990), 100.

11 出自作者對茱蒂絲・柯恩所作的訪談。

12 Sontag Papers, early 1970s。

13 出自作者對保羅・布朗所作的訪談。

14 Judith Cohen to Sontag, late 1970s, Sontag Papers.

15 一份「Ancestry.com」的紀錄範例顯示了這對夫妻有下列旅行史概要。沒有關於蜜爾崔德

註釋

序言　靈魂拍賣

1 A. H. Gieble, "News of Los Angeles and Vicinity: 8,000 Armenians in Selig Spectacle," *The Moving Picture World* 39, no. 4 (1919).
2 Sontag, *I, etcetera* (New York: Farrar, Straus and Giroux, 1978), 23.
3 Sontag, *On Photography* (New York: Farrar, Straus and Giroux, 1977), 70.
4 同上註，頁 20。
5 Cynthia Ozick, "On Discord and Desire," in *The Din in the Head* (Boston: Houghton Mifflin, 2006), 3.
6 出自作者對邁克爾・羅洛夫（Michael Roloff）所作的訪談。
7 出自作者對霍納・摩爾（Honor Moore）所作的訪談。
8 Sontag, *On Photography,* 21.
9 出自作者對樊尚・維爾加（Vincent Virga）所作的訪談。
10 Sontag, *On Photography,* 7.
11 同上註，頁 11。
12 Conor Skelding, "Fearing 'Embarrassment,' the FBI Advised Agents Against Interviewing Susan Sontag," *Muckrock,* June 13, 2014, https://www.muckrock.com/news/archives/2014/jun/13/susan-sontag-security-matter/.
13 Sontag, *On Photography,* 165.
14 Sontag, *The Benefactor: A Novel* (New York: Farrar, Straus, 1963), 1.
15 同上註，頁 246。
16 同上註，頁 70。
17 Sontag, *Against Interpretation and Other Essays* (New York: Farrar, Straus and Giroux, 1966), 277.
18 "The World as India," in Sontag, *At the Same Time: Essays and Speeches,* eds. Paolo Dilonardo and Anne Jump (New York: Farrar, Straus and Giroux, 2007).
19 Susan Sontag Papers (Collection 612). UCLA Library Special Collections, Charles E. Young Research Library, UCLA.
20 Sontag Papers, August 13, [1960].

Joseph Sonnabend
Miranda Spieler
Stephanie Steiker
Michael Stout
Oliver Strand
Luca Sueri
Béla Tarr
Ethan Taubes
Tanaquil Taubes
Meredith Tax
Adam Taylor
Benjamin Taylor
Mark Thompson
David Thomson
David Thorstad
Judith Thurman
Robert Toles
Melissa Tomjanovich
Simon Toop
Velibor Topić
Frederic Tuten
Raymond van den Boogaard
Marcel van den Brink
Janine van den Ende
Joop van den Ende
Ivo van Hove
Greg Villepique
Vincent Virga
Lauren Miller Walsh
Robert Walsh
Shelley Wanger
Steve Wasserman
Simon Watney
Paulo Werneck
Edmund White
Leon Wieseltier
Oceana Wilson
Robert Wilson
Christian Witkin
Annie Wright
Andrew Wylie
Mia You
Pjer Žalica
Giovannella Zannoni
Lloyd Ziff
Peter Zinoman
Terri Zucker
Harriet Sohmers Zwerling

致紐約人文學院（New York Institute for the Humanities）和 UCLA，
以及那些希望保持匿名的人。

Aryeh Neier
Cindy Nguyen
Minka Nijhuis
Ethel Nishiyama
Ann Northrop
Amy Novogratz
Sigrid Nunez
Geoffrey O'Brien
Lynda Rosen Obst
Lawrence Orenstein
Sheila O'Shea
Diana Ossana
Denise Oswald
Anita Oxburgh
Camille Paglia
Zoë Pagnamenta
Christina Pareigis
Haris Pašović
Antony Peattie
Gilles Peress
Russell Perreault
Peter Perrone
Julie Phillips
Darryl Pinckney
Linda Plochocki
Paulina Pobocha
Norman Podhoretz
Katha Pollitt
Miranda Popkey
Lucie Prinz
Miro Purivatra
James Purnell
Danny Rafinejad
David Randall
Atka Kafedzić Reid
Jessica Reifer
Mariel Reinoso Ingliso
Roger Richards
David Rieff
Joanna Robertson
Merrill Rodin
Gordon Rogoff
Michael Roloff
Carlin Romano
Corina Romonti
Jeff Roth
Philip Roth
Eric de Rothschild
Monique de Rothschild
Isabella Rozendaal
Tilla Rudel
Salman Rushdie
Kathy Ryan
Allison Saltzman
Josyane Savigneau
Daniel Schreiber
Oliver Schultz
Luiz Schwarcz
Maya Sela
Peter Sellars
Jeff Seroy
Mary Shanahan
Brenda Shaughnessy
Elizabeth Sheinkman
Michael Shnayerson
Elaine Showalter
Choire Sicha
Michelangelo Signorile
Michael Silverblatt
Robert Silvers
Charles Silverstein
Goran Simić
Sidney Sisk
Mats Skärstrand

Arthur Japin
Jasper Johns
Una Jones
Bo Jonsson
Bill Josephson
Boris Kachka
David Kambhu
Rick Kantor
Mitchell Kaplan
Nancy Kates
Daniel Kellum
Karen Kennerly
Ademir Kenović
Eitan Kensky
Jamaica Kincaid
Alexis Kirschbaum
Jeffrey Kissel
Ann Kjellberg
Samuel Klausner
Gary Knight
Stephen Koch
Eva Kollisch
Senada Kreso
Michael Krüger
Maria José de Lancastre
Nicholas Latimer
Sarah Lazin
Claudio Leal
Dominique Lear
Fran Lebowitz
Hyosun Lee
Carol LeFlufy
Annie Leibovitz
Ivan Lett
Don Eric Levine
Phillip Lopate
Iris Love
Paul Lowe
Lisa Lucas
Tom Luddy
Carri Lyon
John R. MacArthur
Cassiano Elek Machado
Koukla MacLehose
Florence Malraux
Snežana Marić
Gene Marum
Lawrence Mass
Erroll McDonald
Larry McDonnel
Larry McMurtry
Sarah McNally
Lauren Mechling
Michelle Memran
Uwe Michel
Annette Michelson
Chrissy Milanese
Laura Miller
Peggy Miller
Vicente Molina Foix
Antonio Monda
Bob Monk
Ted Mooney
Honor Moore
Stephen Moran
Bertrand Moser
Blair Moser
Charles Moser
Jane Moser
Laura Moser
Siddhartha Mukherjee
Karen Mullarkey
Karen Mulligan
Michael Musto

Roger Deutsch
Janine di Giovanni
Paolo Dilonardo
Katrina Dodson
Rachel Donadio
Stephen Donadio
Bernard Donoughue
Jack Drescher
Pamela Druckerman
Marie-Christine
Dunham Pratt
Ferida Duraković
Marion Duvert
Andrew Eccles
Martha Edelheit
Gösta Ekman
Agneta Ekmanner
Karla Eoff
Barbara Epler
Marilù Eustachio
Alicia Glekas Everett
Joyce Farber
Brenda Feigen
Bruno Feitler
Bob Fernandes
Edward Field
Walter Flegenheimer
Ben Fountain
Sharon Fountain
Edwin Frank
Hardy Frank
John Freeman
Jonathan Galassi
Oberto Gili
Todd Gitlin
Admir Glamočak
Misha Glenny
Allen Glicksman
Walter Goldfrank
Andrew Goldman
Bill Goldstein
Melissa Goldstein
Gloria Gonzalez
Kasia Gorska
Helen Graves
Glenn Greenwald
Kimble James Greenwood
Maxine Groffsky
Judith Spink Grossman
Genie Guerard
Judith Gurewich
David Guterson
Molly Haigh
Peter Hald
Daniel Halpern
Matthew Hamilton
Tayt Harlin
Erin Harris
Andrew Hay
Zoë Heller
Roger Hodge
Howard Hodgkin
Sid Holt
Glenn Horowitz
Richard Howard
Evan Hughes
Larry Husten
Tom Hyry
Gary Indiana
Tanja Jacobs
Jasper McNally Jackson
Tracey Jackson
Emma Janaskie
Lex Jansen

致謝名單

Robert Ackerman
Joan Acocella
Max Aguilera-Hellweg
Vince Aletti
David Alexander
Jeff Alexander
Clifford Allen
Minda Rae Amiran
Benjamin Anastas
Jarosław Anders
Laurie Anderson
David Archer
Birgitta Ashoff
Helene Atwan
Paul Auster
Lila Azam Zanganeh
Blake Bailey
Izudin Bajrović
Eric Banks
Jeannette Montgomery Barron
Sabine Baumann
Maria Bedford
Pierre Bergé
Matthew Berry
Klaus Biesenbach
Kristal Bivona
Roger Black
Phillip Blumberg
Christopher Bollen
Ted Bonin
Dominique Bourgois
Robert Boyers
Marie Brenner
Paul Brown
Lauren Buisson
Noël Burch
Edward Burns
John Burns
Richmond Burton
Ian Buruma
Sarah Funke Butler
Carol Devine Carson
Bernardo Carvalho
Terry Castle
Patrizia Cavalli
Dale Cendali
Aida Cerkez
Evans Chan
Greg Chandler
Lucinda Childs
Suet Y. Chong
Bill Clegg
Jennifer Cohen
Judith Sontag Cohen
Jonas Cornell
Jonathan Cott
Edgardo Cozarinsky
Timothy Crouse
Samira Davet
Lynn Davis
Raffaella de Angelis
Sharon DeLano

2006.

Thomson, David. "Death Kit." *The New Republic,* February 12, 2007.

Toback, James. "Whatever You'd Like Susan Sontag to Think, She Doesn't." *Esquire,* July 1968.

Tomes, Robert R. *Apocalypse Then: American Intellectuals and the Vietnam War, 1954–1975.* New York: New York University Press, 1998.

Trilling, Lionel. *The Liberal Imagination.* New York: Viking Press, 1950.

Truitt, Eliza. "Exorcising Arnold." Slate, December 1, 1999. http://www.slate.com/articles/news_and_politics/summary_judgment/1999/12/exorcising_arnold.html.

Trumbull, Robert. "Homosexuals Proud of Deviancy, Medical Academy Study Finds." *New York Times,* May 19, 1964.

Valenzuela, Luisa. "Susan Sontag, amiga." *La Nación.* January 14, 2008.

Vidich, Arthur J. *With a Critical Eye: An Intellectual and His Times.* Edited and introduced by Robert Jackall. Knoxville, TN: Newfound Press, 2009.

Wain, John. "Song of Myself, 1963." *The New Republic,* September 21, 1963.

Weeks, Linton. "Susan Sontag Wins National Book Award for Fiction." *Washington Post,* November 16, 2000.

Weisman, Steven R. "The Hollow Man." *New York Times,* October 10, 1999.

Westerbeck, Colin L., Jr. "On Sontag." *Artforum,* April 1978.

Wetzsteon, Ross. "Irene Fornes: The Elements of Style." *Village Voice,* April 29, 1986.

White, Edmund. *Caracole.* New York: Dutton, 1985.

White, Edmund. *City Boy: My Life in New York During the 1960s and '70s.* New York: Bloomsbury, 2009.

White, Morton. *A Philosopher's Story.* University Park: Pennsylvania State University Press, 1999.

Woititz, Janet Geringer. *Adult Children of Alcoholics.* Deerfield Beach, FL: Health Communications, 1983.

Woodly, Deva. "How UChicago Became a Hub for Black Intellectuals." University of Chicago, January 19, 2009. https://www.uchicago.edu/features/20090119_mlk/.

Woolf, Virginia. *The Moment and Other Essays.* London: Hogarth Press, 1947.

Youdovin, Ira S. "Recent Resignations Reveal Decentralization Problems." *Columbia Daily Spectator* CV, no. 81 (March 9, 1961). http://spectatorarchive.library.columbia.edu/cgi-bin/columbia?a=d&d=cs19610309-01.2.4.

Žalica, Pjer, dir. *Sarajevo—Godot.*SaGA Production Sarajevo, 1993.

Zarifopol-Johnston, Ilinca. *Searching for Cioran.* Edited by Kenneth R. Johnston. Foreword by Matei Calinescu. Bloomington: Indiana University Press, 2019.

Zwerling, Harriet Sohmers. *Abroad: An Expatriate's Diaries: 1950–1959.* New York: Spuyten Duyvil, 2014.

Sontag, Susan. *In America*. New York: Farrar, Straus and Giroux, 2000.

Sontag, Susan. "A Letter from Sweden." *Ramparts*, July 1969.

Sontag, Susan. "The Letter Scene." *The New Yorker*, August 18, 1986.

Sontag, Susan. *On Photography*. New York: Farrar, Straus and Giroux, 1977.

Sontag, Susan. "Pilgrimage." *The New Yorker*, December 21, 1987.

Sontag, Susan, dir. *Promised Lands*. New Yorker Films, 1974.

Sontag, Susan. *Reborn: Journals and Notebooks, 1947–1963*. Edited by David Rieff. New York: Farrar, Straus and Giroux, 2008.

Sontag, Susan. *Regarding the Pain of Others*. New York: Farrar, Straus and Giroux, 2002.

Sontag, Susan. "Regarding the Torture of Others." *The New York Times Magazine*, May 23, 2004.

Sontag, Susan. "Some Thoughts on the Right Way (for Us) to Love the Cuban Revolution." *Ramparts*, April 1969.

Sontag, Susan. *Styles of Radical Will*. New York: Farrar, Straus and Giroux, 1969.

Sontag, Susan. *The Volcano Lover: A Romance*. New York: Farrar, Straus and Giroux, 1992.

Sontag, Susan. "The Way We Live Now." *The New Yorker*, November 24, 1986.

Sontag, Susan. *Where the Stress Falls: Essays*. New York: Farrar, Straus and Giroux, 2001.

Sontag, Susan. "Why Are We in Kosovo?" *The New York Times Magazine*, May 2, 1999.

Sontag, Susan, and Dugald Stermer. *The Art of Revolution: Ninety-Six Posters from Cuba*. London: Pall Mall Press, 1970.

Span, Paula. "Susan Sontag, Hot at Last." *Washington Post*, September 17, 1992.

Stevenson, Peter M. "Leibovitz Sees Glitz and Grit, Sontag Broods on the Big Idea." *New York Observer*, November 8, 1999. http://observer.com/1999/11/leibovitz-sees-glitz-and-grit-sontag-broods-on-the-big-idea/.

"Susan Sontag contra Gabo." *La Nación*, April 4, 2010. http://www.lanacion.com.ar/1249538-susan-sontag-contra-gabo.

Susan Sontag Papers (Collection 612). UCLA Library Special Collections, Charles E. Young Research Library, UCLA.

"Susan Sontag Provokes Debate on Communism." *New York Times*, February 27, 1982.

Talbot, David. "The 'Traitor' Fires Back." Salon, October 16, 2001. http://www.salon.com/2001/10/16/susans/.

Taubes, Susan. *Divorcing*. New York: Random House, 1969.

Teal, Donn (as "Ronald Forsythe"). "Why Can't 'We' Live Happily Ever After, Too?" *New York Times*, February 23, 1969.

"Tempest on the Left." *Across the Board: The Conference Board Magazine* XIX, no. 5. (May 1982).

Teodori, Maria Adele. "Un'americana a Parigi." *Il Messaggero*, May 26, 1973.

Thek, Paul. *Journals*. Archive of Alexander & Bonin, New York.

Thek, Paul, et al. *"Please Write!": Paul Thek and Franz Deckwitz: An Artists' Friendship, Boijmans Studies*. Rotterdam, Netherlands: Museum Boijmans van Beuningen, 2015.

Thompson, Bob. "A Complete Picture: Annie Leibovitz Is Ready for an Intimate View of Her Life." *Washington Post*, October 19,

Rollyson, Carl. *Reading Susan Sontag: A Critical Introduction to Her Work*. Chicago: Ivan R. Dee, 2001.

Rollyson, Carl E., and Lisa Olson Paddock, *Susan Sontag: The Making of an Icon*. New York: W. W. Norton, 2000.

Roser, Max, and Esteban Ortiz-Ospina. "Literacy." One World Data, September 20, 2018. https://ourworldindata.org/literacy/.

Rothschild, Monique de. *Si j'ai bonne mémoire . . .* Saint-Rémy-en-l'Eau: Éditions Monelle Hayot, 2001.

Ruas, Charles. "Susan Sontag: Past, Present and Future." *New York Times,* October 24, 1982.

Ruiz Mantilla, Jesús. "Sin Susan Sontag, no habría ganado el Príncipe de Asturias." *El País,* November 11, 2013.

Rushdie, Salman. *Joseph Anton: A Memoir*. New York: Random House, 2012.

Schoenman, Ralph. "Susan Sontag and the Left." *Village Voice,* March 2, 1982.

Schreiber, Daniel. *Susan Sontag: Geist und Glamour: Biographie*. Berlin: Aufbau Verlag, 2010.

Scott, Janny. "From Annie Leibovitz: Life, and Death, Examined." *New York Times,* October 6, 2006.

Scott, Janny. "It's a Lonely Way to Pay the Bills: For Unauthorized Biographers, the World Is Very Hostile." *New York Times,* October 6, 1996.

Seligman, Craig. *Sontag & Kael: Opposites Attract Me*. New York: Counterpoint, 2004.

Setzer, Dawn. "Library Buys Sontag Papers." UCLA Newsroom, February 12, 2002. http://newsroom.ucla.edu/stories/020212sontag.

Signorile, Michelangelo. *Queer in America: Sex, the Media, and the Closets of Power*. New York: Random House, 1993.

Skelding, Conor. "Fearing 'Embarrassment,' the FBI Advised Agents Against Interviewing Susan Sontag." *Muckrock,* June 13, 2014. https://www.muckrock.com/news/archives/2014/jun/13/susan-sontag-security-matter/.

Sontag, Susan. *Against Interpretation and Other Essays*. New York: Farrar, Straus and Giroux, 1966.

Sontag, Susan. *Alice in Bed*. New York: Farrar, Straus and Giroux, 1993.

Sontag, Susan. *As Consciousness Is Harnessed to Flesh: Journals and Notebooks, 1964–1980*. Edited by David Rieff. New York: Farrar, Straus and Giroux, 2013.

Sontag, Susan. *At the Same Time: Essays and Speeches*. Edited by Paolo Dilonardo and Anne Jump. New York: Farrar, Straus and Giroux, 2007.

Sontag, Susan. *The Benefactor: A Novel*. New York: Farrar, Straus, 1963.

Sontag, Susan. *Brother Carl*. New York: Farrar, Straus and Giroux, 1974.

Sontag, Susan. *Death Kit*. New York: Farrar, Straus and Giroux, 1967.

Sontag, Susan. *Duet for Cannibals: A Screenplay*. New York: Farrar, Straus and Giroux, 1970.

Sontag, Susan. *Essays of the 1960s & 70s*. Edited by David Rieff. New York: Library of America, 2013.

Sontag, Susan. *I, etcetera*. New York: Farrar, Straus and Giroux, 1978.

Sontag, Susan. *Illness as Metaphor* and *AIDS and Its Metaphors*. New York: Doubleday, 1990.

harvey.

Perron, Wendy. "Susan Sontag on Writing, Art, Feminism, Life and Death." *Soho Weekly News,* December 1, 1977.

Pessoa, Fernando. *Heróstrato e a busca da imortalidade.* Translated by Manuela Rocha. Edited by Richard Zenith. Vol. 14 of *Obras de Fernando Pessoa.* Lisbon: Assírio & Alvim, 2000.

Philoctetes Center, "Susan Sontag: Public Intellectual, Polymath, Provocatrice." https://www.youtube.com/watch?v=zXJe3EcPo1g.

Poague, Leland, ed. *Conversations with Susan Sontag.* Jackson: University Press of Mississippi, 1995.

Poague, Leland, and Kathy A. Parsons. *Susan Sontag: An Annotated Bibliography: 1948–1992.* New York: Garland Publishing, 2000.

Podhoretz, Norman. *Making It.* New York: Random House, 1967.

Polukhina, Valentina. "Thirteen Ways of Looking at Joseph Brodsky." *Words Without Borders,* June 2008. http://www.wordswithoutborders.org/article/thirteen-ways-of-looking-at-joseph-brodsky.

Pomfret, John. " 'Godot' amid the Gunfire: In Bosnia, Sontag's Take on Beckett." *Washington Post,* August 19, 1993.

"Pornography Is Undefined at Film-Critic Mekas' Trial." *Village Voice,* June 18, 1964.

Pulido, Natividad. "Desde que conocí a Susan Sontag traté de complacerla, pero no siempre funcionaba." *ABC* (Madrid), June 19, 2009.

"Quotation of the Day." *New York Times,* September 7, 2002. http://www.nytimes.com/2002/09/07/nyregion/quotation-of-the-day-766518.html.

Reid, Atka, and Hana Schofield. *Goodbye Sarajevo: A True Story of Courage, Love and Survival.* London: Bloomsbury, 2011.

Rich, Adrienne. *Blood, Bread, and Poetry: Selected Prose: 1979–1985.* New York: W. W. Norton, 1986.

Rich, Adrienne, and Susan Sontag. "Feminism and Fascism: An Exchange." *The New York Review of Books,* March 20, 1975.

Rich, Frank. "Stage: Milan Kundera's 'Jacques and His Master.' " *New York Times,* January 24, 1985.

Rieff, David. *Slaughterhouse: Bosnia and the Failure of the West.* New York: Simon & Schuster, 1995.

Rieff, David. *Swimming in a Sea of Death: A Son's Memoir.* New York: Simon & Schuster, 2008.

Rieff, Philip. *Freud: The Mind of the Moralist.* Chicago: University of Chicago Press, 1959.

Rieff, Philip. *My Life Among the Deathworks: Illustrations of the Aesthetics of Authority.* Vol. 1: *Sacred Order/Social Order.* Charlottesville: University of Virginia Press, 2006.

Ripa di Meana, Carlo. "News from the Biennale." *The New York Review of Books,* September 15, 1977.

"Robert Mayer in New York: Dr. Spock's Breakfast Club." *Newsday,* December 6, 1967.

Roberts, Ronald Suresh. *No Cold Kitchen: A Biography of Nadine Gordimer.* Johannesburg: STE Publishers, 2005.

Roiphe, Katie. *The Violet Hour: Great Writers at the End.* New York: Dial Press, 2016.

Rolling Stone, no. 254. Tenth Anniversary Issue. December 15, 1977.

Mead, Rebecca. "Mister Pitch." *New York,* August 5, 1996.

"Media Man's Mascot." *Guardian,* September 28, 1967.

Memran, Michelle, dir. *The Rest I Make Up*. 2018.

Mesinger, Maxine. "VF Dresses Demi in Paint." *Houston Chronicle,* July 7, 1992.

Miller, Jonathan, and John Cleese. "Oxbridge Philosophy." https://www.youtube.com/watch?v=qUvf3fOmTTk.

Miner, Michael. "War Comes to Rockford/Cartoonist Kerfuffle/Cartoon Recount." *Chicago Reader,* June 5, 2003. http://www.chicagoreader.com/chicago/war-comes-to-rockfordcartoonist-kerfufflecartoon-recount/Content?oid=912271.

Mitchell, Katie. "A Meeting of Minds." *Guardian,* November 18, 2005. https://www.theguardian.com/music/2005/nov/18/classicalmusicandopera.thomasstearnseliot.

Montgomery, Paul L. "Detective Interrupts Vietnam Read-In." *New York Times,* February 21, 1966.

"More from Sontag's 'Nightmare.' " Page Six. *New York Post,* August 14, 1992.

Muir, Robin. "Women's Studies." *Independent,* October 18, 1997.

Mukherjee, Siddhartha. *The Emperor of All Maladies: A Biography of Cancer*. London: Fourth Estate, 2011.

Musto, Michael. *La Dolce Musto*. New York: Carroll & Graf, 2007.

Myers, Kevin. "I Wish I Had Kicked Susan Sontag." *Telegraph,* January 2, 2005.

Nguye˜n Đú'c Nam, "Con Ngu'o'i Vie • t-Nam Hie • n đa • i Trong Nhâ • n Thú'c Cua Nha Văn My˜ Xu-Dan Xôn-Tăc." Translated by Cindy A. Nguyen. Sontag Papers, UCLA Archives.

Norman, Michael. "Diana Trilling, a Cultural Critic and Member of a Select Intellectual Circle, Dies at 91." *New York Times,* October 25, 1996.

"Not Good Taste, Not Bad Taste—It's 'Camp.' " *New York Times,* March 31, 1965.

"Novelist Drowns Herself." *East Hampton Star,* November 13, 1969.

Nunez, Sigrid. *Sempre Susan: A Memoir of Susan Sontag*. New York: Atlas, 2011.

Ozick, Cynthia. "On Discord and Desire." In *The Din in the Head*. Boston: Houghton Mifflin, 2006.

Paglia, Camille. Interview with Christopher Lydon, 1993. https://www.youtube.com/watch?v=kFgYcVbAaNs.

Paglia, Camille. *Vamps & Tramps: New Essays*. New York: Vintage, 1994.

Pareigis, Christina. "Susan Taubes—Bilder aus dem Archiv." *Aus Berliner Archiven*. Beiträge zum Berliner Wissenschaftsjahr, 2010.

"Park Sang-mi's Empathetic Storytelling: The Drum Sounds That Beat the Consciousness of the Silent." Translated by Hyosun Lee. *Kyunghyang Shinmun,* October 13, 2015. http://news.naver.com/main/read.nhn?mode=LSD&mid=sec&sid1=103&oid=021&aid=0000033892.

Pastan, Rachel. "Remembering Paul Thek: A Conversation with Ann Wilson and Peter Harvey." Institute of Contemporary Art, University of Pennsylvania. http://icaphila.org/miranda/6114/remembering-paul-thek-a-conversation-with-ann-wilson-and-peter-

New York Times, May 28, 2014.

Lacey, Liam. "Waiting for Sontag." *Globe and Mail,* November 23, 2002.

Lambert, Angela. "Taking Pictures with Annie Leibovitz: From Jagger to Trump, She Summed Up the Seventies and Eighties. Her Latest Subject Is Sarajevo." *Independent,* March 3, 1994.

Larson, Kay. *Where the Heart Beats: John Cage, Zen Buddhism, and the Inner Life of Artists.* New York: Penguin Press, 2012.

Leford, Gérard. "Nicole Stéphane, la mort d'une enfant terrible." *Libération,* March 15, 2007.

Lehmann-Haupt, Christopher. "Shaping the Reality of AIDS Through Language." *New York Times,* January 16, 1989.

Leibovitz, Annie. *At Work.* New York: Random House, 2008.

Leibovitz, Annie. *A Photographer's Life: 1990–2005.* New York: Random House, 2006.

Leibovitz, Annie. *Photographs.* New York: Pantheon/Rolling Stone Press, 1983.

Leibovitz, Annie. *Portraits, 2005–2016.* New York: Phaidon Press, 2017.

Leibovitz, Annie, ed. *Shooting Stars: The* Rolling Stone *Book of Portraits.* San Francisco: Straight Arrow Books, 1973.

Leibovitz, Annie. *Women.* Preface by Susan Sontag. New York: Random House, 1999.

Lerner, Jonathan. "Whorehouse of the Caribbean." Salon, January 4, 2001. http://www.salon.com/2001/01/04/havana/.

"Let Us Now Praise Famous Women." Slate, December 9, 1999. http://www.slate.com/articles/news_and_politics/culturebox/1999/12/let_us_now_praise_famous_women.html.

Levenson, H. Michael. "The Avant-Garde and the Avant-Guardian: Brother Carl New England Premiere at the Brattle." *Harvard Crimson,* July 27, 1973.

Levounis, P., J. Drescher, and M. E. Barber, eds. *The LGBT Casebook.* Washington, D.C.: American Psychiatric Press, 2012.

Linfield, Susie. *The Cruel Radiance: Photography and Political Violence.* Chicago: University of Chicago Press, 2010.

London, Jack. *Martin Eden.* New York: Macmillan, 1909.

Lopate, Phillip. *Notes on Sontag.* Princeton, NJ: Princeton University Press, 2009.

Loseff, Lev. *Joseph Brodsky: A Literary Life.* Translated by Jane Ann Miller. New Haven, CT: Yale University Press, 2011.

MacArthur, John R. "The Friends Rushdie Forgot." *Spectator,* September 29, 2012. https://www.spectator.co.uk/2012/09/the-friends-rushdie-forgot/.

Mackenzie, Suzie. "Finding Fact from Fiction." *Guardian,* May 27, 2000.

Mann, Thomas. *Tagebücher 1949–1950.* Edited by Inge Jens. Frankfurt am Main: S. Fischer Verlag, 1991.

Manus, Elizabeth. "Susan Sontag Gets Jumpy; Pat Conroy Gets Left Out." *New York Observer,* January 17, 2000.

McGuigan, Cathleen. "An Exclusive Look at Annie Leibovitz's Compelling—and Surprisingly Personal—New Book." *Newsweek,* October 2, 2006.

McMurtry, Larry. *In a Narrow Grave: Essays on Texas.* New York: Simon & Schuster, 1968.

McMurtry, Larry. [Letter to the Editor.] *Times Literary Supplement,* June 7, 1992.

Heller, Dana. "Desperately Seeking Susan." *The Common Review,* Winter 2006.

Heller, Zoë. "The Life of a Head Girl." *Independent,* September 20, 1992.

Hirsch, Edward. "Susan Sontag, The Art of Fiction No. 143." *Paris Review* no. 137 (Winter 1995).

Hitchens, Christopher. "Party Talk." *Observer,* June 20, 1982.

Horowitz, Daniel. *Consuming Pleasures: Intellectuals and Popular Culture in the Postwar World.* Philadelphia: University of Pennsylvania Press, 2012.

Howard, Gerald. "Reasons to Believe." *Bookforum,* February/March 2007.

Howe, Irving. "The New York Intellectuals." *Dissent,* October 1, 1969.

Hujar, Peter. *Portraits in Life and Death.* Preface by Susan Sontag. New York: Da Capo Press, 1976.

Hunter, Gene. "Susan Sontag, a Very Special Daughter." *Honolulu Advertiser,* July 12, 1971.

"Identifiable as Prose." *Time,* September 14, 1963.

Imber, Jonathan. "Philip Rieff: A Personal Remembrance." *Society,* November/December 2006.

Indiana, Gary. *I Can Give You Anything but Love.* New York: Rizzoli, 2015.

Johnson, Lyndon Baines. "Remarks in Memorial Hall, Akron University." October 21, 1964. http://www.presidency.ucsb.edu/documents/remarks-memorial-hall-akron-university.

Johnston, Jill. *Jasper Johns: Privileged Information.* New York: Thames and Hudson, 1996.

Jonas, Hans. *The Gnostic Religion: The Message of the Alien God and the Beginnings of Christianity.* Second edition. Boston: Beacon Press, 1963.

Jonas, Hans. *Memoirs: The Tauber Institute Series for the Study of European Jewry.* Hanover, NH: Brandeis University Press/University Press of New England, 2008.

Kachka, Boris. *Hothouse: The Art of Survival and the Survival of Art at America's Most Celebrated Publishing House, Farrar, Straus & Giroux.* New York: Simon & Schuster, 2013.

Kakutani, Michiko. " 'In America': Love as a Distraction That Gets in the Way of Art." *New York Times,* February 29, 2000.

Kaplan, Alice. *Dreaming in French: The Paris Years of Jacqueline Bouvier Kennedy, Susan Sontag, and Angela Davis.* Chicago: University of Chicago Press, 2012.

Karahasan, Dževad. *Sarajevo, Exodus of a City.* New York: Kodansha America, 1994.

Kates, Nancy, dir. *Regarding Susan Sontag.* HBO, 2014.

Kenner, Hugh. "Divorcing." *The New York Times Book Review,* November 2, 1969.

Kim, Yongbeon. " 'The Poetry I Risked My Life to Write Has Finally Been "Restored" 16 Years Later': Poet Lee San-ha." Translated by Mia You. *Munhwa Ilbo,* June 16, 2003. Published online by Naver News. http://news.naver.com/main/read.nhn?mode=LSD&mid=sec&sid1=103&oid=021&aid=0000033892.

Koch, Stephen. *Stargazer: Andy Warhol's World and His Films.* New York: Praeger, 1973.

Koenig, Rhoda. "At Play in the Fields of the Word." *New York,* February 3, 1986.

Krauze, Enrique. "García Márquez's Blind Spot."

Ephron, Nora. "Not Even a Critic Can Choose Her Audience." *New York Post,* September 23, 1967.

Feitler, Bruno. *O design de Bea Feitler*. Sao Paulo: Cosac Naify, 2012.

Fernandes, Bob. "Suburbana América." *Isto É,* June 23, 1993.

Field, Edward. *The Man Who Would Marry Susan Sontag: And Other Intimate Literary Portraits of the Bohemian Era*. Madison: University of Wisconsin Press, 2005.

Fox, Margalit. "Susan Sontag, Social Critic with Verve, Dies at 71." *New York Times,* December 28, 2004.

Fremont-Smith, Eliot. "After the Ticker Tape Parade." *New York Times,* January 31, 1966.

Fremont-Smith, Eliot. "Diddy Did It—Or Did He?" *New York Times,* August 18, 1967.

Fricke, Harald. "Meinung und nichts als die Meinung." Taz.de, September 15, 2001. http://www.taz.de/Archiv-Suche/!1151172&s=&SuchRahmen=Print/.

"Gabo responde a Susan Sontag." *El Tiempo,* April 29, 2003. http://www.eltiempo.com/archivo/documento/MAM-1033192.

Giebler, A. H. "News of Los Angeles and Vicinity: 8,000 Armenians in Selig Spectacle." *The Moving Picture World* 39, no. 4 (1919).

Ginsberg, Allen. *Howl and Other Poems*. San Francisco: City Lights Pocket Bookshop, 1956.

Goldman, Andrew. "The Devil in Marina Abramovic." *The New York Times Magazine,* June 13, 2012.

Goldman, Andrew. "How Could This Happen to Annie Leibovitz?" *New York,* August 16, 2009.

Goodman, Walter. "Norman Mailer Offers a PEN Post-Mortem." *New York Times,* January 27, 1986.

Greif, Mark. *The Age of the Crisis of Man: Thought and Fiction in America: 1933–1973.* Princeton, NJ: Princeton University Press, 2015.

Greif, Mark. "What's Wrong with Public Intellectuals?" *The Chronicle of Higher Education,* February 13, 2015. http://chronicle.com/article/Whats-Wrong-With-Public/189921/.

"Greta Garbo, 84, Screen Icon Who Fled Her Stardom, Dies." *New York Times,* April 16, 1990.

Grossman, Judith. *Her Own Terms*. New York: Soho Press, 1988.

Gustafson, Klas. *Gösta Ekman: Farbrorn som inte vill va' stor*. Stockholm: Leopard Förlag, 2010.

Hadžiselimović, Omer, and Zvonimir Radeljković. "Literature Is What You Should Re-Read:An Interview with Susan Sontag." *Spirit of Bosnia* 2, no. 2 (April 2007). http://www.spiritofbosnia.org/volume-2-no-2-2007-april/literature-is-what-you-should-re-read-an-interview-with-susan-sontag/.

Hagan, Joe. *Sticky Fingers: The Life and Times of Jann Wenner and* Rolling Stone *Magazine.* New York: Alfred A. Knopf, 2017.

Hansen, Suzy. "Rieff Encounter." *New York Observer,* May 2, 2005.

Hegedus, Chris, and D. A. Pennebaker, dirs. *Town Bloody Hall.* 1979.

Heilbrun, Carolyn G. *Writing a Woman's Life.* New York: W. W. Norton, 1988.

Anyway? A New Sontag Novel Creates a Stir by Not Crediting Quotes from Other Books." *New York Times,* May 27, 2000.

Castle, Terry. "Desperately Seeking Susan." *London Review of Books* 27, no. 6 (March 17, 2005).

Chan, Evans. "Against Postmodernism, etcetera: A Conversation with Susan Sontag." *Postmodern Culture* 12, no. 1 (September 2001).

Chauncey, George. *Gay New York: Gender, Urban Culture, and the Making of the Gay Male World, 1890–1940.* New York: Basic Books, 1994.

Ching, Barbara, and Jennifer A. Wagner-Lawlor. *The Scandal of Susan Sontag.* New York: Columbia University Press, 2009.

Clinton, William J. "Remarks at the State Dinner Honoring President Arpad Goncz of Hungary." June 8, 1999. http://www.presidency.ucsb.edu/ws/?pid=57698.

Cohn, Ruby, ed. *Casebook on* Waiting for Godot: *The Impact of Beckett's Modern Classic: Reviews, Reflections & Interpretations.* New York: Grove Press, 1967.

Cosgrove, Ben. "Faces of the American Dead in Vietnam: One Week's Toll, June 1969." *Life,* May 15, 2014. http://time.com/3485726/faces-of-the-american-dead-in-vietnam-one-weeks-toll-june-1969/.

Cott, Jonathan. *Susan Sontag: The Complete* Rolling Stone *Interview.* New Haven, CT: Yale University Press, 2013.

Cronin, Gloria L., et al. *A Political Companion to Saul Bellow.* Lexington:University Press of Kentucky, 2013.

Cummings, Scott T. *Maria Irene Fornes: Routledge Modern and Contemporary Dramatists.* London: Routledge, 2013.

D'Antonio, Michael. "Little David, Happy at Last." *Esquire,* March 1990.

Daugherty, Greg. "The Last Adventure of Richard Halliburton, the Forgotten Hero of 1930s America." *Smithsonian,* March 25, 2014.

Dearborn, Mary V. *Mailer: A Biography.* New York: Houghton Mifflin Harcourt,2001.

De Clerck, Annie. "Susan Sontag" (interview). http://cobra.canvas.be/cm/cobra/videozone/rubriek/boek-videozone/1.676237.

DeMott, Benjamin. "Lady on the Scene." *The New York Times Book Review,*January 23, 1966.

"The Desert Sanatorium and Institute of Research: Tucson, Arizona." http://www.library.arizona.edu/exhibits/pams/pdfs/institute1.pdf.

Didion, Joan. *Political Fictions.* New York: Alfred A. Knopf, 2001.

Diehl, Digby. "PEN and Sword in Seoul." *Los Angeles Times,* September 11, 1988.

Donadio, Rachel. "Fighting Words on Sir Salman." *New York Times,* July 15, 2007.

Douin, Jean-Luc. "Nicole Stéphane." *Le Monde,* March 17, 2003.

Drescher, Jack. "The Closet: Psychological Issues of Being In and Coming Out." *Psychiatric Times,* October 1, 2004.

Dudman, Helga. "From Camp to Campfire." *Jerusalem Post Weekly,* November 27, 1973.

Dunlap, David W. "Looking Back: 1964 | 'Homosexuals Proud of Deviancy.' " *New York Times,* June 9, 2015.

Elie, Paul. "A Fundamental Fight." *Vanity Fair,* May 2014.

參考書目

Abramovitch, Ilana, and Seán Galvin, eds. *Jews of Brooklyn: Brandeis Series in American Jewish History, Culture, and Life*. Hanover, NH: Brandeis University Press, 2001.

Ackerman, Robert J. *Children of Alcoholics*. Holmes Beach, FL: Learning Publications, 1978.

Acocella, Joan. "The Hunger Artist." *The New Yorker,* March 6, 2000.

Albelli, Alfred. "Prof: Gotta Be Sneak to See My Son." New York *Daily News,* December 15, 1961.

Altman, Lawrence K. "Rare Cancer Seen in 41 Homosexuals." *New York Times,* July 3, 1981.

Arbus, Diane. *Diane Arbus: An Aperture Monograph*. Millerton, NY: Aperture, 1972.

Artaud, Antonin. *Selected Writings*. Edited and introduced by Susan Sontag. New York: Farrar, Straus and Giroux, 1976.

Ascherson, Neal. "How Images Fail to Convey War's Horror." *Los Angeles Times,* March 16, 2003.

Athill, Diana. *Stet: A Memoir*. London: Granta Books, 2000.

Atlas, James. "The Changing World of New York Intellectuals." *The New York Times Magazine,* August 25, 1985.

Bach, Steven. *Leni: The Life and Work of Leni Riefenstahl*. New York: Alfred A. Knopf, 2007.

Bailey, Blake. "Beloved Monster." Vice, March 1, 2008.

Barnes, Djuna. *Nightwood*. Preface by T. S. Eliot. New York: New Directions, 1937.

Barron's Profiles of American Colleges. New York: Barron's, 1986.

Beckett, Samuel. *Waiting for Godot: A Tragicomedy in Two Acts*. Translated from the original French by the author. New York: Grove Press, 1954.

Bernstein, David. "Sontag's U. of C." *Chicago Magazine,* June 2005.

Brady, James. "Town Hall." Page Six. *New York Post,* April 17, 1982.

Breasted, Mary. "Discipline for a Wayward Writer." *Village Voice,* November 5–11, 1971.

Brockes, Emma. "Annie Leibovitz: My Time with Susan." *Guardian,* October 7, 2006.

Brodsky, Joseph. *Watermark*. New York: Farrar, Straus and Giroux, 1992.

Brooks, Peter. "Parti pris." *Partisan Review,* Summer 1966.

Burns, John. "To Sarajevo, Writer Brings Good Will and 'Godot.' " *New York Times,* August 19, 1993.

Burton, Richmond. "Notes on Life with Susan." Unpublished manuscript.

Calderone, Michael. "Regarding the Writing of Others." *New York Observer,* May 9, 2007.

Carvajal, Doreen. "So Whose Words Are They,

圖片頁（二）

頁 1

上：Susan Sontag and her son on bench, N.Y.C. 1965 © The Estate of Diane Arbus.

下：Diane Arbus show at MoMA. Digital Image © The Museum of Modern Art/Licensed by SCALA/Art Resource, NY.

頁 2

上：Paul Goodman. Photograph by Sam Falk/ The New York Times/Redux.

下：Susan and Carlotta del Pezzo. Photograph courtesy of Patrizia Cavalli.

頁 3

上：Nicole Stéphane. Photograph from ITV/ Shutterstock.

下：Susan at Cannes. Photograph from Leemage/Bridgeman Images.

頁 4

左　：Photo-booth strip. Susan Sontag Papers (Collection 612). Library Special Collections, Charles E. Young Research Library, UCLA.

上右：Thek in the Palermo Catacombs (II), 1963. Reproduced from the original negative 2010 Peter Hujar; © 1987 Peter Hujar Archive, LLC, courtesy Pace/ MacGill Gallery, New York and Fraenkel Gallery, San Francisco.

頁 5

上：Susan makeover. Photograph by and courtesy of Gil Gilbert.

下：Susan at FSG offices. Photograph by William Sauro/The New York Times/Redux.

頁 6

上　左：Jean-Paul Sartre. Photograph from © AGIP/Bridgeman Images.

上右：Hannah Arendt. Photograph courtesy of the Hannah Arendt Bluecher Literary Trust.

頁 7

上：Lucinda Childs, 1983. © Robert Mapplethorpe Foundation.Used by permission.

頁 8

上：Susan, Gay Talese, E. L. Doctorow, and Norman Mailer. Photograph by Sara Krulwich/New York Times Co./Getty Images.

中：Susan on 1982 panel. Photograph © Nancy Crampton.

頁 9

上：Susan and Annie Leibovitz. Photograph courtesy of Antony Peattie.

下：ACT UP rally. Photograph by Frances Roberts/Alamy Stock Photo.

頁 10 及頁 11：Photographs by and courtesy of Paul Lowe.

頁 12

上：Susan in 1999. Photograph by Francesco Gattoni.

頁 13

上：Susan and Nadine Gordimer. Photograph by Jon Hrusa/EPA/Shutterstock.

下：Sarajevo theater. Photograph by Benjamin Moser.

頁 14

上：Antietam. Photograph from Library of Congress.

下：Iwo Jima. Photograph by Joe Rosenthal/AP Photo.

頁 15

中：Fleeing Vietnamese villagers. Photograph by Nick Ut/AP Photo.

頁 16：Abu Ghraib. Photograph from AP Photo.

Libraries.

上右：Kenneth Anger. Photograph from Prod DB © Puck Film Productions/DR SCORPIO RISING de Kenneth Anger 1964 USA. TCD/Prod DB/Alamy Stock Photo.

中　：Maya Deren. Photograph from Archive PL/Alamy Stock Photo.

頁 6

Harriet Sohmers. Photograph courtesy of Harriet Sohmers Zwerling.

頁 7

上左：Susan and Philip Rieff. Susan Sontag Papers (Collection 612).Library Special Collections, Charles E. Young Research Library, UCLA.

上右：Mind of the Moralist. Photograph by and courtesy of Melissa Goldstein.

下　：Susan and David Rieff. Susan Sontag Papers (Collection 612). Library Special Collections, Charles E. Young Research Library,UCLA.

頁 8

上：Sketch. Susan Sontag Papers (Collection 612). Library Special Collections, Charles E. Young Research Library, UCLA.

下：Mildred, Susan, and David. Susan Sontag Papers (Collection 612). Library Special Collections, Charles E. Young Research Library,UCLA.

頁 9

上　：Jacob and Susan Taubes. Photograph courtesy of Ethan and Tanaquil Taubes.

下 左：Harriet Sohmers in Greece. Photograph courtesy of Harriet Sohmers Zwerling.

下 右：Susan in Spain. Photograph courtesy of Harriet Sohmers Zwerling.

頁 10

上左：Article from the New York Daily News.

上右：Cartoon. Susan Sontag Papers (Collection 612). Library Special Collections, Charles E. Young Research Library, UCLA.

下右：Irene Fornés. Photograph courtesy of Harriet Sohmers Zwerling.

頁 11

下：“Happening.” Photograph © Julian Wasser.

頁 12

上　左：Alfred Chester and his boyfriend. Photograph courtesy of Edward Field.

下　：Roger Straus. Photograph © Estate of David Gahr.

頁 13

上　左：Robert Silvers and Barbara Epstein. Photograph © Gert Berliner.

上　右：Susan and Jasper Johns. Photograph © Bob Adelman Estate.

頁 14

上：Handwritten letter. Susan Sontag Papers (Collection 612). Library Special Collections, Charles E. Young Research Library, UCLA.

下：Joseph Cornell gifts. Photograph by Benjamin Moser.

頁 15

上　左：Mark Rothko. Photograph by Kate Rothko/Apic/Getty Images.

上　右：Silence: Lectures and Writings. Photograph by and courtesy of Lauren Miller Walsh.

頁 16

上：Susan arrested in New York. Photograph by Fred W. McDarrah/Getty Images.

下：Susan in Sweden. Photograph courtesy of Florence Malraux.

圖片出處

每部分扉頁圖

序言

Auction of Souls, Sarah Leah Jacobson and daughter Mildred.
Susan Sontag Papers (Collection 612). Library Special Collections,
Charles E. Young Research Library, UCLA.

第一部分

Susan in cheongsam dress. Susan Sontag Papers (Collection 612). Library
Special Collections, Charles E. Young Research Library, UCLA.

第二部分

Photograph from AP Photos.

第三部分

Susan Sontag, 1975. Photograph by Peter Hujar. © 1987 The Peter
Hujar Archive LLC. Courtesy Pace/MacGill Gallery, New York and
Fraenkel Gallery, San Francisco.

第四部分

Photograph by and courtesy of Paul Lowe.

尾聲

Susan Sontag, New York, February 11, 2000. Photograph by Richard
Avedon. © The Richard Avedon Foundation.

圖片頁（一）

頁 1

上：Mildred and Jack Rosenblatt. Susan Sontag Papers (Collection 612).Library Special Collections, Charles E. Young Research Library,UCLA.

下左：Jack Rosenblatt. Susan Sontag Papers (Collection 612). Library Special Collections, Charles E. Young Research Library,UCLA.

下右：Jack Rosenblatt and Susan. Susan Sontag Papers (Collection 612). Library Special Collections, Charles E. Young Research Library, UCLA.

頁 2

上：Susan and Mildred Jacobson. Susan Sontag Papers (Collection 612). Library Special Collections, Charles E. Young Research Library,UCLA.

下：Judith, Nat Sontag, and Susan. Susan Sontag Papers (Collection 612). Library Special Collections, Charles E. Young Research Library,UCLA.

頁 3

上：Thomas Mann. Photograph from ullstein bild—Thomas-Mann-Archiv.

中：Marie Curie. Photograph from the Library of Congress.

頁 4

下　左：Gene Marum and Merrill Rodin. Photograph courtesy of Merrill Rodin.

頁 5

上左：Djuna Barnes. Djuna Barnes Papers, Special Collections and University Archives, University of Maryland

世界的啟迪

桑塔格

SONTAG: HER LIFE AND WORK

作者	本傑明・莫瑟（Benjamin Moser）
譯者	堯嘉寧
執行長	陳蕙慧
總編輯	張惠菁
責任編輯	盛浩偉
行銷總監	陳雅雯
行銷企劃	尹子麟、余一霞
封面設計	賴佳韋
內頁排版	宸遠彩藝
社長	郭重興
發行人兼出版總監	曾大福
出版	衛城出版 / 遠足文化事業股份有限公司
發行	遠足文化事業股份有限公司
地址	231 新北市新店區民權路 108-2 號 9 樓
電話	02-22181417
傳真	02-22180727
客服專線	0800-221029
法律顧問	華洋法律事務所　蘇文生律師
印刷	呈靖彩藝有限公司
初版	2022 年 03 月
定價	1000 元
ISBN	9786267052211（紙本）
	9786267052235（EPUB）
	9786267052228（PDF）

衛城出版

Email　acropolismde@gmail.com

Facebook　www.facebook.com/acrolispublish

國家圖書館出版品預行編目(CIP)資料

桑塔格／本傑明.莫瑟(Benjamin Moser)著；
堯嘉寧譯. -- 初版. -- 新北市：衛城出版：遠足
文化事業股份有限公司發行, 2022.03
面；　公分. -- (衛城Beyond；33)
譯自：Sontag：her life and work.
ISBN 978-626-7052-21-1(平裝)

1.桑塔格(Sontag, Susan, 1933-2004)
2.女作家　3.傳記　4.美國

785.28　111001062

● 親愛的讀者你好，非常感謝你購買衛城出版品。
我們非常需要你的意見，請於回函中告訴我們你對此書的意見，
我們會針對你的意見加強改進。

若不方便郵寄回函，歡迎傳真回函給我們。傳真電話 —— 02-2218-0727

或上網搜尋「衛城出版FACEBOOK」
http://www.facebook.com/acropolispublish

● 讀者資料

你的性別是　☐ 男性　☐ 女性　☐ 其他

你的職業是 ____________________　你的最高學歷是 ____________________

年齡　☐ 20 歲以下　☐ 21-30 歲　☐ 31-40 歲　☐ 41-50 歲　☐ 51-60 歲　☐ 61 歲以上

若你願意留下 e-mail，我們將優先寄送____________________衛城出版相關活動訊息與優惠活動

● 購書資料

● 請問你是從哪裡得知本書出版訊息？（可複選）
☐ 實體書店　☐ 網路書店　☐ 報紙　☐ 電視　☐ 網路　☐ 廣播　☐ 雜誌　☐ 朋友介紹
☐ 參加講座活動　☐ 其他 __________

● 是在哪裡購買的呢？（單選）
☐ 實體連鎖書店　☐ 網路書店　☐ 獨立書店　☐ 傳統書店　☐ 團購　☐ 其他 __________

● 讓你燃起購買慾的主要原因是？（可複選）
☐ 對此類主題感興趣
☐ 參加講座後，覺得好像不賴
☐ 覺得書籍設計好美，看起來好有質感！
☐ 價格優惠吸引我
☐ 議題好熱，好像很多人都在看，我也想知道裡面在寫什麼
☐ 其實我沒有買書啦！這是送（借）的
☐ 其他 __________

● 如果你覺得這本書還不錯，那它的優點是？（可複選）
☐ 內容主題具參考價值　☐ 文筆流暢　☐ 書籍整體設計優美　☐ 價格實在　☐ 其他 __________

● 如果你覺得這本書讓你好失望，請務必告訴我們它的缺點（可複選）
☐ 內容與想像中不符　☐ 文筆不流暢　☐ 印刷品質差　☐ 版面設計影響閱讀　☐ 價格偏高　☐ 其他 __________

● 大都經由哪些管道得到書籍出版訊息？（可複選）
☐ 實體書店　☐ 網路書店　☐ 報紙　☐ 電視　☐ 網路　☐ 廣播　☐ 親友介紹　☐ 圖書館　☐ 其他 ______

● 習慣購書的地方是？（可複選）
☐ 實體連鎖書店　☐ 網路書店　☐ 獨立書店　☐ 傳統書店　☐ 學校團購　☐ 其他 __________

● 如果你發現書中錯字或是內文有任何需要改進之處，請不吝給我們指教，我們將於再版時更正錯誤

____
____
____
____
____

請沿虛線剪下

廣 告 回 信
臺灣北區郵政管理局登記證
第 1 4 4 3 7 號

請直接投郵•郵資由本公司支付

23141
新北市新店區民權路108-2號9樓

衛城出版 收

● 請沿虛線對折裝訂後寄回，謝謝！

Beyond

世界的啟迪

● 親愛的讀者你好，非常感謝你購買衛城出版品。
我們非常需要你的意見，請於回函中告訴我們你對此書的意見，
我們會針對你的意見加強改進。

若不方便郵寄回函，歡迎傳真回函給我們。傳真電話 —— 02-2218-0727

或上網搜尋「衛城出版FACEBOOK」
http://www.facebook.com/acropolispublish

● 讀者資料

你的性別是 ☐ 男性 ☐ 女性 ☐ 其他

你的職業是 ________________ 你的最高學歷是 ________________

年齡 ☐ 20 歲以下 ☐ 21-30 歲 ☐ 31-40 歲 ☐ 41-50 歲 ☐ 51-60 歲 ☐ 61 歲以上

若你願意留下 e-mail，我們將優先寄送 ________________ 衛城出版相關活動訊息與優惠活動

● 購書資料

● 請問你是從哪裡得知本書出版訊息？（可複選）
☐ 實體書店 ☐ 網路書店 ☐ 報紙 ☐ 電視 ☐ 網路 ☐ 廣播 ☐ 雜誌 ☐ 朋友介紹
☐ 參加講座活動 ☐ 其他 ________

● 是在哪裡購買的呢？（單選）
☐ 實體連鎖書店 ☐ 網路書店 ☐ 獨立書店 ☐ 傳統書店 ☐ 團購 ☐ 其他 ________

● 讓你燃起購買慾的主要原因是？（可複選）
☐ 對此類主題感興趣 ☐ 參加講座後，覺得好像不賴
☐ 覺得書籍設計好美，看起來好有質感！ ☐ 價格優惠吸引我
☐ 議題好熱，好像很多人都在看，我也想知道裡面在寫什麼 ☐ 其實我沒有買書啦！這是送（借）的
☐ 其他 ________

● 如果你覺得這本書還不錯，那它的優點是？（可複選）
☐ 內容主題具參考價值 ☐ 文筆流暢 ☐ 書籍整體設計優美 ☐ 價格實在 ☐ 其他 ________

● 如果你覺得這本書讓你好失望，請務必告訴我們它的缺點（可複選）
☐ 內容與想像中不符 ☐ 文筆不流暢 ☐ 印刷品質差 ☐ 版面設計影響閱讀 ☐ 價格偏高 ☐ 其他 ________

● 大都經由哪些管道得到書籍出版訊息？（可複選）
☐ 實體書店 ☐ 網路書店 ☐ 報紙 ☐ 電視 ☐ 網路 ☐ 廣播 ☐ 親友介紹 ☐ 圖書館 ☐ 其他 ________

● 習慣購書的地方是？（可複選）
☐ 實體連鎖書店 ☐ 網路書店 ☐ 獨立書店 ☐ 傳統書店 ☐ 學校團購 ☐ 其他 ________

● 如果你發現書中錯字或是內文有任何需要改進之處，請不吝給我們指教，我們將於再版時更正錯誤

廣　告　回　信
臺灣北區郵政管理局登記證
第　1　4　4　3　7　號

請直接投郵•郵資由本公司支付

請

沿

虛

線

剪

下

23141
新北市新店區民權路108-2號9樓

衛城出版 收

● 請沿虛線對折裝訂後寄回，謝謝！

Beyond

世界的啟迪